suhrkamp taschenbuch
wissenschaft 17

Rudolf Bilz, geboren 1898, studierte in Leipzig und Wien, Berlin und Heidelberg, wo er 1930 bei von Weizsäcker promovierte. Seine psychoanalytische Ausbildung verdankt er zum Teil Sigmund Freud persönlich. Von 1948 bis 1963 arbeitete er an der Nervenklinik der Universität Mainz, wo er sich mit einer Studie über »Trinker« habilitierte und 1959 zum apl. Professor ernannt wurde. Seit 1963 lebt er im Ruhestand.
Das besondere Interesse von Bilz gilt den »biologischen Archaismen des Menschen«, den »Wildheitsqualitäten des homo sapiens«, ohne daß doch, wie es in der heutigen Verhaltensforschung häufig geschieht, vorschnell vom Tier auf den Menschen geschlossen würde. Bilz spricht vielmehr geradezu von einem Stilbruch in der menschlichen Evolution, der dazu führte, daß der homo sapiens so unbiologisch-verrückt reagiert, was ihn erst dazu befähigt hat, wirklich zum Menschen zu werden.

Rudolf Bilz
Wie frei ist der Mensch?

Paläoanthropologie Band 1

Suhrkamp

suhrkamp taschenbuch wissenschaft 17
Erste Auflage 1973
© Suhrkamp Verlag Frankfurt am Main 1971
Suhrkamp Taschenbuch Verlag
Alle Rechte vorbehalten, insbesondere das des
öffentlichen Vortrags, der Übertragung durch
Rundfunk oder Fernsehen und der Übersetzung,
auch einzelner Teile.
Druck: Ebner, Ulm · Printed in Germany
Umschlag nach Entwürfen
von Willy Fleckhaus und Rolf Staudt

Inhalt

I. Wie frei ist der Mensch? Über die paläoanthropologischen Bedingtheiten menschlichen Existierens 9
1. Redlichkeit und Unbeugsamkeit. 2. Störungen des Subjekt-Umwelt-Gleichgewichts. 3. Archaische Gesundheit. 4. Oligarchie der subjektdienlichen Instanzen. 5. Macht und Ohnmacht des Geistes. 6. Bedeutungsverleihung und Stimmung (Wahnstimmung). 7. Rache, Ressentiment und andere Formen der Barbarei. 8. Von den Tugenden einer zukünftigen Zivilisation.

II. Das Repertoire der Ursituationen und urszenischen Rollen 125
9. Zur Grundlegung einer Paläoanthropologie. Eine Studie über archaische Funktionsbereitschaften und Phänomene der Bahnung. 10. Über allgemeine biologische Ordnungsgesichtspunkte und ihre Bedeutung für das Verständnis menschlichen Verhaltens. 11. Biologische Radikale. Eine Untersuchung über analogisch-emotional begründete Erlebens- und Verhaltensweisen des Menschen. 12. Mensch und Tier – Biologische Radikale in unserem Dasein. 13. Rolle und Szene im menschlichen Dasein. 14. Zur Biologie und Psychologie der Mutterrolle.

III. Subjekt und Umwelt 237
15. Langeweile. Versuch einer systematischen Darstellung. 16. Umweltbezug der Darmfunktion. Homologes Defäkationsverhalten bei Spitzhörnchen (Tupaia spec.) und Mensch. 17. Omnisektorielle Aufmerksamkeit. Empirische Tierpark-Beobachtungen und ihre Bedeutung für die Psychopathologie. 18. Ammenschlaf-Experiment und Halluzinose. Beitrag zu einer biologisch orientierten Psychopathologie. 19. Die Umweltlehre des Paracelsus. Beitrag zu einer medizinischen Anthropologie.

IV. Schlaf, Müdigkeit und Übermüdung 369
20. Von der hypnagogen Umwelt. Betrachtungen zu einem Einschlaf-Erleben. 21. Die vertikale Tendenz im hypnagogen Erleben und das

Gleichnis vom Licht des Bewußtseins. Eine Analyse Bastianscher Elementargedanken. 22. Schlaflosigkeit und Traum. Wach-Schlaf-Zuordnungen des Menschen im Hinblick auf das Wachen und Schlafen der Tiere. 23. Die Übermüdungs-Panik. Eine psychosomatische Erörterung über die neurasthenische Leistungsschwäche.

Vorwort

In diesen Tagen sind erstmals Menschen in einem Raumfahrzeug auf dem Mond gelandet. Nicht nur Stimmen der Bewunderung, auch kritische Stimmen wurden laut. Sie brachten zum Ausdruck, daß uns der Mensch, das unbekannte Wesen, als Ziel der Forschung wichtiger sein sollte. Eine Fülle von konkreten anthropologischen Einzelheiten und Zuordnungen, die wir vielleicht haben könnten, bleibt uns verborgen, weil die für ihre Erforschung notwendigen Geldmittel und Institute nicht zur Verfügung stehen. Wäre es nicht endlich an der Zeit, der politischen Barbarei und Verwirrung, dem Hunger und der Not Einhalt zu gebieten, anstatt sich mit extraterrestrischer Forschung zu befassen? Während die Leute fasziniert vor ihren Fernsehgeräten saßen, um die Vorbereitungen und den Flug zum Mond zu beobachten, erhielten sie zwischendurch Nachrichten aus Mittelamerika, wo plötzlich ein Krieg ausgebrochen war, mit Bombenabwürfen und allen Greueln, die dazugehören. Ursache: es hatte bei einem Fußballspiel Ärger gegeben. Das ist die terrestrische Misère ohne Ende. In mehreren Erdteilen »wird gekämpft«. Das Mißverhältnis zwischen technischem Fortschritt und menschlicher Unreife ist erschreckend. Vielleicht sollte man sich wirklich zunächst einmal um eine Anthropologie bemühen.

Das vorliegende Buch hat sich die Aufgabe gestellt, uns, die noch unerforschten Menschen, in ihrer archaisch bedingten Verstrickung zu zeigen. Unsere Evolution ist noch nicht zu einem Ende gekommen: einerseits verhalten wir uns tierlichbarbarisch, andererseits sind wir noch heute von magischschamanistischen Erlebens- und Verhaltensbereitschaften erfüllt. Die Paläoanthropologie hat es sowohl mit den »Biologischen Radikalen«, d. h. den tierlich-menschlichen Übereinstimmungen zu tun, als auch mit der restierenden prophetisch-schamanistischen Übergangsphase, die – mit den Augen des Psychiaters gesehen – wie eine Psychose anmutet. – Die Methode unseres Vorgehens ist die der Psychoanalyse: sie deckt auf und macht bewußt, was bisher im Dunklen war. Das läuft auf eine Bewußtseinserweiterung hinaus. Während zahlreiche Forscher bereits mit der Zukunft des Menschengeschlechts befaßt sind, die sie mit naturwissenschaftlichen Methoden, etwa über Eingriffe in das genetische Substrat, gestalten wollen, utopische Verwirklichungen erstrebend, wird hier lediglich nach der alten psychoanalytischen Methode der Inventarisierung verfahren. Wir sollten überhaupt erst einmal wissen, was im Menschen »alles drinsteckt«. Wir wußten und wissen bisher zu wenig über uns selbst.

Das Buch, das in zwei Bänden erscheinen wird, stellt zusammen mit den Monographien *Psychogene Angina* (1936), *Pars pro toto* (1940), *Lebensgesetze der Liebe* (1943), *Trinker* (1958) und *Psychotische Umwelt* (1962) das Lebenswerk des Verfassers dar. Es handelt sich um mehr als achtzig Aufsätze, die im Verlaufe der zurückliegenden vierzig Jahre in medizinischen, psychotherapeutischen, psychologischen, psychiatrisch-neurologischen und anthropologischen Zeitschriften publiziert oder auch unlängst, in unseren Tagen, verfaßt worden sind. Sie alle haben die Aufdeckung menschlichen Verhaltens und Erlebens zum Ziel: Seinen Wahn und Aberglauben, seine Schlaf- und Nahrungsgewohnheiten, seine Ängste, seine Aggressivität. – um zu zeigen, was der Mensch ist und was er möglicherweise sein könnte, wird, über den von der Psychoanalyse entwickelten lebensgeschichtlich-ontogenetischen Ansatz hinaus, die stammesgeschichtliche Vergangenheit (Phylogenese) einbezogen: der Mensch als ein in seiner Evolution noch nicht abgeschlossenes, auch stammesgeschichtlich-vorpersonal zu definierendes Lebewesen.

Mainz, im Juli 1969

I. Wie frei ist der Mensch?
Über die paläoanthropologischen Bedingtheiten menschlichen Existierens

(1969)

1. Redlichkeit und Unbeugsamkeit
2. Störungen des Subjekt-Umwelt-Gleichgewichts
3. Archaische Gesundheit
4. Oligarchie der subjektdienlichen Instanzen
5. Macht und Ohnmacht des Geistes
6. Bedeutungsverleihung und Stimmung (Wahnstimmung)
7. Rache, Ressentiment und andere Formen der Barbarei
8. Von den Tugenden einer zukünftigen Zivilisation

1. Redlichkeit und Unbeugsamkeit

»Jede Tugend hat ihre Zeit.« Die Tugend unserer Zeit wird die Redlichkeit sein. Dieser Hoffnung hat Friedrich Nietzsche Ausdruck gegeben. Die intellektuelle Redlichkeit kommt in unserem wissenschaftlichen Denken zum Ausdruck, womit ich nicht sagen möchte, daß allem, was sich als »wissenschaftlich« ausgibt, in jedem Fall der Akzent der Redlichkeit zukommt. Als die »Tugend« der Jahrhunderte von Kepler und Galilei galt die Unbeugsamkeit, d. h. die konservative Beständigkeit, die sich an die Traditionen hielt. Das Weltbild des Mittelalters ließ sich nicht halten, und inzwischen ist sogar das Menschenbild, unser eigenes Bild, fragwürdig geworden. Wir sind nicht die freien Ritter des Geistes, für die wir uns hielten. Dostojewskij hat einmal gesagt: »Die Gesetze des Menschengeistes sind vorläufig so unbekannt und so geheimnisvoll, daß es bis jetzt weder gründliche Ärzte noch endgültige Juristen geben kann.«

Hinter der Unbeugsamkeit, die man auch als »Charakterstärke« bezeichnet, mag die Angst vor dem Chaos gestanden haben, vielleicht auch nichts als die Trägheit und das Festhalten am Genuß der Macht. Es kann sich auch, und zwar noch heute, eine fanatische Borniertheit hinter der Beständigkeit verbergen. »Charakterstark«, »unbeugsam« ist auch der mächtige Alpha-Pavian, der im Käfig innerhalb seiner Sozietät ständig im Recht ist. Die Aussage Nietzsches lautet wörtlich: »Wer jetzt unbeugsam ist, dem macht seine Redlichkeit oft Gewissensbisse, denn die Unbeugsamkeit ist die Tugend eines anderen Zeitalters als die Redlichkeit« (1).

Wir stehen an der Schwelle einer Anthropologie, der es um empirisch fundierte Zuordnungen zu tun ist. Uns interessieren Übereinstimmungen im Verhalten von Menschen und Tieren, die ich als *Biologische Radikale* resp. als *Identische Exekutiven* bezeichnen möchte. Die Methode unserer Forschung gliedert sich in Erfahrung, d. h. empirische Erfahrung, und Vergleich und Urteil. Anders gesagt: Wir treiben, indem wir uns für die Parallelen in Stoffwechsel und Verhalten interessieren, vergleichende Verhaltensforschung. Es gibt menschliches Verhalten, das man als animalisch-biologisch determiniert ansehen muß. Früher hat man in diesen Fällen von »instinktivem« Verhalten oder von »Trieb-Verhalten« gesprochen. Alle Menschen sind durch Verhaltensweisen dieser Art gekennzeichnet, was damit zusammenhängt, daß es sich dabei um ein stammesgeschichtliches Erbe handelt. Außer diesem ererbten Verhalten kennen wir eine zweite Gruppe von ubiquitär-menschlichen Verhaltensweisen: Sie wurzeln nicht in unserer Animalität, sondern kommen aus den Bereichen, die man als magisch oder mythisch zu bezeichnen pflegt. Es gibt Gedankengebäude dieser Art, die dogmatisch anmuten und die ebenso ubiquitär bestehen wie die Biologische Radikale. Hier handelt es sich um gewisse Tabus oder um Riten und tradierte Sitten. Der Ethnologe Adolf Bastian (2) gebrauchte für diese über die ganze Welt verbreiteten Übereinstimmungen des Denkens und Brauchtums den Terminus »Ethnische Elementargedanken«. Wenn man diesem Parallel-Verhalten analysierend auf den Grund geht, wird man zu der Feststellung kommen, daß selbst in einer Anzahl dieser Fälle ein Biologisches Radikal zugrunde liegt. Man wird von den echten Besonderheiten menschlichen Verhaltens sprechen, wenn man Verhaltens-Übereinstimmungen ubiquitärer Art vor sich hat, die bei Tieren nicht zu erweisen sind. Soviel zunächst über die Sonderstellung des Menschen.

Wir berufen uns an der Schwelle dieser zukünftigen Anthropologie auf die menschliche Stammesgeschichte. Die Biologischen Radikale, die identisches Verhalten auch bei Tieren, im besonderen bei Primaten, erkennen lassen, weisen auf unsere Phylogenese hin. Unsere Väter und Lehrer wollten von diesen Gedankengängen nichts hören. Ganz gewiß meinten sie, daß auch sie »redliche Denker« wären, aber ihre anthropologischen Konzeptionen haben sich inzwischen als unhaltbar erwiesen. Eine Fülle überlieferter Vorurteile engte ihre wissenschaftlichen Horizonte ein. Mit den letzten Vertretern dieser Generation haben wir es noch heute zu tun.

Man darf mit Genugtuung feststellen, daß schon die Psychoanalyse mit einer Reihe grotesker Selbstmißverständnisse dieser Leute aufräumte. Das simple Welt- und Menschenbild unserer Väter und Lehrer wurde von dem Begriff des Unbewußten erheblich erschüttert. Man war früher der heute unglaublich anmutenden Meinung, daß man Herr im eigenen Hause sei, so, wie man vor Kopernikus unsere Welt für eine Art Zelt oder Gebäude gehalten hatte, unter dessen Dach man geborgen war. Man sprach vom Himmelsgewölbe oder Himmelszelt. Es könnte sein, daß man, wenn man die Zusammenhänge mit den Augen des Psychiaters sieht, die Erscheinung, die wir seit Nietzsche als »Intellektuelle Redlichkeit« bezeichnen, möglicherweise als einen Zwang ansehen muß, der sich zunehmend vermehrt hat. Gleichviel, welche diagnostischen Maßstäbe sich uns aufdrängen, wir müssen forschen und unsere empirisch gewonnenen Erkenntnisse interpretieren und auf uns beziehen. Mit anderen Worten: Ich kann nicht wählen, welche wissenschaftliche Erkenntnis ich akzeptieren will, es sei denn, daß mich ein Verdrängungsschutz daran hindert, der mich in Blindheit hält, aber selbst in diesem Falle kann ich nicht bewußt wählen. Wir sind der zunehmenden Bewußtseinserweiterung und der Verwissenschaftlichung unseres Denkens ausgeliefert, zwanghaft ausgeliefert. So müssen wir, ob es uns paßt oder nicht, die »Feste« der Erkenntnis feiern, wie sie fallen. Dieser Mangel an Freiheit, nämlich Wahl-Freiheit, ist bemerkenswert. Um dieses Ausmaß der Unfreiheit an einem Beispiel zu demonstrieren: Es ist nicht in meine Entscheidungsfreiheit gestellt, ob ich den Pythagoreischen Lehrsatz oder die Tatsachen der Kernphysik anerkenne. Dazu bin ich mittels der logischen Beweise »gezwungen«.

Der Psychiater und Psychotherapeut C. G. Jung, von dem man gewiß sagen kann, daß ihm ein neues Bild des Menschen vorschwebte, beschloß, die Biologie aus seinem wissenschaftlichen Denken auszuklammern. Man stelle sich vor, daß eine solche Entscheidung noch unlängst möglich war. Seine Lehre von den Archetypen (3) deckt sich weitgehend mit den Entdeckungen Adolf Bastians, der ebenso das ubiquitärmenschliche Verhalten im Auge hatte, als er von den Ethnischen Elementar-Gedanken (2) sprach. In der Antike, nebenbei bemerkt, wußte man genauso von diesen Erscheinungen. Man sprach von den *logoi spermatikoi*. Jung selbst war überzeugt, daß seine sog. Archetypen in der instinktiven Basis des Menschen begründet seien. Er sprach von den »darunter liegenden biologischen Vorgängen«. Es hätte also nahegelegen, sich mit den Verhaltensweisen der Tiere, etwa mit dem Verhalten der uns verwandtschaftlich nahestehenden Primaten, zu befassen, gleichviel, was dabei herausgekommen wäre. Jung (4) tat es nicht: »Sobald sich die Diskussion mit dem Instinktproblem einläßt, werden die Dinge schmerzhaft verworren und verwickelt. So gerät man in die Biologie und wird verwirrter denn je.« Mit anderen Worten: Jung meinte, daß man die Befassung mit Grundfragen der Lebensforschung vermeiden, dabei aber eine Anthropologie begründen könne.

Die intellektuelle Redlichkeit zwingt uns dazu, uns auch mit biologischen Fragen auseinanderzusetzen. Die Aussparung des biologischen Denkens scheint uns heute als unvorstellbar. Allein schon darum kann man auf die Biologie nicht verzichten, weil uns in der Befassung mit den grundlegenden Phänomenen eine neue Sprache zuwächst. Begriffe wie »Identische Exekutive« oder »Biologische Radikale« oder auch »Archaische Funktionsreserve« können wir nicht missen, wenn es sich um den Aufbau einer neuen Anthropologie handelt. Man »hat« eine Sprache, aber ebenso »hat uns die Sprache«. Es ist nicht gleichgültig, welche Sprache unser Denken manipuliert, ob es die tradierte alte Sprache ist oder die empirisch ausgerichtete neue Begriffs-Sprache. Unsere Väter und Lehrer »sprachen« auch, aber es war keine an empirischen Grundtatsachen ausgerichtete Sprache, die sich ihrer bediente. Wie wenig es unseren Lehrern Ernst war, sich von ihrer mit

Vorurteilen erfüllten Sprache und den alten Denkweisen zu trennen, läßt sich nicht nur am Beispiel C. G. Jungs demonstrieren, der sich mit der Biologie »nicht einlassen« wollte, sondern erweist sich sogar am grünen Holz: Der Biologe und Physiologe Jakob von Uexküll, der Begründer der Umweltlehre, der damit zugleich als Begründer der Verhaltensforschung zu gelten hat, wehrte sich zeitlebens gegen den Darwinismus. Er war und blieb in diesem Punkte konversativbeständig. Die tier-menschlichen Verhaltens-Übereinstimmungen ließ er gelten. Er war es, dem wir den Begriff »Schema« (5) verdanken, dem in unserer Verhaltensforschung grundlegende Bedeutung zukommt, aber er scheute sich vor der Konsequenz, in seinen Befunden ein Vorfahren-Erbe im Sinne Darwins zu sehen. Wir wollen Ernst machen mit der Forderung, die schon Goethe in seinem »Entwurf einer allgemeinen Einleitung in die vergleichende Anatomie« (6) erhoben hatte: »das einfachere Tier im zusammengesetzten Menschen« wieder entdecken.[1] Eine der Voraussetzungen für die Zuwendung zu einer vergleichenden Verhaltensforschung war die Entmythologisierung: Wer an der biblischen Schöpfungsgeschichte festhält, als ob es sich um einen tradierten wissenschaftlichen Bericht handelte, der für alle Zeiten unabänderlich gilt, bezeugt sich damit zwar als charakterstark-unbeugsam, versperrt sich jedoch den Weg zu fundamentaler anthropologischer Erkenntnis. Die Redlichkeit der Methoden, die zu neuen Erkenntnissen und neuen, zum mindesten vorläufig neuen Wahrheiten führt, muß rücksichtslos durchgehalten werden. Es gibt kein Zurück.

Ich sage nicht, daß der Mensch nichts als ein Primate ist, ein

---

[1] Das Zitat lautet im vollen Wortlaut: »... die Einsicht zuletzt, wie der Mensch dergestalt gebaut sei, daß er so viele Eigenschaften und Naturen in sich vereinige und dadurch auch schon physisch als eine kleine Welt, als Repräsentant der übrigen Tiergattungen existiere, alles dieses kann nur dann am deutlichsten und am schönsten eingesehen werden, wenn wir nicht, wie bisher leider nur zu oft geschehen, unsere Betrachtungen von oben herab anstellen und den Menschen im Tiere suchen, sondern wenn wir von untenherauf anfangen und das einfachere Tier im zusammengesetzten Menschen endlich wieder entdekken.«

Tier durch und durch, genauso wie die anderen; ich anerkenne seine Sonderstellung, die ihm im Vergleich mit den Tieren zukommt. Für seine besondere Mission spricht schon die Tatsache, daß der Mensch auf sprachliches Verhalten angelegt ist und daß diese Fähigkeiten in seinem Gehirn reifen; man denke etwa an die Leseschwäche (Legasthenie), in der man neuerdings eine Reifehemmung des Gehirns sieht. Allein schon die Fähigkeit des Sprechens, des Lesens und Schreibens kennzeichnen den Menschen, dieses im übrigen weitgehend unbekannte Lebewesen. Eine andere Fähigkeit des Menschen ist, daß er – ich zitiere Nietzsche – das »nicht festgestellte Tier« ist. Die anderen Tiere sind sozusagen auskristallisiert, während er, der ganz zuletzt auf der Bühne des Planeten erschien, noch immer im Werden ist. Ein Sperber ist heute wie vor tausend Jahren ein Sperber, darauf wies schon Voltaire in seinem *Candide* hin, während der Mensch in einem Prozeß der Wandlung und Verwandlung begriffen ist. Es steht zu hoffen, daß uns dabei auch die neue Tugend der Redlichkeit zu neuen Ufern führt.

Unlängst hatte ich ein Gespräch mit einem Philosophen, der mich auf die mangelhaften Platon-Übersetzungen hinwies. Wenn es wahr ist, daß das Griechisch, dessen sich Platon bediente, den Begriff »Situation« nicht kennt, so wird man, selbst wenn man als Übersetzer mit Engelszungen begabt ist, versagen. Eben aber für uns kommt dem Begriff der »Situation« eine grundlegende Bedeutung zu. Wir werden es mit Paracelsus halten, dem es nicht auf die Bücher der alten Philosophen ankam, der im Gegenteil den Vorschlag machte, im »Buch der Natur« Seite um Seite umzuschlagen. Anders gesagt: Uns kommt es zunächst auf einen Katalog empirisch-paradigmatischer Urphänomene an, und zum anderen auf eine Gleichnissprache. Dabei erscheint mir die Gleichnissprache besonders geeignet zu sein, die sich auf das Theaterleben bezieht: Regie, Repertoire, Szene (sich wandelnde Situation) und Rolle, die in einer Stimmung (Erlebnis- und Aktionsbereitschaft) begründet ist.

2. Störungen des Subjekt-Umwelt-Gleichgewichts

Wir möchten nicht nur wissen, »was im Menschen alles drinsteckt«, sondern interessieren uns auch für seine Umwelt-Kommunikation. Es ist uns zu wenig über die Bedingtheit unserer Existenz bekannt. Was alles in uns drinsteckt? Da handelt es sich u. a. um umweltbedingte, genauer gesagt: um situationsbezogene Reaktionsmechanismen, die gleichsam losgehen, wenn die und die auslösenden Voraussetzungen gegeben sind. Beispiel: Es meldet sich ein Appetit, wenn das Anreizvermögen einer Nahrung auf mich einwirkt. Wenn ich jedoch längere Zeit nichts gegessen habe, kann sich genauso ein Nahrungsverlangen einstellen, und zwar auch dann, wenn in meiner Umwelt eine meinen Speichelfluß anreizende Nahrung nicht vorhanden ist. Subjekt und Umwelt sind einander zugeordnet. Mit anderen Worten: Wenn auf seiten des Subjekts ein innerer Aktionsdruck ansteigt, gleichviel, ob er von außen her ausgelöst wurde oder allein von innen heraus, so tendiert er zur Entladung. Dieses Verlangen treffen wir genauso bei den Tieren an, so daß von einem »Biologischen Radikal« die Rede sein kann.

Wir bezeichnen diesen inneren Aktionsdruck, der mit einer Erlebnisbereitschaft verbunden ist, als Stimmung. Ein Vogel z. B. kann von einer Nestbau-Stimmung (Heinroth) erfüllt sein, wenn es Frühling wird, wobei Nistmaterial in seiner Umwelt anreizend wirkt. Wenn jedoch dieser innere Aktionsdruck so stark geworden ist, daß das Subjekt ihn nicht mehr halten kann, entlädt er sich, auch wenn das Anreizvermögen von Nistmaterial nicht vorliegt. In diesem Fall könnte man sagen, daß sich der Vogel als inkontinent erweist. Kontinent sein heißt, die Funktion zurückhalten können. So beobachtet man, wie ein Webervogel in seinem Käfig sitzt und mittels typischer Schnabelbewegungen ein Nest in die Luft baut, ohne daß Zweige vorhanden sind, an die er das Nest anheften könnte, und ohne daß Nestbau-Material vorliegt. Die Nestbau-Stimmung dominiert, das Subjekt baut ein imaginäres Nest ins Leere. Dieser Vogel erscheint als »inkontinent«. Stimmungen sind Bereitschaften, und zwar Erlebnisbereitschaften. Alsdann können die »Erbkoordinationen« (K. Lorenz) des Nestbaus sich manifestieren. Im Idealfall liegen Anreizvermögen vor, die in der Umwelt lokalisiert sind; bei dem Webervogel jedoch, der ins Nichts ein Nest baut, fehlen sie. Seine charakteristischen Bewegungen stellen ein Leerlauf-Verhalten dar (7). Auch dem Moment der illusionären Mißdeutung begegnen wir: Ich sah, wie in einem Tierpark ein Emu (Dromiceius novaehollandiae), der in Begattungs-Stimmung war, an einem vor ihm liegenden Knäuel von Sackleinwand kohabitatorische Bewegungen ausführte. Die unterschiedlichen Stimmungen (Erlebnis- sowie Reaktions- und Aktionsbereitschaften) begründen das Repertoire des Subjekts.

Der französische Arzt Claude Bernard sprach von einem *milieu interne*, dem das *milieu externe* gegenübersteht. Ich bringe einen neuen Gesichtspunkt in die Diskussion, wenn ich die einander gegenüberstehenden Phänomene, nämlich das *milieu interne*, die innere Verfassung des Subjekts, seine Stimmungen, und das externe »Umwelt-Milieu« der unterschiedlichen Situationen mit den Schalen einer Waage vergleiche. Zuordnung hieße dann, und zwar im Idealfall, ausbalancierte Entsprechung, Aequilibrium, Gleichgewicht. Wenn man das Moment der Ganzheit hervorheben wollte, so könnte man sagen, daß sich die Entsprechung der beiden Milieu-Phänomene als ein in sich geschlossenes Ganzes auffassen lasse, so, wie die Waage mit den korrespondierenden Schalen ein Ganzes ist. Die Idee dieser Ganzheit, nämlich einer dynamischen, d. h. in sich dynamischen Entsprechungs- oder Zuordnungsganzheit, die wie ein Haushalt anmutet, ist der Leitstern, unter den ich die folgenden Erörterungen stelle. Wenn man im Italienischen einen Menschen, den man für »verrückt« oder zum mindesten für »ein bißchen verrückt« hält, als

»squilibrato« bezeichnet, so wird damit auf eine Gleichgewichtsstörung angespielt. Das Wort »squilibrato« weist auf das lateinische Aequilibrium hin, das Waage-Gleichgewicht bedeutet. Die »Déséquilibrés« der französischen Psychiatrie deuten auf die gleiche Vorstellung von einem gestörten Aequilibrium hin. Auch die Webervögel, die in ihrem Käfig Nester in die Luft bauen, sind in diesem Sinne déséquilibriert.

Wenn man unter Gesundheit das Zusammenspiel der harmonischen Funktions-Zuordnungen versteht, wobei auch die von der Umwelt her gegebenen Anreiz-Vermögen einbegriffen sind, so kann man tatsächlich sagen, daß dieser Vogel, der aus Nichts ein Nest in das Nichts hineinbaut, »verrückt« ist. Gesund oder krank, diese diagnostische Alternative wird uns bei unseren Untersuchungen zu beschäftigen haben. Man kann zwei Möglichkeiten des mangelnden Waage-Gleichgewichts unterscheiden, nämlich die, die uns das inkontinente Subjekt von einer heftigen Aktivität erfüllt zeigt, die explosionsartig oder drangartig aus ihm hervorbricht, und das Gegenteil davon: Da finden wir auf der einen Seite der Zuordnungs-Waage die mit Reizen erfüllte Umwelt, während das Subjekt »lahm« anmutet (Apathie, Stupor). Hier kann von einer drangbedingten Inkontinenz nicht gesprochen werden. Im Gegenteil, die Zuordnungs- oder Entsprechungs-Waage ist so beschaffen, daß das Schwergewicht zugunsten der Umwelt-Waagschale verlagert ist: Das Subjekt erweist sich als überfordert. Es ist dem Stimulations-Vermögen seiner Umwelt nicht oder nicht mehr gewachsen.

Wir kennen Menschen, die eine so turbulente Umwelt brauchen, daß es schwer wäre, ihnen diese Umwelt zu liefern[2]. Sie

---

[2] Der englische Schriftsteller Horace Walpole (1717-1797) war einer der Denker, die der Meinung waren, daß es Menschen gibt, die in einer leidvollen Umwelt leben und Unglück erfinden müssen. Er fingierte einen Brief des preußischen Königs Friedrich II. an J. J. Rousseau, der folgenden Wortlaut hatte: »Mein lieber Jean-Jacques, kommen Sie zu mir, ich bewundere Ihre Talente; zeigen Sie nun Ihren Feinden, daß Sie gelegentlich gesunden Verstand haben können: Das wird Ihre Feinde ärgern, ohne Ihnen bei Ihren Freunden zu scha-

leiden unter einem Stimmungs-Überdruck der Angst und Aggressivität, d. h. unter einer so turbulenten Aktivität, daß sie ihre Umwelt mittels ihrer Phantasie verfälschen müssen, damit sie ihrem hohen Erlebnisanspruch genügt. Ich denke z. B. an die Phobiker und Zwangsneurotiker aller Art. Da muß einer, wenn ich Uexküll zitieren darf, in einer so feindgetönten Umwelt leben, und zwar in einer von gefährlichen Bakterien erfüllten Umwelt, daß er kein Klosett mehr aufsucht und die Türklinken nur mit dem Ellenbogen öffnet, damit seine Hände mit den gefährlichen Lebewesen nicht in Berührung kommen. Damit er aufgeregt leben kann, um des Waage-Gleichgewichts willen, mußte er sich diese aufregende Umwelt schaffen. Mit Hilfe der Unterstellung, daß allenthalben Bazillen drohen, gibt er seiner Umwelt Gewicht, so daß sie seiner inneren Turbulenz entspricht. Bedeutungs-Erlebnisse sind es, die den Pfeffer in dieser Suppe darstellen, die dann vom Subjekt heißhungrig gegessen wird.

Die Tatsache ist bemerkenswert, daß die Umwelt nicht selbstregulatorisch verschärft wird, wenn sie tatsächlich als die natürliche Umwelt hinreichend gefährlich geworden ist. Ich war vor dem Krieg und während des Krieges Nervenarzt im Berliner Nordosten. Als dann die Bomben fielen und Schreckensnachrichten von den Fronten kamen, die z. B. besagten, daß der Freund oder der nahe Verwandte nicht mehr am Leben sei, wurden diese Zwangsneurotiker vorübergehend nicht mehr von ihren Bazillen oder von Skrupeln anderer Art gequält. Die Aktivität eines dieser Männer befaßte sich jetzt mit dem Löschen brennender Wohnungen. Jetzt erübrigte sich die endlose Selbst-Schikane, der der Charakter einer Selbstbefriedigung zukam. Der »squilibrato« mußte sich sein Aequilibrium nicht mehr wie früher auf dem Wege selbstregulatori-

---

den ... Wenn Sie aber meine Hilfe abschlagen, dann vertrauen Sie nicht darauf, daß ich es jemandem weitererzähle. Wenn Sie sich weiter den Kopf zerbrechen, um neue Arten von Unglück zu erfinden, über das Sie sich beklagen können, dann machen Sie, was Sie wollen. Ich bin König und kann Ihnen Unglück nach Wunsch verschaffen. Ihr guter Freund Friedrich.«

scher Machenschaften verschaffen, da ihn die Realität dank der Diplomaten und der Generale als gepfeffert genug anmuten konnte. Jetzt endlich lebte er wirklich gefährlich.

3. Archaische Gesundheit

In der Nervenabteilung der Ludolf-Krehl-Klinik in Heidelberg (8) kam ein junges Mädchen zur Aufnahme, das an epileptischen Anfällen litt. Es gelang, auf dem Wege medikamentöser Behandlung die Anfälle einzudämmen. Ursula, das war der Name des Mädchens, zeigte bei der Ableitung der hirnelektrischen Ströme einen von der Norm abweichenden Befund. Man spricht von einem pathologischen EEG (Elektroencephalogramm), wie man es bei Epileptikern antrifft. Nach einem längeren anfallsfreien Intervall stellten sich an drei aufeinanderfolgenden Tagen drei große Anfälle ein, und nach weiteren drei Tagen entwickelte sich eine Halluzinose, d. h. eine Geisteskrankheit. Man hatte den Eindruck, daß die Halluzinose gleichsam die epileptischen Anfälle, die nun nicht mehr erfolgten, vertrat. In einer Halluzinose sein bedeutet, aufregende akustische Erlebnisse haben. Das Mädchen hörte Stimmen, die an seinem Verhalten Anstoß nahmen. Es schien sich um eine Art Jungmädchenbund zu handeln, der das Verhalten des Mädchens Ursula kritisierte. Optische Erlebnisse hatte Ursula nicht. Es könnte von einem Belagerungserlebnis die Rede sein, das tagelang anhielt: Das *milieu externe* dieses Mädchens erwies sich als auffallend turbulent.

Die Halluzinose, die, kurz gesagt, das Subjekt in eine Umwelt versetzte, die man als unerfreulich-qualvoll zu bezeichnen hätte, hielt eine Woche lang an. Alsdann traten die Anfälle wieder in Erscheinung. Die große Überraschung war darin zu sehen, daß die Hirnstromkurve, die während der Geisteskrankheit des Mädchens Ursula abgeleitet wurde, völlig normal war. Während Ursula von den traumhaft-imaginären Mädchen gehänselt wird, saniert sich das EEG. »Lies ein Buch, sei doch nicht so faul, treib etwas!« Zurufe wie diese muß Ursula hinnehmen.

Die bisherige Krankenhaus-Umwelt ist für alle anderen unverändert die gleiche geblieben. Nichts hat sich an dieser Umwelt geändert, aber das kranke Mädchen erlebt es nicht so: Für sie ist die Umwelt jetzt von einer Gruppe anstoßnehmender, etwa gleichaltriger Mädchen erfüllt. Ursula lebt in einer veränderten, und zwar in einer verschärften, stimulierenderen Umwelt. Darin gleicht sie dem bazillophoben Zwangsneurotiker. Bei ihm stelllten wir fest, daß imaginäre Bazillen als feindliche Realität erlebt werden. Bei Ursula sind es junge Mädchen, die das Haus umzingelt halten. Auch in dieser Krankengeschichte handelt es sich lediglich um »Einbildungen« und die ihnen zugeordneten Bedeutungerlebnisse. Wenn man einen Begriff aus dem Theaterleben gebrauchen wollte, könnte von einer Regie gesprochen werden. Regie bedeutet Plan und Ordnung. Um bei dem Theater-Gleichnis zu bleiben: Die Textbücher verzeichnen Rollen, die den Schauspielern vorschreiben, welchen Partnerschaften sie ausgeliefert sind und wie sie sich zu verhalten haben. So muß sich der Zwangsneurotiker mit Bazillen herumschlagen, wobei es sich im wesentlichen um die Feindvermeidung handelt, und Ursula hat es mit einem Mädchenbund zu tun, der an ihr, dem singulären Subjekt, Anstoß nimmt. Damit haben die beiden Kranken Umwelten, die vermutlich ihrer Erlebnisbereitschaft angemessen sind. Die Aufgabe der Selbstregulation, die dem squilibrato-Mitbürger zur angemessenen Umwelt verhilft, wäre demnach in einem Aus-tarieren der Waage zu sehen. Gelingt dieser Akt, hat das Mädchen Ursula endlich das ihrem *milieu interne* angemessene externe Milieu, das aufreizend sein muß, so bleiben die Anfälle aus und es normalisiert sich das EEG.

Interessant ist die Tatsache, daß es sich um ein streng durchgeführtes, festliegendes Thema handelt, sozusagen einem Textbuch gemäß, ähnlich wie in der Nacht, wenn wir träumen, ebenfalls in der Regel eine bestimmte Thematik vorliegt und eine Regie ihres Amtes waltet. »Ist es auch Wahnsinn, so hat es doch Methode.« Es scheint, daß es auch eine Aufgabe unserer Träume ist, uns z. B. Angst-Erlebnisse aufzubürden. Vielleicht gibt es einen Haushalt, einen Subjekt-Umwelt-Gleichgewichts-Haushalt, der durchgeführt werden muß, und dieser Durchführung dienen die Selbstregulationen. Wie das Subjekt zusätzlich stimuliert wird, um die seinem Haushalt angemessenen Erlebnisse zu haben, liegt im Ermessen der Regie. Die Angst, die aus der Bazillophobie datiert, ist nicht identisch mit der Angst, die das singuläre Subjekt erlebt, an dem die anderen Anstoß nehmen. Es ist denkbar, daß es sich dabei gewissermaßen um Dosierungen und Rezepte handelt, die man als individuell-subjektdienlich zu bezeichnen hätte.

Da uns das Problem der menschlichen Freiheit interessiert, werden wir zugeben müssen, daß dem Subjekt selber keinerlei Freiheit zukommt, welche Angst- oder Angst-Aggressions-Rolle es spielen will. Im Falle der Zwangsneurose, die mit einem heftigen Wasch-Zwang verbunden war, ist der Kranke in der Rolle eines Hypochonders, wie es uns aus der Literatur bekannt ist. Man denke an Molières Lustspiel *Der eingebildete Kranke*. Wer in dieser Rolle ist, wird seine Situation keineswegs als amüsant erleben, allenfalls für die schadenfrohen Zuschauer mag dieses angstvoll-hypochondrische Erleben und Verhalten als amüsant erscheinen. Die Rolle, die Ursula von ihrer Regie zugedacht war, ist – wieder im Hinblick auf eine Darstellung in der Weltliteratur – die Rolle der »Erniedrigten und Beleidigten«.

Wenn es aber das Subjekt selbst nicht ist, das sich diese Rolle zugelegt hat, d. h. wenn es sich bei dieser Regie um eine selbstregulatorische Unwillkürlichkeit handelt, so wird man eben im Falle des Mädchens Ursula darauf hinweisen müssen, daß diese spielerisch anmutende, grausame Stimulation zu einem großartigen subjekt-dienlichen Effekt führt, nämlich zur ephemeren Heilung von der Epilepsie und zur Sanierung des pathologischen Elektroencephalogramms. Da es offenbar ist, daß die anstoßnehmenden Mädchen traumhaft-imaginäre Gegnerinnen sind, als ob sie aus einem Schlaf-Traum entsprungen wären, so könnte das heißen, daß vielleicht biochemische Mechanismen des Traum-Schlafs in Ursulas Wachsein im Spiele sind, um die Umwelt zu verschärfen. Die gesunde Hirnstromkurve wurde damit erkauft, daß ein dissoziiertes Wachsein, d. h. ein mit Traum-Elementen durchsetztes Wachsein, diese Umwelt-Verschärfung bewirkte.

Die Regie, die dem Mädchen Ursula die Rolle der Erniedrigten und Beleidigten zuerkannte, schleuste Traum-Elemente in das Wachsein des Mädchens ein, worin ich – so paradox es sich anhören mag – einen Selbstheilungs-Versuch sehe. Ganz gewiß handelt es sich, wenn sich das EEG des Mädchens normalisiert, nicht um unsere Zivilisations-Gesundheit, sondern um eine zurückliegende, archaische Gesundheit. Als das tertium comparationis sehe ich die Tatsache an, daß eine Traum-Regie, hier als Psychosen-Regie erscheinend, im Spiele ist. Trugbilder traumhaften Ursprungs verfälschen und verschärfen in einer systematischen Weise die Umwelt des Mädchens.

Tatsächlich wird uns seitens der Ethnologen berichtet, daß es subjektiv angemessene Umwelten bei archaischen Menschen, z. B. bei den Schamanen, gibt oder gegeben hat. Rasmussen (9) berichtet, daß er einem Eskimo begegnete, der Gesichte hatte, wenn er über Land ging. Es erschien ihm ein seltsamer Dämon, der sich ihm als Spezialist für die Tabu-Brüche der Jäger vorstellte. Vielleicht hat es früher Menschen gegeben, die in diesem Sinne permanent instabil waren, d. h. die es zeitlebens mit wahnwitzigen Traum-Elementen zu tun hatten, die in ihre reale Umwelt eingeschleust waren. Stimmen zu hören und Gesichte, d. h. Visionen zu haben, war vielleicht bei unseren Vorfahren nichts Ungewöhnliches, so daß unsere Konfektions-Umwelt, die für uns alle gilt, als ein später Erwerb zu bezeichnen wäre. Wir bedürfen der Fälschungen und Erfindungen.

So hätten wir Ursulas »Gesundheit«, die während ihrer epileptischen Psychose in dem normalen EEG zum Ausdruck kam, als historisch oder ethnologisch zu belegende Gesundheit zu bezeichnen. Die sibirischen Schamanen legten es geradezu darauf an, durch Fasten und gewisse Drogen mit der imaginären Welt in Verbindung zu kommen. Es wird jedoch niemand behaupten, daß sie krank waren, wenn sie ihre typischen Erlebnisse hatten. Man wird auch nicht sagen, daß die biblischen Propheten als krank zu bezeichnen sind, weil sie Stimmen hörten und mit Gott in Verbindung standen. Das war ihre »archaische Gesundheit«, die der Kultur dieser Völker und Zeiten gemäß war.

Merkwürdig ist die Tatsache, daß es sich in jedem Fall, wenn die Traum-Aktivität eingreift in die Umwelt-Realität, um das Problem menschlicher Gesittung handelt: Die Propheten alter Zeit erregten sich über die Sündhaftigkeit ihrer Mitbürger. Sie nahmen Anstoß. Die Schamanen haben es gleichfalls mit der Sündhaftigkeit und mit überirdischen Mächten zu tun, etwa damit (ich erinnere an den Eskimo-Bericht), daß die Jäger ihre tabus nicht befolgen. Man könnte das Wesen, das dem Eskimo entgegentrat, als die Personifizierung seines Gewissens, nämlich seines Jäger-Gewissens, bezeichnen, das bereit ist, an diesem Mann Anstoß zu nehmen. Im Falle des Mädchens Ursula, das von einer Gruppe gleichaltriger Mädchen getadelt wird, könnte genauso von einer Personifizierung ihres Gewissens die Rede sein. Daß Ursula träge herumsitzt, erregt die Gewissensmächte. Erzieherische Impulse stehen hinter dem Anstoßnehmen. Sogar bei dem Zwangsneurotiker, der die Bazillen vermeidet, handelt es sich um eine Tugend, nämlich die Tugend der Sauberkeit und Hygiene, wenngleich hier eine groteske Übertreibung vorliegt. Die Traum-Aktivität, wenn sie über ihre Ufer tritt und die Umwelt des Subjekts überflutet, hat es mit der Gesittung zu tun, diesen Begriff im weitesten Sinne genommen. So können wir auch in unserem modernen Dasein noch sagen, daß unsere Gewissensbedrängnisse vielleicht im Dienste unseres inneren emotionalen Haushalts stehen, was also bedeuten würde, daß diejenigen unserer Mitbürger, die von einem besonders strengen oder sogar skrupulantischen Gewissen zwangsneurotisch geplagt werden, darum mehr als andere Menschen zu leiden haben, weil es in ihr Angst-Erlebnis-Defizit paßt. Der Haushalt und die Selbstregulationen verlangen es. Andererseits gibt es auch Menschen, an denen ein Gewissen nicht Anstoß nimmt, auch wenn sie die Normen unserer Gesittung verletzen. Es scheint, daß hier von Kriminellen die Rede sein darf. Immer handelt es sich um die innere Angst-Autoritäts-Ökonomie, von der in den Erörterungen über die archaische Gesundheit die Rede sein muß.

Da es mir darauf ankommt, mich einer Sprache zu bedienen, die biologisch, und zwar an den Ergebnissen der Verhaltensforschung orientiert ist, darf ich die folgenden Parallelen anführen: 1) Die Situation des Anstoßnehmens, die die Traum-Regie oder Traum-Aktivität für Ursula ausgewählt hatte, gehört zu den Biologischen Radikalen. Es gibt die Situation des Anstoßnehmens auch bei den in Soziatäten lebenden Tieren. Ich komme darauf zurück. 2) Diese Situation ist zugleich der Sonderfall einer Reihe höchst erregender und gefährlicher Situationen, die man unter einen Generalnenner fassen kann, indem man von den »Situationen der Ausweglosigkeit« spricht. Ich will damit sagen, daß Ursula ihren Feindinnen weder entfliehen noch sich vor ihnen verbergen kann. Sie ist ihnen ausgeliefert, hoffnungslos ausgeliefert. Die Formel, die für diese Situation gebraucht werden könnte, lautet: Subjekt in der Gewalt seiner Feinde. – Es handelt sich um das aggressive Verhalten der Gruppe einerseits, und andererseits um die Angst des Subjekts, das in dieser Situation gleichsam gefangen ist.

Ich gehe auf diese beiden Biologischen Radikale kurz ein: Der Begriff »Anstoßnehmen« ist ornithologischen Ursprungs. F. Goethe (10) in Wilhelmshaven konnte im Experiment zeigen, wie die Möwen einer bestimmten Soziatät über die Artgenossin herfielen, deren Gefieder er mit Farbe verkleckst hatte. Die Abweichung von der Norm erregt die Aggressivität. Das ist genauso bei uns: Wir nehmen Anstoß am Stotterer oder an dem Mitbürger, der mit abstehenden Ohren gestraft ist.

Ich konnte auf meiner Biologischen Station beobachten, wie eine Saatkrähe (Corvus frugilegus) von den anderen Krähen überfallen wurde, als sie infolge einer peripheren Neuritis einen etwas watscheligen Gang zeigte und die Flügel ein wenig hängen ließ. Da fielen sie über sie her und hackten auf ihr herum. Die geringfügige Abweichung von der Norm reicht aus, den Affekt zu mobilisieren. Interessant ist die Feststellung, daß man als Nervenarzt, wenn man z. B. einen Menschen mit abstehenden Ohren vor sich hat, zu dem Schluß kommt, daß er seine Abweichung von der Norm tatsächlich als Schuld empfindet. Als ob er ein schlechtes Gewissen haben müßte. Es scheint, daß er heimlich auf der Seite der anstoßnehmenden Mitbürger steht, denen er im tiefsten Grunde recht gibt.

Auf die Situation der Ausweglosigkeit bin ich schon mit wenigen Worten eingegangen. Im extremen Fall stirbt das Subjekt den sog. Vagus-Tod (11), wenn es in der Gewalt seiner Feinde leidet. Die Wirkung ist dieselbe, ob es sich um die Mobbing-Gruppe, also die intrasozietären Feinde, oder um einen Fremdfeind handelt, der das Subjekt in die Situation der Ausweglosigkeit versetzt. Dieser Tod mutet wie ein Selbstmord an. Es kann zumindest eine Apathie über das Subjekt kommen, das in der Situation der Ausweglosigkeit ist: Im Krieg konnte man sehen, wie z. B. einer der Soldaten, wenn der Bunker unter heftigem Artillerie-Feuer lag, plötzlich gleichgültig wurde und einschlief; ähnlich in den Luftschutzkellern, wenn oben im Häuserviertel die Bomben fielen. Man spricht vom Übersprung-Einschlafen (12; 13).

Im Experiment (14) ließ sich zeigen, wie wilde Ratten, die man in einen mit Wasser gefüllten Glas-Zylinder geworfen hatte, nur relativ kurze Zeit im Kreis schwammen. »Subjekt in der Gewalt seiner Feinde«. Man stellte fest, daß sie den sog. Vagus-Herz-Tod starben. Hatte der Experimentator nur ein einziges Mal einen Stock in das Wasser getaucht, so daß der Ratte der Ausweg aus der Ausweglosigkeit ermöglicht war, so schwamm sie, wenn man sie in das Wasser zurückwarf, jetzt mehr als 80 Stunden ohne zu sterben, ebenso wie eine zahme Laboratoriums-Ratte, die auch erst nach diesem Zeitraum ertrinkt. Hier liegt nun ein Vagus-Tod nicht vor, sondern der Tod ist Ausdruck der Erschöpfung. Mit anderen Worten: Ausweg bedeutet Hoffnung, nämlich Hoffnung, dem Feind zu entgehen. Hatte die wilde Ratte ein einziges Mal die Hoffnung, d. h. den Ausweg, erlebt, so war sie wie umgewandelt. Die Vagus-Überempfindlichkeit war damit erloschen.

Auf den Menschen bezogen besagt dieses Ratten-Experiment: Auch wenn man im Falle der Ratten strenggenommen nicht von »Hoffnung« sprechen darf, so wird man doch sagen können, daß die Stimmung, die wir »Hoffnung« nennen, in einer animalischen Vorwegnahme oder Vorform gegeben ist, eben im Ausweg-Erlebnis resp. in der Auswegs-Möglichkeit. Hoffnung kann nur haben, wer weiß, daß es Hoffnung, d. h. Ausweg gibt. Wer nie das Glück einer Hoffnung erlebt hat, weiß nicht, daß Hoffnung Ausweg aus der Misère, Errettung, Erlösung ist. Die in dem Auswegs-Erlebnis begründete Verwandlung der wilden Ratten, in das Menschliche übersetzt, besagt: Wir dürfen die Illusion der Freiheit haben. Hoffnung ist Illusion, und zwar Illusion auf Ausweg, der uns in der Situation der Ausweglosigkeit zuteil wird. Mit anderen Worten: Um in dem Käfig unserer Existenz, d. h. der Selbstregulationen und der Stimmungs-Determiniertheit unseres Denkens und Verhaltens leben zu können, in den wir gleichsam »geworfen« sind, bedarf es dieser Illusion der Freiheit, und man wird sogar sagen dürfen, daß dieses Illusions-Bedürfnis, um nicht von einer Illusions-Notwendigkeit zu sprechen, in der Reihe der anderen menschlichen Bedürfnisse und Erlebnis-Bereitschaften seinen festen Platz hat.

Wenn wir sagen konnten, daß Ursula damit, daß sie von Traum-Elementen geplagt wurde, die ihre Umwelt verschärften, ihre gesunde Hirnstromkurve zurückerlangte, so wäre vielleicht auch die Aussage möglich, daß ihr Gehirn, verglichen mit dem anderer Menschen, diesen Wildheits-Charakter in besonderem Ausmaße aufweist. Es bestand das Bedürfnis nach einer stimulierenderen Umwelt. Ich erinnere daran, daß nur den wilden Ratten, d. h. den Ratten mit einem ursprünglichen Gehirn, nicht dagegen den Laboratoriums-Ratten, die Vagus-Präponderanz widerfuhr. Es darf als bekannt vorausgesetzt werden, daß die Wildtiere generell vagotonischer leben.

Auch bei zahmen Tieren kann sich ein Wildheits-Trend nachweisen lassen. So wurde beobachtet, wie in Südamerika Esel verwilderten, obgleich ihre Vorfahren 5000 Jahre Domestikation hinter sich haben. Eingehende Untersuchungen seitens des Haustierforschers W. Herre (15) ergaben, daß sich die Gehirne dieser verwilderten Esel schon nach zwei Generationen verwandelten. Die Furchung änderte sich und das Gehirn wurde schwerer. Die Nachkommen der verwilderten Hausesel verloren das Domestikations-Gehirn. Herre sprach von der »Umwelt-Modifikabilität« des Nervensystems. Genau diesen Begriff gebrauche ich, wenn ich betonen möchte, wie die verschärfte Umwelt des Mädchens Ursula das Elektroencephalogramm modifizierte: Umwelt-Modifikabilität der Hirnstromkurve, wobei eine stimulierendere, d. h. wildere Umwelt im Spiele sein mußte.

Im Falle der Tiere gibt es nur eine Gesundheit, oder sollte man die Haustier-Gesundheit von der der Wildtiere abgrenzen? Die Zwischenstufe in der Evolution des Menschen, die wir als schamanistisch-prophetisch bezeichnen, kann man ihnen nicht unterstellen. Hier wieder erkennen wir die Sonderstellung des Menschen. Vielleicht müßten wir uns vorsichtiger ausdrücken: Wir wissen nicht oder noch nicht, ob nicht auch domestizierte Tiere gelegentlich unter Trug-Wahrnehmungen leiden. Im Falle der Haustiere, denen die Rück-Verwilderung restlos gelingt, so daß sie in ihrem Verhalten von Wildtieren der gleichen Art nicht zu unterscheiden sind, dürfte von der wilden Prä-Domestikations-Umwelt die Rede sein, in deren Subjekt-Umwelt-Gleichgewicht sie zurückgleiten. So hätten wir beim Menschen drei Stufen auseinanderzuhalten: 1) Die wilde Prä-Domestikations-Stufe, die die Stufe seiner tierlichen Vorfahren war, bevor sie in die Zivilisation eintraten. Hier lag das charakteristische Subjekt-Umwelt-Gleichgewicht wie bei anderen Wildtieren vor. 2) Die Stufe der schamanistisch-prophetischen Umwelt, bei der die selbstregulatorische Regie Traum-Elemente in die reale Umwelt einschleust, um nicht von Wahnsinns-Elementen zu sprechen; im besonderen handelt es sich um autoritäre Bedrohungen, die jedoch vom Subjekt selbst nicht als Sinnestrug oder Wahnwitz, sondern als Hinweis auf eine höhere Welt gedeutet werden. Aus diesen Erlebnissen, die wir der Traum-Regie verdanken, resultieren Erziehungs- und Gesittungs-Impulse. Auch in dieser, der archaischen Umwelt, die durch die Vermittler-Rollen der Schamanen und Propheten gekennzeichnet ist, dominierte sicherlich die normale Hirnstrom-Kurve. Ursula mußte, um ihr gesundes EEG zu erlangen, auf diese zweite Stufe zurückversetzt werden.

In unserer zivilisierten Konfektions-Umwelt, d. h. auf der dritten Stufe, bedarf es selbst bei den Mitbürgern, die ein normales EEG aufweisen, mancherlei subjektiv-angemessener Stimulations-Steigerungen, damit die Konfektion paßt oder einigermaßen sitzt. Ich denke an unsere Träume und Neurosen, im besonderen aber auch an die Möglichkeiten, uns mit Hilfe unserer Entscheidungsfreiheit Aufregungen und zusätzliche Spannungen zu verschaffen. Ich spiele damit auf die Reibungsmöglichkeiten in der Politik oder z. B. auf den Sport an. Eben diese Entscheidungsfreiheit jedoch ist durch die subjektdienlichen Stimulations-Notwendigkeiten determiniert.

4. Oligarchie der subjektdienlichen Instanzen

Wenn man als Arzt, was naheliegt, das Problem der menschlichen Gesundheit in den Blickpunkt rückt, kommt man zu der Erkenntnis, daß es mehr als nur eine Gesundheit gibt. Die Gesundheiten erweisen sich als stufengebunden. Ich wiederhole: Als die menschheitsgeschichtlich älteste Stufe darf die Praedomestikations-Wildheits-Stufe gelten. Stufe 2 ist die Stufe, auf der um des Subjekt-Umwelt-Gleichgewichts willen die Umwelt mit Traum-Elementen imprägniert wird. Anders gesagt: Autoritär gefärbte Angst-Erziehungs-Situationen erregen den Menschen zusätzlich und determinieren sein Verhalten. Die Stufen, von denen hier die Rede ist, bedeuten Evolutionsschritte. Stufe 3 ist unsere Stufe der Zivilisation. Es soll uns nicht interessieren, daß dabei auch von Zwischenstufen die Rede sein könnte. Die Instanz, die anscheinend planvoll waltet, um die sich entschärfende Praedomestikations-Umwelt mittels neuer Elemente zu verschärfen, bezeichnete ich als Regie, strenggenommen als Traum-Regie.

Es soll meine Aufgabe sein, weitere Instanzen, die unserer Gesundheit dienen, ins Auge zu fassen: Das Thema der verschiedenen Subjekt-Umwelt-Gesundheiten bezeugt sich auch darin, welchen unterschiedlichen Schlafgewohnheiten sich der Mensch von Stufe zu Stufe ausliefert. Auch das Schlafen gehört zu den Äußerungen und Notwendigkeiten unserer Gesundheit. Auf der ersten Stufe schläft das Subjekt umweltbezogen, wie z. B. die Paviane. Im Schlaf ist das Subjekt wehrlos, so daß man den umweltbezogenen Schlaf als »Sorgenschlaf« kennzeichnen könnte. Wie noch heute bei uns Schlaf resp. Schlaflosigkeit und Sorge einander zugeordnet sind, ist weithin bekannt: Wer von schwerer Sorge gequält wird, kann nicht einschlafen, so, als ob er im Schlaf bedroht wäre. Der nachtfeindbezogene Schlaf scheint die Ursorge, sozusagen das Ur-Paradigma menschlicher Sorge zu sein. Unsere späten Zivilisations-Sorgen stellen sich unter diesen Generalnenner, woraus die Sorgen-Schlaflosigkeit resultiert, als ob wir in jeder Sorge des Nachtfeinds gewärtig sein müßten. Unter denselben Generalnenner fällt auch die folgende Tatsache: Ein Arzt, der ein Gutachten schreiben soll, aber damit zunächst nicht zurecht kommt, wird plötzlich in der Nacht wach. Er muß an sein Gutachten denken, das sich ihm jetzt als unlösbar darbietet. Er kann nicht mehr einschlafen und schlägt sich mit dem Problem herum. Schließlich findet er wieder den Schlaf, und als er am Morgen wach wird, kann er es nicht verstehen, daß ihm das Gutachten in der Nacht als eine unüberwindliche Schwierigkeit erschienen ist. Wir werden an das epileptische Mädchen Ursula erinnert, dem plötzlich mittels der Traum-Elemente die Umwelt verschärft wurde. Man könnte, interpretierend, auch sagen, daß das Subjekt, das mitten in der Nacht wach wird, von seiner Sorge gequält, sich mit dem superlativischen Nachtfeind auseinandersetzen muß, der sich gleichsam in das Gutachten gekleidet hat: Identische Exekutive einer nächtlichen Heimsuchung.

Dasselbe Biologische Radikal liegt vor, wenn ein Mensch, der sich über einen Mitbürger geärgert hat, diesem in der Nacht einen Brief schreibt, der von den Differenzen zwischen den beiden handelt. Am folgenden Morgen erweist sich, daß dieser Brief von Übertreibungen strotzt. Da ist offensichtlich der uralte Nachtfeind mitbekämpft worden, der nun am Morgen das Feld geräumt hat. Diesen gepfefferten Brief hat der Kontrahent nicht verdient. Hier lag sozusagen ein nächtlicher Notwehr-Exzeß vor. So also sieht unsere Freiheit aus, wenn wir uns mit einem Gegner auseinanderzusetzen haben. Die Sorge als Biologisches Radikal, diese Interpretation drängt sich uns auf.

Bemerkenswert ist die Tatsache, daß es den feindbezogenen Pavian-Nachtschlaf noch bei den im Busch lebenden Afrikanern gibt. Da bleibt ein Element aus Phase 1 in Phase 2 bestehen: Der Matabele, den ich in seinem Kral besucht hatte, zeigte auf den Sand vor seiner Hütte und sagte mir, er zweifele nicht daran, daß er mitten in der Nacht jeden Schritt hört, der sich seiner Hütte nähert. Die Frage bleibt offen, ob dieser Mann aus der Erfahrung sprach, oder ob er lediglich zum Ausdruck brachte, daß er von dieser Hoffnung erfüllt war. Auch P. Schebesta (16), der sich zweimal längere Zeit bei den Bambuti-Pygmäen im Ituri-Urwald (Kongo) aufhielt, berichtet, daß diese Eingeborenen feindbezogen schlafen. Der nächtliche Natur-Feind, der die Paviane sowohl als auch die Menschen bedroht, ist der Leopard. Für den Matabele, der ja nachts nicht wie die Paviane auf Bäumen oder auf Felsen schläft, kann außerdem die Hyäne gefährlich werden. Ältere Missionare, die schon zu der Zeit in Afrika waren, als sie noch keine Kraftwagen zur Verfügung hatten, berichteten mir, daß sie, wenn der Abend hereinbrach, ohne daß sie ein Unterkommen gefunden hatten, auf Bäume zu klettern pflegten, um so die Nacht zu verbringen. Die Sorge trieb sie hinauf.

Auch der zivilisierte Mensch kennt in gewissen Ausnahme-Situationen noch den nächtlichen Sorgenschlaf: Ich denke an die Mütter, die nachts säuglingsbezogen-vigilant schlafen. Es wurde früher auch von den Schiffskapitänen und den Getreide-Müllern gesagt, daß sie aus dem Schlaf heraus Störungen im Getriebe feststellten. Ich habe einen Offizier gekannt, der im Ersten Weltkrieg feindbezogen schlief: Als der Gegner, der stundenlang die deutschen Stellungen mit einem mäßig starken Artilleriefeuer »beharkt« hatte, plötzlich in der Nacht schwieg, erwachte der Offizier sofort und lief aus dem Unterstand, in dem er geschlafen hatte. Es war zu befürchten, daß jetzt die feindliche Infanterie zu einer bewaffneten Aufklärung vorrückte. Man könnte also sagen, dieses Subjekt habe feindgewärtig geschlafen, erfüllt von der Nachtfeind-Gewärtigungs-Sorge.

Im allgemeinen, wenn ich von den erwähnten Ausnahmen absehe, schlafen wir heute in Europa, wenn ich einen Soldaten-Ausdruck gebrauchen darf, »wie die Säcke«. Man meint sogar, das sei der gesunde Schlaf. Es brauchten beim Militär, im besonderen während des Krieges, keine Wachtposten aufgestellt zu werden, wenn wir noch umweltbezogen schliefen. Wenn man aber schon, um ganz sicher zu gehen, Wachtposten aufstellte, die zu besonderer Aufmerksamkeit (Vigilanz) verpflichtet waren, könnte es keine Wachtvergehen geben, denn selbst wenn die Wachtposten eingeschlafen wären, würden sie genauso, wie sie die Geräusche seitens der Feinde im Ohr behalten, die Annäherung der die Posten kontrollierenden Diensthabenden bemerken. Sie beim Schlafen zu ertappen, wäre völlig ausgeschlossen. Ob sie die Augen offen oder geschlossen hielten, die umweltbezogene Vigilanz informierte sie beständig. Im Krieg auf Posten stehen bedeutet, des Feindes gewärtig sein, und obgleich jeder Posten diese Bedrohung kennt, gibt es dennoch die Wachtvergehen, d. h. die Soldaten schlafen ein und »schlafen wie die Säcke«. Wenn ein Pavian nachts heftig zusammenschrickt, was ich aus Erfahrung weiß, da ich einmal einen Pavian gehalten habe, so schläft er bis auf weiteres nicht mehr ein. Das ist die der Stufe 1 gemäße selbstregulatorische Instanz, die man als die Instanz der Nachtfeind-Gewärtigung zu bezeichnen hätte.

Es mutet als erstaunlich an, daß Soldaten im Krieg, wenn sie auf Wache stehen, einschlafen können, ich betone »können«. Einschränkend allerdings muß bemerkt werden, daß auch die Matabele und die Ituri-Pygmäen nachts tief und fest schlafen, nämlich dann, wenn sie physisch übermüdet sind. Wenn unsere Soldaten größere Marschleistungen hinter sich haben oder wenn sie sich beim Schanzen verausgabt haben, wäre ihr Einschlafen und der damit verbundene totale Umwelt-Verlust zu verstehen, aber sie schlafen auch während des Stellungskriegs auf Posten ein, wenn sie physisch nicht strapaziert und übermüdet sind. So klafft zwischen Subjekt und Umwelt eine Lücke, die es im Dasein der Paviane nicht gibt.

Man könnte erwägen, ob die vielgelästerte Faulheit der Männer auf Stufe 2, die den Frauen die Feldarbeit überlassen, was nicht nur von den Afrikanern gilt, sondern auch von unseren

Vorfahren berichtet wird, nicht letzten Endes darin begründet ist, daß es den Männern obliegt, nachts feindbezogen zu schlafen, was unmöglich wäre, wenn sie physisch übermüdet sind. Dieser feindbezogene Wachtdienst ist zur Erhaltung der Artgenossen von unschätzbarer Bedeutung. Es könnte von der Schlaf-Verantwortung dieser Männer die Rede sein. Wenn man feststellt, wie etwa in Afrika – aber dasselbe traf früher auch vielerorts für die europäischen Bauern zu – die Gehöfte einsam liegen, wo es keine in der Nacht patrouillierende Polizei und kein Telephon gibt, so wird man verstehen, daß dem umweltbezogenen Nachtschlaf eine große Bedeutung zukommt. Es findet sich bei uns noch der Familienname »Schweighöfer«, der auf einen Hof in der Einsamkeit hinweist. In der Hochprovence, etliche Kilometer von Sault entfernt, gibt es einen einsamen Hof, der sich »Silence« nennt; ebenso kenne ich im Unterengadin, im Val sinestra, einen einsamen Hof namens »Zuort«, was besagt, daß dort das Schweigen dominiert. Jeder in der Busch-Savanne gelegene einsame Kral bedarf als »Schweighof« oder »Silence« der nächtlichen Sicherung.

Schebesta berichtet, daß die Pygmäen nachts tief und fest wie die Europäer schlafen, wenn sie physisch übermüdet sind oder wenn sie Alkohol zu sich genommen haben, was ich von den Matabele ebenso sagen kann. Es ist ein merkwürdiger Korrektions-Betrug, der mit dem Alkohol verbunden ist: Die Ursorge, nachts heimgesucht zu werden, wobei es sich auch um menschliche Feinde handeln kann, wird damit annulliert. Der Sorgenbrecher Alkohol ist fraglos unserer Zivilisationsstufe gemäß, erscheint aber bereits auf Stufe 2, wo er sich verhängnisvoll auswirken kann. Daß es auch bei uns noch Menschen gibt, die mehr als ihre Mitbürger unter der Nachtfeind-Sorge leiden, sei kurz angemerkt: Es erschien in meiner Sprechstunde ein bekannter Wissenschaftler, der mir sagte, er müsse mir eine Mitteilung machen, die ich zu Protokoll nehmen möchte; er sei bereits bei dem ihm befreundeten Staatsanwalt gewesen, der dieser seiner Bitte entsprochen habe: Das Subjekt bewohnte ein Einfamilienhaus, das an einem großen Park lag. Unlängst war in einer Villa, nicht weit von seinem Haus, nachts eingebrochen worden. Dieses Ereignis mache ihm schlaflose Nächte. Er besitze seit vielen Jahren eine Pistole, weil er schon immer ängstlich war. Nun aber befürchte er, daß es Einbrecher geben könnte, die der Meinung sind, bei ihm seien Schätze zu holen. Er könne für nichts garantieren: Wenn er nachts Geräusche höre, so daß er annehmen müsse, Einbrecher seien im Haus, werde er zwangsläufig in eine so heftige Panik-Verfassung geraten, daß er sofort mit seiner Schußwaffe auf die Einbrecher losginge. Selbstverständlich würde er dann, wenn er einen Menschen getötet hätte, vor Gericht gestellt werden. Dieser Skandal wäre ihm fürchterlich, darum bitte er mich um der »mildernden Umstände« willen, eine Notiz zu machen, damit er dann auf mich und den Staatsanwalt zurückkommen könne. Es beunruhigte ihn nicht nur der Gedanke, nachts von Einbrechern heimgesucht zu werden, sondern im besonderen auch der Gedanke, wegen des Notwehrexzesses vor Gericht gestellt zu werden.

Es ist die Frage, ob man diesen Mann als besonders ängstlich oder vielleicht, was in diesem Falle auf dasselbe hinausläuft, als besonders aggressiv zu bezeichnen hätte. In der Sprache der Hundehalter wäre er als ein »Angstbeißer« zu bezeichnen. Mit anderen Worten: Es handelt sich um ein Biologisches Radikal. Wer von einer panischen Angst erfüllt ist, wird sich ebenso panisch gegen die Feinde wehren. Da er ein weitvorausschauender Mann war, wollte er möglichem Unheil vorbeugen. Meinen Rat, die Pistole abzugeben, konnte er nicht akzeptieren, denn das steigerte seine nächtliche Angst und Schlaflosigkeit. Die Schußwaffe müsse er auf jeden Fall haben, als ein Schlafmittel sozusagen. Seine Nachtfeind-Sorge war, wie mir scheint, als paläoanthropologisch, d. h. eines Pavians würdig, zu bezeichnen.

Eine andere Selbstregulation, die als stufengebunden zu gelten hat, ist das selbstmörderisch anmutende Sterben in der

Situation der Ausweglosigkeit. Es liegen Berichte vor, die besagen, daß Eingeborene sterben, wenn sie in Schuld verstrickt sind, im besonderen, wenn diese Schuld vom Medizinmann akzentuiert worden ist. Man spricht vom Voodoo-Tod (17). Merkwürdig ist die Tatsache, daß auch wilde Tiere, z. B. Antilopen, die in die Netze der Tierfänger gegangen sind, in dieser »Verstrickung« sterben. Mit anderen Worten: Bei den Kandidaten des Voodoo-Sterbens, das in der »Schuld-Verstrickung« begründet ist, handelt es sich um die gleiche, d. h. um die »identische Exekutive« wie bei den Huftieren, die in die Fangnetze »verstrickt« sind. Das tertium comparationis ist in der Bewegungslosigkeit zu sehen: Die Wirkmale einer Flucht können die Merkmale des Feindes nicht zum Erlöschen bringen, wenn ich auf diesen Fundamentalsatz Jakob von Uexkülls (18) anspielen darf. Auch in der Schuldverstrickung der Eingeborenen gibt es kein Entfliehen, das dem Subjekt Hoffnung geben könnte. Die Ausweglosigkeit, d. h. die Vagus-Überempfindlichkeit der 1. Stufe, tötet sie.

Auch bei uns, auf unserer Stufe, siechen noch Menschen in der Situation der Ausweglosigkeit resp. Fluchtunmöglichkeit dahin. Ich erinnere an die Kriegsgefangenen, die in der pessimistischen Überzeugung befangen, um nicht zu sagen »verstrickt« waren, daß sie nie mehr in ihre Heimat zurückkehren würden, weil der Feind sie als Arbeitssklaven behalten werde. Diejenigen, die die Hoffnung auf die Heimkehr aufrecht erhielten, was zugleich heißt: die die Hoffnung auf Heimkehr aufrecht erhielt, blieben am Leben. Der gefangene Soldat, der in der Ausweglosigkeit stirbt, beweist damit, wie intensiv er dem Vagus-Mechanismus ausgeliefert ist, der ein Merkmal der Stufe 1 ist. Bezeichnenderweise trifft das genauso für die Ratten zu: Wilde Ratten, die man in einen mit Wasser gefüllten Glasbehälter wirft, sterben in wenigen Minuten in der Ausweglosigkeit, nicht aber die Laboratoriums-Ratten. Die die Subjekt-Umwelt-Relation aus-tarierende Instanz entscheidet über Leben und Tod, was für die Ratten, die Huftiere und für die Menschen gilt. Einschränkend werden wir sagen dürfen, daß nicht alle Antilopen, die in die Fangnetze der Tierfänger verstrickt sind, den Vagus-Tod sterben, denn wäre dem so, gäbe es diese Methode des Tierfangs und Tierhandels längst nicht mehr, und es sterben auch nicht alle Eingeborenen, die »in Schuld verstrickt« sind, den Vagus-Tod. Wenn man die innere Instanz, die selbstregulatorisch den Tod herbeiführt, personifizieren wollte, so könnte man ihr den Imperativ unterschieben: »Stirb, entziehe dich deinem Feind auf diesem Wege, denn einen anderen Ausweg gibt es nicht!«

Man kann behaupten, daß bei uns wohl im allgemeinen keiner mehr, der irgendwie schuldig geworden ist, in der moralischen Ausweglosigkeit stirbt. Man erinnere sich z. B. der Tatsache, daß es auf der 2. Stufe bereits Gesetze gibt, die die Relationen zwischen den Partnern regeln. Die Rache z. B. verliert an Bedeutung, wenn an der Stelle des Subjekts, dem die Rache obliegen würde, eine Straf-Justiz in Erscheinung getreten ist. Damit wurde die Rache »sozialisiert«. Der Willkür des Feindes ist Einhalt geboten. Allenfalls kommt es bei uns noch vor, daß ein Strafgefangener, der in die Gefängniszelle gesteckt wird, einen sog. Gefängnis-Knall erleidet: Wenn auf einem Fabrikhof z. B. wilde Ratten in einer Ecke zusammengetrieben werden, so fallen sie nun nicht plötzlich um und sterben, sondern sie machen kehrt, wenn es einen weiteren Fluchtweg (Ausweg) nicht gibt; alsdann setzt sich ihre Flucht-Angst in wütende Aggressivität um. Die tödliche, absolute Ausweglosigkeit ist gegeben, wenn der Rückweg versperrt ist. Der Strafgefangene, der im sog. Gefängnis-Knall das Mobiliar der Zelle demoliert, gleicht den wilden Ratten, die sich gegen den Feind zur Wehr setzen, indem sie ihn angreifen. Andererseits werden Menschen, die in die Zelle gesteckt worden sind, nicht selten von Selbstmord-Impulsen behelligt. Wieder ein anderes Verhalten des eingesperrten Subjekts ist darin zu sehen, daß es an einer Haft-Psychose erkrankt. Da muß nun die gewisse Traum-Regie dem Subjekt in der Langeweile der Zelle ein Erregungsverhalten verordnen.

Interessant ist, wie die sog. Eingeborenen, d. h. die Menschen, die wir der Stufe 2 zuordnen, auf die Gefängnishaft reagieren: Ich hörte von einem Bekannten, der in Alaska ein Gefängnis besuchte, daß man ihm sagte, der Gefangene, ein Eskimo, sei gerade drüben am Fluß beim Fischen. Auf die erstaunte Frage, ob ein Gefangener einfach weggehen könne, sagte man ihm, daß es unmöglich sei, einen Eskimo einfach einzusperren. Rasmussen (9) berichtet, wie ein Eskimo, der in das Gefängnis gesperrt wurde, von sich sagte, daß er dort wiederholt gestorben sei, aber es sei nicht zu einem endgültigen Auslöschen gekommen, weil ihm immer wieder das weiße Pferd erschienen sei, das ihm in den Straßen der Stadt einen so starken Eindruck gemacht hatte: Immer wieder starb es für ihn den stellvertretenden Tod. – Noch und noch mußte er in seiner Ausweglosigkeit lebensimmanent sterben. Ist diese Aussage nicht bereits Ausdruck einer Haftpsychose? Das wird man bei einem Eskimo, der zum ersten Male von einer entlegenen Insel in die große Stadt kam, nicht ohne weiteres sagen können. Der Buschmann-Forscher L. van der Post (20;21) berichtet, daß sich bei Buschmännern, die von der Polizei in Gefängniszellen gesteckt wurden, das Vagus-Präponderanz-Symptom des Asthma-Anfalls einstellte, während man andere nie wiedersah: Sie starben während der Haft. – Wenn also bei uns ein Mensch die Ausweglosigkeit der Zelle nicht verträgt, indem er den Gefängnis-Knall (Gefängnis-Koller) erleidet oder von heftigen Suicid-Impulsen gequält wird oder in die Psychose verfällt, so wird man sagen dürfen, daß dieses Subjekt stärker als seine Mitbürger zu den Reaktionen neigt, wie sie den Eingeborenen als stufengemäß zuerkannt werden müssen. Man könnte diese Mitbürger als späte Nachzügler bezeichnen. – Unsere Gefängnisärzte müßten uns sagen können, ob auch bei uns ein Häftling, der nie in seinem Leben an Asthma bronchiale gelitten hat, in der Ausweglosigkeit seiner Zelle an diesem Übel erkranken kann.

Es ist außerordentlich interessant, daß diesem Problem bereits in der biblischen Schöpfungsgeschichte Bedeutung zukommt:

Gott warnt 1. Mos. 2, 17 Adam davor, von einem bestimmten Baum im Garten Früchte zu essen. Sollte er diese Sünde des Ungehorsams begehen, so werde er »des Todes sterben«. Es ist der Voodoo-Tod, der ihm damit angedroht wird. Die Prognose der Schlange dagegen lautet: »Ihr werdet mitnichten des Todes sterben.« Adam und Eva hätten den Schuld-Verstrickungs-Tod sterben müssen, wie Gott es ihnen vorausgesagt hatte, aber die Selbstregulation versagte, so, wie im allgemeinen beim modernen Menschen die nämliche Instanz versagt, wenn er in Schuld verstrickt ist. Vielleicht sahen sie es nicht als schwere Schuld oder Sünde an, vom Baum der Erkenntnis gegessen zu haben. Sie erwiesen sich als Ketzer, d. h. ihr kritisches Bewußtsein bewahrte sie davor, eine schwere Schuld in dem Tabu-Bruch zu sehen. Daß sie nicht sterben, ist Ausdruck einer anderen stufenbezogenen Gesundheit, die durch die todbringende Selbstregulation nicht gekennzeichnet ist. Gott hatte mit dieser baldigen Evolution seiner Geschöpfe, daß sie der Aufklärung so bald erlagen, offenbar nicht gerechnet.

Vom Witch-Doktor aus gesehen ist derjenige Mann, der in Schuld verstrickt ist und trotzdem den Voodoo-Tod nicht stirbt, auch wenn der Medizinmann »den Stab über ihn bricht«, ein hartgesottener Ketzer. Ich bin überzeugt, daß es Ketzer schon immer gegeben hat. Die Regie-Instanz, d. h. die Bereitschaft zu den stufenangemessenen Selbstregulationen, war bei ihnen bereits der zukünftigen Stufe angemessen. Sie lebten sozusagen unzeitgemäß, d. h. zu früh, und zwar um Jahrhunderte zu früh.

Es muß aber nachdrücklich bemerkt werden, daß es nicht in der Willensfreiheit des Subjekts liegt, ob es in »Schuld und Schande« sterben will oder nicht. Wenn »der Mechanismus losgeht«, sterben sie. Es kann auch sein, was im besonderen für den Europäer gilt, daß er »losgeht«, aber auf halbem Wege stehen bleibt, so daß etwa eine Apathie-Verfassung dumpfen Vor-sich-hin-Brütens resultiert. Die Instanz wirkt so oder so, was von einer Reihe von Determinanten abhängen mag, am stärksten gewiß, abgesehen von den konstitutionellen Gegebenheiten, von der Überzeugung des Subjekts.

Umweltbezogene Gesundheit, wenn ich an das epileptische Mädchen erinnern darf, ist gleichzusetzen mit dem Begriff der umwelt-bezogenen Instanzen-Wirksamkeit. Wären die Menschen immer den Vagus-Schuld-Tod gestorben, wenn sie sich gegen ihre Oberen versündigt hatten, d. h. wenn sie den Gehorsam brachen, das »Paradies« stünde heute noch. Die Aufklärung hat den Sieg davongetragen, und nun müssen wir noch und noch vom Baum der Erkenntnis essen, d. h. in der Aufklärung leben, in und von der Aufklärung. Ich stehe unter dem Eindruck, daß mit dem biblischen Schöpfungsbericht grundlegende anthropologische Zuordnungen zum Ausdruck kommen. Die Aufklärung und die Atavismen stehen einander gegenüber. Mehr als wir landläufig meinen, sind wir noch auf der 1. oder der 2. Stufe unseres Daseins verwurzelt. Man wird nicht behaupten können, daß wir völlig emanzipiert sind, und es ist sogar die Frage, ob es unserer Gesundheit von Nutzen wäre, uns von der alten Basis allzu weit zu entfernen. In der Frage der Vagus-Wirkmächtigkeit sind wir »weitergekommen«, verglichen mit den sog. Primitiven, die noch den Schuld-Verstrickungs-Tod sterben, was vermutlich damit zusammenhängt, daß bei ihnen die Aufklärung nicht überzeugend genug wirkt. Dabei übrigens scheint es sich um einen Prozeß zu handeln, der einer langen Laufzeit bedarf, wenn er sich auf das Instanzen-Gefüge in der Latenz unseres Leibes auswirken soll.

Selbst in der Anatomie kommt diesen Zusammenhängen eine Bedeutung zu: Ich kenne einen Studenten, der Ohrenbewegungen zeigt, wenn er in ein aufmerksames Gespräch verstrickt wird. Diese Mitbewegungen tragen ihm viel Spott ein, während niemand lacht, wenn wir die entsprechenden aufmerksamen Augen-Bewegungen zeigen. Möglicherweise würden wir alle bei aufmerksamem Zuhören mit den Ohren wackeln, aber es fehlt uns die entsprechende Muskulatur, die uns, im Gegensatz zu der Augen-Muskulatur, inzwischen

abhanden gekommen ist. Mit anderen Worten: Die alten Instanzen mit ihren atavistisch anmutenden Manövern können bis weit in unsere Neuzeit hinein am Werke bleiben.
Es ist vor Jahren an der Chirurgischen Poliklinik der Charité in Berlin eine Doktorarbeit geschrieben worden, die sich auf die Bißverletzungen bezog. Daß auch heute »noch« Menschen im Zorn den Gegner beißen, liest man gelegentlich in der Tageszeitung. Interessant ist, daß die Bißverletzungen, die sich die Menschen in Berlin gegenseitig zufügten, relativ selten waren. Der Hauptbeißer war der Hund, dann folgten das Pferd und das Schwein, und erst an vierter Stelle stand der Mensch, der seinen Mitbürger dental angriff und verletzte. In Afrika, in einem Busch-Hospital, kann man natürlich die Reihenfolge nicht aufstellen, da es Pferde dort nicht gibt; aber trotz dieser Unvergleichbarkeit fiel die Tatsache auf, daß auffallend häufig Männer Bißverletzungen aufwiesen, die ihnen von ihren Frauen zugefügt worden waren. Das alte Mittel der dentalen Aggression scheint gar nicht so selten zu sein. Wir müssen bedenken, daß nicht jeder Mann, der von seiner Frau resp. von einer seiner Frauen gebissen wird, das Krankenhaus aufsucht. Dieses Beißen darf als eine »Noch«-Regulation gelten. Charakteristisch ist auch die Feststellung, daß Eingeborene Stricke oder verknotete Schnüre mit den Zähnen zerbeißen. Der gordische Knoten, hätten sie Anekdoten von einem Alexander dem Großen, würde von ihnen dental bewältigt.
Der Mensch ist, wie Nietzsche sich ausgedrückt hat, »oligarchisch eingerichtet«. Eine dieser Instanzen im System der Instanzen-Oligarchie, d. h. der einander zugeordneten Instanzen, ist die des Gewissens. Diese Instanz datiert vermutlich aus der 2. Phase unserer Evolution, der der imaginären Erziehungsmächte. Was sich unsere Vorfahren unter dem »Gewissensbiß« vorgestellt haben, d. h. unter dieser dentalen Aggression der inneren Instanz, wissen wir nicht. Die Tatsache dieser archaisch resp. prädomestikatorisch anmutenden Ausdrucksweise könnte man mit dem Hinweis verbinden, daß von den Einwirkungen des Gewissens vermutlich schon in

sehr früher Zeit die Rede war. Heute wird man sagen, daß das Gewissen die nach innen hereingenommene Gruppe der anstoßnehmenden Mitbürger ist, etwa vergleichbar dem Chor in der antiken Tragödie, oder das »instanzierte«, nach innen einverleibte Alpha-Wesen. Tatsächlich sagte man noch in meiner Kindheit, daß das Gewissen die Stimme Gottes sei. Daß dem Gewissen im Falle des Voodoo-Sterbens Bedeutung zukommt, liegt auf der Hand. Das Subjekt wird alsdann von seinem Gewissen, wenn man so sagen dürfte, festgehalten: Subjekt in der Gewalt des Feindes, vergleichbar der Antilope im Fangnetz oder in den Pranken des Leoparden.

Wenn man hört, daß eine Batwa-Frau im Kongo (22) stirbt, weil sie Feldfrüchte gestohlen hat, so wird man zumindest sagen dürfen, daß sie von der Missetat nicht mehr loskam. Bei uns gibt es Menschen, die schon darum unter ihrer Schuld nicht leiden, weil sie ihre Verfehlung alsbald vergessen. Wieder andere – das wird neuerdings Sitte – glorifizieren ihre Untaten literarisch. Man kann seiner Schuld innerlich konfrontiert sein, beeindruckt von seinem Gewissen, solange einem Menschen die Erinnerung zuhanden ist, aber es gibt auch Menschen, bei denen Schuldgefühle nicht aufkommen, weil die Tat, die die Schuld begründet, vergessen wird. Eins ist klar, daß nämlich Gewissen und Wissen in einem Zusammenhang stehen. Was ich nicht »weiß«, macht mich nicht heiß.

Die Entdeckung, daß ein Mensch allein schon aus dem Grunde nicht frei, d. h. nicht Herr in seinem Hause ist, weil ihm die mnestische Verfügbarkeit entzogen ist, verdanken wir Nietzsche (23). Wenn ich meine Vergangenheit nicht überschauen kann, so schade ich meiner Reifung, und im Hinblick auf zukünftige Entscheidungen bleibe ich blind. Die Wohltat, daß mir eigene Schandtaten mnestisch nicht mehr vorschweben, erweist sich als fragwürdig. Anderseits wäre es unerträglich, wenn uns unsere Schuld unablässig vor dem inneren Auge stünde. Es gibt Geisteskrankheiten, ich denke an die Alkoholhalluzinosen und an die Endogene Depression (Melancholie), bei denen die Schuld des Subjekts als permanent-qualvoll erlebt wird. Nietzsche kleidete das Wesen der Verdrängung in die folgenden Worte: »›Das habe ich getan‹, sagt mein Gedächtnis. ›Das kann ich nicht getan haben‹, sagt mein Stolz. Endlich gibt das Gedächtnis nach.«

Was Freud später, zeitlich nach Nietzsche, als »Verdrängung« bezeichnete – der Terminus wurde von ihm geprägt –, meinte gleichfalls unsere Unfreiheit. Hier handelte es sich allerdings zunächst nicht um die mnestische Verfügbarkeit, sondern um die Beherrschung des Geschlechtstriebs. In den prüden Jahrzehnten, in denen Freud Hysterie-Forschung trieb, angeregt von Charcot in Paris, wurde ihm klar, daß die Triebeinschränkung Folgen hatte, die man nicht im voraus ahnen konnte: Der nicht ausgelebte Trieb ging in den Untergrund und manifestierte sich alsdann als Symptom. Die Symptome der Hysterie waren sogar ausgesprochen lärmend-demonstrativ. Freud war der erste, der diese Zusammenhänge durchschaute. Die Kusch-Verfassung viktorianisch-wilhelminischer Ausprägung war der Nährboden für die Hysterie damaliger Zeit. Wenn man das Freudsche Paradigma dem Wortlaut des anderen anpassen wollte, so ergäbe sich: »Meine animalische Triebhaftigkeit möchte sich naturgemäß realisieren. ›Das darf nicht sein‹, sagt mein Gewissen (Über-Ich), und so gehen Erlebnisbereitschaft und Aktivität in den Untergrund.« Auch bei diesem Grundbeispiel handelt es sich um die mangelnde Verfügbarkeit, aber zunächst nicht um die mnestische, sondern um die moralische Verfügbarkeit. Freud entlarvte die Hysterie-Symptome.

Wenn wir das Nietzschesche Paradigma in den Blickpunkt der Betrachtung rücken, und zwar in unsere Stufenbetrachtung, so ergibt sich: Auf der 1. Stufe dominiert der Darbietungs-Zwang, das rangtiefe Subjekt läßt sich inspizieren, was in seiner Bereitschaft zu einer alpha-bezogenen Demuts-Verfassung begründet ist. Liegen sich zwei etwa gleichrangige Wölfe gegenüber, so knurren sie, da sie sich die Blick-Kontrolle nicht gefallen lassen. Diese gleiche Erscheinung konnte noch unlängst bei »Waffen-Studenten« beobachtet werden, die zur

»Mensur« schritten, wenn sie sich über das gegenseitige »Messen mit Blicken« erzürnt hatten. Dem Sich-Messen mittels der Blicke folgte das andere Sich-Messen. Das rangtiefe Subjekt dagegen schlägt, wenn es dem ranghohen konfrontiert ist, die Augen nieder. – Der Autorität allein kommt das Kontroll-Privileg (24) zu. Auf der 2. Stufe gibt es nicht nur die alten Hochrang-Sozietäts-Partner, sondern zusätzlich, was mit der Stimulations-Notwendigkeit zusammenhängt, die imaginären Einschleus-Autoritäten, woraus sich z. B. erklärt, daß die Semang-Pygmäen (25) öffentlich beichten, wenn Karei, der Donnerer, in Gestalt eines Gewitters über den Urwald hinzieht. Die imaginären Autoritäten bestehen gleichfalls auf dem Kontroll-Privileg, richtiger gesagt: auch gegenüber den imaginären Hochrang-Wesen, die als Götter in die Erscheinung treten, reagiert das Subjekt mit einem Bekenntnis-Zwang (Darbietungs-Zwang). Die Instanz, die das demütige Subjekt zur Darbietung zwingt, ist auch noch auf den Stufen 2 und 3 wirksam. Der Beichtstuhl ist gleichsam das Ohr Gottes.

Es gibt zwei Arten des Kontroll-Privilegs, nämlich das Privileg auf seiten des Hochrang-Partners, außerdem ein Kontroll-Privileg auf seiten der anstoßnehmenden Sozietäts-Genossen, in Analogie zu den Möwen, die über die mit Farbe bekleckste Artgenossin herfallen. Das Kontroll-Privileg, das an den Rang gebunden ist, wird beim Militär demonstriert, wenn der Korporal die Mannschaftsstube betritt. Alsdann springt einer der Rekruten vor und erstattet unaufgefordert Meldung, wer hier anwesend ist und was sie gerade treiben. Dieses Alpha-Wesen kann verlangen, zumindest war es vor 50 Jahren so, daß die Rekruten ihre Spinde öffnen, in die Alpha, der Korporal, Einblick nimmt. Andererseits interessieren sich auch die Kameraden gegenseitig etwa für die Mädchen-Photos, die sich bei dem gleichaltrigen Partner im Verlaufe seiner amourösen Abenteuer angesammelt haben. Was man als Klatsch bezeichnet, wurzelt in dieser Kontroll-Anmaßung.

Auf der Zivilisations-Stufe, d. h. auf Stufe 3, wird dem

Kontroll-Privileg der Herren mehr und mehr Einhalt geboten. Man denke, wie die Kontroll-Befugnisse der Polizei eingeschränkt worden sind. Es blüht dagegen noch immer der Mitbürger-Klatsch. Die Tatsache, daß wir allzu eng zusammenwohnen, kommt diesem Bedürfnis entgegen. In früheren Zeiten, als viele von uns noch als »Schweighöfer« lebten, konnten wir unseren Mitbürgern nicht so leicht in die Kochtöpfe und in die Betten blicken. Man hat zwei Komponenten auseinanderzuhalten: 1) die Faszination, die sich auf das Verhalten der Mitbürger bezieht. Schon auf der Stufe der Zoo-Paviane kommt es vor, daß etwa zwei Weibchen, wie mir Rudolf Schenkel brieflich mitteilte, am Pascha Anstoß nehmen, der ihnen dazu Veranlassung gegeben hatte. Nun aber, auf unserer Stufe, könnte sogar von einer späten Rache die Rede sein, wenn die Rangtiefen über die Autoritäten der Regierungsgewalt herfallen: Mit einem verächtlichen Unterton spricht man von »denen da oben«. Der Kurswert der vormals so mächtigen Männer, an die man früher »nicht herankam«, ist sichtlich abgesunken. 2) steht das Subjekt, wenn es eine Abweichung von der Norm ausfindig gemacht hat, unter dem Zwang, sein Klatsch-Wissen auszubreiten. Diesen Zwang könnte man als »Publikations-Zwang« bezeichnen. Kennzeichnend für die 3. Stufe ist genau dieser Zwang, Klatsch zu verbreiten. Es gibt auf unserer Stufe Leute, die dieser Aufgabe sogar hauptamtlich dienen: eine gewisse primitive Presse. Dem Publikations-Zwang tragen nunmehr die Rotationsmaschinen Rechnung. Da erfahren wir, wer wen bei einer Schlägerei beschädigt hat und wo man während der Nacht in ein Haus einstieg. Wir erfahren auch, wer mit wem zusammen schläft und wie sich die Minister und andere Autoritäten blamierten. Tag für Tag finden sich in der Presse die Karikaturen, die sich auf Alpha beziehen, auch seine körperlichen Abweichungen, etwa die große Nase oder andere Anstoß-Absonderlichkeiten. Das ist sozusagen das Möwen- und Krähen-Einmaleins in Permanenz, d. h. die Mobbing-Lynch-Aggressivität, der auf der Stufe der Wildheit eine so entscheidende Bedeutung zukommt. »In jeden Quark begräbt man seine Nase«, und man ist sogar stolz darauf, daß man so »ausgezeichnet informiert« ist.

Wir wollen andererseits nicht verkennen, daß der Presse eine hohe Bedeutung zukommen könnte, wenn sie der Redlichkeit diente. Tatsächlich gibt es Journalisten, die sich ihrer hohen Aufgabe bewußt sind. Vorerst scheint es sich aber im allgemeinen mehr um die Sensationen zu handeln, wobei, ganz nach Belieben, eine Sache hochgespielt wird, während andere, obskure Zusammenhänge verschwiegen werden. Man manipuliert die Meinung des sog. Publikums, während man anderseits den vorsintflutlichen Erlebnisbedürfnissen dieser Leute entgegenkommt.

In den Zeiten der Inquisition – man denke an Galilei – ging es darum, wovon das Denken und Handeln determiniert wird, vom Glauben oder von der empirisch fundierten Intelligenz. Die intellektuelle Redlichkeit kennzeichnet, wenn wir auf eine bessere Zukunft hoffen dürfen, unsere Stufe. Das Ansehen der politischen Machthaber hat einen Kurssturz erlitten, ihrer Macht-Rang-Barbarei setzt man eine Barriere von Argumenten entgegen. Unser Ziel sollte es sein, souverän zu werden, und zwar im Denken, was voraussetzt, daß wir über ein möglichst umfangreiches, empirisch gesichertes Wissen verfügen, das letzten Endes im Dienst der Tugend steht. – Goethe beschwor im Vorwort zur zweiten Ausgabe der Wahlverwandtschaften das »Reich der heiteren Vernunftfreiheit«. Doch wird es eine Oligarchie der subjektdienlichen Instanzen auch dann noch geben, wenn wir die Freiheit eines emotional-unabhängigen Denkens erlangen könnten? Zu den »Spuren trüber, leidenschaftlicher Notwendigkeit«, von denen Goethe spricht, hätten wir heute die stufenbezogenen Stimulations-Notwendigkeiten und andere Ausdrucksformen der Instanzen-Oligarchie zu rechnen. Selbst dann aber, wenn es dieses Reich der heiteren Vernunftfreiheit nie geben könnte, weil ihm unsere paläoanthropologische Animalität allzu massiv im Wege steht, gibt es doch eine Illusion, eben die Illusion der

Freiheit, die uns in unserem bornierten Wohlstandsdenken und in unserer Zivilisations-Ausweglosigkeit als Hoffnung erscheint. Es wäre schon viel gewonnen, wenn man sich zunächst einmal sprachlich verständigen könnte, indem man eine anthropologisch fundierte Sprache gebrauchte.

5. Macht und Ohnmacht des Geistes

Man könnte die Instanzen-Oligarchie des Menschen als disharmonisch bezeichnen, und zwar insofern, als seine Intelligenz, verglichen mit der Intelligenz der Tiere, aus dem Rahmen fällt. So, wie in einem lebendigen Organismus, z. B. im Falle der Krebs-Erkrankung, ein Zellverband hypertrophieren kann, ist beim Menschen die Intelligenz hypertrophiert, und zwar mehr und mehr, ohne daß dieser Prozeß bisher zu einem Stillstand gekommen wäre. Das ist die Krebsstation, auf der wir versammelt sind. Es ist interessant, daß es Urzeit- oder Schöpfungs-Mythen gibt, die von den geistigen Leistungen handeln: Prometheus, in dem man das Erfinder-Ingenium des Menschen erblicken könnte, verkörpert bei den Griechen diesen hypertrophierenden Geist. In der biblischen Schöpfungsgeschichte ist von einer listigen Schlange und von einem »Baum der Erkenntnis« die Rede. Die Götter waren überrascht oder sogar verärgert, als sie die Intelligenz-Fortschritte des Menschen feststellen mußten. Prometheus wurde von den griechischen Göttern verflucht, und der biblische Gott verdammte die Schlange mitsamt den Menschen, die seitens dieser Verführerin zum Genuß der Erkenntnis-Freiheit gekommen waren. Die Versuchung, Erkenntnisse zu gewinnen, ist seitdem unausgesetzt im Spiele, so daß man nicht von der Einmaligkeit dieses Aktes unmittelbar nach der Erschaffung sprechen kann. Anders gesagt: Noch immer hungern wir nach Erkenntnis. Wenn es nach den Göttern gegangen wäre, hätte der Mensch das Feuer nicht oder zunächst nicht erlangt und hätte auch nicht vom Baum der Erkenntnis gegessen.

Dieses exzeptionelle Lebewesen erlernte es, und zwar aus sich selbst heraus, forschend und erfinderisch weiterzukommen, ohne daß ihm ein Lehrmeister zur Seite stand. Waffen herzustellen und in ihrer Wirksamkeit unablässig zu verbessern, war eine seiner Aufgaben. Dabei handelte es sich um einen

Prozeß, der noch heute im Fluß ist, während die Tiere diese Fähigkeit nicht erlangten. Die Paviane werfen zwar, wenn sie zornig erregt sind, mit Steinen, und die Schimpansen bedienen sich nicht nur des Wurfgeschosses, sondern schlagen auch mit Knütteln zu, aber sie bearbeiten die Steine nicht und verschlimmern auch die Gefährlichkeit der Schlagstöcke nicht. Es entfällt das Moment der Progression. Inzwischen ist es so weit gekommen, daß seit Jahrzehnten Waffen-Experten beisammensitzen, die darüber beraten, wie man »abrüsten« könnte. Die wilden Tiere wurden seitens der Menschen so weitgehend ausgerottet, daß es uns nun schon gar nicht recht ist. Seit Jahren beraten Tierschutz-Experten über Maßnahmen, eine Reihe von Arten, einschließlich der vordem so gefährlichen Raubtiere, zu schützen und vor der völligen Vernichtung zu bewahren.

Wir haben unsere Umwelt im Verlauf unserer Geschichte weitgehend dehostilisiert, d. h. entängstigt. Ich möchte allerdings nicht sagen, daß es sich dabei nur um die Bekämpfung der uns feindlichen Tiere gehandelt hat. Gescheitert ist der Versuch, sich gegenseitig nicht mehr mit Waffengewalt zu bekämpfen. Gegenüber unseresgleichen sind wir bösartig geblieben. Es gab eine Reihe von Erfindungen, die dazu beitrugen, die Urängste des Menschen zu mindern, etwa die Verhungerungs-Angst, denken wir z. B. an die Einführung des Pflanzen-Anbaus oder an die Domestikation der Tiere. Es mögen auch intelligente Einsichten anderer Art mitgewirkt haben, daß unseren Vorfahren Ängste erspart blieben: Ich könnte mir z. B. vorstellen, daß man, gewitzt durch schlimme Erfahrungen, seine Lager so hoch über den Flußbetten anlegte, daß das Hochwasser dem Menschen nicht mehr schaden konnte. Alles in allem wird man sagen können, daß es die Intelligenz war, die das Subjekt-Umwelt-Gleichgewicht der Ängstigungen in Unordnung brachte, d. h. daß die Entängstigung zu weit getrieben wurde. Das Angst-Erregungs-Defizit mußte nachträglich, sozusagen »künstlich«, durch neue Verängstigung gefüllt werden. Auch für diesen Akt fand sich kein

Lehrmeister vor, sondern »von innen heraus«, über eine Instanz der Wach-Schlaf-Selbstregulation, erfolgte die Austarierung. Man muß z. B. Angst-Träume haben. Wir leben in diesem Sinne labil.

Es scheint, daß bei dem Reparations- resp. Aus-tarierungsprozeß, der sich auf das Subjekt-Umwelt-Gleichgewicht bezieht, den Tieren als Widersachern des Menschen eine ganz besondere Bedeutung zukam: Ich wies bereits auf den umweltbezogenen Schlaf der Afrikaner hin, die in den weithin verstreuten Krals leben. In einem Busch-Hospital hörte ich, daß ein junger Mann wegen schwerer Verletzungen behandelt worden war, die er in der Auseinandersetzung mit einem Leoparden erlitten hatte. Es lag die folgende Vorgeschichte vor: Ein Brüderpaar war zu Besuch bei Verwandten, als sie nachts, umweltbezogen schlafend, einen Lärm im Viehkral wahrnahmen. Sie bewaffneten sich mit Knüppeln und gingen gegen den Leoparden vor, der in den Viehkral eingebrochen war. Der Chef des Krals hatte ebenfalls aus dem Schlaf heraus die Unruhe wahrgenommen, doch waren ihm die beiden jungen Gäste zuvorgekommen. Einer der beiden Angreifer wurde von dem Leoparden verletzt. Immerhin gelang es, das Tier zu verscheuchen.

Da mich das Nachtfeind-Problem interessiert, suchte ich diesen Afrikaner in seinem Kral auf, um mich über den nächtlichen Zwischenfall zu informieren. Ich war erstaunt, von dem Mann zu hören, daß er dieser Sache keinen besonderen Wert beimesse. Der Leopard, sagte er, sei kein besonders gefährliches Tier: »Die Leoparden beißen ja nur.« Es stellte sich heraus, daß dieser Mann zwischen zweierlei Nachtfeinden unterschied, nämlich den natürlichen Nachtfeinden und denen, die man als »dämonisch-aufgestockt« zu bezeichnen hätte. Die wirklich gefährlichen Feinde sind die der dämonisch-imaginären Gruppe. Zu meiner Überraschung ergab sich, daß die wahrhaft-gefährlichen die wahnhaft-gefährlichen Tiere waren. Zu dieser Gruppe gehören die Eulen, die Hyänen, die man tatsächlich als höchst gefährliche Beißer bezeichnen muß, andererseits aber auch das völlig harmlose Erdferkel (Orycteropus), ja, dieses sei sogar ganz besonders bösartig, da es nicht nur von bösen Zauberern geschickt werden kann, um den Eingeborenen Unglück zu bringen, sondern den Zauberern selbst als Reittier dient. Von anderer Seite allerdings hörte ich auch, daß die Hexen oder Zauberer auf Hyänen reiten (26). Daß man überhaupt Hyäne und Erdferkel in einem Atem nannte und die Gefährlichkeit des Leoparden trotz schlimmer Erfahrungen sogar bagatellisierte, mutet höchst sonderbar an.

Es wäre als »überschießende Gegenregulation« zu bezeichnen, daß einerseits die wirklichen Raubtiere, abgesehen von der Hyäne, nicht ernst genommen werden, während andererseits die Gefährlichkeit der Tiere, die der Gruppe der dämonisch-aufgestockten, imaginär-gefährlichen Nachttiere angehören, als gar nicht gefährlich genug herausgestrichen werden konnte. Hier wird die Umwelt mittels des Aberglaubens verschärft, denn das Erdferkel, ein völlig harmloses Tier, ist nunmehr von einer Bedeutungs-Gefährlichkeit »imprägniert«, nämlich mittels des Wahn-Akzents. Auch dem Serval (Felis serval), einer Katzenart, kommt eine unheimliche Bedeutung zu, obgleich er dem Menschen kaum gefährlich werden dürfte. Die Eingeborenen sagen, er sei für die schwangeren Frauen verhängnisvoll, speziell auf sie habe er es abgesehen. Mit anderen Worten: Was dem Menschen an Sicherheit zufließen konnte, und zwar insofern, als er mittels der ihm angeborenen Intelligenz den Tieren gegenüber mehr und mehr mächtiger wurde, wird nun annulliert, indem das Moment einer Angst im Spiele ist, die sich auf eingebildet-gefährliche Mächte bezieht. Unwillkürlich wird man an das epileptische Mädchen denken, dessen Umwelt durch Traum-Elemente verschärft wurde, und zwar subjektdienlich verschärft. Die Waagschale hat sich gehoben, darin bezeugte sich die Macht des menschlichen Geistes. Die Schale wurde zu leicht, und nun muß eine Ängstigungs-Regie schwerwiegende Wahnideen in diese Umwelt-Waagschale werfen.

»Der Stoff, aus dem die Träume sind«, ist zum Aus-tarieren geeignet.
Es scheint, daß bei den Matabele gewisse Tiere ausersehen sind, die Menschen »wieder das Gruseln zu lehren«. Man könnte die folgende Stufen-Abfolge aufstellen: Urzeit, der Mensch wird vom Nachtfeind geängstigt und schläft, so wie die Paviane oder die Schimpansen, nachtfeindbezogen. Selbstverständlich bezog sich auf Stufe 1 die Angst vor wilden Tieren nicht nur auf die dunkelaktiven Tiere. Als der Mensch selber im Zusammenhang mit dem Waffengebrauch immer gefährlicher wurde und den aggressiven Tieren sogar den Rang ablief, mußte er eine neue Verängstigung in Kauf nehmen, indem die Nachttiere – wohlgemerkt nur die Nachttiere – dämonisch überhöht wurden. Stufe 3 ist die Stufe der Aufklärung, d. h. die abergläubischen Meinungen verlieren ihren Kurswert. Die Tiere müssen nun von uns vor uns selber geschützt werden.
Diese Schwankungen im Angst-Kurs sind nicht allein auf die afrikanischen Tiere beschränkt; die Abfolge von Hausse zu Baisse und erneuter Hausse hat es auch in unserem europäischen Angst-Haushalt gegeben: Noch in meiner Kindheit kannte man im Erzgebirge dämonisch-aufgestockte Tiere. Ich erinnere mich, daß es einen Nachtschmetterling gab, der »Molkendieb« genannt wurde. Es hieß, daß sich eine Hexe in diesem Tier verberge, d. h. daß sich eine Hexe in den Nachtschmetterling verwandelt habe, die in der Nacht die Kühe aussauge, so daß sie am folgenden Morgen keine Milch gäben. In anderen Gegenden Deutschlands, z. B. bei Bamberg und Mainz, gibt es einen Nachtvogel, der als »Ziegenmelker« (Caprimulgus) bezeichnet wird. Meine Eltern haben wahrscheinlich nicht mehr an den Molkendieb-Schadenzauber geglaubt, aber es ist nicht sicher, wie meine Großeltern über diese unheimliche Sache dachten. – Letzten Endes war auch der Teufel ein Nachttier: Er fuhr nachts durch den Schornstein in das Bauernhaus und verließ es auch auf dem gleichen Wege. Diese Hausbesuche machte er bei gewissen Bauern, die mit

ihm paktierten. Seine Tier-Natur bezeugte sich in dem Wechselbenutzungs-Zwang: Wer zum Schornstein hereinschlüpft, muß auf dem gleichen Wege das Haus wieder verlassen. – Übrigens ist auch der Teufel in Goethes Faust halb Tier, halb Dämon: Als herrenloser Pudel folgt er dem Doktor Faust, aber als die Dunkelheit hereinbricht, verwandelt er sich in das dämonische Wesen. Wie er, nach Art der Tiere, an den Wechsel gebunden ist, zeigt sich, als er die Studierstube des gelehrten Mannes verlassen will: Faust hat ein Pentagramm auf den Fußboden gezeichnet, das der Hund nicht bemerkte, als er hereinsprang, nun aber ist dem Teufel der Ausgang versperrt. Zum Fenster oder zum Schornstein hinauszuschlüpfen, ist ihm nicht möglich, eben wegen des Wechselbenutzungs-Zwangs. Die erzgebirgischen Teufel, die durch den Schornstein kommen und gehen, sind eine andere Spezies, vielleicht die primitivere Art, die dortselbst landschaftsgebunden existierte.

Ich weise auf diese europäischen Nachtfeinde hin, weil ich nicht den Eindruck erwecken möchte, als ob ich auf die Menschen der afrikanischen Stufe hochmütig herabblickte. Wie noch ein Bauer aus meiner allernächsten Verwandtschaft, der aus dem oberen Erzgebirge stammte, dem Nachtfeind-Aberglauben verfallen war, zeigt der folgende Bericht: Sein Großvater, der sich ein klein wenig auf die »schwarze Kunst« verstand, hatte einmal am späten Abend hinter seinem Haus einen Haufen großer Goldmünzen gefunden. In Wahrheit waren es die Roßäpfel, die der pferdegestaltige Teufel dortselbst abgesetzt hatte. Als Mann vom Fach wußte der Bauer, daß er den Besitz behält, wenn er schweigt. Die Schwatzhaftigkeit ist ein Merkmal der 3. Stufe, die sich in der Aufklärung bezeugt. Der Bauer lud die Kostbarkeit in seine Schürze und begab sich ins Haus, wo ihn die Frauen bedrängten. Sie wollten wissen, wie er zu dem funkelnden Goldschatz gekommen sei. Er schwieg und schwieg, bis er die endlose Fragerei nicht mehr aushalten konnte. Kaum hatte er den Mund aufgetan, lag ein ansehnlicher Haufen von Roßäpfeln vor ihnen. –

Der Goethesche Teufel dagegen, der »Ritter mit dem Pferdefuß«, ist weit mehr Mensch als Tier, nämlich ein Weltmann und Kavalier.

Die Stufe der Aufklärung wirkt sich inzwischen auch in Afrika aus. Man wird zugeben, daß in Europa im großen und ganzen der Prozeß der Aufklärung seit längerer Zeit im Gange ist. Nun verlieren wir diese Ängste, aber die Erlebnisbereitschaft bleibt: Zunächst dezimierten wir die gefährlichen Tiere, dafür mußten wir die tiergestaltigen Dämonen einhandeln, und nun bezeugt sich in der Aufklärung aufs neue die Macht des Geistes.

Wie frei ist das epileptische Mädchen Ursula? Wir hörten, daß ihr von innen heraus wieder eine verschärfte Umwelt zuteil werden mußte, und zwar um ihrer Gesundheit willen. Ich sagte bereits, daß sie darin, welche Umwelt ihr angemessen ist, nicht als »frei« gelten kann. Sie selbst wählte sich diese verschärfte Erziehungs-Umwelt nicht aus. Trotzdem hat sie noch Freiheit genug, nämlich Entscheidungs-Freiheit. Es wird niemand behaupten, daß Ursula in der Halluzinose zu einer Marionette geworden ist: Das Mädchen kann z. B. in der Klinik die Mahlzeit ablehnen, weil sie ihr nicht paßt. Ihre Mutter bereitet dieses bestimmte Gemüse viel schmackhafter zu. Ursula kann sich jedoch zusammennehmen und ihren Teller leeressen. Häufig sind die Kranken der Meinung, daß die Ärzte oder die Schwestern die Belästigung seitens der Stimmen hätten verhindern können. Das brauchte nicht zu sein, daß den ganzen Tag dieses Mädchen-Geschnatter zu hören ist. Alle Schwestern und Ärzte werden doch dadurch gestört. Die Tatsache ist grundlegend bedeutsam: Das geisteskranke Subjekt meint nicht etwa, daß die Umwelt, in der es lebt, seine spezielle Umwelt ist, in der auch die Ärzte und Schwestern leben. Ursula kann sich nun z. B. bei der Stationsschwester beklagen, aber sie kann sich auch an den Arzt wenden, und sie kann dabei sogar recht patzig werden. Das Mädchen kann sich beherrschen oder sich auch gehen lassen. In diesem Verhalten ist Ursula durchaus »frei«.

Letzten Endes läuft es auf dasselbe hinaus, ob von einem Regisseur (Gleichnis aus dem Theaterleben) oder vom Steuermann (kybernetes) eines Schiffes die Rede ist, d. h. daß wir genauso den Begriff der »kybernetischen« Selbstregulation gebrauchen können. Es soll zum Ausdruck gebracht werden, daß es sich – gleichviel, welcher Metaphern ich mich bediene – im Subjekt und in seiner Umwelt um einander zugeordnete selbsttätig-automatische Vorgänge handelt. Längst vorher, bevor es den Begriff der Kybernetik gab, war in der Sprache der Mediziner von den Selbstregulationen oder auch von den »überschießenden Gegenregulationen« die Rede. Was man heute noch immer mit dem unzureichenden Begriff der »Vegetativen Dystonien« bezeichnet, gehört in diese Betrachtung.

Ich kann von mir sagen, daß mir der Begriff der subjektdienlichen Zuordnung tiefen Eindruck machte, als ich ihm bei dem Philosophen Erich Becher (»Die fremddienliche Zweckmäßigkeit der Pflanzengallen«, Verlag Veit & Co., Leipzig 1917) begegnete. Es gibt Subjektdienlichkeit und ebenso Fremddienlichkeit, und es gibt automatisch sich vollziehende Vorgänge, die man sowohl als subjekt- wie auch als fremddienlich zu bezeichnen hat. Nicht vergessen soll man dabei, daß es dieser Art Zuordnungen (»Dienlichkeiten«) gibt, die endlos im Stadium des Mißlingens bleiben. Immer, so scheint mir, handelt es sich um die Gesundheit, nämlich um die Gesundheit von Subjekt und Umwelt. Ich wies darauf schon hin, daß ich diese Zuordnungen mit den Augen des Arztes sehe.

Im Falle des Mädchens Ursula ist die Verhängung des epileptischen Ausnahmezustands das Werk des inneren »kybernetes«. Der Kapitän, d. h. das erlebende und entscheidende Ich, hat sich der Wiederherstellung der 2. Stufe zu fügen. Entschließungsfähig ist das Subjekt, wie wir hörten, nur in begrenztem Rahmen. Soweit es sich um die Gesundheits-Wiederherstellung handelt, sind ihm die Hände gebunden. Die Wiederherstellung (restitutio ad integrum) arrangiert sich selbstregulatorisch. So modern sich das Ich in seinen Anschauungen vorkommen mag, es ist dem Mechanismus der kybernetischen Gesundheits-Wiederherstellung ausgeliefert. Wenn wir eine Formel prägen wollten, die wir plakativ über diese Psychose stellen könnten, so hätte diese zu lauten: »Ich bin exponiert«. Ursula kann sich den Mädchen nicht entziehen, insofern darf man auch sagen, daß das Subjekt in der »Situation einer Ausweglosigkeit« ist. Das Expositions-Moment soll uns zu beschäftigen haben.

Ich erfuhr dieses Merkmal der Exposition, d. h. des Ausgeliefert-Seins, im Umgang mit wilden Pavianen. Ursula lebt unter den Augen der das Subjekt ständig beobachtenden Mädchen-Sozietät, deren Kritik es ständig anhören muß. Als ich in Afrika in einem der Nationalparks ein kleines Haus bewohnte, das mitten in einem Pavian-Territorium lag, lebte ich ähnlich wie Ursula, nämlich unter den Augen der Paviane. Es lief auf die Formel hinaus: »Ich bin euch exponiert.« Immer wieder stellte ich fest, wie ich den Blicken dieser Tiere ausgeliefert war. Da oder dort saß einer auf einem der Bäume und behielt mich, den in das Territorium eingedrungenen Fremdfeind, im Auge. Die Paviane hatten seit langem keine Menschen mehr vor sich gehabt. Meine Einquartierung in das einsam stehende Haus war außerhalb der Saison erfolgt. Es standen noch zwei Häuser in der Nähe, die jedoch unbewohnt waren. Der mich jeweils fixierende Pavian hatte offensichtlich einen Wachtposten bezogen. Es handelte sich um einen Akt der Sicherung. Der Späh-Pavian beobachtete mein Verhalten. Die Sozietät ist in Gefahr. In der Sprache der modernen Staatsregierungen würde von der »Abwehr« die Rede sein, die einen fremden Eindringling »beschattet«.

Ich kannte die Schlafbäume der Paviane und es interessierte mich, ob sie, wenn sie morgens von ihren Nachtquartieren abmarschiert waren, Wachen zurückließen. Ich hielt das für unwahrscheinlich. An einem Vormittag, gegen 11 Uhr, als die Horde längst abmarschiert war, machte ich mich auf, um die Umgebung dieser Schlafbäume abzusuchen. Es rührte sich nichts. Als ich mich jedoch zum Weggehen gewendet hatte, hörte ich hinter mir ein zorniges Bellen, ohne daß ich den Schreier sah. Ich bin überzeugt, daß mir weit öfter ein Augenpaar gefolgt war, als ich es bemerkt hatte. Die afrikanische Landschaft hat allenthalben Augen, auch wenn diese selbst unsichtbar sind. In diesem Zusammenhang wurde mir die Etymologie des deutschen Wortes »sehen« klar: Sehen ist wurzelidentisch mit dem lateinischen Verbum »sequi« = folgen. – Ich darf von mir sagen, daß ich unbekümmert zu den Schlafbäumen gegangen war. Die gegenteilige Verfassung wäre, wenn ich diesen psychiatrischen Terminus gebrauchen dürfte, als »subjektzentristisch« oder »subjektzentriert« (19) zu bezeichnen. Sich mißtrauisch-subjektzentriert zu verhalten, ist Ausdruck der Vorsicht. Wer in dem Bewußtsein steht, daß er im Brennpunkt eines Hohlspiegels lebt, auf den alle Blicke der anderen zentriert sind, wird sich leichtsinnigen Abenteuern nicht ausliefern. Solange ich in dem Haus wohnte und mich in der Umgebung dieses Hauses bewegte, wurde ich mehr oder weniger pausenlos »beschattet«: Das ist die Formel, die auch der Befindlichkeit Ursulas während der Psychose zuerkannt werden könnte. Mit anderen Worten: Ich hätte mich damals, in der Umgebung dieses Hauses, vorsichtiger verhalten sollen, der Erregung der Paviane gemäß. Wenn mich, als ich bei den Schlafbäumen war, ein mächtiger alter Bärenpavian (Papio ursinus) attakkiert hätte, so wäre das gewiß kein ganz harmloser Zwischenfall gewesen.

Als vergleichbar empfand ich meinen Aufenthalt unter den Eingeborenen im Matabeleland. Die Eingeborenen wußten, wenn ich so sagen darf, alles über mich, was sie wissen konnten. Ich war in dem Distrikt, in dem ich mich aufhielt, der einzige Weiße, der neuerdings in das Land gekommen war. Hier handelte es sich nicht um die Situation des Anstoßnehmens, denn ich war keiner der ihren, sondern war als Fremder in ihr Territorium eingedrungen. Die anderen, schon seit Jahren anwesenden weißen Ärzte und Schwestern, die im Buschhospital tätig waren, galten gleichsam als assimiliert, als ob sie zu der Sozietät gehörten. Wenn man sagen darf, daß sich die Paviane unangemessen paranoisch-mißtrauisch verhielten, denn ich hatte ja gar nicht die Absicht, ihnen zu schaden, so darf dasselbe nun von den Matabele gelten: Das Hospital unterhält an einigen weit entfernten Plätzen »Apotheken«, wo zu festliegenden Terminen einer der Ärzte erscheint, um ambulante Kranke mit Medikamenten zu versorgen, wo aber auch Zähne gezogen oder Mütter mit kranken Säuglingen oder schwangere Frauen beraten werden. Ich erlitt auf einer dieser Fahrten einen Schwächeanfall in der Sonnenhitze des Mittags und blieb, während mein Freund in der »Dispensary« seines Amtes waltete, im Landrover, wo ich einschlief. Ich erwachte in einem Angst-Zustand: Im Augenblick war ich unter dem Eindruck der fremden Landschaft desorientiert. Ich sah, daß jenseits eines Weges, im Schatten der Büsche und Bäume, eine große Zahl von Eingeborenen saß, deren Blicke auf mich gerichtet waren. Feststellen mußte ich allerdings, daß diese Menschen Distanz hielten. Es war mir peinlich, daß ich vor den Augen so vieler Menschen geschlafen hatte. Als wir angekommen waren, hatte ich die Afrikaner dort bei den Büschen nicht bemerkt, wahrscheinlich waren wir früher dagewesen als die Klientel, was nicht ausschließt, daß sich die Schwarzen unsichtbar in der Nähe aufhielten. Unsichtbar sein bedeutet noch lange nicht, überhaupt nicht anwesend zu sein.

Ich empfand es als tröstlich-wohltuend, daß man Distanz hielt. Es hätte ja auch sein können, daß die Afrikaner sich dicht um das Fahrzeug versammelt und mich begafft hätten, während ich schlief, – so wie wir als Kinder herbeiliefen und gafften, wenn etwa Zigeuner in mein Heimatdorf gekommen waren. Als dann mein Freund kam und wir weiterfuhren, sagte er mir, die Diskretion der Matabele mir, dem Fremden gegenüber, sei typisch; man sei überall – die Landschaft, in der wir uns befanden, war viele Meilen von dem Hospital entfernt – auf Anstand bedacht, aber ich dürfte überzeugt sein, daß alle Leute ohnehin wußten, wer ich bin, obgleich ich zum ersten Male im Bereich dieser Dispensary war. Er fügte hinzu – wir waren inzwischen schon wieder in der Busch-Baum-Savanne –, daß vielleicht auch jetzt irgendein Augenpaar uns folgte. So ist man ständig »beschattet«, und man könnte sogar sagen, daß die Eingeborenen es gar nicht nötig hatten, an das Auto heranzukommen und den schlafenden Mann zu begaffen. Darin liegt der wesentliche Unterschied: Wenn früher Zigeuner in unser Dorf kamen, so gafften wir zwar, aber wir wußten über diese fremden Leute, etwa über ihre Herkunft, über ihre Verwandtschaftsbeziehungen untereinander, über ihre Namen oder sonstige Eigenschaften, z. B. das Alter, nicht das geringste, und wir hatten dafür auch kein Interesse. Das Detail fasziniert dagegen die Eingeborenen. Sie nahmen nicht Anstoß, wie sie unter ihresgleichen Anstoß nehmen, dennoch war ich ihnen »interessant«. Nicht meine Abweichung von der Norm interessierte sie, sondern mein Signalement. Es gilt auch in diesem Falle die plakative Formel: Ich war ihnen exponiert, und zwar sensorisch exponiert, wie ich den Pavianen sensorisch exponiert war und wie die Epileptikerin dem Mädchenbund bis auf weiteres exponiert blieb.

Als ich dann einige Wochen später, an dem Abend, bevor ich Afrika verließ, bei einem Witch-Doktor im Busch war, wurde mir klar, was alles dieser Mann an Details über mich wußte, obgleich wir uns bisher überhaupt nicht begegnet waren. Die Grundfrage der Afrikaner lautet vermutlich: Was will dieser Fremde in unserem Land? Er muß doch irgendwelche Ziele oder Absichten verfolgen[3]. Ich selbst fragte mich, ob ich Fehler begangen hätte, daß man sich so sehr für mich interes-

---

[3] Einer der Matabele, ein ungemein kultivierter Mann, der sogar geographische Kenntnisse hatte und sich mit mir gern über Deutschland unterhalten wollte, sagte mir im Laufe eines Gesprächs auf den Kopf zu: Es sei ganz bestimmt nicht wahr, daß ich lediglich als Tourist ins Land gekommen sei. Er wisse, daß ich von der deutschen Regierung geschickt worden sei, um die deutschen Ärzte und Krankenschwestern zu inspizieren. Weshalb wäre ich sonst weit und breit in allen Hospitälern gewesen? Was tatsächlich stimmte. Aber woher wußte er es?

sierte. Vielleicht darf man sagen, daß alles »verdächtig« war, was ich bisher unternommen hatte: Ich hatte mich nicht chirurgisch betätigt wie die anderen Ärzte, aber ich hatte mich in auffallender Weise für die Tiere des Landes interessiert. Ich hatte bei den Eingeborenen gefragt, was sie von den Nachttieren denken. Ich war auf Beerdigungen erschienen, zwar mich diskret im Hintergrund haltend, aber was hatte ich mit ihren Toten zu tun? Ich wollte auch wissen, wie sie ihre Kranken behandeln. Es waren vor längerer Zeit einmal Elefanten in dieser Landschaft gesehen worden. Einer der Missionare berichtete mir, daß die Leute herbeigeeilt seien, die großen Kotballen, die die Tiere als Hinterlassenschaft abgelegt hatten, zu sammeln und in ihre Krals zu holen. Ich hatte nachgeforscht, was sie damit anfangen wollten. Mit einem Wort: Irgendwie war ich verdächtig, und zwar verdächtig im Sinne der Stufe 2, wo es sich um Dämonen und unsichtbare Mächte, z. B. auch um Gesundheit und Krankheit, handelt.

Es war davon die Rede gewesen, daß der Mensch das Wesen ist, bei dem, wenn wir seine psychische Gesundheit mit dem Zusammenwirken von Kapitän und Steuermann (kybernetes) vergleichen, der Kapitän, d. h. das Ich, den unwillkürlichen, in der Latenz des Leibes sich manifestierenden Mechanismen ausgeliefert ist. Ich sprach, wobei ich den modernen Menschen, das Subjekt der Stufe 3, im Auge hatte, von der Gesundheits-Wiederherstellung, wobei Gesundheit die Gesundheit der 2. Stufe oder, genauer gesagt, der uranfänglichen Wild-Stufe war, da ja die Traum-Invasion die Umwelt auf den Stimulationsgrad der Stufe 1 bringt. »Wiederherstellen« bedeutet, in die Vergangenheit zurückgehen, d. h. die alte Gesundheit »restituieren«.

Daß zur Gesundheit der 2. Stufe die Wahn-Erlebnisse gehören, wurde betont. So erhebt sich die Frage, ob man die geistige Verfassung der Matabele, in deren Umwelt es von Wahn-Elementen wimmelt, nicht der der Epileptikerin Ursula vergleichen könnte, die den Mädchen, und zwar imaginären Mädchen, exponiert war. Der moderne Mensch dagegen lebt unabhängiger, isolierter. Bei Ursula findet sich die gewisse Exposition, d. h. die Faszination, die sich auf die Details bezieht, und es finden sich die gewissen, aus dem Traumleben eingeschleusten imaginären Partner, die man in der Ethnologie als Dämonen oder wie immer bezeichnen mag. Nietzsche gab dem Gedanken Ausdruck, daß der Irrsinn bei den Einzelnen eine Ausnahme ist, dagegen bei den Völkern und Zeiten und Parteien die Regel. Im Irrsinn oder Wahnsinn leben hieße demnach, wahnhaften Partnerschaften exponiert sein, aber auch gegenseitig mehr aneinander gebunden und fasziniert sein, als es die Menschen der Zivilisations-Stufe sind.

Da ich überzeugt war, daß die therapeutischen Erfolge der Medizinmänner zu einem hohen Prozentsatz psychotherapeutische Erfolge seien, sah ich in diesem »Zauberer« einen Kollegen. Es war mir außerordentlich interessant, was er vom menschlichen Traumleben hielt. Zu meinem Erstaunen sagte er, daß den Träumen eine entscheidende Bedeutung zukommen kann, aber den Träumen des Doktors, nicht etwa denen der Kranken. In den Träumen erfährt der Witch-Doktor wesentliche Zusammenhänge, was uns an die Träume der sibirischen Schamanen und ihre traumartigen Séancen erinnert. Dieses Moment ist für die schamanistische Stufe charakteristisch. Übrigens konnte man auch unlängst noch in Europa hören, daß Gott den Menschen die Träume schickt. Im besonderen, sagte mir der Zauber-Doktor, komme er auf diese Weise gefährlichen fremden Zauberern auf die Spur. Zum Schluß stellte sich heraus, daß er mich für einen fremden Zauberer hielt, der in das Land gekommen war. Als ich mich nach dem langen, äußerst interessanten Gespräch verabschieden wollte, spielte der »Kollege« seinen Trumpf aus: Er wies mich auf eine Apparatur hin, die sich über der Tür in der Innenseite seiner Rundhütte befand. Die Einrichtung sah ungefähr wie eine Fisch-Reuse aus. Es ragten spitze Drähte in das Innere des Raums. Unter diesem Arrangement waren mit Holzkohle Zeichen an die Wand geschrieben, die ich nicht deuten konnte. Der Gastgeber sagte mir, daß es sich nun offenbaren würde, ob ich nicht doch ein Zauberer sei. Wenn dem so wäre, so könnte ich den Raum nicht verlassen. Der Ausgang wäre gesperrt. Mit anderen Worten: Ich war jetzt in der Situation einer Ausweglosigkeit, vergleichbar der Situation des Teufels in Fausts »Studierstube«. So, wie der Pudel beim Hereinspringen das Pentagramm nicht bemerkt hatte, war mir diese reusenartige Apparatur beim Eintritt in die Hütte entgangen. Nun war ich gefangen wie die Maus in der kreisrunden Lebendfalle.

Unsere plakative Formel lautete: Den Feinden exponiert sein. Sich ihrer Aufmerksamkeit nicht mehr entziehen können. Hier war ich nun nicht nur sensorisch exponiert, so daß ich von allen Seiten beobachtet werden konnte, sondern dem Feind auch physisch total ausgeliefert.

Ich reiste am folgenden Morgen ab. Was die Eingeborenen zu meiner Abreise sagten, habe ich nicht in Erfahrung gebracht. Ich halte es für möglich, daß der Witch-Doktor überzeugt war, er habe meine Abreise, die er möglicherweise für eine plötzliche, überstürzte Flucht hielt, durch seine zauberische Praktik bewirkt.

Wenn die Frage gestellt würde, ob die Geistesverfassung dieses Volkes nicht als psychotisch oder psychoseartig zu bezeichnen sei, so gälte es, den Vergleich zwischen diesem Nativ-Verhalten (Stufe 2) und den Erlebnissen z. B. eines Schizophrenen durchzuführen: Man könnte von einer Atmosphäre der Details sprechen, die den Fremden umgibt. Dem Subjekt, anders gesagt, steht die auf Details bezogene Faszination der Einwohner gegenüber, sei es, daß es ihnen um das Signalelement zu tun ist oder um das Anstoßnehmen, wenn es sich um einen der ihren handelt. Ich war ihnen ständig exponiert, so wie ich den Blicken der Paviane ständig ausgeliefert war, solange ich mich in deren Territorium aufhielt. Hier liegt die Parallele zu der paranoisch-mißtrauischen Grundhaltung des Schizophrenen offen zu Tage: Er fühlt sich ständig beobachtet, als ob seine Mitbürger ihn mit einer faszinierenden

Neugierde eingekreist hätten. Das ist der Subjektzentrismus (19), von dem ich sprach: Subjekt im Brennpunkt eines Hohlspiegels. Man sagt als Nervenarzt z. B. einem Schizophrenen, daß er sich irren müsse: Wer in der ganzen Stadt sollte ein so starkes Interesse an ihm haben, an ihm persönlich oder an irgendeinem Detail, das ihm zukommt? Aber der Kranke ist von dieser Überzeugung nicht abzubringen. Es handelt sich um die knisternde Atmosphäre der Details, in der er mit seinen Mitbürgern zusammenlebt. Eine schizophrene Frau beklagte sich beispielsweise, wie schamlos neugierig ihre Hausnachbarn seien. Sogar auf das Closett folgten ihr deren Blicke. Es müßten irgendwelche moderne Apparaturen im Spiele sein, die es ermöglichten, daß man ihren After und ihr Genitale von unten her beobachtete, wenn sie urinierte und defäzierte. Sogar an diesen natürlichen Vorgängen nehme man Anstoß. Straßauf, straßab höre sie, wenn sie ihr »Geschäft« verrichte, Pfui-Rufe und freche Bemerkungen. Nebenbei bemerkt, auch dem Mädchen Ursula, das in seiner Psychose die normale Hirnstromkurve zurückerlangte, folgten die anstoßnehmenden Stimmen auf das Closett.
In Afrika wurde mir klar, daß sich die Detail-Faszination als Ausdruck der 2. Stufe unter den Eingeborenen als Norm erweisen läßt. Für diese Stufe, die genauso das Erleben und Verhalten paranoisch-geisteskranker Europäer kennzeichnet, sind die dämonischen Fehldeutungen charakteristisch, zu denen sich neuerdings nun, im Europa des 20. Jahrhunderts, die technischen Fehldeutungen (geheimnisvolle Apparate) gesellen. Bei den Afrikanern denke ich an die dämonisch-aufgestockten Nachttiere. Es handelt sich dabei um die Verstärkung eines ohnehin bestehenden Trends: Das Nachttier allein schon, dem auf seiten des Subjekts die angeborene Nachtfeind-Erlebnisbereitschaft entgegenkommt, ist ein besonderes Lebewesen. Die dämonische Aufstockung erfolgt nicht von ungefähr. Ich selbst, der fremde Eindringling, war gleichfalls »dämonisch-aufgestockt worden«. Zauberer aus einem fremden Land, das ist wohl immer ein Bösewicht. Ich war als

Fremder verdächtig, so wie ich den Pavianen verdächtig war. Man begegnete mir mit Mißtrauen. Den Pavianen sowohl als auch den Eingeborenen gilt die Feindvermeidung (H. Hediger) als das höchste Prinzip. Unter diesen paläoanthropologischen Gesichtspunkt hat man die Zusammenhänge zu stellen. Man begegnete mir mit einem Mißtrauen, das man als »paranoisch« bezeichnen könnte. Anders gesagt: Die Paranoia ist älter als die Verfassung, die wir auf unserer 3. Stufe als unparanoische Gesundheit bezeichnen.

Ich wiederhole die Bemerkung, daß es auch bei diesen Menschen vermutlich »Ketzer« gibt, d. h. Mitbürger, die man als aufklärungsbereit bezeichnen könnte. Sie sind wahrscheinlich weniger auf die Stimulation angewiesen. Sie haben einen anderen emotionalen Haushalt. Das Wahn-Erlebnis hält sie nicht wie die anderen in seinem Bann. Auch in diesem Kontinent ist die Wahrheit im Anmarsch. Wahrheit und Wahn stehen einander gegenüber. Sowohl beim Aberglauben als auch bei der paranoischen Psychose handelt es sich gewissermaßen um einen Mangel an kritischer Redlichkeit, an Logos. Das emotionale Erlebnis dominiert. Die Gefühle kennzeichnen den primitiven Anfang.

Zusammenfassend darf ich sagen, daß das Wesen der 2. Stufe, die ich als die schamanistische Stufe bezeichnete, nicht damit allein gekennzeichnet ist, daß gefühlsbetonte Traum-Elemente in die reale Umwelt einbrechen und diese gleichsam überschwemmen, sondern daß es ebenso wesentlich ist, daß die Subjekt-Subjekt-Faszination weiterbesteht, jene gewisse Faszination, die auf die Details, auch die unwesentlichen Einzelheiten, bezogen ist, weil ja alles gefährlich sein kann, was man nicht kennt. Diese unablässige Faszination am Fremden oder auch an einem der Sozietäts-Genossen, der unheimlich ist, findet sich bereits auf der Wildstufe, die man als die vormenschliche Stufe bezeichnen kann. Das Zusammenleben mit den wilden Pavianen zeigte mir das. Den Begriff *quantité negligeable* gibt es bei dieser Art einer Koexistenz nicht. Mißtrauen ist immer angebracht. Interessant ist dabei folgendes Moment: Von mir, dem Objekt ihrer Detail-Faszination aus gesehen, besteht die Situation der Ausweglosigkeit. Das ist die festliegende Zuordnung primitivster Art: Faszination der Gruppe einerseits, Exposition des Einzelnen auf der Gegenseite, und das alles ist miteinander verzahnt.

Das paläoanthropologische Moment ist demnach sowohl in dem faszinierten Ausgeliefert-sein als auch in der Einschleusung dämonischer Traum-Elemente zu sehen, ob es sich dabei um die paranoischen Schizophrenen, die Alkoholhalluzinanten oder die Kranken im epileptischen Ausnahmezustand handelt: Unablässig fühlt sich das Subjekt »beschattet«. Überall finden sich Augen –, das ist die Idee, die sich auch in der Allgegenwart Gottes bezeugt. Diese Umwelt weist keine Schlupfwinkel auf, sondern ist »überall-dicht«. Hier bekundet sich die Ohnmacht des kritischen Geistes. Mit anderen Worten: Der Geist, unsere hypertrophierende Intelligenz, hat unser altes Subjekt-Umwelt-Gleichgewicht in Unordnung gebracht. Hierin bezeugt sich seine Wirkmacht. Nun aber finden wir keinen Frieden, sondern müssen Stimulationen, Unfrieden, haben, sei es im Aberglauben, sei es in unseren zahlreichen Divertissements, die der Langeweile entgegenstehen, einschließlich der psychotischen Divertissements. Mehr oder weniger, was von unserer Konstitution abhängen dürfte, müssen wir in eine paläoanthropologische Verfassung zurückverfallen. Entscheidend ist dabei, daß diese Rückversetzungen (Regressionen) ohne unseren Willen zustandekommen, denn es handelt sich dabei um »kybernetische« Widerfahrnisse.

Wenn wir in den Rückspiegel unserer Menschwerdung blicken, ergibt sich uns im Lichte der Dreistufen-Theorie das folgende Bild: Das Wahrhafte, d. h. Empirisch-Wahrhafte, wie es in dem Wort »Wahrnehmung« zum Ausdruck kommt, und das Wahnhafte, das im Gegensatz dazu steht, springen gleichsam vor und zurück. Für den Pavian ist der Leopard ein wahrhaft gefährlicher Feind, ebenso wie er vermutlich der Nachtfeind für unsere tiergestaltigen Ahnen war, was jedoch für den Matabele in seinem Kral nicht mehr gilt. Für ihn sind das Erdferkel und die Eule, diese wahnhaften Feinde, die wahrhaften Feinde. Der Zauberer ist der mächtigste Mann, der sogar die Könige und die Krieger ängstigt. Auf der Stufe der Aufklärung annulliert sich das Wahnhafte. Die wahnhaften Bedeutungs-Verleihungen werden eingezogen, so wie Banknoten, die ihren Kurswert verloren haben, von der Notenbank zurückgenommen werden. Jetzt interpretieren wir den Leoparden wieder als gefährlichen Nachtfeind, ja den gefährlichsten Feind, ganz nach Pavianart. In diesem Punkte sind wir auf dem Wege der Regression, nämlich der Regression auf die pavianhafte Prädomestikations-Stufe der Realität, auf der unsere tierlichen Ahnen im Beginn unserer Evolution standen. Was aufgebaut wurde während der Zauberer- und Schamanen-Phase, selbstregulatorisch-unbewußt, um damit unserer Umwelt-Verschärfung zu dienen, verfällt jetzt dem Abbau, so daß das Wahnhaft-Dämonische nur als ein Zwischenspiel erscheint. Ich darf in diesem Zusammenhang auf einen der Aufsätze in Band II hinweisen, »Der Wahnfeind als Erzieher«. Man kann im Verfolge dieses Themas gleichsam mikroskopierend in das Detail gehen, was ich mir hier versage.

Der Zauberer selbst als der Repräsentant der priesterlich-schamanistischen Phase unserer Evolution (= Menschwerdung) erscheint uns später, auf unserer Aufklärungs-Stufe, wenn er seine Schuldigkeit erfüllt hat, ganz schlicht als – Schwindler.

6. Bedeutungsverleihung und Stimmung (Wahnstimmung)

Bedeutungsverleihung, so meinte Jakob von Uexküll (27), der den Terminus geprägt hat, findet man bereits im Verhalten der Tiere. Ich sehe in der Bedeutungsverleihung die Vorform oder Voraussetzung menschlicher Sprache. Das Wort »Verleihung« besagt, daß das Subjekt, das »verleiht«, mehr ist als nur ein blindes Rädchen in einem Getriebe. Einem Partner eine Bedeutung zuerkennen setzt voraus, daß es mancherlei Bedeutungen gibt, die das Subjekt »verleihen« oder »ausleihen« kann. Vielleicht ist es ein ganzes Arsenal von Bedeutungen, das zur Verfügung steht. Um ein Beispiel aus der Verhaltensforschung zu geben: Zu einem Pferd, das sich auf der umzäunten Weide befindet, wird ein zweites Pferd hereingeführt. Beide Pferde kennen sich, so daß man sagen kann, das erste Pferd wird mittels seines Erinnerungs-Vermögens dem Ankömmling die Bedeutung »bekannt« oder »befreundet« zuerkennen. Es erscheint also ein quasi spirituelles Moment, das das Verhalten des Subjekts bestimmen wird. Über die Bedeutungs-Verleihung wird der angeborene Reaktions-Mechanismus eingeklinkt. Dieses Pferd, das das zweite Pferd auf sich zukommen sieht, zeigt das sog. »Begrüßungsgesicht«. Die Bedeutung wird »verliehen«, und entsprechend, d. h. konsequent oder angemessen dieser Verleihung, verhält sich das Subjekt. Hier handelt es sich um eine Zuordnung.

Angenommen, ein völlig fremdes Pferd erschiene auf dieser Weide, so würde das Subjekt das den Pferdefreunden bekannte »Begrüßungsgesicht« nicht zeigen. Fremdheit kann mit Feindschaft gleichbedeutend sein, zum mindesten mit Mißtrauen. Es gibt menschliche Sprachen, bei denen »fremd« und »feindlich« auf die gleiche Wurzel zurückgehen. Es kann sich um einen potentiellen Feind handeln, der nun die Weide betreten hat. Da sind Vorsicht oder gar Mißtrauen ange-

bracht. Statt von der »Bedeutungsverleihung« könnte auch von einer Diagnostik die Rede sein. –
»Wiedererkennen« muß nicht heißen, daß das Subjekt damit in eine freudige Stimmung versetzt wird und in jedem Falle ein »Begrüßungsgesicht« zum Ausdruck bringt: Ich hielt einen Hund, der nachts in meinem Wohnzimmer auf dem Teppich schlief, und zwar umweltbezogen. Das Zimmer lag zu ebener Erde, so daß es vorkommen konnte, daß vom Garten her Katzen auf das äußere Fensterbord sprangen. Meine eigenen Katzen gingen durch dieses Fenster aus und ein, wenn es geöffnet war, so daß es für sie Wechsel-Bedeutung hatte. Offenbar schlief der Hund in einer Gewärtigungs-Stimmung, die auf Feinde bezogen war. Wenn nämlich ein fremder Kater auf die Fensterbank sprang, wurde das Subjekt sofort wach, erhob sich und lief bellend zum Fenster hin, auch wenn es geschlossen war. Da es sich immer um dieselben Kater resp. Katzen handelte, die in unserem Garten erschienen und die mit meinen eigenen Katzen befreundet waren, könnte vermutet werden, daß seitens des Hundes ein Wiedererkennen vorlag. Häufig genug hatte er, wenn er nachts in den Garten kam, die fremde Einquartierung »hinausgepelzt«. Die stimmungsgebundene Feind-Bedeutungsverleihung und Reaktion trat in Erscheinung, wenn fremde Katzen erschienen. Sprang dagegen eine meiner drei Katzen auf das Fensterbord, so schlief der Hund weiter. Wie es kam, daß er aus dem Aufspringen auf das Brett die richtige Diagnose stellte, ist mir ein Rätsel geblieben. Die zum Haus gehörenden Katzen wurden zwar nicht begrüßt, aber sie wurden geduldet. Sprangen sie auf das Fensterbord, so »bedeutete« das nichts Schlimmes.
Der Hund schlief in der Bereitschaft, Feinde abwehren zu müssen; man könnte sagen, daß es sich um die Alternative Feind oder belangloser Nichtfeind handelte. Die eigenen Katzen erregten ihn nicht, sie durften als Mitbewohner des Hauses gelten. – Ähnliche Erfahrungen machte ich mit meinem Pavian, der während der Nacht in einem Käfig inmitten meines Arbeitszimmers schlief: Er hockte in einer Ecke seines

Gehäuses, und zwar so, daß sein Gesicht zum Fenster gerichtet war. Auch er vernahm während des Schlafens jedes Geräusch und verlieh ihm eine Bedeutung: Schlaffeind oder nicht. Blätterte ich, an meinem Schreibtisch sitzend, eine Buchseite um, so öffnete das Tier sofort die Augen und streckte den Kopf vor, und zwar in die Richtung, aus der das Geräusch kam. Die Diagnose »Nachtfreind« (Schlaffeind) wurde nicht gestellt, wenn sich nun nichts mehr rührte. Das Subjekt verlor dann binnen kurzem seine Aufmerksamkeits-Spannung. Der Streckertonus der Brust- und Halswirbelsäule ließ nach und der Kopf fiel dem Subjekt auf die Brust zurück, während sich die Augen wieder schlossen. »Prognose gut«, mit dieser Formel wäre dieses Sicherungs-Verhalten zu charakterisieren. Sooft eine Buchseite raschelte, vollzog sich die nämliche Abfolge der Koordinationen. Das Sicherungs-Verhalten erwies sich als reversibel. Vermutlich kommt es auch in Afrika während der Nacht zuweilen vor, daß das Laub raschelt oder sonst ein Geräusch den Pavian weckt. Das Geräusch ist »verdächtig«, denn es könnte der Leopard im Anmarsch begriffen sein.

Ist der Mensch, der ebenfalls ständig in Bedeutungs-Verleihungen lebt, als frei zu bezeichnen? Wie frei bin ich? Wenn z. B. irgendjemand an meiner Haustür schellt und ich stelle fest, daß es der Briefträger ist, so werde ich »ein Begrüßungsgesicht machen« und die Briefpost entgegennehmen. Was sollte ich anderes tun? Eine Ausnahme wäre denkbar, wenn ich geisteskrank wäre und den Briefträger in meiner paranoisch-mißtrauischen Stimmung (Wahnstimmung im Sinne des Psychiaters K. Schneider) nicht als den Tag für Tag erscheinenden Briefträger erkennen und anerkennen würde. Das kranke Subjekt könnte dann dem Mann an der Tür etwa die Bedeutung eines verkleideten Feindes »zuerkennen«, der in der Maske des Briefträgers vor ihm erschienen ist. Das wäre etwa die Haltung des afrikanischen Witch-Doktors, der in mir einen fremden gefährlichen Zauberer sah, der unter der Maske eines harmlosen Touristen in seinem Haus erschien. In diesem Falle, wenn ich dem Briefträger die Identität »aberkenne«, ist mein Verhalten durch die »Wahnstimmung« determiniert. Meine Bedeutungsverleihung (Diagnose) hängt von meiner Stimmung, also meiner Erlebnis- und Reaktionsbereitschaft ab. Daß die Verbalformen »wiedererkennen«, »anerkennen« und »verkennen« oder auch »aberkennen« zu diesem Thema in Beziehung stehen, ist interessant. Die Urform ist das »Wiedererkennen«.

Die Bedeutungsverleihung ist an die Stimmung gebunden; insofern kann, wie bemerkt, von einer Entscheidungs-Freiheit die Rede nicht sein. Die Erinnerung des Pferdes, das das andere Pferd »wiedererkennt«, versetzt das Subjekt in eine Stimmung, so wie ich dem mir bekannten alten Briefträger nicht völlig gleichgültig gegenüberstehe. Man könnte meinen, daß die Stimmungen, die zu wahnhaften Bedeutungsverleihungen führen und die man darum als »Wahnstimmungen« (28) bezeichnet, nur für den Menschen charakteristisch sind, während es auf Stufe 1 Wahn-Phänomene nicht geben kann. Tatsächlich begegnen wir der wahnhaften Verkennung auch bei den Tieren: Ich denke hierbei nicht nur an den Webervogel, den man, wie es hieß, als »verrückt« bezeichnen könnte, weil er aus Nichts ein Nest baute. Er verlieh die Bedeutung »Nestbau-Material« nach außen in eine Umwelt, und zwar ins Leere. In diesem Falle könnte man sagen, daß der Vogel zum Vehikel seiner Nestbau-Stimmung wurde, die plötzlich im Leerlauf (Lorenz) »losging«. Was er erlebte, wissen wir nicht. Wenn ich von einer Wahnstimmung, und zwar einer feindbezogenen (paranoischen) Wahnstimmung spreche, muß ich auf den Studierstuben-Pavian hinweisen: Wenn mir nachts, während er in seinem Käfig bei mir schlief, ein Buch vom Schreibtisch fiel, schrak das Tier heftig zusammen, ähnlich wie der Hund, wenn einer der fremden Kater auf das äußere Fensterbord sprang. Der Pavian schrie sofort auf und lief an den vertikalen Gitterstäben nach oben. Schließlich hing er kreischend an der Drahtdecke des Käfigs. Man hatte den Eindruck, daß diese Panik-Verfassung auf den Nachtfeind bezogen war. Was das Subjekt erlebte, kann man natürlich nicht sagen, aber das plötzliche »verrückte Verhalten« deutete auf die Möglichkeit einer nachtfeindbezogenen Panik hin. Interessant war die Feststellung, daß der Pavian sofort aggressiv gegen mich vorging, wenn ich jetzt an den Käfig herantrat, um ihm etwa eine Banane vorzuhalten. Ich hatte gehofft, das Tier in einen anderen »Funktionskreis« (Uexküll) zu versetzen, wenn er die Nahrung wahrnähme und ihr die entsprechende Bedeutung verliehe, aber das Ablenkungsmanöver mißlang.

Wir waren sonst die besten Freunde, das Tier und ich, aber so wenig, wie ihn die Banane beeindruckte, erinnerte er sich jetzt in dieser Aufwach-Panik (Wahnstimmung) an unsere Freundschaft. Der Pavian verhielt sich, als ob ich ein Fremder wäre, dem er noch niemals begegnet ist und der ihn in der Nacht »heimsucht«. Darin glich er einem geisteskranken Menschen, der seine Freunde verkennt. Die Energien einer Flucht, die nach oben tendierte, sozusagen hinauf in die höheren Etagen des Schlafbaumes, kanalisierten sich als Angriffs-Energien um, wenn ich an den Käfig herantrat. Mir, dem Freund, wurde eine Feind-Bedeutung verliehen, entsprechend der Stimmung des Tieres. Ich kam damals zu der Erkenntnis: Die Stimmung (Erlebnis- und Reaktionsbereitschaft) entscheidet, welche Bedeutung dem Partner verliehen wird.

Eine zweite Verkennungs-Wahnstimmung ergab sich, wenn sich der panisch-erregte Pavian etwa nach mehr als einer Stunde beruhigt hatte. Die Fight-or-Flight-Stimmung klang ab. Jetzt blieb das Tier vorerst zwar noch wach, aber der panische Akzent war nicht mehr festzustellen. Man könnte sagen, daß das Subjekt jetzt lediglich auf dem Quivive war, d. h. daß es lediglich sicherte, als ob es als Wachtposten aufgestellt wäre. Wenn unter den wilden Pavianen eins der Tiere schlaflos ist, so wacht es zugleich über sie alle, das liegt auf der Hand, so daß der Terminus »Wachtposten« als nicht unangebracht erscheint. In dieser relativ entspannten Verfassung erfolgte nun das Wiedererkennen: Der Pavian wandte mir zu meiner Überraschung, während ich wieder an meinem Schreibtisch saß, das Hinterteil freundschaftlich zu, wie es Affenart ist. Jetzt erkannte und behandelte er mich wieder als seinen Spezi. Tagsüber demonstrierte mir das Subjekt seinen Hintern des öfteren, z. B. wenn ich in das Zimmer trat, was jeweils Begrüßung oder Freundschaftsbezeugung bedeutete. Was man im Verhalten des Pferdes als »Begrüßungsgesicht« bezeichnet, manifestiert sich beim Pavian in dieser anderen Weise. Als dem Tier jetzt, mitten in der Nacht, die nachtfeindbezogene Stimmung gleichsam dahinschmolz, so daß es wieder zutraulich wurde, paßte das »Popochenzuwenden« ausgezeichnet in die Stimmung. Ich saß an meinem Schreibtisch, und wenn ich nun sitzengeblieben wäre, dem Pavian mit leiser Stimme Schmeicheleien zuflüsternd, wäre das Tier völlig in die friedliche Verfassung (Stimmung), d. h. in den status quo ante geraten und in einiger Zeit wahrscheinlich wieder eingeschlafen. Normalerweise erfolgt der Start zum Einschlafen in der Verfassung des Friedens, vorausgesetzt, daß es sich nicht um das Übersprung-Einschlafen handelt, das in der Situation der radikalen Auswegslosigkeit einsetzt.

Ich interpretiere das wahnhafte Verhalten, das erfolgte, wenn ich nicht auf meinem Platz blieb: Als mir der Pavian sein Hinterteil präsentierte, stand ich auf, näherte mich dem Käfig und streckte die Hand vor, wie ich es tagsüber tat, wenn das »Popochenzuwenden« erfolgte. Als Antwort auf diese Begrüßung von seiten des Affen pflegte ich ihm den Rücken oder die Flanken zu kraulen, was das Subjekt sichtlich gern akzeptierte. Jetzt jedoch, in der Nacht, stellte sich heraus, daß eine latente Aggressivität bestand. Daß ich mich von meinem Platz erhob und auf das Tier zuschritt, während sich meine Hand vorstreckte, wurde jetzt, nach der panischen Szene, ganz offensichtlich mißverstanden: Sofort ging der Pavian wütend gegen mich vor, und wären zwischen ihm und mir die schützenden Gitterstäbe nicht gewesen, so wäre mir diese Annäherung wahrscheinlich schlecht bekommen. Das Subjekt, das mich zweifellos – wenn auch nur vorübergehend – als seinen

Freund erkannt und mich soeben noch entsprechend begrüßt hatte, indem es mir das Hinterteil entgegenstreckte, sah in mir jetzt ganz plötzlich wieder den Feind. Anscheinend vertrug der Pavian die Distanz-Verringerung nicht. Dem Erkennen folgte die Wieder-Verfeindung. Ich wurde nicht mehr als Freund erkannt, weil ganz plötzlich eine Wahnstimmung die vorhergehende Bedeutungsverleihung annullierte. Als Auslöser muß, wie bemerkt, das Aufstehen und Auf-das-Subjekt-Zuschreiten und das Vorstrecken der Hand aufgefaßt werden. Sich dem Subjekt zu nähern, dieses »Adgredi« schon, das keineswegs feindlich gemeint war, wird als Bedrohung erlebt[4].

Tagsüber ist die Stimmung des Subjekts weit stabiler als in der Nacht. Sooft ich auch tagsüber auf den Pavian zuschreite und sooft ich die Hand ausstrecke, um ihn zu kraulen, nachdem er mir die Annonce gemacht hat, er bleibt stimmungskonstant. Wenn der kosmische Faktor im Spiele ist, d. h. wenn es Nacht ist, ergibt sich ein anderes Verhalten. Die Tatsache ist bekannt, daß es z. B. auch einen Unterschied macht, ob ich tagsüber oder in der Nacht einen zornigen Brief schreibe. Der kosmische Faktor gehört zu unserem paläoanthropologischen Erbe. Die Bedeutungs-Verleihung hängt sozusagen seit

---

[4] In afrikanischer Sicht hätte man sagen können, daß ich unhöflich war, mich von meinem Stuhl zu erheben und auf das Tier zuzuschreiten. Man geht nämlich auch nicht auf die Matabele zu, auch nicht tagsüber: Wenn ich meinen Kral besuche und mich der Umzäunung nähere, so gehe ich bis zur Pforte, wo ich mich »höflich« auf den Erdboden setze, dann warte ich. Daß meine Annäherung bemerkt worden ist, darf angenommen werden; aber auch wenn es den Kralbewohnern entgangen sein sollte, ich habe nun abzuwarten, bis der Chef des Hauses (»dominus«, ein Wort, das auf »domus« = Haus anspielt) erscheint. In Afrika hat man viel Zeit, da heißt es abwarten. Unaufgefordert in das umzäunte Gebiet einzudringen, wäre ein ganz grober Verstoß. Jetzt kommt »Dominus« und es erfolgt die Begrüßung, wobei ich mich auf gar keinen Fall erheben darf. Wie lauten die ersten Worte der Begrüßung? »Ich habe euch gesehen«, sagt er. Vielleicht könnte man das sogar übersetzen mit den Worten: »Ihr habt euch meinem Kral genähert. Bildet euch nicht ein, daß wir so unvigilant sind, die Annäherung nicht bemerkt zu haben.« — So wird in der Begrüßung zunächst einmal festgestellt, daß sich der Fremde dem umfriedeten Platz genähert hat. Ganz grob gesagt: Annäherung bereits bedeutet soviel wie Angriff oder »beinahe soviel wie Angriff«.

Urzeiten auch vom Sonnenstand ab, soweit es sich um das paranoische Moment, d. h. um die Wahnstimmung handelt. »Die Nacht schafft tausend Ungeheuer«, hieß es bei Goethe. In der Nacht sind wir viel eher panisch gestimmt und zu dem paranoischen Mißverständnis bereit als tagsüber. –
Wir haben zwischen Bedeutungs-Verleihung und Bedeutungs-Gleichschaltung zu unterscheiden. Bisher, als von dem Pferd auf der Weide, dem auf dem Teppich schlafenden Hund oder dem Studierstuben-Pavian die Rede war, handelte es sich jeweils nur um die Verleihung einer Bedeutung, die sich aus der Situation und der Stimmung des Subjekts ergab. Ich sagte bereits, daß man dabei von einem spirituellen Moment sprechen könnte. Ich mag denkbar viel über den Chemismus der Zusammenhänge wissen, etwa über die Adrenalinausschüttung und was alles im Falle einer Aggression koinzidiert – das Wesen der Bedeutungs-Verleihung und ihr Wo, wo sie erfolgt, bleibt mir verborgen. Ganz generell wird man sagen, daß die Bedeutungs-Verleihungen »im Gehirn« erfolgen. Aber wo im Gehirn? Überraschend ist die Feststellung, daß es nicht nur die Verleihung gibt, sondern außerdem ein anderes Prinzip, das der Gleichschaltung. Mit anderen Worten: Ein anderes Subjekt kann mich veranlassen, seine Stimmung zu übernehmen, aus der sich die Bedeutung oder die Bedeutungen ergeben. Die Worte einer Sprache z. B. sind in diesem Sinne stimmungsübertragende Mittel. Bei einem Krähenschwarm kann es ein Schrei sein, der die Stimmung der anderen Krähen determiniert. Es resultiert alsdann die eigene, diesem Schrei entsprechende Stimmung, auch bei den anderen Krähen. Beispiel: Ich halte in einem Flugkäfig einige Saat- und Rabenkrähen (Corvus frugilegus, Corvus corone), außerdem befindet sich in einem Raum des Hauses ein Käfig, in dem eine noch nicht ganz erwachsene Saatkrähe sitzt, die nicht zu dem Schwarm gehört und die sich darum, weil sie »fremd« ist, in dem Flugkäfig nicht zeigen darf. Ihr haftet die Bedeutung »feindlich« an. – Es ist Frühjahr und der Nachbar hat sich entschlossen, zusammen mit seiner Frau den sog. Osterhaus-

putz zu machen. Die Frau trägt ein Kopftuch, was für die Krähen allein schon als aufregend gelten muß. Eine Bedeutung des Ungewöhnlichen, Ungeheuerlichen haftet dieser Frau infolge des Turbans an, die sie sonst ohne diesen aufregenden Kopfputz zu Gesicht bekommen. Ganz allgemein könnte man sagen: Die bisherige Ordnung ist gestört worden. Dabei muß bemerkt werden, daß die Krähen, im besonderen die Rabenkrähen, ungewöhnlich »konservativ-empfindlich« sind: Jede Änderung in der Nähe ihres Flugkäfigs wird zur Kenntnis genommen und – sit venia verbo – »kritisiert«, angeprangert. Ungeheuerlich mutet nun gar der folgende Akt an: Das Ehepaar hat die Haustür weit geöffnet und trägt gemeinsam ein Sofa in den Garten. Sogleich geraten die Krähen »völlig außer Rand und Band«. Sie schreien aus Leibeskräften, und diese ihre Stimmung, eine Panik-Stimmung ganz offensichtlich, überträgt sich sogar auf die Saatkrähe im Haus, die optisch nicht wahrnehmen kann, was sich in Nachbars Garten ereignet. Sie schreit lauthals mit: Panik! Alarm!

Wenn ich die Absicht hätte, ein Buch über meine gefiederten und befellten Freunde zu schreiben, so käme dem Moment der Stimmungs-Übertragung ein breiter Raum zu; speziell wäre zu zeigen, daß selbst meine Katzen und mein Hund von dem Geschrei der Rabenvögel induziert werden können. Es wäre eine interessante Aufgabe, ausfindig zu machen, was alles in diesem Sinne »stimmungsübertragende Münze« ist, die ihren festen Kurswert aufweist. Im besonderen würde dabei sowohl dem Begriff »Wahnstimmung« als auch dem der »Wohnstimmung« unsere Aufmerksamkeit zufallen müssen. Um zu unserem Beispiel vom Osterhausputz zurückzukommen: Über die ganze bisher friedliche Landschaft kann sich nun, mittels des Krähengeschreis, eine Wahnstimmung ausbreiten.

Ein paläoanthropologisches Erbe liegt vor, wenn wir modernen Menschen uns als ebenso induzierbar erweisen, womit ich keineswegs nur auf das Geschrei meiner Krähen zurückgreifen möchte, das auch mich in jedem Fall erregt. Es war mit dem Krähengeschrei jeweils meine Neugier verknüpft. Ich darf wohl sagen, daß ich immer, wenn ich die Vögel laut lärmen hörte, an das Fenster ging, um festzustellen, »was draußen los ist«. Dem Moment der stimmungsübertragenden Bedeutungs-Stiftung begegnen wir auch in ganz anderen Zusammenhängen.

J. P. Sartre (29) berichtet in seiner Autobiographie, wie ihm als Kind ein vernichtender Schlag widerfuhr. Er verehrte seinen Lehrer Monsieur Barrault. Eines Tages entdeckte er als Gemeindeschüler an der Schulmauer eine Kreideaufschrift. Es stand zu lesen: »Le père Barrault est un con«. Sartre war schockiert. »Das konnte nur eins dieser ›häßlichen Wörter‹ sein, die in der Unterwelt des Wortschatzes wimmeln und die ein guterzogenes Kind niemals kennenlernt; kurz und brutal, hatte es die brutale Einfachheit von Urtieren... Es war schon zuviel, daß ich es gelesen hatte: ich untersagte mir, es auszusprechen, auch nicht ganz leise. Dieser Käfer an der Mauer sollte mir nicht in den Mund springen, um sich dann in meiner Kehle in ein schwarzes Geschmetter zu verwandeln... Als ich meinen Blick abwandte, blieb er an der infamen Bezeichnung hängen: der alte Barrault.« Mit der Lektüre dieses Sätzchens an der Schulmauer hatte sich eine Wandlung in dem Kind vollzogen. Es war einer Bedeutungs-Übertragung erlegen. Das Moment der irreversiblen Zerstörung wirkte sich katastrophal aus. Monsieur Barrault war nun nicht mehr derselbe Monsieur Barrault. – Die Naivität, mit der das Kind vorher der Alpha-Autorität gegenüberstand, war damit verloren gegangen. Es gibt so etwas wie eine Virginität des Phänomens, das mittels einer Bedeutungs-Verleihung ein für allemal, unwiederbringlich, »zur Hure gemacht« werden kann. Semper aliquid haeret. So könnte von einem Kaleidoskop der Bedeutungen die Rede sein; trotzdem vollzieht sich der Prozeß des Neuaufleuchtens nicht unaufhörlich, da es Einraste-Möglichkeiten gibt. Die Fixationen des Einrastens, die die Bedeutungen festhalten, nennt man »Überzeugungen«, die fanatisch-weltanschaulich das bestehende Bedeutungs-System einer menschlichen Umwelt festhalten können. Es erübrigt sich zu sagen, wie gewichtig Erkenntnisse sind, die sich auf das menschliche Bedeutungs-Erleben beziehen. Wir wollen niemals vergessen, daß mit gewissen Bedeutungen Wahnstimmungen korrelieren können. Krieg und Frieden können von der Propaganda abhängen, wobei im besonderen dem Moment des Hochspielens in der Panikmache der Ausschlag zukommen kann.

Unsere Welt ist eine von »Bedeutungen« erfüllte Welt, was genau von der Umwelt der Tiere gilt. Die Tiere leben in ihren altbewährten Umwelt-Käfigen, während wir im Laufe der Geschichte von Käfig zu Käfig umgesetzt werden. Der Unterschied liegt darin, daß der Mensch zusätzlicher Manipulationen fähig ist. Sowohl unsere leibhaft-reale als auch unsere innere, gedankliche Umwelt zeigt uns in ein Netz von Bedeutungen verstrickt, und zwar sowohl paläoanthropologisch alten Bedeutungen als auch menschheitsgeschichtlich neuen, und sogar irreversibel verstrickt. Es könnte gleichsam von einem Währungssystem der Bedeutungen gesprochen werden, wobei von festen oder auch schwankenden Kursen die Rede sein darf. Selbst die Wahnstimmungen haben ihre Hausse und Baisse, wobei etwa der Angst oder den Ressentiments entscheidende Wirkung zukommt. Bedauerlich ist die Feststellung, daß wir alle mehr oder weniger der jungen Krähe gleichen, die im Innern des Hauses in einem Käfig saß und heftig mitschrie, obgleich sie empirisch überhaupt nicht wahrnehmen konnte, was draußen vor dem Haus vorging. Bedeutungs-Verleihungen, und im besonderen die Bedeutungs-Gleichschaltungen, werden auf dem Wege der gelenkten Propaganda oder auch der politischen Fanatismus-Überzeugungen vorgenommen oder gestützt, während uns vorschwebt, daß unsere Bedeutungen über wissenschaftlich begründete, empirisch-anthropologisch gesicherte Überzeugungen fundiert sein sollten und daß die Gewichte der Bedeutungen unter höheren Gesichtspunkten, etwa Gesichtspunkten einer Psychischen Hygiene, bestimmt sein könnten.

7. Rache, Ressentiment und andere Formen der Barbarei

Attrappen-Versuche haben ergeben, daß wildlebende afrikanische Affen aggressiv gegen das Abbild des Leoparden vorgehen, wenn es ihnen tagsüber dargeboten wird. Man könnte dieses Verhalten als ein Rache-Verhalten bezeichnen. Auch das unerwartete Angriffs-Verhalten meines Studierstuben-Pavians, der mich angriff, nachdem er mir die Freundschaftsgeste des »Popochenzuwendens« bezeugt hatte, könnte man als Rache-Aggressivität interpretieren. Der Schlaffeind kämpft insofern unfair, als er das Subjekt in der Nacht überfällt. Er ist der schlimmste Feind des Subjekts. Die Rache-Stimmung (Rachebereitschaft) ist eine Tötungsbereitschaft. Ich unterscheide zwischen Rache-Stimmung, die unterhalb der anderen Stimmungen, wie bemerkt, gleichsam »auf der Lauer liegt«.

Diese Bereitschaft kann, was nicht nur von der menschlichen Rache-Bereitschaft (Rache-Stimmung) gilt, jahrelang latent bleiben, bis endlich der Auslöser erscheint, der das Rache-Verhalten in Gang setzt. Es gibt eine unmittelbare Rache, die man als explosive Sofort-Rache bezeichnen könnte: Ich trete einem Hund versehentlich auf den Schwanz, und sofort beißt mich das Tier. In den Strafgesetzbüchern der Nationen ist ein Paragraph vorgesehen, der diesem Biologischen Radikal Rechnung trägt: Das Subjekt wird verbal beleidigt und schlägt sofort zurück, sei es mit einer verbalen Schmähung, sei es mit brachialer Gewalt. Der Gesetzgeber kann das verstehen und läßt darum das Subjekt relativ unbehelligt. Es sind unentwirrbar ineinander verwoben Trauma (Beleidigung), Bedeutungs-Verleihung und entsprechende Stimmung (Verstimmung) und aggressive Reaktion. Dieses dynamische Ganze manifestiert sich wie ein in sich geschlossener Wirbel. Physiologisch gesprochen: Die sich entladende Aggressivität fällt unter den

Begriff der Cannonschen Notfall-Reaktionen. Die Erinnerung kann, wenn es sich um das nichtunmittelbare Rache-Verhalten handelt, der Funke sein, der in das Pulverfaß fällt. Bei dem Pavian, der mich zunächst auf seine typische Weise begrüßte, führte die sich vorstreckende Hand und die Wahrnehmung, daß ein Gegen-Subjekt auf das Subjekt zukam (adgredi), die Explosion herbei. Hierbei wurde der Angriffs-Impuls wiederbelebt, der in dieser Nacht schon einmal das Subjekt erfüllte, als es über das Schreck-Erlebnis in die Notfall-Situation geraten war. Was ist Rache anderes als wiederbelebte Notfall-Reaktion, und zwar als Angriffs-Impuls? Bei dem Pavian vollzog sich diese Entladung der Fight-or-Flight-Reaktion so elementar, daß dabei sogar die Merkmale des Freundes ausgelöscht wurden. Mit anderen Worten: Die Rache-Stimmung, um nicht zu sagen Rache-Verstimmung, ist mächtiger als die Liebe. Wie ein Naturereignis erfolgt diese Verhaltens-Entladung, und so radikal war das Subjekt in der Gewalt dieses Vollzugs, daß das Wiedererkennen ausgelöscht wurde.

H. Hediger (30) erkannte in der Feindvermeidung das oberste Prinzip des tierlichen Daseins. Die sichernde Vorsicht der sog. wilden Tiere, die fast als paranoisch anmuten könnte, ist in der Feindvermeidung begründet. Sogar noch während des umweltbezogenen Nachtschlafs ist das Subjekt auf dem Qui-vive. Ich sehe mit Hediger in der Feindvermeidung das höchste Prinzip der Erhaltung, und zwar bei Tier und Mensch. Es ist erstaunlich, mit wie wenig Nachtschlaf sich gewisse Huftiere begnügen. Die Gefahr, im Schlaf heimgesucht zu werden, ist groß. Wir haben zwischen Beute-Feind und Rache-Feind zu unterscheiden: Für den Leoparden ist der Pavian Beute-Feind, für den Pavian aber ist sein Widerpart der Rache-Feind, denn er frißt den Leoparden nicht auf. Auch in unseren zwischenmenschlichen Beziehungen gibt es diese beiden Arten einer Gefahr: Der Betrüger oder Einbrecher oder gar der Raubmörder sieht in mir eine Beute. Aber ich habe auch Rache-Feinde. Diese Evidenz einer Bedrohung, was für eine Reihe von Menschen zutrifft, kann den Charakter einer paranoischen Wahnstimmung annehmen. Leben ist Risiko; insofern dient das unablässige Sichern der freilebenden Tiere der Vermeidung oder zum mindesten der Verminderung dieses Risikos. Schiller hatte gemeint, daß Hunger und Liebe das »Getriebe der Welt« erhalten; ganz gewiß kommt diesen Bedürfnissen Bedeutung zu, was auf das Lustprinzip Sigmund Freuds hinausläuft. Aber in der Erhaltung des Friedens ist, wie mir scheint, das höchste Zielgut zu sehen. »In Frieden leben können«, darauf kommt es an. *Safety first.*

Die Rache-Stimmung tendiert, wie bemerkt, auf die Tötung des Feindes hin. Wie die Natur von diesem Prinzip erfüllt ist, zeigt uns z. B. die absurd anmutende Tatsache, daß kleine Vögel die großen Räuber verfolgen, denen sie, wenn sie ihnen allein begegnen, zur Beute werden. Mächtige Flugkörper, d. h. Schwärme kleiner Vögel, können einen der großen Räuber im Luftraum verfolgen und wie in eine Vakuole in sich hineinversetzen. Man wird dabei an eine Amöbe erinnert, die sich Nahrung zuführt. Ob dabei jemals einer der großen Räuber umkam, steht dahin. Ich sehe auch in der sog. Uhu-Hüttenjagd ein Beispiel, das auf die Rache hinweist: Die langverhaltene Rache-Bereitschaft ist es, die sich nun manifestiert und die es dem Jäger ermöglicht, die sich aggressiv nähernden Krähen abzuschießen.

Nicht nur die wilden Krähen z. B., auch domestizierte Tiere können jahrelang, bis zu ihrem Tode, einer Rache-Stimmung ausgeliefert sein. Ich habe einen Hund gekannt, der in seiner Kindheit von einigen Kindern gequält worden war, was er ihnen zeitlebens nachtrug. Noch nach Jahren, als sie beinahe schon erwachsen waren, griff er sie an. In meinem Hause konnte ich das Rache-Verhalten einer Rabenkrähe (Corvus corone) beobachten: Der Vogel, den ich aufgezogen hatte und der mir seine Anhänglichkeit bis zu seinem Tode bewahrte, wurde von meinem sechsjährigen Töchterchen dabei ertappt, wie er ihrer Puppe die Augenwimpern ausriß. Zum mindesten wird man sagen können, daß diese Bedeutungs-Verleihung vorlag, d. h. daß es ihr so vorkam. Der Vogel war damals ein Jahr alt. Die Aggressivität meiner Tochter darf man als die mütterliche Kindschutz-Aggressivität bezeichnen. Es gab einen heftigen Tumult zwischen den beiden. Die Krähe wich nicht. Ich hörte das Geschrei, sprang herzu und trennte die beiden, ohne Partei zu ergreifen. Da die außerordentlich neugierige Krähe immer schon hinter den Spielsachen des Kindes her war, hatte es Händel zwischen den beiden auch früher bereits gegeben. Seit diesem schweren Zusammenstoß jedoch standen sich die beiden nie wieder gegenüber, denn sobald sich das Mädchen sehen ließ, fiel der Vogel so heftig über es her, daß es sofort die Flucht ergriff. So ging es bis zum Tode des Vogels, der 14 Jahre alt wurde.

Das Rache-Verhalten weist auf einen endlosen Kampf hin. Das Ziel ist erreicht, wenn das rachegierige Subjekt den Partner umgebracht oder sonstwie aus seiner Umwelt beseitigt, z. B. verjagt hat. Daß die Krähe in dem Zeitraum von 13 Jahren bei jeder Gelegenheit über das Mädchen herfiel, zeigt, daß der Kampf nie zum Ende kam. Es wurde über die Jahre hin »fraktioniert« gekämpft. Der Fundamentalsatz Jakob von Uexkülls (18) lautet: Die Wirkmale löschen die Merkmale aus. Diese Aussage ist wörtlich zu nehmen. Wenn es nach der Krähe gegangen wäre, hätte sie die Merkmale ihrer Feindin ausgelöscht, d. h. das Kind getötet oder für immer aus ihrer Umwelt verjagt, während man andererseits sagen kann, daß die Flucht des Mädchens gleichfalls nach diesem Satz verlief, denn zum Schluß ist sie dem aggressiven Vogel immer wieder entgangen, so daß die Merkmale des sich rächenden Vogels jeweils »ausgelöscht« waren. – Es muß bemerkt werden, daß die gleiche Rabenkrähe mit meinen anderen Kindern bestens befreundet war. Ganz ohne Frage war die Ursache dieser Verfeindung die aggressive Auseinandersetzung gewesen, bei der es sich um die Befassung mit den Wimpern der Puppe und die entsprechende Bedeutungs-Verleihung (Befürchtung) gehandelt hatte. Vielleicht – was ich als Advokat des Vogels zu bedenken gebe – wollte er nur eine prüfende Untersuchung vornehmen, so daß in dem Streit zwischen dem Kind und dem Vogel von einem »Mißverständnis« die Rede sein mußte.

Es könnte in gewissen Fällen sogar von einer antezipatorischen Rache gesprochen werden. In der Politik z. B. spricht man vom Präventiv-Krieg. Diese Erscheinung der Praenumerando-Rache konnte ich bei einer Hauskatze beobachten: Louise war hochschwanger, und ich rechnete stündlich mit der Geburt. Als der Hund, mit dem sie von jeher nicht befreundet war, innerhalb unserer Wohnung völlig arglos an ihr vorüberging, sprang sie plötzlich vor und schlug dem Hund in das Gesicht. Niemals früher war ihre Abneigung gegen den Hausgenossen so weit gegangen, daß sie ihn überfallen hatte. Etwa eine Stunde später erfolgte die »Niederkunft«. – Auch in diesem Falle würde ich von der mütterlichen Kindschutz-Aggressivität sprechen, die in diesem Falle allerdings praenumerando in Erscheinung trat, noch bevor die Kinder geboren waren.

Da es mir um eine in biologischen Überlegungen fundierte Sprache zu tun ist, beziehe ich diese Vorwegnahme-Rache auf unser menschliches Verhalten: Man bezeichnet eine Demonstration der Gewalt als Drohung. Wenn der Gärtner, dem die Jungen Kirschen stehlen, den Arm emporhebt und die Faust ballt, so demonstriert er damit einen Angriff. Noch verfolgt er sie nicht, sondern verbindet diesen Gestus mit einer verbalen Warnung. Die Katze kämpfte ebenfalls nicht, sondern zeigte dem Hund, daß sie der Kampf-Impulse fähig ist. Drohung tendiert auf Einschüchterung hin. Mit anderen Worten: Drohung ist vorweggenommene Rache. Man erinnere sich in diesem Zusammenhang der Militär-Paraden, die bei einer Reihe von Nationen als Ausdruck einer festlichen Stimmung erfolgen: Biologische Radikale in der Politik. Daß der Friede in dieser Welt auf der Einschüchterung beruht, dient der Einsicht, daß die Bestialität unserer Zivilisations-Stufe als Relikt der Prädomestikations-Phase zu gelten hat.

Wenn ich gefragt würde, welcher Affekt in unserem menschlichen Dasein als der schwerwiegendste, d. h. verdammungswürdigste, zu betrachten ist, würde ich sagen, daß es die Rache-Aggressivität ist. Ich denke dabei an drohende Kriege und die private Rache, die sich auch in Verleumdungen (oder – unter Wissenschaftlern – im Totschweigen) ausdrückt. In der üblen Nachrede wird mit den Mitteln der Sprache einem alten, animalisch-barbarischen Impuls gedient. Es ist interessant, welch hohe Bedeutung die Matabele in Afrika der Vermeidung von Verleumdungen zuerkennen, anders gesagt: der Wahrheit. Zu den großen Vögeln des Landes gehört der Hornrabe (Bucorvus abyssinicus), den die Engländer als Ground Hornbill bezeichnen. Diese Vögel, die etwa an Truthähne erinnern, gehen gemeinsam auf Nahrungserwerb aus, so daß man selten einen allein sieht. Haben sie sich aber einmal getrennt, so lassen sie weithin hallende Kontaktrufe erklingen, die unheimlich anmuten. Der Aberglaube der Eingeborenen sagt, daß diese Vögel arge Verleumder sind. Wenn ihre Rufe hörbar werden, warnen die Mütter die Kinder vor diesen Vögeln, die so abscheulich sind, daß sie sie nicht einmal anblicken dürfen. Die Verleumdung ist diesen Menschen eine Scheußlichkeit ohnegleichen.

Daß es in früherer Zeit auch die Sippenrache gegeben hat, ist bekannt. Anstelle des Feindes, den man eigentlich töten wollte, wurde ein naher Blutsverwandter als Opfer gewählt, so daß die gegenseitige Ausmerze praktisch kein Ende nahm. Wie ein Pendel-Phänomen mutete diese nie endende Rache an. Wenn man sich zynisch ausdrücken dürfte, so könnte man sagen, daß mittels der Rachebräuche im Verein mit der Säuglingssterblichkeit und den Infektionskrankheiten der Bevölkerungsexplosion Einhalt geboten wurde.

Wie kommt es, daß sich sogar die blutigen Formen einer privaten Rache, die es in ritualisierten Vollzügen noch immer gibt, bisher nicht radikal ausrotten ließen? Merkwürdigerweise sind diese Genugtuungen (Sättigungen, Satisfaktionen) bei einer Reihe von Menschen mit dem Begriff der Ehre verbunden. Die Tatsache ist nicht zu leugnen, daß die

Vertreter der sog. Höheren Stände den Zweikampf noch jahrhundertelang als ihr Privileg ansahen. Von den sog. einfachen Leuten dagegen galt: Pack schlägt sich, Pack verträgt sich. Man denke in diesem Zusammenhang auch an die Studenten-Mensuren. Bauern dagegen, die sich verfeindet hatten und sich gegenseitig mit Mistgabeln stechen wollten, wurden von den Gendarmen abgeführt.

Wie wir noch mit alten Rache-Stimmungen belastet sind, die sich nicht nur in das dritte und vierte Glied, sondern in viele Nachfolge-Generationen gleichsam vererben ließen, zeigt uns das folgende Beispiel: Als ich vor Studenten meine Dreistufen-Theorie der Weltgeschichte (Menschheits-Evolution) vortrug, die in der Umwelt-Modifikabilität unseres Gehirns begründet ist, sagte mir einer der Hörer, daß ihm meine Konzeption einleuchte, aber er warnte mich vor den Theologen, die in der Weltgeschichte ein gottgewolltes Heilsgeschehen zu sehen pflegen. Er bezweifele die empirischen Tatsachen nicht, aber er befürchte eine Sinngebung dieser Theorie, die ihm zuwider sei: Die Theologen, die inzwischen zu seiner Genugtuung vor dem Bankrott stünden, könnten jetzt wieder Oberwasser gewinnen. Ihre Aussage würde lauten, daß Gott den Menschen nicht auf Anhieb geschaffen hat, sondern noch immer schafft: Creatio continua. Begonnen habe das Experiment der Menschwerdung auf der Prädomestikations-Stufe, die die Tierstufe ist. Der Prometheus-Primate geriet infolge seiner Intelligenz aus dem Subjekt-Umwelt-Gleichgewicht, was die schamanistisch-prophetische Stufe heraufbeschwor, und darin würden die Theologen die Offenbarung Gottes sehen. Vermutlich würden sie sich darauf berufen, daß diese 2. Stufe mit der Gesittung verbunden ist. Weshalb diese Sinngebung nicht erfolgen dürfe? Es stellte sich heraus, daß der Student von einem heftigen Ressentiment gegen die Kirche erfüllt war. Geschichte, so sagte er, sei Sinngebung des Sinnlosen, während hier nun wieder die alte These von »Gott in der Geschichte« vertreten werde, was als ein Rückschritt in das Mittelalter gekennzeichnet werden müsse. In dem einen

Punkt sind wir einig: Die Geschichte steht nicht neben der Natur, sondern in der Natur.

Es zeigte sich in diesem Gespräch, daß er der Kirche Intoleranz vorwarf, selber aber auf seine Weise äußerst orthodox, d. h. intolerant war. Seine eigenen Ressentiments entgingen ihm, obgleich es ihm um die Redlichkeit zu tun war. Das Wesen des Fanatikers ist in einer Erkenntnisblindheit zu sehen, hinter der sich heftige Affekte erweisen lassen. Ich versuchte ihm klarzumachen, daß die Sinngebung des Sinnlosen, die er betrieb, ähnlich wie die Religion, Privatsache sei. Theologen würden vielleicht von der schöpferischen Lebendigkeit Gottes sprechen, wenn sie zu der Aussage kämen, daß sich auf der 2. Stufe die Geschichte menschlicher Gesittung anbahnte. Er selbst brauche sich dieser Ausdeutung nicht anzuschließen. Uns komme es lediglich auf die einander zugeordneten Phänomene an. Kommentieren könne jeder die Grundtatsachen, wie es ihm beliebe. Darin bezeuge sich unsere Toleranz. Was wir »Bedeutungs-Verleihung« nennen, ist identisch mit der Sinngebung, zu der man einen Menschen nicht zwingen kann. Darin sei eben das Wesen der Inquisition zu sehen, daß man die, die nicht glauben konnten, zum Glauben, d. h. zur Sinngebung zwingen wollte, während er, der Student, nun selber in der Rolle des Großinquisitors sei.

Der junge Rebell verstand in seiner Stimmungs-Versklavung unter Theologie nichts als Betrug und Irreführung. Daß man die Hoffnung auch ganz anders sehen kann, als es ihm bisher geläufig war, nämlich im Lichte der Biologie, akzeptierte er. Es wurde ihm klar, daß das Moment der Hoffnung in den Bereich der Psychischen Hygiene, wenn nicht in den eines psychotherapeutischen Repertoires, zu rücken sei. Es wäre unmenschlich, denen, die unter der Ausweglosigkeit leiden, Hilfe zu versagen, nachdem wir wissen, daß Hoffnung ein lebensnotwendiges Element ist. Viele Menschen vertragen die Evidenz der Endgültigkeit nicht, die nichts anderes ist als die in die Zeit sich erstreckende Ausweglosigkeit. Daß das Hoffnungs-Erleben, d. h. eine Stimmung der Auswegs-Gewißheit, schon das Subjekt der Prädomestikations-Stufe kennzeichnet, leuchtet uns ein, wenn wir uns das Ratten-Experiment vergegenwärtigen. Die Vorstellung der Hölle ist darum so furchtbar, weil sie der Ort ohne Ausweg und zugleich der Ort einer Endgültigkeit ist.

So einigten wir uns in diesem Gespräch auf die Toleranz, die soviel wie Gerechtigkeit bedeutet, nämlich Gerechtigkeit, die man seinen Mitbürgern um ihrer Gesundheit willen zuteil werden läßt. Ob dabei der einzelne sich einer Kirche anschließt oder welche Methode er wählen will, seine Hoffnung zu kultivieren, ist ihm freigestellt. Das Entscheidende ist die Erkenntnis, daß Toleranz Freiheit ist. Sollte nicht die Stufe der Zivilisation die Stufe unserer größtmöglichen Freiheit sein?

Man sieht im Ressentiment die Stimmung der Unversöhnlichkeit, die zu Rache-Akten oder auch Intrigen bereit ist. Ich versuchte zu zeigen, wie vernunftwidrig und intolerant das Ressentiment anmutet, so daß von einer Verstimmungs-Sklaverei die Rede sein könnte. – Der Neid wäre als weitere Barbarei neben Rache und Ressentiment zu nennen. Die hektische Betriebsamkeit unserer Mitbürger, die auf Besitzerwerb und Geltung gerichtet ist, darf ebenso unter die Barbareien gerechnet werden. »Die gemeine Natur ist dadurch ausgezeichnet«, heißt es bei Nietzsche (1), »daß sie ihren Vorteil unverrückt im Auge behält und daß dies Denken an Zweck und Vorteil selbst stärker als die stärksten Triebe in ihr ist.«

Es gibt Menschen, die an einer spezifischen Form der Daseins-Angst leiden, die man als Verhungerungs-Angst bezeichnet. »Ein Bauer, der nicht zeitlebens klagt, ist kein Bauer«, lautet eine geläufige Redensart. Diese geplagten Menschen indes sind nicht identisch mit jenen, denen man die hektische Betriebsamkeit nachsagt, die in einem Besitz- oder Macht- und Prestige-Streben gipfelt. In diesen Formen kann sich die Rang-Barbarei bezeugen, die tierlichen Ursprungs, ein Biologisches Radikal ist. Besitz ist vielen Menschen ein Symbol ihrer Geltung. Das Automobil oder die Keller-Bar haben Fetisch-Charakter. Man versucht, sich gegenseitig zu übertrumpfen. Letzten Endes fallen alle diese Erscheinungen unter das Übel der Manipulation: Es werden Bedürfnisse geweckt, die man nicht als echte Bedürfnisse bezeichnen kann, sondern nur als Imponier-Gehaben. Der Wohlstands-Firnis wird den Leuten als Notwendigkeit hingestellt, als ob man darauf nicht verzichten könnte. Manipuliert sein bedeutet, sich für frei halten, während man sich im Rahmen einer lediglich suggerierten Freiheit bewegt. Man legt es darauf an, in den Blickpunkt zu rücken, und wenn die Mitbürger diesem Menschen schon keine Bewunderung zollen, so sollen sie ihn wenigstens gehörig beneiden.

Im Grunde ist solcher Mangel an Selbstkritik Ausdruck einer primitiven Barbarei. Trotzdem ist diese moderne Barbarei von derjenigen früherer Jahrhunderte unterschieden. Wir sind heute aufgeklärter und geistig beweglicher als unsere stupiden Vorgänger. Ein bemerkenswertes psychologisches Interesse ist im Laufe der fortschreitenden Aufklärung aufgekommen, so daß man z. B. von dem alten Brauch, sich mit Tiernamen zu beschimpfen, besonders unter den sog. Gebildeten, abgekommen ist. Man wirft sich »Komplexe« vor und bezeichnet sich ohne weiteres gegenseitig als »schizophren«, wenn man zum Ausdruck bringen möchte, daß der Gegner zwiespältige Aussagen gemacht hat. Sogar hohe Würdenträger des Staates scheuen sich nicht, einander »Schizophrenie« vorzuwerfen. Wenn man bedenkt, wie entsetzlich eine Schizophrenie verlaufen kann, mutet dieser ignorantische Mißbrauch barbarisch an. Man könnte sich fragen, ob man nicht doch besser bei der alten Barbarei geblieben wäre und sich gegenseitig als »Esel« oder »Ochse« bezeichnen sollte.

Immerhin scheinen das psychologische Interesse, das wir einander entgegenbringen, und die damit bezeugte Bewußtseinserweiterung zu einem Erfolg geführt zu haben, der in unserer Zeit viel zu wenig hervorgekehrt wird: Noch in den zwanziger Jahren konnte man in den Kliniken schwere Fälle von demonstrativer Hysterie sehen, und nicht nur in den

Krankenhäusern. Zugleich gab es hysterische Lähmungen beängstigenden Ausmaßes. Diese demonstrativen Erscheinungen sind merkwürdigerweise unsichtbar geworden. Ich bin überzeugt, daß man es nicht mehr wagt, diese grotesken Formen einer Mittelpunktsüchtigkeit zu demonstrieren. Das Publikum, auf welches das Theater gemünzt war, ist pfiffiger geworden und lacht möglicherweise, wenn eine Frau den schweren hysterischen Anfall demonstriert, d. h. sich hinfallen läßt und dann ein motorisches Schauspiel zeigt. Die Mobbing-Gefahr verhindert solche Darbietungen, die ein stupides, naiv-mitleidiges Publikum voraussetzen. Die Frage ist, wo nun diese Männer und Frauen geblieben sind. Daß ein so lärmendes Krankheitsbild fast über Nacht, d. h. in wenigen Jahren, unsichtbar wurde, ist erstaunlich. Vielleicht führt uns die gleiche Frau, die vor 50 Jahren strampelnd auf dem Fußboden gelegen oder den sog. *arc de cercle* vorgeführt hätte, heute stattdessen ihren Swimming-pool oder ihren Mercedes vor. Vielleicht auch inszeniert sie einen erotischen Skandal, der Schlagzeilen macht, während man in der Atmosphäre der Wilhelminischen Bürgerlichkeit in diesem Punkt weniger an die Öffentlichkeit trat. Man legte sich damals mehr auf das »Heimchen am Herde« fest, was dann allerdings den *arc de cercle* nicht ausschloß. – Die Stimmungen, d. h. Erlebnisbereitschaften, sind vermutlich geblieben, während sich die sichtbaren Formen dieser Ausdrucks-Barbarei gewandelt haben. Die gewisse bürgerliche Stupidität ist zusammen mit der grob-massiven Hysterie außer Kurs gekommen. Nietzsche schreibt in einem Aphorismus mit dem Titel »Die neue Leidenschaft« (31): »Warum fürchten und hassen wir eine mögliche Rückkehr zur Barbarei? Weil sie die Menschen unglücklicher machen würde, als sie es sind? Ach nein! Die Barbaren aller Zeiten hatten mehr Glück: täuschen wir uns nicht! – Sondern unser Trieb zur Erkenntnis ist zu stark, als daß wir noch das Glück ohne Erkenntnis oder das Glück eines starken festen Wahns zu schätzen vermöchten; es macht uns Pein, uns solche Zustände vorzustellen!«

8. Von den Tugenden einer zukünftigen Zivilisation

Wenn ich von zukünftigen Tugenden spreche, lehne ich mich an den Sprachgebrauch Friedrich Nietzsches an, der die Redlichkeit als »Tugend« bezeichnete. Wie von einer alten Prädomestikations-Gesundheit könnte auch von Prädomestikations-Tugenden die Rede sein. Eine dieser Tugenden wäre z. B. darin zu sehen, daß die Mutter ihr Kind ernährt und behütet und, wenn es sein muß, sich für es opfert. Kindesmißhandlungen, die, wie es scheint, ein Zivilisationsschaden sind, stehen zu dieser alten Tugend im Widerspruch. Die Tatsache, daß es Zivilisationsschäden gibt, wollen wir nicht bagatellisieren. Das sind »Untugenden«, die speziell auf unsere 3. Stufe bezogen sind. Mit anderen Worten: Wenn hier von den Tugenden einer zukünftigen Zivilisation gesprochen wird, meine ich sowohl eine Reihe der alten Tugenden, die sich gegen die Entartungen unserer Stufe behaupten, speziell aber die neuen, die die Sonderstellung des der Freiheit entgegenstrebenden neuen Menschen bezeugen.

Die Redlichkeit, und zwar intellektuelle Redlichkeit, wurde bereits genannt. Nietzsche hatte sie der orthodoxen Beständigkeit früherer Zeit gegenübergestellt, d. h. einer Zeit, in der man die Ketzer auszurotten versuchte. Freiheit verlangen wir in der Auseinandersetzung mit diesen Orthodoxen, die sich, unter einem Affektzwang stehend, gegen uns wenden, aber wir verlangen auch Freiheit von dem eigenen inneren Affektzwang, da die neue Redlichkeit des Denkens und der Forschung nicht abhängig von den eigenen Ressentiments oder anderen Affekten bestehen kann. Ich sprach von der »Verstimmungs-Sklaverei« des Studenten. Ressentiment ist Verstimmungs-Sklaverei, d. h. eine verkappte Rache-Stimmung, die uns unserer freien Naivität entfremdet. Naiv sein, den Begriff in seinem besten Sinne genommen, bedeutet, ohne Vorurteile sein. Die latente Rache-Stimmung zwingt uns zu Vorurteilen. Die denkerische Unfreiheit kann auch in Übereinstimmung mit der herrschenden Meinung begründet sein: Man hat mit den anderen in Schritt und Tritt zu marschieren, wozu uns die sog. öffentliche Meinung verführt und verpflichtet. Freilich wird man den Mangel an Originalität niemand vorwerfen können. Die meisten Menschen müssen sich in Ermangelung eigener Substanz in die Denkgebäude ihrer Lehrer oder Zeitgenossen flüchten und einander zu Parteigängern werden: gleiche Brüder, gleiche Kappen, gleiche Denk- und Erkenntnis-Schablonen. Sie haben den Vorteil, nicht im Mittelpunkt einer Anstoß-Kampagne gleichsam am Pranger zu stehen. Es genügt, daß sie ihrer Mittelmäßigkeit entsprechend eingestuft und insofern wohlgelitten sind.

Wenn ich die Toleranz als eine der neuen Tugenden hinstelle, so möchte ich damit denen, die originellen Denkens und Forschens fähig sind, eine Chance geben. Diese Forderung richtet sich gegen das Biologische Radikal der Anstoß-Aggressivität, die uns seit den Zeiten der Prädomestikations-Stufe im Schach hält: Die in Sozietäten lebenden Tiere sind von Haus aus jeder Originalität abhold. Sie nehmen Anstoß an dem Abweichler wegen der Nicht-Übereinstimmung mit den Gruppengenossen. Für sie gilt das Wort von den gleichen Brüdern und gleichen Kappen. Sich in einer Uniform zu verstecken, wenn man seine eigenen Farben bekennen kann, ist unserer Existenz-Stufe unwürdig. Alius non sit qui suus esse potest.

Die Inquisition, den Begriff im engeren Sinne genommen, war in dem Biologischen Radikal des Anstoßnehmens begründet. Außer dem Anstoßnehmen im Sinne des Mobbings, d. h. des Anstoßnehmens von seiten der Mitbürger, gibt und gab es das Kontroll-Privileg seitens der Alpha-Gestalten. Man wird sich vorstellen dürfen, daß zunächst die Mitbürger Ärgernis nahmen, etwa an Äußerungen des Ketzers, da nicht anzunehmen ist, daß Alpha, der Inquisitor selbst, allgegenwärtig sein konnte und selber den ersten Kontakt aufnahm. Seine Intoleranz war auf Quellen angewiesen, nämlich auf die Mobbing-Intoleranz der Denunzianten. Das Intoleranz-Verhalten gipfelte im Kontroll- und Strafprivileg des Inquisitors. Die geschichtliche Voraussetzung dafür, daß es Alpha-Herren auf seiten der Kirche gab, lag in der Tatsache, daß seit der Zeit des römischen Kaisers Konstantin (geb. 274) die Bischöfe, im Gegensatz zu den urchristlichen Bischöfen, Machthaber im Sinne der römischen Nobiles waren. Sie erlagen der Versuchung des weltlichen Machthabers, und ihre Nachfolger ließen sich die Machtfülle gefallen. Der originelle Denker hatte es mit Alpha-Gestalten, d. h. mit Gewaltträgern zu tun, die diese Zuspitzung intoleranten Verhaltens heraufbeschworen. So wird man sagen können, daß die mittelalterliche Beständigkeit, die nach Nietzsche der intellektuellen Redlichkeit entgegenstand, eben in dieser Macht einer »Herrschafts-Elite« begründet war. Die Alpha-Spitze der Kirche war vermutlich wenig von intellektuellen Zweifeln geplagt. Mittelmäßigkeit, die sich in der Herrschafts-Herrlichkeit sonnt, lebt ohne den Zwang denkerischer Zwiespältigkeit. Ihr Beharrungsvermögen konservierte die Macht, eben die Macht einer Nobiles-Elite, um nicht zu sagen einer Nobiles-Clique. Macht und denkerische Mittelmäßigkeit waren einander zugeordnet, und zwar im Verein mit Intoleranz. Auf diesen drei Säulen ruhte die Kirche.

Die Kirche hat sich in dieser römischen Konservierung solange gehalten, weil dieser ihr Unterbau animalischer Natur war, d. h. weil es sich um eine unerbittliche Primaten-Struktur handelte. Man konnte die Intoleranz mit der geistigen Unmündigkeit des Volkes rechtfertigen. Es war dieser Clique auch um das Heil der ihr anvertrauten Menschen zu tun, darum waren Macht und eine strenge Erziehung am Platze. Man darf überzeugt sein, daß viele »Kirchenfürsten« ehrlich überzeugt waren, daß sie zur Unduldsamkeit verpflichtet seien, und zwar vor Gott verpflichtet. Daß Christus selber nichts mit der Macht-Versuchung zu tun haben wollte, hätte ihnen allerdings nicht entgehen sollen. Es sei an die Szene (Matth. 4) erinnert, die die Versuchung zur Macht demonstriert. Die Bischöfe ließen sich Paläste erbauen, die den Adelspalästen glichen, obwohl man Christi Vergleich mit den Füchsen kannte, die in Erdhöhlen wohnen, während des Menschen Sohn keine Stätte hat, wo er sein Haupt hinlegen kann (Matth. 8, 20).

Auf unserer Existenz-Stufe sollte die Freiheit des Denkens eins unserer wichtigsten Ziele sein, wobei man darauf hinweisen muß, daß dieses Ziel angesichts der allenthalben herrschenden Doktrinen noch längst nicht verwirklicht ist. Die Alpha-Bedrohung stand einem Denken im Wege, das Goethe als das Denken in der »heiteren Vernunftfreiheit« bezeichnete. Wenn ich von einer heiteren Naivität sprechen möchte, so schwebt mir die Selbsterkenntnis des französischen Neurologen Charcot (geb. 1825) vor, der in der »grande naiveté« die Voraussetzung seiner erfolgreichen Forschungen sah. Das Moment der durch die Angst-Affekte bewirkten Verstimmungs-Sklaverei steht einem freien Denken im Wege. Weder die Einschüchterung seitens hoher Autoritäten noch das Ressentiment können als Nährboden fruchtbaren Denkens gelten. Die Angst sowohl als auch der Haß führen zu Zerrbild-Effekten. Eine weitere Tugend, die zu dem Bündel neuer Tugenden gehört, ist die der Zivilcourage: Redlichkeit des Denkers einerseits und Toleranz seitens der Mitbürger und Alpha-Mächte, etwa der Kirche oder des Staates, bedingen einander. Der Motor, der die Redlichkeit voranträgt, wird als Zivilcourage bezeichnet. Tapferkeit und Zivilcourage sind nicht dasselbe. Die Tugend der Tapferkeit ist eine der ganz alten, vormenschlichen Tugenden. Es war von der Tapferkeit der Mütter die Rede, die bereit sind, sich für ihre Kinder zu opfern. Von einer Tugend der Tapferkeit sprach man auch im Mittelalter, auf Stufe 2, womit die militärische und die Turniertapferkeit der Ritter gemeint war, die man als Alpha-Tapferkeit bezeichnen müßte. Daß nun, in unserer Zeit, alle die Menschen tapfer sein dürfen, selbst die biologisch Rangtiefen, die ehedem, d. h.

uranfänglich, nur zum Gehorchen geboren waren, mutet als ausgesprochen utopisch an.
Ursprünglich, auf Stufe 1, hatte das rangtiefe Subjekt nicht tapfer zu sein. Es genügte, daß es gehorchte. Natürlich lag eine Anlage zur Aggressivität, wenn ich einen Reserve-Terminus anstelle des Wortes »Tapferkeit« gebrauchen darf, auch in dem Gamma- und selbst im Omega-Subjekt einer Sozietät. Wenn nämlich ein allgemeines Dérangement der animalisch-hierarchisch gebauten Sozietät erfolgte, weil vielleicht eine Anzahl der höheren Rang-Träger oder Alpha selbst ausfielen, so »raufte sich« die Sozietät »aufs neue zusammen«, um in dieser Auskristallisation alsdann zunächst wieder zu beharren. Immer, wenn Artgenossen in einer gewissen Anzahl zusammengesperrt werden, kristallisiert sich aus der zunächst chaotischen Mutterlauge eine Rang-Ordnung heraus. Man darf sich vorstellen, daß z. B. in ein großes Aquarium eine Anzahl von tiefrangigen Segelflossern (Pterophyllum scalare) eingesetzt werden, die bisher noch nicht in der gleichen Sozietät zusammenlebten. Es ist nicht daran zu zweifeln, daß sich aus diesem zunächst noch unauskristallisierten Tiefranger-Haufen eine Rangordnungs-Sozietät ergeben wird, gemäß der sprachlichen Wendung, daß »unter den Blinden der Einäugige König« ist. Gleichviel, ob die Distanz, d. h. Rang-Distanz, zwischen Alpha und Omega weit oder eng ist, die Tiefrangigen haben zu gehorchen, wenn es sich um die auskristallisierte Ordnung handelt. Die unteren, omega-nahen Rang-Plätze könnte man als die Kusch-Plätze bezeichnen. So hatte, in das Mittelalterlich-Menschliche übertragen, der leibeigene Bauer seinen Herrn zu respektieren. Er wußte, welche Rechte oder Vorrechte diesem zukamen. Er selbst, der Bauer, durfte z. B., im Gegensatz zu seinem Herrn, nicht jagen. Je weniger aufsässig dieser Bauer war, als ein desto treuerer Untertan durfte er gelten. Die militärische und die Turnier-Tapferkeit ging ihn nichts an. Das war eine Tugend der hohen Herren, zu denen, wie bemerkt, auch die Bischöfe zu rechnen waren, die übrigens auch das Jagd-Privileg aus-

üben durften. Man stelle sich vor: Christus als Jäger. Es scheint, daß es sich paläoanthropologisch-ursprünglich um biologisch-gezüchtete »Eliten« gehandelt hat. Rudolf Schenkel (24) berichtet, daß sich in Wolfs-Sozietäten die Hochrangigen miteinander paaren, was uns an die Paarungsbräuche des Adels erinnert. Die arme Näherin und der Graf, eines der Roman-Motive um die Zeit der Jahrhundertwende, kommen da nicht zusammen. Biologische Hochrangigkeit ist gleichzusetzen mit dem, was wir im psychiatrischen Sprachgebrauch Selbstsicherheit nennen. Es ist auffallend, wie häufig selbstsichere resp. selbstunsichere Menschen miteinander blutsverwandt sind. Luxenburger (32) hat sich darüber geäußert. So wird man annehmen dürfen, daß die Herrschafts-Clique ganz ursprünglich unter sich blieb und unter ihresgleichen »züchtete«, so daß die Nachkommen jeweils die Alpha-Physis und die Machtansprüche und Privilegien um so eindeutiger in Erbpacht hatten.

Wenn wir den Ritter und den leibeigenen Bauer einander gegenüberstellen, so wollen wir nicht sagen, daß es unter den Bauern nicht auch Alpha-Gestalten gab. Wenn Bauern infolge von vererbtem Alpha-Rang ihrem traurigen Schicksal einer Leibeigenen-Sklaverei ausgeliefert waren, so standen die soziale Rolle und die animalische Voraussetzung zueinander im Widerspruch. Man wird an den römischen Sklaven Spartakus erinnert, der fürstlicher Abstammung gewesen sein soll. Das Rebellentum ergab sich gewiß auch aus der wirtschaftlichen Bedrückung der Bauern resp. der Sklaven. Man hatte sicherlich auch im Falle des Bauernkrieges (1525), was für alle Revolutionen resp. Rebellionen gilt, mit einem Alpha-Stoßkeil und mit den sog. Mitläufern zu rechnen, die das Gros bildeten, aber von sich aus, weil sie rangtiefgehorsam waren, den Aufstand nicht inszeniert hätten. Um es ganz deutlich zu sagen: Wenn von der Zivilcourage die Rede ist, so sind nicht die Rebellionen gemeint, sondern es wird vorausgesetzt, daß es sich um das biologisch rangtiefe Subjekt handelt, das gleichsam in einer widernatürlichen Weise den Mut aufbringt, einem Alpha-Subjekt gegenüberzutreten. Wenn es sich dagegen um eine Rebellion handelt, so kann einem verkappten Alpha-Repräsentanten die entscheidende Rolle zukommen, einem Alpha-Subjekt, das sich auf der falschen Seite befindet, vielleicht aber auch um einen Fanatiker, d. h. einen Rangtiefen möglicherweise, der von seiner Idee, etwa der Idee der Gerechtigkeit, und zwar überwertig-pathologisch, erfüllt ist. Wenn man das Wort »Begeisterung« in seiner Urform nimmt, so sind es gleichsam die »Geister«, nämlich Ideen, die dem Fanatiker die Kraft verleihen. »Gott ist in den Schwachen mächtig«, dieses Bibelwort weist darauf hin, daß nicht nur die Vertreter der Alpha-Elite durch Stoßkraft ausgezeichnet sind. Es wäre bei einer Revolution von Fall zu Fall zu untersuchen, wer etwa dieser Robbespierre (33; 34) oder dieser Thomas Münzer ist. Revolutionär und Revolutionär ist nicht dasselbe.

Es schwebt mir, wenn ich von der Zivilcourage spreche, der Rangtiefe vor, der nicht fanatisiert ist, denn das hieße bereits, daß er seiner selbst nicht mächtig sein kann. Fanatismus bedeutet doch wohl in jedem Fall Verstimmungs-Sklaverei. Zivilcourage zeigt, wer in seinem Denken soweit als möglich souverän ist, und zwar fast so souverän, daß er über den Schatten seiner animalischen Omega-Emotionalität zu springen vermöchte. Es verwirklicht sich damit ein Trend, den man, wie bemerkt, als widersprüchlich-utopisch bezeichnen könnte: Da ist einer tapfer, aber seine Leiblichkeit ist nicht auf Kontinenz und Widerstand konstruiert, und nun schleppt er diese der Auseinandersetzung entgegenstehende Leiblichkeit in die Situation einer Auseinandersetzung mit Alpha. Mit anderen Worten: Zur Zivilcourage gehört die Kusch-Bereitschaft, die mehr oder weniger überwunden wurde, aber eine schwere Last war und bleibt. In Analogie zu der scherzhaften Formulierung, daß »Humor ist, wenn man trotzdem lacht«, kann hier die Aussage lauten: Man zeigt Courage, obgleich die Leiblichkeit, also das Stammhirn und das vegetative System des Subjekts, für diese Mutprobe gar nicht gerüstet und eingerichtet ist. Viele Verhaltens-Eigentümlichkeiten, die wir an uns selber oder an unseren Mitbürgern beobachten, könnte man, da es sich um Primaten-Homologien handelt, als »pavianlike« bezeichnen, was für die Zivilcourage jedoch nicht zutrifft: Wer von dieser utopisch anmutenden Courage erfüllt ist, wächst gleichsam über sich selbst hinaus.

Es wurde bemerkt, daß es Zivilcourage, also die Tapferkeit eines ranglich untergeordneten Subjekts, bei den in Sozietäten lebenden Tieren nicht gibt, vorausgesetzt, daß nicht eben eine Krise der Sozietät im Gange ist. Krise ist Kontinuitätsbruch. Die Ordnung ist auskristallisiert, wenn die Diadochenkämpfe beendet sind. Es liegt die gleiche Erscheinung vor, die auch seitens der Historiker beobachtet wird: Zuweilen kommen die welthistorisch bedeutsamen Macht-Zuordnungen in Fluß. Das sind die Zeiten, in denen sich die Politiker bewähren können, während es anderseits lange Zeiträume der Erstarrung gibt.

Eins wird man von den Pavianen z. B. sagen können: Die Verteidigung, d. h. die Notwehr gegenüber dem Fremd-Feind, ist bei ihnen auf Alpha oder ihm nahestehende Hochrangige eingeschränkt. Man könnte, wenn man den Pavianen auf der sog. freien Wildbahn begegnet, an eine Ritter-Elite erinnert werden, die der Marschkolonne vorangeht, wenn die Tiere morgens ihre Schlafquartiere verlassen und in die Savanne marschieren, wo ihre Nahrung bereitliegt. Auch die abendliche Heimkehr zu den Schlafbäumen weist diesen Stoßkeil der tapferen Männer auf. Von einem »feierlichen Ernst« könnte man sprechen, wenn man die Haltung dieses Alpha-Stoßkeils kennzeichnen wollte. Die Weibchen mit ihren Kindern halten sich in der Mitte der Marschkolonne. Wenn die Tiere dagegen nahrungsuchend durch die Savanne ziehen, ist die Marschordnung aufgelöst.

Mir widerfuhr auf meiner Afrikareise das folgende Mißgeschick: Ich hatte die Absicht, mich mit einer Pavianhorde (Papio ursinus) zu befreunden, stieß aber in der Abendstunde infolge eines Mißverständnisses versehentlich zu den Schlafbäumen der Gesellschaft vor, d. h. ich geriet wider Willen in die Rolle des Nacht- resp. Schlaffeinds. Zu meinem Entsetzen sah ich, wie, als ich unweit der Schlafbäume erschien, ein ungewöhnlich großer Mann etwa 50 bis 60 m vor mir auf einen abgestorbenen Baum stieg, wo er, den Blick auf mich gerichtet, verweilte. Das Tier war sichtlich in großer Erregung: Mit den Händen hielt der Pavian einen dürren Ast fest, an dem er mit aller Gewalt rüttelte, während er mit hochgezogenen Augenbrauen, mich nicht aus den Augen verlierend, laut bellte. Dieses Verhalten wird man als Droh-Verhalten zu kennzeichnen haben. Etwa 50 m vor mir, rechts seitlich auf einer Bodenerhebung sitzend, gewahrte ich zwei ebenfalls große Tiere, die mich im Auge behielten, die jedoch nicht lärmten, sondern mich lediglich unablässig scharf fixierten. Es bezeugte sich in diesem Verhalten die Affekt-Kontinenz, in der ich ein Merkmal des Hochrangs sehe. Mit anderen Worten: Die beiden gleichfalls recht ansehnlichen Männer hätten sich wie bösartig-aggressive Hunde sofort auf mich stürzen und mich angreifen können. Sie rührten sich nicht. Die Weiber saßen mit ihren Säuglingen bereits oben im Laub und Geäst der grünen Bäume. Ich konnte sie deutlich sehen. Sie verhielten sich still, ebenso wie die Jugendlichen, die gleichfalls bereits oben waren. Obgleich auch die Mütter bereit sind, den Feind anzugreifen, wenn sie unter dem Bedeutungs-Erlebnis einer Bedrohung stehen, rührten sie sich nicht, so daß man den Eindruck gewinnen mußte, daß allein das mächtige Tier auf dem abgestorbenen hohen Baum mich gewissermaßen im Namen der Sozietät bedrohte. Ich wurde, als ich von diesem bellenden, den Baum schüttelnden Mann »gestellt« und bedroht wurde, an die griechischen Helden erinnert, deren Schelte-Geschrei Homer beschreibt.

Daß mir die anderen Paviane der Horde, im besonderen die Mütter und die Jugendlichen, ihre Tapferkeit (Aggressivität) nicht demonstrierten, ist bemerkenswert. Allein diesem einen Mann blieb es vorbehalten, seine Drohung zum Ausdruck zu bringen. Diese Teilung der Macht-Bezeugung erinnert an den Begriff des Privilegs. Warum hat sich nicht von allen Bäumen ein Gebell und Geschnatter erhoben? Wir stellen uns doch die Affen im allgemeinen als eine kreischende, undiszipliniert anmutende Gesellschaft vor. Nichts dergleichen. Man verhielt sich äußerst diszipliniert, so daß von einer planvoll anmutenden Panik-Vermeidung die Rede sein könnte, d. h. einer Feind-Vermeidung, die im Naturplan gegeben ist. Der Begriff der Panik ist mir darum so bedeutungsvoll, weil ihm in der menschlichen Psychopathologie große Bedeutung zukommt. Man könnte auch sagen, daß die Horde eine erstaunliche »Zucht« (Manneszucht) hielt. Das Verhalten des mächtigen Pavians wird niemand als »Zivilcourage« bezeichnen. Dieser Begriff setzt die intrasozietäre Spannungs-Überwindung seitens eines rangtiefen Partners voraus, während es sich hier um die Auseinandersetzung eines offensichtlich ranghohen Mannes mit einem fremden Störenfried handelte, der um die Zeit des allgemeinen Zubettgehens in der Nähe der Schlafbäume erschienen war. Paviane bewegen sich um diese Zeit nicht mehr im Freien, sie sind bereits bei oder in ihren Lagerplätzen. Der Schlaf- resp. Nachtfeind ist ein Fremdfeind, und in diese mir höchst unerwünschte Rolle war ich geraten. Wenn man die nachtfeindbezogene Tapferkeit dieses wilden Bärenpavians bezeichnen wollte, so dürfte von einer polizeilichen oder militärischen Tapferkeit (Courage) dieses repräsentativen Subjekts die Rede sein.

Es hieße die Vermenschlichung zu weit treiben, wollte man sagen, daß dieser Bärenpavian, der als der »Wortführer der Horde« erscheint, gewissermaßen die Verantwortung demonstriert. Man könnte sich jedoch gedrängt fühlen, den Begriff der »Verantwortung« zu gebrauchen, wenn man den folgenden Bericht liest: Leonard Williams (35) schildert, wie der Alpha-Wollaffe für die ganze Sozietät aktiv ist, als ob es darauf ankäme, die Artgenossen zu entlasten. Williams hatte in seinem Garten ein Gerüst gebaut, das von dem Affenhaus durch die Luft zu einer Baumgruppe führte, die zukünftig zu dem Territorium der Gruppe gehören sollte. Als er seinen Wollaffen erstmals Gelegenheit gab, zu den Bäumen hinüberzuwechseln, zeigte es sich, daß Alpha zunächst die »Pflicht« hatte, die Sache zu untersuchen. Er begutachtete mißtrauisch das neue Bauwerk und die Bäume und prüfte, ob die Äste fest angewachsen waren. Morsche Äste brach er ab und warf sie zu Boden. Man könnte an die Sicherheits-Vorkehrungen und Prüfungen der Baupolizei erinnert werden, die sich für das Wohlergehen derer verantwortlich fühlt, denen das neue Bauwerk und Grundstück nun übergeben wird. Zwei Tage lang mußte Jojo, er und nur er, dieses neue Arrangement »begutachten«. Wenn man im Zoo-Käfig ranghohe und omega-nahe Affen beobachtet, fällt einem auf, wie die Rangtiefen zurückstehen müssen, wenn es sich um die Nahrung handelt. Sie werden »frustriert« und sie nehmen die Zurücksetzung widerspruchslos hin. Die Rangtiefen sehen zu, wie es Alpha oder der Alpha-Clique schmeckt. Wir sollten uns jedoch hüten, den Begriff des Despoten lediglich in diesem Sinne zu gebrauchen, als ob Despot oder Pascha nichts als »Ausbeuter« oder »Nutznießer« wäre: Man wird zwar nicht von »Verantwortung« sprechen wollen, aber vielleicht gibt es Vorformen dessen, was man »Verantwortung« nennt. Jedem kommt seine Rolle zu. Wenn nun jedoch von der »Zivilcourage« die Rede sein soll, so werden wir sagen müssen, daß es sich um eine soziologisch völlig neue Rolle handelt. Man wird sogar zugeben müssen, daß diese Rolle völlig »unpassend« ist.

Ich verbrachte mehr als vier Jahre meiner Jugend in einem Internat, wo wir eine Hausordnung unterworfen waren, die man nicht anders als »despotisch« bezeichnen konnte, und zwar »despotisch« im Sinne des abschätzigen landläufigen Sprachgebrauchs. Wenn ich mich in den Ferien zu Hause bei meinen Eltern über grobe Mißstände und Ungerechtigkeiten beklagte, warnte mich mein Vater. Er glaubte befürchten zu müssen, daß ich mir »den Mund verbrenne«. Opportunität schien angebracht zu sein. Wir hungerten, als 1914 der Krieg begonnen hatte. Später, allerdings sehr spät, stellte sich dann heraus, daß der Hausmeister des Instituts Lebensmittel, die uns, den Schülern, »zugeteilt« waren, unterschlagen und verschoben hatte. Dieser gewaltige Mann war zwar nicht der Alpha-Pavian selber, aber er gehörte zu der »Obrigkeit der Schule«. Wir hungerten, aber wir brachten die Zivilcourage nicht auf, uns etwa bei der Direktion zu beklagen. Außerdem konnten wir gar nicht wissen, was uns an Nahrung zustand. Wir konnten nur über den Hunger klagen. Auch unsere Eltern, die von unserer Not wußten, wagten den Vorstoß nicht. Eine Organisation der Schüler-Eltern gab es nicht. Selbst Alpha-Alpha, der Staat, ließ uns im Stich, als er uns eine zusätzliche Ernährung versagte, nachdem er von uns im Laufe der späteren Kriegsmonate eine vormilitärische Ausbildung verlangte, d. h. Gepäckmärsche und Geländeübungen. In dem sog. Kohlrüben-Winter (1916/17) endlich zum Heeresdienst einberufen zu werden, empfanden wir als eine Erlösung.

Ich glaube sagen zu dürfen, daß die Zivilcourage eine menschheitsgeschichtlich ganz neue Tugend ist: Wenn ich später mit dem einen oder anderen meiner Mitschüler zusammenkam, stellte es sich heraus, daß einige unter Gedächtnisstörungen litten. So schrecklich diese Jahre ständiger Demütigungen gewesen waren, ihr Stolz ließ es nicht zu – wenn ich auf das Verdrängungs-Paradigma Nietzsches zurückkommen darf –, sich der groben Verletzungen der Menschenwürde zu erinnern, denen wir jahrelang ausgesetzt waren. Der Mangel an Zivilcourage, anders gesagt, strahlt selbst in die biographische Vergangenheit zurück. Selbst im Rückblick auf unsere triste Jugend wagten sie es nicht, die Wahrheit zu sagen. Hier hätte man gewünscht, daß wenigstens ein Ressentiment zurückgeblieben wäre – nichts davon. Entweder man bagatellisiert und beschönigt solche Hundejahre oder man wird den Groll (das Ressentiment) nicht mehr los. Hier handelt es sich, wie es scheint, um eine Typenfrage.

Bei den in Sozietäten lebenden Tieren gibt es Zivilcourage, wie bemerkt, überhaupt nicht. Wir lassen uns nicht von der Tatsache täuschen, daß es Tier-Rebellionen gibt, die sich, wie gesagt, darauf beziehen, daß Alpha, der König, alt und hinfällig geworden ist. Wenn der Grand-Chef nicht mehr bei voller Gesundheit ist, so kann man nicht behaupten, daß es mutig sei, sich gegen ihn aufzulehnen. Dann ist er eben bereits nicht mehr Alpha. Seine Kontinenz geht ihm verloren. Man erinnere sich des menschlichen Seniums, das die gleiche Affekt-Inkontinenz zeigt: Alte Männer können auffallend jähzornig werden, andererseits bei geringfügigen Anlässen weinen. Ihre Rührseligkeit mutet oft läppisch an. Auch das eindrucksvolle Schweigen geht den alten Männern gewöhnlich verloren. – Es gibt eine Tierfabel, die von dem sterbenden Löwen berichtet, um den die ehemaligen Untertanen versammelt sind. Wenn der Esel dem sterbenden König nun sein Hinterteil zukehrt und mit den Hinterläufen nach ihm auskeilt, so wird man das zwar als Ausdruck der Rebellion, und zwar einer feigen Rebellion, nicht aber als Zivilcourage bezeichnen.

In einer Affen-Sozietät können Erscheinungen des Ungehorsams beobachtet werden, aber man wird von Fall zu Fall feststellen müssen, daß von »Zivilcourage« schon insofern die Rede nicht sein kann, als es sich ja nicht um den Mut zur Wahrheit handelt, der das Wesen der menschlichen Zivilcourage kennzeichnet. Diese Tiere leben noch jenseits von Lüge und Wahrheit. Die Begriffe Lüge und Wahrheit setzen die Möglichkeit sprachlicher Mitteilung voraus. Verstöße gegen die Disziplin freilich kommen vor, z. B. im Zusammenhang mit einem übermütigen Überschwang. So könnte von einem unbotmäßigen oder ungehorsamen Verhalten die Rede sein. Wir lesen in der Wollaffen-Monographie (35), daß am zweiten Tag der äußerst bedächtig erfolgenden Neubau-Begutachtung plötzlich das Weibchen »Jessy« übermütig zwischen den Zweigen und Ästen umhersprang, obgleich die Bäume ganz offensichtlich seitens des Alpha-Primaten noch nicht »zum Betreten freigegeben« waren. Man wird von einem »Ungehorsam« sprechen dürfen, und zwar einem Ungehorsam aus Übermut, wie er auch unter den Menschen zu beobachten ist, nicht aber von Zivilcourage. Hier nun bezeugte sich auch sofort das Straf-Privileg des Alpha-Mannes. Als er das Weibchen »erwischte, packte er sie an den Schultern, drückte sie flach zu Boden und schüttelte sie kräftig«. Typisch ist nun das Ergebenheits-Verhalten, d. h. die Kusch-Verfassung des Weibchens, das die Strafe hinnimmt: »Sie ließ es über sich ergehen, ohne sich viel zu wehren.« – Jedes der beiden Tiere hatte seine Rolle auf sich zu nehmen.

Interessant ist, welche emotionale Verfassung in der menschlichen Zivilcourage dominiert: Jugendlicher Übermut in einem Internat beispielsweise, etwa in der Fastnachtszeit, ist noch lange nicht Ausdruck der Zivilcourage. Dieser hohe emotionale Überschwang kann zwar der Wahrheit dienen, trotzdem kann von der neuen Tugend nicht die Rede sein. Die Zivilcourage ist nicht Ausdruck übersprudelnder Heiterkeit, sondern gleichsam durch den zitternden Ernst des seine Kusch-Bereitschaft mühsam beherrschenden Omega-Partners ausgezeichnet. –

Wie frei ist der Mensch? Von dieser Frage gingen wir aus. Im besonderen wollte ich wissen, ob er frei ist zur Wahrheit. Es ist bemerkenswert, daß wir dabei auf das Thema der Narrenfreiheit gekommen sind, die vielleicht die älteste Wahrheits-Freiheit des Menschen ist, wenn wir an die Homologien übermütigen Primaten-Verhaltens erinnern dürfen. Auch die Wahrheit, die mit dem Alkohol verbunden ist, genauer gesagt mit der Alkohol-Enthemmung, resultiert aus einer Verfassung, die mit der Übermut-Verfassung vergleichbar ist: Alkohol-Courage. Das alles könnte für Zivilcourage gehalten werden, aber es fehlt diesem Verhalten der Ernst der Reifung. Zur Zivilcourage ringt sich der einzelne mühsam durch; wer sich dagegen einem johlenden, hyperkinetischen Haufen von Rebellen anschließt, ist damit lediglich in einer Induktions-Verfassung.

Wir werden das Wesen der Zivilcourage, die ein neumenschliches, neoanthropologisches Phänomen ist, nun eher erfassen können, nachdem wir es gegen das Primaten-Verhalten abzugrenzen versuchten. »Der Freiheit Hauch weht mächtig durch die Welt«, hieß es bei Schiller. Dieser »Hauch«, d. h. diese Rebellions-Stimmung, muß offenbar im Spiele sein, wenn sich Alpha die Zivilcourage gefallen läßt. Damit aber ist die Natur des Alpha-Wesens bereits denaturiert. Wie in Wahrheit auf seiten des couragierten Subjekts, d. h. in der Oligarchie seines Leibes, noch der alte rangtiefe Pavian im Spiele bleibt, zeigen uns die physischen Begleiterscheinungen, die das Subjekt in der Befindlichkeit der Zivilcourage erkennen läßt: Es kann sein, daß ihm angesichts des Grand-Chefs der Schweiß ausbricht, daß ihm die Knie zittern oder daß ihm die Stimme versagt, wenn es redlich sein und die Wahrheit aussprechen will. Das Subjekt überwindet sein »schwaches Fleisch« nur unvollkommen, das in diesem Falle als »Omega-Fleisch« zu bezeichnen wäre, während »der Geist willig« ist. Interessant ist in diesem Zusammenhang, daß das Briefe-Schreiben offensichtlich nicht mit diesen Begleiterscheinungen der Unterwerfungs-Versuchung verbunden ist. Es gibt nicht nur die Machtversuchung, d. h. die Versuchung zum Mißbrauch der Macht, sondern genauso die Kusch-Versuchung, die man als die Unterwerfungs- oder Demuts-Versuchung bezeichnen kann. Seitens der subjektdienlichen Animalität wird die Demuts-Haltung repräsentiert, während das bewußte Ich tapfer sein möchte. Hier bezeugt sich unsere Unfreiheit: Wir sind in unserer Leiblichkeit gleichsam gefangen. In der Situation der physischen Nähe, d. h. dem Alpha-Partner konfrontiert, im Zusammenhang mit dem entsprechenden Bedeutungs-Erleben, manifestiert sich die Unterwerfungs-Stimmung, die sich etwa – pars pro toto – darin bezeugt, daß die Stimme leiser wird und daß sich der Rücken krümmt, was auf einen Tonusverlust hinweist. Wenn jedoch Distanz vorliegt, wenn Alpha nicht unmittelbar in der Nähe des rangtiefen Subjekts ist, kommt dieser Zwang nicht oder nicht so mächtig oder vielleicht überhaupt nicht auf. Das Subjekt kann dem Alpha-Ungeheuer jetzt, wenn es sich um eine weite Entfernung handelt, einen recht gepfefferten Brief schreiben, weit weg von ihm. Wenn das Postamt und der Briefträger zwischen ihnen gleichsam als Puffer eingeschaltet sind, kann sich Omega mittels der Tinte diese Angriffs-Genugtuung leisten. G. Chr. Lichtenberg sagte von einem seiner Zeitgenossen: »Er konnte die Tinte nicht halten.« Es liegt auf der Hand, daß Lichtenberg darauf anspielt, daß es z. B. alte Männer gibt, die »das Wasser nicht halten« können. Vielleicht lag im Falle dieses inkontinenten Mannes, von dem Lichtenberg spricht, der Fall vor, der dem identisch ist, den ich im Auge habe.

Wenn der grobe Brief während der Nachtstunden geschrieben wurde, so kommt die Nachtfeind-Erregung dazu, d. h. die Aggressivität, die dieser kosmischbedingt-zeitlichen Situation gemäß ist. Ich erinnere an meinen Studierstuben-Pavian, der nachts äußerst erregt reagierte, oder auch an den bellenden Bären-Pavian, der abends auf den dürren Baum sprang und erregt an den Ästen rüttelte, als ich versehentlich zu den Schlafbäumen gekommen war. – Briefe, und zwar zornige Briefe, die in den Nachtstunden geschrieben werden, sind in ihrem Ausdruck aggressiver als die, die bei Tage verfaßt sind. Nicht selten erweist sich, daß die Nachtbriefe am folgenden Tag nicht abgesandt werden können, weil sie allzu aggressiv ausgefallen sind. Das Subjekt wird, gleichviel welcher Vital-Rang ihm zukommt, wenn es nachts Briefe schreibt, auf diese komplizierte Weise sozusagen ein »Opfer des Nachtfeinds«, genauer gesagt: des Nachtfeind-Schemas.

Ich wies darauf hin, daß das tiefrangige Subjekt, vielleicht müßte es heißen: das Ich, das zur Zivilcourage reif und bereit ist, physisch in der Gegenwart Alphas gleichsam in eine Versuchung geführt wird, nämlich in die »Unterwerfungs-Versuchung«. Hier könnte von einer Spaltung die Rede sein, denn bewußt will dieser Mensch dem Machthaber die diesem unerwünschte Wahrheit sagen, während das Animal, in das dieses wahrheitsbeflissene Ich »hineinmontiert« ist, seinen uralten Prädomestikations-Stil offenbart. Der Tiefrang verpflichtet das Subjekt zum Gehorsam. So muß die Zivilcourage gleichsam trainiert werden, und je inkontinenter das Subjekt ist, desto schwieriger wird es ihm sein, zur Wahrheit zu stehen. Wie grotesk diese Spaltung von Omega-Leiblichkeit (Animalität) und Ich anmuten kann, zeigt das folgende Beispiel: Als ich mit 14 Jahren in das gewisse despotische Institut eintrat, wo wir unterdrückt und eingeschüchtert wurden, stellte ich fest, daß einer meiner Lehrer einen außerordentlich unangenehmen Körper- und Mundgeruch zeigte. Wir hatten bei ihm Kalligraphie-Unterricht, wobei er uns körperlich nahe kam, wenn er sich in die Schülerbank zwängte, um in das Heft des Schülers zu schreiben. Dieser an sich widerwärtige Geruch erschien mir merkwürdigerweise als nicht oder nicht sonderlich abstoßend, obgleich ich wußte, daß es ein Gestank war, den man strenggenommen nicht anders als übel bezeichnen konnte. Ich dachte, wenn ich mich so naiv ausdrücken darf, daß die mächtigen Männer »so riechen müssen«. Ich möchte zurückblickend sogar sagen, daß ich diesen kräftigen Duft mit einem gewissen Behagen wahrnahm. Ambivalenz bedeutet Spaltung in gegensätzliche Tendenzen: Einerseits handelt es sich um einen Gestank, andererseits ist es eine Intimität, deren mich dieser Alpha-Vertreter würdigte, als ob es ihm um einen Huldbeweis zu tun wäre, der mir in meiner Omega-Rolle zuteil ward. Es kommt hier das Moment ans Licht, das ich mit der Formel bezeichnete: Den Knüppel lecken, der uns schlägt. Auch Geprügelt-Werden ist eine Intimität.

Ich hätte dieses Detail nicht mitgeteilt, wenn sich in der Literatur nicht das nämliche Erlebnis eines etwa zehnjährigen anderen Jungen fände: Sartre (29) berichtet, daß ihm der übelriechende Atem seines Lehrers Barrault auffiel. Er dachte damals, was von den Erwachsenen im allgemeinen galt, sie müßten »häßlich, runzlig und unbequem« sein. Wenn sie ihn umarmten, so war es ihm nicht unangenehm, selbst nicht für den Fall, daß er dabei »einen leichten Ekel zu überwinden hatte«. Er küßte gern die sanfte, parfümierte Haut seiner Mutter, »aber höher schätzte ich das anstrengende und gemischte Vergnügen, das ich in der Gesellschaft älterer Männer empfand. Der Widerwillen, den sie mir einflößten, gehörte zu ihrem Prestige«. »Wenn sich Monsieur Barrault über mich beugte, flößte mir sein Atem einen entzückenden Widerwillen ein, eifrig atmete ich den unangenehmen Geruch seiner Tugenden.« – Das also kennzeichnet Alpha: der starke Geruch, um nicht zu sagen Imponier-Gestank, den die Majestät ausströmt. Dieser Duft gehört vermutlich zum uralten Imponiergehaben. Er beeindruckt unsere Kinder noch heute, solange sie »im Stande der Unschuld« sind. Ich hatte sicherlich recht, wenn ich dachte, es müßte so sein, daß die Alpha-Männer mehr oder weniger stinken. Dieser Kalligraph trieb es vielleicht ein bißchen arg, aber ich glaubte, genauso wie Sartre, daß es zu seinem Prestige gehörte. Es ist interessant, daß diese Stimmung (Erlebnisbereitschaft) offensichtlich nicht nur unserer Menschen-Spezies gemäß ist: In den Ziegen-Sozietäten, was jedermann weiß, der auf dem Lande aufwuchs, ist es der alte Bock, der Grand-Chef der Herde, der »kräftig stinkt«, und dasselbe gilt vom Eber in den Sozietäten der Schweine. Diese Intensität, die wir als »Gestank« bezeichnen, gehört tatsächlich zum Alpha-Prestige. Es ist belustigend, wie wir die Intensität dieser eindrucksvollen Gerüche bezeichnen: Wir sagen, der Duft oder Gestank sei »stark«, »scharf« oder »mächtig«. Der Petrefakt-Charakter dieser Ausdrucksweise liegt auf der Hand. Mein Kalligraphie-Lehrer »stank mächtig«. Der hohe olfaktorische Intensitätsgrad wird in unserer Sprache mit der »Macht« oder der »Stärke« in einen Bewandtniszusammenhang gebracht. Hier liegt, wie es scheint, eine vormenschliche Zuordnung, d. h. ein Biologisches Radikal, vor. Unsere Sprache weist bezeichnenderweise darauf hin, daß der Silbe »stink« eine superlativische Bedeutung zukommt. Man sagt, jemand sei »stink-vornehm« oder »stink-reich« (sehr vornehm, sehr reich). An sich denkt man doch wohl landläufig eher, daß im Gegenteil die Armut nicht gerade gut riecht. Es gibt die Wortprägung »Arme-Leute-Geruch«, aber wir kennen trotzdem nicht die Wendung »stink-arm« für »sehr arm«. Hier müssen paläoanthropologische Zuordnungen im Spiele sein, die darauf hindeuten, wie eindrucksvoll Alpha ehedem auch olfaktorisch imponierte[5]. Alpha-Potenz, Toleranz und Zivilcourage, diese Phänomene versuchte ich in den Griff zu bekommen. »Neoanthropologisch« nannte ich diese Zuordnungen. »Stinken« und »Imponieren« dagegen weist auf die ganz frühe Stufe der Menschwerdung hin. Ich hoffe gezeigt zu haben, daß es sich dabei jeweils um eine Zuordnungs-Ganzheit handelt, bei der es auf biologische Archaismen hinausläuft. Man könnte auch von Archetypen (C. G. Jung) oder von »ethnischen Elementargedanken« (A. Bastian) sprechen. Der Evolutionsschritt ist darin zu sehen, daß auf der Stufe der Zivilisation die alte Ordnung, die die Zivilcourage zunächst nicht zuließ, in Frage gestellt werden konnte. In dieser Courage bezeugt sich Evolution.

Zusammenfassend darf ich bemerken: Die Wahrhaftigkeit ist eine Tugend. Alpha ist es ein Leichtes, die Wahrheit zu sagen, und zwar *seine* Wahrheit, nicht aber Omega, im besonderen dann nicht, wenn Omega damit befürchten muß, Alpha, den Machthaber, oder seine eigenen anstoßnehmenden Mitbürger zu reizen. Mit anderen Worten: Alle Wahrheiten, die sich auf Autoritäts-Strukturen beziehen, sind in Frage gestellt, da Alpha von seinem Machtgenuß nicht lassen kann. Er kann nicht »aus seiner Haut heraus«. Nur mittels einer gezielten Psychoanalyse könnte er möglicherweise zu einer Einsicht kommen; das aber bedeutete, ihm die Macht- und Herrschafts-Relationen von ihren Ursprüngen her vorzuführen.

---

[5] Andererseits bedeutet das auch einen Hinweis auf das Alter dieser Wortprägung: Wenn die Wurzel »stink« neben der olfaktorischen Bedeutung soviel wie Kraft oder auch Macht war, so muß sich diese Zuordnung während der langen Zeit bis auf unseren Tag in der Sprache gehalten haben. Die Sprache hat diese Gleichsetzung konserviert wie ein Petrefakt. Die »kräftigen« Männergerüche wirkten auf die beiden Jungen: Sie imponieren und führen zu Gefühlen einer Bewunderung. Nur flüchtig sei hier angemerkt, daß Alpha, der mittelalterliche Teufel, wegen seines Gestankes berüchtigt war. Wenn er plötzlich verschwand, hinterließ er einen fürchterlichen Gestank. Es gab im Erzgebirge einen Abzählvers bei den Kinderspielen, der sich ebenfalls auf den scharfen Geruch des Teufels bezog. Wichtig wäre zu wissen, ob es die gleiche Zuordnung von Macht (Potenz) und Gestank auch in anderen Sprachen gibt.

Omega steht ursprünglich auf verlorenem Posten, d. h. er kann gegen Alpha und die Alpha-Machthaber, also Beta, Gamma usw., nicht ohne weiteres »anstinken«. Ursprünglich war die Tapferkeit, und das bedeutet zugleich die Wahrheits-Bezeugung, in festen Händen, d. h. in den Händen Privilegierter. Wie sich der hochbegabte Rangtiefe zu tarnen weiß, daß ihm weder die boshaft-anstoßende Gruppe noch die Alpha-Machthaber des Staates oder der Kirche zu schaden vermögen, dieses psychohygienische resp. autopsychotherapeutische Problem interessiert uns vom ärztlichen Standpunkt aus. Dieses Problem darf als ausgesprochen neu im Sinne der Neoanthropogenese (Evolution) bezeichnet werden.

Es wäre eine bemerkenswerte Aufgabe, von Fall zu Fall den Vital-Rang einer Persönlichkeit festzustellen. So, wie man sich über seine eigene Haarfarbe oder sein Körpergewicht im klaren ist, könnte jedermann von sich selber wissen, wie es um seinen Rang bestellt ist, und allein schon diese Auseinandersetzung würde sich vermutlich als fruchtbar erweisen, weil man damit Distanz zu sich selber gewinnt. Wir kämen damit auch auf das Thema des Humors, und eben im Humor ist ebenfalls eine der neoanthropologischen Tugenden zu sehen. Tiere sind nur des »tierischen Ernstes« fähig.

Nietzsche, um dieses Beispiel herauszugreifen, wußte vermutlich nicht, wie er selbst vital-ranglich einzuordnen sei. Es gab damals dieses Problem – ein Problem der Selbsterkenntnis – noch nicht. Jeder Bauer oder Hühnerzüchter wußte, daß seine Hennen ein unterschiedliches Verhalten etwa am Futternapf zeigen, aber das Wissen allein genügt nicht: Man muß bewußt wissen. Als dann Schjelderup-Ebbe dieses Allerweltswissen endlich als isoliertes Phänomen heraushob und in den Händen hielt und von allen Seiten betrachtete, war die Bresche geschlagen. Jetzt entdeckte man Rangordnungen allenthalben, selbst bei den Wespen und sogar bei homo sapiens. Es kommt auf das Filigran der Zuordnungen an, das aber war Nietzsche noch nicht zuhanden. Er attackiert den Staat, nennt ihn ein »Ungeheuer«, aber gleichzeitig rühmt er den »Willen zur Macht«. Unter dem Übermenschen stellt er sich im letzten Grunde eine Bestie vor, und sogar über die Haarfarbe weiß er sich zu äußern. Diese Aussagen wird man als überkompensierend bezeichnen. Zarathustra dagegen, Nietzsches Prophet, ist alles andere als die »blonde Bestie«: ein Weiser, ja vielleicht ein Heiliger. – Heute könnte jeder von uns wissen, was in seinem Denken und Verhalten nativ-echt und was Überkompensation im Sinne Alfred Adlers ist. Jedermann sollte versuchen, Distanz zu sich selbst zu gewinnen und damit endlich ein guter oder überhaupt ein Chauffeur des unbekannten und höchst unzulänglichen Fahrzeugs zu werden, in das er einmontiert ist. Es gehört zur Psychischen Hygiene, über den vitalen Rang seiner Leiblichkeit Klarheit zu erlangen, d. h. darüber, ob man von einer Affekt-Inkontinenz sprechen muß, die als eins der Merkmale des Tiefrangs zu gelten hat. So gewinnen die Biologischen Radikale für jeden von uns gleichsam Spiegel-Bedeutung: Man kann sich in ihnen selber sehen. Zu der Frage der Inkontinenz gehört z. B., ob man in der Gesellschaft anderer schweigen kann. Das eindrucksvolle Schweigen ist ein Zeichen des hohen vitalen Rangs. Es gibt Menschen, denen man jeden ihrer Affekte aus dem Gesicht ablesen kann. Alpha verbirgt sich hinter seinen Gesichtszügen, die den Affekt nicht verraten. Er bleibt »undurchsichtig«, wie es für gewisse Berufe erforderlich ist. Diplomaten z. B. dürfen sich nicht oder nicht mühelos »durchschauen lassen«. Alpha-Rang bezeugt sich physiognomisch im Ausdruck souveräner Verhaltenheit (Kontinenz).

Kennzeichnend für das Verhältnis von Alpha und dem tiefrangigen Partner, der zu Kusch-Mechanismen neigt, ist auch die Tatsache, daß dieser die Erwartungen erfüllt, die Alpha hegt oder zu hegen scheint. Sozusagen aus Höflichkeit. Wenn neuerdings in Amerika festgestellt wurde, daß Schüler im programmierten Unterricht zum Teil weit bessere Leistungen im Lernen zeigten als vorher, als sie ihrem Lehrer ausgeliefert waren, so wird man diese Tatsache damit erklären können, daß der Schüler, der überzeugt war, daß sein Lehrer keine gute Meinung von ihm habe, dieser Annahme entsprechend wenig leistete. Man erfüllt die Erwartungen des hohen Herrn, denn mehr wird nicht erwartet. Jeder hat die ihm gemäße (angemessene) Rolle auf sich zu nehmen, z. B. die des mittelmäßigen Schülers; und man schmeichelt seinem Lehrer, wenn man ihn nicht enttäuscht, sondern seine Erwartung bestätigt (power of prophecy).

Ich sagte, daß Nietzsche sich offenbar selbst nicht durchschaute. Wer, im allgemeinen, durchschaut sich überhaupt selbst und wer durchschaut seinen Partner? Wie Goethe in *Torquato Tasso* sagt, sind es wohl nur die Galeerensklaven, die sich gegenseitig kennen, d. h. die Menschen, die auf wenige Bezüge ihres Daseins reduziert sind. Zwischen den Zeilen finden sich bei Nietzsche eine Reihe von Andeutungen, die auf seinen Tief-Rang schließen lassen: So rät er, die »Maske der Mediokrität« zu tragen. Wenn man als Dutzendgesicht unter Dutzendgesichtern erscheint, ist man dem Mobbing nicht ausgeliefert. So fällt man nicht auf. Ich habe im Verlaufe meiner psychotherapeutischen Praxis immer wieder den Eindruck gewonnen, daß es zweierlei ist, ob Alpha oder ob Omega eine gute Leistung erbringt. Omega erregt damit nur Ärger, während Alpha bewundert wird. Während des Krieges behandelte ich einen Ingenieur, der als Fachmann bei seiner Firma einen ausgezeichneten Ruf genoß, speziell als Brückenbauer. Bei den Vormärschen 1939 und 1940 wurden häufig Brücken zerstört, die seitens der Deutschen in kurzer Zeit wieder aufgebaut wurden, und zwar, wenn möglich, unter Verwendung der Bruchstücke, die der Gegner hinterließ. Dieser Ingenieur, der ein Mann tiefen Ranges war, wurde als Zivilist einem hohen Stab von Pionier-Offizieren zugeteilt. In dieser Gesellschaft zu sein, war ihm nicht angenehm. Immer wieder mußte er die folgende Erfahrung machen: Er äußerte sich über die gegenwärtige Situation und machte Vorschläge, die kein Gehör fanden. Die Alpha-Gestalten waren taub für seine Argumente. Er hatte den Eindruck, daß sie kaum hinhörten, wenn er sprach. Nach langem Hin und Her wurde schließlich beschlossen, daß man so und so verfahren sollte, und dieser Beschluß war fast in jedem Fall genau der Vorschlag, den dieser Omega-Zivilist prima vista gemacht hatte. Seine Priorität wurde niemals anerkannt, mehr als das: Sie alle, die sich dann auf diesen Vorschlag einigten, waren überzeugt, daß tatsächlich der Oberstleutnant (oder wer immer mit bedeutungsvoller Miene »Vortrag hielt«) die Situation meisterhaft löste. Im Kreise dieser Schwergewichtler war der inkontinente Mann Luft. Er stand sogar unter dem Eindruck, daß sie ihn lächerlich fanden. Wahrscheinlich erging es ihm wie dem hochintelligenten Primus in der Schulklasse, der sich nicht durchsetzen kann und froh sein muß, wenn er den bulligen Mitschülern, wenn diese in Not sind, soufflieren darf.

Argumente sind an die Stimme und an die Mimik dessen gebunden, der sie ausspricht. Wer seine Meinung mit timidem Blick und hechelnd vorträgt, gilt nichts. So kann man sich vorstellen, daß im Mittelalter die Beständigkeit das Feld beherrschte, denn eben die Alpha-Machthaber waren es, die den Ton angaben. Die Ketzer, die man verbrannte, waren vermutlich des öfteren die Menschen mit den feineren Argumenten, aber es ist das Schicksal der Herren, die mit dem Cäsarenblick ausstaffiert sind, für die feineren Argumente taub zu sein.

Der Omega-Zivilist inmitten der Offiziere hätte die Konzession haben müssen, in ihrem Kreise sein Talent zur Geltung bringen zu dürfen. Nietzsche bemerkt in *Jenseits von Gut und Böse:* »Ein Talent zu haben, ist nicht genug: man muß auch eure Erlaubnis haben, – wie? meine Freunde?« Ein Wort wie dieses kann nur aussprechen, wer sich mit den Alpha-Autoritäten auskennt. Nietzsche sagt, daß der menschlichen Stimme eine Bedeutung zukommt, wenn man »feine Sachen denken« will. Die nämlich, die »mit einer sehr lauten Stimme im Hals« versehen sind, können »feine Sachen nicht denken«. Wer so enorm selbstsicher und vital-hochrangig ist, hat es auch gar nicht nötig, sich mit den feinen Argumenten abzugeben. Er ist sich selbst genug, während der selbstunsichere Mensch fasziniert um sich herumblicken muß, um bestehen zu können. Im Grunde ist dies seit eh und je bekannt, nur eben bisher noch nicht hervorgehoben worden: Es gibt Schelmengeschichten, und zwar bei allen Völkern, die uns zeigen, wie die feinen Argumente sozusagen das Privileg derer sind, die »nichts zu sagen haben«, während die mit den lauten Kommandostimmen als die plumpen Tröpfe dastehen, was freilich nicht generell gilt. –

Vielleicht könnte man sogar sagen, wie es kommt, daß es eine Intelligenz gibt, die mehr auf »die feinen Sachen« aus ist. Ich habe festgestellt, daß es bei den Tieren eine gewisse Umkanalisierung der Angst gibt, die sich in Faszination umsetzt (36). Das rangtiefe Subjekt klebt am Detail, was, wofern es sich um den Menschen handelt, zu überraschenden Erkenntnissen führen kann. Ich will mich hier in einen Exkurs über Angst und Faszination nicht einlassen. Es sollte nur angemerkt werden, daß es diese Zuordnung gibt. Interessant ist die Tatsache, daß die Beziehung zwischen Schüler und Lernmaschine und Schüler und Lehrer, der den Schüler in seiner Lernfähigkeit behindert, bezogen auf eine vergleichbare Situation bereits von Nietzsche (1) zum Ausdruck gebracht wird. Wenn man annimmt, daß Nietzsche hier eine ähnliche, und zwar eigene Erfahrung wiedergibt, so bedeutet dies, daß der Philosoph sich selbst hin und wieder dabei ertappte, daß er trotz seines Scharfsinns bereit war, der herrschenden Alpha-Meinung Zugeständnisse zu machen. Der betreffende Aphorismus (Nr. 25) hat den Titel: »Nicht zur Erkenntnis vorbestimmt.« Wir waren der Meinung, daß viel mehr als die Alpha-Naturen eben die zur Faszination neigenden und insofern scharfsinnigen, d. h. detailsüchtigen Omega-Denker »zur Erkenntnis vorbestimmt« seien. Der Aphorismus, in dem ich, wie bemerkt, ein Selbstbekenntnis des Philosophen sehe, beginnt: »Es gibt eine gar nicht seltene blöde Demütigkeit, mit der behaftet man ein für alle Mal nicht zum Jünger dieser Erkenntnis taugt. Nämlich: in dem Augenblick, wo ein Mensch dieser Art etwas Auffälliges wahrnimmt, dreht er sich gleichsam auf dem Fuße um und sagt sich: ›du hast dich getäuscht! Wo hast du deine Sinne gehabt! Dies darf die Wahrheit nicht sein!‹ – und nun, statt noch einmal schärfer hinzusehen und hinzuhören, läuft er wie eingeschüchtert dem auffälligen Ding aus dem Wege und sucht es sich so schnell wie möglich aus dem Kopf zu schlagen.« Soweit zunächst das Zitat. Ich würde denken, daß dieser Mensch nicht nur »wie eingeschüchtert« wegläuft, sondern tatsächlich »eingeschüchtert« ist. Seine »blöde Demütigkeit« macht ihm zu schaffen. Für Omega, der »ein Mensch dieser Art« ist, bedeutet, Erkenntnisse zu gewinnen, die den Alpha-Machthabern und ihrer Clique versagt bleiben, soviel wie ein Spießrutenlaufen.

Nietzsche bringt zum Ausdruck, daß man eine Konzession haben muß, sich Beobachtungen fasziniert hinzugeben und neue Erkenntnisse zu haben. Die herrschende Meinung ist auf eine gewisse Mittelmäßigkeit abgestimmt, in der die Alpha-Gestalten den Ton angeben. Das Kontroll-Privileg kommt Alpha auch zu, wenn es gilt, neue Wahrheiten zu entdecken. Ich führe das Nietzsche-Zitat zu Ende, das diesem Rang-Privileg einerseits und der Demütigkeit auf der anderen Seite Rechnung trägt: »Sein innerer Kanon lautet: ›Ich will nichts sehen, was der üblichen Meinung über die Dinge widerspricht! Bin ich dazu gemacht, neue Wahrheiten zu entdecken?‹« – Das ist eben die Frage, wer »dazu gemacht« ist, den Scharfsinn in Erbpacht zu haben, ob es nicht doch der Rangtief-Demütige und, wenn er aufsässig wird, der Rebell ist, der in den Schelmengeschichten, übrigens auch in den deutschen Märchen, über die interessanten Details verfügt. Was ist überhaupt Scharfsinn? Wir lesen in Eislers *Wörterbuch der philosophischen Begriffe* (37) unter dem Artikel »Scharfsinn«: Chr. Wolff definiert: »Wer viele Deutlichkeit in den Begriffen der Dinge hat und also genau herauszusuchen weiß, worinnen eines einem anderen von seiner Art ähnlich und worinnen es hinwiederum von ihm unterschieden ist, derselbe ist scharfsinnig.« Fries sagt, Scharfsinn sei »das feine Unterscheidungsvermögen«. Nach Carrière besteht er darin, »die Unterschiede der Dinge klar und scharf zu bestimmen«, d. h. differenzieren zu können. Wahl meint, Scharfsinn äußere sich »in einem stets verfügbaren großen Vorrat von erkannten Tatsachen in Kenntnis ihrer Entwicklung, ihrer Beziehungen und in dem Auffinden von sachlichen partiellen Gleichheiten und Ungleichheiten und in der Komposition langgestreckter Reihen«. Mit einem Wort: Es geht um die Beobachtung der konkreten empirischen Tatsachen und um die Differenzierungen. Ist der Scharfsinn eine der alten Tugenden oder eine zukünftige Tugend? Die Frage ist interessant. Aber ich möchte diese Gedankengänge hier nicht ausführen, sondern verweise auf den Aufsatz »Der Wahnfeind als Erzieher« im zweiten Band dieses Buches. Hier sei nur angedeutet, daß dem Scharfsinn auch früher schon, z. B. in den Reifungsriten, hohe Bedeutung zukam: Die Initianden hatten Scharfsinnsproben zu lösen. Noch unlängst war es in Oberösterreich und in Tirol Brauch, daß bei Hochzeiten der Bräutigam von den jungen Burschen des Dorfes während der Hochzeitsausfahrt angehalten wurde und Rätsel zu lösen hatte, die man ihm vorlegte (38). Wie weit die Bedeutung des Scharfsinns in die menschliche Vorgeschichte zurückreicht, zeigt übrigens schon der Mythos von Ödipus und der Sphinx. – Wie steht es mit dem Humor, den ich als eine der neuen Tugenden erwähnte: hat es Humor auch in vorgeschichtlicher Zeit schon gegeben? Etwa im Verlaufe der Reifungsriten? Das ist nicht wahrscheinlich, denn Humor setzt Distanz zu sich selber voraus. Das ist ein später Erwerb. Humor scheint eine der Tugenden zu sein, die eine tiefgründige Anthropologie zur Voraussetzung haben. – Gewissen und Verantwortung gehören gleichfalls in unsere Betrachtung über die Tugenden, die auch in Zukunft gelten werden. Ich glaube sogar, daß eben in unserer Zeit der Vermassung und der Manipulation das Private kultiviert werden sollte, und das Gewissen gehört, ebenso wie der Humor und der Scharfsinn, zu diesem Privaten. Es kommt auf die Souveränität und die private Verantwortung der Einzelnen an, je mehr in den

Organen der Massenkommunikation eine Quelle der Unfreiheit sichtbar wird. Mit schärfstem Akzent müßte man die Tugend hervorheben, die ich bereits erwähnte, die jedoch noch nicht allgemein geschätzt wird: den terminologischen Scharfsinn. Er setzt die Fähigkeit des Differenzierens voraus, eben die »Kunst der Nuance«. Eine ganze Reihe unserer Begriffe müßte neu durchdacht werden, nachdem uns paläoanthropologische Einsichten zuhanden sind. Es ist anzunehmen, daß wir nomenklatorischen Ballast mit uns herumschleppen, der uns zu Mißverständnissen verführt, während andererseits eine Fülle von Erkenntnissen nicht berücksichtigt wird, ja noch nicht einmal sprachlich bezeichnet ist.

Um das Thema des nomenklatorischen Scharfsinns an einem Beispiel darzustellen: Der Psychiater Kurt Schneider (28) gibt der Meinung Ausdruck, daß ein zwangsneurotischer Mensch, der zu einem skrupulantischen Verhalten neigt, »selbstunsicher« ist. Man kann das Phänomen so bezeichnen, aber wenn man bedenkt, daß man unter Selbstunsicherheit landläufig ein sog. unsicheres Auftreten meint, womit eine Affekt-Inkontinenz bezeichnet wird, melden sich Zweifel an. Wer sich rasch, um die ihm vorgestreckte Hand zu schütteln, den Schweiß an der Hose abwischt, kann nicht gut als »selbstsicher« bezeichnet werden, auch nicht, wer mit hechelnder Atmung oder Stottertendenzen vor seinem Chef steht. Das nun aber, diese Labilität, hat mit der skrupulantischen Selbstunsicherheit nicht das geringste zu tun. Ich kenne aus meiner Praxiserfahrung Zwangsneurotiker, die vital ausgesprochen ranghoch dastehen. Anankastische Skrupel und spezifische Unsicherheits-Reaktionen können einem hochrangigen Menschen ebenso wie dem Rangtiefen widerfahren, der in einer Omega-Leiblichkeit steckt. Man wird sich einigen müssen, was man in Zukunft unter »Selbstunsicherheit« verstehen will. Da uns das paläoanthropologische Moment interessiert, werde ich die tiefrangig-unsicheren Mitbürger als die »selbstunsicheren« bezeichnen. – Interessant ist in diesem Zusammenhang, daß der rangtiefe Skrupulant außerordentlich heftig reagiert, wenn man ihm auf dem ureigensten Feld seiner Symptomatik entgegentritt, und zwar ebenso panisch-heftig wie jeder andere Zwangsneurotiker. Die Heftigkeit der Abwehr-Aggressivität läßt in diesem Augenblick eine Rang-Diagnose nicht zu, weil sich das Subjekt keineswegs »kuschbereit« zeigt. Die panische Stoßkraft des Affekts, wenn das Konzept des Anankasten durchkreuzt wird, ist vermutlich die identische Energie, mit der der Fanatiker reagiert, wenn ihm widersprochen wird oder wenn seine utopischen Heils-Maßnahmen durchkreuzt werden sollen.

Ich griff das Beispiel aus der geistigen Hinterlassenschaft Kurt Schneiders heraus, weil eben dieser Forscher und Denker in dem Rufe kristallener Klarheit steht. Er interessierte sich nicht für eine biologische Fundierung der Psychiatrie, während ich meinen möchte, daß das Lebendige uns die Fixpunkte der begrifflichen Orientierung abgeben sollte. Was Münchhausen gelang, gelingt einer Reihe von Denkern ebenso elegant: Ohne feste Punkte zu haben, erfassen sie ihre Zöpfe und heben sich aus ihrem mehr oder weniger tautologischen Schlamm heraus. Sie schweben im Begrifflichen, ohne zu bedenken, daß diese ihre Begriffe weitgehend unfundierte Artefakte sind. Man muß feste Punkte haben, wie sie uns die vergleichende Verhaltensforschung an die Hand gibt.

Daß die staatlichen oder auch städtischen Verwaltungs-Bürokratien gelegentlich rasche Entscheidungen fällen müssen, liegt auf der Hand. Wir dagegen, in unseren privaten Bereichen, dürfen eine ganze Reihe von Fragen offen lassen. Es gibt Probleme, etwa Eheprobleme, die man überhaupt nicht lösen kann. Selbst die sog. Salomonischen Rezepte gibt es hier nicht. Man wird sich vorerst mit Kompromissen durchschlagen müssen. Das anthropologische Mißverständnis, d. h. die Tatsache, daß kein Mensch den andern wirklich kennt, wozu sich das Selbstmißverständnis gesellt, folgt uns wie unser Schatten auf Schritt und Tritt. »Selbstverständlich ein Mißverständnis«, diese geflügelte Wendung ist in unseren menschlichen Begegnungen häufiger angebracht, als uns lieb ist. Man muß, wie es bei Nietzsche heißt, viel Einsamkeit und Wüste in sich haben, in die man sich zurückziehen kann, während viele Menschen meinen, es komme lediglich darauf an, sich auf den Marktplätzen zu versammeln und mit seinesgleichen möglichst viel zu diskutieren. Was soll dabei schon herauskommen, wenn die Prämissen nicht stimmen, d. h. wenn z. B. unser Verdrängungsschutz so übermächtig ist, daß von einem ehrlichen Gespräch keine Rede sein kann? Natürlich leugne ich nicht, daß es Menschen gibt, denen die endlose Diskussion ein echtes Bedürfnis ist. Allerdings kennen wir auch andere, die sich nur ungern in eine Gruppe einschmelzen lassen. Wenn sie schon den Ehrgeiz hätten, irgendwie eingegliedert zu werden, käme für sie nur die unsichtbare und unorganisierte »Gruppe« der »Stillen im Lande« in Betracht. Die Offensive, an die sie glauben, ist nicht die der brodelnden, schwadronierenden Masse, sondern die des Sauerteigs, d. h. der lautlos sich vollziehenden, fortschreitenden Aufklärung, die sich endgültig nicht aufhalten läßt.

Von hoher Bedeutung für unser Dasein ist die Tugend der Hoffnung. Allein schon aus Gründen einer Psycho-Hygiene muß sich der Mensch die Illusion der Freiheit bewahren. Sich vorzustellen, daß man nichts als ein Galeerensklave ist, muß als unerträglich bezeichnet werden. Niederdrückend ist auch das Gleichnis aus der griechischen Mythologie, das von einer Anzahl von Menschen spricht, die in der Höhle des Riesen zusammengepfercht sind und darauf warten, daß sich das Ungeheuer Tag für Tag einen von ihnen zur Mahlzeit auswählt. Daß man sich dieser schrecklichen Gleichnisse nicht gern erinnert, liegt auf der Hand. – Unsere Menschwerdung ist noch im Gange. Sie hat vor gar nicht langer Zeit – erdgeschichtlich gesehen – erst begonnen, was uns die Darstellung der neoanthropologischen Momente zeigen sollte. Worauf dürfen wir hoffen? Das Buket der Möglichkeiten kann nicht reichhaltig genug sein. Man kann auch auf zunehmende Reifung hoffen. Auch Reifung ist Ausweg in unserer Situation einer Ausweglosigkeit.

Bedeutungsvoll wird es sein, daß wir dem Subjekt die Individuation weitmöglichst gewähren, im besonderen, wenn es sich um die Vertreter der Omega-Gruppe handelt, die allzu rasch bereit sind, sich zu unterwerfen. Denen, die mit spitzen Ellenbogen ausgerüstet sind und laute Kommandostimmen im Halse haben, wird man nicht minder seine Aufmerksamkeit zuwenden müssen, ganz besonders aber den Fanatikern. Ich sehe in der Psycho-Hygiene einen der Generalnenner, unter den eine Reihe der zukünftigen Tugenden unterzuordnen ist. Letzten Endes wird es Evolution und »Hoffnung auf Evolution (Ausweg)« nicht geben können, wenn die Individuation des Einzelnen steckenbleibt. Eine der Bedrohungen, denen wir ausgeliefert sind, war und ist die Bürokratie. Stupidität und Alpha-Macht sind ihre wesentlichen Merkmale. Eben die Bürokratien können einen Menschen an der Reifung hindern. An sich sind die Verwaltungen (man bezeichnet sie gern als »Apparate«) als »Wohltat« gedacht, aber sie können zur »Plage« werden. Daß den Behörden der Alpha-Akzent zukommt, ist ein Übel, das sich wohl schwer ausrotten läßt: Das Amt ist für den, der es bekleidet, eben für den »Beamten«, mit einer permanenten Versuchung verknüpft, der Versuchung, die Mitbürger zu tyrannisieren. Grundsätzlich gilt, daß die Bürokratien in den Blickpunkt gerückt werden müssen, wann immer von der menschlichen Freiheit die Rede ist.

Ich wies schon darauf hin, daß der Mensch das Lebewesen ist, das als letztes diesen Planeten betreten hat. Die Tupaia (Spitzhörnchen) springen schon seit 70 000 000 Jahren auf dieser Bühne umher, so daß wir uns, verglichen mit ihnen, als Neuankömmlinge betrachten müssen. Ich sagte auch schon, daß wir – wie es scheint – noch nicht »auskristallisiert« sind. Darum sollten wir bemüht sein, möglichst viel über uns in Erfahrung zu bringen, nicht nur um unserer Unterhaltung willen. Wesentlich wird es sein, daß wir Distanz zu uns selber gewinnen. Ich habe versucht, Aussagen über das paläoanthropologische Erbe zu machen, das wir mit uns herumschleppen müssen. Ich bin mir bewußt, daß es sich dabei nur um einen allerersten Anfang auf dem Wege zu dieser Selbsterkenntnis handelt. Viel mehr noch müßte man wissen und wird man wissen, wenn man die Geduld aufbringt. Der Mensch ist eine stammesgeschichtlich-geschichtliche Existenz. Der Blick in seine Vergangenheit ist interessant, Voraussetzung allerdings ist, daß man mit Nachschlüsseln zu operieren versteht, die man als »phylogenetische Nachschlüssel« zu bezeichnen hätte. Daß unser Weg in die Zukunft hinein offen ist, darf als eine unserer Hoffnungen gelten.

Wenn ich von der Zukunft der Menschen spreche, schwebt mir dabei nicht das Forschungs-Programm von Los Alamos vor. Eingriffe vorzunehmen, um einen neuen Menschen zu manipulieren, ist eine Idee, für die ich kein Verständnis aufbringen kann. Schon allein die Vorstellung, daß damit eine grauenhafte Bürokratie über uns kommen müßte, ist erschreckend. Außerdem gebe ich zu bedenken, daß wir den Menschen noch längst nicht hinreichend ausgelotet haben, um sagen zu können, »was alles in ihm drinsteckt«. Wir müßten zunächst einmal eine Anthropologie haben, wovon wir noch weit entfernt sind. Man wird, solange man im dunkeln zu tappen gezwungen ist, das »Wohin« eines neuen Weges nicht gut einprogrammieren können. Wissen wir, was es an unvorhergesehenen und unvorhersehbaren Entgleisungen auf diesem neuen Wege geben kann? Daß wir uns dabei, wie bemerkt, einer ganz neuen Alpha-Bürokratie ausliefern müßten, erscheint mir unerträglich. – »Die Zukunft«, sagte Paul Valéry einmal, »ist auch nicht mehr das, was sie war...«

In früheren Zeiten hätte man, wenn von der Zukunft die Rede war, auf die Sterne verwiesen. »Es gibt wahrscheinlich«, heißt es bei Nietzsche (1), »eine unsichtbare Kurve und Sternenbahn, in der unsere so verschiedenen Straßen und Ziele als kleine Wegstrecken einbegriffen sein müssen, – erheben wir uns zu diesem Gedanken! Aber unser Leben ist zu kurz und unsere Sehkraft zu gering, als daß wir mehr als nur Freunde im Sinne jener erhabenen Möglichkeit sein könnten. – Und so wollen wir an unsere Sternen-Freundschaft glauben, selbst wenn wir einander Erdenfeinde sein müßten.«

Literatur

1 F. Nietzsche: Die fröhliche Wissenschaft (Ges. Werke), Stuttgart 1921
2 A. Bastian: Ethnische Elementargedanken in der Lehre vom Menschen, Berlin 1895
3 C. G. Jung: Über den Archetypus, Zbl. Psychother. IX (1936), 259-274
4 derselbe: Analytische Psychologie und Erziehung, Zürich 1936
5 J. von Uexküll: Umwelt und Innenwelt der Tiere, Berlin 1909
6 J. W. Goethe: Vorträge über die drei ersten Kapitel des Entwurfs einer allgemeinen Einleitung in die vergleichende Anatomie, ausgehend von der Osteologie (Ges. Werke, Bd. 17), Zürich 1949
7 K. Lorenz: Über die Bildung des Instinktbegriffes, Naturwissenschaften XXV (1937), 289-300, 307-318, 324-331
8 W. Christian: EEG-Befund bei einem Fall von epileptischer Halluzinose, Deutsche Zeitschr. f. Nervenheilk. 176 (1957)
9 K. Rasmussen: Thulefahrt. Zwei Jahre im Schlitten durch unerforschtes Eskimoland (aus d. dän. Original übers. v. Friedrich Sieburg), Frankfurt a. M. 1934
10 F. Goethe: Über das Anstoßnehmen bei Vögeln, Z. Tierpsychol. III (1939), 371-374
11 R. Bilz: Der Vagus-Tod, Med. Welt XVII (1966), 117-122 u. 163 bis 170
12 N. Tinbergen: Die Übersprungbewegung, Z. Tierpsychol. IV (1940), 1-40
13 R. Bilz: Übersprungphänomene, Nervenarzt XXX (1959), 145 bis 153
14 C. P. Richter: On the Phenomen of Sudden Death in Animals and Man, Psychosom. Med. XIX (1957), 191-198
15 W. Herre: Einflüsse der Umwelt auf das Säugetiergehirn, Dtsch. med. Wschr. 83 (1958), 1568-1574
16 P. Schebesta: Die Bambuti-Pygmäen vom Ituri. Ergebnisse zweier Forschungsreisen zu den zentralafrikanischen Pygmäen, Brüssel 1938

17 W. B. Cannon: »Voodoo« Death, Psychosom. Med. XIX (1965), 182-190
18 J. von Uexküll: Die Lebenslehre, Potsdam 1930
19 R. Bilz: Psychotische Umwelt. Versuch einer biologisch orientierten Psychopathologie, Stuttgart 1962
20 L. van der Post: Das Herz des kleinen Jägers, Berlin 1961
21 derselbe: Die verlorene Welt der Kalahari, 3. Aufl., Berlin 1966
22 E. Sulzmann: Mündliche Mitteilung
23 F. Nietzsche: Jenseits von Gut und Böse (Ges. Werke), Stuttgart 1921
24 R. Schenkel: Ausdrucks-Studien an Wölfen, Behaviour I (1947), 81-129
25 P. Schebesta: Bei den Urwaldzwergen von Malaya, Leipzig 1927
26 M. Gelfand: The African Witch, Edinburgh und London 1967
27 J. von Uexküll: Die Bedeutungslehre, Leipzig 1940
28 K. Schneider: Klinische Psychopathologie. 8. Aufl., Stuttgart 1967
29 J.-P. Sartre: Les Mots, Paris 1964
30 H. Hediger: Die Angst, Universitas XIV (1959), 929-937
31 F. Nietzsche: Morgenröte (Ges. Werke), Stuttgart 1921
32 H. Luxenburger: Die Indikation zur Psychotherapie der Neurosen vom Standpunkt der Erbbiologie aus gesehen, Düsseldorf 1939
33 H. von Hentig: Robespierre, Stuttgart 1924
34 F. Sieburg: Robespierre, Frankfurt/M. 1935
35 L. Williams: Der Affe, wie ihn keiner kennt, Wien–München–Zürich 1967
36 R. Bilz: Faszination und Scheu, Homo IX (1958), 91-100
37 R. Eisler: Wörterbuch der Philosophischen Begriffe, Berlin 1929
38 E. Burgstaller: Über das »Verziehen« und »Klausemachen« im österreichischen Hochzeitsbrauchtum, mit besonderer Berücksichtigung Tirols, Beiträge zur Volkskunde Tirols. Schlern-Schriften. Innsbruck 1948

II. Das Repertoire der Ursituationen und urszenischen Rollen

9. Zur Grundlegung einer Paläoanthropologie
   Eine Studie über archaische Funktionsbereitschaften und Phänomene der Bahnung
   (1944)
10. Über allgemeine biologische Ordnungsgesichtspunkte und ihre Bedeutung für das Verständnis menschlichen Verhaltens (Selbstbericht nach einem Vortrag; 1952)
11. Biologische Radikale
    Eine Untersuchung über analogisch-emotional begründete Erlebens- und Verhaltensweisen des Menschen
    (1961)
12. Mensch und Tier – Biologische Radikale in unserem Dasein
    (1965)
13. Rolle und Szene im menschlichen Dasein
    (1952)
14. Zur Biologie und Psychologie der Mutterrolle
    (1944)

Die Aufsätze dieses II. Kapitels (9-14) sind im Zeitraum von 21 Jahren (1944-1965) zustandegekommen. Es war ursprünglich nicht geplant, sie zusammenzustellen, so daß sich gelegentlich Überschneidungen finden. Der Generalnenner, unter dem diese sechs Aufsätze hier erscheinen, ist der des Repertoires und der urszenischen Rolle. Seit der Buch-Publikation *Pars pro toto* (1940) bevorzuge ich, um das Lebendige zu bezeichnen, Gleichnisse aus dem Theaterleben. Ich hielt es für zweckvoll, von der Rolle auszugehen, die mit einer Gegenrolle verzahnt ist, woraus sich die Szene ergibt, weil diese Zuordnungen für das tierliche, aber ebenso für das menschliche Dasein kennzeichnend sind. Man könnte auch von einem Katalog der Ursituationen sprechen, gleichzusetzen mit dem Begriff des Repertoires.

Von der urszenischen Rolle des Subjekts auszugehen, hat außerdem den Vorteil, daß man Psychisches und Somatisches damit in einem Griff hält. Es erübrigt sich, Theorien aufzustellen, wie Leibliches und Seelisch-Geistiges einander zugeordnet sind, ob es sich z. B. um einen »Parallelismus« handelt oder wie man sich »Wechselwirkungen« vorstellen soll. Damit, wenn Seelisches und Physisches koinzidieren, entfällt auch die Frage nach der Kausalität, die das Nacheinander von Ursache und Wirkung bezeichnet. Die Rolle ist als der Generalnenner koinzidierender Vorgänge anzusehen. Wesentlich bedeutsamer ist mir der Begriff der Zuordnung (Korrelation). Zu untersuchen, wie im einzelnen diese koinzidierenden Zuordnungen zustandekommen und verlaufen, ist eine Aufgabe der physiologischen Forschung.

Termini wie »Psychophysik« oder »Psychosomatik« sollte man strenggenommen vermeiden, weil sie irreführen. Man könnte zu der Meinung verführt werden, daß es in unserem Dasein Isoliert-Psychisches und Isoliert-Physisches gäbe, was nicht zutrifft, und es käme nun darauf an, sich darüber Gedanken zu machen, wie diese isolierten Gegebenheiten zusammenwirken. In Wahrheit handelt es sich um das lebendige Zuordnungs-Ganze ursprünglich, während das, was wir als das Seelisch-Geistige oder das Somatisch-Psychische bezeichnen, nur unsere Denk-Artefakte sind. Wir haben das Leibliche, z. B. die Lokomotion, gleichsam, und zwar mittels der Abstraktion, aus dem Lebendig-Ganzen herauspräpariert und gebärden uns, als ob es tatsächlich so, als Herauspräpariertes, ein isolierter Teil sei, der als solcher bestehen und mit anderen Teilen, und zwar leibhaft-wirklichen oder auch seelisch-emotionalen anderen »Teilen«, zusammengefügt werden könnte. Daß man von der Vital-Rolle ausgeht und sie auch im Auge behält, ist naheliegend. Man sollte nicht so tun, als handle es sich um den Präpariersaal des Anatomischen Instituts, wo man es auch mit Teilen, nämlich mit Leichenteilen, zu tun hat. Goethe spottet in der »Schüler-Szene« im *Faust* über diese doktrinäre Unbekümmertheit, die außer acht läßt, daß man zunächst »den Geist heraustreiben« muß, um »die Teile in seiner Hand« zu halten.

Ich bekenne mich zu Jakob von Uexküll, in dem ich den Begründer der Verhaltensforschung sehe. Im besonderen hatte es mir seine Problemstellung und die Prägnanz seiner Sprache angetan. Auf Uexküll geht der Begriff des Schemas (1909) zurück. Seine Lehre von der Bedeutungsverleihung und von den Wirk- und Merkmalen scheinen mir hochbedeutsam zu sein. Die Konzeption schließt nicht aus, daß ein Forscher wie E. von Holst z. B. den Nachweis zentralnervöser Mechanismen, die sich auf die Lokomotion beziehen, erbringen oder das Reafferenz-Prinzip gebrauchen konnte. Es gibt sprachliche Ansätze, die weiterer Forschung den Weg nicht verbauen. Ich sah es als meine Aufgabe an, Zuordnungen, d. h. Koinzidierendes, evident zu machen. Interessant ist, daß Goethe dem Thema der Zuordnungen seine Aufmerksamkeit zuwandte. Er gebrauchte das Gleichnis von Knopf und Knopfloch und brachte zum Ausdruck, daß man den Mantel von unten nach oben knöpfen sollte, damit man deutlich erkennt, was einander zugeordnet ist. Ich zitierte bereits, daß Goethe in der Einleitung zu seiner »Vergleichenden Anatomie« auf das Tier im Menschen hinweist, das »einfachere Tier im zusammengesetzten Menschen«. Mit anderen Worten: Wenn ich »Biologische Radikale« darzustellen versuche oder von »Archaischen Funktions-Reserven« spreche, die in gewissen Situationen sichtbar werden, so hoffe ich, auf dem Wege zu einer paläoanthropologisch orientierten Anthropologie zu sein. Ich muß bemerken, daß ich unter der Vergleichenden Verhaltensforschung nicht nur das Vergleichen von menschlichem und tierlichem Verhalten verstehe, das uns zu der Erkenntnis der Biologischen Radikale führt, sondern daß es mir auch auf den Vergleich von prophetisch-schamanistischem Verhalten beim gegenwärtigen Menschen und dem Menschen vergangener Jahrhunderte oder fremder Kontinente ankommt. Ich bewege mich damit im Bereich der abergläubischen Meinungen und Gebräuche. Die prophetisch-schamanistische Übergangsstufe unserer Menschwerdung scheint mir zur Grundlegung unseres Erlebens und Verhaltens ebenso bedeutungsvoll zu sein wie die, in der die Biologischen Radikale ihren Ursprung haben.

Der erste Aufsatz dieses Kapitels (9/1944) wurde in der *Schweizerischen Zeitschrift für Psychologie* publiziert. Er war in zwei Teile gegliedert: I. Paläophysiologie und II. Paläopsychologie. Es erscheint mir heute als unzulässig, weil tautologisch, von der »Paläophysiologie« zu sprechen. Physiologie war von jeher Paläophysiologie, was man von der Psychologie nicht sagen kann, bei der es sich z. B. auch um die Lernvorgänge oder zivilisationsbedingte Hemmungen handelt. Ich habe darum bei der Zweitveröffentlichung gesetzt: I. Der physiologische Aspekt. II. Der psychologische Aspekt. Als Überschrift wählte ich: Zur Grundlegung einer Paläoanthropologie.

Es ist nicht meine Absicht, jeden der vorliegenden Aufsätze zu kommentieren und etwa von Fall zu Fall die Vorgeschichte mitzuteilen. Ausnahmsweise wende ich mich hier in der Vorbemerkung einer Zuordnung zu, die mich während vieler Jahre beschäftigte und die in den beiden Aufsätzen 9/1944 und 14/1944 in Andeutungen zum Ausdruck kommt. Es handelt sich um das Küssen, d. h. um Zuordnungen, die mich seit dem Jahre 1927 beschäftigen: Ich war damals an der Kinderheilkunde und im besonderen an der Säuglings-Ernährung interessiert. Die Kinderärzte waren sich darüber nicht einig, wann die Breizufütterung erfolgen sollte. Daß der Säugling gestillt werden muß, darüber bestand kein Zweifel, aber von welcher Woche ab sollte er zusätzlich Breikost erhalten? Um diese Zeit – 1927 – war im Zoo der Stadt Dresden eine Orang-Utan-Mutter zu sehen, die einen Säugling stillte und zusätzlich mit Breikost ernährte, und zwar auf eine, wie mir schien, höchst erstaunliche Weise: Sie kaute ein Stück Banane und näherte sich mit ihrem Maul, das den Brei enthielt, dem des Kindes, was wie ein Küssen anmutete. »Buschi«, das war der Name des Kleinen, verstand es, die Breikost zu sich zu nehmen, und zwar genauso kußartig. Es war die Frage, ob es sich bei diesem Mechanismus der Nahrungsaufnahme, der dem Kind vermutlich angeboren war, um eine sog. Identische Exekutive handelte, d. h. ob dem Menschen derselbe Reaktionsmechanismus gleichfalls angeboren gegeben sei. Als ich Vater geworden war, versetzte meine Frau den Säugling, der damals drei Monate alt war, in die gleiche Situation, wobei sich ergab, daß das menschliche Kind genauso wie damals »Buschi« einen auf die Breizufütterung bezogenen Reaktionsmechanismus bereithielt. Die Einzelheiten finden sich in den Aufsätzen 9 und 14. Ich möchte diesen Mechanismus heute als den Atzpartner-Reaktionsmechanismus bezeichnen. (Ursprünglich sprach ich vom Atzpartner-Reflex.) Gustav Brandes, der Direktor des Dresdner Zoos, veröffentlichte 1939 eine Monographie über »Buschi«, aus der sich ergab, daß auch er den Affensäugling seinerseits kußartig ernährt hatte, was er durch entsprechende Fotos belegte.

Jedermann damals, der Zeuge wurde, wie die Orang-Mutter den Säugling kußartig mit Brei ernährte, konnte auf die Idee kommen, daß vielleicht der menschliche Kuß mit diesem Vorgang in Verbindung zu bringen ist. Die Analogie mit dem Verhalten der sich paarenden Tauben lag nahe: Als Küken werden sie von ihrer Mutter geatzt. Man könnte diese Situation und Stimmung als die einer zärtlich-behutsamen Nutrition bezeichnen. Auch auf seiten des Tauben-Kükens liegt ein Atzpartner-Mechanismus vor, der der Entgegennahme der Nahrung dient. In der Zeit der Geschlechtsreife alsdann manifestieren sich diese Bewegungen spontan aufs neue, und zwar abermals in einer Situation und Stimmung, die man mit dem Kennwort »Zärtlichkeit« belegen könnte. Auf den Menschen bezogen, hieße das also: In der Stimmung der zärtlichen Verliebtheit bricht ebenso wie bei den Tauben der Atzpartner-Reaktionsmechanismus hervor, jetzt als »Kuß« zu bezeichnen. Wenn auch Nahrung jetzt nicht übermittelt wird, so liegt doch ein stimmungsübertragender Mechanismus vor. Die Stimmung, um die es sich handelt, ist die der Zärtlichkeit. Daß die Menschen den Kuß auch als Gruß gebrauchen, was Friedfertigkeit und Freundschaft (Aggressionshemmung) bezeugt, war ein Akzidens, sozusagen eine Geste, die man als die einer Verallgemeinerung bezeichnen könnte. Die Japaner gebrauchen den Kuß als Begrüßungsformel nicht, auch nicht die Matabele in Afrika, was nun freilich nicht heißt, daß dieses Zulu-Volk historisch etwas mit den Japanern zu schaffen hätte. Es ist eine Tatsache, daß es Völker gibt, bei denen der Kuß nicht zur Begrüßung dient, aber dem Begattungs-Verhalten ist er ubiquitär zugeordnet. Interessant andererseits ist die Feststellung, daß bei den Schimpansen kußartige Begrüßungen beobachtet werden können (Jane van Lawick-Goodall: *My Friends – The Wild Chimpanzees.* National Geographic Society, Washington 1967). Soviel über meine Konzeption des Küssens, die eine meiner frühesten Konzeptionen überhaupt ist. Hervorheben wollte ich, daß es mir nicht nur um das Aperçu zu tun war, d. h. um die Ähnlichkeits-Assoziation, die sich beim Anblick der von Mund zu Mund erfolgenden Atzung einstellt, sondern daß ich den Atzpartner-Reaktionsmechanismus bei dem Menschen-Säugling als Identische Exekutive entdeckte. Damit wurde das Aperçu, das auf den Anschein der Ähnlichkeit zurückging, gleichsam besiegelt.

9. Zur Grundlegung einer Paläoanthropologie

Eine Studie über archaische Funktionsbereitschaften
und Phänomene der Bahnung
(1944)

I. Der physiologische Aspekt

Bevor mein drei Monate altes Töchterchen einzuschlafen pflegt, wird es gewöhnlich etwas weinerlich. Dieses Vorstadium des Schlafes ist allen Eltern bekannt. Selbst Kleinkinder zeigen noch diese weinerliche Gereiztheit. Nichts ist ihnen recht, sie sind nörgelig und »ungezogen« und die einzige Lösung ihres Verhaltens bedeutet tatsächlich das Bett. Es gibt mancherlei Vorboten des Schlafes, bei Erwachsenen zeigt sich z. B. ein Bedürfnis, sich auf dem Kopf zu kratzen. Die sogenannten »Schlafläuse« melden sich, wenn wir diese volkstümliche Wendung gebrauchen dürfen. Vermutlich haben wir bei diesem Juckreiz an Gefäßveränderungen der Kopfhaut zu denken. Das Gähnen als Anzeichen der Schläfrigkeit oder die mangelnde Konzentrationsfähigkeit sind uns seit langem bekannt. Es wäre eine lohnende Aufgabe, einmal alle diese Vorzeichen eingehend zu untersuchen. – Mit dem hypnagogen Erleben, also dem Zustand unmittelbar vor dem Erlöschen des Bewußtseins, hat sich u. a. C. Schneider in Heidelberg beschäftigt (1). Die hypnagoge Befindlichkeit scheint mancherlei Ähnlichkeit mit dem Erleben Schizophrener aufzuweisen, während uns die Quengligkeit und Nörgelei der Kinder bei Eintritt der Schlafmüdigkeit an die Tatsache erinnern könnte, die man von Neurasthenikern häufig hört: Wenn sie so völlig abgespannt sind, wird ihnen weinerlich zu Mute und sie sind reizbar. – Eine »reizbare Schwäche« tritt in Erscheinung, vermischt mit dem Zug der Traurigkeit, der sich im Weinen Bahn brechen möchte. »Ich könnte losheuler wie ein Kind«, Wendungen dieser Art sind jedem Arzt aus dem

Munde neurasthenischer Menschen geläufig. Zutt (2) hat in seiner Pervitinarbeit die Einschlafweinerlichkeit der Kinder mit dem Verhalten depressiver Erwachsener verglichen. Ist am Ende das, was wir als Neurasthenie bezeichnen, ein verdünnter Aufguß der Depression? Dann spielte also das Schlafproblem in diesen Krankheitskreis hinein und wir wären zu einem Urphänomen vorgestoßen, dem einer elementaren Schläfrigkeit. Wenn man das menschliche Leben als eine Abfolge von Rollen ansehen darf, so bedeutete das, daß der Rolle des Schlafens bei diesen Kranken die grundlegende Bedeutung zukommt. Diese urszenische Rolle prävaliert und stört und überlagert alle übrigen Szenen mit ihren Rollen und Gegenrollen. Solche Menschen, so könnte es scheinen, kommen aus einer gewissen Dauerschläfrigkeit und Einschlafstimmung nicht heraus, was eine Schlaflosigkeit nicht ausschließt.

Ein zweites Vorzeichen einsetzenden Schlafes ist beim Säugling in einer Bewegungsabfolge zu erblicken, die gleichfalls allen elterlichen Beobachtern wohlbekannt ist. Soeben noch spielte das Kleine mit seinen Fingern, da geht eins seiner Ärmchen kopfwärts, bald folgt das andere nach. Mit leicht gekrümmten Fingern, die Handfläche dem Beobachter zugewendet, liegen die Händchen in der Nähe der Ohren. Wenn wir auch hier die Frage der Urszene oder des Urphänomens erheben wollten, d. h. ergründen, was diese scheinbar sinnlose Bewegung und Haltung bedeuten, so könnte man daran erinnert werden, wie das Affenjunge mit geschlossenen Fäustchen im Fell seiner Mutter hängt, wobei das Gesicht dem Leib der Alten zugekehrt ist. Wir sprechen diesen Einfall aus, selbstverständlich handelt es sich dabei nur um ein Aperçu, ohne damit in die Erörterung von Abstammungsfragen einzutreten. Daß allerdings der Mensch eine stammesgeschichtliche Entwicklung hinter sich hat, wird niemand leugnen. Wir könnten uns hier auf die Formel einigen: Schlafende Säuglinge zeigen gewöhnlich beide Fäustchen erhoben, als hätten ihre Händchen die Aufgabe, sich festzuhalten. – Gewiß tragen unsere

Mütter keine in der eigenen Haut gewachsenen Pelzkleider, an denen sich die Säuglinge festhalten könnten, das aber besagt nichts gegen die Möglichkeit, daß es sich auf seiten des Kindes um eine archaische Haltung handelt. Es ist auch sinnlos, wenn sich unser Hund vor dem Einschlafen mehrmals im Kreise dreht, und doch mag diesem Einschlafprodrom vor der Domestikation eine Bedeutung von vitaler Wichtigkeit zugekommen sein.

Mit dem Begriff der »archaischen Funktionsreserve« (3) habe ich früher bereits versucht, einen Vorstoß in das Gebiet der noch unbekannten Wissenschaft Paläoanthropologie zu unternehmen. Es gibt eine vergleichende Anatomie und eine vergleichende Physiologie. Als erforderlich erscheint es uns heute, gewisse Sinnlosigkeiten menschlichen Verhaltens, im besonderen reflektorischen Verhaltens, auf mögliche Urphänomene zurückzuführen, wobei uns ein Vergleich mit tierlichem Verhalten, besonders mit den reflektorischen Bewegungen der Tiere, als erforderlich oder nützlich erscheint. Beweise im Sinne der Mathematik werden wir freilich nicht liefern können, da es sich hier nur um Evidenzen handeln kann. Wir sind uns bewußt, daß wir uns auf Neuland begeben und daß unsere Methode manchem als fragwürdig erscheinen mag. – Gerade das Verhalten unserer Kinder scheint uns geeignet, alte Urszenen resp. Urrollen in Transparenz zu sehen. Bleiben wir vorerst beim Verhalten des Säuglings: Wenn sich eine Mutter mit ihrem Munde dem des drei Monate alten Kindes nähert, so stülpt es schon auf die Annäherung hin ein Schnäuzchen vor. Ist der Kontakt vollzogen, so spürt die Mutter, wie die Zunge des Säuglings sich an ihre Lippen heranschiebt, und sie stellt fest, wie von seiten des Kindes eine leckende Bewegung erfolgt, als ob die Zunge die Aufgabe hätte, etwas von den mütterlichen Lippen oder aus ihrem Mund zu nehmen. Es könnte ja auch so sein, daß der Mund des Säuglings völlig bewegungslos bliebe oder daß ein automatisches Saugen einsetzte. – Es erscheint uns bei Betrachtungen dieser Art wichtig, uns jederzeit zu vergegenwärtigen, was nicht erfolgt, aber möglicherweise erscheinen könnte. In diesem Falle also schiebt sich die Zunge des Kindes vor, während die Lippen in Schnäuzchenbildung gehalten werden. Wenn man sich so kraß ausdrücken dürfte, könnte man sagen: Das kleine Dummerchen antwortet auf die Berührung des mütterlichen Mundes reflektorisch mit einer Art Zungenkuß. – Hier handelt es sich offenbar um einen automatischen Vorgang, denn bei jeder Provokation der Mutter erfolgt diese seltsame Reaktion des Kindes. Hält die Mutter eine breiige Nahrung in ihrem Mund, so übernimmt der Säugling tatsächlich mit seiner Zunge einen Teil der Speise. – Wir haben andernorts (4) darauf hingewiesen, daß bei den Naturvölkern die Kleinen nicht nur durch Saugen ernährt werden, sondern auch durch vorgekaute breiige Nahrung, die ihnen die Mütter bei vielen Stämmen nach Art eines Kusses reichen. Noch heute gibt es übrigens auch in Europa diesen archaischen Brauch. – Eine angeborene Bereitschaft, eine archaische Funktionsbereitschaft, liegt also, wie der Versuch mit unserem Säugling zeigt, in der Latenz seines Leibes, auch wenn wir heute im Zeichen der Zivilisation den Kindern mit einem Löffelchen Breikost zufüttern, und eben bei diesem Zufüttern zeigt sich diese nämliche Urrolle einer Nahrungsaufnahme, wovon sich jedermann überzeugen kann, wenn er einem Säugling Breinahrung reicht.

Gewisse Bewegungen sind dem neugeborenen Kind a priori gegeben. So ist eine seiner ersten Bewegungen nach der Geburt darin zu erblicken, daß das Kleine rasche Seitwärtswendungen des Kopfes in rhythmischer Abfolge ausführt. Diese Bewegungen gewinnen ihren Sinn und treten auffallend stark in Erscheinung, wenn das Kind an der Brust seiner Mutter liegt. Gleitet ihm die Brustwarze in den Mund, so hört dieses Seitwärtswenden sofort auf. In Andeutungen kann man bei unseren Kindern auch die merkwürdig boxende Bewegung der Hände beobachten, die uns an jungen Katzen oder Hundesäuglingen so charakteristisch erscheint, was ebenso vom Stoßen des Kopfes gilt, das gleichfalls die Katzen und viele andere Säugetierjunge zeigen. Aus einer Urrolle des Saugens treten einige Bewegungsreste als mehr oder minder spärliche Andeutungen auch beim Kind des zivilisierten Menschen in Erscheinung. Selbst der drei Monate alte Säugling zeigt noch das Seitwärtswenden des Kopfes, wenn ihm plötzlich die Flasche entzogen wird. Auch wenn der Schnuller an das Kinn oder an die Nasenspitze des Kindes gehalten wird, fährt das Köpfchen nach links und rechts seitwärts. Ein Auf- und-Ab ist in den Naturplan dieser Nahrungssuche nicht aufgenommen. Diese angeborenen Bewegungen haben ihr festes Klischee, und die Variabilität ist offenbar erst ein später Gewinn. Das Erste und Älteste sind gewisse rhythmische Stereotypien. Wir haben von den Vorboten des Einschlafens gehandelt und dabei gewisse Bewegungen als charakteristisch herausgestellt, aber auch eine Stimmung wurde verzeichnet, die uns als bedeutungsvoll erschien, nämlich die Einschlafweinerlichkeit und -gereiztheit. Eine Urrolle kindlicher Nahrungsaufnahme stellten wir dar, die offenbar auf einer angeborenen Bereitschaft beruht. Diese Antwort, wenn die mütterlichen Lippen die des Säuglings berühren, wollen wir als den Atzpartner-Reaktionsmechanismus bezeichnen. Um beim Beispiel oraler Archaismen zu bleiben, stellen wir im folgenden eine Funktionsbereitschaft heraus, die sich auf das Trinken bezieht. Es liegen noch archaische Funktionsreserven in uns, von denen wir bis gestern nichts wußten, und es könnte sehr wohl vom Menschen als dem »unbekannten Wesen« die Rede sein. Ebbecke (5) (Physiologisches Institut der Universität Bonn) berichtet, daß ein Mensch, dessen Gesicht plötzlich in kaltes Wasser getaucht wird, daraufhin einen Schluckakt zeigt, der nicht oder kaum unterdrückbar ist. Auch wenn bei geschlossenem Mund und bei geschlossenen Augen dieser thermische Reiz erfolgt, stellt sich ein Leerschlucken ein. Hier ist es die Empfindung kalter Flüssigkeit, die das Subjekt in eine archaische Szene führt: Der alte Reflex an der Tränke (Quelle, Bach) tritt wieder aus der Latenz des Leibes hervor. – Übrigens erfolgt dieses Leerschlucken auch, wenn die

Rachenschleimhaut anästhesiert worden ist; also allein der thermische Reiz, der das Gesicht trifft, entscheidet. Der Sinn dieses Eintauch-Reflexes ist wohl darin zu erblicken, daß das endgültige Schlucken bereits beim Eintauchen in Gang gesetzt wird; denn der nächste Akt nach der Wasserberührung des Gesichts ist ja in dieser Urszene das Öffnen des Mundes und das Einschlürfen der Flüssigkeit, die nun ihrerseits, vom Rachen her, den Schluckakt auslöst, wodurch eine Summierung mit dem vom Gesicht her erregten Reflex zustande kommt. Der durch den Rachenreiz in Gang gesetzte endgültige Schluckakt wurde also zunächst durch das Eintauchen des Gesichts antezipiert, und diese Erregung der Schluckfunktion steigert oder kräftigt zugleich den Schluckreflex, der vom Rachen her ausgelöst wird, indem das Gesicht weiter im kalten Wasser verbleibt. Der Eintauch-Schluckreflex ist mit dem normalen Schluckreflex synergistisch gekoppelt, wie Ebbecke nachweisen konnte. – In der Physiologie spricht man von »Bahnungen« im Falle solcher Vorläuferschaft. Das Leerschlucken »bahnt« den endgültigen Akt, ist sein Schrittmacher sozusagen. Ihm folgt das »Vollschlucken« nach, wenn man zu »Leerschlucken« diese entsprechende Wortbildung prägen darf.

Soviel über die Paläoanthropologie einer Trinkszene. Eine Urrolle am kalten Quell glaubten wir mit Ebbecke rekonstruieren zu dürfen, so wie wir im reflektorischen Gegenkuß eines Säuglings die Urszene einer Breizufütterung feststellten. Übrigens, diese Tatsache wollen wir nicht verschweigen, ernähren auch die Orangmütter ihre Kinder durch einen »Vollkuß«, wenn wir jetzt in Analogie zu »Vollschlucken« diesen Ausdruck gebrauchen dürfen. Mit diesem »Vollkuß« beginnt das Essen des Kindes, während das Saugen die erste Form des Trinkens darstellt, die später von der »Urszene an der Quelle« abgelöst wird (die erste »Tränke« des Kindes ist eben die Brust der Mutter!). – Mit diesen Darlegungen befinden wir uns auf archaisch-szenischem Boden. Daß auch im Tierreich die küssende Übertragung vorgekauter Breikost

beobachtet worden ist, unterstützt unsere These. G. Brandes (6) beschreibt, wie im Dresdner Zoologischen Garten der Orangsäugling Buschi von seiner Mutter per Kuß mit Breikost ernährt wurde (vorgekauten Bananen usw.), wobei es sich auf beiden Seiten ohne Frage um Instinktbewegungen handelte, da Dressurakte nicht in Frage kommen konnten: Die Orangmutter war in schwangerem Zustand auf Sumatra gefangen worden und hatte das Kind auf der Schiffsreise geboren. »Aus sich heraus« schritt diese Mutter in Dresden zu der Ernährung von Mund zu Mund. Eine Urrolle brach aus der Latenz ihres Leibes hervor und fand ihre Gegenrolle bei Buschi, der sich sofort auf diese Art der Nahrungsaufnahme verstand. –
Auch das *domestizierte* Tier zeigt noch archaische Funktionsreserven, die in bestimmten Situationen aus der Latenz seines Leibes hervorbrechen können. Wir wissen nicht, sagte H. Hediger einmal, was in unseren Haustieren alles »drinsteckt«. Es wurde schon an das merkwürdige Zeremoniell unseres Hundes erinnert, der sich mehrmals im Kreise dreht, bevor er sich auf seinem Tuch oder in seinem Korb zum Schlafen hinlegt. Es braucht nicht gesagt zu werden, wie diese Bewegung sinnvoll zu deuten ist. Daß dieses Drehen in unserem Haus eine Sinnlosigkeit darstellt, liegt auf der Hand, aber eben »Sinnlosigkeiten« dieser Art sammle ich, um ihren urszenischen Sinn zu erraten. Hier wären mancherlei Beispiele anzuführen. Man denke etwa an das Bemühen unseres Hundes, bei einem Spaziergang seine menschlichen Begleiter zusammenzuhalten. Wird hier nicht die Urszene »Rudel im Anmarsch« gespielt? Und was tut der Schäferhund anderes? Spielt er nicht die nämliche Urrolle, wobei ihm Schafe zu »Kumpanen« (v. Uexküll, K. Lorenz) geworden sind?
Hier wäre noch einiges über die Methode der Paläoanthropologie zu sagen: Eine gezügelte Phantasie (Intuition) im Verein mit einem Wissen um die vitalen Rollen der Tiere oder auch die affektiven Rollen des Primitiven kann hier neue Wege weisen. Viele Einzeltatsachen, mögen sie zunächst noch so sinnlos erscheinen, weben sich möglicherweise zu einem

sinnvollen Ganzen, und dieses Ganze heißt – *Szene*. Es ist wohl jedermann evident, den Eintauch-Reflex in dem von Ebbecke angegebenen Sinn zu »deuten«. Wer den reflektorischen Gegenkuß eines Säuglings erlebt hat und über die Nahrungsübertragung der Primitiven und Orangs weiß, wird auch in diesem Falle den Eindruck der Evidenz haben dürfen. Freilich kann man niemand dazu zwingen, daß ihm Urszenen dieser Art einleuchten, andererseits aber darf es auch niemand verwehrt sein, Daten zusammenzutragen, die sich möglicherweise ergänzen, d. h. in einer Zusammenschau sich zu vitaler Einheit zusammenfügen (Synthese). Wie erwähnt, sagen wir nichts über die Abstammung des Menschen aus, wenn wir feststellen, daß die Orangmütter eine Übertragung von Breikost durch eine Art Kuß vollziehen. Wieweit bei Tieren auch der Eintauch-Schluckreflex zu beobachten ist, wäre zu untersuchen. – Daß allerdings der Mensch eine stammesgeschichtliche Entwicklung hinter sich hat und daß für seine Vorfahren in der Vorzeit urszenische Rollen von vitaler Bedeutung waren, liegt auf der Hand. Je mehr wir in die Verstädterung geraten, desto weiter entfernen wir uns von der Natur, auch der Natur in uns. Zu der »Trinkszene am Quell« gehört ein Subjekt, dem das kalte Wasser mit seinen Valenzen (E. S. Russell [7]) entgegensteht. (Eben die Wortbildung »Valenz«, abzuleiten von lat. valere = vermögen, halten wir für ganz außerordentlich glücklich. Das kalte Wasser »vermag« das Leerschlucken auszulösen, und es hat noch mancherlei »Vermögen« außerdem). – Es ist nicht so, daß sich zu einer Szene immer zwei lebende Partner gesellen müßten wie in der Ernährung des Säuglings, wo es sich um die Mutter und das zu säugende oder zu fütternde Kleine handelt. Im Hintergrund stehen aber selbst bei dieser Urszene weitere Partner, nämlich die Geschwister des Kindes mit ihren Affekten. Es gibt Szenen, die von vornherein im Zusammenwirken von vielen Subjekten sich zu vollziehen pflegen oder zum mindesten gleichsam ansteckend wirken. Damit kommen wir zu Fragen der Soziologie, und zwar einer Paläosoziologie.

Daß beim rezenten Menschen noch heute das Lachen kontagiös wirkt, wissen wir alle; dasselbe gilt von der Miktion, was sich die Ärzte zunutze machen, wenn die ihre Patienten, denen im Sprechzimmer diese Rolle mißlingt, das Geräusch fließenden Wassers hören lassen. Damit wird also über das Ohr von außen her eine Funktion »gebahnt«, so wie das Geräusch eigenen Urinierens die Fortsetzung dieser Rolle zu bahnen scheint. Auch hier könnte von dem Schrittmachertum die Rede sein, dem wir im Falle des Eintauch-Schluckens begegnet sind. Übrigens steckt auch das Essen an, im besonderen das Schmatzen und Schnorpsen (*croquer* im Französischen). Auf diese höchst kontagiöse Rolle bin ich in dem Buch *Pars pro toto* (3) des näheren eingegangen. In diesen Ansteckungszusammenhängen, die zugleich Bahnungen bedeuten, wird es uns offenbar, daß der Mensch von Haus aus, mit Aristoteles zu reden, ein *zoon politikon* ist. Mit seinesgleichen aß er auf seinen Jagd- oder Sammelzügen, lachte wohl auch gemeinsam, und die Miktion scheint archaische Züge noch heute aufzuweisen, wenn wir an die Ausflüge von Schulknabenklassen oder Herrengesellschaften denken. Über das ansteckende gemeinsame Lachen belehren uns Besuche im Kabarett: Der Ansager hat die Aufgabe, eine Art Lachgemeinschaft im Schmelztiegel seines Auditoriums zusammenzuschmelzen. Alsdann wird über Worte oder Gesten gelacht, die dem Einzelnen kaum das Zwerchfell erschüttern würden, hörte oder sähe er sie ohne die »Stimmung«, in die er durch den Ansager und das Gelächter der ihn umgebenden Menschen versetzt worden ist. »Bahnungen« finden hier statt (man denke auch an die Kichergemeinschaften junger Mädchen, gleichviel, wie dieses entwicklungspsychologische Phänomen zu »deuten« ist). – Es kann vorkommen, daß ich schon lachen muß, wenn ich einen anderen Menschen stark lachen *sehe*, auch wenn ich nicht weiß, worüber der andere lacht, weil eben schon der Anblick des lachenden Zweiten ansteckt. Auch hier gibt uns die Beobachtung des Säuglings wiederum einen Hinweis: Man nicke ihm lächelnd zu. Der Abglanz

unseres Gesichts zeigt sich gewöhnlich in seinen Zügen, vorausgesetzt, daß das Kind einige Wochen alt ist, gesund und nicht in affektiven Rollen anderer Art begriffen. Das Gesicht des Kleinen verhält sich wie ein Spiegel, der meinen Ausdruck reflektiert. Meine mimische Heiterkeit wird »reflektorisch« erwidert. Das ist durchaus keine Selbstverständlichkeit; denn ich kann meinen Hund noch so freundlich anblicken, gleichviel, welches Gesicht ich ihm schneide, meine Mimik packt ihn nicht, auch wenn dieses Tier im übrigen noch so intensiv auf meine Bewegungen, etwa auf meine Stimme oder auf meinen Schritt, anspricht. Es ist überraschend, daß von meiner Mimik her zu dem Tier, auf Anhieb zum mindesten, keinerlei semantischer Brückenschlag möglich ist. Sowenig wie wir von dem Gesichtsausdruck eines Schmetterlings oder eines Regenwurms sprechen, sowenig besteht offenbar im Naturplan für den Hund ein System der Teilhabe (Participation biologique) zwischen meiner mimischen Maske und seiner emotionalen oder reflektorischen Beeindruckbarkeit. Der Mensch dagegen reagiert im Szenenspiel seines Lebens von Maske zu Maske, ihm ist das Antlitz des Partizipanten keineswegs tabula rasa, sondern ein Auslöser ohnegleichen, mindestens ebenso wie die Gestik oder das Wort. Für uns gehört die Maske zur Rolle, während das Nasentier Hund eine affekt- oder bewegungsauslösende Mimik des Menschenkumpans offenbar nicht kennt. Unser Gesicht, den oben gebrauchten Terminus von E. S. Russell zu wiederholen, ist für das Tiersubjekt Hund nicht mit »Valenzen« geladen, d. h. es »vermag« in der Latenz seines Leibes nichts anzurühren. Der Hund ist für die Mimik des menschlichen Angesichts gleichsam blind, und zwar nicht optisch, sondern »seelenblind«, wenn wir diesen Begriff aus der menschlichen Hirnpathologie gebrauchen wollten. –
Auch Kratzen (sich auf dem Kopf oder an anderen Körperstellen »schuppen«), Räuspern und Gähnen steckt an, nicht aber Niesen. Ihm liegt offenbar eine Bereitschaft zugrunde, die visuell oder akustisch nicht gebahnt werden kann. Dieser Reflex springt nur auf seinen spezifischen Schleimhautreiz an.

Bahnungen über Auge oder Ohr kommen hier nicht in Frage. Daß Räuspern auch sensorische Kanäle der Auslösung aufweist, wissen wir alle. Man denke an das Husten in großen Konzertsälen oder in Kirchen. Ein Räuspern oder Hüsteln vermag von Subjekt zu Subjekt gleichsam überzuspringen. In allen diesen Fällen handelt es sich um Bereitschaften in der Latenz unseres Leibes und um Bahnungen gleichermaßen. — Könnte man mit dem gleichen Recht sagen, der Kuß stecke an, wenn ich mich dem Munde des Säuglings mit meinen Lippen nähere? Handelt es sich nicht auch um die »Bahnung« in diesem Falle, wo offensichtlich nach Art eines Dialogs von Rolle und Gegenrolle, Funktion und Kofunktion die Rede sein muß?

Die vermutlich archaische Urform des Gähnens wurde in *Pars pro toto* darzustellen versucht. Ich wies dort auf die seltsame Tatsache hin, wie ein Mensch, der halbseitig gelähmt war (Schlaganfall), als er gähnen »mußte«, plötzlich unwillkürlich ein höchst eigenartiges Zeremoniell vollzog, richtiger wäre zu sagen: es vollzog ihn. Der gelähmte Arm, der bei Willkürbewegungen jeder Art versagte, bekam plötzlich Leben, indem er sich beim Gähnen streckte, wobei sich die Finger weit auseinanderspreizten. — Es brach vermutlich darum, weil gewisse übergeordnete Zentren versagten, das archaische Funktionsbild durch, Gähnen in Verbindung mit Strecken, wie es unser Hund täglich zeigt und das wir auch an unserem Säugling beobachten können. Der Kranke selbst war erstaunt, daß sein gelähmter Arm plötzlich die Streckung vollzog und also offenbar gar nicht gelähmt war, so wie seine gelähmten Finger weit auseinandergingen. Hätte er willkürlich diese Bewegungen auszuführen versucht, sie wären ihm restlos mißlungen. Im Rahmen der Rolle jedoch vollzogen sie sich spontan. In der Latenz unseres Leibes steckt noch der archaische Vollzug, die Bereitschaft zur Urszene, wenn man so will, wenn sie auch normalerweise nicht mehr in allen ihren Teilfunktionen ans Licht kommt. Im Gegenteil, unsere Gähnsitten, wie sie unser Anstandskodex verlangt, haben das Strekken gänzlich verpönt, und das Gähnen gilt überhaupt nicht als sonderlich schick, sowenig wie Husten und Niesen. Wie stark hier die Mode mitspielt, zeigt uns eben das Beispiel des Niesens. Noch unsere Großväter boten sich gegenseitig Schnupftabak an und niesten gemeinsam! – Zum Schluß dieser Ausführungen über kontagiöse Rollen sei noch auf eine Tatsache hingewiesen, die meine Neugierde seit vielen Jahren beschäftigt: Es ist ein Studentenscherz, schwer betrunkenen Zechkumpanen die Arme in warmes Wasser zu tauchen, was gewöhnlich zu einer Miktion führt. Als Assistent der v. Weizsäckerschen Nervenabteilung in Heidelberg sah ich einen Patienten, der an Multipler Sklerose erkrankt war und jedesmal morgens ins Bett urinierte, wenn ihm die Schwestern mit warmem Wasser die Brust und die Arme wuschen. In welchem Sinn wäre dieser Zusammenhang urszenisch zu deuten? Handelt es sich hier um eine Bahnung? Das ist ohne Frage höchst seltsam: Kaltes Wasser im menschlichen Antlitz verführt zu einem Leerschlucken, das nicht oder kaum unterdrückbar ist, während warmes Wasser, an die Brust oder die Arme gebracht, die Harnblase zu einer Entleerung verleitet, gewisse Defekte oder toxische Beeinflussungen des Zentralnervensystems vorausgesetzt.

Ich versage es mir, auf die Urszenen der Angst hier einzugehen, die uns u. a. zu einer Erkenntnis des Kirchenvaters Augustinus hinführen würde: Timor est fuga. Wir erinnern im besonderen an das Motorium einer Flucht im Verhalten herzkranker Menschen. Die Angst treibt sie aus dem Bett. Diese Dinge sind uns seit langem bekannt. Physiologisch zeigen sie folgenden Hintergrund: Im Affekt der Angst wird das Inkret Adrenalin in die Blutbahn ergossen. Es mobilisiert die Glykogendepots der Leber und der Muskulatur. So rüstet die Angst das Subjekt zu einer Hyperkinese auf, um einen Ausdruck H. Hedigers (8) zu gebrauchen: In der Angst des Tieres wird der »Fluchtkreis eingeklingt«. – Auch das Funktionsbild des Schreckens mit seinen charakteristischen Zeichen stellen wir hier nicht dar. Wir hätten in solchem Zusammenhang der

Frage näherzutreten, ob es einen Totstellreflex in der Latenz unseres Leibes gibt. Wir behandeln auch das physiognomische Thema »Zweierlei Nein« in der vorliegenden Darstellung nicht. Diese Rollen wurden in *Pars pro toto* ausführlich erörtert, ebenso wie die Mimik des Denkens mit ihren Funktionsbereitschaften szenischer Art.

Es wäre eine verlockende Aufgabe, archaische Funktionsreserven der geschlechtlichen Urszene darzustellen. Das ist andernorts (3) geschehen, und zwar in aller Ausführlichkeit. An dieser Rolle wurde überhaupt der Begriff der »archaischen Funktionsreserve« gewonnen. Auch ein Phänomen der Bahnung wurde analysiert: Es kommt vor, daß eine Art Induktion erfolgt, d. h. daß Sexuelles erregt wird, ohne daß Sexuelles gemeint ist. Geschlechtsfunktionen werden über das *Crescendo und Accelerando* einer Examenssituation mit ihrer Torschlußpanik gebahnt. Der Erfolg ist eine – Examenspollution. Auch eine öffentliche Versteigerung (Auktion) mit ihrem *Crescendo und Accelerando* kann zu einem »Übersprung« (9) in das Sexuelle führen. J. H. Schultz (10) beschreibt den Fall, wie ein Ehepaar über eine im Rollenspiel vorgestellte Versteigerung der Bettstelle, in der sie liegen, das Crescendo und Accelerando des Geschlechtsakts verstärkt. So bahnt und verstärkt das Leerschlucken bei Eintauchen des Gesichtes in kaltes Wasser den endgültigen Schluckakt. Ich deute die sexuellen Zusammenhänge hier lediglich an, um den Umfang dieses physiologischen Teiles in mäßigen Grenzen zu halten. Man hätte die geschlechtlichen Zuordnungen ebenso in den Mittelpunkt der Darstellung rücken können.

II. Der psychologische Aspekt

Eine Reihe der in unseren bisherigen Ausführungen behandelten Urszenen wies psychologische Seiten auf. Es sei an die depressive Weinerlichkeit und Gereiztheit vor dem Einschlafen der Kinder erinnert oder an die, wenn auch nur angedeuteten, Grundtatsachen der Angst und des Lachens. Es ist eben so, daß die Szene als Einheit lebendigen Seins körperlich-physikalische Seiten aufweist (Bewegungen, Haltungen) und andererseits auch vom Subjekt, das jeweils in der besonderen Rolle steht, emotional *erlebt* wird. Außerdem stellen viele Rollen einen semantischen Kontakt her, d. h. sie werden »verstanden« vom Partner, der entsprechende Gegenrollen bereithält. Auch dieser Kontakt wird vom Gefühl getragen. In affektiven Bezugssystemen vollzieht sich das Leben. Selbst das Leerschlucken bei Eintauchen des Gesichtes in kaltes Wasser hat seine subjektive Erlebnisseite, doch bleibt sie in diesem Falle im Hintergrund, während die Einschlafweinerlichkeit das Seelische hervortreten läßt. Selbstverständlich stehen auch hinter dieser depressiven Befindlichkeit somatische Zustandsänderungen, aber sie treten in diesem Falle zurück, ja sind noch nicht einmal hinreichend erforscht.

Grundsätzlich gilt, daß es eine Paläopsychologie ohne Physiologie nicht geben kann. Die Summe der archaischen Funktionsbereitschaften gehört selbstverständlich zunächst in das Gebiet der Physiologie. Jede Urszene mit ihren Rollen und Gegenrollen bzw. Umweltvalenzen hat ihre naturwissenschaftliche Seite, zum anderen aber ragt sie auch in die Psychologie hinein, da eben in der szenischen Rolle eines Subjekts Befindlichkeiten »erlebt« werden. So umfaßt das Gleichnis der Rolle somatische Zustandsänderungen, im besonderen Bewegungen und Sekretionen, zugleich aber Affekt, Trieb, Instinkt und Taxis, wozu die Tatsache hinzukommt, daß Rollen durch Erfahrung (Lernen) vervollkommnet werden. Wir haben also auch den Begriff der Instinkt-Dressurverschränkung im Sinne von K. Lorenz (11) unter den der Rolle einzufügen. Von Fall zu Fall wäre zu untersuchen, was an einer Rolle angeboren gegeben ist. Von einer Anzahl tierlicher oder menschlicher Rollen wissen wir, daß sie in ausgesprochenem Maße einer Reifung bedürfen, man denke etwa an die der Mütterlichkeit, in deren Rahmen sich beim Orangweibchen die archaische Form einer kußartigen Nahrungsübertragung vollzieht. Es ist nicht selbstverständlich, daß alle weiblichen Wesen, die Kinder geboren haben, zugleich auch vollendete Mütter sind. Diese Urrollen bedürfen einer langen Übung und Bahnung, man denke an das Puppenspiel kleiner Mädchen, das schon eine Vorwegnahme, und zwar *bahnende* Antezipation der späteren »Vollrolle« bedeutet. – In diesem Sinne gilt also der Satz, daß auch gewisse Gefühle über das Spiel »reifen« müssen, um vollkommene Akte zu tragen bzw. die Innen- oder Erlebnisseite möglichst vollkommen endgültigen Handelns darzustellen. Der Kuß wäre demnach ein Spiel. *Rollen sind immer zugleich emotionale Rollen.* Mit dieser Erkenntnis vollziehen wir den Schritt von der Physiologie in eine *Paläopsychologie*, und zwar zunächst zu einer Thymologie (Gefühlslehre). Wir mußten ausführlich über Urszenen und archaische Funktionsbereitschaften sowie Phänomene der Bahnung handeln, um zu einer Grundlegung der neuen Wissenschaft *Paläoanthropologie* zu gelangen.

Wir bekennen uns zu der Lehre des Biologen J. v. Uexküll (12), daß jedes Subjekt seine Umwelt hat, die seine und nur seine Umwelt ist, und zwar eine – szenisch geordnete Umwelt, ein Umweltscenarium. Das Textbuch der Urszenen schrieb, bei dem Gleichnis zu bleiben, die Natur. So könnten wir von der Bühne des Lebens sprechen, auf der wir mancherlei Orte zu unterscheiden haben. Fr. Brock (13) gebührt das Verdienst, am Uexküllschen Institut für Umweltforschung in Hamburg Orte vitaler Bedeutung wie Heim und Unterschlupf oder Zuflucht analysiert zu haben. Ferner gibt es auf der Umweltbühne gewisser Tiere markante Orte anderer Art, wie Kotplätze, bekannte Wege (Wechsel). Von der »Standorttreue« des Wildes wissen seit langem die Jäger, und sogar von Hoheitsgrenzen könnte in gewissen Umweltscenarien die Rede sein. Bei der Erforschung dieser Lebenszusammenhänge sind die Verdienste des Zoologen H. Hediger (14) hervorzuheben. – Auch Fragen der Zeit (Termine, Szenendauer, Zeit im Sinne der Reifungszeit usw.) kommt auf der Umweltbühne der Tiere eine Bedeutung zu. – Man hat von naturwissenschaftlicher Seite gegen die Uexküllsche Auffassung den Einwand erhoben, daß sie ein Gemisch von naturwissenschaftlichen und psychologischen Grundtatsachen darstelle und darum – abzulehnen sei. Ich halte es im Gegenteil für einen höchst glücklichen Griff, daß ein Biologe von hohem Rang zugleich psychologische Gesichtspunkte in den Kreis seiner Betrachtung einbezieht. Die Biologie, zu deutsch Lebenslehre, muß selbstverständlich auch seelische Grundtatsachen in den Kreis ihrer Forschung einbeziehen. Seelisches setzt immer Leben voraus.

Bei der Darstellung einer Rolle kann man geflissentlich die naturwissenschaftliche Seite in den Vordergrund rücken. Wir dürfen aber auch das Seelische hauptsächlich betrachten, den Affekt, die Stimmung, also das, was vom Subjekt *erlebt* wird. Freilich wissen wir nicht, um zu der Nahrungsübertragung von Mund zu Mund zurückzukehren, was eine Orangmutter dabei innerlich fühlt. Daß die gesunde Menschenmutter von Zärtlichkeit und Fürsorglichkeit erfüllt ist, wenn sie ihren Säugling nutritiv betreut, ist uns allen bekannt. Strenggenommen aber können wir nur über die Gefühlswelt des Menschen Aussagen machen, und zwar das, was wir selbst *erleben*. – Das besagt freilich nicht, daß wir grundsätzlich auf eine Tierpsychologie verzichten müßten. Wir meinen, daß es Rollen der Wut, wie sie z. B. unser Hund zeigt, weit hinab in das Tierreich gibt. Hinsche (15) weist nach, wie bei den Anuren noch Zornesrollen sichtbar werden. Auch die Rollen der Angst oder betreuender Mütterlichkeit lassen sich, wenn auch verschieden weit, in das Tierreich abwärts verfolgen. Wenn wir von den Affekten der Tiere sprechen, so gilt selbstverständlich der Satz des Zeno, daß der Mensch das Maß aller Dinge ist. Lebten wir selbst völlig affektfrei, wir vermöchten affektives Gehaben der Tiere nicht zu erraten, sowenig wir von den Farben der Dinge zu sprechen vermöchten, wären wir alle blind. Andererseits aber werden wir gerade von einer Thymologie der Tiere (Lehre von ihrem Gefühlsleben) großen

Gewinn für eine menschliche Paläopsychologie erwarten dürfen. Tierpsychologie ist mehr als ein Luxus und eine Liebhaberei. Monika Holzapfel-Meyer (16) gibt in ihrer anregenden Arbeit über die »Affektiven Grundlagen tierischen Verhaltens« der Tatsache Ausdruck, daß sich die Tierpsychologie in den ersten dreißig Jahren unseres Jahrhunderts nur für die Lernfähigkeit und sonstige Intelligenzleistungen sowie für sinnesphysiologische Fragen im Zusammenhang damit interessierte. Erst die neuere Tierpsychologie (W. Fischel, H. Hediger, M. Holzapfel-Meyer, K. Lorenz u. a.) ist am Werke, eine Thymologie der Tiere zu begründen. Sogar eine Paläobiologie ist im Entstehen begriffen, wobei ich besonders auf Georg Hinsche (15) hinweisen möchte.

Am Beispiel der Säuglingsernährung über den Kuß habe ich andernorts *(Lebensgesetze der Liebe)* Bewegung und Stimmung in einem darzustellen versucht, sozusagen en bloc. Ich wollte zeigen, wie dieser »Block« in der Geschlechtsliebe wieder erscheint, und zwar als ein »Übersprung« im Sinne Tinbergens (9). Ich wies auf die Stimmung der Zärtlichkeit hin, die im Kuß Liebender schwingt. In dieser offenbar sinnlosen Berührung der Lippen, die an sich mit Sexuellem nicht zusammenzuhängen scheint, sah ich die »identische Exekutive« (3) jener zärtlichen Begegnung zwischen Mutter und Kind, die ich eingangs in meinen physiologischen Ausführungen dargelegt habe. Ich führte aus: Liebende pflegen sich gegenseitig wie Kinder zu behandeln, nennen sich »Baby«, reden miteinander gar in Wendungen der Kindersprache, was ein Ausdruck starker Zärtlichkeit ist. Die Liebe macht sie zu Narren, die sich wie Kinder gebärden, urszenische Rollen von Kindern spielend. Bei Tisch atzen sich Zärtlich-Liebende, und es gibt Formen des Kusses, wo sie einander tatsächlich füttern. Sie »trinken« den Kuß, nach einer Wendung des Dichters Rainer Maria Rilke. – Vielerorts wird über einen Kuß oder unter oralen Gesten, z. B. den gemeinsamen Trunk oder das gemeinsame Verzehren eines Apfels oder von Brot, die Verlobung geschlossen. Orales prävaliert am Anfang. – Flüchtig sei

an sprachliche Wendungen in diesem Zusammenhang erinnert, das z. B. mancherorts Schmatz oder Busserl, was zugleich Kuß bedeutet, ein Kindergebäck darstellt. So geben die Mütter auf diese Weise ihren Kindern nahrhafte Schmätzchen. – Für Küssen sagt man in gewissen Dialekten auch »löffeln«.
Nicht nur erwachsene Liebende verkindlichen sich gegenseitig, wenn sie einander in der Stimmung der Zärtlichkeit und Fürsorglichkeit begegnen, sondern auch der Mildtätigkeit im Sinne der Caritas liegt eine Diminuierung zugrunde. Das wußte schon Nietzsche. So könnte ganz allgemein von einer »Diminutivwelt der Fürsorglichkeit« die Rede sein. Auf der Gegenseite, also auf der des gebenden Teiles, steht eine mütterliche oder elterliche Haltung. So dürfte auch in der Agape von einer identischen Exekutive gesprochen werden. Ganz allgemein gilt: *Lieben ist Schenken.* Es ist auch kein Zufall, daß in der Liebe im Sinne der Mildtätigkeit das nämliche Wort gebraucht wird wie in den erotischen Szenen, nämlich eben das Wort *Liebe.*
Das Kind-Elternspiel, in dem wir in der menschlichen Balz, sit venia verbo, einen Ausdruck der Zärtlichkeit sehen, erkennen wir auch in der ersten Liebesbegegnung einer Reihe von Tieren. So scheint es sich also beim Menschen um analogische Archaismen zu handeln. Unser Verstand zum mindesten hat diese oralen Zeremonien nicht auf das Programm gesetzt, sondern sie brechen spontan hervor, wenn das Subjekt an diesem Punkt seiner Zeitgestalt (Selbstverwirklichung) angelangt ist, und zwar im Zusammenhang mit der entsprechenden Szene und der entsprechenden Stimmung. Die Urszene einer Kinderatzung stellen z. B. die Möwen auf der Bühne ihres Balzplatzes dar. Das entsprechende Schnäbeln der Tauben in der Paarung ist uns allen bekannt und bedeutet uns seit langem ein Symbol der Zärtlichkeit. Daß das Lachmöwenmännchen dem Weibchen einen Fisch übergibt, den es sich aus dem Kropf herauswürgt, ist von Noll (17) beobachtet worden. Von diesem Zeitpunkt an sind sie einander verbunden. Erinnert uns dieses Zeremoniell nicht an gewisse Verlobungssitten

der Menschen, etwa den Apfel, den in Jugoslawien der Verlobte der Braut überreicht? Von einem »Verlobungsfisch« könnte im Falle der Lachmöwe die Rede sein, wenn uns diese Vermenschlichung erlaubt ist.

Tinbergen hat, wie oben erwähnt, in diesen Fällen von »Übersprungbewegung« gesprochen, Bewegungen also, die man an sich an diesem Platz und in diesem Zusammenhang nicht erwarten würde. Aus dem oralen Funktionskreis »springt« die Funktion einer Nahrungsaufnahme in die Urszenen sexueller Paarung »über«. Ich zog es vor, statt von Übersprung hier von »vorspringender« Bewegung zu sprechen, da eine zukünftige spätere Rolle gleichsam prolabiert, vorspringt oder vorweggenommen wird, so wie in einer Ouvertüre Motive des späteren Spiels in Andeutungen erscheinen. Mit J. v. Uexküll (18) spreche ich von der »Partitur der Natur«. Man könnte selbstverständlich auch sagen: Die späteren elterlichen Funktionen »bahnen« sich in der ersten Liebesannäherung einen Weg, das gilt für Möwe wie Mensch. Die Vorsprungbewegungen erscheinen uns als Phänomene der Bahnung, während Tinbergen diese Erscheinung energetisch deutet, daß etwa gestaute Energie infolge von Hemmung im sexuellen Funktionskreis auf den oralen Kreis überspringt, oder wie er in kausaler Weise im einzelnen das Überspringen erklärt. So spreche ich von Gesetzen der Vorwegnahme, die sich in der Geschlechtsliebe des Menschen verwirklichen. Die spätere Kinderstube oder das Nest mit den aufgesperrten Schnäbeln der jungen Brut wird nach Art einer *Theaterszene* dargestellt. Leben ist überhaupt Vorwegnehmen, lehrt C. Sganzini (19).

So erscheinen beim Menschen in der Ouvertüre seiner Geschlechtsliebe en bloc zärtliches Umfassen und Bergen der Partnerin an der eigenen Brust sowie zärtliches Berühren der Lippen, also Gefühl und Bewegung in einem, und zwar in eben derselben Einheit, die in der Kinderstube ihre biologisch ursprüngliche Form hat. Gefühl und Bewegung, entsprechende Bewegung, erscheinen uns als unteilbares Radikal des Lebens. – Man könnte von naturwissenschaftlicher Seite den

Einwand erheben, daß es befremdlich erscheinen müsse, wie Mensch und Vogel die nämliche orale Vorsprungbewegung in der geschlechtlichen Paarung zeigen, da ja stammesgeschichtlich keine Beziehungen vorliegen können. Darauf ist zu erwidern, daß auch bei Primaten, und zwar den Schimpansen, in der sexuellen Erregung kußartige orale Begegnungen beobachtet werden können, wie mir Prof. E. Alverdes brieflich mitteilt, und es ist bekannt, daß auch andere Säugetiere in diesem Zusammenhang seltsame »Übersprungbewegungen« zeigen, um den Tinbergenschen Terminus hier zu gebrauchen. Im »Köpfchengeben« der Katzen sieht man ebenfalls eine Rolle der Kinderstube und zwar erblicken wir in diesem absurden Kopfstoßen die »identische Exekutive« eines Kopfstoßes während des Saugens. Antonius (20) beobachtete einen verliebten Kater, der nicht nur »Köpfchen gab«, sondern noch einen Schritt weiterging: Er begann tatsächlich zu saugen. So würden wir sagen, daß gewöhnlich nur die stoßende Kopfbewegung als pars pro toto erscheint, während ein zweites Äquivalent der nämlichen Urrolle zusätzlich, eine Fehlleistung gleichsam, hervorbrechen kann.

So wäre der Kuß Liebender die »Leerfunktion«, in Analogie zu dem Leerschlucken in Ebbeckes Eintauchexperiment, und die Vollfunktion wäre die Atzung des Säuglings von Mund zu Mund, die durch die vorwegnehmende Leerfunktion ihre Bahnung erfährt. Der tragende emotionale Grund aber ist in jedem Falle, ob Leer- oder Vollfunktion, die Stimmung der Zärtlichkeit, der Hingabe, der Fürsorglichkeit. Da auch Gefühle der Reifung bedürfen, so hätte die vorübende Zärtlichkeitsfunktion ihren vitalen Sinn. Die Diminutivwelt der Fürsorglichkeit, auch die der Agape, wäre also ein Abbild der Kinderstube, die die Diminutivwelt schlechthin ist, in der es sich um wirkliche Kleine handelt, die als hilflose Wesen der Betreuung bedürfen.

Ich schließe mit einem kritischen Wort, das sich auf die Methode meiner Darstellung bezieht: Es ist meine Überzeugung, daß es eine Paläoanthropologie geben wird, basierend auf einer vergleichenden Physiologie. Einmal werden wir zur Deutung einer Reihe scheinbar sinnloser Erlebnisse und Haltungen und Organveränderungen gelangen, im besonderen können uns pathologische Befunde als transparent erscheinen, was einer Heilung von Nutzen sein dürfte. Selbstverständlich haben wir nur ein einziges Element der Geschlechtsliebe bezeichnet, wenn wir sagen, Lieben sei Schenken. Liebe, das sei ausdrücklich betont, ist außerdem von Funktionsbereitschaften ganz anderer Art erfüllt. Man denke an den Rangstreit in der Begegnung von Mann und Frau, also das Problem Penthesilea. Mit Jaspers (23) unterscheiden wir zwischen »verständlichen« und »erklärbaren« Phänomenen. Wer, um ein Beispiel herauszugreifen, einen Jackson-Anfall als Ausdruck der Wut ansieht oder gar als sexuelle Attacke »deutet«, ist ein Opfer seiner ungezügelten Phantasie, indem ihn Analogieschlüsse verleiten, aus äußeren Ähnlichkeiten innere Sinn- oder Seinszusammenhänge herauszulesen. Auch endlosen Einfallsreihen der Patienten (sogenanntem authentischem Material) kommt keineswegs in jedem Fall beweisende Kraft zu, denn die Gesetze der Assoziation sind eben nur Gesetze psychischer Berührung. Manches in der Welt ist sich äußerlich ähnlich und steht in der Einfallsreihe eines Menschen nebeneinander, da nach Ähnlichkeitsgesetzen assoziiert wird, obwohl es seinem inneren Wesen nach nicht zusammengehört.

So warnen wir vor einem raffgierigen Psychologismus, der »alles deuten« möchte und alles »verständlich« machen. Wer in diesem Sinne kritiklos und ohne Gefühl für die Seinszusammenhänge verfährt, kommt unweigerlich zu Ergebnissen, die an G. Chr. Lichtenbergs witzigen Einfall erinnern, eine Physiognomik der Schweineschwänze zu schreiben, wobei er aus der Art ihres Herabhängens oder ihrer Ringelung weitgehende Schlüsse zog. Nicht alles in der Welt ist Ausdruck.

Literatur

1. C. Schneider: Die schizophrenen Symptomverbände, Leipzig 1942
2. J. Zutt: Über die polare Struktur des Bewußtseins, Nervenarzt 16 (1943), 4
3. R. Bilz: Pars pro toto. Ein Beitrag zur Pathologie menschlicher Affekte und Organfunktionen, Leipzig 1940
4. R. Bilz: Lebensgesetze der Liebe. Eine anthropologische Studie über Gefühlselemente, Bewegungen und Metaphern menschlicher Liebe, Leipzig 1943
5. U. Ebbecke: Reflexgesetzmäßigkeiten des menschlichen Schluckreflexes bei seiner Auslösung von der Gesichtshaut her, Pflügers Archiv 246 (1943), 675-92
6. G. Brandes: Buschi. Vom Orangsäugling zum Backenwülster, Leipzig 1939
7. E. S. Russell: Playing with a Dog, Quart. Rev. Biol. 11 (1936)
8. H. Hediger: Die Bedeutung der Flucht im Leben des Tieres, Naturwissenschaften 25, 12
9. N. Tinbergen: Die Übersprungbewegung, Z. Tierpsychologie 4 (1940), 1
10. J. H. Schultz: Vorschlag eines Diagnosenschemas, Zbl. Psychother. 12 (1940), 2/3
11. K. Lorenz: Über die Bildung des Instinktbegriffes, Naturwissenschaften 25 (1937), 19, 20 und 21
12. J. von Uexküll: Theoretische Biologie, 2. Aufl. Berlin 1928
13. Fr. Brock: Jahrmarktsdressur wilder Mäuse als Grundlage einer wissenschaftlichen Verhaltensanalyse, Zool. Anz. Suppl.-Bd. 7, 235-46
14. H. Hediger: Wildtiere in Gefangenschaft, Basel 1942
15. G. Hinsche: Über experimentelle Paläobiologie, Paläontolog. Zeitschrift XXIII
16. Monika Holzapfel-Meyer: Affektive Grundlagen tierischen Verhaltens, Schweiz. Zeitschr. Psychologie II, 1/2 (1943)
17. H. Noll: Neue biologische Beobachtungen an Lachmöwen, Beitr. Fortpflanzungsbiologie d. Vögel 7 (1931), zit. nach F. Alverdes: Die Wirksamkeit von Archetypen in den Instinkthandlungen von Tieren, Zool. Anzeiger 119 (1937), 9/10
18. J. von Uexküll: Bedeutungslehre, Leipzig 1940
19. C. Sganzini: Vom grundsätzlichen Gebrauch des Gesichtspunktes »Vorwegnahme« (Antezipation), Bern 1938

20 O. Antonius: Über Symbolhandlungen und Verwandtes bei Säugetieren, Zeitschr. f. Tierpsychologie 3 (1940), 3
21 C. G. Jung: Bewußtsein, Unbewußtes und Individuaticn, Zbl. Psychotherapie 11 (1939), 5
22 E. Rothacker: Die Schichten der Persönlichkeit, Leipzig 1938
23 K. Jaspers: Allgemeine Psychopathologie. 2. Aufl., Berlin 1920

10. Über allgemeine biologische Ordnungsgesichtspunkte und ihre Bedeutung für das Verständnis menschlichen Verhaltens

(Selbstbericht nach einem Vortrag, gehalten auf dem Kongreß Südwestdeutscher Psychiater und Neurologen in Baden-Baden, 24. Mai 1952)

Es wird die Lehre von den Rangordnungen innerhalb der Tiergesellschaften, anknüpfend an die Beobachtungen Th. Schjelderup-Ebbes, dargestellt und auf Einzelheiten aus dem empirischen Material R. Schenkels eingegangen, das sich auf Wolfsozietäten bezieht. Der Mensch, ein zoon politikon, scheint über seine biologische Basis gleichfalls biologischen Rangordnungen unterworfen zu sein. Die Physiognomik des dominierenden hochrangigen Tiersubjekts ist von der des verzichtenden tiefrangigen zu unterscheiden. Der Referent trägt u. a. eigene Tierbeobachtungen vor, die sich auf Rabenkrähen beziehen: Krähe B. sitzt in seinem Arbeitszimmer auf einer Stuhllehne, die in diesem Augenblick für die Krähe A. interessant wird. A. fliegt herzu und nimmt gleichfalls dort Platz. An sich wäre Raum genug, daß beide Vögel nebeneinander sitzen können. A. hat, verglichen mit B., einen festen sicheren Blick und wirkt in ihrem Auftreten, wie sie »in Erscheinung tritt«, verhaltener, »souveräner«. Ohne daß A. irgendwie affektiv explodiert, wird B. zunehmend unruhiger, beginnt mit den Flügeln zu schlagen, kreischt und hackt nach A., die sich nicht aus der Ruhe bringen läßt, sondern B. nur anblickt. Schließlich streicht B. protestierend ab. Als sie nach A. hackte und schlug, traf sie die Partnerin nicht, sondern zeigte nur ein Verhalten, daß Schenkel in seinen Wolfsbeobachtungen als »Abwehrschnappen« bezeichnet. – Die Krähe B. erweist sich auch in anderen Bezügen als die untergeordnete soziale Partnerin (beim Fessen und Baden z. B.). A. bleibt »kontinent«, d. h. hält ihre affektiven Entladungsmöglichkeiten zurück, während B. offenbar weniger gut abgesichert ist und sich als »inkontinent« erweist. Die Begriffe Kapazität und Kontinenz resp. Inkontinenz werden alsdann anhand von Krankengeschichten erörtert, die sich auf selbstunsichere Menschen beziehen, die in ähnlichen Situationen, einem dominierenden Partner konfrontiert, versagen, indem sie sich undiplomatisch verhalten, grobe Briefe schreiben und durch lärmende Proteste auffallen und sich schaden. Die Krankengeschichte eines Brückenbau-Ingenieurs von überdurchschnittlichem sachlichen Können wird vorgetragen. Es handelt sich um einen Menschen, der nicht nur »die Tinte nicht halten«, sondern auch bei Konferenzen ständig die Contenence (= Kontinenz) nicht wahren konnte. – Es findet sich Gelegenheit, vor der kritiklosen Gleichsetzung menschlichen und tierischen Verhaltens zu warnen. Das Problem der menschlichen Selbstunsicherheit ist nicht unbesehen mit dem der sozialen Unsicherheit eines Tiersubjekts gleichzusetzen. Das Selbstwertbewußtsein des Menschen liegt in einer anderen Ebene. Einflüsse der Erziehung und der Weltanschauung können maßgebend bedeutsam sein, auch Fragen menschlicher Reifung, indem sich ein juveniles Rebellentum retardierend erhalten kann. Fanatiker religiöser oder politischer Art können als die Besessenen ihrer Ideen eine biologische Hochrangigkeit vortäuschen, abgesehen von dem Mechanismus der Überkompensation, daß viele Menschen, eben weil sie unter ihrer Unsicherheit leiden, übermäßig forsch auftreten. Im Zusammenhang mit den Begriffen Kapazität und Inkontinenz der Affekte – der mächtige, gut abgesicherte Kessel und der kleine inkontinente Kessel, im Gleichnis zu sprechen – werden anhand einer anderen Krankengeschichte mimische ticartige Entgleisungen eines »inkontinenten« Lehrers dargestellt, der seiner rebellierenden Schulklasse gegenüber – Flegeljahre – physiognomisch versagt. Auch die Jungtiere müssen sich in die Rangpyramiden der erwachsenen Artgenossen einreihen, was vorübergehend Schwierigkeiten in der Sozietät ergeben kann. Aus der Vielfältigkeit der Problematik im Verhalten der Menschen untereinander wird versucht, ein Biologisches Radikal des Verhaltens herauszupräparieren. Es müßte jeder Krankheitsfall auf das sorgfältigste analysiert werden, da übereilte Verallgemeinerungen nur von Schaden sein können. – In einem zweiten Teil des Vortrags wird über die Wohnordnung der gesellig lebenden Tiere gehandelt. Das fremde Subjekt wird als Störenfried angegriffen. Es wird auf das Verhalten unserer Wachhunde, die einen Bauernhof gegen Eindringlinge verteidigen, in diesem Zusammenhang hingewiesen. – Außerdem gibt es Anstoßnehmen in den Tiergesellschaften, das sich auf die »gewohnten« Artgenossen bezieht, die in ihrem Verhalten oder in ihrem Äußeren auffallen (Fr. Goethe). Probleme der Toleranz ergeben sich. Anhand von Beobachtungen an vorschulpflichtigen Kindern zeigt sich, daß sie das Eindringen eines fremden Besuchers als äußerst störend empfinden und mit Scheu und Verlegenheit oder sogar aggressiv reagieren. Fremd = feindlich, dieser Gleichsetzung wird auch in den Sprachen nachgegangen. Beispiel einer brasilianischen Indianersprache (W. von den Steinen). Am Schluß wird eine beginnende Psychose dargestellt, in deren Erscheinungsbild der Umstand offenbar nicht zu unterschätzen war, daß in das Haus des Mannes ein Ehepaar vom Wohnungsamt eingewiesen wurde, durch das sich der Patient, noch bevor die Krankheit manifest wurde, stark beunruhigt fühlte. Das Problem der Inspektion trat entscheidend in den Vordergrund, als sich die Krankheit in groben Symptomen zeigte. In den Wolfsozietäten R. Schenkels, aber auch bei den Krähen, kommt dem Kontrollverhalten hochrangiger Partner insofern Bedeutung zu, als sich die untergeordneten überprüfen lassen müssen. Die gestörte Wohnordnung eines Menschen kann sich bei der Entstehung eines Symptoms als gestaltend erweisen. Gemeinsame Küchen- und Klosettbenutzung – in unseren Jahren des Flüchtlingselends keine Besonderheit – sind nicht in dem Maße Belanglosigkeit, wie es staatliche Organe hinstellen möchten. Die »Entwurzelung« eines Menschen kann schwerwiegend in die Waagschale fallen. Es sei daran erinnert, wie sich Umzüge auf die Emotionalität alternder Menschen (Johannes Lange, Umzugsdepression) verhängnisvoll auswirken können. Verlust der Geborgenheit, die auch durch das Eindringen eines eingewiesenen Mieters in Frage gestellt werden kann. Das Subjekt, sei es Mensch oder Tier, steht in starken emotionalen Bindungen zu dem Raum, in dem es wohnt und zu den Dingen und Partnern, die es »gewohnt« ist. – Die Lehre von den Territorien der Tiere wird dargestellt. Es kommt dem Referenten darauf an, den ärztlichen Zuhörern zu zeigen, daß die gegenwärtige Biologie nicht mit der Zoologie identisch ist, die z. Z. ihres Physikums vor Jahren oder Jahrzehnten im Kurs stand. Auf die Verhaltensforschung Konrad Lorenz' und auf J. v. Uexkülls Umwelt- und Bedeutungslehre wird nachdrücklich hingewiesen. Nicht um den sattsam bekannten, vom völkischen Staat her inaugurierten Biologismus handelt es sich, der zur Menschenzucht hinführen sollte, sondern die Befassung mit den biologischen Ordnungen läuft darauf hinaus, für unsere eigene animalische Basis mit ihren Impulsen und bewußten Reaktionen und dem uns von ihr aus widerfahrenden Erlebniszwang Verständnis zu gewinnen. – Es wird gesagt, daß uns mit der Betonung der biologischen Ordnungsgesichtspunkte nur gewisse Radikale unseres Denkens und Verhaltens verständlich gemacht werden können, darum müssen auch die anderen Ordnungen, die seitens der Biologie nicht zu erfassen sind, akzentuiert werden. Auch Ideen, die nicht in biologisch verständlichen Erlebnisbereitschaften wurzeln, können sich als Mächte erweisen. Eine Reihe wesentlicher Begriffe unseres psychiatrischen Sprachgebrauchs gründet in Ordnungen anderer Art. Es kommt uns vor allem darauf an, dem Mißverständnis vorzubeugen, als wäre der Mensch mit dem Hinweis auf die biologischen Ordnungsgesichtspunkte hinreichend interpretiert.

11. Biologische Radikale

Eine Untersuchung über analogisch-emotional begründete
Erlebens- und Verhaltensweisen des Menschen
(1961)

Anschauung ist das Fundament aller Erkenntnis. Dieser Satz soll als Leitstern über diesen Ausführungen stehen. Ich habe mir einen kleinen Haus-Zoo angelegt, in dem ich täglich Beobachtungen anstellen kann, was aber nicht heißt, daß ich die großen Zoologischen Gärten meide. Im Gegenteil, man kann Tiere nicht oft und intensiv genug beobachten, und niemals wird man ausgelernt haben.

Der scheue Kauz

Vor einigen Monaten brachte mir ein Bekannter einen wilden Waldkauz (Strix aluco), den er am Rande einer Autostraße in bewußtlosem Zustande gefunden hatte. Der Vogel war vermutlich als Verkehrsopfer anzusehen, das mit einer Gehirnerschütterung noch glimpflich davongekommen war. Das verletzte Tier mußte zunächst gefüttert werden, nahm dann aber selbst Nahrung auf. In diesem Zustand empfing ich den Vogel. Es war mir interessant, wie mein zahmer Waldkauz reagieren würde, wenn dieser andere, der ungemein *scheu* war, in mein Haus käme.
Um es gleich zu sagen: Mein Waldkauz wollte von dem Neuankömmling nichts wissen. Er nahm die Schreckstellung ein, wenn er mit ihm zusammen im gleichen Raum weilen mußte, während der wilde Vogel nur von Fluchttendenzen erfüllt war. Ich beschloß, sie getrennt zu halten.
Scheu ist Scheu, hier handelt es sich um ein *Biologisches Radikal*. Man kann von einem *analogen* Verhalten sprechen,

gleichviel, ob es sich um die Scheu eines wilden Tieres oder um die Scheu eines Menschen handelt. Es gibt auch *Menschen,* die durch eine ungewöhliche Scheu gekennzeichnet sind. Sprechen wir vorerst von *scheuen Menschen,* also Kindern z. B., die durch ein Scheu-Verhalten auffallen: Ein befreundeter Kollege geht mit seinem Söhnchen und seiner Tochter an einem Sonntagvormittag im Stadtpark spazieren. Als ich seiner ansichtig werde und auf ihn zugehe, um ihn zu begrüßen, stelle ich fest, wie der sechsjährige Sohn hinter einen Busch springt und augenblicklich verschwunden ist, während das achtjährige Töchterchen soviel Schneid zwar nicht hatte, aber nun vor mir steht und scheu-verlegen zur Erde blickt. Der Vater fragt die Kleine, ob sie mir denn keine Hand geben will. Nein, sie will nicht. Sie versteckt ihre beiden Hände hinter dem Rücken. Mit anderen Worten: Es soll keinerlei *Kontakt* gestiftet werden, auch kein *Blick-Kontakt,* darum blickt »man« zur Erde, und wenn dort ein Mauseloch wäre und »man« wäre eine Maus, so wäre »man« jetzt noch ganz rasch verschwunden, wie der Bruder, der besser aufgepaßt hatte. — Es soll auch kein *manueller* Kontakt zustandekommen, darum versteckt das Kind die Hände. — Noch einen dritten Kontakt gibt es, der möglich wäre, aber vermieden wird. Das ist der stimmlich-auditive Kontakt. Mit anderen Worten: Das Kind sagt keinen Ton. —
Um diesen Punkt gleich als ersten zu setzen: Solange der wilde Waldkauz in meinem Haus war, habe ich nie eine Lautgebung von ihm gehört. Mein zahmer Kauz flötete nächtelang, aber der scheue schwieg. Die Scheu bekundete sich in der Kontakt-Vermeidung. — Da ich es als Nervenarzt relativ oft mit scheuen Menschen zu tun habe, hoffte ich, für den wilden Kauz so sorgen zu können, daß er sich trotz seiner Scheu in meinem Haus einlebte. Wenn die Scheu ein Biologisches Radikal ist, dann darf man sagen: Unsere Scheu im Zusammenhang mit unserer eigenen theriomorphen Leiblichkeit und das Scheu-Verhalten dieses wilden Vogels sind als *identisches Phänomen* zu interpretieren. — Zunächst hatte ich

dafür zu sorgen, daß sich der scheue Waldkauz bei seinen ständigen Fluchtversuchen nicht verletzte. Wie hatte ich zu verfahren? Ich türmte eine Reihe großer und kleinerer Kisten aufeinander, so daß eine Art hohler Baum oder ein Felsen mit Höhlungen zustandekam. Dann beobachtete ich, welche *Versteckmöglichkeit* der Vogel wählte, der das Arrangement akzeptierte. Vor diesen Ort setzte ich einen großen, dichtbelaubten Oleanderbusch, der in einem transportablen Holzkübel wuchs. Ich hatte den Nagel auf den Kopf getroffen: Der wilde Vogel war zuweilen im Inneren einer der kleineren Kisten oder in einem Zwischenraum zwischen den Kisten. Es war ein Ort, der sich oben, nahe der Zimmerdecke befand, aber ich wußte niemals mit Bestimmtheit, in welchem Hohlraum der scheue Vogel war, und habe es absichtlich nie erforscht. Der Waldkauz mußte, das war mir klar, das *Bedeutungserlebnis der Geborgenheit* haben. Oft saß er genau an der Stelle, wo ich ihn von Anfang an hatte wiederholt sitzen sehen. Jetzt hielt er sich nun hinter dem Busch auf, von wo aus er den ganzen Baum überblicken konnte. Und nun kommt das Entscheidende: ohne daß *ich* ihn sehen konnte! Natürlich sah ich ihn, aber ich »stellte mich dumm«, d. h. ich »stellte mich« – das Wort in seinem Ursinn genommen – immer so in den Raum, daß der Verdacht, ich beobachte den Vogel, nicht aufkommen konnte. So bewegte ich mich denkbar unbefangen und vermied es, zu dem Versteck hinzublicken, in dem das Subjekt zu vermuten war. Es läuft darauf hinaus, und dasselbe gilt auch für einen scheuen Menschen, daß die *Kontaktvermeidung* zustande kommt, und zwar in dem Sinn, daß mich das scheue Subjekt kontrollieren kann, aber selbst *nicht* gesehen wird. Wenn wir die Begriffe »Kontaktvermeidung« und »Kontaktstiftung« gebrauchen wollten, so könnte in dem vorliegenden Falle von einer vom Subjekt ausgehenden unilinearen Kontaktstiftung die Rede sein. Der Partner ist lediglich *Objekt der Wahrnehmung*. – Man darf annehmen, daß genauso wie dieser Waldkauz das scheue Söhnchen des Arztes im Stadtpark hinter dem Busch gehockt hat: Es sah mich, während ich dieses Kind nicht erblickte. – Das ist das Geheimnis der *Tarnkappe*! Wenn ich mich dem Oleanderbusch allzu sehr näherte, flog der scheue Vogel ab, und zwar durch die offenstehende Tür in einen Nachbarraum, in den ich ihm nie folgte. Wenn ich dann weggegangen war, kehrte der wilde Vogel in jedem Falle zurück, und das hing wohl damit zusammen, daß das eigentliche *Refugium* immer völlig unberührt blieb. Wenn der Kauz wegflog, hatte er nur einen Postenstand verlassen, der in der Nähe seines eigentlichen Versteckes lag, aber eben dieses »eigentliche Versteck« blieb stets unbekannt. – Ich mußte den Eindruck gewinnen, daß das Problem gelöst war, allerdings, das hatte sich nur ermöglichen lassen, weil ich sozusagen als ein »dummer Artfeind« in Erscheinung getreten war, der dem Vogel nie hinter die Schliche kam. Ich mußte die Rolle des Tölpels spielen, der sich dem Vogel »exponiert«. Das gab dem scheuen Kauz die Möglichkeit, in diesen relativ hellen Kellerräumen einigermaßen »ungeniert« zu leben. Ich kann nicht behaupten, den Vogel damit, daß ich das Arrangement schuf und das tölpelhafte Verhalten zeigte, *psychotherapiert* zu haben, aber ich hatte Maßnahmen getroffen, die unter den Begriff der *Psychischen Hygiene* fallen: Ein dem Scheu-Verhalten des Vogels angemessenes *Milieu* war zustande gekommen.

Eines Tages erschien in meiner poliklinischen Sprechstunde eine Studentin, die seit einigen Wochen immatrikuliert war. Das Mädchen klagte, daß sie im Zusammenhang mit ihrer Übersiedlung nach Mainz an hartnäckigen Kopfschmerzen leide, die mit der sog. Mattscheibe verbunden seien. Nähere Befragung ergab, daß auch Depersonalisations-Erscheinungen vorlagen. Zu Beginn des zweiten Semesters kam die Studentin mit der Sprache heraus: Sie hatte als Säugling eine Meningo-Encephalitis durchgemacht, wovon sie zunächst nichts berichtet hatte, weil sie eine Liquorentnahme befürchtete, aber in den Ferien habe sie sich nun dazu entschließen müssen, auf Drängen ihres Hausarztes und ihrer Eltern, eine Nervenklinik in Süddeutschland aufzusuchen, und da sei von

Liquor-Zirkulationsstörungen die Rede gewesen. Die Klinik, die die Untersuchungen durchgeführt hatte, teilte mir mit, daß es sich um einen Hydrozephalus im Zusammenhang mit einem frühkindlichen Hirnschaden handle. Ich hatte, da das Mädchen *ungemein scheu* war, von Anbeginn daran gedacht, daß ihr die Ablösung aus dem Elternhaus nicht gut bekommen war. Klimatische Faktoren dürften wohl nicht im Vordergrund gestanden haben. Für scheue Menschen ist die Fremde ein schweres Problem, denn sie leben dortselbst in einer *feindgetönten Umwelt,* wenn sie die ihnen geläufige, d. h. heimische Umwelt verlassen. Psychotherapeutisch war es meine Aufgabe, dem Mädchen die Scheu zu nehmen, soweit man dieses Biologische Radikal überhaupt beseitigen kann. Wenn die Scheu ein Merkmal der Wildheit ist, so wäre in diesem Falle Psychotherapie gleichzusetzen mit »Zähmung«. – Ich unternahm Entspannungs-Übungen, die immer zugleich *Expositions*-Übungen darstellten, und hatte psychotherapeutische Gespräche mit dem Mädchen. Die Beschwerden ließen nach, als die Patientin in Mainz zunehmend heimischer wurde, so daß man zu der Annahme kommen mußte, daß das Moment der *Umwelt-Überbedeutsamkeit* im Spiele gewesen war: Scheuen Menschen ist ihre Umwelt bedeutsamer als ihren Mitbürgern, die sich auch in einer fremden Umwelt bald heimisch fühlen. Scheue Menschen leiden gewöhnlich unter dem Symptom der *Umwelt-Überbedeutsamkeit,* und die Scheu selber ist ein Merkmal dieser *Subjekt-Umwelt-Störung.* –
Ich führe diese Krankheitsgeschichte an, weil sie durch ein ganz ungewöhnliches Detail ausgezeichnet ist: Die Studentin war musikalisch und besuchte oft und gern Konzerte. Weil sie nun aber so scheu war, konnte sie es sich nicht leisten, zu den letzten Besuchern zu gehören, die den Saal betreten. Wenn sie »irgendwo ganz hinten« ihren Platz hatte, spielte das keine Rolle, wenn aber ihr Platz in einer der ersten Reihen war, vertrug sie das damit verbundene »Spießrutenlaufen« nicht: Die Blicke aller Leute auf sich gerichtet zu wissen, brachte sie

in hohe Grade einer *Erregung*. Sie begann dann zu zittern und wußte sich vor Scheu nicht zu fassen. Ich habe die Patientin in dieser Verfassung niemals gesehen, aber ich kenne andere scheue Menschen, die in dieser Situation gleichsam erstarren und ihre natürliche Grazie verlieren, so daß ihre Haltung und ihr Gang *parkinsonistisch* steif und ungelenk anmuten. — Wenn die Studentin zu den ersten Besuchern gehörte, hatte sie keine Not auszustehen, dann saß sie unter den anderen und litt nicht unter der *Exposition*. »Den Letzten beißen die Hunde«, das will in unserem Falle besagen: den Letzten blicken die Leute an. — Sie konnte sich den Blicken der ihr fremden Konzertbesucher nicht exponieren, so, wie der wilde Waldkauz es nicht vertragen hätte, wenn ich ihn fixiert, d. h. wenn wir einen Rollen-Tausch vollzogen hätten.

Wenn dieser Studentin das Erlebnis der Exposition widerfahren war, d. h. wenn sie unter der *subjektzentrischen Evidenz* gestanden hatte, die Blicke aller anderen Konzertbesucher hätten auf ihr geruht, als sie in dem Konzertsaal ganz vorn, vor aller Augen, ihren Platz ausfindig machte, hörte sie statt der Musik ein übles Durcheinander von Blech- und Holz-Geräuschen, d. h. eine Kakophonie. Es ist anzunehmen, daß diese Erscheinungen auf dem Boden des latenten Hirnschadens erwuchsen, und zwar im Zusammenhang mit der affektiven Erregung, d. h. mit ihrer *Scheu*, die zu der inneren Erregung führte. —

Ich bringe eine weitere Krankengeschichte, die von einem ungewöhnlich scheuen Mädchen handelt: Eine Mutter erscheint mit ihrer sechzehnjährigen Tochter in der Poliklinik, um mir das Mädchen vorzustellen. Da sie zunächst unter vier Augen mit mir sprechen möchte, erscheint sie allein, während ihr scheues Kind im Wartezimmer zurückbleibt. Ich habe das Gefühl, daß das Mädchen wegläuft, wenn es wirklich wahr ist, was mir die Mutter an Einzelheiten berichtet. In der Tat, sie war auf und davon, als wir uns vergewissern wollten. Was tun? Es war anzunehmen, daß das Mädchen zum Bahnhof gegangen sei, um auf die Mutter zu warten, die sich dort aus dem Grunde einfinden mußte, weil Mutter und Tochter mit Rückfahrkarten die Reise nach Mainz angetreten hatten. Nach einer Stunde rief mich die Mutter an, um mir zu berichten, daß ihre Tochter am Bahnhof nicht zu finden sei. Sie überschlug einige Züge und wartete längere Zeit vergeblich. Die Tochter erschien nicht. Am Nachmittag erhielt ich einen zweiten Telefonanruf, und zwar aus Rüsselsheim, wo die Familie beheimatet war. Die Mutter teilte mir mit, daß sie, als sie mit der Eisenbahn schließlich doch nach Hause gefahren war, ihre Tochter vor dem Haus antraf: Das Mädchen war inzwischen zu Fuß nach Rüsselsheim gelaufen, was, da die Familie etwas außerhalb der Stadt wohnte, auf eine Strecke von etwa 15 km Fußweg hinauslief. Die Tatsache ist bemerkenswert, daß dieses scheue Mädchen wie ein scheues Tier in Erscheinung trat. Hätte sich ein Wolf anders verhalten können? Man könnte versucht sein zu denken, daß zur Scheu auch ein entsprechendes »wildes« Motorium gehört, fast möchte man sagen: dem anachronistischen Biologischen Radikal, als das die Scheu inmitten unserer Zivilisation erscheint, ist auch eine entsprechende anachronistisch anmutende Art der Raumbewältigung zugeordnet.

Ich gehe nicht darauf ein, welche Bedeutung der *Exposition* in gewissen Psychosen zukommt: Die Kranken fühlen sich gleichsam auf dem Präsentierteller, was sogar für den Fall gilt, daß sie sich zu Hause in ihrer Wohnung befinden. Von allen Seiten können sie gesehen werden. Nicht selten hört man, daß es sich um komplizierte optische Apparaturen handelt, deren sich die Widersacher bedienen. Das ist wieder wie im Umgang mit dem Waldkauz das Problem der beiden Rollen: Der Schizophrene, der darüber klagt, daß ihm die Blicke sogar folgen, wenn er auf das Klosett geht, ist in der anderen Rolle, die ich die des Tölpels nannte. Die Tarnkappe ist im Besitz der anderen, die einen ständig beobachten können, während sie selber unsichtbar sind. – Ganz generell kann man sagen: Die Umwelt des scheuen Subjekts, sei es ein wildes Tier oder ein Mensch, in der es die beiden Rollen, die des Tölpels und die des Tarnkappen-Trägers gibt, ist eine *feindgetönte* Umwelt. Vielleicht darf man die Vermutung aussprechen, daß das die Umwelt ist, in der unsere Vorfahren einmal gelebt haben. Heute jedoch mutet uns ein solches Verhalten als *anachronistisch* an.[1] – Allerdings, man soll vorsichtig sein mit Aussagen dieser Art: In der Stadt Pinneberg in Holstein habe ich noch unmittelbar vor dem Ausbruch des Zweiten Weltkriegs die folgende Beobachtung machen können: Längs der Hauptstraße zeigten fast alle Häuser an den Fenstern sog. Spione. Die Hausbewohner konnten alle Vorgänge auf der Straße beobachten, ohne selbst gesehen zu werden. Ist das nicht die Methode des Waldkauz', der unsichtbar hinter dem Oleander sitzt? –

Es muß keine Geisteskrankheit diagnostiziert werden, wenn wir von einem unserer Bekannten hören, daß er in den Wirts-

[1] Man könnte demnach die Schizophrenie als eine Erkrankung im Rahmen der Instinkt-Sphäre bezeichnen, wobei es sich u. a. um den Sicherheits-Instinkt handelt. Ich wies in den einleitenden Ausführungen »Über die Freiheit des Menschen« auf meine Afrika-Erlebnisse hin: Da konnte in der Tat von der Tarnkappe oder den norddeutschen Fenster-Spionen, wenn auch in einem übertragenen Sinne, die Rede sein. Man war selbst in der Rolle des Tölpels, den die wilden Paviane sowohl als auch die afrikanischen Menschen im Auge hatten, ohne daß man es wußte. Die Tarnkappe war in den Händen der anderen, während man exponiert war. Es scheint, daß es für die Psychiatrie von Gewinn sein könnte, vor allem im Hinblick auf das Verständnis der Schizophrenen, dem Biologischen Radikal der Scheu nachzugehen; aber auch das Biologische Radikal des Anstoßnehmens und der Ausweglosigkeit scheint von weit größerer Bedeutung zu sein, als es zunächst den Anschein hat. Schizophren erkranken hieße demnach, paläoanthropologischen Erlebnisbereitschaften (Stimmungen) ausgeliefert sein, darin bezeugt sich der Anachronismus. Dieser paläoanthropologischen Befindlichkeit, beobachtet zu werden, während man die Beobachter nicht wahrnehmen kann, begegnen wir nicht nur als Grundbefindlichkeit in den schizophrenen Psychosen, sondern ebenso in der epileptischen Halluzinose und der Alkoholhalluzinose. Das Subjekt ist in allen diesen paranoischen Geisteskrankheiten degradiert, und zwar zum Tölpel degradiert. Physiologisch ist dabei offenbar wesentlich, daß dem Wachzentrum des Subjekts im Zusammenhang mit der Umwelt-Überbedeutsamkeit ein besonderer Akzent zufällt. (Von dem scheuen Mädchen aus Rüsselsheim hörte ich auf Umwegen später, daß es wegen einer schizophrenen Erkrankung in eine Psychiatrische Klinik eingewiesen worden sei. Ich selbst hatte das scheue Mädchen nie zu Gesicht bekommen. Es ist denkbar, daß damals, als es zu Fuß von Mainz nach Rüsselsheim lief, die Krankheit bereits im Spiele war.)

häusern immer nur solche Plätze auswählt, auf denen er *nicht exponiert* ist. Zwar wird er damit, daß er einen Wand- oder einen Eckplatz ausgewählt hat, nicht unsichtbar werden, aber, und das scheint von entscheidender Bedeutung zu sein: Die »Widersacher«, in diesem Fall die anderen Gäste, sehen ihn nur von vorn, und wenn ihm ein Angriff drohte, so könnte es nur ein Frontal-Angriff sein. Hier sind vermutlich alte Sicherungs-Tendenzen im Spiele. Erneut wird man an den wilden Waldkauz erinnert, der die *Tarnkappe* trug, wenn das Subjekt als Wirtshaus-Gast in einer vielleicht etwas dunklen Ecke sitzt, von wo aus es den ganzen Raum übersieht, während man ihn so gut nicht sehen kann. So in der Wirtsstube sitzen, daß man von allen Seiten gesehen und angegriffen werden kann, verstößt gegen den Sicherheits-Instinkt dieser scheuen Menschen. –

Menschliche Erlebnis- und Verhaltensweisen dieser Art sind, wie es scheint, in entsprechenden *Erlebnis-Bereitschaften* (= Stimmungen) fundiert. Das sind die oben erwähnten *theriomorphen Züge*, die man gerade bei scheuen Menschen antrifft, weil eben die Scheu ein Biologisches Radikal ist, und das besagt, daß es sich um ein *Verhalten* handelt. Das sind nun »die scheuen Käuze«, wenn ich mich einer scherzhaften Wendung bedienen darf, die zwei Fliegen mit einer Klappe trifft, d. h. einen Generalnenner darstellt, der Tiere und Menschen umfaßt.

Bestialität

Tierfreunde hören dieses Wort nicht gern. Sie werden sagen, daß man schlecht beraten ist, sog. menschliche Bestialitäten, etwa die Vergasung von Mitmenschen in einer fabrikartigen Perfektion, als *Analogien* anzuprangern. In der Tat, wo sollte man Vergleichbares im Verhalten der Tiere finden? Wenn die Menschen grausamer Massenmorde fähig sind, so wäre es angebrachter, Worte wie »infernalisch« zu gebrauchen.

Ich teile eine Beobachtung mit, der ich eine Szene aus dem

Verhaltens-Repertoire der Tiere voranstelle: Seit 6 Jahren halte ich eine Saatkrähe (Corvus frugilegus) mit zwei Rabenkrähen (Corvus corone) in einer Gemeinschaft. Die Saatkrähe ist hinsichtlich ihrer Ernährung recht heikel, im Gegensatz zu den beiden anderen Rabenvögeln. Wenn sie nicht die zutreffende Nahrung hat, können sich periphere Lähmungen einstellen. Das war vor einigen Wochen, als es Winter wurde, der Fall. Die Saatkrähe ließ die Flügel hängen und zeigte einen unsicheren, watscheligen Gang. Ich kam zufällig hinzu, d. h. der Zufall fügte es, daß ich Zeuge eines sog. Krähengerichtes wurde: Die beiden Rabenkrähen fielen über den auf der Erde liegenden Vogel her und hackten auf das hilflose Wesen ein. In diesem Verhalten bekundet sich das sog. *Anstoßnehmen*, das man im besonderen auch bei Möwen feststellen kann. In unserer Sprache hat es möglicherweise früher einmal das Wort *Krähengericht* gegeben, das man heute noch im Norwegischen als »Kraketing« gebraucht. –

Die Indizien, die für dieses Wort in unserer Sprache ausfindig zu machen sind, lauten: »Da fielen sie über ihn her und hackten auf ihm herum.« – So brutal-aggressiv mit einem schwachen oder kranken Genossen zu verfahren, nenne ich, wenn es sich unter *Menschen* abspielt, eine *Bestialität*. –

In einem großen Betrieb, wo es viele Ingenieure und andere Kommando-Kräfte gibt, wird ein junger Volontär aufgenommen. Der Ingenieur, in dessen Aufsichtsbereich der junge Mann erscheint, nimmt sich des hilflosen Neuankömmlings in einer wahrhaft freundlichen, hilfsbereiten Art an. Der junge Mann ist angetan von dieser echten Kameradschaftlichkeit des Vorgesetzten. Mit diesem Ingenieur hat es folgende Bewandtnis: Er ist *biologisch* rangtief, was sich z. B. in seinem timiden, demütigen *Blick* bekundet, aber auch in seiner zuweilen etwas flackernden Stimme, ebenso in seiner Haltung, die nicht die eines selbstbewußten Mannes ist. Außerdem ist dieser Mensch *scheu*, d. h. er lebt in einer a priori feindgetönten Umwelt. Scherzhaft gesagt: Wenn er eine Maus wäre und es gäbe Mauselöcher allenthalben, so wäre er überhaupt unsichtbar. Es ist sicher des öfteren vorgekommen, daß dieser Mann im Zusammenhang mit dieser seiner Grundbefindlichkeit Handlungen seiner Mitarbeiter als feindlich interpretierte, die in Wahrheit nicht dieses Charakters waren. Es ist ein Merkmal dieser Rangtiefen, wenn sie in gehobener Stellung sind, daß sie spüren, wie unterlegen sie in ihrem Auftreten gegenüber den anderen sind, die im biologisch-vitalen Rang über ihnen, aber im *sozialen* Rang unter ihnen stehen. Das Ideal ist gewiß, die Koinzidenz beider Rangmöglichkeiten auf sich zu vereinen, aber es gibt nicht selten den Fall, daß die Diskrepanz besteht. Wenn ein Vorgesetzter seine biologische Rang-Unterlegenheit spürt, wird er u. U. extra auftrumpfen, um zu retten was zu retten ist. Andererseits spüren die ihm unterstellten Mitarbeiter, aus welchem Holz dieser Mann geschnitzt ist. Der biologische Rang läßt sich nicht verleugnen, in zu vielen Indizien bekundet er sich. Hier handelt es sich um Biologische Radikale, oder, um dieselbe Tatsache anders auszudrücken, in Analogie zu den in Rangordnungen lebenden Tieren gibt es auch bei uns Rang-Differenzen dieser Art, die sich in Blick, Stimme und Haltung sowie anderen Merkmalen unwillkürlich bezeugen. In der Sprache des Philosophen Nietzsche darf von der »blöden Demütigkeit« dieses Menschen gesprochen werden, die das Subjekt allerdings gelegentlich durch einen Wutausbruch kompensierte. Sich damit »ein Ansehen« zu geben, war ein vergeblicher Aufwand. Die Erkenntnis, daß die Tier-Sozietäten in Rangordnungen abgestuft sind, verdanken wir Schjelderup-Ebbe.

Der Ingenieur ist »unten durch«. Er wird belächelt und ist, mit einem Wort, das *Suppenhuhn* in dieser Sozietät. Man ärgert ihn, wo man kann, weil es eben biologisch unnatürlich ist, daß ein Tiefrangiger über Hochrangige herrscht. Seine Affekt-Inkontinenz reizt die anderen immer wieder, ihn »auf die Palme zu bringen«. Jetzt hat dieser bedauernswerte Mann die Gelegenheit wahrgenommen, einen Menschen auf seine Seite zu ziehen, und es ist ihm sogar gelungen. – Nach einiger Zeit höre ich von dem jungen Mann, daß er sich »beinahe auf das falsche Pferd gesetzt« hätte. Er habe gar nicht gewußt zunächst, wie sehr dieser Ingenieur bei allen Arbeitskameraden »unten durch« ist. Ohne Bedenken hat sich der junge Mann nun *auf die Gegenseite gestellt*, weil er es sich nicht leisten kann oder will, als der Parteigänger des unbeliebten Vorgesetzten zu gelten. Das wäre nicht opportun! Er wird nun bedenkenlos *mit den Wölfen heulen* und in die Front der anstoßnehmenden Gegenpartei eintreten, weil er sonst damit rechnen muß, daß diese Anstoß an ihm nehmen. Ich behaupte nicht, daß sich der junge Mann der Einzelheiten so bewußt ist, wie sie hier dargestellt werden. Rein gefühlsmäßig jedoch geht er zur Masse über, die den Ingenieur, so gut sie es vermag, immer wieder »zur Minna macht«. Das ist nun dieselbe Szene, die wir in dem Flugkäfig der Krähen beobachten konnten. Sie fallen über den Schwachen her und zerhacken ihn. – Wäre dieser Ingenieur von hohem vitalem Rang, würden sie seine Parteigänger werden. Da wagen sie nicht, das *Krähengericht* zu inszenieren, denn dazu gehört eben, daß der Partner halb und halb schon am Boden liegt! *Menschenunwürdig* ist die folgende Feststellung: Es entscheidet nicht das Urteil, das der junge Mann selber gewann, sondern man verleugnet im Gegenteil die eigene Erfahrung und Erkenntnis und wird zum Herdentier, das im Anstoßnehmen »*bestialisch*« verfährt.

Zum Begriff der *Menschenwürde* gehört, daß sich das Subjekt des Primates seiner geistigen und moralischen Qualitäten bewußt ist. »Man muß mit den Wölfen heulen«, dieses Sprichwort deutet an, daß man sein Urteil zu verleugnen bereit sein soll, um von den Wölfen in Ruhe gelassen zu werden. Auch in diesem Beispiel handelt es sich um eine *Feindtönung*, aber es sind nicht die Fremden, mit denen man sich auseinanderzusetzen hat, wie in dem anderen Falle, wenn man z. B. eine Wirtshausstube betritt und nach einem Tisch Ausschau hält, sondern es handelt sich in unserem Bericht um die intrasoziären Rang-Auseinandersetzungen. Wenn wir Menschen wären, die, sich ihrer geistigen Existenz bewußt, d. h. *rangunabhängig*, ein eigenes Urteil hätten und wahrhaft *souverän* Entscheidungen treffen wollten, gäbe es diese emotional determinierten Intrigen und diese Bestialität nicht. Der junge Mann weiß vielleicht bestens Bescheid über Auschwitz und verabscheut diese Methoden, ahnt aber nicht, daß es sich auch dort u. a. um die »Wölfe« gehandelt hat, mit denen man heulte, um ihr Anstoßnehmen nicht auf sich zu ziehen. Man ernennt Menschen zu Feinden, mit denen man nicht in feindlichen Kontakten stand, weil man sich zu der Majorität der Wölfe nicht in einen Gegensatz stellen will. Man fügt sich dieser Gruppe ein, um ihr Anstoßnehmen nicht auf sich zu ziehen, und billigt damit deren Grausamkeiten, ja, wird zum Mittäter. Das Biologische Radikal ist hier wie dort dasselbe, während es menschenwürdig gewesen wäre, nicht nur eine eigene Meinung zu haben, sondern diese auch zu vertreten. Das Tier hat nur diese eine Möglichkeit und Garnitur des Reagierens, aber der Mensch sollte Bürger zweier Welten sein und *wissen, was gut und böse ist*. Hier, in dem opportunen Verhalten, bekundet sich eine als *Ungeheuerlichkeit* anmutende Niedrigkeit der Gesinnung. Sich selbst, nämlich seine Erfahrung und Einsicht, aber auch den Partner verrät und verleugnet diese auf die Opportunität gerichtete, feige Haltung. Es fehlte dem jungen Mann die Zivilcourage. Wenn man sich innerhalb des christlichen Dekalogs umschaut, um festzustellen, ob in diesem Verhalten eins der zehn Gebote verletzt wird, so möchte ich sagen, daß gegen das fünfte Gebot verstoßen wird: *Du sollst nicht töten*.

Blicken und Angeblickt-werden

Dem *Blick-Phänomen* wurde bereits in jedem der beiden vorhergehenden Kapitel Bedeutung beigemessen. Die sog. *Tarnkappe* z. B. spielt darauf an, daß man selbst blickt und Umschau hält, aber nicht erblickt wird. Man kann das

Problem der Scheu ohne das der Blick-Erscheinungen nicht darzustellen versuchen. In den Ausführungen über die *Bestialität*, die von dem Rang-Phänomen und dem *Biologischen Radikal des Anstoßnehmens* nicht zu trennen sind, wurde gleichfalls vom Blick gesprochen, und zwar von dem timiden, unsicheren Blick des rangtiefen Artgenossen. Rudolf Schenkel (Behaviour I, 1947, S. 81-129) hebt in seinen Wolfs-Studien die Zuordnung von Rang und Blick hervor. Wenn zwei etwa gleichrangige Wölfe einander gegenüberstehen, blicken sie einander an und knurren dabei. Da messen sie sich gleichsam mittels der Blicke. Dieses *Maßnehmen* habe ich in den zwanziger Jahren einmal in einem Kaffeehaus erlebt: Ich saß mit einem sog. Couleur-Studenten an einem Tisch, als er mich darauf aufmerksam machte, daß uns ein junger Mann, anscheinend auch ein Student, »mit dem Blick fixiert«. »In Gottes Namen«, dachte ich, »warum nicht«? Mein Tischnachbar dagegen fühlte sich »provoziert«. Er erhob sich plötzlich, nahm eine stramme Haltung ein und ging schnurstracks auf den Tisch des Fixier-Blickers zu. Es gab einen kurzen Wortwechsel und der »Ramsch« war fertig. Wenn zunächst, hier in dem Gasthaus, das Blicken und Gegen-Blicken, dessen Zeuge ich wurde, ein Messen war, wie das Sich-Messen bei den gleichrangigen Wölfen, so mußte die Sache nun brachial ausgetragen werden. Das Sich-Messen, lat. mensura, erfolgt nun noch einmal, und zwar in Gegenwart sachverständiger Richter, die einen Sieger bei dem Zweikampf feststellten. Ich darf in diesem Brauchtum, und zwar bezogen auf die *Blick-Mensur der Wölfe*, ein Biologisches Radikal erblicken.

Das Thema der *Exposition* hat uns nachdrücklich beschäftigt. Wir stellen die Tatsache fest, daß es Zeiten gegeben hat, in denen *Szenen der Exposition im Strafvollzug* Verwendung fanden: Das war der Pranger, in den das Subjekt eingespannt wurde. Es fand eine öffentliche *Zur-Schau-Stellung* eines Menschen auf dem Marktplatz statt. Von allen Seiten konnten die Mitbürger jetzt diesen Sünder anblicken und ihn von allen Seiten verhöhnen. Diese rohen Methoden der Exposition sind im Laufe der Zeit in Wegfall gekommen. Man macht das heute über das Abbild, in effigie. Es gibt Presse-Organe, die dieser Art *Anprangerung* dienen. Versehen mit einem entsprechenden Text bringen die Zeitungsleute das Photo des Subjekts. – Wie tief das biologische Radikal in uns verankert ist, zeigt uns das Staats-Grundgesetz bei einer Reihe von Völkern. Da ist festgelegt, daß ich die Wohnung eines anderen Menschen nicht ohne weiteres aus eigenem Antrieb und Interesse betreten darf. Das Subjekt erfährt im Hinblick auf dieses *Refugium seiner Geborgenheit* einen Schutz. Man wird an den Bericht erinnert, der sich auf den Waldkauz bezog. Auch ihm billigte ich diesen Schutz zu, was offenbar die Evidenz der Geborgenheit und der Sicherheit und damit die Existenz-Grundlage des scheuen Vogels in meinen Kellerräumen begründete.

Es könnte uns interessieren, aus dem Wortschatz unserer Sprache alle die Wendungen hervorzuheben, in denen das *Blick*-Moment vorkommt. Ich denke an Formulierungen wie: jemand mit scheelen Blicken ansehen. Da wird auf den neidischen Blick angespielt, der ein schräger, gleichsam schielender Blick ist. Die Verachtung eines Menschen kann im Blick zum Ausdruck kommen, wenn man jemand »über die Schulter ansieht«. Da wird, so ekelhaft ist dieser Bursche, die frontale Zuwendung vermieden. Quasi im Weggehen – man spricht von der ekelnden Disjunktion – wirft man noch einen Blick »über die Schulter« zurück. – Ein junges Mädchen berichtet, es sei einem Mann begegnet, der sie »mit seinen Augen beinahe verschlungen« hätte. Es ist leicht zu erraten, daß das der gierige Blick der sexuellen Libido war. – Die Wendung »jemand von oben herab ansehen« spielt auf den wirklichen oder angemaßten Hochrang, d. h. Hochmut eines Mitbürgers an. Das ist nun nicht die ekelnde Disjunktion, die im Weggehen noch einen Blick über die Schulter zurückwirft, sondern eine frontale Begegnung, aber eben von oben herab, was sich nicht vermeiden läßt, wenn der Mitbürger »die Nase so hoch trägt«. – Man sieht, wie der Genius der Sprache eine

Reihe scharfkonturierter Beobachtungen erkennen läßt, die *urtümliche Verhaltensweisen* bezeugen.

Ich möchte ein Beispiel etwas ausführlicher bringen, das ich aus den Bouquet der sprachlichen Wendungen herausgreife: Es wird gesagt, daß einer »ein großes Ansehen« genießt. Wie kann das geschehen? Hier handelt es sich zwar auch um eine *Exposition*, aber eben eine *ehrenvolle Exposition*. Das gibt es z. B. beim Militär: Alle Soldaten sind verpflichtet, wenn vor ihrer Front auf dem Kasernenhof ein General erscheint, diesen fest anzublicken, wenn er die Reihen entlangschreitet. Das ist jetzt keine Beleidigung oder provozierende Herausforderung – wir erinnern uns der beiden Studenten im Kaffeehaus –, im Gegenteil, eine *Ehrung*. Vielleicht wäre der Grundgedanke dieses Rituals folgendermaßen zu interpretieren: Dieser Mann ist so *hochrangig*, daß du die Augen noch so weit aufreißen und starr blicken kannst, und zu Hunderten könnt ihr das tun, er erleidet keine Einbuße durch euch. – Es folgen ihm die Blicke der Soldaten, Formation für Formation, so daß ihm in der Tat »ein großes Ansehen« zuteil wird. »Großes Ansehen« haben auch die Leute vom Film und vom Fernsehen oder die Schauspieler im Theater, die täglich von vielen Menschen *angeblickt* werden. Man sagt sogar, daß sie großes Ansehen »*genießen*«, und vielen von ihnen scheint das auch wirklich ein echter »Genuß« zu sein. Auch *dieses* Angeblicktwerden gilt als »ehrenvoll«, denn es wäre schlimm, wenn das Publikum den einen oder den anderen seiner sog. Lieblinge in Zukunft »nicht mehr sehen« will. Hier korrespondieren das Gerne-Sehen und das Gerne-Gesehen-werden. – Man denke auch an den schwunghaften Handel, der mit den Bild-Fetischen der Stars getrieben wird.

Daß es diese Erscheinungen gibt, stimmt uns nachdenklich. Es handelt sich hierbei nicht, wie in meiner Begegnung mit dem Waldkauz, um eine *Artfeind-Beziehung*, sondern es geht hier um *intrasozietäre Relationen*. Derjenige, dessen Bild in die illustrierten Zeitungen lanciert wird, was häufig so erfolgt, daß er dabei etwas nachhilft und es wünscht, man denke an schöne Frauen oder an Politiker oder auch Männer der schönen Künste, ist auf eine »*Kontaktstiftung*« bedacht. *Pranger-Charakter* dagegen liegt vor, wenn das in der Zeitung erscheinende Bild mit dem Bedeutungsakzent einer Schandtat verbunden ist. Das Bild an sich ist neutral, allein der Text entscheidet darüber, ob diese Publikation »dem Ansehen« schadet oder diesem Mann nun überhaupt erst »ein Ansehen gibt«, wenn ihn, resp. das Foto, so viele Augenpaare »ansehen«. Es schmeichelt dem Selbstwert-Gefühl, so hoch »im Ansehen der ganzen Nation« oder der ganzen Welt zu stehen. – Immer hören wir dabei auch das Wort »hoch«, die Leute fühlen sich »hochgeehrt« oder genießen ein »hohes Ansehen«. Ich weise auf ein Biologisches Radikal, nämlich auf die Tatsache hin, daß z. B. im Flugkäfig meiner Rabenvögel der höchste Platz von dem rang»höchsten« eingenommen wird. Ihm steht in dieser Hierarchie wortwörtlich der höchste Platz, d. h. der *Hochsitz*, zu. – Vielleicht liegt eine Analogie vor, wenn man bedenkt, daß die Könige alter Zeiten auf erhöhten Stühlen saßen, die man Throne nannte. Der König auf dem Thron, das ist die intrasozietäre *ehrenvolle Exposition par excellence*. – Der Thron war wohl von jeher »hoch«, und wenn der Prinz an der Reihe ist, König zu werden, muß er diesen Stuhl in aller Feierlichkeit »besteigen«. – Entsprechend werden oder wurden die Könige dann, was aber auch für ihre Minister galt, »gestürzt«.

Es obliegt mir zum Schluß, mich zusammenfassend darüber zu äußern, was man unter einem *Biologischen Radikal* zu verstehen hat: Erscheinungen, die es bei uns erblich-angeboren gibt, d. h. die uns mittels unseres Leibes als *Bereitschaften* (Erlebnis- und Aktions- sowie Reaktions-Bereitschaften) ebenso wie den Tieren mittels ihrer leiblichen Organisationen so oder ähnlich zugeteilt sind, nenne ich Biologische Radikale. – Mit dem Terminus »*Radikal*« soll das Wurzelhaft-Ursprüngliche bezeichnet werden. Wesentlich ist dabei, daß es sich um *Gegebenheiten a priori* handelt, die allerdings über die Erziehung in ihren Wirk-Charakteren gefördert oder bis zu einem gewissen Grade umgeformt werden, oder auch mehr oder weniger zurückgedrängt und »*verdrängt*« werden können. Radikal austilgen aber lassen sich diese Bereitschaften nicht. Viele unserer kulturellen Einrichtungen oder Ausdrucksformen, denen man es prima vista nicht ansieht, werden untergründig von diesen in unseren neurophysiologischen Organisationen gegebenen *Bereitschaften* getragen. Dabei handelt es sich immer um Erleben und Verhalten, das von einer typischen *Emotionalität* erfüllt ist. *Das Gefühlsmoment kann man gar nicht hoch genug einschätzen!* Die Welt ist bisher noch immer im wesentlichen *emotional geordnet,* und soweit auch Logik im Spiel ist, handelt es sich gewöhnlich um eine *Logik der Rechtfertigungen.* – Es sollte für den Menschen wichtig sein, diese teilweise recht undurchsichtigen Zusammenhänge klar zu erfassen, da sie unserer *Selbsterkenntnis* zu dienen geeignet sind und nicht zuletzt der – *Menschenwürde.* Die höchste Aufgabe, die uns gestellt ist, glaube ich darin sehen zu dürfen, daß wir mehr und mehr, von Generation zu Generation, vom hominiden zum humanen Wesen werden.

12. Mensch und Tier
Biologische Radikale in unserem Dasein

(1965)

»s' ist ein Gesetz der Teufel und Gespenster: Wo sie hereingeschlüpft, da müssen sie hinaus.« Mit diesen Worten erklärt Mephistopheles, weshalb er sich in Fausts Studierstube als Gefangener fühlt. Aus dem Fenster oder durch den Ofen zu entweichen, was man ihm ohne weiteres zutrauen könnte, ist ihm unmöglich, weil er über die Schwelle in das Zimmer gekommen ist.

Daß Menschen unserer Zeit diesem Wege-Zwang verfallen, bei dem Hinweg und Rückweg identisch sein müssen, frappiert uns. Es gibt Neurotiker, die man Zwangsneurotiker nennt, weil sie von mancherlei Zwangsimpulsen heimgesucht werden. Unter den Zwängen kann auch der sein, mittels des Hinwegs, sozusagen auf der eigenen Spur, wieder nach Hause zurückzukehren. Auch bei Geisteskranken findet sich gelegentlich dieser Zwang. Daß der Teufel dabei seine Hände im Spiel hat, glaubt heute wahrscheinlich niemand mehr. Wie kommt es zu diesem »Zwang«, der ganz offensichtlich ein persönlichkeitsfremdes Phänomen ist? Mit dem Begriff »Zwang« allein kann man sich nicht zufriedengeben. Es ist der Sinn einer biologisch orientierten Anthropologie, d. h. einer Menschenkunde, die das Problem Mensch und Tier nicht aus dem Blick verliert, Fundierungen zu geben. Anthropologie ist Fundierung. Wir möchten versuchen, den Zwang, oder wenigstens diesen Wege-Zwang, als Biologisches Radikal (1) zu definieren. Um einem Mißverständnis vorzubeugen: Es gibt auch Zwänge, die man nicht biologisch-stammesgeschichtlich ableiten kann, doch davon soll hier nicht die Rede sein.

Unter einem Biologischen Radikal verstehen wir eine Lebenserscheinung, im besonderen ein Verhalten, das man beim Menschen sowohl als auch bei Tieren antreffen kann. Das Wort »Radikal« deutet auf etwas Wurzelartiges, d. h. Tieferliegendes hin. Wenn wir den gewissen Wege-Zwang des Menschen als ein Biologisches Radikal auffassen, so haben wir nachzuweisen, daß es diese Erscheinung auch im Verhalten der Tiere gibt. Es liegt nahe, daß wir an die Wildwechsel denken, bei denen Hinweg und Rückweg sich decken. Der Biologe *Jakob von Uexküll* (2) sprach vom »bekannten Weg«, der auch als Rückweg dient. Der Wildwechsel könnte uns an einen Schienenstrang erinnern, auf dem die Lokomotive so oder so, in dieser oder in jener Richtung fährt. Geleise sind Spuren, und so bewegt sich das wilde Tier, wenn es zur Tränke geht, gewissermaßen in seinen Geleisen. Unsere anthropologischen Vorstellungen vermitteln uns ein Verständnis für den gewissen Zwang, den man als den Wechselbenutzungs-Zwang bezeichnen könnte. Mit anderen Worten: Der zwangsneurotische Mensch, der unter dem Impuls steht, auf seinen eigenen Fußspuren heimkehren zu müssen, zeigt damit ein bemerkenswertes Wildheitsrelikt. Diese Menschen verhalten sich, als ob sie einer Umwelt ausgeliefert wären, in der es darauf ankommt, daß man den sicheren Weg nimmt, auf dem man gekommen ist. Hier handelt es sich um das Moment der Umwelt-Überbedeutsamkeit.

Es obliegt mir, wenn der Theorie die Bedeutung eines Werkzeugs zukommen soll, weitere Zwangs-Erscheinungen anthropologisch zu definieren: Jedermann hat Freunde, die, wenn sie in einer Gastwirtschaft sitzen, so plaziert sein müssen, daß sie ihren Rücken der Wand zukehren. Es kommt darauf an, daß sie das Lokal, und im besonderen die Eingangstür, vor Augen haben. Man könnte den Eindruck gewinnen, daß sie das ihrer Sicherheit schuldig sind, was wir genauso vom Wechselbenutzungs-Zwang annahmen. Läßt es sich nicht machen, daß ihnen der Wandplatz zufällt, so sitzen sie zur Not auch mitten im Raum, aber es ist ihnen dabei nicht wohl zumute. Der Zwang vergewaltigt sie nicht, sie müssen nicht auf Biegen und

Brechen an der Wand sitzen, wenn sie jedoch ihre Sicherungsimpulse überwinden, so ist dieser Sieg auf Kosten der Behaglichkeit erkauft. In derselben Wirtschaft kann ein anderer Mensch in eine ähnlich unerfreuliche Situation geraten, wenn man ihm eine Mahlzeit serviert, die er vor aller Augen verzehren soll. Hier bekundet sich ein anderer Zwang: Es kann sein, daß er und die Tischgenossen ein Menü bestellen, es wird ihm aber das seine früher serviert, so daß er als erster essen müßte. Und gerade das darf nicht sein! Wenn sie alle in der Nahrungsaufnahme begriffen sind und jeder mit seinem Fisch oder Hühnchen zu tun hat, macht es ihm nichts aus, wenn er ebenfalls ißt. Nur vor ihnen kann er nicht essen, und zwar zeitlich vor ihnen, während er zugleich räumlich vor ihnen sitzt, ihren Blicken ausgeliefert. Die Blicke sind es, die ihn irritieren. Es könnte von seiner »blöden Demütigkeit« (Nietzsche) gesprochen werden, die ihm die Nahrungsaufnahme mißlingen läßt. Anders gesagt: Dieses Subjekt ist zur Feudal-Mahlzeit »nicht vorbestimmt«, die sich vor den Augen der Mitbürger vollzieht. –

Um die Hemmungen dieses Mannes zu verstehen, sollten wir uns einer Gesellschaft von gekäfigten Pavianen zuwenden, bei der den ranghohen Genossen das Vorrecht zusteht, sich vor allen anderen sättigen zu dürfen, wenn man Bananen, Erdnüsse und dergleichen eßbare Dinge vor ihnen ausbreitet. Zunächst greifen die Ranghohen zu. Die rangtiefen Artgenossen beginnen erst später zu essen, vorausgesetzt, daß nun weitere Nahrung in den Käfig geschüttet wird. Offenbar ist es der homologe Kodex einer archaischen Anständigkeit, gegen den sich unser Freund versündigte, wenn er in dem Wirtshaus vor aller Augen zu essen begänne. Sein Instinkt, so scheint es, warnt ihn vor diesem Wagnis. Es ist für einen rangtiefen Pavian gefährlich, zur Nahrung zu greifen, während die Sozietätsgenossen noch nicht auf dem Wege der Sättigung sind. Wenn man sich als Nervenarzt mit diesen Menschen befaßt, die nicht »voressen« können, läßt sich tatsächlich nachweisen, daß es sich durchweg um selbstunsichere Persönlichkeiten handelt. Der Mensch ist ein *zoon politikon*, das lehrte schon Aristoteles, aber wir sind einander, was den biologischen Rang betrifft, nicht doublettenhaft gleich, sondern sind »eingestuft«.

Es gibt Leute, denen es nichts ausmacht, vor aller Augen mit dem größten Appetit eine Mahlzeit zu sich zu nehmen. Ihnen steht das Privileg zu, oder – das ist die andere Möglichkeit – ihnen ist das kein Problem. Sie werden von keiner inneren Gewissens-Instanz vor einem Konflikt gewarnt, der sich daraus ergeben könnte. Interessant ist die Tatsache, daß es Völker gibt, die den archaischen Kodex der Wohlanständigkeit auf eine geradezu salomonische Weise außer Kurs gesetzt haben, indem dort jedermann heimlich essen muß (3). Der Häuptling darf nicht nach Pavianart den rangtieferen Sozietätsgenossen das Biologische Radikal seines Vorrechts demonstrieren. Man zieht sich schamvoll zurück, so daß keiner den andern essen sieht. Bei uns ist es bei festlichen Mahlzeiten noch Brauch, daß Alpha, der Herr Bürgermeister, oder wer auch immer als Alpha in die Erscheinung tritt, trotz aller demokratischen Gleichberechtigungsbeteuerungen nach dem Ritus der Paviane den ersten Bissen erhält. Dieses »Noch« ist vermutlich älter als das ganze Menschengeschlecht. Im Zusammenhang mit den Kaiserkrönungen in Frankfurt war es Brauch, daß die deutschen Kurfürsten öffentlich speisten, und zwar im »Römer«, vor aller Augen.

Wenn wir den Zwangs-Phänomenen Namen zu geben hätten, daß z. B. einer vor den Augen der anderen nicht essen darf und daß ein anderer, oder sogar derselbe, so sitzen muß, daß er von hinten her nicht überfallen wird, so könnte in Angleichung an die Wortbildung »Wechselbenutzungs-Zwang« vom »Rückendeckungs-Zwang in geschlossenen Räumen« oder dem an die biologische Tiefrangigkeit gebundenen »Zwang zur archaischen Nahrungsbescheidenheit« die Rede sein.

Es scheint, daß viele unserer Mitbürger in unsere gegenwärtige Umwelt nicht reibungslos eingeordnet sind, weil sie gewissermaßen noch in einer archaisch-wilden Urheimat leben müssen, in der andere Gesetze menschlicher »Koexistenz« gelten. Ich illustriere diese Tatsache durch ein weiteres Beispiel: Es gibt Menschen, die, wenn man sie in der Nacht weckt, sanft lächelnd ihre Augen öffnen, während andere grob werden und recht ungehalten sind, selbst wenn das Wecken vorher verabredet worden war, etwa vor Antritt einer gemeinsamen Reise. Das sind die Wilden! Da ihrem Nervensystem offenbar eine archaische Umwelt zugeordnet ist, wird man zugeben müssen, daß sie in höchster Gefahr sind, wenn einer sie während des Schlafens am Arm packt und schüttelt. Im Sprachgebrauch der Juristen dürfte, wenn dieser Mensch aggressiv wird, von einem Akt der Putativ-Notwehr die Rede sein. Ihr Nervensystem setzt sie in diese Alarmbereitschaft, aus der eine Zwangshandlung resultiert, der das Subjekt in der Aufwachbefindlichkeit erliegt. In Analogie zu den vorliegenden Namengebungen könnte von einem »Aufweck-Verteidigungs-Zwang« gesprochen werden.

Es darf von einem homologen Verhalten die Rede sein, wenn man beobachtet, wie ein Pavian, den man in der Nacht weckt, gefährlich um sich beißt oder zu fliehen versucht. Ich habe einen Pavian in meinem Arbeitszimmer gehalten, der dort in einem Käfig saß. Er erwies sich als Dämmerungs-Einschläfer, der seine kosmische Verbundenheit auch darin bezeugte, daß er in der Morgendämmerung von selbst aufwachte. Wenn ich mich an meinem Schreibtisch ruhig verhielt und eine Lampe neben mir stehen hatte, die nur gedämpftes Licht verbreitete, schlief er ruhig. Bei Geräuschen, etwa dem Umblättern einer Buchseite, streckte er den Kopf vor, blickte zu dem Ausgangsort des Geräusches hin, ließ aber den Kopf sofort wieder sinken und schlief weiter. Er saß in einer Hockstellung in seinem Käfig. Man könnte sagen, daß der Affe zwischen zweierlei Geräuschen unterschied, nämlich harmlosen Geräuschen, wenn man so sagen darf, und Gefahren-Signalen. Wenn mir ein Buch vom Schreibtisch fiel oder wenn ich unachtsam war und nachts beim Betreten des Raumes versehentlich die helle Deckenbeleuchtung einschaltete, so gebärdete sich »Bärbel«, das war der Name des Pavians, als ob ihr eine Gefahr drohte: Sie kreischte und versuchte zu fliehen. Alle Versuche, sie zu beschwichtigen, mißlangen, wenn sie in dieser Verfassung war. Ich selber, so freundschaftlich mir auch »Bärbel« sonst begegnete, wurde, wenn ich mich näherte, wie ein Feind behandelt. Putativ-Notwehr! Man wird zugeben, daß in der afrikanischen Heimat des Tieres tatsächlich Gefahr droht, wenn mitten in der Nacht plötzlich laute Geräusche erschallen oder helles Licht erstrahlt. Selbstverständlich kann man nicht behaupten, daß zwischen Affe und Mensch keinerlei Unterschied ist, was das Überraschungs-Aufwachen und den damit verbundenen Verteidigungs- oder Flucht-Zwang anbetrifft. Als wesentlichen Unterschied wird man die Tatsache hervorheben, daß der Mensch nur für kurze Zeit seiner Putativ-Notwehr erliegt, nämlich während des Übergangs vom Schlafen zum Wachen, während im Verhalten des Pavians von einem langanhaltenden Einraster-Status zu sprechen wäre. Der Pavian verhält sich bis auf weiteres so, als ob er in Lebensgefahr wäre. Er kann nicht wacher werden, als er jetzt ist, während beim Menschen die Stufe der kritischen Besonnenheit das Wachsein krönt. Diese höchste Stufe ist dem Tier versagt. Alsdann, wenn die menschlichen »Aufwach-Wilden« hellwach sind, entfällt der barbarisch-archaische Status, während allenfalls eine leichte emotionale Verstimmung noch eine Zeitlang nachschwingen kann. Der Pavian, das wäre ein wesentlicher Unterschied zwischen Affe und Mensch, bleibt in einem unkritischen Clairobscur befangen.

Wechselbenutzungs-Zwang, raumgebundener Rückendekkungs-Zwang, rangabhängiger Zwang zur Nahrungsbescheidenheit und Aufweck-Verteidigungs-Zwang beschäftigen uns. Ich habe das Zwangsmoment in den Blickpunkt gerückt, während man auch das der Angst, das in jedem Fall im Spiele ist, hervorheben könnte. Entweder man spricht vom Zwang, oder man spricht von der Angst. Es erschien als zweckmäßiger in diesen Zusammenhängen, die Angst unberücksichtigt zu lassen.

Wir wollen eine der typisch-menschlichen Misèren analysieren, nämlich eine der Reibungsmöglichkeiten am Arbeitsplatz. Die Tatsache ist interessant, daß der Aufweck-Verteidigungs-Zwang mit dem Problem der Leistungs-Neurasthenie im Zusammenhang steht. Ich wende mich zunächst wieder dem Verhalten des Tiers zu: Der von mir beobachtete Pavian zeigte dieselbe Erregung, ob er nachts aus dem Schlaf aufgeschreckt wurde oder ob man ihn abends am Einschlafen hinderte. Das identische Verhalten läßt sich bei unseren Kindern nachweisen, die am Abend den Übergang in den Schlaf verpaßt haben und infolgedessen »übermüdet« sind. Ihre Weinerlichkeit und Grantigkeit in dieser Situation soll uns als Grundbeispiel für die folgende Erörterung dienen: Kennzeichnend für die Arbeitsleistungen in den zivilisierten Ländern ist die systematische Arbeit, die sich über mehrere Stunden hinzieht. Der moderne Mensch weicht vermutlich in seinem Arbeitsstil von der Nahrungsbeschaffung seiner Vorfahren erheblich ab. Sie traten als Jäger und Sammler in Erscheinung. Daß das Jagen noch heute Menschen erregt und ihnen Spannungen bringt, die sie begehren, wissen wir von den wenigen Jägern, die es noch in unseren Tagen gibt. Es wird niemand behaupten, daß die Jagd unter den Begriff Arbeit fällt. Auch die Sammler, denken wir an die Pilzsucher z. B., werden während ihrer Tätigkeit von der Natur, nämlich ihrer eigenen inneren Natur, mit einer Lustprämie honoriert, ganz abgesehen davon, daß ihnen der Erfolg des Sammelns Freude bringt. Das Sammeln allein schon, im besonderen das damit verbundene Spannungs-Erleben, ist lustvoll. Die ständige Abwechslung, wenn sie die Wälder, freudiger Überraschungen gewärtig, durchstreifen, ist nicht mit der Berufsarbeit in einem Büro oder der mechanischen Leistung an einem Fließband vergleichbar.

Von den in Gruppen lebenden Gorillas (4) wissen wir, daß sie Sammler sind. Es ist für sie, die von Pflanzenkost leben, charakteristisch, daß sie den Platz, der ihnen Nahrung bringt, nicht radikal abweiden. Sie ziehen weiter und suchen, von einem Bewegungsdrang getrieben, neue Futterplätze auf. Zwischendurch rasten sie hin und wieder. Stoppuhren gibt es bei ihrer Nahrungsbeschaffung so wenig wie die ununterbrochene Leistung am Ort. Die Pausen in ihrem Nahrungserwerb muß man, wie es scheint, für hochbedeutsam ansehen.

Viele unserer Mitbürger erleben in ihrem beruflichen Tageslauf zunächst ein rasches Ansteigen ihrer Leistungskurve, dem aber in mehr oder weniger kurzer Zeit ein Abfall folgt. Sie müssen dann erst einmal eine Pause einlegen. Es wird von ihnen jedoch eine unverminderte Stetigkeit erwartet, so daß sie in eine Konflikt-Situation geraten. Diese Stetigkeit könnte man als die Domestikations-Stetigkeit bezeichnen. Mit diesem Ausdruck soll darauf hingewiesen werden, daß der Frage des Durchstehvermögens auch bei der Domestikation der Tiere Bedeutung zukommt. Das Zebra z. B., das durch sein heftiges Temperament auffällt, ließ sich im Gegensatz zum Pferd nicht domestizieren. Es ist nicht geeignet, einen Pflug stundenlang in stetiger, gleichbleibender Leistung über den Acker zu ziehen. Schon das Einschirren eines Zebras dürfte mit Schwierigkeiten verbunden sein.

Die Leistungs-Neurastheniker lassen sich einspannen, aber die ununterbrochene Leistung des Ackergauls ist ihnen versagt. Wir kennen Menschen, die sich von Anfang an nicht einschirren lassen. Das sind die haltlosen, zum Herumstreunen neigenden Psychopathen. Daß sie zu den Menschen gehören, die sich in dieser unserer zivilisierten Welt nicht wohlfühlen, liegt auf der Hand. Wir kennen in den Büros und Betrieben allerdings auch die Ackergäule. Wenn der Neurastheniker in seinen Konflikt fällt, kommt eine Verfassung über ihn, die uns an den Pavian erinnert, der am Einschlafen verhindert ist. Man wird behaupten dürfen, daß das identische Phänomen vorliegt. Einer dieser Männer sagte: »Ich könnte losheulen wie ein Kind, wenn ich im Zustande dieser Erschöpfung bin.« Häufig meldet sich auch eine aggressive Gereiztheit, unter der, wenn ihr das Subjekt stattgibt, seine Mitarbeiter zu leiden haben. Die scherzhafte Redensart, daß der

Büroschlaf der gesündeste Schlaf sein könnte, bezeichnet offenbar eine fundamentale Wahrheit.

Die Flaute geht gewöhnlich nach einiger Zeit vorüber. Da diesem Menschen ein Schläfchen verwehrt ist, wird er eine Pause einlegen, und zwar eine »larvierte Pause«. Um die Blamage seines Leistungsknicks zu verbergen, wird er irgendwelche Akten wegtragen oder herbeischaffen. Er wird wissen, wie er es anfängt, sich ein wenig zu entspannen. Ich kenne eine ganze Reihe dieser Neurastheniker, von deren vorübergehenden Flauten kein Mensch etwas weiß, weder der Chef noch einer der Mitarbeiter, so qualvoll diese Zustände auch erlebt werden. Es gehört zur Lebenskunst dieser Menschen, ihre Jammer- oder Angriffs-Stimmung geschickt zu verbergen. Das Kind hält seine Grantigkeit nicht im Zaum, wenn ihm das Einschlafen verwehrt ist; noch weniger werden wir von einem Pavian Beherrschung erwarten, wenn er am Einschlafen verhindert wird.

Wichtig ist die Erkenntnis, daß die neurasthenische Leistungsschwäche nicht mit dem landläufigen Begriff der »Faulheit« verwechselt werden sollte. Dieses Wissen bewahrt das Subjekt vor einer Minderung seines Selbstwertgefühls. Mißverständnisse und seit Jahrhunderten überlieferte Vorurteile müßten wir endlich bewältigen können. Es darf bemerkt werden, daß es sich bei den Neurasthenikern um hochbegabte Menschen handeln kann, die hervorragender Leistungen fähig sind.

Ich betone, daß den sogenannten Wildheits-Relikten, und das mangelnde Durchstehvermögen fällt unter diese Kategorie, keineswegs Krankheitsbedeutung zuerkannt werden muß. Diese Erscheinungen fallen unter den psychologischen Begriff des Charakters. Wenn man bedenkt, daß in der Rekonvaleszenz nach schwerer organischer Krankheit Merkmale dieser Art hervorbrechen können, nicht etwa nur die gewissen neurasthenischen Flauten, so ist man versucht, den Begriff der Dekompensation zu gebrauchen. Kompensation ist Anpassung an die Forderungen, was hier im besonderen heißt: Anpassung an die Erfordernisse der Zivilisation. Dem Arbeiter oder Angestellten, den man als »Arbeitspferd« bezeichnet, kommt das Prädikat der Kompensation zu. Er verfügt über Leistungsreserven, die dem Neurastheniker fehlen. So stünde der Zivilisations-Kompensation die Zivilisations-Dekompensation gegenüber. Wir kennen mancherlei Grade und Stufen dieser Dekompensation. Bemerkenswert ist die Feststellung, daß es Menschen gibt, die im Gefolge einer schweren organischen Krankheit einer Zivilisations-Dekompensation verfallen, während andere zeitlebens mehr oder weniger dekompensiert, d. h. den Erfordernissen der Zivilisation nicht angepaßt sind. Hier zeigen sich diese Merkmale als Charaktermerkmale, ohne daß von einer Rekonvaleszenz die Rede sein kann. Es wurde bereits gesagt, daß es Wildheits-Zwänge, d. h. Biologische Radikale, gibt, die man als Krankheitssymptome auffassen muß. Ich erinnere an den Wechselbenutzungs-Zwang. So stehen die Wildheits-Merkmale in dreifacher Sicht vor uns: als Krankheitszeichen, als Ausdruck einer Rekonvaleszenz und als Charaktermerkmal.

Es mag Menschen geben, die schockiert sind, weil wir Mensch und Tier wieder und wieder im gleichen Atem nennen. Pascal hat einmal geäußert: »Gefährlich ist es, wenn man den Menschen zu sehr darauf hinweist, daß er den Tieren gleicht, ohne ihm zugleich seine Größe vor Augen zu führen.«

Die Kunst, zu Hause zu sein, sich z. B. an seinem Arbeitsplatz wohlfühlen zu können, verlangt von vielen unserer Mitbürger eine Meisterschaft im Umgang mit sich selber. Es fällt manchem von uns schwer, in seinem Beruf oder auch in seiner Familie oder in seinem Haus heimisch zu werden. Wie der häusliche Friede in Frage gestellt wird, zeigte uns das Beispiel der Einschlaf- und Aufweckstörungen. Wir haben eines der schwerwiegendsten Wildheits-Merkmale nicht genannt: das ist der Rangbehauptungs-Zwang. Unter diesen Zwang fällt die Rechthaberei, die ein Charakter-Merkmal biologischer Herkunft sein kann, wobei wir freilich nicht verschweigen dürfen, daß es auch eine Rechthaberei gibt, die anders determiniert ist. Es ist selbstverständlich, daß man, um zu dem

Thema des beruflichen Wohlbefindens zurückzukehren, überhaupt erst einmal den Beruf haben muß, der den Neigungen und Fähigkeiten des Subjektes angemessen ist. Die Leistungsflauten, die wir zu analysieren versuchten, werden erst recht in Erscheinung treten, wenn der Lustgewinn nicht im Spiele ist, der das an seiner Arbeitsleistung interessierte Subjekt gleichsam besticht.

Ich darf bekennen, wie ich zu der Lehre von den Wildheits-Relikten gekommen bin: Indem ich mich mit Menschen befaßte, die ganz besonders unangepaßt und ganz besonders unglücklich sind, nämlich im jahrelangen Umgang mit Trinkern (5), kam ich zu der Erkenntnis. Alkohol ist eines der Mittel, das sich uns anbietet, uns in den Miseren unseres Daseins einen Ausweg zu weisen. Eingekeilt in die Situation einer Ausweglosigkeit oder Endgültigkeit öffnet sich uns mittels des »Sorgenbrechers« eine Tür: Situations-Korrektur. Das letzte Ziel, so scheint mir, müßte es allerdings sein, daß jedermann das Werkzeug der Selbsterkenntnis zuhanden hätte, während der Alkohol der Selbsttäuschung Vorschub leistet. Der Einzelne sollte von sich selber wissen, mit wem er es zu tun hat, zum mindesten sollte er seine animalische Basis so genau wie möglich kennen. Letzten Endes handelt es sich um den Umgang mit sich selber, und zwar im Sinne einer seelischen Hygiene. Mit anderen Worten: Es ist eine der wichtigsten Aufgaben unserer Zeit, die Bildungsfähigen zu bilden. Hygiene, sei es die seelische oder die andere Hygiene, setzt Aufklärung voraus. Das Zeitalter der Aufklärung ist noch längst nicht zu Ende, im Gegenteil! Die »heitere Vernunftfreiheit«, wenn ich diese Goethesche Formel gebrauchen darf, setzt voraus, daß wir Distanz zu uns selber gewinnen.

Die Gleichung geht nicht auf, die Gleichung, bei der das Subjekt auf der einen Seite, die Umwelt auf der anderen steht. Unsere menschliche Natur mit ihren Instinkten und Affekten, d. h. unseren Erlebnisbereitschaften und die uns umgebende Natur sind, das darf man wohl annehmen, ursprünglich einmal *eine* Natur gewesen. Im Verlaufe der Menschwerdung dürfte es zu den allerersten Reibungen gekommen sein, wobei sich infolge menschlicher Einwirkung die Umwelt wandelte, so, wie er selbst auch nicht mehr dasselbe *zoon politikon* war wie vorher. Im Zusammenhang mit diesen Veränderungen auf beiden Seiten konnte es wieder zu neuen Gleichungen kommen, und eben diejenigen unserer Mitbürger, die wir als »kompensiert« bezeichnen – und das bedeutet: wohleingebürgert, wohleingeordnet –, leben, wie es scheint, wenigstens annähernd wieder in einem Gleichgewicht. Auf die Übereinstimmung von *milieu interne* und *milieu externe* kommt es wesentlich an.

Es wäre wichtig, auch das Problem der Langeweile zur Sprache zu bringen. Bei einer Reihe von Menschen, und zwar nicht nur bei jüngeren Menschen, dürfte das Unbehagen in unserer Welt u. a. auch mit der Langeweile zusammenhängen. Die Zivilisations-Langeweile ist das Resultat eines ungelebten Daseins, für das dieses Subjekt Erlebnisbereitschaften in sich trägt. Es gibt zweierlei Wirklichkeit, nämlich die der leibhaftgreifbaren Partner, Objekte und Effekte, und außerdem die Wirklichkeit der Erlebnisbereitschaften, die nach Befriedigung drängen. Daß uns im Sport eine Chance gegeben ist, unsere langweilige Umwelt farbiger zu gestalten, liegt auf der Hand. Das gilt vom Erleben der Zuschauer sowohl, die dabei hohen Spannungen ausgesetzt sind, als auch vom Erleben und den Bedürfnissen derer, die auf dem Sportfeld laufen und springen und sich verhalten, als ob sie in einer Welt lebten, in der es noch auf diese Leistungen ankommt. Auch den Fernseh-Programmen z. B. dürfte in diesem Zusammenhang psychohygienische Bedeutung zukommen, wobei ich im besonderen an die Kriminal- und Abenteurer-Filme denke, aber auch an die Tier-Filme und Vorträge über die Tiere. Offensichtlich müssen viele Menschen, die in den Asphalt- und Beton-Wüsten unserer Großstädte leben, Tiere in ihrer Umwelt haben, so daß von einer Einschleusung des Lebendigen oder von einer Regression in die verlorene Vergangenheit die Rede sein könnte. So nähern wir uns mittels dieser Korrektur-Maßnahmen einem paläoanthropologischen Urstatus – wenn auch nur in Rudimenten – wieder an.

Zusammenfassend wäre zu sagen, daß jeden Menschen, der sich in seiner Umwelt nicht wohlfühlt, wie schon bemerkt, die subtile Analyse der Zusammenhänge beschäftigen müßte, so daß das Dasein des einzelnen unter dem Stern einer Nachdenklichkeit und Besonnenheit stünde. Wir sollten, sagte Heinrich von Kleist, nachdem wir das Paradies verloren haben, noch einmal »vom Baum der Erkenntnis essen«.

Literatur

1 R. Bilz: Psychotische Umwelt. Versuch einer biologisch orientierten Psychopathologie, Stuttgart 1962
2 J. von Uexküll u. G. Kriszat: Streifzüge durch die Umwelten von Tieren und Menschen, Berlin 1934
3 K. von den Steinen: Unter den Naturvölkern Zentral-Brasiliens, 2. Aufl. Berlin 1897
4 W. Baumgärtel: König in Gorillaland. Geschichten um mein Urwaldhotel, Stuttgart 1960
5 R. Bilz: Trinker. Eine Untersuchung über das Erleben und Verhalten der Alkoholhalluzinanten, Stuttgart 1959

13. Rolle und Szene im menschlichen Dasein

(1952)

Wenn wir die Relationen zwischen somatischem Geschehen und seelischem Erlebnis substantivieren wollen, müssen wir uns einer Metaphorik bedienen, und es steht uns frei, welches Gleichnis wir wählen. Es hat sich mir als zweckmäßig erwiesen, wenn ich psychosomatische Probleme darzustellen versuchte, von Rollen und Szenen im Dasein des Menschen zu sprechen. Ich fasse damit Seelisches und Somatisches von vornherein synoptisch in einem. Ausdrücklich sei bemerkt, daß die Versuche einer eigenen, mir treffender erscheinenden Metaphorik mich zu bedienen, nicht die Achtung verletzen wollen, die wir den Entdeckungen *Freuds* bezeugen. Damit, daß ich von Rollen und Szenen spreche, halte ich nicht nur Leibliches und Seelisches in der Hand, sondern fasse im selben Griff Trieb und Instinkt sowie Affekt, was gleichermaßen auch heißt, daß wir damit unser subjektives Erleben, nämlich die Emotionalität inneren Geschehens im Auge haben. Gleichzeitig aber packen wir mit dem Begriff von Rolle und Szene die Partizipation zwischen Subjekt und Objekt, denn Rolle setzt Gegenrolle voraus, ebenso wie Ort der Handlung und Spieldauer und Termin, also die Fragen des Repertoires und seiner Verwirklichung in der Zeit auf der *Bühne unseres Daseins*. Vor allem aber, wenn ich vom Rollenspiel unseres Daseins spreche, sage ich aus, daß *gehandelt* wird, daß ich jeweils Akteur bin und situativ zu *entscheiden* habe. Ich gehe soweit zu behaupten, daß selbst das Denken auch Handeln ist, denn ich kann auch in Denkrollen sein. Immer trage ich die *Verantwortung*, wenn ich Akteur bin, denn ich handle nicht ohne Bewußtsein, auch wenn *unbewußte Determinanten* im Spiel sind.

Wir sehen den *Trieb* als einen der roten Fäden an, die sich durch die Vitalrollen des Menschen ziehen. Das Wort Trieb besagt, und selbstverständlich handelt es sich auch hier nur um ein Gleichnis, daß jemand getrieben wird. Immer, das kann man nicht oft genug wiederholen, wenn von seelischen oder psychosomatischen Zuordnungen die Rede ist, kann ich mich nur einer Gleichnissprache bedienen. So drücke ich mich metaphorisch aus, wenn ich von den »Trieben« der Tiere und Menschen spreche und sage damit, es sei, als ob die Subjekte angepeitscht würden, als ob eine vis a tergo im Spiel ist, denn Treiben setzt einen beherrschenden Treiber und ein getriebenes, diesem Treiber ausgeliefertes Wesen voraus. Daß die Tiere von Trieben beherrscht und *bewegt* sind, ist uns bekannt, aber auch der Mensch ist der Macht seiner Triebhaftigkeit ausgesetzt, nur ist ihm als Geistwesen dabei zugleich aufgegeben, mit diesen treibenden Mächten sich *menschlich* auseinanderzusetzen, also den Trieb als rollenimmanente Dynamik zu sehen, Motor einer Rolle, die in seine Hände gegeben ist. Es werden *unbewußt treibende Kräfte* im menschlichen Rollenspiel nicht geleugnet, gleichviel, wie sie von Fall zu Fall erlebt werden können. Es ist wahrscheinlich schon vorgekommen, daß ein Mensch seine vis a tergo so handgreiflich personifiziert erlebte, daß ihm der Trieb als ein Dämon erschien, mit dem er zu kämpfen hatte und dessen Antreiben er sich szenisch entgegensetzte. Ich denke an gewisse Legenden, in denen von Heiligen die Rede ist, die sich ihrer Triebhaftigkeit erwehren. Eine Personifizierung und Dämonisierung liegt bereits vor, wenn wir sagen, der Trieb sei »erwacht«. Was aufwachen kann, ist ein lebendiges Wesen, das in uns schläft. Immer handelt es sich, wenn von den Trieben und vom Getriebenwerden die Rede ist, um das Erlebnis dieser Bedrängnis. Wir verspüren eine Bedürfnisspannung mit ihren Impulsen, die zu *Bewegungen* unseres Leibes drängen. Hier liegt die Wahrheit dieses Gleichnisses offen zu Tage, gleichviel, um welche Art Trieb es sich handelt, d. h. *wohin* es mich treiben möchte, denn es gibt mancherlei Triebe.

Es muß übrigens nicht das Gleichnis des Getriebenwerdens erscheinen, diese sprachliche Metapher ist leicht ersetzbar, denn die nämliche Grundtatsache einer *bipolaren Spannung* und einer *Ortsbewegung* kann auch als ein *Ziehen* verbildert werden. Dann sagt man, daß das Subjekt »gebunden« sei und gezogen wird, »angezogen« von einem Pol, dem es »zugeneigt« ist, d. h. daß ein bestimmtes Objekt, sei es eine Nahrung oder z. B. ein anziehendes weibliches Wesen, »attraktive Bindungen« zu dem Subjekt unterhält. Es könnte scheinen, als ob elastische Bänder zwischen den Partnern ausgespannt seien, und schon das lateinische Wort für unser deutsches »Aufmerksamkeit«, nämlich Attentio, zeigt uns die »Spannung« an. Der Anatom, der das Lebewesen mit dem Messer zerlegt, hält zwar am Ende die Organe als »Teile in seiner Hand«, aber es fehlt ihm »das geistige Band« (Goethe), das die Organfunktionen verknüpfte und zugleich das Subjekt an die szenischen Partizipanten gebunden hielt. – Eine dritte Metapher, die sich auf die nämliche Urtatsache des Triebes bezieht und weder die vis a tergo noch die Anziehung in das Blickfeld rückt, spielt darauf an, daß das Subjekt von innen her mit *Appetenzen* erfüllt sei. Da wird nicht von außen her geschoben oder gezogen, sondern der Motor scheint in den Kern des Subjekts verlegt. Freilich, eine Polarität und ein Hinzustreben zu dem Gegenpol wird auch in diesem Worte bezeichnet, denn eben das lateinische *petere,* das den Fremdworten Appetenz sowie Appetit zugrunde liegt, bedeutet streben, hingeneigt sein, Verlangen haben.

Wenn wir diese Aussagen machen, d. h. also, wenn von Trieben oder Appetenzen die Rede ist oder auch von Libido oder Begierde, sind wir uns immer bewußt, daß wir animalische Grundtatsachen simplifizieren, denn wohl niemals wird ein Trieb oder eine Anziehung – oder welcher Synonyme man sich bedienen mag – vollkommen isoliert erscheinen. Ein Jüngling, der von seiten eines Mädchens, das ihn anzog, eine Zurückweisung erfährt, wird nicht allein die Versagung seines Triebes beklagen, sondern zugleich in seiner Ehre gekränkt sein und vielleicht auch mit Erregungen einer Eifersucht sich auseinanderzusetzen haben, die sich gegen wirkliche oder vermeintliche Konkurrenten richtet. Er hat zugleich einen Prestigeverlust erlitten. *Machtfragen* spielen mit. So meinen wir also mit Trieb lediglich einen *Bewegungsimpuls*, für den in der Latenz unseres Leibes Bereitschaften spezifischer Art gegeben sind, hormonale Zuordnungen sowohl als auch Neurostrukturen, denn der Trieb setzt eine »Trieborganisation« voraus, und ganze Apparaturen stehen zu seiner Manifestierung und Befriedigung von Natur aus bereit. Damit haben wir das Gebiet der Physiologie und Anatomie betreten, genauer ausgedrückt, einen Bereich der Neurophysiologie, denn wenn alsdann der Trieb die Menschen völlig in seiner Gewalt hat, resp. wenn das Subjekt sich seinem eigenen triebhaften Geschehen blind auszuliefern bereit ist, nachdem es als Willenswesen die innere Weiche gestellt hat oder zum mindesten zuließ, daß sie sich automatisch stellte, so manifestieren sich Erbkoordinationen (K. Lorenz) spezifischer Art, man denke an einen Geschlechtsakt mit seiner Motorik und seiner Rhythmik der Atmung und Pulsfrequenz, seinem Crescendo und Accelerando in der Kurve seines Verlaufs, oder denke auch an die Koordinationen der Nahrungsaufnahme, an das Kauen und Schlucken und was alles sich an Sekretionen und Muskelbewegungen im Magen-Darm-Trakt ereignet. Hier, in diesem Zusammenhang, erkennen wir, wie eine ganze Reihe von Reflexen in das Geschehen der Triebe, richtiger ausgedrückt, in den Vollzug unserer Vitalrollen eingebaut und verwoben ist. Dieser in der Latenz unseres Leibes, im besonderen unseres Rückenmarks und Gehirns und der Ganglien liegenden Schaltmechanismen bedient sich die Exekutive. Was alles dabei an Synapsen und intraorganischen Reflexen mitspielen mag, wäre von Fall zu Fall zu untersuchen. Das sind die Kugellager, über die die Apparaturen zu laufen pflegen.

Der Hunger gehört zu den großen triebhaften Motoren des Menschengeschlechts, Hunger und Liebe wurden von Schiller in einem Atem genannt, wobei wohl die Geschlechtsliebe gemeint war. Wir werden später vom Hunger ausführlicher handeln. Selbstverständlich könnten wir auch eine der anderen Vitalrollen in den Blickpunkt einer Betrachtung rücken. Vorerst sei noch erwähnt, daß wir im Hinblick auf die Tiere, die in Gesellschaften leben – Wölfe, Schakale, Haushunde, Rabenkrähen usw. – auch das *Anschlußbedürfnis* des Menschen als etwas Triebhaftes anerkennen. Es gibt nicht nur den Dual geschlechtlicher Anziehung, sondern auch einen *Zwang* zum Plural einer Gesellung, der in unserer Menschennatur offenbar wird. Ein *zoon politikon*, so definierte schon Aristoteles den Menschen. Mit diesen attraktiven Mächten, denen wir preisgegeben sind und deren sich nur der Einsiedler mit Erfolg erwehrt, hängt ein weiterer Zwang zusammen, der Zwang oder *Trieb zur Überwachung*. Denken wir an die antike Tragödie, so könnte die Rede vom *Chor* sein, der die Akteure im Auge behält, sie anfeuernd oder tadelnd oder auch ihr Handeln nur kommentierend zu überwachen. Das sind sozusagen die ständig beobachtungsbereiten und publikationssüchtigen Mitbürger. – In einer kleinen Sozietät, auf einem Dorfe z. B. oder in einer Kleinstadt, weiß jedermann über die geschlechtliche Triebhaftigkeit seines Mitmenschen soviel er vermag. Nachrichten werden gesammelt und kolportiert. Das sind die *Überwachungsinteressen*, die zu der Erscheinung führen, die man den Klatsch nennt. Wie die Zeitungen wohl zustande gekommen sein mögen? Auch der Kochtopf des Nachbarn erregt das Subjekt. Damit ist nicht gesagt, daß nur in den Zeiten der staatlichen Zuteilungen der Hungernde, geladen mit einem Ressentiment, die Bratendüfte der Nachbarn mißbilligt, sondern man weiß auch in satten Zeiten, wie der andere lebt. Im Gegenteil, die ärmeren Mitbewohner des Ortes nehmen womöglich Anstoß daran, wie bescheiden der wohlhabende Nachbar lebt oder wie schlicht er sich kleidet oder wie schlicht beispielsweise die Betten sind, in denen er schläft. »Haben die es nötig, so einfach zu leben?« lautet die empörte Frage. Im besonderen die Kleidung hat es uns angetan neben dem Kochtopf und Sexus. So maßen wir uns allenthalben Kontrollen an, und zwar nicht nur aus Boshaftigkeit oder um hohen Idealen zu dienen, sondern ganz offensichtlich triebhaft-notwendig. Wir sind diesen absurden Kontroll-Interessen ausgeliefert, sosehr wir auch immer bemüht sind, die Fahne der Toleranz zu tragen oder uns gegen das achte Gebot des christlichen Dekalogs nicht zu vergehen, das sich mit dieser Triebhaftigkeit befaßt.

Das *Anstoßnehmen* – im Englischen spricht man vom *Mobbing* – ist übrigens eins der *vitalen Urphänomene,* in deren Gewalt auch die gesellig lebenden Tiere gegeben sind. Wie primitiv, und das heißt also gleichzeitig wie »tief«, der Menschennatur das Anstoßnehmen eingeboren gegeben ist, zeigt uns die Schulklasse, in der ein fremdes Kind mit einem fremden Dialekt oder einem ungewohnten Aussehen Aufnahme findet. Es dauert eine längere Zeit, bis dieses Subjekt »assimiliert« ist, um nicht zu sagen »gewohnt«, indem man mit ihm zusammen »wohnt«. In der Tat wird das Kind, das erwächst auch auf dem Boden einer Triebhaftigkeit, über kurz oder lang sich seinerseits »assimilieren« und die Tracht und die Sprache der eingesessenen Partizipanten annehmen. Fremd im Sinne von étranger ist immer zugleich auch seltsam und anstoßerregend. Den Menschen vermag das Fremde auch zum Lachen zu reizen, wie es ihn zur Gewalttätigkeit verführt. Lachen und Brutalität könnten auf gleichem Holze wachsen. Wenn in einer Tiersozietät ein Subjekt, wir denken an eine Möwenkolonie, über die Hand des Experimentators irgendwie auffällig gekennzeichnet wird, fallen die anderen über es her, ja, das Anstoßnehmen der Artgenossen kann seinen Lynch-Tod bedeuten. In Fragen der Mode, wenn man sich so ausdrücken dürfte, sind selbst die Möwen intolerant.

Es ist die Frage, ob man diese Erscheinungen nicht besser unter den Begriff des Instinkts fassen sollte. Etymologisch ist Trieb und *Instinkt,* abgeleitet von dem lateinischen Wort *instinctus,* dasselbe. Es gibt zahlreiche Biologen, die auch heute zwischen Trieb und Instinkt eine Unterscheidung nicht treffen. Amerikanische Psychologen- und Biologenschulen gebrauchen das angelsächsische »drive« im Sinne unseres »Trieb« und ebenso gleichsinnig mit Instinkt. Es herrscht eine babylonische Sprachverwirrung. Man sollte darüber nicht so betrübt sein, da es sich doch nur um Gleichnisse handelt, die wir gebrauchen, um uns verständlich auszudrücken. Es liegen anonyme vitale Zuordnungen vor, die wir mittels unserer Sprache zu fixieren versuchen. Das kann man nicht stark genug betonen, daß sich das vitale Dasein im Anonymen vollzieht und daß unsere Begriffswelt nur ein Versuch ist, das Anonyme zu fassen und »abzuschildern«. Es verriete ein magisches Denken, wollte man meinen, mit dem Namen auch schon die Sache erfaßt zu haben. »Was uns Rose heißt«, sagt Shakespeare, »wie es auch hieße, würde lieblich duften«. – Die Nestbaukoordinationen der Vögel sind selbstverständlich identisch mit dem, was in der Darstellung der Triebe unter den »*Erbkoordinationen*« verstanden wurde, angeborene Fertigkeiten oder Tätigkeitsbereitschaften, die in der Latenz des Leibes liegen, bis sie auf bestimmte *Auslöser* hin sich manifestieren müssen. Von »Instinkthandlungen« spricht K. Lorenz, wenn er diese Ketten der motorischen Koordinationen bezeichnet (»Über die Bildung des Instinktbegriffes«, Naturwiss. 25 [1937]). Um zum Gleichnis der Rolle zurückzukehren: Stichworte sind erforderlich, soll die Szene »ausgelöst« werden. –

Es war vom Trieb-Impuls und vom Instinkt in unserer Darstellung der Vitalszenen und des Chores bisher die Rede. Ein dritter Gesichtspunkt, den wir in der Betrachtung der Rolle hervorheben wollen, ist der des *Affekts*. Das Wort besagt, daß ein Subjekt von einem anderen Wesen »angetan« ist, *adfectus est*. Das Wort spielt ebenfalls auf die *Polarität* zwischen Subjekt und Objekt an. Die *Partner-Zuordnungen* dürfen wir nie aus dem Auge verlieren, denn die Welt des Lebendigen ist »überall dicht«. Unter Affekt verstehen wir die mit einem partner- oder objektbezogenen *Bedeutungsbewußtsein* (J. v. Uexküll: *Die Bedeutungslehre*, Leipzig 1940) verquickte, vom Subjekt erlebte *emotionale Innenseite der*

Rolle, also die erlebbare Seite alles dessen, was Trieb und Instinkt und Reflex heißt, im besonderen die erlebte Innenseite aller Organbewegungen, man denke an Atmung und Herzschlag sowie aller Art Sekretionen. Von außen gesehen, also von einem außerszenischen beobachtenden Psychologen her, erscheint die Rolle als Verhalten und als »Ausdruck« der Gefühle und Strebungen des Subjekts. Wenn wir die Frage nach dem Katalog menschlicher Vitalrollen erheben wollten, so hieße das gleichzeitig fragen, wievielerlei Affekte oder Triebe und Instinkte es gibt, kurz gesagt, wie umfassend unser *Repertoire der vitalen Interessen* ist. Um zum Thema des Hungers zurückzukehren: Wir sind, wie es scheint, *Commensalen* von Haus aus. Damit will ich sagen, daß diese Erscheinungen in eine *Paläoanthropologie* gehören: in der Vorzeit hat der Mensch, als er noch Sammler und Jäger war, mit seinesgleichen gemeinsam eßbare Beute und Früchte erworben und sie mit seinesgleichen, selbstverständlich unter gegenseitiger Überwachung, gemeinsam verzehrt. Daß dabei die vitalen Rangordnungen mitgespielt haben mögen, über die uns Schjelderup-Ebbe berichtet, liegt auf der Hand: Die Hochrangigen pflegen den Vortritt zu haben und »nehmen sich viel heraus«. – Der zivilisierte Mensch ist heute noch von den emotionalen Partizipationen seiner stammesgeschichtlichen Vorzeit nicht emanzipiert. Es sei an folgende Tatsache beispielsweise erinnert: Wenn wir hungrig sind und andere Menschen, denken wir an einen Bahnhofswarteraum, schmatzen und schnorpsen hören, so schoppt sich bei vielen von uns eine Wut an, und es gibt nur ein einziges probates Mittel dagegen, sofort selbst mitschmatzen und mitschnorpsen, wenn man entsprechende Vorräte hat, und den Mut, ein ebenso unanständiges *Verhalten* zu zeigen. Hunger ist nicht nur auf Objekte bezogen, sondern immer zugleich auf Partizipanten, die *Anstoß* nehmen, indem wir im Blickfeld ihrer Kontrolle sind. Bei dem inneren Erlebnis und Vorgang, das wir als Hungern bezeichnen, bewegt sich der Magen in einer rhythmischen Weise, und zwar zeigt er die Verdauungsmotilität, auch wenn im Mund oder Magen oder auch nur in der Umwelt vorerst Eßbares überhaupt nicht gegeben ist. Da manifestieren sich also die Erbkoordinationen der Nahrungsaufnahme vorwegnehmend (Antezipation), und damit verbunden ist immer, auch wenn in meiner Umgebung weder geschmatzt noch geschnorpst wird, ein heimlicher Haß, vorausgesetzt, daß es mit der Möglichkeit einer bevorstehenden Sättigung schlecht bestellt ist. »Die Welt ist so reich an Gütern, und es gibt Nahrung soviel überall, aber ich habe nichts. Sicher verfügen die anderen über die eßbaren Dinge und verbrauchen sie, während ich darben muß.« In dieser Formel bekundet sich das Ressentiment, das in Hungerjahren ubiquitär besteht. Als Commensalist a priori hungere ich immer mit scheelen Blicken. Das ist sozusagen auch eine der »Erbkoordinationen«, die in der Latenz unseres Leibes liegen, daß ich als Hungriger mich mit spitzen Blicken *umschauen* muß. Man kann nicht »mit Anstand hungern«, frei von einem Ressentiment, es sei denn, man fastet bewußt und willkürlich, etwa aus religiösen Motiven oder aus betonter Selbstquälerei, z. B. aus einer Intention zur Selbstbestrafung oder um schlank zu werden.

Im folgenden soll uns das Problem der *identischen Exekutiven* (= identischen Verhaltensweisen) beschäftigen. Was unter diesem Terminus zu verstehen ist, sollen die nachfolgenden Darstellungen ergeben: Fritz Schilling (Selbstbeobachtungen im Hungerzustand, Stuttgart 1948) führt in seiner Monographie über das Hungern aus, wie in seiner Kriegsgefangenschaft mehr und mehr auch ein geistiger »Hunger« in die Erscheinung trat, zugleich aber gab es Mitgefangene auch, die den Kameraden die *geistige Nahrung* hartnäckig vorenthielten. Ich zitiere wörtlich, um das tertium der »identischen Exekutive« zwischen geistigem und physischem Hungern hervorzuheben: »Dieser Raffsucht entsprach in Dingen primitivgeistiger Genüsse und Ablenkungen bei vielen, besonders den Intellektuellen, ein sinnloser Geiz mit den wenigen vorhandenen Büchern. Geistiger Hunger kann ebenso quälen wie körperlicher, und die Erscheinungen leiblicher Dystrophie hatten meist ihre Entsprechungen in den Zeichen geistiger Dystrophie.« Schilling betont, daß Essen, um nicht zu sagen Fressen, ein *Macht*gefühl gibt, und das heimliche *Verwahren* von Eßbarem, sei es geistig oder physisch Genießbares, kann ebenso Machtgefühle und die Evidenz einer Sicherheit erwekken. Eine von Rossier in der Zeitschrift *Psyche* (III [1949], 1) veröffentlichte Untersuchung »Die Fettsucht als psychosomatisches Geschehen« bringt zum Ausdruck, daß die Mästung fast in jedem Fall auf der Polyphagie beruht, d. h. auf Vielfresserei. Diese Subjekte *müssen* Vorräte haben, ebenso wie die gefangenen Kameraden Fritz Schillings, nur mit dem Unterschied, daß sie es sich leisten können, die im Gefangenenlager bestehenden Matratzendepots sich in Form von Speck unter die Haut zu praktizieren und diese Vorräte ständig mit sich herumzutragen. So unbrüderlich das Verhalten der Schillingschen Kameraden war, denn sie befriedigten ihre Machtgefühle, während die anderen bitteren Hunger erlitten, auch sie sind wie die fettsüchtigen Patienten des Züricher Arztes Rossier nur die Opfer eines Affektes, eben der *Lebensangst.* Der Terminus *Sucht,* wie er in »Fettsucht« gegeben ist, erscheint hier wirklich am richtigen Platz: Wer über heimliche Vorräte verfügt, auch wenn sie niemals aufgezehrt werden, ja, auch nicht einmal aufgezehrt werden *dürfen,* der lebt in der Suggestion heimlicher Macht, die ihn wunderbar tröstet in der Angst vor dem Hungertod. Mit anderen Worten: Die Verhungerungs-Ausweglosigkeit ist korrigierbar. Es gibt im menschlichen Dasein eine Verhungerungsangst, und gerade in einem Kriegsgefangenenlager dürfte sie nicht in jedem Fall völlig unbegründet gewesen sein. Selbstverständlich verstehen wir Schilling, wenn er diese raffgierigen Burschen tadelt, die kostbare Nahrungsmittel sogar verderben ließen, aber als Psychologen sind wir verpflichtet, auch *ihre* Nöte zu sehen. Psychologie treiben heißt doch wohl, hinter das Verhalten schauen. Wer selbst bis an den Hals in einer sinnlosen Angst steht, von dem wird man nicht erwarten, daß er anderen Ertrinkenden hilfreich zur Seite steht, vorausgesetzt, daß seine Angst wirklich pathologischen Ausmaßes ist. Das wäre selbstverständlich von Fall zu Fall zu untersuchen. Genau dasselbe gilt für die fetten Bankiers, von denen uns Rossier Mitteilung gibt: Dieser Speck gibt ihnen Gewicht und Würde und paralysiert möglicherweise eine jammernde innere Magerkeit. Ähnlich wie diese fettsüchtigen Schweizer und die Schillingschen Mitgefangenen hinter dem Stacheldraht verhalten sich gewisse Menschen mit ihren fülligen Bibliotheken: Sie schaffen sich kostbare Werke an, die sie vielleicht nie lesen werden, aber sie müssen sie haben, weil sie ihnen Gefühle der Macht vermitteln in ihrer dürftigen Einsamkeit, *Kraftgefühle* eines Besitzens. Andere, die sich ebenso jämmerlich fühlen, vielleicht sogar die gleichen Menschen, die Bücher horten, müssen mit Automobilen protzen, als ob die PS dieser Maschinen mit den Kräften der Subjekte verschmelzen könnten. Sogar der Hund, den jemand im Stadtpark an der Leine umherführt, kann als Überkompensation der inneren Schwäche von Fall zu Fall, nicht generell, betrachtet werden. Eine Bulldogge spazieren führen, ist schon eine eindrucksvolle Sache. – Ich habe in Berlin vor dem Kriege einen fettsüchtigen Polyphagen behandelt, der sich selber einen »widerwärtigen Fettwanst« nannte, vermutlich, um mir die Waffe des Anstoßnehmens aus der Hand zu schlagen, denn es stellte sich schließlich heraus, daß er im Kaiser-Friedrich-Museum das Gemälde eines auffallend dicken italienischen Söldner-Generals bewunderte: Alessandro del Borro. – Fett sein wie dieser Mann wäre ihm ein Triumph. – Selbstverständlich verleihen jene Bibliothekare nur höchst ungern ein Buch, denn das hieße den heimlichen Zauber brechen. Die identische Exekutive zwischen der Hortung, sei es in der Matratze eines Gefangenenlagers oder unter der prallen Haut oder sei es, daß uns die Speicherung erlesener Bücher vorschwebt, besteht also darin, daß die nämlichen emotionalen *Kontraste* erlebt werden müssen, durch die eine Angst überwunden wird: Armseligkeit und Angst und das Arrangement einer

Fülle gleichen sich aus. – Die Objekte, in der Urszene die einer Nahrungsaufnahme, werden im Falle der unzugänglichen Bibliothek durch Lesbares ersetzt. Eßbares und Lesbares entsprechen sich als »Aufzunehmendes«. Wir alle wissen, daß in der Volkssprache diese *identische Exekutive* betont wird, wenn etwa der Lehrer in seiner Schulklasse fragt: »Habt ihr es endlich gefressen?« »Ich habe es euch oft genug vorgekaut...« Als ob auch Geistiges einverleibt und »verdaut« werden könnte. – Auch da gibt es, nebenbei bemerkt, Polyphagen. Sie verschlingen die Bücher und hungern dabei noch und noch in unersättlicher Gier, auch wenn oder weil sie eigene Gedanken nicht haben.

Es hat jede Vitalrolle ihre Maske, d. h. ihre Mimik, und da jeder von uns nur über einen, und zwar den nämlichen Leib verfügt, muß diese archaische Mimik auch in den späten zivilisatorisch-geistig bedingten Akten erscheinen, eine *tragende Exekutive*. So hätten wir also *urszenische oder Vitalrollen* zu unterscheiden, die das Repertoire unserer physiologischen Bedürfnisse zu bewältigen haben, und auf der anderen Seite *identische Exekutiven*, die gleichfalls archaische Rollen sind, jedoch in anderen Ebenen spielen. Die urtümlichen Objekte und Partner erweisen sich als ersetzbar: Der nämliche Strom trägt alte und neue Schiffe. Mit der Zivilisation und zunehmenden Intellektualisierung des Menschen traten nicht gleichzeitig neue neuromuskuläre oder innersekretorische Apparaturen in die Erscheinung. *Angst* z. B., *auch die Angst des modernsten Menschen,* kann immer nur in den archaischen Bahnen verlaufen. Selbst der neueste Wein wird in die ältesten Schläuche gefüllt, wenn es um die emotionalen Vollzüge geht, denn es stehen dem Subjekt eben nur diese ganz alten, von den Urvätern her vererbten leib-seelischen Erbkoordinationen (»Instinkthandlungen«) zu seiner Verfügung. Wir unterscheiden vielerlei urszenische Rollen der Angst, und nur eine von ihnen ist die Flucht, die sich bei Herzkranken auswirkt, wenn sie in pektanginösen Anfällen von der Intention erfüllt sind, das Bett zu verlassen und vielleicht auf die Straße zu laufen: *timor est fuga.*

Nach diesen Andeutungen, um mehr konnte es sich hier nicht handeln, könnte der Eindruck entstehen, daß die Rollen und Szenen im menschlichen Dasein das Entscheidende seien. Um diesem möglichen Mißverständnis vorzubeugen, habe ich einleitend hervorgehoben, daß der Mensch als Akteur in der Entscheidung steht. Man muß allerdings hierbei, was diese fragwürdige Freiheit anbetrifft, Einschränkungen machen, denn man wird nicht behaupten, der Mensch müßte nur wollen, dann wäre er alsbald gesund. Grundsätzlich gilt: Der Mensch muß eine Reihe von Vitalrollen spielen, denken wir an die der Nahrungsaufnahme, das ist notwendig, aber es kommt darauf an, *wie* er sie spielt, und das gleiche gilt selbstverständlich von den identischen Exekutiven. Ich habe gelegentlich das Gleichnis gebraucht, daß hinter den Augenlöchern der ephemeren Masken, die wir von Rolle zu Rolle tragen, unser inneres Auge steht. Sooft wir einen Szenenwechsel vollziehen müssen, eins bleibt konstant, das innere Ich. Es steht für das Wie meiner vollzogenen und zukünftigen Rollen in der *Verantwortung*. Man muß sagen, daß diese innere Instanz meinem Verhalten den Stil gibt, abgesehen von dem Umstand, daß auch die Verfassung meiner Organe das Wie meines Handelns determinieren kann. Ich schließe mit einem Wort des Franzosen Buffon: *Le style c'est l'homme.*

14. Zur Biologie und Psychologie der Mutterrolle

(1944)

Von Gefühlen, etwa Gefühlen der Mütterlichkeit, zu sprechen, setzt ein erlebendes Subjekt und seine Umwelt voraus, denn Gefühle sind immer bezogen. Ein Zorn verläuft ebenso wie eine zärtliche Regung szenisch. Das Subjekt steht mit seinem Ich, d. h. mit seinem Erlebnis-Zentrum, im Mittelpunkt einer Szene. In der »Rolle« habe ich seit Jahren (5) ein Radikal des Lebens darzustellen versucht. Sie erschien mir als der Generalnenner, unter dem ich Leiblich-Physiologisches und Seelisch-Emotionales, also Handeln, und zwar gerichtetes Handeln, sowie Erleben in einem sah. So faßte ich gleichzeitig mit einem Griffe, was die Neurophysiologen unter einem Bewegungsakt, die Biologen unter Trieb, Instinkt und Stimmung sowie die Psychologen unter Gefühl, Affekt und Stimmung verstehen. Das Gleichnis der Rolle – wohlgemerkt, es handelt sich um ein *Gleichnis!* – Drängte sich mir auch darum auf, da die Theaterrolle eine Gegenrolle und einen Gegenspieler voraussetzt sowie die Tatsache des Ausdrucks, der als Mimik vom szenischen Partizipanten »verstanden« wird (»szenische Semantik«). Die physiognomische Seite interessiert uns sogar in besonderem Maße (6). Um das Beteiligtsein des ganzen Menschen hervorzuheben, prägte ich (7) die ungewöhnliche Formel: Wir sind »Mimik durch und durch«. Der Mensch lebt bewußt, vorsichtiger: bis zu einem gewissen Grade bewußt. Ein Teil meines Gebarens kommt mir überhaupt nicht zum Bewußtsein, etwa die Tachykardie in einem Zornesaffekt. Ich kann das Herzklopfen bemerken, aber es kann auch in der Latenz meines Leibes als unsichtbare »Mimik« bestehen, ohne daß ich von den affektbestimmten Bewegungen weiß. Wenn das Subjekt im Erleben der Wut vor einen Röntgenschirm tritt, so zeigt sich den Augen des Röntgenologen die »innere Mimik des Herzens« oder auch, die zur Sichtbarmachung erforderlichen Kontrast-Substanzen vorausgesetzt, die »innere Physiognomik des Magens«. Immer ist der *ganze* Mensch von einer Rolle erfüllt oder erfaßt, gleichviel, was ihm davon bewußt wird.

Wenn von Rollen die Rede ist, müssen wir ferner an Schauplätze denken, also »Orte der Handlung« und des Erlebens, und auch an die Zeit. Den Mittelpunkt der Szene stellt das Subjekt dar, das in Gefühlen sich, seine eigene Verfassung also, die Partizipanten, den Schauplatz und die szenische Zeit erlebt. Die Zeit wird *erlebt,* und es ist ein Unterschied, in welcher Rolle ich Zeit erlebe, d. h. in welcher inneren Verfassung, wo und in welcher Partnerschaft ich lebe. Bedeutungszeichen im Sinne v. Uexkülls (28) haften nicht nur den Gegenspielern, sondern auch den Schauplätzen an. Des weiteren läßt das Gleichnis der Rolle an den Begriff des Repertoires denken, anders ausgedrückt: Dem Subjekt steht nur eine beschränkte Anzahl von inneren Verfassungen und Partnerschaften und typischen Schauplätzen und nur eine gewisse Anzahl von Möglichkeiten rollencharakteristischen Zeiterlebens zur Verfügung[1]. Im Scenarium seines Lebens kann das Subjekt, andere Termini zu gebrauchen, nur eine Reihe von Trieben, Instinkten und Affekten erlebend zum Ausdruck bringen. Im Sinne der v. Uexküllschen Umweltlehre (27) gilt gleichzeitig, daß dieses Scenarium des Subjekts mit seinem begrenzten Repertoire seine und nur seine Umwelt ist, so wie sein Leib und sein Erleben sein und nur sein Leib und sein Erleben sind. – Was mir aber das Wichtigste war, als ich das Gleichnis der Rolle einzuführen versuchte: Das Wort Rolle hat einen doppelten Sinn. Einmal bezeichnet es eine Handlung, die auf Gegenspieler bezogen ist, zum anderen aber bedeutet es einen geschriebenen oder irgendwie fixierten »Text«. Für den Menschen gilt, daß er seine vitalen Rollen, etwa seine Rache-Impulse, nie oder fast nie in der vollen

[1] Es wird später vom Zeiterleben im Orgasmus der Frau die Rede sein.

ungehinderten Form zur Verwirklichung bringt, da bei ihm in ausgesprochenem Maße andere, auch geschichtliche, Mächte interferieren. Wir sind *hierarchisch* gebaut, was auch durch den Bau und die Zusammenordnung unseres Nervensystems bezeugt wird. Das Repertoire mit seinen in Stimmungen und Instinkten, Trieben und Affekten sowie Reflexen begründeten szenischen Rollen stellt die Basis unserer Existenz dar, eine mit Tätigkeitsbereitschaften geladene unterste Schicht. Das *Gewissen* des Menschen und die *Einsicht* in sein eigenes Handeln sind den szenischen, in der Latenz unseres Leibes liegenden Imperativen übergeordnet. Auch die Frage der ererbten Charakterrelikte wäre hier zu berühren. (Der Charakter bestimmt den Stil der Rollen und legt Akzente, bestimmt das Wie und, indem er akzentuiert, auch das Was!) Gleichviel, ob uns das innere Veto, es kann sich auch im Gegenteil um ein *Aneifern* handeln, *bewußt* wird oder ob die zentralen »Imperative hinter der Bühne« uns nicht zum Bewußtsein kommen, es können affektive Rollen gänzlich niedergehalten werden, auch wenn aus dem Scenarium der Umwelt das typische Stichwort zum Handeln gefallen ist[2]. Wir können den Menschen nicht gleichsetzen mit dem Tier, aber wir haben allen Grund, auf die »*Natur in uns*« (1) hinzuweisen. Nietzsche prägt das Gleichnis, daß der Mensch »*oligarchisch* eingerichtet« sei. Der Physiologe Cannon (8) hat

---

[2] Aus dem Gegeneinander von Kräften können sich Stümmelformen urszenischer Rollen ergeben. Keineswegs führt das innere Veto zu einem formlosen Durcheinander von Organfunktionen oder wie man sich ein funktionales Chaos vorstellen könnte. Dieser Art charakteristischer Stümmelformen, denen zu einem Teil eine physiognomische Bedeutung zukommt, könnte man auch als »Symbolhandlungen« bezeichnen. Ich habe andernorts (6) eine Reihe verstümmelter oder verformter Rollen beschrieben: Eine Organfunktion (oder einige) kann als Teil der Rolle (pars totius) erscheinen, repräsentiert aber die volle Exekutive, steht für das Ganze als – pars pro toto. Nebenbei sei bemerkt, daß es auch im szenischen Verhalten der Tiere Symbolhandlungen gibt, und zwar handelt es sich z. T. um »Vorsprungbewegungen« (7), z. T. um Relikte erdgeschichtlich alter, außer Kurs gekommener Funktionen (2). In diesem Sinne haben also sogar die Tiere oder wenigstens gewisse Tiere eine Geschichte ihrer urszenischen Rollen. Den Begriff »archaischer Funktionsreserven«, der ähnlich verstanden sein will, habe ich andernorts (6; 7) dargestellt.

gezeigt, wie im Erleben gewisser starker Affekte der Not oder einer Notwehr, eines Notstandes, wozu auch der Zorn gehört, das Nebennierenikret Adrenalin in die Blutbahn ergossen wird. Wir sagen nicht, weil wir diese Affekte erleben, erfolge die Inkretion, und wir behaupten auch nicht, wir erlebten die starken Emotionen nur darum, weil der Wirkstoff im Blut in Form eines Stoßes erscheint, sondern gebrauchen beide Aussagen mit dem »weil« in der Bedeutung von Weile, in der Weile der szenischen Rolle ereignen sich diese Dinge, gleichviel, wie die Weile erlebt wird. Nicht nur der Mensch hat eine Zeitgestalt, worunter wir alle seine Raumgestalten und seine Wandlungen von Gestalt zu Gestalt verstehen, sondern auch der Rolle kommt eine Zeitgestalt zu. Es gibt in der Natur keine endlosen Szenen, sondern der Naturplan hat Termine innerhalb der Zeitgestalt des Subjekts und auch Weilen für die szenischen Rollen vorgesehen, Zeitdauern, die allerdings dehnbar und verkürzbar erscheinen, ein Thema, das uns hier nicht beschäftigen soll.[3] Außer dem Zorn oder der Aggressivität gelten als »Emergency«-Funktionen im Sinne Cannons unsere Verhaltensweisen im Hungern, wenn es uns friert, wenn wir Schmerzen erleiden und wenn wir in *Angst* geraten. Wir gehen nicht des näheren darauf ein, was von Fall zu Fall der Sinn der Adrenalinsekretion ist; denn sie hat sehr wohl ihren *szenischen* Sinn. Vom Zorn sei nur bemerkt, daß die Mobilisierung der Glykogendepots in der tierlichen oder menschlichen Leber, was sofort eine Erhöhung des Blutzuckerspiegels zur Folge hat, das Subjekt »aufrüstet«, indem es den Muskeln Zucker als notwendigen Brennstoff zuführt, den

---

[3] Es gibt Menschen, deren Kindheit kürzer ist als die anderer, sie reifen rascher, so daß von einem Reifungstempo die Rede sein muß, wie es auch in den szenischen Rollen ein persönliches Tempo gibt, das zentral bestimmt ist.
Wie die »Weile« der Lebensalter *erlebt* wird, das ist so wenig gleich wie das Erleben der szenischen Rollen. Schopenhauer (22, S. 94) bemerkte: »Die Zeit selbst hat in unserer Jugend einen viel langsameren Schritt, daher das erste Viertel unseres Lebens nicht nur das glücklichste, sondern auch das längste ist.« – Daß es auch, Ausdruck einer zentralen Störung, ein pathologisches Zeiterleben gibt, beschäftigt die Psychopathologen. Es sei an Forschungen von Erwin Straus und V. E. v. Gebsattel (10) in diesem Zusammenhang erinnert.

Herzmuskel kräftigt usw. Über das Adrenalin kommt das Tier in die Verfassung, die man als die einer Bewaffnung bezeichnen könnte. Es gerät in Harnisch. In der Angst wird das Subjekt über den gleichen Wirkstoff zur Flucht gerüstet, die gleichfalls einen hohen Kräfteverzehr bedeutet; im Schmerz zur Abwehr, denn Schmerzen erleiden, das habe ich andernorts (6) ausgeführt, heißt *kämpfen*, wofern dieses Erleben, das ist von Fall zu Fall verschieden, nicht in Kindsrollen führt, die ein Hilferufen bedeuten.

Man kann das Tier über spezifische Stichworte, über Wahrnehmungen also, in Rollen (= affektive Verhaltensweisen) versetzen, eine Tiermutter z. B. über das angstvolle Rufen des Kindes. Die Erregung und Kampfbereitschaft der Alten, wenn sie durch den Ruf des Kindes in eine Verfassung der Aufrüstung kommt, ist ohne Frage eine Emergency-Funktion im Sinne Cannons, die mit der Zärtlichkeit der Mutter in einem Zusammenhang steht. Mit anderen Worten: Die Funktionen nährender und bergend-behütender Zärtlichkeit schließen eine Kampfbereitschaft nicht aus, im Gegenteil, eben die Zärtlichkeit, im besonderen die des Schützens, verlangt *Tapferkeit*. Man kann aber auch, und das erregt unser stärkstes Interesse, vom Endokrinium aus, unabhängig von den Partnerschaften der Umwelt oder vom Repertoire, das von der Zeitgestalt des Subjektes abhängig ist, ein Tier in eine Rolle versetzen: Der Hypophysenvorderlappen der Säugetier- und der Menschenmutter bildet ein Inkret, das bei Wöchnerinnen auf die Milchdrüsen der Brust »bezogen« ist, und zwar deren Sekret. Die Milchbildung erfolgt aber erst, wenn die Frucht geboren ist. Alsdann zeigt die Sekretionszelle die innere Struktur, und das bedeutet die Fähigkeit oder Bereitschaft, aus gewissen Aminosäuren des Blutstroms Kasein zu bilden. Nirgends sonst und zu keinem anderen Termin in der Zeitgestalt des Subjekts kommt dieser typische Eiweißkörper zustande, der auf das neugeborene Kind, und zwar seinen Magen, »bezogen« ist. Seitz (23) berichtet von einem Rhesusaffen, dem, obwohl er weder schwanger noch eine Kindsmutter war, eine diese Laktationshormone enthaltende Hirnanhangdrüse operativ in das Körpergewebe eingesetzt wurde. Was geschah? Füllten sich daraufhin seine Brustdrüsen mit Milch? Das war unmöglich, denn das Milchbildesekret vermag nur auf Zellen von Wöchnerinnen zu wirken. Ein ganz anderes, und zwar *szenisches Schauspiel* vollzog sich: Der Affe betreute so lange, bis das Implantat aufgesaugt war, ein Meerschweinchen nach Art einer Mutter und drückte es, wie ein Bild in dem Seitzschen Werk (23, S. 214) eindrucksvoll dartut, »wie zum Stillen zärtlich an die Brust«. Wohlgemerkt, nur solange das Tier unter dem Einfluß des Wirkstoffes stand, hielt seine mütterliche Betreuung vor. Die Weile war in diesem Fall festgelegt von dem Tempo der Resorption eines künstlich in das Gewebe gepflanzten Organs. Seitz (23, S. 71) spricht von der »Auslösung des Mutter- und Stillinstinkts nach Gaben von Laktationshormon«. Also auch vom chemischen her können emotionale Zuständlichkeiten, d. h. *Stimmungen*, zustande kommen. (Daß Stimmungen leib-seelische Phänomene darstellen, die unter Tätigkeitsbereitschaften bestehen, habe ich wiederholt andernorts (7) darzustellen versucht. Stimmungen sind emotionale Nährböden, auf denen szenische Funktionen erwachsen.)

Die dem Tier eingepflanzte Hirnanhangdrüse hatte den Affen zu *verwandeln* vermocht: Er benahm sich wie eine Mutter, indem er Gefühle der Zärtlichkeit in ein Phantom investierte. Er *übertrug* Gefühle. Hier könne man auch an das Puppenspiel unserer kleinen Mädchen erinnert werden, denn der Rhesusaffe »spielte« nur Mütterlichkeit und als Bedeutungsträger, diesen v. Uexküllschen (28) Ausdruck zu wiederholen, als Puppe, bediente er sich eines anderen Tieres. Dem Meerschweinchen, das sich geduldig von ihm bemuttern ließ, prägte der Affe eine Bedeutung auf, die dem Objekt biologisch nicht zukam. Hier geriet ein Tier in die Mutterrolle, ohne in seiner Zeitgestalt am Beginn einer Mutterrolle zu stehen, denn es war weder schwanger noch Wöchnerin. Durch einen chirurgischen Eingriff wurde das Tier zu mütterlichem Verhalten veranlaßt und, da Rollen Gegenrollen verlangen, ein Meerschweinchen *an Kindes Statt angenommen.* Da uns die Frage der *Adoption* später noch beschäftigen wird: Hier erfolgt *erst* eine Verwandlung, und zwar vom Endokrinium her, und alsdann wird das Kind adoptiert. Auch das Thema der Verwandlung soll uns noch eingehend beschäftigen; denn Mutter werden, setzt eine »Metamorphose« voraus, diesen Ausdruck im Sinne Goethes gebraucht. Das alles vermag ein Drüsensaft. Beim Menschen freilich liegen die Dinge weit komplizierter.

Leben ist Vorwegnehmen. Daß Tiere in ihrer Kindheit, und zwar ohne chirurgische Eingriffe des Menschen, sich unzeitgemäß verhalten, d. h. szenische Rollen kreieren, die des wirklichen Partners ermangeln, ist bekannt. Verhalten dieser Art nennen wir *Spiel*. Man denke, wie die bewegliche Schwanzspitze einer Katzenmutter die Kleinen erregt. Eine Urszene ihres späteren Daseins wird vorwegnehmend geübt. Gibt es auch Tierkinder, die Szenen der Brutpflege spielend antezipieren? Auch die Brutpflege ist eine Urszene des späteren Lebens. – Was bei dem Rhesusaffen über einen chirurgischen Eingriff in Gang gesetzt wurde, in der Tat ein groteskes Schauspiel, manifestiert sich als eine natürliche eingeborene Spielbereitschaft beim weiblichen Menschenkind. Wir sprachen schon, als von dem Adoptivkind des Rhesusaffen die Rede war, von der prolabierenden Rolle der Mütterlichkeit (»Vorsprungbewegung« [7]) im Leben des Menschen, wo auch Zärtlichkeit an einem *Phantom* geübt wird. Auch hier könnte von Übertragungen oder Investierungen zärtlicher Impulse die Rede sein oder von einer Adoption. Eine Mutterrolle manifestiert sich, das Kind wird zur Puppenmutter, ein Phantom aus Holz und gewebten Stoffen erscheint als Bedeutungsträger (28) und wird als solcher zärtlich betreut. Im Kinderspiel wird die spätere Urszene oder Urhandlung »vor«-läufig erlebt, das Wort vorläufig in seinem Ursinn genommen. In frühester Kindheit bereits, im Alter von einenhalb Jahren, kann sich bei einem kleinen Mädchen der

Mutterinstinkt vorübend bekunden, und nicht einmal nur als eine flüchtige Regung, sondern intensiv, mit aller Hingabe wird das Spiel über Wochen, Monate, Jahre, täglich geübt. Es ist ein rührendes und zugleich absurdes Schauspiel: Diese Mädchen sind, wenn sie mit der Puppe zu spielen beginnen, noch so klein und selbst pflegebedürftig und unselbständig, sind aber bereits in der Rolle einer Betreuerin, die ein noch Kleineres hegt und pflegt. Wenn man den Gesichtspunkt der Vorwegnahme in den Vordergrund rückt, so könnte man sagen: Die noch ungeborene nächste Generation ist in dieser Mütterlichkeit bereits im Spiele, und zwar erscheinen die Puppen (Phantome) als *Platzhalterinnen* dieser noch ungeborenen Kinder. Gefühle sind immer bezogen.

Ich habe andernorts (7) das biologische Phänomen der Mütterlichkeit sozusagen in das Neutral-Psychologische übersetzt und von Emotionen und Urhandlungen »nährender und bergend-behütender Zärtlichkeit« gesprochen, denn auch das männliche Tier kann der gleichen oder ähnlichen Urhandlungen im Dienste der Nachkommenschaft fähig sein: Nestbau männlicher Vögel, Mitbeteiligung am Brutgeschäft und an der Atzung. Bei den Emus (Dromiceius novaehollandiae) z. B. sind es die Männchen, die die Eier ausbrüten. Es gibt mancherlei Vaterrollen in der Natur, was von Art und Gattung abhängt. Wir gehen auf die Biologie und Psychologie der menschlichen Vaterrolle nicht ausführlich ein. Nur flüchtig sei dieses Thema berührt: Es gibt Gefühle und entsprechende Funktionen nährender und bergend-behütender Zärtlichkeit selbst in der Liebe des Mannes, und zwar der Geschlechtsliebe im engeren Sinne. Ich wies darauf hin, wie etwa ein Jungarbeiter meiner Kassensprechstunde im Berliner Nordosten von seiner Geliebten spricht. Er nennt sie seine »kleine Puppe«, sein »kleines« Mädchen oder schlechthin seine »Kleine«, gleichviel, wie groß und wie selbständig sie in Wirklichkeit ist. Ich erinnerte auch an die Tatsache, daß sich in England und Amerika Liebende mit »Baby« (!) anreden, und sagte: Es liegt eine Tendenz der Verniedlichung oder

Verkindlichung selbst in der Liebe des Mannes. Der »Augenstern« (Pupilla) oder das »Herzchen« (sprachliche Metaphern des Parsprototo) wird in einer inneren »Diminutivwelt der Liebe« (7) erlebt. Ebenso, um nicht zu sagen erst recht, besteht auf seiten der Frau eine Tendenz der Betreuung. Ich erinnerte daran, wie die Geliebte bei Tisch dem Geliebten, ein Ausdruck äußerster Zärtlichkeit, die besten Bissen zuschanzt und wie er die Frau »auf Händen trägt«. Hier werden, ich lasse es mit diesen Andeutungen bewenden, Gefühle der Zärtlichkeit »investiert«, ich meinte sogar, vorübend-vorwegnehmend zum Ausdruck gebracht, also lediglich *übertragen*, denn die Lebensgesetze der Liebe führen endgültig dahin, daß sich die Diminutivwelt in die Kinderstube verwandelt, in der endgültig und am biologisch entscheidend notwendigen Platze Urszenen nährender und bergend-behütender Zärtlichkeit sich ereignen. Das andere, die Zärtlichkeit in der vorehelichen Liebe, die sogar zu lächerlichen Übertreibungen führen kann, das alles erschien nur als »Ouvertüre« (7). »Spielrollen«, auch dieses Gleichnis bietet sich an, und zwar Spielrollen nährender und bergend-behütender Zärtlichkeit, manifestieren sich in der Geschlechtsliebe unwillkürlich, so wie das kleine Mädchen in Spielrollen seine endgültige Rolle vorwegnimmt. Wenn man noch einen Schritt weitergehen wollte bei diesem Vergleich, könnte man sagen: Ein Phantom wird erwählt. Der Liebespartner repräsentiert, ohne daß er es weiß oder will, die ungeborene Generation. Auch in diesem Falle könnte man von »Platzhaltern« sprechen. Das gehört zur Biologie und Psychologie der Geschlechtsliebe, und zwar ist eines des anderen − Baby[4]. (Hier in allen Einzelheiten diese Lebensgesetze darzustellen, versage ich mir. Erwähnt sei nur noch das selt-

---

[4] Für das babyhafte Benehmen Liebender gibt auch die Biologie eine Reihe von Belegen. So bettelt bei den Seeschwalben und auch bei den Möwen das Weibchen nach Art eines Kükens, bevor die Paarung stattfindet. Gibt er ihr einen Fisch, indem er nach Vaterart das virginelle Weibchen atzt, so ist die Verlobung zustande gekommen und die Begattung erfolgt. Aber erst muß diese Symbolhandlung sich vollzogen haben! Schließlich, unmittelbar vor der Begattung, betteln bei den Silbermöwen (26) Männchen und Weibchen sich gegenseitig an,

same Schauspiel, wie zwei Zärtlich-Liebende, Ausdruck ihrer »Vernarrtheit ineinander«, sich in Worten der Kindersprache anreden oder in agrammatischen Sätzen einander begegnen, was man in Wien als »datschen« bezeichnet. Liebende werden zu »Kindsköpfen«, und eben darin liegt eine Glückseligkeit zärtlicher Szenen in der Ouvertüre der Liebe. Von den zentralen richterlichen Instanzen hängt es ab, wieweit jeder Mann oder jede Frau in diesen Spielrollen der Zärtlichkeit zu gehen vermag, ohne sich albern vorzukommen.) Instinkte der Zärtlichkeit liegen letzten Endes diesem absurden Gehaben zugrunde, auch wenn es sich nur in Andeutungen pars pro toto, bekundet, und zugleich haben diese *Symbolhandlungen* Spielcharakter.

Die menschlichen Rollen bedürfen der Reifung. Dieser Satz, in der Sprache der Psychologie zum Ausdruck gebracht, lautet: *Gefühle reifen.* Reifung setzt immer Lebendiges voraus, das sich aus Vorstufen zum endgültigen Zustand entwickelt. Gewisse Instinkte, z. B. der der Mütterlichkeit, prägen sich im Laufe des Lebens mehr und mehr aus, obgleich sie zum Erbgut des Menschen gehören, also angeboren gegeben sind. In der Reifung zur endgültigen Rolle kommt auch der Umwelt, also der Erziehung, eine Bedeutung zu, gleichviel, ob sie planvoll in die Erscheinung tritt oder ob vorwiegend das Schicksal, der Zufall des Lebens, den Menschen zu dem werden und reifen läßt, was aus ihm zu werden vermag. Josephine Bilz (4) führt in ihrem Buch über die menschliche Reifung Beispiele an, wie der Jugendliche durch Liebe reif wird, und zwar – zur Liebe reif. Hier betreten wir das Gebiet der Pathologie, denn es gibt Menschen, die ihr Werdeziel nicht erreichen, sei es, daß ihre Anlage die Retardierung, die Entwicklungshemmung, beding-

---

üben also Kindes- und Elternrollen gleichzeitig. Das Schnäbeln der Tauben, das jedermann kennt und das bekanntlich sprichwörtlich als Ausdruck der Zärtlichkeit zitiert wird, bezeichnet die nämliche Babyhaftigkeit in Verbindung mit der Gegenrolle elterlicher Atzung. Daß auch unsere Hauskatzen über Infantilismen sich paaren, ist eine überraschende Tatsache, auf die Antonius (2) hinweist. Wir sehen im »Köpfchengeben« die stoßende Kopfbewegung des saugenden Jungtiers symbolisiert, pars pro toto.

te, sei es, daß Umweltschäden, z. B. seelische Traumen, im Spiele waren. Ich versage es mir, Krankengeschichten Ateleiotischer (Ateleiosis = das Nichterreichen des Zieles) anzuführen, wobei selbstverständlich immer, von Fall zu Fall, die Frage der Instinktsicherheit zu prüfen wäre, denn der Begriff des Traumas sezt den der Verwundbarkeit ohne Frage voraus. Dieses Thema habe ich andernorts (7) ausführlich darzustellen versucht. Wir kommen nicht als Doubletten zur Welt, es sei denn, daß wir als eineiige Zwillinge geboren würden.

Mit der Instinktunsicherheit hängt in gewissen Fällen auch die Tokophobie (= Furcht vor der Schwangerschaft) zusammen, wobei Zivilisationsschäden mitspielen können: Wer »sich selbst genug« ist in einem übertriebenen Individualismus, dem fällt es schwer, seine süperbe »Existenz aufzugeben, um zu existieren« (Goethe), und diese Aufgabe, das Wort in seinem doppelten Sinne genommen, verlangt das Leben von Stufe zu Stufe. Es gibt Frauen, die gleichsam erstarrt sind auf ihrem Wege zum Muttertum, denn Mutter werden heißt auch, im tiefsten Grund seines Wesens zur Mutter sich wandeln. In welchem erstaunlichen Ausmaße unablässig leib-seelisch ein Wandel und Umbau erforderlich ist, zeigen uns die Schwangerschaftskrankengeschichten, die Josephine Bilz (4) veröffentlicht hat. Eine dieser Frauen, eine sog. Intellektuelle, mußte einen wahren Leidensweg gehen. Gleichviel, ob das Trauma im Vordergrund steht oder die Erziehung zu einer biologischen Unnatürlichkeit (Akademikerin, die als Anwältin »erfolgreich« war), ob und in welchem Ausmaße in jedem Fall konstitutionelle Faktoren mitspielen resp. ausschließlich im Spiel sind, es handelt sich bei der Tokophobie, wie der Name der Störung besagt, um eine Art Lebens*angst*. Was einem Bauernmädchen in seiner natürlichen Umwelt als selbstverständlich erscheint, versteht sich oder verstand sich für die verstädterte Frau, die vier Jahre bereits in steriler Ehe lebte, nicht von allein. Sie war bereit, ein Kind in Pflege zu nehmen, denn bewußt, das heben wir ganz nachdrücklich hervor, wünschte sie sich ein Kind. Hier stehen wir vor einer entscheidend wichtigen Erkenntnis: Was einer oder eine sagt oder bewußt meint, und wenn sie noch so laut schreit (»der Schrei nach dem Kinde« war eben eine Äußerung der »emanzipierten« Frauen, nicht etwa der Bäuerinnen!), es kommt letztlich auf das an, was in »den Tiefen der Existenz« (Goethe) an unbewußter Bereitschaft besteht, eines »Schreies« oder auch nur eines Lippenbekenntnisses bedarf es dann nicht. Wir sprechen darum von Fällen unbewußter Tokophobie.

Es ist eine heikle Sache, diese komplizierten Dinge in wenigen Schlagsätzen zur Kenntnis bringen zu wollen. Allzuleicht entsteht beim Außenstehenden, der sich nicht selbst mit Fragen der Tiefenpsychologie beschäftigt, der Eindruck, daß Schöngeister hier am Werke sind, die leicht aus dem Handgelenk heraus Aphorismen vorlegen, Metaphern, die nicht beweisbar und auch nicht widerlegbar oder nur schwer widerlegbar sind, denen aber, und das sei das Entscheidende, wissenschaftliche, in diesem Falle also eine *anthropologische*, Bedeutung nicht zukommt. Daß in einer Lehre vom Menschen im Gegenteil dem Seelischen eine enorme Wichtigkeit zuzumessen ist, im besonderen auch in der Reifung zur Mutterschaft, ist nicht allgemein bekannt.

Josephine Bilz' empirisches Bemühen, Erkenntnisse über die unbewußte Metaphorik reifender Menschen zu gewinnen, im besonderen aber in den Träumen von schwangeren Frauen die Wandlung zur Mutterschaft zu verfolgen, kann hier nur in Andeutungen als eine wichtige anthropologische Leistung gekennzeichnet werden. »Tod und Wiedergeburt«, das ist eins der beherrschenden Themen dieser inneren Metaphorik. Es muß überraschen, den Imperativ des »Stirb und Werde!« von Menschen zu hören, d. h. aus ihrem Unbewußten erklingen zu hören, denen es bewußt, d. h. im nüchternen Alltag, niemals einfallen möchte, in solchem Pathos zu sprechen. Diese Gleichnisse scheinen von Dichtern geprägt zu sein, und doch finden sie sich in der unbewußten Metaphorik des Spießers, wie sachlich er sich auch immer gebärdet. Würden diese Menschen im Alltag den Wendungen ihrer eigenen Träume begegnen, sie hätten dafür kein Verständnis oder würden ihrer eigenen inneren Scheherazade ironisch begegnen.

Wir können uns bei der Problematik der »inneren Physiognomik« nicht aufhalten. In der Veröffentlichung von J. Bilz (4) erfahren wir, was emotional *erlebt* und wie es ins Märchenhafte verkleidet wird, wenn die Frauen den »Gang zu den Müttern« antreten. Nur ganz flüchtig streifen wir hierbei die Frage der Frigidität. Diese »Gefühlskälte« sexuellen Erlebens, die nach Ansicht führender Frauenärzte auf einer Orgasmusunfähigkeit beruht, ist nur ein Symptom. Ich habe anderenorts (7) dargestellt oder darzustellen versucht, daß sich eine Tokophobie (unbewußte Tokophobie!) in dieser Erlebnisunfähigkeit kennzeichnen kann, aber auch andere Hintergründe sind uns bekannt. Lediglich referierend sei bemerkt: Im Orgasmus verliert das Subjekt seine Ichhaftigkeit. Wer »sich selbst genug« ist, wird im Orgasmus seiner hybriden Sicherheit entkleidet. Er gerät gleichsam in einen ozeanischen Strudel, bei dem Leib und Seele und Geist zu *einem* verschmelzen und zugleich Innen und Außen ihre Grenzen verlieren. Die szenische, also *erlebte* Zeit zeigt bei diesem dionysischen Akt einen Stillstand. Je höher der Grad der zivilisatorischen Sklerose (Erlebnisunfähigkeit, Sperrung, Unfähigkeit sich hinzugeben), desto schwerer kann das Subjekt sich seiner Sicherungen begeben. Hier, und zwar im gleichen Zusammenhang, wäre auch die seelisch bedingte primäre Wehenschwäche zu erwähnen, die, wie mir scheint, auf der nämlichen Hingabeunfähigkeit[5] beruht. Auch diese Befunde gehören zu einer Betrachtung über die Biologie und Psychologie der Mutterrolle, und zwar handelt es sich hier um Fragen der *Reifung*.

---

[5] Das Ich kann sich nicht in das Erleben hineinreißen lassen, das von einer hochschwangeren Frau (4, 7) als ein ekstatischer Tanz verbildert wurde: Es erschallt eine südländisch-temperamentvolle Musik, die die Träumerin fasziniert und mit ihrer mitreißenden Rhythmik in einem sich ständig steigernden Crescendo und Accelerando zu ekstatischem Tanzen hinreißt. – Im Kreißsaal allerdings wurden inkretorische Peitschen erforderlich, als dieser Frau aus ihrer Menschennatur diese »Musik« (= Stimmung) erklingen sollte. Die Sperrung mußte mit dem hypophysären Wirkstoff Hypophysin und anderen wehenanre-

Eine innere *Angst* verhindert bei diesen Frauen die Hingabe an das lebendige Leben. Sie sind »sich selbst genug« in ihrer erstarrten verstädterten Umwelt mit ihren fragwürdigen »Sicherheiten«.

Wer in naturwissenschaftlicher Kausalität denkt, könnte den therapeutischen Vorschlag machen, die irrationale Angst, der wohl bei vielen Verstädterten eine starke Bedeutung zukommt und die im besonderen der bewußten und ebenso der unbewußt bestehenden Tokophobie zugrunde liegt, dadurch aufzuheben, daß man dem Subjekt das Gegenmittel des Wirkstoffs Adrenalin verabfolgt, nämlich das den Parasympathicus erregende Azetylcholin. Versuche dieser Art sind fehlgeschlagen, ebenso wie die Anwendung starker Dosen von Follikelhormon, also des weiblichen Sexualhormons. Durch Injektionen dieser Art ist noch keine Frau, soweit es sich um *seelische* Retardierungen, also seelische Reifungshemmungen handelte, zur Mutter geworden. Wir reifen über die Liebe, das ist ein Satz, dem auch v. Hattingberg (11) Ausdruck gegeben hat. Wer die »Nachschlüssel« hormonaler Art verwendet, die aus den Eierstöcken unserer Schlachttiere oder aus anorganischen Stoffen synthetisch hergestellt werden, übersieht, daß der Mensch mehr ist als nur ein Laboratorium. Damit leugnen wir ganz gewiß nicht die Wichtigkeit der inneren Sekretion im Zusammenhang mit den Vorgängen *menschlicher* Reifung, im besonderen auch der Reifung zur Mutterschaft. Im Gegenteil, wir werden ihre große Bedeutung noch hervorzuheben versuchen.

Wir treten der Frage der innersekretorischen Wirkstoffe näher, da es sich um Fragen der Biologie und Psychologie in einem handelt, anders ausgedrückt: Wir halten einen Psychologismus für ebenso schädlich wie eine Physiologie der

---

genden Mitteln durchbrochen werden. – Es ist unmöglich, diesen leib-seelischen Zusammenhängen in referierender Darstellung die Wirkung der Evidenz zu verleihen, die nur unmittelbare eingehende Beschäftigung mit dem Menschen selbst erweckt. Im Gegenteil, es erscheint sogar als schädlich, lediglich referierend über diese Erlebnisse und ihre innere Metaphorik zu berichten.

menschlichen Reifung, die sich für das Emotional-Seelische und die Differenzierung der geistigen Fähigkeiten nicht interessiert. Immer ist es uns um den ganzen Menschen mit seinen Umweltbezogenheiten zu tun, und zwar den bewußten und den unbewußten Anteil seiner leib-seelisch-geistigen Existenz. Daß bei der durch den Angststoff Adrenalin bewirkten Sympathicus-Erregung auch die Schilddrüse mit im Spiele ist, wird angenommen, sei es, daß sie über ihre Beziehungen zum sympathischen System in Mitleidenschaft gezogen wird, sei es, daß sie ihrerseits den Sympathicus anregt respektive in Erregung erhält. Was in den Angstrollen sich im einzelnen körperlich ereignet, soll hier nicht dargestellt werden. In Andeutungen haben wir einiges schon erwähnt, z. B. die Blutdruckerhöhung, die Beschleunigung unserer Herztätigkeit, die motorische Unruhe als Hyperkinese der Flucht in Formen des Parsprototo.

Etwas eingehender seien die körperlich-morphologischen Einwirkungen des Angstaffektes berichtet, die der Anatom Stieve (25) beschrieben hat. Dabei handelt es sich, das sei ausdrücklich bemerkt, um ganz schwere Formen angstvollen Erlebens. Stieve fand bei Männern und Frauen Angstwirkungen morphologischer Art im Bereich der inneren Genitalien. Wir hören aus seinen histologischen Befunden, daß die Angst die Eireifung zu verhindern vermag, ja, an den Bläschenfollikeln zeigten sich sogar Erscheinungen der Rückbildung, die in erster Linie die Eizelle selbst betrafen, bei der sogar Kernschädigungen beobachtet wurden. »Es erscheint klein, geschrumpft, das Chromatin ist verklumpt. Bei weiterem Fortschreiten der Schädigung zerfällt der Kern.« Und das alles, die Verstümmelung dieser morphologischen Elemente, vermag sich, wie Stieve versichert, ausschließlich unter seelisch-emotionalen Einflüssen zu vollziehen.[6] Aber nicht nur

---

[6] Hier erhebt sich die erbbiologisch wichtige Frage: Was ergibt sich, wenn Eier dieser Art, vorausgesetzt, daß sie nicht diese hohen Grade des Zerfalls aufweisen, befruchtet werden? Selbstverständlich werden diese Follikel, die Stieve (25) beschreibt, überhaupt nicht springen. Die von ihm beschriebenen Frauen sind

die Eierstöcke, auch die eileitenden Wege weisen unter dem Einfluß der Angst nach einiger Zeit schwere Veränderungen auf: »Die Schleimhaut (der Gebärmutter) zeigt ein Verhalten, wie es in keinem Zustande des menstruellen Zyklus zu erkennen ist. Das nämliche trifft auch für die Schleimhaut der Eileiter zu. Ihr Epithel ist niedrig und enthält nur wenige, oft auf große Strecken hin überhaupt keine flimmernden Zellen, daneben nur ganz wenige absondernde Zellen und kaum Stiftchenzellen. Die Eileiterschleimhaut befindet sich in dem Zustande vollkommenster Ruhe, wie wir ihn sonst vom 5. bis 8. Schwangerschaftsmonat zu sehen gewohnt sind.« — Bei diesen Frauen, es handelte sich um zum Tode Verurteilte, die nach der Hinrichtung seziert wurden, finden wir einen inneren Wachstumsstillstand, ja Veränderungen im Sinne eines inneren anatomisch-faßbaren Verfalls.

Leben bedeutet unablässige Erneuerung über ein unablässiges Sterben (Zelltod, sich abstoßende Zellen, die neuentstehenden Platz machen). Bei diesen Frauen versagten offensichtlich die Vorgänge der Erneuerung. Wie soll man sich diese Befunde erklären? Kann seelisches Erleben, in diesem Falle also die Angst, überhaupt auf die Zellen einwirken, im besonderen: Wie soll man sich vorstellen, daß ein Affekt auf die Zellerneuerung, d. h. also die normalerweise unablässig erfolgenden *Mitosen* einwirken kann? Stieve gibt uns keine Antwort auf diese Frage, weist aber darauf hin, daß es sich hier um Einflüsse der Nerven handelt und führt Beispiele an, wie Fische und Molche unter gewissen, ihrem natürlichen Scenarium nicht entsprechenden Umständen, emotionalbedingt offenbar, nicht laichen. (Hühner, das ist eine alte Erfahrung, die unter Einwirkung einer Angst stehen, legen nicht.[7] Sie

---

steril. Unsere Frage bezieht sich auf die erbbiologische Bedeutung leicht oder leichtest geschädigter Eier. Aber, das ist die Frage, vielleicht liegt schon in leichten Schädigungen dieser Art eine Ursache gewisser Formen der Sterilität. Dieses Problem wird uns noch zu beschäftigen haben.

7 H. Stieve (25) führte selbst folgendes Experiment durch: Er setzte in einen Hühnerstall einen Käfig, in dem sich ein lebender Fuchs befand. Damit hörte das Eierlegen der Hennen auf. Offenbar war es die Angst, die ihnen die Ovula-

brauchen, wenn man sich so ausdrücken darf, zum Brutgeschäft – strenggenommen ist das Eierlegen der Anfang zum Brutgeschäft – eine entsprechende Stimmung, ein dieser Szene zuträgliches »seelisches Klima«. Obwohl die Hühner gewöhnlich gar nicht zu natürlichen Mutterrollen gelangen, die allerwenigsten brüten wirklich, so ist die Ovulation doch offenbar selbst bei ihnen an emotionale Faktoren gebunden!) Wenn ich von mir aus zu den auffallenden, groben Befunden Stieves (25) eine Erklärung versuchen dürfte, würde ich auf folgende Tatsache hinweisen: Das Adrenalin, einer der innersekretorischen Wirkstoffe der Angst, ist nach Lettré (15) ein *Mito*segift, richtiger Promitosegift, denn die Oxydationsprodukte des Adrenalins hindern die Zellteilung. Demnach könnte, ob die Dinge so einfach liegen, ist eine andere Frage, Adrenalin Reifung und Wachstum hindern, es wäre ein Substrat, möglicherweise, der *Retardierung,* also der generellen Reifungshemmung, abgesehen davon, daß es die Eireifung in den Eierstöcken hemmt und an den eileitenden Organen in extremsten Fällen einen sichtbaren Stillstand der unablässig erforderlichen Regeneration herbeiführt. Wir lesen bei Lettré (15, S. 310): »Der Befund, daß Naturstoffe, und vor allem körpereigene Stoffe, Hormone, als Mitosegifte wirksam sind, legt die Annahme nahe, daß es sich hierbei nicht nur um einen pharmakologischen Prozeß handelt, sondern daß diese Wirkung auch zu einer physiologischen Wachstumsregulation ausgenützt sein kann, mit deren Hilfe der tierische Organismus im Antagonismus zu wachstumsfördernden Stoffen das normale geordnete Wachstum gewährleistet. Der ursprünglich das Unphysiologische betonende Sinn des Wortes ›Mitosegift‹ verschiebt sich damit zu dem Begriff des physiologischen ›Mitoseregulators‹. Am Beispiel des Adrenalins erkennen wir Zusammenhänge zu pathologischen Wachstumsfor-

---

tionen verdarb. Sie »schlug ihnen auf den Eierstock«, so wie einem Menschen die Angst »auf das Herz schlagen« kann (Tachykardie) oder »auf den Magen« (Sekretionsstillstand und Lähmung der Motilität) oder »auf die Speiseröhre« (Gefühl des Globus).

men. Adrenalin ist das Hormon des Nebennierenmarkes, zugleich aber auch der chemische Vermittler der sympathischen Bestandteile des Vegetativen Nervensystems. Bei Erkrankungen des sympathischen Systems, z. B. bei Syringomyelie und Neurofibromatose (F. Hoff, *Lehrbuch der speziellen Physiologie*) sind Fälle von Riesenwuchs beobachtet worden, und zwar handelt es sich hierbei um partiellen Riesenwuchs, der nur bestimmte Gebiete erfaßt, die sich oft mit den Versorgungsgebieten eines Nerven decken. Der Ausfall des Adrenalins in diesen Gebieten, also ein Mangel an ›Mitoseregulator‹, könnte diese abnormen Wachstumserscheinungen deuten lassen.«

Wir beschäftigen uns vorerst nur unter physiologischem Blickwinkel mit Fragen menschlichen Reifens und Wachsens, und zwar soll uns, im Anschluß an die Bemerkung Lettrés über den Antagonismus wachstumsfördernder und -hemmender Wirkstoffe, dieser innere Kampf[8] der Gegensätze interessieren.

[8] Es gibt, davon darf man überzeugt sein, kritische, lediglich naturwissenschaftlich orientierte Ärzte, die mir das Gleichnis »Kampf« übelnehmen, denn es handelt sich in der Tat um ein, wenn man so will, dichterisches Gleichnis. Daß aber Antagonismus das gleiche bedeutet, fällt im allgemeinen nicht auf, da dieses Wort längst zur abgegriffenen Münze geworden ist. Die Sprache der Wissenschaft ist durch farblose oder abgeblaßte Metaphern charakterisiert; trotz ihrer emotionalen Unaufdringlichkeit bleiben sie selbstverständlich Gleichnisse, wenn man so will, »nur« Gleichnisse. Wenn wir Vorgänge darstellen wollen, so greifen wir Szenen aus dem Szenarium unseres eigenen Daseins heraus, um uns verständigen zu können, denn »kämpfen«, im wörtlichen Sinne »Antagonist« sein, können nur Lebewesen. Wenn wir statt des abgeblaßten, in der Sprache der Naturwissenschaften unauffälligen Begriffes Antagonismus das plastischere deutsche Wort »Kampf« gebrauchten, so lag in dieser Wahl folgender Beweggrund vor: Wir beschäftigen uns nicht nur mit physiologischen Fragen, sondern gingen auch Fragen der *seelischen* Wandlungen nach, wie sie z. B. in der Metaphorik, der Träume zum Ausdruck kommen (ich verweise auf das Kapitel »Wandlung und Reifung in den Träumen von Kindern und Jugendlichen« aus J. Bilz' Buch über die menschliche Reifung [4]). Hier wird wirklich gekämpft, hier handelt es sich wirklich um Mord und Totschlag. Die Sprache des Traumes greift zu farbenvollen lebendigen Bildern. Wer sich mit tiefenpsychologischen Problemen befaßt und zugleich physiologisches Denken mit dieser Befassung verbindet, muß notwendig eine andere Sprache wählen, um in seiner Darstellung wenigstens auf eine mittlere Linie zu kommen, denn es gilt Leibliches und Seelisches nicht nur in einem zu sehen, sondern auch – den Vertretern beider Lager verständlich zu machen.

Wir müssen das Thema berühren, da wir von der *seelischen* Reifung zur Mutterschaft sprachen, die selbstverständlich alle vorhergehenden Wachstumsvorgänge seelisch-emotionaler (wir sind auf das Thema der Reifung zur Mutterrolle eingegangen) und leiblicher Art zur Voraussetzung hat: Der Mensch ist in unablässigem Werden begriffen, wobei Antrieb und Hemmung gegeneinander stehen. Retardierungen sind der Entwicklungspsychologie ebenso geläufig wie die Somatologie. Konkret: Eine Frau kann seelische Infantilismen aufweisen, z. B. bei jeder Schwierigkeit, die ihr begegnet, kreischend zu ihrer eigenen Mutter laufen, sie kann aber auch, gynäkologisch feststellbar, einen infantilen Uterus haben oder völlig oder fast völlig unentwickelte Brustdrüsen, die es ihr unmöglich machen, ihre Mutterrolle in vollem Ausmaß zu übernehmen. Von den physiologischen Kräften, die auf dem Wege zur Reifung in der Latenz des Leibes gegeneinanderstehen, berichten wir: Das allgemeine Körperwachstum wird vom Thymus vorangetrieben, und zwar über einen in dieser Drüse gebildeten Wirkstoff, der als Gegenspieler des Keimdrüsenhormons erscheint. Schon mit dem 15. Lebensjahr etwa tritt eine Rückbildung des Thymus ein, der später auch die des lymphatischen Gewebes (Gaumen- und Rachenmandeln usw.) folgt. Mit der Pubertät tritt der sexuelle Antagonist endgültig in den Vordergrund, was auch seine Wirkungen zeigen, Wirkungen leib-seelischer Art. Mit anderen Worten könnte man sagen, daß das geschlechtsspezifische Wachstum erst einsetzt, wenn das körperspezifische bis zu einem gewissen Abschluß gekommen ist. Ist beim weiblichen Tier oder beim Menschen, sei es in Anbetracht der Jugendlichkeit oder aus pathologischen Zusammenhängen heraus, noch ein großer Thymus vorhanden, so erfolgt seine rasche Einschmelzung, wenn eine Schwangerschaft eintritt, denn diese Verfassung der Frau oder des weiblichen Tieres ist durch eine überreichliche Produktion von Follikelhormon ausgezeichnet. Wenn sich die Mutterrolle anbahnt, muß das Kindheitsrequisit Thymus verschwinden. (Hier auf die Bedeutung des lymphatischen Gewebes einzugehen, versage ich mir. Ich habe es andernorts [5] mit der des Thymus verglichen, ausgehend von der Beobachtung daß auffallend häufig im Zusammenhang mit den generativen Grundakten wie Verlobung oder Hochzeit Mandelentzündungen beobachtet werden konnten, wobei gleichzeitig in den Träumen Kampfszenen sowohl als auch das Thema »Tod und Wiedergeburt« zum Ausdruck kamen.) Die Tatsache, daß Thymus und Keimdrüsen in der Kindheit und Jugend gegeneinanderstehen, wobei zunächst der Thymus sichtlich der stärkere Antagonist ist, wäre auf folgende Formel zu bringen: Die Frau muß vorerst in ihre körperliche Verfassung wachsen, die die generative Rolle somatisch ermöglicht. – Ein anderes *allgemeines* Wachstumshormon liefern die eosinophilen Zellen des Hypophysenvorderlappens. Wir finden also in der Wachstumsperiode des Menschen zwei Inkrete, die das Vorwärts bewirken, und zwar das Wachstum des mesodermalen Gewebes (Skelett usw.), nicht das geschlechtsspezifische Wachstum. Die Natur legt offenbar Wert darauf, die Ausbildung der generativen Organe und die Funktion der Fortpflanzung an einen späteren Termin in der menschlichen Zeitgestalt zu binden. Auch die Schilddrüse, was besonders betont sei, wirkt positiv, wenn auch nicht in demselben Ausmaße wie Thymus und Hypophyse, auf das allgemeine Wachstum des Körpers ein. Während aber der Thymus unbedingt negativ zur Keimdrüse steht, übt die Hypophyse zugleich über einen anderen Wirkstoff (das sog. gonadotrope Hormon) einen fördernden Einfluß auf die Keimdrüsen aus. Diese Wirkung allerdings wird in der Kindheit des Menschen und auch des Tieres durch einen Wirkstoff der Zirbeldrüse niedergehalten. Wenn in der Pubertät diese Gegenwirkung schwächer wird, bis sie schließlich endgültig erlischt, so wirkt das gonadotrope Hormon der Hypophyse in vollem Umfange auf die Keimdrüse fördernd ein. Thymus und Zirbeldrüse sind also »Kindheitsgaranten«, wozu auch das lymphatische Gewebe möglicherweise gehört. (Ich stellte es in meiner Darstellung seinerzeit [5] in ein Antagonistenverhältnis zum

Adrenalin, und zwar erwog ich aus psychologischen Betrachtungen heraus diese Möglichkeit. Daß später der gleiche Wirkstoff als Faktor der Wachstumshemmung beschrieben würde, war nicht vorauszusehen. Wenn das lymphatische Gewebe dem Thymus verwandt ist und also das Wachstum betreibt, so stünde es in der Tat gegen den Retardierer Adrenalin. Eine Frage erhebt sich hier von selbst: Könnte die Angst, die in den Reifungsträumen durch entsprechende Metaphern bezeugt wird, von dem *Mitoseregulator* Adrenalin herrühren, also auch oder sogar vorwiegend endogen-physiologisch bedingt sein?) Kommt dem Adrenalin eine niederhaltende physiologische Wirkung auf die Eierstöcke in einer Weise zu, die die Stieveschen Befunde lediglich als pathologische Übertreibungen dieses Wirkstoffes erscheinen läßt? Zum Schluß sei noch einmal auf die Schilddrüse zurückgegriffen: Sie wurde zu den vorantreibenden Organen gezählt, ihr Wirkstoff, das Thyroxin, erschien als ein Imperativ der Wandlung oder Verwandlung, so wie dieser Stoff in frappierender Weise Tierlarven zur Metamorphose verhilft, was experimentell jederzeit erweisbar ist. Für eine generative Bedeutung der Schilddrüse spricht folgende Beobachtung: Kaninchen, denen man dieses Organ operativ entfernte, werden nach Kunde (zit. n. 16) nicht mehr trächtig, selbst dann nicht, wenn man ihnen nachträglich Schilddrüsengewebe ins Futter gibt. Die Mutterrolle dieser Tiere, die durch ihre *Fruchtbarkeit* sprichwörtlich bekannt sind, setzt das Organ *Schilddrüse* voraus. Sind die Tiere schon trächtig und man nimmt ihnen während der Schwangerschaft die Schilddrüse operativ, so versagt ihnen nach der Geburt der Nachkommenschaft die Milchsekretion. Da erkennen wir wieder eine Beziehung zur *Mutterrolle*. Es ist den Ärzten seit langem bekannt, daß auch beim Menschen der Schilddrüse eine Bedeutung in den generativen Zusammenhängen zukommt: Schilddrüsenvergrößerung wurde während der Pubertät, im Anschluß an eine Menstruation, während der Schwangerschaft und in der Stillzeit vorübergehend beobachtet. »Seit alter Zeit weiß man, daß nach der Defloration die Schilddrüse vorübergehend anschwellen kann« (14).

Mit diesen Ausführungen haben wir einige der physiologischen Grundkräfte bezeichnet, die gemäß den in uns liegenden Bau- und Umbauplänen zu menschlicher Reifung und Wandlung führen, leib-seelische Gesundheit und eine störungsfreie Umwelt vorausgesetzt. Es handelt sich also um ein System von mit- und gegeneinander streitenden Wirkungen oder Gewalten, die in einer *Zeitgestalt* stehen, d. h. an Termine gebunden sind. Wir ahnen nicht, wie unendlich viel komplizierter die Dinge in Wahrheit liegen mögen, denn unsere Darstellung bedeutet nur ein sehr grobes und sicherlich in manchem noch zu berichtigendes Klischee. Wir haben auch zu bedenken, daß beim Menschen schon darum das Zusammen- und Gegenspiel komplizierter verläuft als beim Tier, weil bei ihm die in unserem eingangs gegebenen anthropologischen Ansatz genannten »Imperative hinter der Bühne«, also die hierarchisch-bedingten Interferenzen mitspielen. Diese Mächte, das Gewissen, die Einsicht, der bewußte Wille, der seinerseits vom Charakter abhängt, sind gleichfalls emotional und also auch endokrin bestimmt, wenn wir an die *Angst* etwa denken, die man *Gewissensangst* nennt. Alle Schäden der Verstädterung wirken sich gleichfalls auch im Emotionalen aus. Gewissensangst stärksten Ausmaßes kann in der Entwicklung z. B. von den Erziehern gesetzt werden, ich denke an die schweren Schuldgefühle, die sich bei sensiblen Jungen auf die Selbstbefriedigung beziehen. Wir führen diese Dinge nicht aus.

»Werde, der Du bist«, dieser Imperativ der Individuation steht über aller Entwicklung und Reifung. Dabei sind, das muß ausdrücklich gesagt werden, die Hemmungen inkretorischer Art, z. B. die Mitoseregulatoren, ebenso wichtig wie die vorantreibenden Wirkungen, denn – *zur rechten Zeit* soll die Frau zu ihrer Mutterrolle kommen, auch nicht zu früh. Es besteht ein labiles Gleichgewicht, indem sich entsprechend einem immateriellen Plan, und zwar *zeitbezogenen Umbau-*

plan, die vorantreibenden Kräfte in den Vordergrund spielen, was keineswegs in einem gleichförmigen Tempo erfolgt. Phasen *stürmischen* Wandelns sind uns in dem von W. Zeller (30) und H. Hetzer (12) beschriebenen sog. ersten Gestaltwandel und in der Pubertät gegeben. Im Mutterleib folgt Gestalt auf Gestalt, ungewöhnlich rasch vollziehen sich in dieser Zeit die Metamorphosen. Wer leugnen wollte, daß das Ziel der leibseelischen Entwicklung eines Mädchens zur Mutterrolle hinstrebt, leugnet die Natur in uns. Was uns wichtig war in diesem Zusammenhang, ist die Frage der Reifung. In diesem Sinne muß die Mutterrolle vom Subjekt »erworben« werden, obwohl die Instinkte letzte Differentiale von Handlungs- und Erlebnisbereitschaften darstellen, die im Kern angeboren gegeben sind. Es wird uns nichts geschenkt, trotz der Fülle ererbter Fähigkeiten. Auch eine ererbte Intelligenz muß im Laufe der Entwicklung vom Träger dieser »Gaben« erworben werden, erworben, »um sie zu besitzen« (Goethe).

Zum Schluß unserer Ausführungen wollen wir das Thema der *Nachreifungen* aufgreifen, das eben den Psychotherapeuten interessiert, handelt es sich doch in einer großen Zahl seiner Behandlungen um das Problem der Nachentwicklung, die sich über seelische Einwirkungen vor unseren Augen vollzieht. Hier und heute jedoch soll über eine Möglichkeit verspäteter Individuation, und zwar Reifung zur Mutterrolle, die Rede sein, die ohne eine ärztliche Mentorrolle erfolgt und m. E. unser größtes Interesse verdient. Es handelt sich hier um das Problem der *Platzhalterschaft,* das uns schon mehrfach beschäftigt hat[9]: Von Platzhaltern war die Rede, als wir das Puppenspiel kleiner Mädchen anthropologisch zu erfassen

---

[9] Daß es sich in der Psychotherapie letzten Endes auch um eine Platzhalterschaft handelt, über die Nachreifungen erfolgen, habe ich andernorts (6, S. 76 bis 95) darzulegen versucht. Das Thema der Platzhaltung im Leben des Menschen in extenso darzustellen, wäre eine verlockende Aufgabe. Daß es Platzhalter auch im Leben der Tiere gibt, ist seit langem bekannt. Das ganze System Pawlows beruht auf Stellvertretung. Auch die Vorstellungen des Menschen beruhen auf dem Prinzip der Platzhalterschaft: Szenische Partner sind substituierbar.

versuchten. Die Puppe steht für das Ungeborene. Dabei handelt es sich um ein beileibe nicht bald zu erwartendes lebendiges Wesen, dem der Platz gehalten wird, sondern ein Kind der darauffolgenden Generation. So erscheint uns das Spiel mit dem Phantom zukunftsbezogen, als eine Vorwegnahme, wenn man so will. Auch von einer Symbolhandlung, die »gespielt« wird, könnte die Rede sein. Das Subjekt Kind übt, geleitet von seinen Instinkten, also der »Natur in ihm«, dieselben Rollen nährend-betreuender und bergend-behütender Zärtlichkeit, die es zwanzig oder dreißig Jahre später uraufführt, und zwar mit einem eigenen lebendigen Kind in der Gegenrolle. Zeit und Schauplatz stehen noch nicht fest.
Gleichsam um Spielsituationen, so sagten wir, handelte es sich auch in der Geschlechtsliebe. Ich habe anderenorts (7) die große Bedeutung der Tatsache hervorgehoben, daß in der sexuellen Paarung vieler Vögel, also noch vor dem Nistgeschäft, Brutpflegeinstinkte in »Vorsprungsbewegungen« oder »Symbolhandlungen« sich kundtun. Daß ich auch in der menschlichen Geschlechtsliebe Platzhalterschaften sah, bemerkte ich schon, als von den Rollen und Gegenrollen Liebender die Rede war. Nietzsche hat in einem Aphorismus »Ein Element der Liebe« gesagt: »Bei jeder Art weiblicher Liebe kommt auch etwas von der mütterlichen Liebe zum Vorschein.« Wir gingen noch einen Schritt weiter in der Feststellung, daß in jeder Geschlechtsliebe überhaupt, also auch der des Mannes, Elemente nährender und bergend-behütender Zärtlichkeit liegen. Die Diminutivwelt der Liebe erschien mir dazu bestimmt, der Reifung mütterlicher und überhaupt elterlicher Instinkte zu dienen, zu den endgültigen Rollen über Symbolhandlungen zu kommen, bei denen eines in des anderen Rolle das Kind spielt, ohne es zu wissen oder bewußt zu wollen, denn es handelt sich um Spiele, die ebenso urtümlich aus der Latenz unseres Leibes gespielt werden wie das kindliche Puppenspiel oder – die Balzspiele gewisser Vögel. Wir begegnen im Instinktiven einer Zielstrebigkeit ohne Bewußtsein des Zieles. Die Natur selbst, nicht unser Verstand

oder unser bewußter Wille, veranstaltet diese zärtlichen »Spiele«. So heißt lieben, in diesem Zusammenhang betrachtet, einen Bedeutungsträger als Gegenspieler zärtlicher Bezogenheiten zu finden. Ganz gewiß bedeutet Liebe weit mehr als nur Zärtlichkeit, aber wir wollten dieses zukunftsbezogene Element hier in den Vordergrund rücken, da Spielen, und zwar mit Puppen Spielen, das gleiche bedeutet: Platzhalter für die endgültigen Partner mit ihren wirklichen Gegenrollen erscheinen im Spiel und tragen zur *Individuation* bei. Die Puppe bleibt als ein Phantom dieselbe, da sie nur eine kleine Statue ist, Liebende dagegen reifen aneinander und miteinander zugleich. Sie reifen einander entgegen. So gibt es Wandlungen auch über die *Szene*. Das zu dem Thema menschlicher Wandlungen ausdrücklich hinzuzufügen, erscheint mir als wichtig. Spiele sind immer Szenen.

Von einer szenischen Therapie der Nachreifung, und zwar einer *Naturheilung*, die von niemand vorauszusehen war, wollen wir im Folgenden sprechen. H. F. Perkins (20) berichtet, daß 155 Frauen, die in sterilen Ehen lebten und kleine Kinder adoptierten, durchschnittlich nach 38,8 Monaten (= annähernd 10 Jahre nach ihrer Eheschließung) ein eigenes Kind zur Welt brachten. Die fremden Kinder hatten als Platzhalter für die nachkommenden eigenen Kinder dieser Frauen gestanden, mehr noch, waren zu deren Schrittmachern geworden, denn wir sehen in dem Adoptierten gleichsam einen Katalysator der Wandlung. Jedes Adoptierte rief ein eheeigenes, d. h. von den Eltern selbst abstammendes Kind in die Welt. Wie könnte man sich diese seltsame Tatsache erklären? Bei einer großen Zahl steriler Ehepaare, die ein fremdes Kind aufgenommen hatten, da ihnen eigene versagt waren, erfolgte nach der Angabe von Perkins (20) die *Induktion* eines eigenen Kindes. Daß sich die Wandlung zur Fruchtbarkeit hier ausschließlich über Seelisch-Emotionales, also das *Erleben* vollzogen haben muß, liegt auf der Hand, denn niemand wird Erklärungen physikalischer Art gelten lassen, wie sie etwa Salzmann (1744-1811) in seinem *Ameisenbüchlein* aussprach, der sich von den körperlichen Ausdünstungen der Kinder Heilwirkungen versprach. Wir würden also sagen: Nachreifungen müssen stattgefunden haben, wenn durchschnittlich 38,8 Monate nach Eintritt des fremden Kindes in die unfruchtbare Familie ein eigenes Kind geboren wurde.[10] Hier bewährt sich die Wahrheit, daß man zur Liebe nur durch die Liebe reifen kann oder, wie es auch v. Hattingberg (11) ausgedrückt hat, seine *Selbstfindung* erlangt, denn offenbar waren doch diese Frauen über die Rollen der Mütterlichkeit zu wirklichen Müttern geworden, vorausgesetzt, daß die Ursache ihrer ehelichen Unfruchtbarkeit nicht auf seiten des Mannes zu suchen war.

Was im Puppenspiel des kleinen Mädchens sich in der von den frühesten Instinktregungen getragenen Rolle der Mütterlichkeit anbahnte und in der Geschlechtsliebe mit ihrer Diminutivwelt schenkender und behütender Zärtlichkeit seinen weiteren Ausdruck fand, wurde von den Adoptiveltern, im besonderen der Mutter, täglich über viele Monate unter der Wirkung des nämlichen Pflegeinstinktes geübt, bis das eigene Kind kam. Diese Rollen der Liebe und Pflege könnte man mit einem gewissen Recht als ein *Spiel* bezeichnen, denn es wurde von den Adoptiveltern strenggenommen nur Vater und Mutter »gespielt«: Erst wenn ein Mann gezeugt hat und wenn eine Frau geboren hat, kann man sie als Vater und Mutter bezeichnen, sind sie wirkliche Eltern. Vorher können sie nur in den Rollen von Eltern handeln, und zwar als Platzhalter oder Vertreter der leibhaften Eltern des fremden Kindes. So ist in diesem Scenarium von Adoptivmutter und Adoptivkind jedes

---

10 Es gibt gewiß auch Fälle, wo ohne Adoption eines Kindes nach 10 Ehejahren ein Kind geboren wird. Um die generative Bedeutung der Adoption zu kennzeichnen, wäre es m. E. notwendig gewesen, 155 sterile Ehen einer gleichen Durchschnittsbevölkerung, die kein Kind adoptiert hatten und gleichfalls 10 Jahre verheiratet waren, zum Vergleich heranzuziehen, vorausgesetzt, daß diese anderen 155 Paare auch den Willen zum Kinde hatten, aber aus äußeren Gründen kein fremdes Kind an Kindes Statt annehmen konnten.

Daß die Angaben von H. F. Perkins (31) nach Kontrolluntersuchungen in Deutschland und anderen europäischen Ländern geradezu schreien, braucht nicht hervorgehoben zu werden.

nur in einer Platzhalterrolle, so wie in der Geschlechtsliebe die beiden Partner nur in Platzhalterrollen sind. Das Wesen, für das der Platz offengehalten wird, ist in jedem Falle das noch ungeborene eigene Kind. Zukunftsbezogen sind diese Rollen des Spiels, auch die Rollen der Pflegeeltern, ohne daß ein Bewußtsein dieser Zukunftsbezogenheit im einzelnen Falle bestehen müßte.

Mit dieser Erkenntnis sind wir allerdings nicht am Ziel, obwohl wir zugeben, daß es sich hier wahrscheinlich um Reifungen handelt. Wie kommt es, so fragen wir, daß jetzt, also physiologisch-tatsächlich, eine Befruchtung erfolgen konnte, wobei wir von dem Fall ausgehen, daß die Unfruchtbarkeit der Frau der entscheidende Faktor in der bisher sterilen Ehe war. Wir erwarten also chemisch-physiologische Erklärungen. Mit der Aussage, daß diese Frauen nun an Platzhaltern[11] mit ihren Gegenrollen ihre Reifung endgültig vollzogen haben, ist uns nicht Genüge getan. Treten wir also, um das Bild aufzurunden, noch einmal in das Gebiet der Endokrinologie zurück. Nicht auf psychologische Deutungen, sondern auf *Lebensvorgänge* kommt es mir an.

Wie man sich physiologisch-materiell diese Erfolge erklären soll? Vorerst werden wir daran denken, daß durch die ständige Begegnung mit dem zu pflegenden Kind, das in Form *seiner* Rolle auf die Gegenrolle der Mutter einwirkt und also ständig szenische Stichworte gibt, die »over-anxiety for parenthood« wie durch unablässiges Training beseitigt wird. Wenn die Angst durch die Gefühle der Zärtlichkeit überwunden wurde und auch nicht wieder aufkommen konnte, da es eine »Filterwirkung der Stimmung« gibt (7), die gegenteilige

---

[11] Im Grunde besagt das ungewöhnlich erscheinende Wort Platzhalter dasselbe wie »an Kindes Statt«; ich prägte es, um damit das Puppenspiel unter den gleichen Generalnenner bringen zu können. Man hätte wohl nicht gut sagen können, daß die kleinen Mädchen ihre Puppen »an Kindes Statt« annehmen. Der Begriff der Platzhalterschaft ist also neutraler und damit umfassender. Zu zeigen, daß der Platzhalter zugleich *als Schrittmacher wirkt,* ist der Sinn dieser Ausführungen. Es handelt sich um Fragen einer Dynamik, darum erscheint das Gleichnis des Schrittmachers und der Bahnung als angebracht.

Vorstellungen mit ihrem gegenteiligen Gefühlsgehalt zurückhält, so kann man von einer Angstheilung sprechen, d. h. Heilung von Angst. *Verdrängt* (daß der Begriff der Verdrängung auf der Filterwirkung gesunder Stimmungen beruht, habe ich anderenorts [7] darzustellen versucht) wird also das Hemmende, die pessimistische Haltung in den generativen Fragen, wenn man will, die – Phobie.

Hier werden wir an die Stieveschen Befunde (25) erinnern dürfen, die als Angstwirkungen zu betrachten waren. Freilich, es ist nicht bewiesen oder noch nicht bewiesen, daß die bewußte oder unbewußte Angst einer *Tokophobie* Schädigungen der keimleitenden Wege oder der Keimzellen selbst bewirken kann, woraus eine Sterilität zu erklären wäre. In den Fällen schwerster Schädigung, die Stieve beschrieb, handelte es sich um ganz erhebliche Angst-Einwirkungen. Wäre es aber nicht denkbar, daß eine leichte langdauernde Adrenalineinwirkung in milderer Form dasselbe bewirkt wie eine kurzdauernde ganz heftige Angst? Immerhin, die Stieve-Lettréschen Befunde werden wir nicht unter den Tisch fallen lassen, wenn Tokophobie und Sterilität zu erörtern sind.

Wir lernten auch die Schilddrüse als ein Organ kennen, das mit der Fruchtbarkeit in Verbindung zu bringen wäre (allerdings hat es auch Beziehungen zur Angst!), vor allem aber werden wir uns des Rhesusaffen erinnern, der uns eine *Verwandlung* in eine Art Puppenmutter sinnfällig demonstrierte. Seitz (23) sprach von der »Auslösung des Mutter- und Stillinstinkts nach Gaben von Laktationshormon«. Wir meinen, daß mit der Aufhebung der Angst an sich nur ein Negatives, Hemmendes beseitigt ist. Es wäre ein Irrtum, sich etwa vorzustellen, daß mit dem Verschwinden angsterregender Vorstellungen, die das Filter einer zuversichtlichen Stimmung der Zärtlichkeit nicht passieren können, also vorerst erlebnisunfähig geworden sind, bereits die Heilung erreicht sei. Das hieße sich der Tatsache nicht bewußt sein, daß der Mensch unaufhörlich im Werden begriffen ist, so wie er unablässig in Akten geistig-seelischer Integration steht. Selbst die Mutter, und zwar die leibhaftige wirkliche Mutter, bedarf, um innerlich *weiterzureifen*, der ständigen *Gegenrolle*. Nicht umsonst exerziert die Natur mit dem kleinen Mädchen vom zweiten Lebensjahr an, wo es selbst noch ein ganz kleines Kind ist, Tag um Tag die Mutterrolle an einem Phantom, und nicht umsonst gab dieselbe Natur in die Geschlechtsliebe der Menschen und vieler Tiere, übrigens auch Säugetiere, eine Diminutivwelt. Wer sich vorstellt, man brauche nur die Angst zum Verschwinden zu bringen, dann offenbare sich ihm der gesunde Mensch nach Art einer Maschine, die man zu reparieren vermochte, ahnt nichts von der Individuation. Der Mensch ist eben kein statuenhaftes Wesen, das eine Anatomie und Physiologie und eine »Normalpsychologie« aufweist und dem man, wenn es Hemmungen zeigt, diese nur zu beseitigen hätte, sondern er – und hier gibt es ein schlichtes Wörtchen, das alles besagt – »wird«. Eine Maschine dagegen ist fertig, und zwar immer fertig, Sie hat keine Zeitgestalt.

Selbstverständlich können wir nicht vom Schreibtisch aus, das stünde uns schlecht an, zu der Fülle von Theorien in der Endokrinologie hemmungslos neue hinzubilden. Es ist schon die Frage, ob es berechtigt war, die Stievesche und die Lettrésche Veröffentlichung (25, 15) in einem Atem zu nennen. *Simplex veri sigillum*, in der Lehre von der inneren Sekretion gilt dieser Satz ganz gewiß nicht. Wir sahen also in der Angst lediglich ein Hemmnis, zu der endgültigen Mutterrolle zu *reifen*. Hier gilt der Satz von der emotionalen Filterwirkung sozusagen anders herum: Die Gefühle der Zärtlichkeit kamen nicht ungehemmt auf und konnten darum in ihrer Zukunftsbezogenheit nicht reifen. Wir waren in unserer Betrachtung bestrebt, immer außer den Hemmungen das Vorantreibende, Vorwärtsgerichtete gleichzeitig zu sehen, also nicht nur das, was die Frau an der Erlangung ihrer Mutterrolle verhindert. Ob wir soweit gehen dürfen, das von Seitz (23) für seelische Zusammenhänge herausgestellte Laktationshormon der Hypophyse gleichsam als ein Hormon der Zärtlichkeit anzusehen? Wenn es Notfallfunktionen gibt, die durch einen Wirkstoff gekennzeichnet sind, so könnte es auch andere Hormone in Verbindung mit anderen Rollen, etwa Rollen der Zärtlichkeit, geben. Läuft also eine Reifung zur Mutterrolle über diese hormonale Stabilisierung?[12]

Selbstverständlich wäre es erforderlich, im Falle der 155 Frauen, die nach Adoption eines Kindes schwanger wurden, von Fall zu Fall genaueste Erhebungen anzustellen, denn nur im Konkreten kommen wir weiter. Wieviele von diesen 155 waren frigide, d. h. eines Orgasmus unfähig? Wandelte sich in den Monaten der Betreuung des fremden Kindes, also über die Stabilisierung der Zärtlichkeit und eine innere Ermutigung, die Orgasmusunfähigkeit? Eine Fülle von forscherischen Pflichten sehen wir ausgebreitet. Es kann uns also hier nur darauf ankommen, die *Problemstellungen* aufzuzeigen, die wir bei diesem Bericht über nachträglich erfolgende Fruchtbarkeit für bedeutsam halten. Wichtig wäre uns auch zu wissen, ob die Frauen, als sie innerlich zu Müttern wurden, in diesen *Wandlungen* also, an gehäuften Anginen erkrankten. (Ich würde heute nicht mehr von »psychogenen«, sondern von Wandlungsanginen sprechen, wenn ich wieder einen Menschen zu untersuchen hätte, der im Zeitpunkt seiner Verlobung erkrankt und in seinen Träumen im Zusammenhang mit generativen Problemen eine ausgesprochene Symbolik der Wandlungen zeigt: Tod und Wiedergeburt, Chaos und Weltschöpfung usw., und zwar in einer Abfolge, die als gesetzmäßig oder typisch gelten muß, typisch für innere Reifung.) Wir sehen im lymphatischen Gewebe gleichsam ein Jugendorgan, dem in der Individuation eine Bedeutung zuzukommen scheint, was wohl auch von der Konstitution abhängt (sog. Lymphatiker).

Daß von Fall zu Fall äußere Bedingungen der Befruchtung im Spiele sein können, wie Spasmen der eileitenden Wege, Störungen des vaginalen Säuretiters und was alles in das Gebiet der neurovegetativen Regulationen gehört, lassen wir uner-

[12] Wir entnehmen einer Veröffentlichung von Morros Scardá (18), daß die Reindarstellung des Prolactins bisher nicht gelungen ist.

örtert, ebenso die Bedeutung des Kristellerschen Schleimpfropfens im Orgasmus.[13] Eins sei nur zum Schluß erwähnt, daß wir nämlich im Falle dieser 155 Geburten, wie schon angedeutet, auch die Vaterrollen zu erörtern hätten, denn es wäre verkehrt, bei der Untersuchung von Fragen ehelicher Unfruchtbarkeit nur bei der Frau die Ursache zu suchen.

Wir gehen hier auf die Vaterrolle mit ihren emotionalen Bezogenheiten nicht ein, sondern heben nur einen einzigen Gesichtspunkt hervor, der sich in gleicher Weise auf die Mutterrolle bezieht: Bei den Graugänsen wird nach Beobachtungen von Heinroth und Lorenz (zit. n. 9, S. 178, Fußnote von K. Lorenz) »die Rangordnung einer Sozietät durch das extreme Imponiergehaben der kleine Küken führenden Paare völlig verändert: das Paar mit den jüngsten Küken herrscht regelmäßig auch über seine früheren Despoten«. Schjelderup-Ebbe (21) berichtet, wie auch in der sozialen Ordnung eines Hühnerhofes sich die Rangliste ändert, wenn Hennen sich zu Glucken gewandelt haben, ja, schon in der Brutzeit rücken die Tiere in der Hackreihe aufwärts. Schon in ihrer beginnenden Mutterrolle ändert sich ihre Gefühlsbezogenheit zu den Partnern der Umwelt, was nicht ohne Einfluß auf die soziale Einordnung bleibt. (Die Natur ist urtümlich »emotional geordnet« [6, 7].)

Wenn auch die menschliche Mutter in der zärtlichen Liebe zu ihrem Kind nach außen hin tapferer wird, so bedeutet auch diese Wandlung, daß Angst, hinter dem Filter der Mutterstimmung gehalten, nicht aufkommen kann. Eben die Angst aber schien uns zerstörende Wirkungen auszuüben. Wir werfen die Frage auf, ob nicht auch bei den bis dahin sterilen Ehefrauen, die kleine Kinder adoptieren, eine Art Imponiergehaben, d. h. eine Festigung ihrer Selbstsicherheit, aufkommen kann. Den Tiermüttern wachsen Kräfte zu, die in ihrer biologischen Aufgabe begründet liegen, denn die Kleinen bedürfen des Schut-

---

13 Wir verweisen auf die gynäkologisch-psychologische Erörterung von B. Belonoschkin über »Weibliche Psyche und Konzeption« (*Münch. med. Wschr.* 88, 37).

zes. Die Rolle als Einheit des Lebens birgt also bei diesen Müttern Kräfte in sich, über die sie bisher nicht oder nicht im gleichen Maße verfügten. So könnte vielleicht auch bei den Adoptivmüttern in der sozialen Bezogenheit eine Selbstunsicherheit, um nicht zu sagen unbewußte tokophobische Ängstlichkeit schwinden.

Es gibt offenbar Gesetze leib-seelischer *Induktion*. Ein Kind, selbst wenn es ein adoptiertes Kind ist, kann eine Frau verwandeln. In der Verzahnung mit der *Gegenrolle des Kindes* entfaltet sich die Mütterlichkeit einer Frau, was nicht in demselben Maße vom Lesen von Büchern oder anderen Befassungen gilt. Das *Lebendige* übt den stärksten Reiz aus. Diese emotionalen Auslöser-Wirkungen müssen uns als Psychotherapeuten interessieren, da es sich ja bei unserer eigenen Tätigkeit ebenfalls um Wandlungsprozesse handelt, die wir bei unseren Kranken bewirken möchten, und zwar ohne daß wir diese Menschen mit körperlichen Mitteln, etwa mit Hormonverordnungen, behandeln. Auch in unseren Therapien handelt es sich nur um »atmosphärische Wirkungen«, wenn man sich so ausdrücken darf. Auch wir üben in unserer *ärztlichen* Gegenrolle offenbar emotional, und das ist eben leib-seelisch, Induktionswirkungen aus: Übertragung.

Vater- und Mutterrollen bedürfen der Reifung. Wir versuchen Lebensgesetze der Liebe, und das sind zugleich Gesetze menschlicher Wandlung, zu erkennen. Der Ruf Rousseaus im Beginn unserer Aufklärung, das hat Werner Achelis (1) dargelegt, kann für uns nur bedeuten: Zurück zur Natur in uns selbst!

Literatur

1 Achelis, Werner: Psychologische Zivilisationsbilanz, in »Zivilisationsschäden am Menschen« von Zeiß, H. und Pintschovius, K. München u. Berlin 1940
2 Antonius, Otto: Über Symbolhandlungen und Verwandtes bei Säugetieren, Z. Tierpsychologie 3 (1940), 3
3 Bardenheuer, F. H.: Die Unfruchtbarkeit der Frau, München u. Berlin 1942
4 Bilz, Josephine: Menschliche Reifung im Sinnbild, Leipzig 1943
5 Bilz, Rudolf: Psychogene Angina, Leipzig 1936
6 – Pars pro toto. Ein Beitrag zur Pathologie menschlicher Affekte und Organfunktionen, Leipzig 1940
7 – Lebensgesetze der Liebe, Leipzig 1943
8 Cannon, W. B.: Bodily changes in pain, hunger, fear and rage, New York 1929
9 Diebschlag, E.: Psychologische Beobachtungen über die Rangordnung bei der Haustaube, Z. Tierpsychologie 4 (1941), 2
10 v. Gebsattel, V. E.: Zeitbezogenes Zwangsdenken in der Melancholie, Nervenarzt I (1928), 5
11 v. Hattingberg, H.: Ehekrisen, ärztlich gesehen, Dtsch. med. Wschr. 66 (1940), 33
12 Hetzer, Hildegard: Die seelischen Veränderungen des Kindes bei dem ersten Gestaltwandel, Leipzig 1936
13 – Mütterlichkeit, Leipzig 1937
14 Kemp, T. u. Okkels, H.: Lehrbuch der Endokrinologie, Leipzig 1936
15 Lettré, H.: Hemmstoffe des Wachstums, insbesondere Mitosegifte, Forschg. u. Fortschr. 18 (1942), 31/32
16 Laquer, Fritz: Hormone und innere Sekretion, 2. Aufl. Dresden und Leipzig 1934
17 Meinertz, J.: Psychotherapie – eine Wissenschaft! Berlin 1939
18 Morros Sardá, J.: Der humorale und nervöse Mechanismus der Milchsekretion, Rev. Clin. españ. 5, 395-400 (Ref. Zbl. Neurol. 103 [1943], 7)
19 Otto, Erich: Die Gedanken des Paracelsus über Zeugung und Vererbung, Berlin 1942
20 Perkins, H. F.: Adoption and fertility, Eug. News 1936, 21, 95 bis 101 (Ref. Psychological Abstracts, Vol. XI, 2. Februar 1937)

21 Schjelderup-Ebbe, Thorlaif: Gallus domesticus in seinem täglichen Leben, Dissertation, Greifswald 1921
22 Schopenhauer, Arthur: Aphorismen zur Lebensweisheit, Leipzig, Alfred Kröner
23 Seitz, Ludwig: Wachstum, Geschlecht und Fortpflanzung, Berlin 1933
24 Sellheim, H.: Das Geheimnis vom Ewig-Weiblichen, 2. Aufl. Stuttgart 1924
25 Stieve, H.: Nervös bedingte Veränderungen an den Geschlechtsorganen, Dtsch. med. Wschr. 66 (1940), 34
26 Tinbergen, N.: Die Übersprungbewegung, Z. Tierpsychologie 4 (1940), 1
27 v. Uexküll, J.: Theoretische Biologie, 2. Aufl. Berlin 1928
28 — Bedeutungslehre, Leipzig 1940
29 Wagner, R.: Methodik und Ergebnisse fortlaufender Blutdruckschreibung am Menschen, Leipzig 1942
30 Zeller, W.: Der erste Gestaltwandel des Kindes, Leipzig 1936

III. Subjekt und Umwelt

15. Langeweile
    Versuch einer systematischen Darstellung
    (1960)
16. Umweltbezug der Darmfunktion
    Homologes Defäkationsverhalten bei Spitzhörnchen
    (Tupaia spec.) und Mensch
    (1965)
17. Omnisektorielle Aufmerksamkeit
    Empirische Tierpark-Beobachtungen und ihre Bedeutung
    für die Psychopathologie
    (1962)
18. Ammenschlaf-Experiment und Halluzinose
    Beitrag zu einer biologisch orientierten Psychopathologie
    (1962)
19. Die Umweltlehre des Paracelsus
    Beitrag zu einer medizinischen Anthropologie
    (1944)

Die Aufsätze des dritten Kapitels (15-19) datieren gleichfalls aus dem Zeitraum zwischen 1944 und 1965. Ich rücke sie hier unter den Generalnenner »Subjekt und Umwelt«, womit ich zum Ausdruck bringe, daß ich die Konzeption Uexkülls als grundlegend anerkenne:

15. *Langeweile* (1960). Das Langeweile-Erlebnis, das mit charakteristischen Verhaltensweisen einhergeht, resultiert aus einer allzu reizarmen Umwelt. Das Waage-Gleichgewicht ist gestört. Dazu muß gesagt werden, daß das Subjekt, sei es Mensch oder Tier, einer gewissen Kompensation fähig ist. Die Reizlosigkeit auf seiten der Umwelt kann z. B. einschläfernd wirken, aber es gibt auch andere Reaktions-Mechanismen.

Die Aufstände der westdeutschen Studenten hatten sich im Jahre 1960 noch nicht vollzogen. Sicherlich gab es damals schon Kreise der Studentenschaft, die mit dem veralteten Universitätsbetrieb nicht einverstanden waren, aber das Gewitter hatte sich noch nicht entladen. Es werden im 3. Teil dieses Essays, betitelt *Unsere langweilige Welt*, Determinanten sichtbar, die die Dynamik des Aufstandes erraten lassen.

16. *Umweltbezug der Darmfunktion* (1965). Die Beobachtungen weisen darauf hin, daß der Darm zu der Sicherung des Wohn-Territoriums in Beziehung zu setzen ist, und zwar bei Tier und Mensch. Er bringt in der nervösen Obstipation einen gewissen Respekt dem fremden Territorium gegenüber zum Ausdruck. In der Rechtssprache ist vom Haus- oder Landfriedensbruch die Rede. Anderseits wird berichtet, wie die Geldschrankknacker alter Zeit ihre Einbrecher-Kothaufen am Ort ihrer Tätigkeit hinterließen. Auch die Einbrecher im übertragenen Sinne, die militärischen Invasoren, die in fremde Gebiete »einbrechen«, werden von ihrem Darm veranlaßt, das Territorium zu bezeichnen. Ein interessanter französischer Fluch findet so seine Erklärung.

17. *Omnisektorielle Aufmerksamkeit* (1960). Es kennzeichnet das noch nicht oder nicht genügend domestizierte Tier, daß ihm alle Sektoren des Kreises sensorisch bedeutsam sind, in dessen Mittelpunkt es steht. Diese Umwelt-Überbedeut-

samkeit liegt den Haustieren fern, auch dem zivilisierten Menschen. Die omnisektorielle Aufmerksamkeit bezieht sich auf die Sicherung des Subjekts. Feindvermeidung (H. Hediger) als höchstes Prinzip.

18. *Ammenschlaf-Experiment und Halluzinose* (1962). Der Mensch ist den Partnern seiner leibhaft-realen Umwelt emotional verbunden, ebenso wie das Tier. Außerdem aber steht er im Banne einer »inneren Außenwelt« (Novalis), so daß von zwei Partner-Garnituren die Rede sein darf. Es wird gezeigt, wie in einer kalten Winternacht erwartet wird, daß der Hauskater vor einer Glastür erscheint, um in das Haus eingelassen zu werden. Bevor er physisch-tatsächlich erscheint, tritt von Zeit zu Zeit im Traum des schlafenden Menschen ein innerer, imaginärer Kater hervor, der als die Doublette des leibhaftwirklichen Katers anmutet.

19. *Die Umweltlehre des Paracelsus* (1944). Es wird gezeigt, wie bei Paracelsus, dem in der empirischen Forschung der Medizin die Bedeutung eines Bahnbrechers zukommt, in seiner uns heute noch reichlich mittelalterlich anmutenden Sprache gleichsam Anklänge an die Subjekt-Umwelt-Konzeption J. v. Uexkülls festgestellt werden können. Er erfaßte, daß Subjekt und Umwelt einander urtümlich-archetypisch zugeordnet sind.

15. Langeweile

Versuch einer systematischen Darstellung
(1960)

Da es mir um die Darstellung Biologischer Radikale zu tun ist, werden in den folgenden Ausführungen biologisch orientierte Formulierungen gebraucht. Das umweltbezogene Verhalten der Tiere ist heranzuziehen, weil man von der Überzeugung ausgehen kann, daß die neurophysiologischen Regler-Systeme der Tiere ähnliche Erscheinungen zeitigen wie die von Selbststeuerungen erfüllte animalische Basis des Menschen, die sich uns als ein *paläoanthropologisches Erbe* darstellt. Die Analogie ist uns mehr als nur ein Gleichnis, mit Hilfe dessen wir menschliche Verhaltensweisen verdeutlichen. Unser »Es«, wenn ich diesen psychoanalytischen Ausdruck heranziehen darf, erscheint uns nicht als ein Chaos, sondern stellt ein System von Selbstregulationen dar, das wir nicht ignorieren können, wenn wir ein so kompliziertes Phänomen wie das der *Langeweile* darstellen wollen.

I. Paradigmatische Zuordnungen

Wer in seiner Stadtwohnung einen Hund hält, wird die Feststellung machen, daß dieses Tier auffallend viel döst und schläft. Es scheint, daß ihn die Langeweile dieser Umwelt »ansteckt«. Er legt sich hin, wenn um ihn her »nichts los ist«, und bettet seine Schnauze zwischen die ausgestreckten Vorderläufe. Man bezeichnet sein Verhalten als »Dösen«, und der Vorgang des Einschlafens kann sich daraus ergeben. Die Stadtwohnung ist für das Tier nicht die natürliche Umwelt, die durch die Trias »Feindtönung« (1), Hunger und Kälte gekennzeichnet ist. Es ist denkbar, daß unsere Wohnung, in der wir das Subjekt halten, wie ein riesiger Käfig erlebt wird. Man ist versucht, von einem Spar-Prinzip zu sprechen, wenn man feststellt, wie die lahme Wohnungs-Umwelt das Tier gleichsam lähmt. Wenn man ein physikalistisches Gleichnis gebrauchen wollte, so könnte man sagen, daß der Druck dieser gegenwärtigen Umwelt minimal ist, nämlich der Stimulations-Druck, und nach diesem Druck, ihm »angemessen«, stellt sich der Innen- oder Expansions-Druck des Subjektes um. Sofort, wenn die Umwelt dagegen »interessant« wird, ist es mit der Ruhe des Tieres aus: Vor dem Haus bellen einige Nachbar-Hunde. Mit einem Schlag springt das Subjekt hoch. Sein Dös-Verhalten ist überwunden, wenn das Tier an das Fenster läuft und seinerseits in das Gebell einstimmt. Da ist der Stimulations-Druck, der von der Umwelt ausgeht, plötzlich angestiegen, und entsprechend, diesem Umwelt-Außendruck angemessen, ist der Innen- oder Expansionsdruck des Tieres erhöht. Das Verhalten, das der Hund soeben noch zeigte, war trophotrop-schlafwärts gerichtet, während nun die Umkehr zur Vigilität und Kraftentladung erfolgt. Die vagoton determinierte Stimmung wird von einer anderen abgelöst, die durch den Sympathicus gekennzeichnet ist. Es ist wahrscheinlich, daß sich der Hund, wäre die Haustür offen, jetzt den Artgenossen zugesellte. Das Anschluß-Bedürfnis, das ihm als zoon politikon zukommt, würde sich motorisch-effektorisch auswirken. Die Beispiele von dem in der langweiligen Umwelt einschlafenden und dem in einer valenzenreichen Umwelt sich erregenden Tier sollen uns die *Druck-Übereinstimmung* (= das Subjekt-Umwelt-Aequilibrium) zeigen. Wem der Terminus *Gleichschaltung* sympathisch ist, könnte die bestehende Korrespondenz in diesem Sinne bezeichnen. Wir gebrauchen den Begriff »Valenz« im Sinne des englischen Biologen E. S. Russell (2).

Wenn wir zu einer systematischen Darstellung kommen wollen, müssen wir die folgenden Zuordnungen beachten: A. Die Umwelt ist valenzenarm. Das Subjekt wird nicht »angesprochen«, und dieser Lahmheit entsprechend wird es selbst lahm.

Es »spart« in einem Dös- oder Schlaf-Verhalten die Kräfte. Beim Tier wird man nicht ohne weiteres feststellen können, ob es noch döst oder bereits im Schlafen begriffen ist. Wir werden auf das menschliche Spar-Verhalten des Dösens eingehen müssen, das sich in einer langweiligen Umwelt, einer Unterrichtsstunde z. B., auf seiten des Schülers manifestieren kann. Von uns selber können wir es im allgemeinen sagen, ob wir uns nur unaufmerksam-dösend verhielten oder den Tonusverlust erlitten, der zum Schlafen gehört. Wir haben demnach zwischen A 1 dem Dösen und A 2 dem Schlafen zu unterscheiden, wenn wir das einer *lahmen Umwelt* angemessene trophotrope Verhalten kennzeichnen wollen. – Unter den Oberbegriff der *Übereinstimmung* von Außen-Druck (= Stimulations-Druck) und subjektivem Innen-Druck fällt auch das Verhalten B. Es sei an das Beispiel erinnert, das wir oben erörterten: Der Hund spricht auf die erregende (= valenzenreiche) Umwelt mit einem erregten Verhalten an. Es ist unter A also zu verstehen, daß artspezifisch geringer Umwelt-Druck und subjektiver Innen-Druck harmonieren, während im Falle B erregte Umwelt zugleich subjektiv erregende Umwelt ist, so daß auch in diesem Falle von einer »Harmonie« (= Übereinstimmung) die Rede sein kann. Wenn wir das Subjekt in den Blickpunkt stellen, so müssen wir sagen, daß es dieser Spielbreite des Verhaltens nicht jederzeit fähig ist. Die Voraussetzung für das biologische Radikal der Zuordnung A ist gegeben, wenn das Subjekt eines Dösens oder Einschlafens fähig ist. Man kann sich vorstellen, daß es zuweilen in einer Verfassung (= Stimmung) ist, die das Absinken in die vagotonen Bereiche verhindert, so daß in diesem Falle trotz der lahmen Umwelt die Übereinstimmung *nicht* zustande kommt. Mit anderen Worten: Es kommt auf den *Ausgangswert* an. Das Tier muß in einer mittleren, *neutralen Basis-Verfassung* sein, die sowohl das Absinken in die trophotropen Spar-Verfassungen des Dösens und Schlafens als auch die Ansprechbarkeit seitens einer stimulierenden Umwelt zuläßt. Das wäre eine schwingungsfähige, *flexible Vigilität,* die sich absenken und erhöhen läßt, je nachdem, wie es als »angemessen« erscheint. Die »Ansprache« seitens der Umwelt und die »Ansprechbarkeit« des Subjekts korrespondieren. In den Fällen C und D handelt es sich um die Vigilitäts-Verfassung, die ein Einklinken in die Umwelt-Gegebenheiten nicht zuläßt. Hier entfällt die flexible Anpassung des Subjekts. Jetzt stellen Stimulations-Druck der Umwelt und Vigilitäts-Druck des Subjekts keine kommunizierende Entsprechungs-Ganzheit dar. Fall C faßt in sich die Form der mangelnden Druck-Übereinstimmung, die darin zu sehen ist, daß die Umwelt wohl einen Reiz-Druck aufweist, der aber nicht induzierend wirkt. Diese Tatsache stellen wir fest, wenn unser Hund krank ist. Sein Verhalten paßt sich jetzt den sympathicotonen Aufforderungs-Charakteren seitens der Umwelt nicht an. Was auch immer stimulierend wirkte, als das Tier noch durch sein flexibles Basis-Verhalten gekennzeichnet war, verfängt jetzt nicht mehr. Krankheit kann durch trophotrope Tendenzen gekennzeichnet sein. Es kommt immer auf die Vigilitäts-Verfassung in der Verbindung mit den Reserven an: Auch wenn das Subjekt völlig erschöpft ist, reagiert es äußerst apathisch oder überhaupt nicht mehr. Zu dem Begriff der flexiblen Vigilität gehört der eines energetischen Potentials. Wenn das Tier erschöpft oder überaus leicht erschöpfbar ist, versagt es. Wenn man den Begriff der *Langeweile* gebrauchen will, so muß die Aussage lauten: Das Subjekt ist »langweilig«, während die Umwelt Valenzen bereit hält, ohne daß es zu einer Gleichgewichts-Korrespondenz kommt.

Das uns am stärksten interessierende Biologische Radikal ist in dem Paradigma D zu sehen: Der Stimulations-Druck der Umwelt ist gering, während auf seiten des Subjekts ein Überdruck besteht: Der Hund kann ein langweiliges, lahmes Verhalten zeigen, weil seine Umwelt entsprechend reizlos, d. h. arm an Valenzen ist; er kann aber auch, wenn in seiner Umwelt »nichts los ist«, ein Verhalten zeigen, das man als »gelangweilt« bezeichnen könnte. Es ist ein Unterschied, ob man das auf das Substantivum »Langeweile« bezogene Adjektivum »langweilig« oder ob man das Partizipium perfecti »gelangweilt« gebraucht. Der erschöpfte Hund, von dem unter C die Rede war, wurde »langweilig«, während unser hellwacher, ausgeschlafener Hund ein »gelangweiltes«, und das besagt, ein gequältes, durch die Valenzen-Armut bedingtes *Erregungs-Verhalten* zeigt: Er trippelt von Zimmer zu Zimmer und wird zur Ausgangstür gehen oder wird an mir hochspringen, wenn ich mich einem gewissen Schrank nähere, dessen Tür ich zu öffnen pflege, wenn ich, um mit dem Hund auszugehen, diesem Schrank Hut und Mantel entnehme. Ich habe gar nicht die Absicht, mit meinem Hund auszugehen, aber aus seiner Stimmung heraus verleiht er meinen Bewegungen, d. h. der Annäherung an den gewissen Schrank, diese Deutung. Jetzt kann man nicht sagen, daß sich der Umwelt-Druck und der Innen-Druck des Subjekts die Waage halten. Wenn ich das Wörtchen »weil« heranziehen darf, so muß die Aussage lauten: weil in dieser Umwelt »nichts los ist«, d. h. in der »Weile« mangelnder Stimulation, zeigt das Tier, das von einem inneren Bewegungs-Druck erfüllt ist, ein Unruhe-Verhalten. Der Hund ist jetzt in Ausgeh-Stimmung, während er vorhin, als sich der Umwelt-Druck und der Druck in einem Gleichgewicht hielten, in einer Dös-Schlaf-Stimmung auf dem Fußboden lag, die als umweltangemessen erschien. Jetzt stimuliert der Hund die Umwelt, indem er mich anspringt und gleichsam zum Ausgehen auffordert. Das Gleichgewicht zwischen valenzenarmer Umwelt und Dös-Verhalten ist jetzt in die Brüche gegangen, aber nicht darum, »weil« sich vor dem Haus ein Hundegebell erhob, d. h. weil die Umwelt plötzlich interessant wurde, sondern weil ein innerer Überdruck trotz der lahmen Umwelt aufkam. Wenn man sich physiologischer Ausdrucksweisen bedienen wollte, so könnte man sagen: Die Erscheinung, die man als »Expansions-Druck« oder Innendruck bezeichnen könnte, ist mit einer *Schwellenerniedrigung* verbunden. Das besagt: Wenn ich an dem Schrank vorbeigehe oder sogar die Tür öffne, während der erschöpfte Hund schläft oder döst, ist meine Bewegung kein Stimulans für das

Tier. Alsdann ist der Schwellenwert der Umwelt-Reize erstaunlich hoch. Heute dagegen beobachtet mich das Subjekt und mißdeutet sogar meine Bewegungen, und zwar in einer illusionären Weise. Er ist an mich attachiert, weil ich, von ihm aus gesehen, sein Rudel-Genosse bin. Wenn der Mißverständnis-Szene ein Namen zukommen sollte, so würde er lauten: Rudel im Aufbruch. Rudel erfüllt von Ungeduld.

Wenn ich mit diesem Hund, der in der Stadtwohnung lebt, auf das Land hinausfahre, so kann ich mit Sicherheit sagen, daß er unmittelbar nach dem Verlassen des Automobils in ein heftiges Laufen geraten wird. Daß man Voraussagen machen kann, zeigt, wie man sich auf die selbsttätigen Regulationen verlassen kann. Von Regler-Gesetzlichkeiten handeln besagt, daß man ein Verhalten gleichsam zu prophezeien vermag. Da uns der *Stallmut* interessieren soll, bringe ich die entsprechende Beobachtung: Wir entsteigen dem Wagen außerhalb der Stadt an einem nach menschlichem Ermessen wenig reizvollen, d. h. nicht mit Valenzen gespickten Platz. Tatsächlich wird der Hund an diesem Ort nicht sensorisch gefesselt, etwa in dem Sinne, daß dort Hunde wären, denen er sich zugesellt oder mit denen er sich herumbeißt, auch nicht in dem Sinne, daß er dort Hühner oder Hasen jagen kann. Es ist, unsere Wendung zu wiederholen, auch hier »nichts los«, und dennoch darf in dieser Situation von einer Valenz die Rede sein: Es scheint, daß das weite Feld den Hund zum Losrennen stimuliert. In der Stadtwohnung wird das Tier nicht über Tische und Bänke springen, auch wenn sein innerer Expansionsdruck stark genug zu einer turbulenten Entladung wäre. Zu Hause resigniert das Tier, was auch mit seiner »Erziehung« im Zusammenhang stehen dürfte. Jetzt dagegen wirken Valenzen, die ihm nur das freie Feld bieten kann: Aufforderungen zu einem Bewegungssturm. – Hier, vom Käfig befreit, kann der innere Überdruck endlich auspuffen. In weiten Schleifen rast der Hund, und zwar partnerunbezogen, über die Wiesen. Das ist, wenn ich den Ausdruck »Relaxations-Vergnügen« (Gregory [3]) gebrauchen darf, offensichtlich ein lustvolles Entspannungs-Erlebnis. Man hat diesen Eindruck. Das *Basis-Gleichgewicht* soll, wie es scheint, über diese Entladung wiederhergestellt werden. Nach einigen Minuten ist das Tier soweit, daß es mit mir Seite an Seite gehen kann. Die Relaxation, die man als Stallmut-Relaxation bezeichnen könnte, führt nicht unmittelbar in die Dös-Schlaf-Verfassung, sondern es wird die oben bezeichnete energetische Basis erreicht, die man als die *neutrale Ausgangs- und Restitutions-Basis* bezeichnen könnte. Nach vielen Erholungs-Relaxationen in der Stadtwohnung erfolgt nun diese feuerwerksartige Abnutzungs-Relaxation, die wie ein *Rausch* anmutet. Das Tier sparte, wenn man so sagen darf, in der lahmen Umwelt, jetzt aber gibt es diese Ersparnisse verschwenderisch-ekstatisch aus.

Das Wort »Stallmut« spielt auf die Pferdehaltung an: Wenn die Pferde im Winter oder während langer Regenperioden unbeschäftigt im Stall stehen müssen, kommt es bei ihnen zu einer Stauung der Energien, die sich in einer heftigen Unruhe bekunden kann. Sie zeigen, wenn sie alsdann aus dem Stall geführt werden, ein spielerisches Austoben ihrer Kräfte. Es darf, wie uns scheint, bei dieser Erscheinung auch von einem Leerlauf-Verhalten die Rede sein. K. Lorenz (4) hat expansives Verhalten dieser Art beschrieben, das sich bekundet, wenn eine Instinkthandlung »längere Zeit nicht zur Auslösung gelangt«. Es erniedrigt sich alsdann der zu ihrer Auslösung erforderliche Schwellenwert der Reize. »Die Schwellenerniedrigung der auslösenden Reize kann insofern einen Grenzwert erreichen, als die lange hintangehaltene Reaktion ohne nachweisbaren Reiz zum Durchbruch kommt.« Dieses biologische Radikal interessiert uns. Man kann sich klarmachen, was Leerlauf- resp. Stallmut-Verhalten ist, wenn man dieses Relaxations-Verhalten mit dem »Verhalten« eines vom Menschen konstruierten beweglichen »Subjekts« vergleicht, nämlich mit dem »Verhalten« des Automobils: Es ist völlig belanglos, wie lange ich mit dem Wagen nicht auf den Straßen war, wenn ich die Garagentür öffne. Niemand befürchtet, daß der Wagen, der längere Zeit in der valenzenarmen, abgedunkelten Garage gestanden hat, plötzlich losrast, wenn die Tür aufgeht. Stauungs-Erregung, die auf lange hintangehaltenes Sich-Bewegen zurückdatiert und zu einem Bewegungssturm führt, ist bei diesem »Mechanismus« nicht vorzufinden. Nur beim Lebewesen kennen wir ein Bewegungs-Soll, das abgeleistet, um nicht zu sagen »abgeleitet« werden muß, weil eine innere Regler-Gesetzlichkeit es verlangt. Der Kraftwagen hat keine Umwelt, von deren Stimulations-Druck er abhängig ist und in der sich sein energetisches Potential investieren muß. Tier und Mensch sind in ihrem Energie-Haushalt an eine Umwelt gebunden.

Der Hund trippelt in der Stadtwohnung unruhig umher, statt dem Spar-Prinzip A 1 zu verfallen, das wir feststellten, wenn sich das Tier der valenzenarmen Umwelt in einem Dös-Verhalten ausliefert. Das Tier erfährt in seiner Stallmut-Verfassung *Genugtuung*, wenn ich ihm zuliebe mit ihm zusammen das Haus verlasse und wenn wir nur einen Spaziergang unternehmen, der einen Häuserblock umfaßt. Wenn ich dagegen die Bewegungs-Unruhe des Tieres ignoriere, so ist es schließlich zu weiterem Spar-Verhalten gezwungen. Da es mir um eine systematische Darstellung zu tun ist, will ich dieses Unruhe-Verhalten, das im Falle der Nicht-Befriedigung wieder abebbt, als das Verhalten D 1 bezeichnen. Wir sagten bereits, daß der Hund innerhalb der Wohnung das verschwenderische Sich-Austoben nicht zeigt. Jetzt kann der innere Druck nicht abreagiert werden, so daß dem Subjekt die Genugtuung nicht zuteil wird, die zur Restitution führt. Wir setzen die Begriffe Relaxation und Restitution einander gleich, denn allein die Abnutzungs-Relaxation führt zur Wiederherstellung der neutralen *Basis-Verfassung*. Wenn man den Begriff der Genugtuung oder Satisfaktion (= Absättigung) in den Blickpunkt rückt, so ergibt sich, daß sich Satisfaktions-Defizit plus Satisfaktions-Defizit addiert, bis vor den Toren der Stadt, wenn der Hund aus dem Wagen gesprungen ist, die summarische Abrechnung D 2 erfolgt.

Dieses Verhalten D 2 könnte uns an die besondere Art der Selbststeuerung erinnern, die man als Kippschwingung bezeichnet. H. Selbach (5) hat in seiner Theorie der epileptischen Anfälle diesen Begriff aus der Physik seit langem gebraucht. Im Falle der Stallmut-Entladung, bei der es sich um einen sich immer wieder aufs neue summierenden Energievorrat handelt, könnte man an das folgende Beispiel aus der Hydrodynamik erinnert werden, das wir dem physikalischen Lehrbuch von F. Wolf (6) entnehmen: Auf der Abb. 1 ist

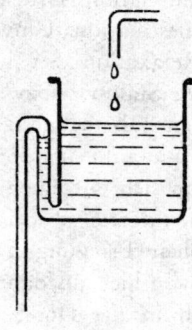

Abb. 1

ein mit einem Heber versehenes Gefäß dargestellt, in das ständig Wasser tropft. Der Spiegel steigt langsam bis zu der Höhe an, bei der der Heber das sich langsam ansammelnde Wasser plötzlich summarisch verausgabt. Das Gefäß entleert sich, aber es sammelt sich tropfenweise die Flüssigkeit wieder an, bis sich erneut die summarische Abfuhr ergibt. Was uns an dem Beispiel der Kippschwingung interessiert, ist der zeitliche

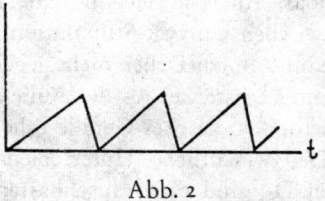

Abb. 2

Verlauf, der das Bild einer Sägezahnkurve ergibt (s. Abb. 2). Wenn das Gleichnis auch nicht in jeder Hinsicht das Stallmut-Verhalten trifft, darf man im wesentlichen doch sagen, daß sich die Nichtbefriedigung, die ich als »Satisfaktions-Defizit« bezeichnete, gewissermaßen tropfenweise addiert, bis die »verschwenderische Entladung« selbstregulatorisch erfolgt.
Um eine vorläufige Zusammenfassung zu geben, möchte ich sagen: Wir kennen zweierlei *Relaxation,* nämlich die eine, die sich in der Stadtwohnung vollzieht, wenn der Hund unter dem einschläfernden Stimulations-Druck seitens seiner künstlichen Umwelt (= Domestikations-Umwelt) steht. Das ist die schlafwärtsgerichtete Relaxation A 1 bzw. A 2. Außerdem gibt es die obenerwähnte Stallmut- bzw. Leerlauf-Relaxation D 2, die sich unter freiem Himmel ereignet. Diese bringt das Subjekt auf den Status quo ante einer *neutralen Basis-Verfassung* zurück. Wenn man sich mit einer graphischen Darstellung verständlich machen dürfte, so würde die Stallmut-Relaxation von einem hohen Erregungs-Druck aus zur Basis herabführen, während von hier aus dann die Dös-Relaxation weiter hinab-, nämlich in die Dös-Schlaf-Bereiche führen würde. Es wäre zu sagen, daß sich in dem Paradigma D 2, d. h. bei dem Sich-Ausrasen auf dem freien Feld, der Innendruck des Subjekts mit dem Umwelt-Valenzendruck die Waage *nicht* hält. Es scheint, daß man dem Leerlauf-Verhalten einen *spielerischen Akzent* zuerkennen muß, entsprechend der Spencerschen Spiel-Theorie, die von einem erhöhten Innen-Druck ausgeht. Schon D 1, das unruhige Herumtrippeln des Hundes in der Stadtwohnung, wenn dieser unter einem unbefriedigten Ausgeh-Bedürfnis steht, wäre dem Stallmut-Verhalten vergleichbar. Auch in diesem Falle ist das Waage-Gleichgewicht zwischen Umwelt-Stimulation, die als matt zu bezeichnen wäre, und Innen-Druck nicht gegeben. Der Innen-Druck überwiegt, er ist stärker als der Außen-Druck, so daß sich ein motorisch-effektorisches Gefälle erheblichen Ausmaßes ergibt. – Der wesentliche Unterschied zwischen dem Unrast-Verhalten D 1 und dem rauschhaften Sich-Ausrasen

D 2 ist einerseits in der Heftigkeit der Entladung zu sehen, anderseits darin, daß die Hyperkinese auf dem freien Feld den Charakter einer *verspäteten* Stau-Entladung (Kippschwingung) aufweist.

Ganz allgemein kann man sagen, daß die Intensität der motorischen Entladungen (Paradigma D 1 und Paradigma D 2) auch vom Lebensalter des Subjekts abhängt, und zwar gilt das für Tier und Mensch. Diese Analogie hervorzuheben ist uns wichtig. »Jungvieh hat Mut«, lautet ein Sprichwort, das man gebraucht, wenn man auf die menschliche Jugend hinweist, deren Übermut und zappelige Unruhe von jeher beklagt wird. In Hoffmanns amüsantem Katalog der Kinder-Untugenden, unter dem Namen *Struwwelpeter* bekannt, erscheint der Zappel-Philipp als die Verkörperung dieses Unruhe-Verhaltens D 1. Es ist interessant, wie sich Wahrheiten dieser Art in der Sprache niederzuschlagen pflegen, denn wir können die Tatsache, daß das Verhalten junger Tiere übermütig anmutet, auch aus einer anderen Wendung belegen: In Ostdeutschland und im besonderen auch in Berlin gebrauchte man früher den Hinweis, daß der Umgang mit »jungen Pferden« gefährlich sei. Die sprichwörtliche Wendung, die betont einen grammatikalischen Schnitzer zum Ausdruck bringt, lautet: »Vorsicht mit die jungen Pferde!« Das besagt, diese »halbstarken« Tiere gebärden sich wie stallmütige alte Pferde, so unbeherrschbar und wild ist ihr Verhalten. Das Thema des Stallmuts ist nicht neu, wenn wir bedenken, daß die Spencersche Spiel-Theorie (7) auf diesem Kräfte-Überschuß aufbaut, der sich vor allem bei jungen Tieren und Menschen findet. Man erinnere sich der spielerischen Attitüden, die wir an jungen Zicklein beobachten können. Wir vergleichen mit diesen »Caprizen« das Verhalten der alten Tiere. Beim Menschen ist die »Weisheit und Würde des Alters« mit einer Sparsamkeit im Gebrauch des motorischen Ausdrucks gepaart.

II. Wie Langeweile erlebt werden kann

Was der Hund erlebt, wenn er unruhig durch die Wohnung trippelt, wissen wir nicht. Vom Menschen erwartet man, daß er sich über das Erleben zu äußern vermag, das seinem *Verhalten* entspricht. Die Paradigmata A (A 1 und A 2), B, C und D (D 1 und D 2) kennen wir als Biologische Radikale auch aus dem Scenarium humanum: Nachdem ich in einer entlegenen Gegend das Wochenende verbracht habe, verpasse ich am Sonntagabend den Zug. Zum Glück ist es nicht der letzte überhaupt. In einer Stunde werde ich heimfahren können, wenn ich diesmal auf dem Quivive bin. Es ist auf der kleinen Bahnstation ein Warteraum da, in dem ich Platz nehmen könnte. Hier, an einem Tisch sitzend, würde ich diese Stunde zubringen, wenn die Ratio allein Herr im Hause wäre. Ich könnte z. B. in einem Buch lesen, das ich auf die Reise mitnahm. Der Bahnhof ist ein langweiliges, d. h. valenzenarmes Gebäude. Es ist Nacht, die Landschaft ist in Dunkel gehüllt. Ganz generell darf gelten: »Hier ist nichts los.« Außerdem bin ich wütend über mich selbst, denn ich hätte achtgeben und mich beeilen müssen! Die Situation ist unerfreulich, das kann man wohl sagen. Es käme Paradigma A aus der Summe möglicher Verhaltens-Garnituren zur Geltung, wenn ich ganz ungemein müde wäre und nicht unter der Ungeduld und dem Zornes-Stimulans litte, das sympathicoton gekennzeichnet ist. Das Moment des *Ausgangswerts* muß in jedem Falle berücksichtigt werden, das müssen wir ausdrücklich sagen. – Angenommen, mein Hund wäre in seiner Eigenschaft als Rudel-Kumpan mit auf der Reise, so würde er in diesem valenzenarmen Raum zum mindesten dem Paradigma A 1, einer Dös-Verfassung als einer schlafwärts gerichteten Relaxation erliegen, auch wenn er nicht sonderlich müde ist. Er lebt der Gegenwart, und das besagt, er lebt allein in der gegenwärtigen Situation, während ich über mich selbst verärgert bin und mir außerdem der Pflicht bewußt bin, nun unbedingt mit dem nächsten Zug fahren zu müssen. Ich lebe, wenn man so sagen darf, weit stimulierter als das domestizierte Tier, denn ich kenne auch die *ethische Stimulation* und kenne den Selbstvorwurf, d. h. die Anklage gegen mich selbst. Es gibt nicht nur die Stimulation seitens der Umwelt, sondern auch eine Stimulation von innen heraus. In der Metaphorik unserer Sprache ist vom »Gewissensbiß« die Rede. Daß ich mich jetzt an den Tisch des Warteraums setze und lese, vielleicht nur unaufmerksam lese, was einem Dösen (A 1) gleichzusetzen wäre, oder mich hinsetze und ohne weiteres döse, liegt in Anbetracht meiner Erregung nicht nahe. Diese Relaxation setzt eine Bereitschaft voraus, die man als trophotrope Tendenz bezeichnen könnte.

Es wurde gesagt, daß ich mich an den Tisch setzen und die Stunde hinbringen würde, wenn »die Ratio Herr im Hause« wäre. Tatsächlich wird es Menschen geben, die das vermögen. Gleichmütig stellen sie fest, daß erst in einer Stunde der nächste Zug gehen wird, und nun lesen sie ohne alle Erregung oder plaudern mit anderen Menschen (auch das Lesen wäre eine Art Plaudern in dieser Verfassung: man läßt, weil man nichts Besseres vorhat, einen Autor plaudern). Wir sehen, es kommt auf den *Ausgangswert* an, und das besagt in diesem Falle, auch auf das Temperament des Subjekts. Daß der Altersstufe eine Bedeutung zukommt, hörten wir oben bereits. Die Langeweile, die in jedem Falle ein Langeweile-Erleben ist, kann nicht als ein objektives Phänomen wie Regen oder Sonnenschein hingestellt werden. Sie hängt nicht nur von der Umwelt mit ihrem Anreiz- oder Einschläferungs-Vermögen ab. Wenn Regen und Sonnenschein »Widerfahrnisse« sind, so muß man zweierlei Widerfahrnisse unterscheiden: solche, die uns alle betreffen, gleichviel wie wir gestimmt sind, welches Temperament oder Lebensalter uns kennzeichnet, und solche, die von der subjektiven Verfassung abhängen. Es würde auf diesem Planeten regnen, auch wenn es heute noch keine Menschen gäbe. Das ist ein menschenunbezogenes Phänomen, aber es gibt keine »Langeweile an sich«.

Angenommen, ich nähme in meiner Erregung tatsächlich an

dem Tisch im Warteraum Platz, dann nur für kurze Zeit. Die Unruhe (= Rastlosigkeit) ist eine Verfassung, die das Rasten verbietet. Vielleicht würde ich während der kurzen Zeit, die ich an dem Tisch zubringe, mit den Knöcheln der rechten Hand Trommel-Rhythmen auf der Holzplatte zur Geltung bringen, obgleich ich sonst keinerlei Interesse am Trommeln habe. Das ist nun das Paradigma D 1. Ich schlage Rhythmen, weil ich in meiner Ungedulds-Verfassung »die Zeit totschlagen« muß. In Wahrheit ist meine Erregung so stark, daß das Trommeln nicht genügt, sie zu investieren. Ich marschiere vor dem Bahnhofsgebäude umher. Vielleicht gehe ich nach einiger Zeit sogar, ähnlich wie die Eisbären in ihren Zoo-Käfigen, in einer stereotypen Weise hin und zurück vor dem Haus. Tatsächlich bin ich jetzt gleichsam gekäfigt, denn ich kann von diesem Ort nicht weg, weil ich den nächsten Zug abwarten muß. Das ist eine Zivilisations-Situation, wie es eine Zivilisations-Situation ist, wenn mein Hund in der Stadtwohnung nach Paradigma D 1 unruhig von Zimmer zu Zimmer geht. Hier trifft der Vergleich in das Schwarze: Ein Wildtier wird in seiner weiträumigen Umwelt dieses Langeweile-Verhalten nicht zeigen, das daraus resultiert, daß dem Bewegungs-Bedürfnis Grenzen gesetzt sind. Wäre ich selber ein Hund oder Wolf, so würde ich mich vermutlich hier nicht aufhalten lassen, sondern zu Fuß den Heimweg antreten, vorausgesetzt, daß ich die Orientierung hätte. Biologisch gesehen, läuft es darauf hinaus, daß ich in dieser Stunde szenisch engagiert bin, und zwar in einer Szene, die man als »Szene der Heimkehr« bezeichnen kann. Wenn ich nun außerdem vom Ethischen her stimuliert, unruhig vor der Station umhergehe, so plagt mich eine Heimkehr-Stimmung. (Es gibt auch im Scenarium des homo sapiens Ausgeh- und Heimkehr-Stimmung und die entsprechenden psychophysischen Rollen.) Wem die Fähigkeit gegeben ist, der Sprache mit ihren charakteristischen Ausprägungen aufzulauern, stellt fest, daß auch sie die hyperergische Gewaltsamkeit D 1 in der Situation einer Langeweile bekundet: Man »vertreibt« sich die Zeit, nämlich die nutzlose Stunde, oder man »schlägt sie tot«. Das ist nun die »Kurzweil«, wenn ich jetzt auf dem Platz vor dem Haus herumgehe, nämlich das gleichsam gewalttätige, zu hyperergischen Leistungen hintendierende, auf das Erlebnis quälender Langeweile bezogene »Kurzweil-Verhalten«. Das Langeweile-Erlebnis wird allopathisch kuriert, nämlich mittels der Kurzweil. Es ist bekannt, daß eine Zeitspanne, in der wir interessiert-hyperergisch leben, als »kurz« erlebt wird. Wer überspitzte Formulierungen liebt, könnte behaupten: Sie quält mich, die lange Weile, und dafür »schlage ich sie tot« oder versuche zum mindesten, sie zu »vertreiben«, nämlich die Zeit, »die mir lang wird«. Mir wird in dieser Situation »Zeit und Weile lang«. Diese volkstümliche Wendung müßte wohl besser lauten: »Die Zeit als Weile wird mir jetzt lang.« Sie erscheint, weil ich zum Warten verurteilt bin, als »lang«.

Ein anderes Langeweile-Erlebnis ist gegeben, wenn ich einen gelehrten Vortrag höre und dabei in Gefahr bin einzuschlafen. Ich schildere nicht, was es dabei alles an Widerfahrnissen geben kann, sondern stelle nur fest, daß ich gegen die *ansteckende Lahmheit* ankämpfen muß. Das ist nun eindeutig das Paradigma A, von dem auf der öden Bahnstation aus den und den Gründen die Rede nicht war. Angenommen, ich hörte mir diesen Vortrag zu Hause am Radio an, so würde er nicht interessanter sein, aber ich hätte die Möglichkeit, mich zu erheben und in großen Schritten im Zimmer auf- und abzugehen, vorausgesetzt, daß ich die Ausführungen unbedingt hören wollte. Daß ich in dem Vortragssaal still sitzen muß, während mich die monotone Lahmheit des Redners lähmt, ist eine »Gefahr«, denn in dem Stille-Verhalten ist bereits ein Einschlaf-Element gegeben, zu dem sich andere Elemente aus diesem Funktions-Ensemble ankristallisieren, wenn ich mich nicht dagegen wehre. Die Bewegungs-Stille in dieser Situation führt zu der schlafwärts gerichteten Relaxation. In der Publikation *Trinker* (8) versuchte ich das Einschlaf-Geschehen und -Erleben zu analysieren, wobei sich eine ganze Reihe miteinander synergistisch verbundener, sog. S-Elemente (S = Schlaf) ergab. Dem Sog in das trophotrope Nichts wirkt in dieser Situation quälender Langeweile das »Bewußtsein« entgegen, »auf dem Präsentierteller zu sitzen«. Ich werde in das Blick-Feld der Kollegen geraten, die an meinem Verhalten Anstoß nehmen. Mit anderen Worten: Während mich der Vortragende »relaxiert«, stimuliert mich die archaische »Szene des Anstoßnehmens«, so daß sich vagotone und sympathicotone Kräfte möglicherweise die Waage halten. – Es wäre eine Blamage, wenn ich in diesem erlauchten Gremium dem Schlaf verfiele. Es kann durchaus sein, daß sich das Paradigma D 1 bekundet, auch wenn ich in diesem Käfig-Raum nicht umhergehen kann: Ich stelle z. B. fest, wie ich, ohne mir dessen bewußt zu sein, d. h. aus Regler-Gesetzlichkeiten heraus, mit den Knien wippe oder mir heimlich mit der rechten Hand einen Trommel-Rhythmus auf den Oberschenkel klopfe, während »die Zeit dahinschleicht«. Als ob man die Zeit »auf Trab bringen« könnte, so mutet dieses hyperergische D 1-Langeweile-Verhalten an. – Das alles sind, mit Pascal zu reden, Divertissements. Wenn man mich fragte, was die ärgere Pein ist, der D 1-Garnitur gemäß vor dem Bahnhof auf- und abzumarschieren oder während des Vortrags gegen das unter A 2 fallende Einschlafen auf der Hut sein zu müssen, so würde ich sagen, daß mich die ausweglose Hörsaal-Situation die weit quälendere Langeweile erleben läßt.

Wer darauf aus wäre, die menschliche Stallmut-Überschuß-Motilität zu beobachten, d. h. also die Situation D 2, die durch die verschwenderische Entladung gekennzeichnet ist, sollte sich auf den Hof einer Volksschule begeben, wenn das Pausenzeichen erschallt ist. Wir mußten im ersten Dezennium dieses Jahrhunderts Hand in Hand gehen, wenn uns der Lehrer auf den Schulhof führte, während heute die Disziplin lockerer ist, indem wir im ganzen viel freiheitlicher, d. h. weniger autoritätsgebunden, leben. Es kann jetzt mancherorts die Motilitäts-Fülle beobachtet werden, von der die Rede war, als wir die Hyperkinese des stallmütigen Hundes beschrieben. Wie bei der Darstellung des Paradigmas D 2 könnten wir sagen, daß die Kinder während der Stunde »sparen« mußten, als sie in ihren Bänken saßen, während sie diese Ersparnisse jetzt endlich verschwenderisch ausgeben dürfen. Es gibt nichts Herzerquickenderes als Zeuge zu sein, wenn mittags in irgendeinem entlegenen Dorf die Schule aus ist und die große Tür geöffnet wird, nachdem die Kinder stundenlang zu einem vagoton-trophotropen, d. h. im Jargon zu reden, zu einem »schlafmützigen« Verhalten genötigt waren, denn nicht alles, was ihnen in der Schule seitens der Lehrer an Lernstoff zuteil wird, erregte sie. Nun stürmen sie geradezu explosiv ins Freie. Bemerkenswert ist die Feststellung, daß die Kinder über eine Fähigkeit verfügen, die wohl der Hund noch gebraucht, die jedoch manchen Erwachsenen mit der Pubertät abhanden kommt: das Dösen (A 1). Freilich trifft das nicht für alle Erwachsenen zu. Sind die Männer, die in dem gelehrten Vortrag Figuren auf ein Blatt Papier kritzeln, in der Verfassung A 1? Man könnte darüber streiten, ob diese Unruhe der rechten Hand nicht Paradigma D 1 zum Ausdruck bringt. Ich selbst, wenn ich das hier bemerken darf, bin dieser altbewährten Methode eines Langeweile-Erlebens (= Zeitvertreibens) unfähig. Wenn ich mir schon vornehme, in der Einschlaf-Gefahr zu kritzeln, muß ich feststellen, wie mir der Tonus der rechten Hand erlahmt. Das Langeweile-Einschlafen (A 2) meldet sich, so unerwünscht es mir ist. – Es ist meine Absicht seit langem, einen Fragebogen auszuarbeiten, der sich auf die Schlaf-Wach-Relationen der sog. Gelehrten bezieht. Auf diesem Bogen hätte unter anderem die Frage zu stehen, wie sich das Subjekt in Situationen wie der oben beschriebenen verhält, d. h. ob ihm das Dösen oder das Einschlafen als Langeweile-Widerfahrnisse zugeteilt werden. Ich habe unter Volksschullehrern eine Umfrage gehalten, die ergab, daß unter den Kindern das Dösen noch im Schwange ist wie vor 50 Jahren, als sich uns der Ausruf des Klassenlehrers einprägte: »Da schläft schon wieder einer mit offenen Augen!« – Das dösende Kind sitzt ruhig da, es zappelt nicht nach dem Paradigma D 1,

d. h. sein Verhalten ist nicht sympathicoton im Sinne der Unrast gekennzeichnet. Die Augen starren ins Leere, d. h. es wird kein Punkt in der Umgebung fixiert, schon gar nicht der Mund des Lehrers. (Die Redewendung, daß die Schüler »an seinen Lippen hängen«, trifft für die dösenden Kinder nicht zu!) Die Augen sind weit geöffnet, und es ist zu bemerken, daß sie »glasig« aussehen, wie die Lehrer behaupten. Das Starren und der glasige Ausdruck bekunden das Minimum an Bewegung und Aufmerksamkeit. In diesem Zustand wird den unaufmerksamen Schülern ein gedankliches Divertissement zuteil, wenn man nicht sagen wollte: zugeteilt, nämlich über selbsttätige Regulationen zugeteilt. – Das Kind sitzt aufrecht da, was also besagt, daß ihm nicht wie beim Einschlafen (A 2) der Streckertonus abhanden kommt, sowenig wie der Lidheber-Tonus. – Bei meiner Umfrage unter den Lehrern hörte ich, daß wirkliches Einschlafen (A 2) unter den Schülern ganz selten vorkommt. Bauernkinder z. B., die frühmorgens schon gearbeitet haben und erschöpft in die Schule kommen, können u. U. tatsächlich einem Einschlafen verfallen.

Ich ließ die Frage offen, ob man das Kritzeln als Unrast-Verhalten (D 1) oder als Dös-Verhalten (A 1) interpretieren sollte. An sich ist es gleichgültig, wie man es deutet, denn man könnte sich mit der behaviouristischen Aussage begnügen, daß es sich um ein Widerfahrnis im Langeweile-Erleben handelt. Da es mir darum zu tun ist, eine denkerische Ordnung zu stiften, die System-Charakter zeigt, habe ich darauf noch einzugehen: Wenn wir einen Menschen beobachten, der in der langweiligen Situation dieses Kritzeln vollführt, so stellen wir fest, daß er z. B. Quadrate aufzeichnet, mit denen er den Bogen bedeckt. Dann wird er diese schraffieren, vielleicht in unterschiedlicher Strichführung, aber doch im Sinne eines Musters, das eine symmetrische Ordnung zum Ausdruck bringt. Mit anderen Worten: Das Moment der Perseveration und der Monotonie erscheint. Rhythmische Monotonie ist ein S-Element im Sinne des obenerwähnten Ensembles synergistischer Elemente (8, S. 163 ff.), die den Schlaf herbeiführen.

Dieses Moment der rhythmischen Monotonie aber begegnete uns bereits, als wir das Unrast-Verhalten (D 1) vor dem Bahnhofsgebäude charakterisierten. Wir sagten, daß ein Mensch, der sich im Herumgehen stereotypen Figuren ausliefert, dem Eisbären im Zoo vergleichbar wird, der in seinem Käfig in stereotypen Bewegungen auf- und abschreitet. Daß der Mann vor dem Bahnhof eine Unrast zeigt, steht außer Frage, aber vielleicht könnte man sagen, daß sich in sein Verhalten das S-Element der Monotonie eingeschlichen hat, was ebenso von dem Kritzel-Dösen mit seiner Stereotypie zu gelten hätte, so daß eine Kombination von D 1 und A 1 vorliegen könnte. — Wenn wir auch die Bewegungslosigkeit des dösenden Kindes betonten, so besteht Bewegung doch insofern, als in dieser hypnagogen Verfassung die Phantasietätigkeit ihren Lauf nimmt. Das alles, ob gekritzelt oder in stereotypen Figuren geschritten wird, trägt Spiel-Charakter. Die Spielregel ist in dieser Verfassung einer Ausweglosigkeit die der monotonen Wiederholung.

Wenn wir auf die Situationen der Langeweile zurückblicken, die wir bisher dargestellt haben, so fällt uns auf, daß sich ein Tertium comparationis feststellen läßt, das uns als bedeutsam erscheint: Der Hund in der langweiligen Wohnung, so hieß es, lebt gleichsam in einem Käfig, d. h. er ist seiner Bewegungs-Freiheit beraubt. Der Mann anderseits, der vor dem langweiligen Bahnhof auf- und abschreitet, ist ebenso der Gefangene dieser Situation, nicht minder aber der andere Mann, der in dem gelehrten Vortrag sitzt. Auch er kann nicht davonlaufen, selbst wenn er möchte: Ausweglosigkeit.

Gibt es, so könnte nun unsere Frage lauten, in der freien Natur Langeweile-Erleben oder — da es sich um Tiere handelt — Langeweile-Verhalten überhaupt nicht? Wir machen die Probe auf das Exempel: N. Tinbergen (9) berichtet, wie eine Möwe zur Brutablösung erschienen ist und vor dem Nest steht, das von dem Ehegatten besetzt gehalten wird. Dieser müßte sich jetzt erheben und ihr den Platz einräumen, tut das aber nicht. Die Möwe, die jetzt gleichsam vor dem Bahnhof steht, aber nicht abfahren kann, sondern warten muß, beginnt Bewegungen zu zeigen, die Tinbergen als Übersprungbewegungen bezeichnet. Diese Bewegungen muten uns als Langeweile-Verhalten an, wenn wir uns anthropomorphistisch ausdrücken wollten. Wichtig ist uns: Sie steht nicht einfach still da und wartet, bis sie in das Nest steigen kann, sondern zeigt eine Zwischenakts-Motorik. Die Überraschung ist: Man könnte wohl sagen, daß auch sie gleichsam gefangen ist, denn sie bleibt dieser Situation ausgeliefert! Käfigartige Situationen gibt es also nicht nur in der Domestikation, sondern auch in der sog. freien Natur.

Beim Menschen müssen wir auch die *Gedanken-Bewegungen*, also das *Spiel der Assoziationen beim Dösen* z. B., unter den Begriff der Bewegung fassen. Generell könnte man sagen, daß sich Bewegungen manifestieren, wenn das Subjekt in der Situation einer Langeweile ist. Das sind die Bewegungen, denen ein Spielcharakter zukommt. Damit »vertreibt sich das gelangweilte Subjekt die Zeit«. Es füllt die Zeit aus, in der es zum Nichtstun verurteilt ist, das ihm als ein quälendes Nichtstun erscheint, während das andere Nichtstun, dem sich die Einschlaf-Relaxationen zugesellen, das dolce far niente ist. – Wir sagten bereits, daß man die Motilität in dem erzwungenen Nichtstun, dem sich die Dös- oder Einschlaf-Relaxation nicht zuordnet, als Akt einer Selbststeuerung auffassen muß, so wie wir den Stallmut-Exzeß unter diesen Begriff faßten. – Es ist in diesem Zusammenhang die merkwürdige Tatsache festzustellen, daß uns, ob es sich um das Spiel D 1 oder die Hyperkinese D 2 handelt, die rauschhaften Charakters ist, das Widerfahrnis einer *Zeitverschätzung* zuteil wird. Das Langeweile-Erleben selbst, d. h. das Erleben, bei dem uns die motorische Kompensation nicht hilfreich zur Seite steht, ist gleichfalls – wie schon der Name sagt – ein *Zeitverschätzungs-Erlebnis*, nur eben nach der anderen Seite hin: Die Zeit wird uns zu lang.

III. Unsere langweilige Welt

Wir hatten einleitend von einem »Druck« gesprochen, und zwar einem Stimulations-Druck der Umwelt, der auf das Subjekt, das mit einem Reizhunger mehr oder weniger erfüllt ist, einwirkt. Dieser »Druck« kann u. U. von einem Subjekt als Unterdruck empfunden werden, daraus resultiert das Erlebnis der langen Weile. Derselbe gelehrte Vortrag, von dem oben die Rede war, kann von einem anderen Hörer als ganz ungewöhnlich interessant erlebt werden. Es wurde gesagt, daß es ein quälendes Langeweile-Erleben nicht geben müßte, falls alle Lebewesen *jederzeit einschlafen* könnten, wenn ihre Umwelt einen Valenzen-Unterdruck zeigt, d. h. wenn ihre Umwelt »lahm ist«. In der natürlichen Umwelt kann es sich das Tier nicht leisten, hemmungslos tief und an jedem Platz, wo es einer reizarmen Umwelt begegnet, einzuschlafen. Unser Hund in der Stadtwohnung dagegen kann, ohne ein Risiko einzugehen, jederzeit dieser Relaxation verfallen. Die Umwelt der Tiere, die im Freien leben, ist von Feind- und Gefahrentönungen (J. von Uexküll) erfüllt. Wir stellen mit H. Hediger (10) das Prinzip der *Feindvermeidung* an die Spitze aller vitalen *Notwendigkeiten*. Die Feindvermeidung ist z. B. weit wichtiger als der Zwang zur Nahrungsaufnahme, der im Hunger gegeben ist. Die Nahrungsaufnahme läßt sich aufschieben, wenn Gefahr im Verzug ist, während sich die Angst-Flucht nicht zurückstellen läßt, wenn sich der Feind nähert. Die Feindvermeidung ist lebensimmanent aktuell. Auch der Mensch, so möchte ich glauben, ist von diesem Prinzip erfüllt, nur kommt es praktisch noch kaum zur Geltung, eben weil wir in einer Welt leben, die ihrer bedrohlichen Charaktere weitgehend verlustig gegangen ist, einschließlich der Bedrohungen, die aus der sozialen Rangordnung resultieren. Dieser Satz soll im Blickpunkt aller weiteren Ausführungen stehen und im einzelnen interpretiert werden. Wenn Langeweile-Erleben und Spannungs-Erleben gegensätzliche Erlebensweisen sind, so darf man wohl sagen: Man lebt nicht gelangweilt, sondern gespannt in einer von Feind- und Gefahrentönungen erfüllten Umwelt.

Es wurde versucht, einige Langeweile-Situationen darzustellen, wobei sich nachträglich herausstellte, daß sie ohne Ausnahme Käfig- bzw. Gefängnis-Charakter zeigten. »Langweiliges Gefängnis«, das ist der Generalnenner, unter den man die Erscheinungen stellen könnte. Es wäre nun, wenn wir das Prinzip der Feindvermeidung (Hediger) als *dominierend* ansehen, unseren Ausführungen hinzuzufügen, daß diesen »Gefängnissen«, von denen oben die Rede war, das negative Merkmal mangelnder Feind- und Gefahrentönung zukommt. Diese Feststellung ist hochbedeutsam. Der Hund z. B., der nach Paradigma D 1 in den Räumen unserer für ihn langweiligen Stadtwohnung umhertrippelt und zur Haustür hintendiert, würde in diesem Wohnungs-Käfig ein anderes Verhalten an den Tag legen, wenn das Haus von Feinden belagert wäre, d. h. wenn der Straße Feindtönung zukäme oder gar, wenn außer ihm ein gefährlicher Feind in unserer Wohnung säße. Wenn man sich im Jargon ausdrücken dürfte, so könnte man sagen: *Der Hund langweilt sich, weil es ihm zu gut geht!* Mit Feindvermeidung muß er in dieser Umwelt nicht rechnen, und darum ist sie eine langweilige Umwelt. Ich bediene mich einer saloppen und betont anthropomorphisierenden Ausdrucksweise, wenn ich sage: Wenn der Hund froh und dankbar sein müßte, in unserer Stadtwohnung einen Ort der Geborgenheit gefunden zu haben, so würde ihm das Haus in einem ganz anderen Licht erscheinen. Von einem »Satisfaktions-Defizit« könnte alsdann keine Rede sein. Die Energien, die sich in ihm jetzt ansammeln, indem er wenig Bewegung hat, könnte er, wenn sich die Gefahr steigert, vielleicht auf der Flucht gebrauchen, die ein hyperkinetischer Vorgang ist, oder er könnte im Kampf mit dem Feind die angestaute Energie investieren, während er sie, weil sein Wohn-Käfig »langweilig« ist, bei passender Gelegenheit in einer Stallmut-Hyperkinese (D 2) verschwenden muß.

Der Mensch im Status der Zivilisation, der in Rechtsstaaten

lebt, hat Feinde nicht mehr, die ihm nach dem Leben trachten, glücklicherweise, so wird man sagen. Als ich unlängst eine Umfrage unter Volksschullehrern hielt, um mir über die Vigilitäts-Relationen der Schulkinder Auskunft zu holen, explorierte ich gleichzeitig diese Männer, um etwas über ihre Schlafgewohnheiten zu erfahren. Einer von ihnen sagte: »Ich schlafe wie ein Ochse.« Er wollte damit zum Ausdruck bringen, daß er einen sehr tiefen und festen Schlaf hat. Als jedoch seine Frau in das Krankenhaus eingewiesen wurde, schlief er von Stund an den sog. Ammenschlaf, d. h. den umweltbezogenen »wachen Schlaf«. Bisher war seine Ehefrau durch diesen leisen, gespürigen Schlaf ausgezeichnet gewesen, der sich auf das Schlaf-Verhalten der Kinder bezieht, jetzt wurden dem Ehemann »über Nacht« diese *Schwellenerniedrigungen* zuteil, so daß er, wie vordem seine Frau, »*kinderbezogen*« schlief. – Offenbar ist diese Möglichkeit, in der ich den paläoanthropologischen Schlafmodus sehe, den Menschen noch heute nicht verlorengegangen. Man hätte denken können, daß nur Frauen in ihrer unverfälschten Instinktsicherheit den sog. Ammenschlaf schlafen können. Der einzige Punkt, in dem ich diesem Mann widersprechen mußte, war darin zu sehen, daß ich seinen Vergleich zurückwies, der sich auf den Ochsen bezog. Es ist Tatsache, daß die Ochsen ganz gewiß nicht so tief wie die zivilisierten Menschen schlafen. Auch unsere Hunde in den Stadtwohnungen schlafen noch heute den Ammenschlaf, wenn man so sagen darf. Richtiger müßte die Aussage lauten: Sie *schlafen feindbezogen*, wenngleich sie praktisch kaum noch wirkliche, lebensgefährliche Feinde haben. Der Mensch allein kann so tief schlafen, daß man ihn nachts mitsamt seinem Bett forttragen kann. – Was soll uns heute schon widerfahren, wenn wir uns abends ins Bett legen? Die Feind- und Gefahrentönungen, die unsere Vorfahren in der Eiszeit oder vielleicht noch vor tausend Jahren hinnehmen mußten, wenn sie sich als Landbewohner in entlegenen Hütten schlafen legten, sind weitgehend annulliert. Unsere Häuser sind des Nachts oder sogar tagsüber abgeschlossen, und auf den Straßen patrouilliert die Polizei, die für uns alle wacht. Anders ist es bei den Eingeborenen, die am Ituri (Kongo-Republik) leben und die P. Schebesta (11) besuchte. Wir hören von diesen Pygmäen, daß sie einen objektbezogen wachsamen Schlaf schlafen. Sie leben noch, wenn man so sagen darf, im *Etat der Belagerung*. Es ist anzunehmen, daß die Mütter dort ebenso wie unsere Frauen kinderbezogen schlafen, aber die Männer sind nicht minder auf dem Quivive, und zwar schlafen sie, da sie in einer Umwelt voller feindlicher Tönungen leben, *feindbezogen*. Man denke, welches Unheil ein Leopard anrichten könnte, wenn diese Eingeborenen ebenso tief schliefen wie wir. Sie müssen, wenn man so sagen dürfte, jeder für sich einen wachsamen Polizisten in ihrem Schlaf aufstellen, der die Umwelt überwacht. Sie bleiben »gespitzt« auf mancherlei Eventualitäten, wenn sie sich zum Schlafen hinlegen. Schebesta, der sich zweimal längere Zeit bei diesen Kleinwüchsigen aufhielt, schreibt: »Der Bambuti erwacht rasch bei jedem fremden Geräusch. Nur nach Übermüdung oder Rausch läßt er sich schwer aus dem Schlaf rütteln.« Ausdrücklich wird bemerkt, daß diese Eingeborenen für gewöhnlich einen »leichten Schlaf« haben. Wir bekannten uns zu der Konzeption H. Hedigers, die besagt, daß es ganz im Untergrund des organischen Daseins überhaupt erst einmal darauf ankommt, daß die Feindvermeidung gewahrt bleibt. Der zivilisierte Mensch, der im Laufe seiner Geschichte Utopie um Utopie zu verwirklichen vermochte, kann es sich leisten, so tief und fest wie kein anderes Lebewesen zu schlafen. Den Müllern alter Zeit und den Schiffskapitänen wurde nachgesagt, daß sie einen auf ihr Metier bezogenen vigilanten Schlaf, wenn man so will, einen maschinenbezogen wachsamen Schlaf hatten, ebenso wie die Mütter und Ammen, deren kindbezogene Schlaf-Vigilanz wir oben erwähnten. Der Marquis de Wavrin (12) berichtet, wie bei den südamerikanischen Indianern geschlafen wird. Wir heben aus dem Kapitel »Façon de dormir« (S. 258) das Thema des feindbezogenen Schlafens hervor: »Alors les hommes ont toujours leurs armes en main ou ils les placent contre un arbre, à portée de la main.« Ob die Welt zunehmend langweiliger wird? Das ist die Frage, die wir uns stellen müssen, wenn wir von seiten unserer Jugend hören, daß sie unter der Langeweile unseres Daseins leiden. Gerade die jungen Menschen sind die Indikatoren, und zwar darum, weil sie ohnehin stärker aufgeladen sind mit Energien. Sie haben einen höheren Wirtschafts-Etat energetischer und emotionaler Art, so daß sie sich in eine valenzarme Umwelt schwerer eingliedern lassen. Ich muß allerdings gestehen, daß mir die Welt, wie sie sich mir in den Jahren des Kaiserreichs darstellte, gleichfalls als langweilig vorkam. Den juvenilen Reizhunger gab es auch damals. Vielleicht ist es seit Jahrhunderten so, daß den Jugendlichen die Erwachsenen-Welt als »langweilig« anmutet. Schon bei Luther ist davon die Rede, daß Jugend »wie ein Most« erscheint, der »sich nicht halten läßt«. Die Frage ist, ob unsere Welt, nämlich die Welt in der Mitte des Jahrhunderts, *objektiv langweiliger* ist als etwa die Welt im ersten Dezennium, also in den Jahren vor dem Ersten Weltkrieg. Junge Leute, die sich im Zusammenhang mit ihrer Reifung von ihren Eltern ablösen, sind ohnehin isoliert und empfinden diese *Vereinsamung*. Wenn, wie es oben hieß, Langeweile jeweils *Gefängnis-Charakter* hat, so ist *Isolierung,* wie das Wort schon besagt, auch eine Art Gefängnis. Als das Mittel dagegen dürfte der Zusammenschluß gelten. Ob unsere Jugend stärker als wir in unserer Jugend gesellig ist, kann ich nicht sagen. In den Jahren vor dem Ersten Weltkrieg kam die Wandervogel-Bewegung auf, die der Jugend einen bündischen Zusammenschluß brachte, wohlgemerkt, nicht allen jungen Menschen, aber auch nicht jeder junge Mann oder jeder Teenager heute ist einer der sog. Banden oder einem der Star-Klubs angeschlossen. Immerhin leuchtet es ein, daß man sich zusammenfindet, wenn man sich isoliert fühlt und insofern langweilt. Für viele Menschen ist die Gesellung ein Mittel gegen die Langeweile. Angenommen, ich wäre vor dem Bahnhof, von dem oben die Rede war, nicht isoliert in das Gefängnis geraten, sozusagen in die Einzelzelle, sondern in einer Gesellschaft gewesen, so wäre dieses Gefängnis vor oder in dem lahmen Stationsgebäude vielleicht ein »fideles Gefängnis« geworden. Das Paradigma D 1 kann sich auch in der Sprech-Motorik oder in albernem Verhalten bezeugen, während ich nicht gut lustig oder angeregt sein konnte, als ich isoliert vor dem Haus in stereotyper Weise umherschritt. – Ein Teenager, 17 Jahre alt, der mir in einer psychotherapeutischen Stunde die Not seiner Isolierung und Langeweile gestand, ging nicht den Weg des Zusammenschlusses mit seinesgleichen, was dem einzelnen Gefühle der Kraft vermittelt, sondern blieb in der Vereinsamung und blieb blasiert. Die unerträgliche Blasiertheit war es, die hier als pathologisch ins Auge fiel. Natürlich wird es auch den Fall geben, daß sich blasierte junge Menschen zusammenschließen und eine blasiert-arrogante Gruppe bilden. In der Blasiertheit bezeugt sich eine Ekel-Verfassung: Man degoutiert die abscheulich-langweilige Welt! Die Blasiertheit ist in der Nausea fundiert. – Für die Gleichaltrigen, die sich in hyperkinetischen Tänzen rauschartig austobten und u. U. dabei das Mobiliar eines Versammlungsraums zerstörten, hatte sie nur ein Achselzucken. Man darf wohl sagen, daß das Paradigma D 2 im Zusammenhang mit der Gesellung nicht für jeden Jugendlichen gilt. Es gibt, so scheint es, so viele Modifikationen des Langeweile-Verhaltens in unserer und in jeder Jugend, wie es Individuen gibt, so daß unsere summarischen Aussagen als grob schematisch zu bezeichnen sind. Daß es andererseits auch langweilige Gesellungen gibt, zeigte der Bericht über den Mann, der in einem Auditorium gegen das Einschlafen ankämpfen mußte. Der Teenager, von dem die Rede war, blieb nicht blasiert, sondern wurde eines Tages von einer Fluchtstimmung ergriffen und lief davon. Auch dieses Verhalten darf unter D gefaßt werden. Es gibt Menschen, die in der Illusion leben, daß ihr Glück in der Ferne liegt, und tatsächlich ist ein fremdes Land mit fremden Menschen zunächst eine aufregende Sache. Das Zigeunern ist ein D 1-Phänomen von ausgesprochen sympathicotonischer Prägung. Mehrmals begab sich dieses Mädchen auf eine abenteuerliche Flucht. Abenteuer ist Stimulation! So viele vergleichbare Züge man herausfinden mag, wenn man die gegenwärtige Jugend (Ende der fünfziger Jahre) mit der vor dem Ersten Weltkrieg vergleicht, deren Wandervogel-Unwesen ein geselliges Zigeunern war, man kann sich des Eindrucks nicht erwehren, daß die Welt objektiv in dem hinter uns liegenden halben Jahrhundert in summa langweiliger geworden ist, obwohl man nicht abstreiten wird, daß es zwischendurch auch recht spannende Jahre gab, nämlich die der Bombenangriffe, von denen z. B. viele unserer Zwangskranken bekennen, daß es die Zeiten waren, in denen ihre von innen her erfolgende Stimulation relativ milde verlief oder überhaupt erlosch. – Eins wird man auf jeden Fall sagen müssen: Tänze von dem hyperkinetischen D 2-Charakter, wie sie die gegenwärtige Jugend zeigt, gab es vor 50 Jahren nicht. Auch die Star-Verehrungs-Klubs kannte man nicht, was indes nicht erstaunlich ist, weil es auch diese Stars damals nicht gab. Die jungen Mädchen vergötterten vielleicht einmal einen Lehrer ihrer Schule, der es ihnen besonders angetan hatte, aber es war mehr die verschämte, heimliche Liebe, es wurden nicht gleich Vereine gegründet, die als Kult-Bünde der langweiligen Isolierung entgegenzuwirken hatten.

Wenn, wie es oben hieß, *Feindtönung, Hunger und Kälte* die archaische Trias sympathicotonischer Prägung ist, die dem Menschengeschlecht von den Uranfängen her Sporn und Peitsche war, es zu stimulieren, so wäre die Frage interessant, ob sich in den letzten 50 Jahren eine *Progression im Sinne der Verlangweiligung* unserer Welt feststellen läßt. Man könnte die Frage erweitern, wenn man außerdem Epidemien und andere sog. Gottesgeißeln vergangener Jahrhunderte in die Betrachtung einbeziehen würde. Wir wollen uns nur auf das Thema der *Feindtönung* beschränken, das sich von dem der Angst nicht trennen läßt. Ich möchte denken, daß man im Jahre 1910 nachts genauso tief, d. h. genauso feindunbezogen schlief wie in unseren Tagen. Die Schlaftiefe als Kriterium kann uns hier nicht weiterhelfen. Wenn wir den Begriff der *Feindtönung* weit fassen, so daß er sich nicht nur auf Diebe und Mörder bezieht, d. h. wenn wir ihn so weit fassen, daß auch die Autoritäten unter diesen Nenner fallen, vor denen wir vor einem halben Jahrhundert Respekt hatten, so darf man wohl sagen, daß unsere Kinder und Jugendlichen weit unangefochtener leben als wir seinerzeit. Diese stimulierende Rangspannung ist ihnen abhanden gekommen. Ihre Lehrer sind nach ihrer Meinung gleichberechtigte, harmlose Mitbürger, und wenn sie es noch nicht sind, so müssen sie in diesem Sinne erzogen werden. Die Jugend weiß, daß sie vor diesen Männern nicht zittern muß. Unter den weitgefaßten Begriff der Feind- und Gefahrentönung fällt auch der die Landbewohner alter Zeit stimulierende Aberglauben. Man erzählte sich Gruselgeschichten und kannte tabuierte Orte, an denen es zu bestimmten Zeiten spukte. Gänsehaut-Erlebnisse dieser Art können wir uns heute allenfalls in gewissen Kinostücken holen, die auf das Gruseln abgestimmt sind. Seinerzeit war dieses Angst-Erleben gewissermaßen obligatorisch, heute gibt es diese Erregungen nur fakultativ. Es ist nicht jedermanns Sache, sich Filme dieser Art anzusehen oder auf den Jahrmärkten in den sog. Gespensterbahnen das Gruseln zu üben. Daß es aber Filme und Literatur dieser Art und die »Gespensterbahn« gibt, zeigt uns, daß die Bedürfnisse bis heute noch am Leben geblieben sind. Das *Biologische Radikal* ist dasselbe, so wie unser Leib, auch wenn er uns neuerdings hin und wieder als antiquiert anmuten sollte. Wenn man den Begriff »Anachronismus« in einem anderen als dem bisher üblichen Sinne gebrauchen dürfte, so könnte von dem *Anachronismus unserer Regler-Systeme* die Rede sein.

Unter den Begriff der *Feindtönung* möchte ich außerdem die *Personifizierung der Naturgewalten* fassen: Ein Gewitter wurde in meiner Kindheit, die ich auf einem Dorfe zubrachte, anders, und zwar persönlicher, aufregender erlebt, als es unsere Kinder heute hinnehmen. Die Sichtweise bestimmt das Erleben, und die Sichtweite damaliger Zeit ließ erkennen, daß es sich gewissermaßen um ein Lebewesen handelte, das Rechenschaft von uns verlangte. Damit sind wir bei dem Kapitel des Aberglaubens, der heute, dank der fortschreitenden Aufklärung, mehr und mehr im Verblassen begriffen ist. – Auch die Sonne erschien uns, wenn man sich so ausdrücken darf, im Jahre 1910 in einem anderen Lichte. Man könnte sagen: Sie war vor einem halben Jahrhundert noch nicht völlig »entgottet«. Ich erinnere mich der Sitte, daß man von ihr als der »lieben Sonne« sprach. Dieser Sprachgebrauch hat sich inzwischen verloren. Es muß uns das historische Gefälle der Entgottung dieses Himmelskörpers interessieren: Schon in der Antike finden sich Vorstöße, die darauf hinzielen, den Gott Helios zu entthronen. So berichtet Diogenes Laertius (13, Bd. 2), der Vorsokratiker Anaxagoras habe geäußert, daß die Sonne ein »feuriger Klumpen und größer als der Peloponnes« sei. Der Vorsokratiker Xenophanes (Aet. II. 20, 3) (13, Bd. 1) soll gesagt haben, »daß die Sonne aus feurigen Wolken bestehe«. – Damit beginnt die Entmythologisierung. Wer um Ausdrucksweisen nicht verlegen ist, könnte auch sagen: In dieser Gottlosigkeit und Ketzerei ist die Keimzelle unserer modernen Naturwissenschaft gegeben. – Wenn meine bäuerlichen Verwandten in meiner Kindheit von der »lieben Sonne« sprachen, so hatte ich den Eindruck, daß es sich um eine heuchlerische Anbiederung handelte. Mir kam es vor, als hätten diese Menschen eher Angst vor ihr, was also besagt, daß sie ihr Elogen machten, wie sie in alten Zeiten den Fürsten gegenüber üblich waren. – Wie noch, trotz der Philosophen Anaxagoras und Xenophanes, in der römischen Zeit die Sonne personifiziert blieb, zeigt uns eine Wandtafel in dem Römerkastell »Saalburg« (Taunus). Die Museums-Direktion wollte zum Ausdruck bringen, daß es unschicklich ist, die Wände zu bekritzeln; zu diesem Zweck zitiert sie einen lateinischen Text, der sich im *Corpus Rescriptionum Latinarum* VI, 52 findet und auf deutsch lautet: »Gaius Julius bittet auf Befehl des Sonnengottes, daß keiner die Wände oder die Bauwerke beschreiben oder bekritzeln möge.« Da bekundet sich die

Kontroll-Initiative des Lichtes in einer subjektbezogenen Weise. Bei den Griechen gab es in der alten Zeit einen Schwur, bei dem Helios angerufen wurde, der alles sieht. Diesem Auge entgeht nichts! So wurde der Mensch ständig von außen her beobachtet, und zwar in einem unablässigen Anstoßnehmen, wenn er dazu Veranlassung gab.[1] Wir können es uns kaum vorstellen, was es heißt, immerfort in der sensorischen Zange eines übermächtigen Wesens zu sein. Heute sprechen die Schizophrenen sowie gewisse Trinker in der Alkoholhalluzinose von dieser Belästigung, die sie in Erregung versetzt. Immerzu werden sie beobachtet. Was sie auch tun wird bekrittelt. Man kann es den Kranken nachfühlen, daß sie sich über diese Evidenz bitter beklagen, die sie allerdings nicht auf einen Gott beziehen, sondern auf Mitbürger. Man könnte geneigt sein, von der Re-Mythologisierung zu sprechen, wenn man Aussagen wie diese hört. Diesen »Subjekt-Zentrismus« hob ich in der Veröffentlichung *Trinker* hervor.

Weit mehr als die Sonne war das Gewitter in meiner Kindheit und Jugend eine die Menschen stimulierende, personifizierte Gewalt: Es gibt sicherlich heute noch Kinder, die an einer *Gewitterangst* leiden, aber die psychotherapeutische Wirkung der wissenschaftlichen Aufklärung wird das Übel viel leichter beheben helfen als damals, als es zwar physikalische Vorstellungen über das Zustandekommen von Blitz und Donner gab, aber andererseits der Donner auch die Stimme der Gottheit war: Wenn in der Nacht ein schweres Gewitter über die Landschaft hinzog, versammelten sich die Hausbewohner – das gab es noch im Jahre 1910 – und zitterten. Das war wie eine Gerichtssituation, bei der eine Kerze angesteckt wurde. Der Hausvater oder eines der älteren Familienmitglieder las aus der Hauspostille mit bebender Stimme vor, daß wir allzumal

[1] In der deutschen Literatur wird auf die personifizierte Sonne u. a. von Chamisso hingewiesen: »Die Sonne bringt es an den Tag.« – In Schillers »Kranichen des Ibykus« lautet der Passus: »Nur Helios vermag's zu sagen, der alles Irdische bescheint.« In der griechischen Literatur finden sich zahlreiche Hinweise auf die Überwachungs-Stimulation des Sonnengotts (= Zuschauer-Göttlichkeit).

Sünder sind. »Herr, strafe uns nicht in deinem Zorn!«, Wendungen wie diese erschienen in den Gebeten. Es gab in den Gebetbüchern spezifische Gebete. Im Register war z. B. auch ein oder das andere Gebet »Bei schweren Gewittern« zu finden. Man darf in diesem Verhalten eine alte Tradition aus heidnischer Vorzeit sehen, die in der Metaphorik unserer Sprache ihren Niederschlag hat, wenn ich an die Formel vom »brüllenden Donner« oder vom »Grollen des Donners« erinnern darf. Man demütigte sich und war zum Sündenbekenntnis bereit.

P. Schebesta (14), der Pygmäen-Forscher, berichtet von den Semang, die in den Urwäldern am Perak (Malayen-Halbinsel) leben, daß sie bei einem Gewitter überzeugt sind, die Stimme des Donnergotts Karei zu hören. Dem erzürnten Donnerer kommt gewissermaßen ein Kontroll-Privileg zu, und nun springen sie hinter ihren Windschirmen hervor und bekennen, was sie in der letzten Zeit an Missetaten begangen haben. Hier bekundet sich in der Religion die *Rangpyramide*. Dieser Gott, der so brüllt, ist gleichsam ihr Alpha-Herr. Man wird, wenn man auf Analogien aus ist, an die Wolfs-Sozietäten denken, von denen uns R. Schenkel (15) berichtet: Den hochrangigen Wölfen steht das Privileg zu, die rangtiefen zu kontrollieren, was sich konkret so vollzieht, daß sie diese beriechen. Wenn man die Gleichung von der anderen Seite her liest, so ergibt sich: Das eingeschüchterte, geängstigte Subjekt ist bereit, sich kontrollieren zu lassen. – Das alles ist, wie uns scheint, archaische Welt, die ihre Tradition hat, und erst in unseren Tagen greift die wissenschaftliche Aufklärung radikal durch. Um das Jahr 1910 bestanden beide Welt-Konzeptionen nebeneinander, die archaisch-mythologische und die natur-wissenschaftlich-moderne, so daß ein junger Mensch z. B. in der Schule im Physikunterricht lernte, daß die Personifizierung als überholt gelten durfte, während zugleich die archaische Erlebnis-Bereitschaft, sich zu unterwerfen und kontrollieren zu lassen, weiterhin dominierte. In der Situation der Not – und die Situationen sind mächtiger als die Gedankenverbindungen – trat die wissenschaftliche Aufklärung in den Hintergrund.

Es ist denkbar, daß man einmal zu der Aussage kommen wird, daß die Verwissenschaftlichung unseres Weltbilds dasselbe ist wie die *Verlangweiligung* unseres *Welt-Erlebens*. Es packt uns nicht elementar, zu wissen, was Donner und Blitz ist, während das Gewitter in alter Zeit eine Begegnung mit der Gottheit war, die zu einem wahrhaft erschütternden Erlebnis wurde. – Zunehmend erlangt, um eine oben gebrauchte Wendung zu wiederholen, die Ratio die Herrschaft im Hause. Das ist ein *Weltprozeß*, der mancherlei Angst-Situationen, nicht aber den zu den fürchterlichen Situationen gehörenden Erlebnisbereitschaften den Boden entzieht. Die Frage ist, ob wir nicht auf eine paläoanthropologische Welt hin konstruiert oder komponiert sind, so daß von Satisfaktions-Bedürfnissen die Rede sein könnte, deren Befriedigung nunmehr unterbleibt. Es könnte sein, daß wir heute, besonders unsere Jugend, in dieser *Krise* stehen, wenn Krise *Kontinuitätsbruch* ist. Man muß auf den Einwand gefaßt sein, daß es in unseren Tagen Angst genug gibt, sogar mehr Angst als früher, als man, wie etwa im Jahre 1911, wohl auch einen Weltuntergang befürchtete, und zwar im Zusammenhang mit dem Kometen Halley, während heute das Ende der Menschheit viel glaubhafter geworden ist. Tatsächlich ist die Welt, in der wir leben, potentiell weit gefährlicher und gefährdeter als je eine Welt, in der sich unsere Vorväter im Laufe der Jahrtausende häuslich einrichten konnten. – Wir kennen heute eine fast lawinenhaft anwachsende Endzeit-Literatur, zu der sogar namhafte Autoren ihren Beitrag gegeben haben, wenn man an Namen wie Samuel Beckett, Jean Cocteau oder Eugène Ionesco denkt. Ohne Frage ist die Vernichtung allen Lebens technisch möglich, das verschärft die Situation, aber man beobachte sich selbst, wenn man eins dieser Bücher gelesen oder einen der Endzeit-Filme gesehen hat: Man ist im Augenblick erschüttert, dann aber bewahrt uns der *Verdrängungsschutz* (16) vor der Faszination. Am anderen Morgen ist das Grauen längst vergessen. Man muß scharf auseinanderhalten, daß es zweierlei Angst gibt, nämlich auch eine Angst, die »nur an Gedankenverbindungen gebunden« ist. Ideen mit ihrer Emotionalität, die uns quälen, verblassen, wenn emotionale Mächte anderer Art sie zu übertrumpfen vermögen. Das ist der Tatbestand der *Verdrängung*. Diese auf Eventualitäten bezogene Angst »hält nicht vor«. Das kommt wohl daher, daß sie in unserer konkreten Umwelt keinen Ort hat, von dem aus sie uns anspricht. Wenn dagegen der Bambuti-Pygmäe in der Nacht seinen Schlafplatz aufsucht, so ist eine Angst in ihm und bei ihm, wohl auch eine Angst, die sich auf Eventualitäten bezieht, die aber *umweltfixiert* ist: Er sieht vor sich das Dunkel der Nacht und hört die Geräusche des Waldes, aus dessen Tiefen ihm mancherlei Unheil droht. Das ist alles in dieser Situation *präsent*. Man wird nicht sagen können, daß der Pygmäe manchmal auch, vorausgesetzt daß er nicht übermüdet war oder Alkohol zu sich genommen hat, nach Art der Europäer ganz tief schläft, weil er alle Gefahrentönung um sich her verdrängt hat. Tönung ist Tönung und haftet der Umwelt wie ein leibhaftiges Merkmal an. Das ist mehr als nur eine gedankliche Eventualität, für die es keinen Ort gibt, der sie *ausstrahlen* könnte. – Wir leben, diese Analogie gilt es hervorzuheben, noch immer in Wechseln und an festen Orten, d. h. in Situationen, und unser Gedächtnis ist gerade auch an Orte fixiert, die eine Tönung aufweisen. Der Pygmäe zeigt ein in der Situation fundiertes, d. h. ein der Situation entsprechendes sorgenvolles Verhalten, so wie die Mutter, die in der Gegenwart ihres Kindes den *umweltbezogenen Schlaf* schläft, dieser Situation verfällt. Mit anderen Worten: Was alles über das mögliche Ende der Menschheit gedanklich kursiert, ist gleichsam abstrakt, ihm fehlt die konkrete *Situations-Präsenz eines Ortes* in unserem Scenarium vitale.

Zusammenfassend kann man sagen, daß den archaischen Mythologien eine stimulierende Wirkung zukam. Wenn der Reizhunger des Menschen, was freilich nicht für jedermann gilt, derselbe geblieben ist, so muß von einem Defizit oder

Unter-Angebot seitens unserer Umwelt gesprochen werden. Wir sind wissenschaftlich aufgeklärt und können das neue Weltbild nicht mehr von uns weisen. Ich gab in der Veröffentlichung *Trinker* (8, S. 158) der Meinung Ausdruck, daß es erwachsene Menschen gibt, deren emotionaler Etat und deren Erlebnisbereitschaften als urtümlich bezeichnet werden müßten, so daß unsere Welt für sie eine zu zahme Welt ist. Daß unsere Jugend im Gegensatz zu der vor 50 Jahren dem Alkohol ablehnend gegenübersteht, gehört zu den interessanten Problemen, die wir in unserer Diskussion beiseite lassen wollen. Der situativ begründete Stimulations-Druck unserer Umwelt war weit größer, als die Naturgewalten noch als dramatis personae auftraten und uns mittels stimulierender Rollen zu erregenden Gegenrollen zwangen, die uns im Rahmen eines archaisch-biologischen Repertoires als sog. identische Exekutiven gegeben waren. Das waren *Rollen der Unterwerfung*, die durchweg Angst-Rollen sind. Damit ist es nun vorbei. Es gibt ein *welthistorisches Gefälle*, das durch die Aufklärung bedingt ist, und im Verlaufe dieses Prozesses der Rationalisierung ist uns die *mythologische Naivität*, die man als eine Form der Frömmigkeit bezeichnen könnte, abhanden gekommen. Es ist bemerkenswert, daß wir und unsere Kinder an diesem Wendepunkt einer vieltausendjährigen Geschichte stehen. Das Weltbild nach der Entmythologisierung ist sachlich und nüchtern, aber eben darum leuchtet es unserem Verstand ein. Unser Verstand ist der unheimliche Rebell, der den Sieg über die phantastischen Gefühls-Mächte davontrug. Ein Zurück gibt es nicht mehr. In Analogie zu dem Dolloschen Gesetz könnte man die Behauptung aufstellen, daß die überwundene archaische Stufe ein für allemal überwunden bleibt. Es wurde betont, daß mit der Entmythologisierung nur ein einziger Aspekt des *historischen Gefälles* dargestellt wurde, das unser Jahrhundert, aber weniger radikal auch schon andere vor ihm, charakterisiert.

Vielleicht jedoch sollte man im Hinblick auf unsere Evolutions-Prognose nicht allzu unbesorgt sein. Ausgeschlossen wäre es nicht, daß sich völlig neue Möglichkeiten der Stimulierung in Form von wissenschaftlich verbrämten und insofern einleuchtenden Dogmen ergeben. Die Wissenschaft ist ohne Verantwortung. Diese Anfälligkeit (Versuchung) gegenüber dem Faszinierend-Neuen besteht. Vielleicht wären wir gut beraten, mißtrauisch gegen uns selber zu sein, eben darum, weil wir so leicht verführbar sind.

Wir haben Langeweile-Verhalten und Langeweile-Erleben in Situationen dargestellt, die Gefängnis-Charakter trugen, indem ein Ort, der ausgesprochen valenzenarm war, das Subjekt festhielt. Zum Schluß rückten wir ein Langeweile-Erleben in den Blickpunkt, das nicht auf langweilige *Orte* bezogen war, sondern auf die *langweilige Zeit* der Jahrhundert-Mitte. Das ist die *Langeweile der Ernüchterung*. Dieser historische Prozeß führte, wenn man so sagen darf, zu einer Einschränkung unseres Repertoires der Lebens-Szenen. Er entzog unserem Dasein eine Reihe erregender Partner und erregender Orte, so daß von einer *Stimulations-Verarmung* die Rede sein könnte.

Literatur

1 J. v. Uexküll: Die Lebenslehre, Potsdam 1930
2 E. S. Russell: Valenz und Aufmerksamkeit im tierischen Verhalten, Schweizer Z. Psychologie, 3 (1944)
3 H. Plessner: Lachen und Weinen, München 1950
4 K. Lorenz: Über die Bildung des Instinktbegriffes, Naturwissenschaften, 25 (1937)
5 H. Selbach: Das Kippschwingungsprinzip in der Analyse der Selbststeuerung, Fortschr. Neurol. Psychiat., 17 (1949)
6 F. Wolf: Grundzüge der Physik, Bd. I., Karlsruhe 1949
7 F. J. J. Buytendijk: Wesen und Sinn des Spiels, Berlin 1933
8 R. Bilz: Trinker. Eine Untersuchung über das Erleben und Verhalten der Alkoholhalluzinanten, Stuttgart 1959
9 N. Tinbergen: Die Übersprungbewegung, Z. Tierpsychologie, 4 (1940)

10 H. Hediger: Die Angst des Tieres, Universitas, 14 (1959)
11 P. Schebesta: Die Bambuti-Pygmäen vom Ituri. Ergebnisse zweier Forschungsreisen zu den zentralafrikanischen Pygmäen, 3 Bde., Brüssel 1938
12 Marquis de Wavrin: Les Indiens Sauvages de l'Amérique du Sud, Paris 1948
13 H. Diels: Die Fragmente der Vorsokratiker, Hrsg. Walther Kranz, Berlin 1952
14 P. Schebesta: Bei den Urwaldzwergen von Malaya, Leipzig 1927
15 R. Schenkel: Ausdrucks-Studien an Wölfen, Behaviour, I, 2 (1947)
16 R. Bilz: Der Verdrängungsschutz. Eine Untersuchung über das Paradigma der Verdrängung bei Nietzsche und bei Freud, Nervenarzt, 19 (1958), S. 145.

16. Umweltbezug der Darmfunktion

Homologes Defäkations-Verhalten bei Spitzhörnchen (Tupaia spec.) und Mensch
(1965)

Evelyn, mein Tupaia-Weibchen, ist nicht nur eidechsenartig-behend, sondern zugleich menschenartig-neugierig. Darf sie aus ihrem Käfig herausschlüpfen, so durchstöbert sie die biologische Station nach allen Ecken und Enden. Als sie wiederholt in einen ihr unbekannten, ebenfalls für Tupaia bestimmten Neubau-Käfig gesprungen war, schloß ich die Tür, so daß Evelyn gefangen war. Das Gehäuse wies noch keinerlei Tupaia-Duftmarken auf: sie war das erste Spitzhörnchen in diesem Raum.

Tupaia-Käfige sind mit einem Schlafappartement versehen, entweder einem in dem Raum aufgehängten Kasten oder einer »Mansarde«, die auf den Käfig aufgesetzt wird, d. h. einem Kasten, der vom Innern des Käfigs her zugänglich ist. Es war zur Zeit der Abenddämmerung, als Evelyn bei der neugierigen Inspektion eingesperrt wurde. Das Weibchen zog sich in die »Mansarde« zurück.

Zu meiner Überraschung stellte sich heraus, daß Evelyn nach dieser Festsetzung bis auf weiteres obstipiert war. In ihrem gewohnten Käfig defäziert Evelyn wiederholt des Tages. Die Spitzhörnchen sind Baumtiere, deren Käfig man mit einem System von Stangen (Ästen) ausstattet. Sie lassen ihren Kot fast durchweg von den Ästen fallen.

Nahrung legte ich nach Gefangennahme in verschiedenen Gefäßen aus: Mehlwürmer, Weinbeeren, Bananenstückchen, Schnittlauch, geriebene Mohrrübe, ein Restchen Mohnkuchen und ein kleines Honig-Depot. Ein Wassernäpfchen durfte nicht fehlen. Tatsächlich naschte das Weibchen am folgenden Tag von dem Angebotenen, aber es kotete nicht. Erst am

Nachmittag, ungefähr 18 Stunden später, fand sich eine äußerst voluminöse Kotsäule vor, der man es ansah, daß sie die Substanz mehrerer normaler Entleerungen in sich faßte. Der Darm hatte, wie es schien, längere Zeit die Kotmassen zurückgehalten.

Der überängstlich-zurückhaltende Darm

Immer wieder wird berichtet, daß Touristen während ihrer Reisen über Stuhlverhaltung klagen. Zu Hause, in ihrer Heimat, haben sie ihre regelmäßigen Entleerungen, während jetzt, wenn sie unterwegs sind und in fremden Hotels wohnen, ihr Darm »außer Rand und Band« ist. Ich kann zu diesem Problem eine eigene Erfahrung beisteuern: Ich hielt mich mit einem Freund studienhalber in Paris auf. Wir wohnten in einem kleinen Hotel, das in einer engen, alten Straße lag. Noch immer, schon am fünften Tag, hatte mein Freund keine Entleerung gehabt. Er neigte von jeher schon zu der Fremdplatz-Obstipation, auch auf anderen Auslandsreisen. Mit Frankreich und Paris im besonderen hatte die Stuhlverhaltung nichts zu tun, was ihm klar war. Um seine Gesinnung zu charakterisieren: Er war als ausgesprochen frankophil zu bezeichnen und das Musée de l'Homme, das das Ziel unserer Reise war, sah er als seine zweite Heimat an. Da er zu den Menschen gehörte, die zu hypochondrischen Skrupeln neigen, wobei einem geregelten Stuhlgang eine besondere Bedeutung zuzukommen pflegt, traf ihn diese Obstipation besonders schwer. Anderseits wehrte er sich, und zwar wieder aus einer hypochondrischen Angst heraus, dagegen, ein Abführmittel zu nehmen: der eingebildete Kranke in der Stadt Molières.
Als wir am Nachmittag des fünften Tages in meinem Zimmer zusammensaßen, das im ersten Stockwerk des Hotels lag, hörten wir – das Fenster stand offen – wie jemand unten auf der Straße das Deutschlandlied pfiff. Wir traten an das Fenster heran, konnten aber nicht feststellen, wer von den wenigen,

an dem Hotel vorübergehenden Passanten als der Pfeifer zu gelten hatte. Eins konnte man auf jeden Fall sagen: Dieser Mann war ganz offensichtlich ein Virtuose, so durchdringend-herzhaft habe ich kaum jemals einen Menschen »flöten« gehört. Bald darauf, wir hatten uns bei dieser kleinen Episode nicht weiter aufgehalten, stellte mein Freud fest, daß er den gewissen Drang verspürte, der ihm Veranlassung gab, das Klosett aufzusuchen. Rückblickend, als wir nach seiner Rückkehr die überraschende Wendung überdachten, kamen wir beide zu dem Verdacht, daß der Hymnen-Pfeifer, der inzwischen längst nicht mehr zu hören war, die Entleerung ausgelöst haben müsse. Der Erfolg, d. h. das zeitliche Nacheinander, war allzu prompt erfolgt. Post hoc, ergo propter hoc, dieser Trugschluß konnte natürlich nicht ausgeschlossen werden, aber eine andere Erklärung für den plötzlichen durchschlagenden Erfolg konnten wir nicht ausfindig machen. Die Wirkung war so prompt, als ob dieser Mann ein Abführmittel genommen hätte. Ich war überzeugt, und bin es noch heute, daß es bei diesem etwas gehemmten Menschen einer nationalen Ermutigung bedurfte, die bahnend wirkte. Er war nun plötzlich gleichsam in einer Gruppe und fühlte sich stark. Die Evidenz, den Fremden exponiert zu sein, hätte sich möglicherweise gemindert, als er das frisch-fröhlich gepfiffene Lied vernommen hatte. Die Dauer-Besucher des Musée de l'Homme, die auf paläoanthropologische Befunde ausgingen, hatten in ihrem Hotel eine Lektion empfangen, die man nicht anders als »paläoanthropologisch« bezeichnen konnte.

Wie ist die Reise- und Auslands-Obstipation anthropologisch im Sinne der vergleichenden Verhaltensforschung zu deuten? Als ob ich die Landesbewohner durch die Defäkation provozierte. Als ob ich damit einen politischen Herrschaftsanspruch anmeldete, der sich auf das fremde Territorium bezieht. Als ob Kotsetzung und Platzbehauptung einander zugeordnet wären, so daß man mir diesen Anspruch im Ausland übel ankreiden wird. Obstipation ist in diesem Fall gleichzusetzen mit Defäkations-Angst. Ich spreche von einem überängstlichen menschlichen Darm, der die Kotmassen zurückhält, um das Subjekt vor Anfeindungen zu bewahren. Mit der Entleerung sind Gefühle der Kraft verbunden, insofern wirkte das gepfiffene Lied möglicherweise als ermutigend.

Streng genommen ist es natürlich nicht zulässig, ein Organ oder Organsystem zu personifizieren. Überdies ist nicht nur der Darm, sondern zugleich das vegetative Nervensystem im Spiel, nicht zuletzt auch die Psyche, d. h. das emotional getönte Bedeutungserlebnis der Fremdheit. Ich selbst, das soll diese Personifizierung sagen, bin es nicht, der die »Zurückhaltung« bewußt und willkürlich übt, sondern eine »Tiefenperson« oder wie man es sonst ausdrücken mag: das Animal in uns, das mir, gebunden an ein uraltes Repertoire, die lächerliche Rolle einer ängstlichen Rücksichtnahme aufzwingt. Die auf die fremden Plätze bezogene Obstipation mutet wie ein Überlebsel aus stammesgeschichtlich weit zurückliegenden Zeiten an.

Man wird einwenden, daß nicht alle Menschen auf Reisen mit einer Stuhlverstopfung reagieren. Außerdem gibt es Fremdort-Obstipationen, bei denen das Ausland nicht im Spiel ist. Es genügt der Urlaub im Schwarzwald oder in Oberbayern, eine Stuhlverhaltung auszulösen, die einige Tage andauern kann. Immerhin handelt es sich auch in diesen Fällen um den »fremden Ort«, oder, um es negativ zu sagen: Das Subjekt ist von seinem gewohnten Kotplatz weit entfernt. Es bewegt sich, biologisch gesehen, im Bereich fremder Kotplätze. Außerdem sind auf Reisen und beim Aufenthalt an fremden Orten auch andere Faktoren im Spiel, etwa eine ungewohnte Kost, die zur Obstipation beitragen können. Natürlich muß man Einwände dieser Art berücksichtigen. Es gibt mancherlei Faktoren, die zu einer Obstipation beitragen können, aber auch dann, wenn man alle diese möglichen Determinanten ausschaltet, kennen wir Menschen, denen auf Reisen die Defäkation mißlingt. Wenn wir von einer Homologie des Verhaltens sprechen, bringen wir zum Ausdruck, daß es sich, stammesgeschichtlich gesehen, um das gleiche Bedeutungserleben, d. h. um denselben Umweltsbezug und um dieselben neuro-physiologischen Mechanismen handelt.

Stuhlzwang im Luftschutzkeller

Interessanterweise läßt sich auch das konträre Verhalten am menschlichen und am Tupaia-Darm nachweisen. Um zunächst beim Menschen zu bleiben: Fremde, die mit Feindtönung zu uns kommen – auch das hat es schon gegeben –, können uns zu einer Stuhlentleerung zwingen. Das wäre das Gegenstück zur Fremdort-Obstipation. Schon die Annäherung der Fremden, das wissen wir aus den Nächten der Fliegerangriffe, kann den Darm zum Absetzen des Kotes veranlassen. Das ist nun, wenn man so sagen darf, der paläoanthropologisch anmutende Platzbehauptungs-Zwang, der sich in der Defäkation ausdrückt. In Luftschutzkellern konnte ich beobachten, wie häufig gerade im undenkbar unpassendsten Augenblick, d. h. wenn die Bomben fielen, der Darm das Subjekt zwang, den bergenden Raum zu verlassen, um das nächste Klosett aufzusuchen. An Ort und Stelle, hic et nunc, wäre andernfalls die Platzbehauptung bekundet worden.

Eines dieser »Opfer« des stammesgeschichtlich-archaischen Repertoires war mir aus meiner nervenärztlichen Sprechstunde bekannt: Es handelte sich um eine Frau, die unter Migräne litt. In den sogenannten normalen Zeiten neigte sie eher zur Obstipation. Sie hatte auch im Sommer kalte Hände und Füße, und war, wenn ihr bei einer Infektion eine Schwitzpackung verordnet wurde, nicht zum Schwitzen zu bringen. Ihr Norm-Puls war auffallend langsam, ihr Blutdruck niedrig.

Man wird, wenn man zu einem brauchbaren anthropologischen Ansatz kommen will, immer die Umwelt des Subjekts in Betrachtung und Nomenklatur einbeziehen, der Tatsache eingedenk, daß wir jeweils in Situationen leben. Die Zuordnung von Umwelt und Vegetativum sollte man nicht aus dem Auge verlieren. Weshalb diese mehr vagoton anmutende Frau dem kotbezogenen Platzbehauptungs-Zwang verfiel, wenn die feindlichen Flugzeuge über ihr kreisten, könnte man damit erklären, daß die Vagotonie als ein Merkmal der Wildheit (1) (= urtümlicher Verfassung) gilt. Im »agriologischen Katalog« (2) dürften der Platz- und der Rangbehauptungs-Zwang nicht fehlen. Das Moment der Abschreckung, ganz allgemein gesagt, glaube ich vermuten zu dürfen, wenn sich der kotbezogene Platzbehauptungs-Zwang manifestiert. Es gibt eine Platzbehauptung defensiven Charakters, andererseits kennen wir auch eine Platzbehauptung der Eindringlinge und Sieger. Die Reise-Obstipation war auf die Invasion bezogen. Mein Freund vermied es, die Landeseinwohner zu provozieren, und infolgedessen hielt der Darm die Kotmassen zurück. Es gehört zur Höflichkeit des Touristen, sich nicht wie ein Invasions-Sieger aufzuführen. Ich denke, wenn ich vom »Sieger« spreche, auch an Winston Churchill: im *Spiegel* war unlängst nachzulesen, wie er sich paläoanthropologisch verhielt, als er nach der geglückten Invasion im Jahre 1944 das Landungsboot verließ und den Fuß auf französischen Boden setzte: Seine erste Amtshandlung war, daß er an Ort und Stelle urinierte. Miktion und Defäkation festigen den Herrschaftsanspruch und besiegeln das Faktum des Siegs.

Einbrecher-Unsitten

Kot- und Platzbehauptung, also Besitz-Tendenz, sind einander bei Einbrechern zugeordnet, die am Ort ihres Wirkens auf die Fußböden defäzieren. Die sogenannten Geldschrankknacker, die lange Zeit in intensiver Arbeit am Platze weilen, sichern diesen Ort sichtbar und olfaktorisch ab. Anders ausgedrückt: Ihre Kotentleerung, zu der sie vermutlich genau so von ihrem Darm gezwungen werden wie die Frau im Luftschutzraum, drückt in Verbindung mit einer Abschreckung einen Herrschafts- und Besitzanspruch aus. Man verdoppelt sich, wenn diese Ausdrucksweise erlaubt ist, um damit mächtiger in Erscheinung zu stehen. Es könnte sogar von einer Berufs-Tradition der Geldschrankknacker gesprochen werden. Wenn sie nach getaner Arbeit den Platz verlassen haben, muten die sogenannten Wächter, die zurückbleiben, wie eine Verhöhnung der Polizei an. Doch scheint mir das nur ein Nebeneffekt zu sein. Die Kot-Hinterlassenschaft ist ursprünglich auf den Platz zu beziehen, der damit seitens dieser Schwerarbeiter von ehedem »behauptet« wird.

Soldaten, die im Krieg dem Gegner die befestigte Stellung überlassen mußten, die sie dann im Gegenangriff zurückgewannen, berichteten mir, daß die Feinde dieses Territorium mittels Kothaufen zusätzlich »besetzt« hatten. Ihre Platzbehauptung hatte sich in grotesker Weise manifestiert. Es ist außerdem bekannt, daß plündernde Soldaten in die Wohnungen zu defäzieren pflegen. Das gehört nach der landläufigen Meinung zum »Übermut des Siegers«. Der Stuhldrang, so scheint es, erfolgt situationsgebunden, so, wie bei den Eroberern der befestigten Anlage oder den Geldschrankknackern.

Es dürfte auch Soldaten geben, die, wenn sich bei ihrem aggressiv-destruktiven Verhalten der Darm meldet, das Klosett aufsuchen. Es ist vermutlich nicht jedermanns Sache, auf Fußböden zu defäzieren oder zu diesem Zweck Tische oder gar Schränke zu besteigen. Ein Schuß Bosheit mag von Fall zu Fall im Spiele sein, doch ist das eine Frage des Stils. Unabhängig davon besteht die Bereitschaft des Darms, dem plündernden Eroberer den Triumph der Verdoppelung zuzuerkennen.

Archaische Funktions-Reserve

Der Zwang, einen fremden Platz, in den man eingedrungen ist, oder auch den angestammten Heimatplatz mittels Kotentleerung zu sichern, ebenso aber das Gegenteil des Zwangs, nämlich die Hemmung, an einem fremden Ort ein Klosett aufzusuchen, lassen den Schluß zu, daß in uns Funktionsreserven für Situationen dieser Art bereitliegen. Der Terminus »Reserve« soll besagen, daß dieses Verhalten normalerweise nicht zu beobachten ist. Wir wissen noch längst nicht, was »im Menschen alles drinsteckt«. Die Reserve-Rolle liegt, ihres Stichwortes gewärtig, in der Latenz unseres Leibes.

Ich habe in einer zurückliegenden Publikation von den »archaischen Funktions-Reserven« (3) gesprochen; man könnte ebensogut von einem »verschleppten Vorfahren-Verhalten« (2) reden. Nach vollzogenem Einbruch – das bezieht sich gleichermaßen auf Geldschrankknacker wie auf militärische Sie-

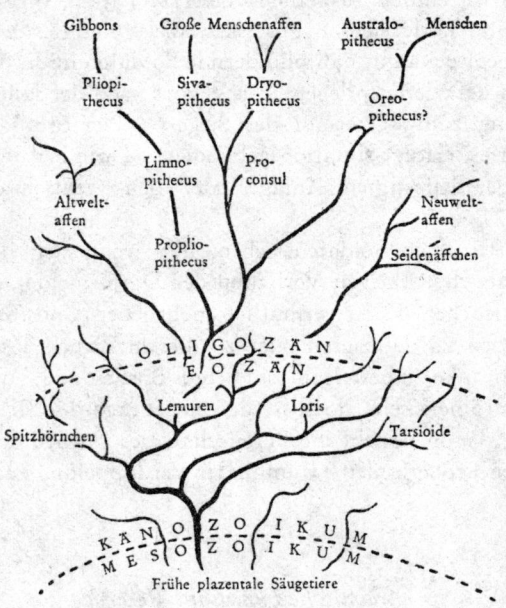

Evolution und Verwandtschaftsbeziehungen der Primaten. (Die Verbindungslinien sind nur eingetragen, um die Grundzüge klarzulegen. Tatsächlich sind wenige der Verbindungslinien so sicher bekannt; außerdem gibt es viel mehr Seitenzweige.)

ger, die in fremdes Territorium »einbrechen« – kann die kotbezogene Platzbehauptung ebenso in Erscheinung treten wie im Falle der Verteidigung des angestammten Platzes. Die Abschreckung mittels des sogenannten Wächters ist in beiden Fällen gegeben.

Platzbehauptung beim Tupaia

Theo, das männliche Tupaia, um zu dem Thema der Homologie noch einen empirischen Beitrag zu geben, bekundete einen Platzbehauptungs-Zwang, nachdem er in meiner biologischen Station »eingewohnt« war. Ich berichte die Vorge-

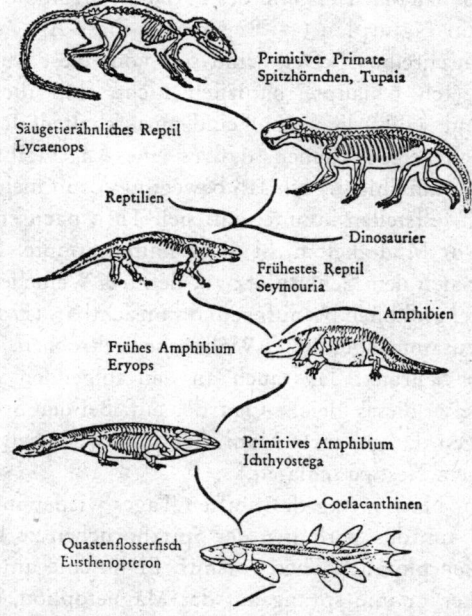

Eine Vorfahrenreihe von Tieren, die an oder in die Nähe einer Linie zu stellen sind, die von den Fischen zu den Säugetieren und damit zum Menschen führt (nach Gregory, Jarvik und Romer).

schichte: Das Tupaia-Pärchen wurde aus dem Tierhandel bezogen, und zwar von einem Holländer, der es vermutlich aus Indonesien eingeführt hatte. Als ich Theo und Evelyn in den für sie bestimmten Käfig setzen wollte, entkam mir das Männchen. Ich ließ daraufhin auch das Weibchen frei, so daß sich die Tiere innerhalb meiner Station uneingeschränkt bewegen konnten.

Evelyn machte – der Raum war ihr unbekannt – einen Schlafplatz ausfindig, als die Abenddämmerung hereinbrach. Theo dagegen hielt sich von diesem Zeitpunkt an ständig bei mir auf. Ich wurde an das Verhalten der Schneeammern (Plectrophenax nivalis) oder der Kiebitze (Vanellus vanellus) erinnert, die den Feind durch ein unablässig-aufdringliches Verweilen provozieren. Der Sinn des Faszinations-Manövers, das offenbar im Naturplan (= Repertoire) ihrer Art liegt, läßt sich so umschreiben: »Der Feind soll vom Nest weggeführt werden.« (Ich behaupte natürlich nicht, daß diese Tiere bewußt und willkürlich den Feind zurückhalten. Ich werde später noch zeigen können, daß es eine Angst gibt, die in Faszination umschlägt.) Ich saß bewegungslos in meinem Sessel, bis ich feststellen konnte, daß sich Theo nach etwa zwei Stunden vor Müdigkeit nicht mehr halten konnte. Plötzlich wandte er sich dem Schlafplatz zu, den das Weibchen aufgesucht hatte, und blieb bis auf weiteres unsichtbar. (Evelyn war in eine zusammengefaltete Wolldecke gekrochen, die auf einem der Schränke lag, auch an den folgenden Abenden suchte Evelyn dieses gleiche Quartier auf. Bei den Spitzhörnchen pflegen das gepaarte Männchen und Weibchen gemeinsam in einem Nest zu schlafen.)

Als ich am Nachmittag des fünften Tages wieder in meinem Sessel saß, um das Verhalten der Spitzhörnchen zu beobachten, erschien plötzlich Theo vor mir. Er huschte unter einem Schrank hervor und sprang auf das Magnetophon, das zwischen meinen Knien in Reichweite stand. Der Apparat war zugedeckt. Die Entfernung zwischen meinen Augen und dem Deckel des Kastens betrug etwa 80 cm. Theo blickte mich an.

Sein Auftreten könnte man, wenn die Vermenschlichung erlaubt wäre, als »keck« oder »frech« bezeichnen.
Plötzlich, während er vor mir stand und mich nicht aus dem Auge ließ, krümmte sich sein Rücken. Theo setzte eine Kotsäule ab. Dann rutschte er, mich weiterhin fest anblickend, auf mich zu, und zwar in der Weise, die man »Schlittenfahren« nennt, wenn Hunde diese Bewegung zeigen. Spitzhörnchen, auch die Weibchen, pflegen nach der Defäkation dieses Rutsch-Manöver auszuführen. Daß Theo, mich anstarrend, auf mich zurutschte, war bemerkenswert. »Hier wir!«, in diesen Ausruf könnte man die Kotsetzung fassen, die das männliche Tier »angesichts« des Eindringlings demonstrierte. Der Umweltbezug dieser Darmentleerung war nicht zu verkennen. Plötzlich, als Theo auf mich zugerutscht war, machte er kehrt und verschwand unter einem Schrank. Bald darauf sah ich ihn, wie man es bei einem Baumläufer erwarten darf, auf einer der Gardinenstangen.[1]
Theo zeigte »Platzbehauptung« in einem doppelten Sinne, einmal, und zwar vom ersten Abend an, indem er herausfordernd lange Zeit bei mir verweilte, um mich, wenn die Analogie zum Kiebitz-Verhalten zutrifft, von dem Platz wegzuführen; zum anderen zeigte er »Platzbehauptung«, als die Defäkation erfolgte, während er mich starr anblickte: »Tu m'en merde!«
Man spricht von Verhaltens-Homologie, wenn das Tier dem Menschen hinsichtlich der Stammesgeschichte zugeordnet ist. William Howells (4) schreibt, daß den Primaten »eine der längsten Geschichten aller Säugetier-Ordnungen« zukommt. Die Spitzhörnchen (Tupaiidae) gehören zu den primitivsten Primaten. Man faßt heute diese Tiere als eine frühe Abzweigung aus der Linie der Lemuren auf. In G. Heberers (5)

---

[1] Wenn sich in Frankreich Nachbarn oder auch andere Bürger miteinander streiten, kann man nicht selten den Ausruf hören: »Tu m'en merde!« Diese Beschimpfung ist Vorwurf und Selbstbekenntnis zugleich. Das sprechende Subjekt weist damit auf seinen Defäkations-Mechanismus hin. Auch geistige »Standpunkte« sind Orte, auf die sich der kotbezogene Platzbehauptungs-Zwang beziehen kann.

Aufsatz über »Die subhumane Abstammungsgeschichte des Menschen« heißt es: »Die Ableitung der Primaten aus einer insektivoren Wurzel über Formen, die als Modelle heute noch durch die Tupaiidae repräsentiert werden, dürfte gesichert sein.«

Literatur

1 A. S. Clark: Comparative Physiology of the Heart, London/Cambridge 1927
2 R. Bilz: Psychotische Umwelt. Versuch einer biologisch orientierten Psychopathologie, Stuttgart 1962
3 R. Bilz: Pars pro toto. Ein Beitrag zur Pathologie menschlicher Affekte und Organfunktionen, Leipzig 1940
4 W. Howells: Die Ahnen der Menschheit. Aus dem Amerikanischen übersetzt und ergänzt von Gottfried Kurth, Rüschlikon-Zürich/Stuttgart/Wien 1963 (die Abbildung auf S. 195 ist diesem Werk entnommen).
5 G. Heberer: Die subhumane Abstammungsgeschichte des Menschen, in: Die Evolution der Organismen, 2. Aufl., Bd. II, hrsg. v. Gerhard Heberer, Stuttgart 1959

17. Omnisektorielle Aufmerksamkeit

Empirische Tierpark-Beobachtungen und ihre Bedeutung
für die Psychopathologie
(1962)

Als ältestes Haustier gilt im allgemeinen, wenn wir den Ausführungen W. Herres (1) folgen dürfen, der Hund. Er kommt im nördlichen Mitteleuropa bereits in Kulturgeschichten vor, die noch dem Mesolithicum angehören. Es hat sich jedoch herausgestellt, daß diese mesolithischen Fundstellen jünger sind als die neolithischen Kulturen in den südlichen Randgebieten des eurasischen Landblocks, vorausgesetzt, daß man die absoluten Datierungen als Maßstab benutzt. Am Rande des östlichen Mittelmeergebiets treten um 6000 v. Chr. in neolithischen Kulturschichten bereits Rind und Schaf auf, denen bald Ziege und Schwein folgen, während der Hund dortselbst fehlt. Es ist bemerkenswert, daß für gewisse Wildtierarten verschiedene Domestikationszentren anzunehmen sind. Das Wildschwein z. B. ließ sich sowohl im fernen Osten als auch im Westen domestizieren. Wir heben diese Tatsache hervor, da wir es im folgenden sowohl mit einem Wildschwein als auch mit dem europäischen sowie mit dem vietnamesischen Hausschwein zu tun haben werden.

Empirische Beobachtungen und ihre Interpretation

Das Phänomen, ein Verhalten z. B., ist und bleibt dasselbe Phänomen, gleichviel, ob und wie es vom Menschen interpretiert wird. Ich berühre mit dieser Aussage die Seite der Dinge, die man als die objektiv-reale Seite bezeichnen könnte. Es gibt nur *eine* objektive *Wahrheit*, während mehrere Beobachter in die Erscheinung treten können, die jeder eine Interpretation

(= Kommentierung) bereithalten. Der *einen* objektiven Realität kann eine *Vielheit von Deutungen* gegenüberstehen. In einer saloppen Ausdrucksweise könnte man sagen: Phänomen bleibt Phänomen, gleichviel, wie es »frisiert« wird. Es muß nicht das Gleichnis von der Frisierstube sein, das unsere ironisierende Aussage leitet. Auch an ein Gasthaus kann man erinnert werden, denn es gibt mancherlei »denkerische Zubereitungen«, nach denen die Erscheinung literarisch »serviert« wird. Anders liegen die Dinge, wenn es sich primär um empirische Forschung handelt, sondern wenn nur scholastische Erörterungen gegen scholastische Erörterungen und Festlegungen stehen, was nicht ausschließt, daß ganz im Hintergrunde auch einmal empirische Grundtatsachen diskutiert worden sind. Jetzt hat man sich weit entfernt von den empirischen Gegebenheiten, die vielleicht sogar nur mangelhaft bekannt sind, während die geistreichen Auseinandersetzungen der Gelehrten das Feld beherrschen. Jetzt handelt es sich nicht mehr primär um das empirische Phänomen, sondern um das, was Goethe »ein Ragout aus vieler Schmaus« genannt hat. Auch wenn man diesen Auseinandersetzungen das Lob nicht versagen kann, daß sie geistreich geführt werden, so können sie sich dennoch als völlig steril erweisen.

Grundsätzlich muß man *zwei Ebenen* unterscheiden, nämlich die der *empirischen Dokumentation* und die der *Interpretation*. Die höchste Autorität, die ein Forscher zu respektieren hat, ist in der Autorität der empirischen Erscheinung zu sehen, keineswegs etwa in der Autorität des Philosophen Aristoteles oder irgendeines Denkers. – Wenn man das *Aufmerksamkeits-Verhalten* eines Tieres, wie es nachher beschrieben wird, filmen würde, so hätte man die objektive Seite im Griff. Der Film wäre dann nichts als eine Wiederholung dessen, was zeitlich koincidierte und aufeinanderfolgte. Koincidenz und »Konsequenz« kann ich auch sprachlich darzustellen versuchen. Da allerdings schon, wenn ich mich des Wortes bediene, beginnt die Deutung. Die *Wortwahl* allein schon verrät eine Interpretation. Hier bereits kommen Scharfsinn, unzulässige

Phantastik oder Stupidität zum Ausdruck. Immer, wo ein Mensch einer Erscheinung ansichtig wird, ist er mehr als nur ein Filmapparat, der einfach die Bewegungen aufzeichnet, indem er Spiegelbilder fixiert. Die menschliche Sprache mit ihren Metaphern verdirbt uns, wenn man so sagen darf, von Anfang an das Programm der zweiten Ebene. Die Darstellung mit ihrer Wortwahl ist subjektiv-menschliches Dokument. Le style c'est l'homme (Buffon). Trotzdem will ich das *Aufmerksamkeits-Phänomen*, das im Blickpunkt unserer Betrachtungen stehen wird, soweit als möglich in zwei Ebenen darzustellen versuchen, als ob es eine »objektive Beschreibung« tatsächlich geben könnte.

Ich stelle die Forderung, obgleich ich weiß, daß Wahrnehmen bereits »Bedeutungsverleihung« im Sinne Uexkülls ist.

Unwillkürlich muß ich prima vista die Erscheinung mit anderen Erscheinungen vergleichen, so daß ich, ob ich will oder nicht, der *Methode der Komparation* von vornherein verfallen bin. Die Definition der Wundtschen Apperzeptionsvorgänge wies auf das komparative Moment hin. Neu ist diese Tatsache keineswegs. Kein Mensch kann sich seiner Einfälle erwehren; was er vermag, ist, daß er darüber schweigt, d. h. es verbis expressis nicht oder zunächst nicht ausspricht, sondern zurückstellt. Ob ich es auch verhindern möchte, weil mir die Ebene der reinen, sachlichen Beschreibung vorschwebt, dieser mein »Konstruktionsfehler« wird vom ersten Anblick an »denkerische Zubereitung« mit sich bringen. Wenn ich das Verhalten eines Tiersubjekts objektiv zu beschreiben versuche, so komme ich möglicherweise vom ersten Anblick an zu der Idee der »Identischen Exekutive« (2), die sich mir aufdrängt: Das Behaviour erinnert mich möglicherweise an vergleichbares menschliches Verhalten.

Nach dieser Vorbemerkung, die sich auf die *Methode* bezieht, teile ich die folgende *empirische Beobachtung* mit, die wir als die Beobachtung A zu bezeichnen haben: In dem von Herrn Leonhard Niebling geleiteten Mainzer Tierpark am Fuße des Linsenbergs befanden sich im Herbst 1961 gemeinsam in einem Gehege ein weibliches Wildschwein, das im Frühjahr 1961 zur Welt gekommen war, zwei europäische Hausschweine sowie ein vietnamesisches Hängebauchschwein. Die vier etwa gleichaltrigen Tiere stehen am Absperrungszaun ihres Geheges auf ihren Hinterläufen, während eine alte Dame auf der Außenseite des Zauns, den hungrigen Pfleglingen zugewandt, den Versuch macht, Brotreste aus einem größeren Papierbeutel auszukramen. Die Tiere zeigen, eng nebeneinanderstehend, eine Erregung, die sich unter anderem in ihrem gespannten Hinblicken auf die Hände der Frau sowie in ihren Lautgebungen bezeugt. In *konzentrierter Aufmerksamkeit* verfolgen sie die Hantierungen. Noch bevor die Fütterung, d. h. die Verabfolgung von Nahrungsbrocken, in Gang gekommen ist, werfe ich, seitwärts von dieser Gruppe stehend, ohne daß die Tiere meine Manipulation visuell wahrnehmen können, einen größeren, in Wasser aufgeweichten Brotrest über sie hinweg. Etwa 5 m hinter den Schweinen klatscht er innerhalb ihres Geheges auf die Erde. Das Wildschwein, das *auffallend schreckhaft* ist, schrickt zusammen, wendet sich blitzschnell um und läuft augenblicks nach hinten, zu dem Nahrungsbrocken, den es sofort auffrißt. Mit dem *Schreck-Verhalten* ist eine *hohe Anfangsgeschwindigkeit seiner Motorik* verbunden. Unmittelbar nach dieser Nahrungsaufnahme, wieder mit hoher Anfangsgeschwindigkeit im Galopp, kehrt das Wildschwein zu der Gruppe zurück, wo es nun wieder unter den anderen Nahrungsanwärtern steht. Möglicherweise ist es den drei Hausschweinen entgangen, daß die unmittelbar von wilden Schweinen abstammende Artgenossin inzwischen abwesend war. Soviel über die Beobachtung A, auf die ich zurückkommen werde.

Wir bleiben auf der Ebene der *empirischen Dokumentationen*, wenn wir uns erneut den vier Tierparkschweinen zuwenden, die inzwischen, etwa 14 Tage später, umquartiert worden sind. Sie befinden sich jetzt auf einer großen Wiese, die auf der einen Seite mit Bäumen und Buschwerk bestanden ist. Beobachtung B: Ich stelle fest, wie die vier Schweine gemeinsam eine bestimmte Bodenstelle umgepflügt haben. Sie stehen dicht beieinander und sind im Wühlen begriffen. Im Gegensatz zu dem asiatischen und den beiden europäischen Hausschweinen hat *Fritzi,* der weibliche Wildschweinabkömmling, wenn ich mir eine vermenschlichende Aussageweise gestatten darf, nicht soviel »Ausdauer« wie seine Artgenossen. Während das Triumvirat weiterhin wühlend an »Ort« bleibt, läuft Fritzi plötzlich weg. Diesmal handelt es sich nicht um Nahrungsbrocken, die durch die Luft fliegen und geräuschvoll auf der Erde niederfallen. Sensorische Momente sind vermutlich primär nicht im Spiel. Es scheint, daß Fritzi aus einem inneren Drang heraus die Gruppe verläßt, die uns im Vergleich mit diesem Tier als phlegmatisch-langweilig anmutet. Das direkt von Wildschweinen abstammende Tier mutet weit »temperamentvoller« an als die drei Artgenossen. – Fritzi sucht offenbar, das ist lediglich Interpretation, Nahrung. Sie ist von einer Unrast erfüllt, und so sieht man sie bald da und bald dort. Sie wühlt flüchtig im Boden, ich stelle auch fest, wie sie große flache Steine, die unter einem Busch liegen, umwendet. Herr Niebling, der ein ausgezeichneter Beobachter ist, sagt mir, daß Fritzi unter den Steinen wiederholt Feldmäuse aufgestöbert hat, die sie blitzschnell packt und auffrißt. Ich interpretiere, wenn ich sage, daß für den Wildschweinabkömmling die ganze weite Wiese mit ihrem Busch- und Baumbestand offenbar *Nahrungs-Tönung* aufweist, was freilich nicht ausschließt, daß bestimmte Stellen als exquisite Futterplätze bevorzugt werden. Dieses Tier würde sich wahrscheinlich selbständig ernähren, gäbe man ihm die Freiheit. Um zur Interpretation auch die Voraussage hinzuzufügen: die *Verwilderung* würde wahrscheinlich bald gelingen, was ich allerdings von den vor uns stehenden, noch immer gemächlich im Boden grabenden Artgenossen nicht annehmen kann. Es scheint, daß diese weit mehr als der Wildschweinabkömmling auf die Nahrung angewiesen sind, die ihnen der Mensch vorsetzt. Ihr Bodenumpflügen erinnert mich, das ist eine Interpretation, an das sog. Gründeln der Enten, die sich an einem Futternapf soeben gesättigt haben, während in dem Wasserbehälter, in dem ihre Erbkoordinationen einer »Suche nach Wassernahrung« ablaufen, Nahrung überhaupt nicht zu finden ist. Bei den gründelnden Enten schnurren, und dasselbe dürfte für die drei wühlenden Hausschweine gelten, die »motorischen Erbkoordinationen« (K. Lorenz) gleichsam mechanisch-automatisch ab. Allenfalls könnte, wenn man sich eines psychologischen Terminus bedienen wollte, von einer »Funktionslust« die Rede sein. Um einen materiellen Erfolg ihrer Grabtätigkeit handelt es sich offenbar kaum. Wenn man sich eine grobe Vermenschlichung gestatten dürfte, so könnte man interpretierend sagen: Das Gründeln in dem völlig leeren Wasserbehälter und das Wühlen der Hausschweine in der Erde bedeuten nichts als – Gymnastik. Mit anderen Worten: Das ist *Leerlauf* (K. Lorenz).

Zwischendurch ist Fritzi auch wieder bei den drei Artgenossen anzutreffen, wo sie erneut mit ihnen zusammen gräbt. Ich interpretiere: Schweine sind Tiere, die in Sozietäten leben. Fritzi bekundet darin, daß sie sich trotz ihrer »Umtriebigkeit« den anderen wieder zugesellt, ihr *Anschlußbedürfnis*. Wir vermuteten, daß bei dem Graben wahrscheinlich »nicht sehr viel herauskam«. Eine sichere Aussage können wir nicht machen. Ich versäumte es außerdem, empirisch festzustellen, ob Fritzi, wenn sie wieder »im Team« war, ebenso phlegmatisch wie die Artgenossen die Erde umpflügte. Wahrscheinlich war sie emsiger als diese, aber ich kann es nicht behaupten. – Ihre Bewegungen waren im ganzen eleganter als die der drei anderen Schweine. Man hätte, wenn Fritzi leichtfüßig über die Wiese lief, an den Galopp eines Rennpferdes erinnert werden können. Wenn Hausschweine sich, rasch dahinhoppelnd, über eine freie Fläche bewegen, ergibt sich lediglich, was man im Volksmund als »Schweinsgalopp« bezeichnet, d. h. eine Karikatur galoppierenden Laufens.

Ich interpretiere das langweilig-phlegmatisch anmutende Verhalten der drei Hausschweine, indem ich darauf hinweise, daß diese Tiere von Vorfahren abstammen, die seit beinahe 80

Jahrhunderten vom Menschen ernährt und behütet wurden. Ich prägte in der Veröffentlichung «Ammenschlaf-Experiment und Halluzinose« (3) den Terminus *»umweltbezogene Sorglosigkeit«*. Ihre Sinnesorgane, aber auch ihr Bewegungsapparat, wurden nicht mehr wie bei den wilden Vorfahren zur Selbsterhaltung benötigt, so daß die Möglichkeit der Verkümmerung nahelag. Weder *Feindtönungen* noch die *Notfallreaktion des Hungerns* mobilisieren diese trägen Tiere. Hausschweine müssen nicht auf dem Quivive sein wie wilde Schweine. Ihr *Sensorium* sowohl als auch ihr *Motorium* mutet uns als korrumpiert an, während sowohl die Lokomotorik als auch das Sensorium des Wildschweinabkömmlings mit dem Adverbium *»omnisektoriell«* zu kennzeichnen sind. Alles im weiten Umkreis ist ihm interessant. – Feinde gibt es auch für Fritzi nicht mehr. Vielleicht wird man sagen können, daß sie bisher schlimme Erfahrungen nicht gemacht hat. Sie ist fremden Tierparkbesuchern gegenüber keineswegs scheu, sondern eher zutraulich, aber hinsichtlich der Nahrung ist der einem Gefangenschaftsdasein ausgelieferte Wildschweinabkömmling noch nicht von der *umweltbezogenen Sorglosigkeit* erfüllt. Die drei Hausschweine sind in die Hände des Menschen gegeben, in dem ihnen ein *Nährvater* seit mehreren tausend Jahren erscheint, während Fritzi noch ihren gesunden »Instinkt« behalten hat: Nahrung muß man sich selber suchen. – Wenn die Frage zu entscheiden wäre, welche *Wildheitsqualität* im Falle dieses zahm anmutenden Wildtierabkömmlings am frühesten verblaßt, so müßte unsere Antwort lauten, daß die *Scheu* bei Fritzi überraschend wenig ausgeprägt ist, was damit zusammenhängen könnte, daß sie uns »verschweinlicht«, d. h. für ihresgleichen ansieht, so wie die Hunde uns »verhundlichen«. Sie sehen in uns Rudel-Kumpane. Mit echten Feinden, wie bemerkt, ist dieses Tier bisher vermutlich nicht in Berührung gekommen. Bellende Hunde erregen es nicht. Ich kenne Fritzi seit den Tagen ihrer frühen Kindheit, als sie, noch das Frischlingskleid tragend, in den Tierpark gebracht worden war. – Aus der *Notfallreaktion des*

Hungerns heraus mußte Fritzi dem *umweltbezogenen Aufmerksamkeitszwang nicht* verfallen. Ausreichende Nahrung, und sogar dieselbe Nahrung, war für sie genauso wie für die drei Hausschweine vorhanden. – Die einfachste Erklärung wäre es wohl, auf die Lokomotorik und das vigilante oder sogar hypervigilante Sensorium hinzuweisen und zu sagen: Wer so ausgerüstet ist, kann nicht einfach, einen Lorenzschen Ausdruck zu gebrauchen, der »Verhausschweinung« anheimfallen, d. h. ein träges Verhalten zeigen und Speck ansetzen. – Damit hätten wir uns von den biographisch-psychologischen Erklärungen, die psychoanalytisch anmuten, distanziert, was freilich nicht heißen soll, daß wir den Erfahrungen der Tiere und dem Trauma keinerlei Bedeutung zuerkennen. – Man könnte es fast als ein Defizit bezeichnen, daß Fritzi im Hinblick auf ihre senso-motorische Wildtierausrüstung keine Feinde mehr hat. Immerhin, auch die Wölfe des Nieblingschen Tierparks haben Feinde nicht mehr, und trotzdem bleiben sie *scheu* und nehmen z. B. Nahrung nicht auf, wenn man ihnen dabei zusieht, was ebenso für den Mäusebussard (Buteo buteo) zutraf, den ich in meiner Biologischen Station aufzog. – Es wäre denkbar, daß Fritzi exzeptionell wenig scheu ist, d. h. daß nicht alle in Gefangenschaft lebenden Wildschweinabkömmlinge in diesem Ausmaße zutraulich werden. Man müßte viele Frischlinge aufgezogen haben, um darüber eine schlüssige Aussage machen zu können. Eins steht fest: *Die Xenophobie ist ein Merkmal der Wildheit.*
Nicht selten hört man von den Wildschweinabkömmlingen, daß sie sich ihren Pflegern gegenüber als hundeartig anhänglich erweisen. Wenn ein *Katalog der Wildheitsmerkmale* zu erstellen wäre, müßte man diese Eigenschaft verzeichnen: So, wie unsere Hunde den Menschen »verhundlichen«, d. h. in ihm einen Rudelgenossen sehen, so darf man wohl auch von Fritzi annehmen, daß sie ihre Pfleger »verrudeltierlicht«. Ihre »*Treue*« muß man als ein Zeichen urtümlichen Verhaltens ansehen, eben darum, weil die Wildschweine in Rudelverbänden, d. h. in »*treuer Gefolgschaft*«, zusammenleben. Es würde

als erheblicher Zähmungsfortschritt bzw. als ein *Defekt* anmuten, wenn der Wildschweinabkömmling das dem Menschen gegenüber relativ gering ausgeprägte *Anschlußbedürfnis* der drei Hausschweinabkömmlinge zeigte.

Auch die *Schreckhaftigkeit,* die wir in der Beobachtung A feststellten, ist ein Merkmal der Wildheit. Fritzi fuhr zusammen und erwies sich als überraschend reaktionsschnell, als das Brot hinter ihr in dem Gehege zu Boden fiel, während die Artgenossen konzentriert, d. h. unisektoriell gebannt-aufmerksam, verharrten. Ein Zusammenfahren konnte man ihnen nicht anmerken. Mit der Schreckhaftigkeit des wilden Tieres bzw. des in der Gefangenschaft lebenden Wildschweinabkömmlings hängt diese andere Form der Aufmerksamkeit zusammen, durch die es im Vergleich mit den Artgenossen auffiel, die der Nahrungsspenderin gegenüber unisektoriell-konzentriert zugewandt verharrten. Wenn man die konzentrierte Aufmerksamkeit als die *Domestikations-Aufmerksamkeit* bezeichnen wollte, so hieße das: Ein Tier, das noch auf dem Quivive sein muß, bedarf einer *Allround-Aufmerksamkeit,* die auf alle Sektoren seiner Umwelt bezogen ist. Selbst wenn es sich nicht mehr um die Feind- und Gefahrentönungen hauptsächlich handelt, sondern nur um die Nahrungstönungen der Umwelt, wie uns die Beobachtung B zeigt: Sensorium und Motorium sind einander koordiniert. Immer steht das wilde Subjekt im Mittelpunkt seiner Umwelt, und alle Sektoren um es herum sind für das Subjekt hochbedeutsam. Es mutet wie eine tautologische Aussage an, wenn ich sage, daß der *Subjektzentrismus* (4) des Tieres und die *omnisektoriell orientierte Aufmerksamkeit,* d. h. Umwelt-Überbedeutsamkeit, einander »entsprechen«.

Ich stehe unter dem Eindruck, daß der Frage der Aufmerksamkeit in der Wandlung vom Wildtier über das Gefangenschaftstier zum Haustier entscheidende Bedeutung zukommt. Manfred Röhrs (5) wies in seinem Aufsatz über »Ökologische Beobachtungen an wildlebenden Tylopoden Südamerikas« (Ergebnisse der Südamerikaexpedition Herre/Röhrs 1956/57) auf die Tatsache hin, daß die Großherde und der enge Anschluß an den Menschen, im besonderen auch die Tatsache, daß die Menschen die Gefangenschaftstiere regelmäßig füttern, die *Wildtier-Vigilanz* zum Erliegen bringen. Die wilden Tylopoden dagegen leben in kleinen Verbänden, was die einzelnen Tiere zwingt, weit wachsamer zu sein als die in Großherden lebenden, von Menschen beschirmten Artgenossen. Der Zwang zu ständiger Aufmerksamkeit (= Wachsamkeit), in unserer Ausdrucksweise: der *umweltbezogene Aufmerksamkeitszwang*, wird durch das Zusammenleben in der Großherde gemindert. Wörtlich heißt es von der in kleinen Sozialverbänden lebenden Guanacos und Vicugnas: Sie »sind sehr aufmerksame und reaktionsschnelle Tiere; auf geringste Reize schrecken sie hoch und flüchten oft«. »Die wildlebenden Tylopoden sind den größten Teil des Tages damit beschäftigt, Futter zu suchen, zu fressen. Dabei gilt noch ihre gesamte Aufmerksamkeit sich evtl. nähernden Gegnern.« Über das Verhalten an der Tränke hören wir: »In Patagonien dauerte es oft über 1 Std., bis eine Guanacofamilie von den umgebenden Hügeln an die tiefergelegene Tränke kam. Hierbei sicherte der Hengst fortwährend. Auch an der Tränke selbst waren die Tiere besonders aufmerksam... Beim Trinken blickten die Tiere alle Augenblicke auf, um zu sichern.«

Omnisektorielle Attention und Lokomotorik als »Biologisches Radikal«

Wir sprechen von einem *Biologischen Radikal*, wenn sich eine Erscheinung, der wir im Verhalten der Tiere begegnen, auch beim Menschen nachweisen läßt. Das wäre, wenn man so sagen darf, die biologische Fundierung oder Verankerung, die wir ausfindig machen. Es gibt außerdem, wenn man Ordnung in die denkerische Erfassung eines scheinbar sinnlosen empirischen Geschehens bringen will, den Versuch, die Erscheinung als Äquivalent (= Stümmelform) eines komplizierten Phänomens aufzufassen. Das Phänomen repräsentiert das ganze: *pars pro toto*. Die erstere Methode, die Ausschau hält, das *Biologische Radikal* ausfindig zu machen, verträgt sich durchaus mit der Methode, das Phänomen als Äquivalent zu deuten. Das eine schließt das andere nicht aus. Man muß von Fall zu Fall fordern, wenn man vor einem unsinnig anmutenden Phänomen, einem absurden menschlichen *Verhalten* z. B., steht, *sich beider Methoden zu bedienen*, um Licht in die Zusammenhänge zu bringen. Man »kompliziert« die Erscheinung im einen wie im anderen Falle, was notwendig ist, denn eben damit gewinnt sie Profil, und wir »erkennen« sie. Es war in der Veröffentlichung *Pars pro toto* die Rede, daß man das unverständliche Phänomen »aufrunden« müsse. So z. B. wurde gezeigt, was es mit dem Stirnrunzeln im Akte des Denkens auf sich hat, worüber sich schon der Engländer Charles Bell gewundert hatte, der übrigens damals bereits das Wildheitsmoment in die Betrachtung zog.

Ich gehe von einer Beobachtung aus, und zwar einer *Selbstbeobachtung:* Als ich an einer Cholecystitis und Duodenitis erkrankt war, stellte ich fest, daß ich kein Buch oder keine Zeitung mehr lesen konnte, wenn von meiner Umwelt her irgendwelche Geräusche wahrnehmbar waren. Mit anderen Worten: Ich war einem *umweltbezogenen Aufmerksamkeitszwang* ausgeliefert. Wenn z. B. das Radio lief oder wenn ich im Nebenzimmer Gespräche hörte, mußte ich »auf dem Quivive sein«. *Konzentriert* aufmerksam zu sein, indem ich in ein vor mir liegendes Buch blickte und las, und zwar mit Verständnis las, mißlang mir, wenn es sich um die Konkurrenz zwischen unisektorieller, konzentrierter Aufmerksamkeit und umweltbezogener sensorischer Aufmerksamkeit handelte, die ich als die *omnisektorielle*, distributive *Attention* bezeichne. Mit anderen Worten: Ich war enorm ablenkbar (= irritabel) geworden, seitdem ich das Leiden ertragen mußte. Gleichviel, von welchem Sektor der mich umgebenden Umwelt her der Reiz stimulierend auf mich einwirkte, ich erlag ihm. Es gab gewisse Ausnahmen, auf die ich nicht eingehen will. Die

Deutung, die ich diesem *Phänomen eines Aufmerksamkeitszwanges* gab, das an das Sichern eines wilden Tieres erinnert und insofern als »Identische Exekutive« aufgefaßt werden konnte, lautete: Das Gallenleiden ist durch eine *Vagotonie* ausgezeichnet. Wildtiere stehen weit mehr als domestizierte Tiere unter einem übermächtigen Vagus (6). Auf die Mitteilung von Einzelheiten verzichte ich. Ich wollte ein sinnlos anmutendes Phänomen interpretieren, und zu der Aufrundung nach der Seite der vagotonen Erscheinungen paßte es, daß sich wilde Tiere *umweltbezogen aufmerksam* verhalten, und zwar *zwanghaft-omnisektoriell*.

Zweites Beispiel: Unter den Schulneulingen einer Dorfschule fällt ein Bübchen dadurch auf, daß es nicht wie die anderen stillsitzt und in konzentrierter Aufmerksamkeit am Munde des Lehrers hängt. Ein Knistern und Rascheln, das aus einer Ecke kommt, läßt das Bübchen aufhorchen. Irgendwo hinter ihm tuscheln einige Schüler. Sofort nimmt das Bübchen es wahr und wendet sich zu der Gruppe hin. Das Kind ist *omnisektoriell interessiert*, während es eine starre, d. h. konzentrierte, scheinwerfartig auf den Mund des Lehrers gerichtete unisektorielle Aufmerksamkeit bekunden sollte. Von der Dorfstraße her hört man jetzt ein Peitschenknallen, sofort muß das Bübchen, das ohnehin ständig in zappelnder »Unrast an Ort« begriffen ist, einen langen Hals machen, um in Erfahrung zu bringen, wer wohl eben mit seinem Gespann die Dorfstraße entlang fährt. Sein Motorium und sein Sensorium sind auf das *Umwelt-Allround* gerichtet. Wir zweifeln nicht daran, daß dem Lehrer die *omnisektoriell orientierte Aufmerksamkeit* des ABC-Schützen mißfällt. Er wird dem Kind vorwerfen, daß es »nicht aufmerksam« sei. Hier allerdings unterläuft dem Lehrer ein Irrtum: Das Kind, nach dem Hoffmannschen Katalog der Kinderuntugenden handelt es sich um einen *Zappelphilipp*, ist durchaus aufmerksam, nur eben nicht konzentriert, sondern *distributiv* (= zerstreut) aufmerksam. Jedes Geräusch zieht die *aufmerksame Zuwendung* des Bübchens auf sich. Es fehlte nur noch, daß dieser »unaufmerksame

Schüler« außerdem – so wie Fritzi – die *omnisektorische Lokomotorik* zum Ausdruck bringt. Wenn man uns, zu der Beobachtung A zurückzukehren, die Frage vorgelegt hätte, welches der Tiere »aufmerksamer« war, das vietnamesische Hausschwein oder der in Gefangenschaft lebende europäische Wildschweinabkömmling, so wären wir in Verlegenheit geraten. Die Frage ist falsch gestellt. Aufmerksam waren sie beide, aber jedes auf seine Art. Es gibt nicht schlechthin »die« Aufmerksamkeit, wie uns die Lehrbücher glauben machen möchten. Hier handelt es sich nicht um ein quantitatives Mehr oder Weniger, sondern um zwei grundverschiedene Attentionsqualitäten. Ebensowenig, wie es schlechthin »die« Aufmerksamkeit gibt, kann man von »der« Unaufmerksamkeit sprechen: Es sitzen in der Schule auch unaufmerksame Kinder, die sich in einer Dösverfassung befinden oder gar schon im Einschlafen begriffen sind. Ihre Unaufmerksamkeit hat mit der omnisektoriellen Wachsamkeit nicht das geringste zu tun. – Im Gegenteil: sie sind im Gegensatz zu dem Bübchen atonisch unaufmerksam. – In der *omnisektoriellen Aufmerksamkeit* sahen wir die *Wildheitsaufmerksamkeit*, die nichts anderes ist als das *unablässige Sichern des Wildtieres*, darin bekundet sich die »identische Exekutive«. Das Bübchen, so lautet unsere Deutung, die zugleich eine Entschuldigung sein will, ist noch nicht schulreif. Nur »leidlich zahme« Schüler können dem Unterricht konzentriert folgen. Sie sind der *Domestikationsaufmerksamkeit* fähig und halten damit die Eintrittskarte für die Zivilisation in ihren Händen. Feind- und Gefahrentönungen oder Nahrungstönungen und was alles die Umwelt überbedeutsam erscheinen läßt, verblassen, wenn das Subjekt konzentriert aufmerksam sein kann. Diese *»höhere Qualität der Aufmerksamkeit«* zu erlangen, ist nicht in unsere Willkür gegeben, sondern mutet als Ausdruck der Reifung an. Es gibt Psychopathen, die dieses Reifungsstandes nie teilhaftig werden. Sie bleiben, wenn man so sagen darf, »wild«. In diese Betrachtung dürfte das Streunen älterer Kinder und Jugendlicher fallen, das als ein Symptom der Verwahrlosung gilt.

Daß Kinder, im besonderen vorschulpflichtige Kinder, durch eine andere Aufmerksamkeit gekennzeichnet sind als die Erwachsenen, stellen wir fest, wenn wir mit ihnen zu Besuch sind oder selber fremde Leute im Hause haben. Die Kinder sehen Einzelheiten, die uns entgehen, weil wir nicht in diesem Sinne *omnisektoriell-distributiv* verfahren, sondern einem Schema konzentrierter Beobachtung ausgeliefert sind. Streng genommen darf man nicht sagen, daß diese Kinder »erstaunlich gut« beobachten, sondern »erstaunlich anders«. Der Neurologe Charcot, der sich der »grande naiveté« rühmte, brachte damit, wie mir scheint, zum Ausdruck, daß auch die empirischen Forscher einen Zug der akzentfreien Beobachtungsgabe aufweisen sollten, die ihnen die Fülle der Tatsachen zur Anschauung bringt. Goethe hat einmal gesagt: »Denken ist interessanter als Wissen, aber nicht als Anschauen.« Daß er dem *Anschauen* den höchsten Platz einräumt, heben wir hervor.

Wenn wir das Beispiel des *umweltbezogenen Aufmerksamkeitszwanges*, den wir zu einer Cholecystitis und Duodenitis in Beziehung setzten, mit der distributiv-omnisektoriell ausgerichteten Aufmerksamkeit des ABC-Schützen vergleichen, so müssen wir sagen, daß in dem ersten Falle eine *rückläufige Tendenz* zu beobachten ist. In der Publikation »Ammenschlafexperiment und Halluzinose« (3) habe ich von einem Trend zur *Verwilderung* gesprochen: Alle Geräusche um sich her zwangsläufig wahrnehmen müssen, ist die *identische Exekutive*, durch die Fritzi sowohl als auch der ABC-Schütze gekennzeichnet sind, im besondern die Tiere der freien Wildbahn. Der gallenkranke Mann ist »*wieder*« omnisektoriell attent, so daß er gewissermaßen anachronistisch lebt, während das Bübchen »noch« wild ist, allerdings »noch *unangemessen*« wild, denn seine Altersgenossen sind bereits in der Lage, stillzusitzen und den Worten des Lehrers mehr oder weniger »konzentriert« zu folgen.

Eine dritte *empirische Beobachtung* bezieht sich auf einen Mann, der an einem Frühlingstag in seinem Garten arbeitet.

Sein 5jähriges Töchterchen gesellt sich ihm zu. Er fordert das Kind auf, mit ihm Steine aufzulesen. Die gemeinsame Arbeit nimmt ihren Anfang, aber es fehlt dem Kind die Stetigkeit. Auch in diesem Falle wäre eine *konzentrierte Aufmerksamkeit* vonnöten, aber das Kind läuft weg. Der Vater sieht es dann bei einer Gruppe gleichaltriger Kinder stehen, wo es sich an einem Spiel beteiligt, dann ist es in seiner Unrast bei der Mutter im Haus anzutreffen, und am Ende erscheint es wieder bei seinem Vater. Mit dem Terminus »*Unrast*« bezeichnen wir das umtriebige Verhalten wohl am besten. Es wurde ein Opfer seiner rastlosen Beine. Wenn ein wesentlich älteres Kind dasselbe Verhalten zeigte, wäre die Kennzeichnung »haltlos« angezeigt. Die stetige Arbeit im Garten ist nichts für das Kind, genauer gesagt: noch nichts. – Zur *Stetigkeit* ist es *noch nicht reif und bereit*. Was wir im späteren Leben des Menschen als seine »*Arbeitsmoral*« bezeichnen, dürfte in der *Stetigkeit* ganz wesentlich fundiert sein. – Ich stelle dieses Beispiel dem des ABC-Schützen an die Seite: Im Falle des Bübchens, das durch die Schuldisziplin an seinen Platz gefesselt war, dominierte das Sensomotorium, während bei dem kleinen Mädchen das *omnisektorielle Lokomotorium* den Vorrang erlangte. Daß Sensorium und Motorium im Status der Wildheit, aber nicht nur in dieser Verfassung, einander entsprechen, ist seit langem bekannt. Ich erinnere an die Weizsäckersche Gestaltkreislehre (7). Mit anderen Worten: Man kann nicht konzentriert stetig, so wie ein Ackergaul, eine Leistung vollbringen, wenn das Lokomotorium des Subjekts von einer zappeligen Unrast erfüllt ist. Ich muß, um es pontiert zu sagen, »ruhige Beine« und ruhige Sinnesorgane haben, wenn ich konzentriert aufmerksam sein will. Wir behaupten nicht, daß das kleine Mädchen in seiner »*omnisektoriellen Unrast*« Feind- oder Nahrungstönungen ausgeliefert war. Die »Nervosität« des Kindes, d. h. sein *Zappelphilipp-Verhalten*, verhindert die ortsgebundene stetige Leistung an der Seite des Vaters. Darin sehen wir die Übereinstimmung mit dem Wildtierabkömmling Fritzi, gleichviel, ob wir von der »Identischen

Exekutive« oder dem »Biologischen Radikal« sprechen: Auch Fritzi (Beobachtung B) ist durch die »restless legs« gekennzeichnet. – Offenbar stellen konzentrierte Aufmerksamkeit und »Sitzfleisch« eine die Zivilisation kennzeichnende *Zuordnung* dar.

Merkwürdigerweise kommt den »restless legs« auch bei erwachsenen Menschen Bedeutung zu, und zwar im Sinne einer *»Verwilderung«*, d. h. in regressiver Tendenz. Wir begeben uns in die *Psychopathologie der Psychosen*, wenn wir die Feststellung machen, daß es die *Rastlosigkeit* auch im *Prädelir* gibt. Mit kleinen trippelnden Schritten, wie ein Postencephalitiker, ging der Trinker Adam, von dem meine Trinkermonographie (4) berichtet, in der »Verfassung des Prädelirs« von Zimmer zu Zimmer, wobei er immer wieder auch in den Raum zurückkehrte, in dem ich mich im Kreise seiner Angehörigen befand. Darin glich er Fritzi sowohl wie dem kleinen Mädchen, so daß von einer *Identischen Exekutive* die Rede sein könnte. Zwischendurch hatte er sich einmal, und zwar in Kleidern und Schuhen, in sein Bett zurückgezogen, ohne allerdings dem Schlaf zu verfallen. Trinker pflegen im Prädelir auch *auffallend schreckhaft* zu sein, womit uns eine Zuordnung offenbar wird, die gleichfalls auf Fritzi (Beobachtung A) hinweist. Sowohl der *Unrast* begegnen wir im Prädelir als auch dem *umweltbezogenen Aufmerksamkeitszwang*, wenn wir feststellen, daß diese Kranken auffallend geräuschempfindlich reagieren: Das ist die *Allround-Distribution* ihrer Aufmerksamkeit innerhalb eines Syndroms.

Merkwürdig mutet die Tatsache an, daß wir in den hypnagogen Verfassungen vieler unserer Mitbürger, auch wenn es sich nicht um Alkoholisten handelt, der einen oder der anderen dieser Erscheinungen begegnen, den »restless legs« oder auch den *sensorischen* Schwellenerniedrigungen, die zur *omnisektoriellen Aufmerksamkeit* führen. Eine konstitutionell nervöse, zur Schlaflosigkeit verurteilte Frau hört, in ihrem Bett liegend, weit und breit alle Radioapparate in ihrer Umwelt, während sie unter den rastlosen Beinen nicht leidet.

Es gibt jedoch auch Fälle, die durch die Fritzische Kombination ausgezeichnet sind. Ihre distributive Allround-Aufmerksamkeit ist ein Symptom, das wir unter die *Erscheinungen der Verwilderung* rechnen. Beim gesunden Mitbürger erhöhen sich die sensorischen Schwellen, wenn er im Einschlafen begriffen ist, hier dagegen senken sie sich: Dieses Subjekt muß immer auf dem Quivive sein und »sichern«.

Die »hypnagoge Verwilderung« und die »Verwilderung im Prädelir« sind, daran zweifeln wir nicht, psychophysisch eine *identische Erscheinung*. Man kann geplagt sein von den rastlosen Beinen, es kann an Stelle dieser motorischen Entäußerung, aber auch, zusammen mit ihr, die *sensorische Verwilderung* in die Erscheinung treten. Beide Erscheinungen sind unter den Begriff der *Umwelt-Acerbation* zu fassen: Dem Subjekt im Prädelir sowohl als auch diesen schlaflosen Menschen wird die Umwelt »aufreizend«, als ob es in einer Gefahr stünde, d. h. ständig achtgeben müßte. Wenn von einer Vorform der *Wahnstimmung* (K. Schneider) die Rede sein dürfte: Hier stünden wir dieser *biologischen Vorform* oder *Vorgestalt* gegenüber. – Daß das alles mit dem autonomen Nervensystem und gewissen Gehirnpartien in Verbindung zu bringen ist, wird niemand in Frage stellen.

Schließlich wäre darauf hinzuweisen, daß diese Wildheitsqualitäten, sei es in der urtümlichen Zuordnung oder isoliert, manchen Menschen, die man als Neuropathen bezeichnen könnte, auch in der *Verfassung der Vigilität* widerfahren. Ich habe unlängst einen etwa 50jährigen Mann gesehen, der wegen der »restless legs« in die Poliklinik kam. Die Zahl derer, die bei hellem Wachsein unter einer übertriebenen *Schreckhaftigkeit* und *Geräuschempfindlichkeit* leiden, ist weit größer als die der Mitbürger, die von der Unrast ihrer Beine heimgesucht werden. Man kann nicht sagen, daß diese Neuropathen Trinker im strengen Sinne des Sprachgebrauchs sind, aber, und das ist wohl entscheidend wichtig, in ihrer Blutsverwandtschaft finden sich nicht selten Trinker. Unter den geselligen Trinkern – es gibt auch »stille Säufer«, von denen hier nicht die Rede sein soll – kann man zwei Gruppen unterscheiden, nämlich die seßhaften und die »Läufer«: Die ersteren sitzen in der Wirtschaft beisammen, als ob sie auf ihren Stühlen festgeklebt wären. Sie können sich nicht voneinander trennen und hocken solang als nur möglich beieinander. Das ist die Gruppe, die heftig schwadroniert, vielleicht auch gemeinsam singt, was einen an das Chorheulen der Wölfe erinnern könnte. Die andere Gruppe dagegen hat sog. Sitzfleisch überhaupt nicht. Sie treten in die Wirtschaft ein und halten sich an der Theke auf, ohne Platz zu nehmen. Sie trinken im Stehen ihr Bier oder ihren Schnaps und sind bald darauf wieder in Bewegung. So ziehen sie in kleinen Rudeln von Gasthaus zu Gasthaus, ohne irgendwo seßhaft zu werden. Sie repräsentieren den Fritzi-Typus, während die ersteren den trägen Hausschweinen zu vergleichen sind. – Es muß uns sehr interessieren, daß es *Wildheitserscheinungen*, isoliert oder in Kombination, als Einschlafstörungen bei einer Reihe von Menschen *phasenhaft* gibt, wenn das Subjekt *übermüdet* ist. Ich verzichte darauf, in diesem Zusammenhange eine entsprechende Krankengeschichte mitzuteilen, d. h. einen Bericht zu geben, der von einer *hypnagogen Hyperosmie* erstaunlichsten Ausmaßes handelt. Ich glaube nicht, daß man sagen kann, jedermann, der übermüdet ist, zeige alsdann auch die »hypnagoge Verwilderung«. Das *konstitutionelle* Moment scheint grundlegend bedeutsam zu sein. Gottfried Ewald (8), der in seinem Lehrbuch, und zwar in dem Kapitel über »Die Störungen des vegetativen Systems«, auf die hypnagog sich manifestierenden rastlosen Beine[1] in der Verbindung mit der *Geräuschüberempfindlichkeit* hinweist, sagt, daß man diese »*konstitutionell Nervösen*« nicht zu Unrecht auch als »Thalamopathen« bezeichnen könnte. Ich habe in *Pars pro toto* (2) einen Begriff geprägt, der in der Erörterung dieser Zuordnungen angebracht wäre. Ich sprach von der »*archaischen Funktionsreserve*«. Vulgär gesagt: das alles »steckt in uns drin«.

[1] Dieser konstitutionell Nervöse kann, wenn er abends einschlafen will, »die Füße nicht still halten«.

Bei einigen manifestiert es sich ohne besondere Umstände, bei anderen unter bestimmten Voraussetzungen. Mit anderen Worten: *Es gibt Prädelirverfassungen, auch wenn es sich nicht um einen Alkoholabusus handelt.*

Zusammenfassend könnte man sagen: »Zuordnungen« dieser Art, die ich als Ausdruck einer anachronistisch anmutenden *Wildheit* bezeichne, haben einen *phylogenetischen* Akzent. Bei unseren Kindern sind die omnisektorielle Aufmerksamkeit und Unrast durchweg zu finden, bis sie sich im Verlaufe der Reifung, und zwar um die Zeit des sog. ersten Gestaltwandels (Zeller-Hetzer) verlieren. Bei einer Reihe von Menschen bleiben sie in mehr oder weniger scharfer Ausprägung zeitlebens bestehen. Bei anderen verharren sie in der Latenz, bis sie unter bestimmten Umständen, etwa im Zusammenhang mit einer Cholecystitis und Duodenitis oder auch einer Alkoholintoxikation, wieder *in die Erscheinung treten*. Es könnte in diesem Zusammenhange sowohl von *Infantilismen* als auch von *Atavismen* die Rede sein. Wie selbst bei größeren Kindern die restless legs gleichsam auf der Lauer liegen, zeigt uns die Tatsache, daß Kinder im Zustande schwerer Krankheit u. U. »kaum im Bett zu halten« sind. Es gilt von diesen Kindern, die die langanhaltende Bettruhe nicht aushalten können, was Goethe vom Tier im Unterschied zum Menschen geäußert hat: Es wird »durch seine Organe belehrt; der Mensch belehrt die seinigen und beherrscht sie«. – Hinzufügen müßten wir, daß dieser »Beherrschung« nicht jedermann fähig ist.

Bei diesen anthropologischen Erörterungen gewahren wir im Hintergrund den Wildtierabkömmling Fritzi, der durch seine Schreckhaftigkeit, seine omnisektorielle Aufmerksamkeit und durch die Rastlosigkeit seiner Beine, d. h. durch die omnisektorielle Lokomotorik, auffällt. Fritzi bietet das volle Funktionsbild dar, während die hypnagogen Verwilderungsmerkmale, die auch Ewald beschreibt, sowie gewisse Merkmale im Prädelir als Äquivalente anmuten: pars pro toto.

Es wird Zeitgenossen geben, die sich darüber entsetzen, daß hier Menschen mit Schweinen verglichen wurden. In Wahrheit kommt es mir lediglich auf die Zuordnungen an. Ich vergleiche Funktionen, die ich als *Biologische Radikale* bezeichne. Dabei wollen wir nicht übersehen, daß man Menschen schon immer mit Tieren verglichen hat. So empfand man das menschliche Baby als »kleinen Spatz« oder »kleine Maus« und die Geliebte als »Täubchen«. Mit »Lämmern« wurden besonders sanfte Mitbürger bezeichnet, und der Pfarrer wurde ihnen zum »Pastor«. Offenbar gab und gibt es Tiere, die zum Vergleich herausfordern. Wir haben uns allerdings auch mit Wölfen verglichen: homo homini lupus. – Und gar, wenn wir zornig sind und einander beschimpfen, sind wir keineswegs zimperlich. Wenn uns die animalische Basis des Menschen interessiert, müssen wir das Tier zum Vergleich heranziehen, ob es eins der Tiere ist, mit denen wir uns umschmeicheln, oder ob es eins aus der Gruppe ist, die uns als Schimpfnamen dienen. Nietzsche spricht in seinem Aphorismus »Der moderne Diogenes« (*Der Wanderer und sein Schatten*) die Frage aus: »Bevor man den Menschen sucht, muß man die Laterne gefunden haben. – Wird es die Laterne des Zynikers sein müssen?«

Literatur

1 W. Herre: Naturw. Rdsch. 12 (1959), 87-94
2 R. Bilz: Pars pro toto. Ein Beitrag zur Pathologie menschlicher Affekte und Organfunktionen, Leipzig 1940
3 R. Bilz: Ammenschlafexperiment und Halluzinose, Nervenarzt 33 (1962), 49-60
4 R. Bilz: Trinker. Eine Untersuchung über das Erleben und Verhalten der Alkoholhalluzinanten, Stuttgart 1959
5 M. Röhrs: Verh. Dtsch. Zool. Ges. Graz., Zool. Anz., Suppl. 21 (1958), 538-54
6 C. Richter: Psychosom. Med. 19 (1957), 191-98
7 V. v. Weizsäcker: Der Gestaltkreis, Leipzig 1940
8 G. Ewald: Neurologie und Psychiatrie, 4. Aufl. München/Berlin 1959

18. Ammenschlaf-Experiment und Halluzinose

Beitrag zu einer biologisch orientierten Psychopathologie
(1962)

Der umweltbezogene Attentions-Zwang

Wilde Tiere leben alert, d. h. daß sie ständig ein der Umwelt zugewandtes aufmerksames Verhalten zeigen. Ihr Schlaf ist ein Kompromiß zwischen Ruhebedürfnis und Feindvermeidung. Die Umwelt des wilden Tieres ist mit »Feindtönungen« (1) erfüllt. Ständig »auf dem Quivive« zu sein, gehört zum »Kampf ums Dasein«, wenn ich diese Formulierung Darwins gebrauchen darf. Es gibt auch in unserem menschlichen Dasein Situationen, die mich zur Aufmerksamkeit zwingen, so daß von einem *umweltbezogenen Attentions-Zwang* die Rede sein muß. Wenn ich auf einem Spaziergang im Park Hilferufe vernehme, so wird mich das nicht gleichgültig lassen, sondern meine *sensorische Zuwendung* auf sich ziehen. Beim Menschen allerdings gibt es auch einen Attentions-Zwang, der nicht umweltbezogen ist: Es kann mich ein denkerisches Problem in seinen Bann ziehen, wobei ich am besten sogar die Umwelt völlig abschalte, indem ich die Augen schließe, um mich in die Gedankengänge umweltunabhängig versenken zu können. Diese Aufmerksamkeits-Zuwendung ist nicht an mein Sensorium gebunden. Man darf sagen, daß *Umwelt und Sensorium des Subjekts als einander zugeordnet* erscheinen, wenn wir das Dasein der wilden Tiere in den Blickpunkt stellen. *Faszination ist Attentions-Zwang,* der sich auch auf geistige Objekte beziehen kann. Daß der Mensch als Bürger zweier Welten aufmerksam, ja fasziniert-aufmerksam sein kann, wobei er im Gegenteil seine Umwelt, d. h. sein *Sensorium* ausschaltet, muß man als eine *Besonderheit* empfinden.

Es gibt Menschen, die geistige Arbeit nicht verrichten können, wenn ihre Umwelt durch starke Reize, etwa einen Musik-Lärm, gekennzeichnet ist. Andere »geistige Arbeiter« dagegen können in derselben Situation *konzentrierte Leistungen* ohne weiteres zeitigen. Sie erweisen sich den Umwelt-Reizen gegenüber, wenn es nicht gerade Hilferufe oder sonstige alarmierende Signale sind, als immun. Wenn man annehmen darf, daß unser Nervensystem dem der Tiere *vergleichbar* ist, was ebenso von unseren Sinnesorganen zu gelten hat, so könnte man von einer *Emanzipation* oder *Enthebung aus der Umwelt-Abhängigkeit* im Falle dieser »geistigen Arbeiter« sprechen. Ihnen ist es gegeben, »sich drauszuhalten«. Die Stufe der massiven Umwelt-Verbundenheit wäre als die paläoanthropologische Stufe aufzufassen. Es ist eine gewagte Ausdrucksweise, von einer *»Verwilderung«* zu sprechen, wenn ein Mensch, der umweltreiz-immun und also jahrelang emanzipiert sich geistigen Leistungen hingeben konnte, plötzlich wieder *umweltreiz-hörig* wird. Ich gebrauche den Terminus *»Verwilderung«*.

Ich stehe nicht an zu berichten, wie ich auf diese Gedankengänge gekommen bin: In der Zeit, in der ich an einer Cholecystitis in der Verbindung mit einer Duodenitis erkrankt war, stellte ich fest, daß ich meiner *Umweltreiz-Emanzipation* verlustig gegangen war. Anders gesagt: Wenn ich ein Buch las oder in einer anderen geistigen Leistung begriffen war, verfiel ich ohne weiteres dem *umweltbezogenen Aufmerksamkeits-Zwang*, so daß mich etwa ein Radio-Lärm abzulenken vermochte. Noch monatelang in der Rekonvaleszenz blieb ich in diesem Sinne *»verwildert«*. Ich gehe auf die Schlafstörungen nicht ein, denen ich während dieser Krankheit anheimfiel. Man muß sich davon freimachen, in Erscheinungen dieser Art in jedem Falle »etwas Psychisches« hintergründig vermuten zu wollen. Ich zweifle nicht daran, daß es sich um *physiologische* Zusammenhänge handelt, d. h. daß man an das vegetative Nervensystem und gewisse Stammhirn- resp. Urhirn-Partien zu denken hat.

Während der Krankheit glaubte ich eine *Präponderanz des Vagus* feststellen zu dürfen, womit ich die mir widerfahrene »*Verwilderung*« in Zusammenhang bringe. Ich muß korrigierend bemerken, daß allerdings nicht jedes Geräusch meine sensorische Zuwendung erzwang. Es könnte von einem »Afferenzfilter« gesprochen werden, wenn ich spezifischen Geräuschen anheimfiel, während andere meine sensorische Zuwendung nicht erzwangen. Ich gebe ein Beispiel: Das Radio lenkte mich in jedem Fall ab, auch wenn es Musik von sich gab, während ein Kratzgeräusch an der Hauswand vor meinem Arbeitszimmer keineswegs als störend empfunden wurde. Mit diesem stundenlang anhaltenden Kratzen, das man sogar als ungemein störend empfinden könnte, war – und darauf kommt es entscheidend an – der *Bedeutungsakzent* »Nestbau« verbunden: Meine Rabenkrähen errichteten dortselbst ein Nest, das aus kleinen Baumästen und Zweigen gebaut wird. Das Radio dagegen ist ein Ort, der mit schlimmen politischen Nachrichten verbunden sein kann. Der Lautsprecher weist auf Menschenwerk hin. Seine Lautgebungen »gingen mir auf die Nerven«. Wenn man eine »tiefenpsychologische Erklärung« herbeiziehen wollte, so könnte man sagen: Mittels dieses Apparates sind zuweilen die Stimmen recht unerwünschter Zeitgenossen in mein – biologisch gesprochen – Territorium eingebrochen, so daß man vor diesem Ding auf der Hut sein muß! – Hier waren offenbar, wenn ich diese gewagte Aussage machen darf, »Feindtönungen« im Spiel. Ich pflichte H. Hediger (2) bei, der der Meinung Ausdruck gegeben hat, daß nicht Hunger und Liebe die Säulen sind, auf denen die animalische Existenz steht, sondern daß dem Prinzip der *Feindvermeidung* der Primat zukommt. Das hieße also, kraß ausgedrückt, daß uns die *Paranoia* tiefer ergreift oder näherliegt als etwa die Sexualneurose.

Es gibt eine Anekdote, die uns aus der Antike überliefert wird und die von der Konkurrenz zwischen dem Attentions-Zwang, der auf die feindgetönte Umwelt gerichtet ist, und dem auf geistige Leistungen bezogenen Aufmerksamkeits-

Zwang berichtet: Als bei der Eroberung der Stadt Syrakus im Jahre 212 die Soldaten in das Haus des Physikers und Mathematikers Archimedes eindrangen, stellte er sie – in seine wissenschaftliche Forschung vertieft – unwirsch zur Rede, woraufhin sie ihn erschlugen.

Das Ammenschlaf-Experiment

Wie das Wort offenkundig sagt, handelt es sich, wenn vom »Ammenschlaf« die Rede ist, um den Schlaf mütterlicher Frauen, der insofern *vigilant* verläuft, als ein Kind, sei es das eigene oder ein fremdes, *überwacht* wird. In diesem Fall darf von einer *wach-* und gleichermaßen *schlafkontinuierlichen* Überwachung gesprochen werden: Der Schützling dieser Frau erzwingt in ihrem Wachsein unablässig ihre Aufmerksamkeit, und dieser *»umweltbezogene Attentions-Zwang«* setzt sich sogar bis hinein in die Schlafverfassung fort und hält trotz des trophotrop-vagoton akzentuierten Schlafens an. Diese Tatsache könnte als paradox anmuten. Es wurde oben gesagt, daß es ein Wagnis ist, den Terminus *Verwilderung* zu gebrauchen, denn konsequenterweise müßte nun unsere Aussage lauten, daß die Ammen »wild« schlafen, weil auch die Tiermütter diesen Schlaf zeigen, ebenso wie die männlichen Tiere, die durch einen feindbezogenen Schlaf gekennzeichnet sind. Bei den männlichen, erwachsenen Tieren erstreckt sich der *Feindbezug*, der ihr Wachsein beherrscht, in den Schlaf hinein fort, wobei – wie bei den Tiermüttern oder auch den menschlichen Müttern – von einem *Afferenzfilter* die Rede sein muß: Diese und nur diese Geräusche wecken das Subjekt, belanglose andere Geräusche, die vielleicht phonometrisch sogar »lauter« sind, wirken nicht schlafstörend.

Schebesta (3) berichtet, daß die Bambuti-Pygmäen im Ituri-Urwald noch heute feindbezogen, d. h. mit entsprechendem *Afferenzfilter* zu schlafen pflegen. Dieser »Ammenschlaf« allerdings mißlingt ihnen, wenn sie Alkohol zu sich genommen haben. Ich interessiere mich seit Jahren für das *Schlaf-Verhalten* der Menschen, so daß ich sagen kann, daß es auch bei uns noch Männer gibt, die ammenartig schlafen. In dem einen Fall ist es tatsächlich so, daß der Mann, ein befreundeter Arzt, das schlafende Kind überwacht, so daß er, wenn das hilflose Wesen des mütterlichen Beistandes bedürftig zu sein scheint, alsdann seine Frau, die im Tiefschlaf schläft, aufweckt. In seinem Falle wird man nicht von einer *Verwilderung* sprechen, sondern einfach von »Wildheit«, denn er hat nie anders geschlafen. Eine Verwilderung – diesen Terminus immer cum grano salis genommen – dagegen liegt vor, wenn mir ein Lehrer berichtet, daß er in der ersten Nacht, als seine Frau in das Krankenhaus überführt werden mußte, so daß er mit den Kindern allein in der Wohnung war, den kindbezogenen und durch Kindergeräusche störbaren Schlaf hatte, während er vorher tief schlief und die Kinder in der Nacht nie hörte. Seine Natur hatte sich »umgestellt«. »*Verwilderung*« ist in diesem Falle *neurovegetative, auf die Sinnesorgane bezogene Umstellung,* was also heißt, daß auch der zivilisierte Mensch u. U. wieder »*verwildern*« kann. Wenn ich den Terminus »Wildheit« gebrauche, so schwebt mir nicht unbedingt etwas Gefährliches oder Bösartiges vor. »Wild« ist z. B. auch das Verhalten der fürsorglichen, tapferen Tiermutter im Gegensatz zu der domestizierten Tiermutter, die ihren neugeborenen Kindern gleichgültig gegenübersteht und sie verhungern läßt. »Urtümlich« und »wild« sind dasselbe.

Die Norm allerdings ist bei uns, daß die Männer tief und fest schlafen und ebenso die Frauen, wenn sie Kinder nicht »hüten« müssen. Männer und Frauen schnarchen sogar, was immer für den Tiefschlaf spricht. Ein Schlaf, der dadurch gekennzeichnet ist, daß sich das sympathicotone Element einer Vigilanz inmitten dieses Flusses wie eine Insel hält, muß als *dissoziiertes Schlafen* bezeichnet werden. Das ist kein reiner europäischer Nachtschlaf, sondern eine archaisch-anachronistisch anmutende Mischform, die das Element des *umweltbezogenen Attentions-Zwangs* enthält. Ich selbst gehöre in gesunden Tagen gleichfalls zu den Tiefschläfern. Da mich das Problem der *Verwilderung* seit Jahren interessiert, und zwar im Umgang mit den *Trinkern*, denen ich eine Monographie (4) gewidmet habe, nahm ich die Gelegenheit wahr, selbst einmal zu erproben, ob ich des Ammenschlafs fähig wäre, d. h. ob ich die gewisse neurovegetative, auf die Sinnesorgane bzw. Sinnesschwellen bezogene Umstellung gleichfalls erfahren könnte. Voraussetzung war, daß ich selber schlief, während ein *Schützling* auf meine Hilfe angewiesen war. Die folgende Situation war gegeben: Es erschien spät in der Nacht einer meiner Kater, der mich bedrängte, ihm die Glastür des Nachbarzimmers zu öffnen, die in den Garten führt. Ich habe das Tier des öfteren nachts aus dem Hause gelassen, jetzt aber handelte es sich um eine kalte Winternacht, und ich stand eben im Begriff, mich zur Ruhe zu legen. Voraussichtlich würde ich bald schlafen, so daß die Gefahr bestand, daß ich das Klopfen und »Fensterputzen« des Katers überhören würde, wenn dieser nach einiger Zeit an der Außenseite der Glastür erschien. Wenn ich allerdings *vigilant*, umweltzugewandt-aufmerksam, zu schlafen vermöchte, würden mir diese Geräusche nicht entgehen. Da mir das Wohlergehen des Tieres am Herzen lag, d. h. da zu befürchten war, daß der Kater in dieser Winternacht gesundheitlich Schaden erleidet, wenn ihn niemand in das Haus zurückkehren läßt, war die Voraussetzung für das *dissoziierte Schlafen* gegeben. Ich ließ trotz meiner Sorge das mir emotional verbundene Tier aus dem Haus, stellte aber für alle Fälle einen Wecker und ging zu Bett. Ich war so müde, daß ich bald darauf einschlief.

Das Experiment ergab: Ich schlief nicht so tief, daß ich den Umwelt-Kontakt verlor. Ich war mir, sooft ich erwachte, immer meiner Situation bewußt, d. h. ich wußte, daß ich in meinem Bett in dem parterre gelegenen Zimmer lag, daß vor mir die Tür, die die Verbindung zum Nachbarraum herstellt, offen war und daß dortselbst die Gartentür ist, vor der möglicherweise der Kater sitzt und friert. Ich schlief »orientiert«, d. h. ich war und blieb mir meiner räumlichen Eingliederung in die physikalisch-reale Umwelt bewußt. Um es negativ auszudrücken: ich schlief »nicht entrückt«. Im Tiefschlaf geht die Umwelt-Kohärenz verloren, so daß ich normalerweise »unorientiert« schlafe. Das zweite Merkmal wäre das *Afferenzfilter* gewesen, d. h. daß meine *sensorischen Schwellen,* soweit es sich um ein Wischen oder Klopfen an der Glastür handelte, niedrig blieben. Gerade darauf kam es an, und zwar im Zusammenhang mit der Umwelt-Orientierung. Ich wiederhole, daß mein Interesse an dem Wohlergehen des Tieres, das ich ganz besonders liebe, groß war. Nach etwa 5 Min. erwachte ich erstmals, indem ich das gewisse Klopfen und Scheuern vernahm, das ich erwartet hatte. Jetzt war es soweit! Die Geräusche hatte ich ganz deutlich gehört, daran war kein Zweifel. Als ich an der Glastür angelangt war und diese öffnete, stellte ich zu meinem Erstaunen fest, daß der Kater dortselbst nicht zu finden war. Ich konnte nicht annehmen, daß er inzwischen weggelaufen sei, denn er pflegt, wenn er sich an der Tür bemerkbar macht, mit großer Beharrlichkeit auf den Einlaß zu warten. Katzen sind durch »Geduld« ausgezeichnet, was wohl mit ihren Jagd-Rollen zusammenhängt: Sie sitzen stundenlang vor dem Mäuseloch, ohne einer Hyperkinese zu verfallen. – Man muß zwischen Hetz- und Warte-Jägern unterscheiden.

Ich legte mich wieder in das Bett und schlief bald wieder ein, und zwar *umweltverbunden,* wie beim ersten Versuch. Ich war über den blinden Alarm nicht verärgert, denn ich sagte mir, daß es besser sei, einmal zuviel an die Tür gegangen zu sein als einmal zu wenig. Nach wieder 5 Min. vernahm ich erneut die Einlaß-Geräusche des Katers. Diesmal konnte kein Zweifel bestehen: Ich hörte in der hypnagogen Verfassung, d. h. im Aufwachen, wie man es von einem Ammenschlaf-Phänomen zu erwarten hat, die Geräusche meines Schützlings ganz deutlich. Abermals mußte ich feststellen, daß es sich um *Sinnestäuschungen* gehandelt haben müsse. Das Tier saß nicht da. Ich kann heute nicht mehr mit Sicherheit sagen, ob ich noch einmal oder gar noch zweimal vergeblich zur Gartentür ging, um den Kater einzulassen, dessen Geräusche ich im Schlaf jeweils deutlich vernommen hatte bzw. vernommen zu haben glaubte. Tatsache ist, daß ich jedesmal der Genarrte war, wenn ich der *mittels der Scheinwahrnehmung interessant gewordenen Umwelt* erlag. Ihr *Aufmerksamkeits-Zwang* mobilisierte mich. Ich wurde nicht skeptisch, sondern war jeweils fest überzeugt, daß der Kater vor der Tür sitzt. Ich betone dieses Moment, das ich das der *Unbelehrbarkeit* nennen möchte, nachdrücklich. So erhob ich mich, als ich den Kater zum vierten oder gar fünften Male klopfen und scharren hörte, aus dem Bett und öffnete die Tür, wo ich feststellen konnte, daß er jetzt wirklich dasaß. Dieses Mal hatte es sich gelohnt, an die Gartentür gegangen zu sein. Ich möchte nicht beschwören, ob es wieder der Intrinsic-Kater war, der mich geweckt und zum Aufstehen veranlaßt hatte, oder ob ich jetzt tatsächlich im Schlaf infolge einer *sensorischen Schwellenerniedrigung* die Geräusche meines Schützlings akustisch vernommen hatte. Das wird sich nicht klären lassen. Im Effekt allerdings war es dasselbe: Ich bewahrte das Tier vor dem Erfrieren oder zum mindesten vor einem gesundheitlichen Schaden. – Mit einem Gefühl der Genugtuung legte ich mich alsdann wieder zum Einschlafen hin und schlief ununterbrochen bis zum Morgen. – Auch diese Tatsache, daß ich jetzt von dem Alpdruck einer *zentralen Hyperaesthesie befreit war, verdient hervorgehoben zu werden. – Jetzt konnte der umweltbezogene Aufmerksamkeits-Zwang* entfallen. Ganz allgemein kann man wohl sagen, daß eine Erwartung, ein »Gespitztsein«, mit dem feind- oder auch dem schützlingsbezogenen Schlafen verbunden ist. Diese Erwartung war nun erloschen.

Das Experiment lehrt uns, daß es eine *Alternative* gibt, deren Manifestierung in die folgenden Worte zu kleiden wäre: Das Ziel kann so oder so erreicht werden, nämlich wirklichkeitsgerecht-dialogisch, indem sich die sensorischen Schwellen senken, so daß dem Subjekt das Erlebnis der Afferenz zuteil wird, wenn der Partner erscheint, während im anderen Falle infolge der zentralen Hyperaesthesie die zu erwartende Szene gleichsam vorahmend erscheint, d. h. prolabiert. Dieser »Vorahmung« kommt der Charakter einer *Bahnung* zu. Das ist die monologisch-voreilige Lösung, wenn die Traum-Phantasie den erwünschten Effekt, in diesem Falle die Klopf- und Wischgeräusche des Katers, mit Hilfe von *Scheinwahrnehmungen* antizipiert. Hier liegt die *»Vorwegnahme des Endes«* vor, die uns auch im magischen Brauchtum der Völker entgegentritt. Ich habe in dem Buch *Pars pro toto* (5) auf die Gesetzlichkeit der Vorahmung (L. Ziegler) hingewiesen. Diese blinden Alarme im Falle des Ammenschlaf-Experiments muteten wie *wiederholte Generalproben* an. Man kann nicht behaupten, daß die Sinnestäuschungen in jedem Falle so nutzbringend sind wie in dem oben beschriebenen, abgesehen davon, daß ich nicht sagen kann, ob beim letzten Gang zur Tür nicht doch die tatsächlichen Geräusche des Katers vernommen wurden, insofern bleibt die Frage offen.

Es könnte bei diesem Experiment von einer *Äquivalenz-Alternative* die Rede sein. Der *Domestikations*-Tiefschlaf durfte nicht zustande kommen. So stand erwünschter Wildheits-Status gegen Domestikations-Status, der der Status der *umweltbezogenen Sorglosigkeit* ist. Die Umwelt mußte *bedeutsam* bleiben, weil der Tiefschlaf dem Schützling zum Schaden gereicht hätte. Man kann den Begriff der Wildheit auf den Nenner *»gefährdende Umwelt«* bringen, der das »wilde« Individuum subjektdienlich angepaßt ist. Nicht nur dem Kater, auch mir selber war damit gedient, daß der Vagus nicht die ausschließliche Vorherrschaft erlangte. Ich hebe das für die Wildheits-Verfassungen charakteristische Moment der *Umwelt-Überbedeutsamkeit* in der Verbindung mit dem Subjektzentrismus heraus. Auch für die wilden Tiere ist und bleibt die Umwelt *überbedeutsam*, und zwar im Sinne der *Feindvermeidung* oder *Gefahrenvermeidung*. Subjektzentrismus bedeutet: Alles, was sich sensorisch-wahrnehmbar um das Subjekt her ereignet, ist auf es bezogen, steht in dieser Bedeutungsverleihung. Unheil sollte auch in dem Experiment vermieden werden, was eine »*Schärfung*« *der Sinne* erforderte, und nun zeigt sich, daß statt der auf den biologisch-leibhaften Kater bezogenen sensorischen *Erwartung,* d. h. statt »von außen her«, jetzt »von innen heraus« die Umwelt überbedeutsam und acerbierend bleibt. Mit anderen Worten: Es gibt zwei Möglichkeiten, uns zu einer umweltbezogenen »*Verwilderung*« zu bringen. – Soviel zunächst über die *Äquivalenz-Alternative.*

Zahmheit, Wildheit und Verwilderung

Daß es in uns eine *Instanz* gibt, die die Umwelt stimulierender gestalten kann, als sie biologisch-real ist, muß als erstaunlich bezeichnet werden. Meine Umwelt mußte mich, wenn ich diese saloppe Ausdrucksweise gebrauchen darf, in dieser Winternacht »auf Trab halten«. Die Umwelt der sog. Wilden im Ituri-Urwald ist von Haus aus stimulierend. Da gibt es noch Leoparden z. B., während wir in einer »zahmen Umwelt« leben. Ich bin geneigt, den Terminus »zahm« sowohl für das Subjekt wie für die Umwelt gleichsinnig zu gebrauchen. Es sind, wenn von »Wildheit« die Rede ist, ganz gewiß auch *erbliche* Faktoren im Spiel, aber die *Wildheit* oder *Zahmheit* des Subjekts hängt außerdem auch von der Umwelt ab, ob diese »wild«, d. h. stimulierend, gefährlich, feindgetönt, oder ob sie »zahm«, d. h. ungefährlich, *langweilig-lahm* ist.

Die Instanz, die in uns liegt, und die man, wenn ich einen Terminus aus der oben zitierten Trinker-Monographie[1] gebrauchen darf, als die »*Regie*« bezeichnen könnte, nämlich je nachdem als *Traum-Regie* oder auch als die *Psychosen-Regie,* macht die zahme Umwelt »verwildern«, indem sie Partner-*Doubles* in sie »einschleust«. Die fade Suppe, so hieß es in der Monographie, wird seitens der Psychosen-Regie mit Pfeffer versehen. In diesem Sinne möchte ich von einer »acer-

[1] a. a. O.: S. 8, 20, 36, 45, 74, 77, 78, 116, 119, 120, 126, 137, 144, 153, 168, 169, 178.

bierten Umwelt« sprechen, der die folgende Besonderheit zukommt: Sie wird vom Subjekt her, und zwar mittels der Sinnestäuschungen und Bedeutungsverleihungen, »verwildert« (= verschärft) und wirkt nun acerbierend auf mich zurück, und zwar mit Hilfe des *umweltbezogenen Aufmerksamkeits-Zwanges,* der zu den biologischen *Urphänomenen* gehört. Die Umwelt mit ihrem Neuerwerb an stimulierenden Merkmalen, dieses Mixtum compositum, schlägt zurück und trifft das Subjekt empfindlich. Damit aber, daß es die *Vigilanz* erhöht, trägt es zur »*Verwilderung*« bei, denn das ist das *Kennzeichen der Wildheit:* überwachsam in einer gefährlichen, stimulierenden Umwelt leben zu müssen. Es läuft entscheidend auf eine Leistung des Wachzentrums hinaus. – Meine Umwelt während des Ammenschlaf-Experiments wurde gleichfalls von innen heraus »gepfeffert«, nämlich insofern, als immer wieder ein frierender Kater geräuschvoll an der Glastür erschien, was mich stimulierte, d. h. vor dem Tiefschlaf bewahrte. Diese Turbulenz verdankte ich der *Traum-Regie.* Ich wäre ohne die Mitwirkung dieser die Umwelt verschärfenden Instanz wahrscheinlich bald dem Vagus, d. h. dem Tiefschlaf verfallen. Es war notwendig, daß sich die sog. Traum-Regie meiner annahm. Ob es Feinde sind, wie in der Alkoholhalluzinose, die die Umwelt-Suppe »pfeffern« und das Subjekt »re«stimulieren, oder ob es der Schützling des Subjekts ist, dessen *Doublette* vor der Tür erscheint, der Effekt ist derselbe: Es erfolgt eine Auswirkung auf das *Wachzentrum.*

Ich spreche von einem *Bumerang-Prinzip* im Hinblick auf die Tatsache, daß der Stimulus vom Subjekt geliefert wird, der alsdann, in die Umwelt geschleudert und mit deren physisch-realen Elementen zu einer *Umwelt-Einheit* verbunden, auf dieses zurückschlägt und es trifft. Dieses Eigene, das vom Subjekt ausgeht, wird nicht als unbewußtes Machwerk (= Artefakt) der eigenen Phantasie erkannt, sondern als *etwas Biologisch-Reales* empfunden. – Der Kernsatz, mit dem das vor uns stehende Lehrgebäude steht und fällt, lautet: *Psy-*

chisch-Phantastisches wird »*biologisiert*«, d. h. *als biologische Umwelt-Realität erlebt, und zwar mittels des umweltbezogenen Attentions-Zwanges*. – Das galt genauso für das Ammenschlaf-Experiment, wie es für die Trinker-Halluzinose gilt. Ich sehe in dem Immer-wieder-Wachwerden und Wach-bleiben-Müssen eine *Verwilderung,* schon insofern, weil eben die wilden Tiere und die sog. Wilden im Ituri-Gebiet ebenso leben müssen, von ihrer acerbierten Umwelt her dazu gezwungen. Für die Halluzinanten dagegen sowie für das Subjekt im Ammenschlaf-Experiment wird gleichsam eine *»künstliche Umwelt«* geschaffen, die *ihr Wachzentrum stimuliert,* nämlich das *Wachzentrum im Rahmen dieser Subjekt-Umwelt-Ganzheit.* – Ich darf hier bemerken, daß mir die geniale Konzeption Jakob von Uexkülls in meiner Vergangenheit das entscheidende Erlebnis war.

Da mich die *animalische Basis des Menschen* beschäftigen muß, wenn von »wild« oder »zahm« die Rede sein soll, d. h. von Erscheinungen, die an sich jenseits von Gut und Böse liegen, scheint es mir an der Zeit, über wilde und zahme, d. h. wilde und domestizierte *Tiere* etwas Näheres zu sagen. Es kommt mir auf das Gesetz der Analogie an. Ich darf hier schon bemerken, daß ich der *Haustierforschung* Anregungen verdanke, denn die Domestikation, darin muß man W. Herre (6) beipflichten, ist ein großartiges biologisches Experiment, das sich nun schon über einige 1000 Jahre hinzieht und an dem wir, wenn uns Fragen der *Wildheit* und *Zahmheit* beschäftigen, nicht uninteressiert vorbeigehen können.

Wenn ich zunächst eigene Erfahrungen bringen darf, die bereits in meine Kindheit zurückzudatieren sind, so würde ich sagen: *Die zahmen Tiere sind nicht gleichmäßig zahm.* Da gibt es mancherlei Grade von »zahm« und fließende Übergänge zum Wilden hin. Außerdem gibt es zahme Tiere, die in auffallender Weise zur *Verwilderung* neigen, *als ob sie die Domestikation nicht zu ertragen vermöchten.* Ich erinnere mich aus meiner Kindheit, als ich Kaninchen züchtete, daß es da einen »Bock« gab, vor dem man sich beim Füttern in acht nehmen mußte, weil er aggressiv gegen meine Hand vorsprang, die ihm den Napf füllen wollte. Er überfiel, biologisch gesprochen, den fremden Eindringling, der in sein »Territorium« kam. Dieses Verhalten darf als ein Zeichen mangelnder Zahmheit gelten. (Auch eines meiner Spitzhörnchen (Tupaia) zeigt dieses Verhalten, und zwar ein männliches Tier.) Wenn ich meine Kaninchen »weidete«, d. h. in dem elterlichen Garten frei herumspringen ließ, kam es immer wieder vor, daß eine gewisse Häsin sich am Ende nicht mehr einfangen ließ. Biologisch gesehen wird man zu der Aussage kommen: die Häsin scheute und wurde binnen kurzem zunehmend scheuer, so daß sie sehr bald schon eine *Fluchtdistanz* im Sinne H. Hedigers zur Geltung brachte. Andere Kaninchen dagegen konnte man genauso ohne Schwierigkeiten in den Stall zurücktragen, wie man sie aus dem Gehäuse genommen hatte. – Dieselbe Beobachtung kann man machen, wenn man weiße Mäuse züchtet: Wenn infolge einer Nachlässigkeit einmal die »Belegschaft« aus ihrem Behälter herausschlüpfen konnte, so kann es sein, daß man am folgenden Morgen eine ganze Anzahl der »zahmen« Tiere nur mit Mühe wieder einfangen kann, das eine oder andere ist überhaupt inzwischen verschwunden, d. h. sie haben sich unauffindbar »verkrochen« oder sind gar ins Freie entkommen, während einige genauso phlegmatisch-zahm dasitzen wie eh und je, so daß man sie nur wegzunehmen braucht.

Das Problem der *Scheu* (7) ist, wie mir scheint, neben dem der *Territoriums-Verteidigung, ein kardinales Problem der Wildheit*. Ich habe in der Trinker-Monographie (4, S. 103) die Beobachtung mitgeteilt, daß ich in der Blutsverwandtschaft der Trinker, also etwa auch unter den Nachkommen von Trinker-Verwandten, die selbst den Alkohol mieden, auffallend häufig ungewöhnlich *scheuen Kindern* begegnet bin. Das ist eine empirische Feststellung. Der Hinweis, daß die Eltern oder der eine Elternteil in ihrer Kindheit auch scheu gewesen seien, bestärkte mich in der Annahme erblicher Faktoren. Andererseits wird man in solchen Fällen immer an ein Wort

Wagner-Jaureggs (zit. bei Arnold, Hift und Hoff [8] denken müssen, das lautet: Der Ascendent schädigt den Descendenten durch Vererbung *und Erziehung*.

Um die *unterschiedlichen Grade* von Zahmheit und Wildheit nebeneinander empirisch erfassen zu können, habe ich im Herbst 1959 eine junge graue Hausmaus, also eine wilde Maus, mit etwa gleich großen, und das bedeutet wohl gleichaltrigen, zahmen weißen Mäusen zusammen aufgezogen. Die wilde langschwänzige Maus wurde trotz der gleichen feindlosen Umwelt nicht zahm wie die weißen Artgenossen, sondern zeigte zeitlebens ein *scheues* Verhalten, d. h. sie blieb ständig flucht- und versteckbereit, wenn man sich ihr näherte. – Ich habe die Nachkommen dieser grauen Maus, eines männlichen Tieres, inmitten der zahmen weißen Mäuse bis zum heutigen Tag gezüchtet, so daß ich gegenwärtig, und zwar schon von der dritten Generation an, unter den Bastarden zahme resp. relativ zahme graue und »wilde« weiße Mäuse habe. In der Beobachtung dieser Tiere kann ich umweltbezogenes *Attentions-Verhalten* in mancherlei Ausprägung beobachten. Es gibt Mäuse, die man in ganz besonderem Ausmaße als umweltbezogen-attent und stimulierbar bezeichnen muß, und andere, die längst nicht ein so gespannt-aufmerksames Verhalten zeigen. Das besagt im einzelnen, daß ihr umweltbezogenes Verhalten als *phlegmatisch-desinteressiert* anmutet, d. h. daß diese Tiere nicht ängstlich flucht- und versteckbereit leben, verglichen mit den »wilden« Artgenossen, die ausgesprochen geräuschempfindlich und schreckhaft sind. Im Gegenteil, wenn ich zu dem Sozietäts-Behälter herantrete, machen sie »Männchen« und nähern sich sogar meiner Hand, die sie beschnuppern. Für die erste Gruppe ist und bleibt die Umwelt offensichtlich eine »feindgetönte« Welt, so daß sie gleichsam ein mißtrauisches, um nicht zu sagen ein *paranoisches* Verhalten zeigen, während man die andern als »neugierig« und »zugänglich« oder »vertrauensvoll« bezeichnen könnte. Die »Zahmen« muten »*nicht paranoisch*« an. Ihre *Erlebnisbereitschaften* sind offenbar maßgebend, denn die

»wilden« und die zahmen Mäuse hatten unterschiedliche Erfahrungen nicht hinnehmen müssen. Ihre Umwelt war dieselbe, vom Beobachter her gesehen; aber *subjektiv* differiert sie offenbar. Sie wird von den »Wilden« als *gefährlich* erlebt. Mit anderen Worten: die zahmen Mäuse verhalten sich nach der Art ganz junger Mäuse, die zunächst alle, ob sie später zur ersten oder zweiten Gruppe gehören, ähnlich »zutraulich« d. h. *nicht* »auf dem Quivive« und *nicht* fluchtbereit sind. Der *hochintensive umweltbezogene Attentions-Zwang* setzt erst im Laufe ihrer Jugend-Entwicklung ein, so daß man sagen könnte, daß die Mitglieder der zweiten, d. h. der unbekümmert-zutraulichen Gruppe, die nur einen mehr oder weniger matten Aufmerksamkeits-Zwang zeigen, »infantil« bleiben. – Einzuwenden wäre allerdings, daß diese Kennzeichnung den Kern der Sache nicht trifft, nämlich das *faszinierte Verhalten*, das sich in der Annäherung an die menschliche Hand bekundet. Es geht, wie es scheint, aus einem *Sicherungs-Verhalten* hervor, nur eben mit dem Unterschied, daß die Tiere alsdann bei meiner Annäherung nicht wie die scheuen Artgenossen weglaufen und in ihren Schlupfwinkel verschwinden, und zwar, was beachtlich ist, mit *erstaunlich hoher Anfangsgeschwindigkeit*. Die zahmen Artgenossen laufen nicht nur nicht wenig, sondern nähern sich ihrerseits langsam der sich nähernden Hand. Die treffendere Kennzeichnung wäre wohl, für den Fall, daß man den Terminus »*infantiles Verhalten*« zurückstellen will, darin zu sehen, daß sich die Mitglieder dieser Gruppe »*exponieren*«, während sich die, deren Verhalten offensichtlich auf *Feinderlebnisse infolge einer Feinderlebnis-Bereitschaft* hinausläuft, einer *Exposition* entziehen. Man muß sagen, daß es auf beiden Seiten eine Attentions-Zwang gibt, denn offensichtlich stehen die unaufmerksamphlegmatischen Mäuse, wenn sich ihnen meine Hand nähert, genauso unter einem *Attentions-Zwang* wie die andern, die zeitlebens insofern strapaziert sind, als sie ständig ihrer Umwelt intensiv-aufmerksam das allzeit wache Sensorium zuwenden müssen. Eben dieses intensiv-aufmerksame Verhalten aber darf man gleichfalls als eine Form oder Art der *Faszination* bezeichnen, nur mit dem Unterschied, daß ihr eine lebhaftere, kurzschlüssigere Motorik zugeordnet ist und daß das Moment der *neugierigen Attraktion*, also das exponierte zum Gegenpol Hingezogen-Werden entfällt. Ausgerechnet die phlegmatisch-zahm anmutenden Tiere zeigen das starke Erkundungsbedürfnis! Was die beiden bei diesen Mäusen beobachteten *Arten* eines Attentions-Zwanges verbindet, ist das Moment, daß es sich in beiden Fällen, zwischen denen es mancherlei Verhaltens-Abstufungen gibt, um *Umwelt-Gegenheiten* handelt. Das phlegmatisch-langsame Faszinations-Verhalten der zahmen Mäuse mutet fast wie eine Art Diagnostik an und fällt damit auch in den Rahmen der *Sicherung*. – Die »Wilden« »diagnostizieren« auch, das bestreite ich nicht, aber sie diagnostizieren kurzschlüssig »Fremd ist Feind«: Das ist ihre paranoisch (prä-panisch) permanente »*Verdächtigung*«.

Daß die wilden Artgenossen eine andere *Motorik* aufweisen als die mehr oder weniger oder ganz zahmen Verwandten, erscheint bemerkenswert. Zur *Scheu* gehört das Scheuen, und das erfolgt auffallend rasch, indem es gewöhnlich mit einem flüchtigen Zusammenschrecken verbunden ist. Bei dem behenden Fliehen zeigt es sich auch, daß die »Wilden« auffallend weit und hoch springen, während man eine zahme Maus nie springen sieht, mit einer Ausnahme freilich: zahme Mäuse können an Ort hüpfende Bewegungen zeigen, die wie ein übermütiges Spiel anmuten, eine Erscheinung, die man auch bei zahmen Kaninchen feststellen kann. – Wenn sich die wilden Mäuse in Sicherheit gebracht haben, kann man zweierlei Verhalten feststellen: Es kann sein, daß dann das Schnäuzchen sichtbar wird, und zwar so weit, daß auch die Augen sensorische Eindrücke empfangen können, wobei sich das Tier völlig regungslos verhält. Das ist das *sensorische Expositions-Minimum*. Wahrnehmung setzt ein gewisses Ausmaß von Exposition voraus. Bei stärkerem Erschrecken bzw. größerer Gefahr unterbleibt dieses fasziniert-neugierige »Spitzen«. Wenn man alsdann die Verstecke abdeckt, also die Dachziegel und kleinen Bretter vorsichtig entfernt, deren Arrangement Versteckmöglichkeiten abgab, so kann es sein, daß diese dem *umweltbezogenenen Aufmerksamkeits-Zwang* entzogenen Tiere ganz regungslos zusammengeduckt sitzen bleiben, auch wenn sie alsdann exponiert sind. Wenn jetzt allerdings eine davonspringt, so springen sie alle mit. Einzelne Mäuse, die man nachts in einem Schlupfwinkel entdeckt, außerhalb des großen Behälters, etwa auf dem Boden eines leeren Vogelkäfigs, sitzend, verhalten sich völlig bewegungslos, fast möchte man sagen: stuporös-regungslos, auch wenn man sie mit der Taschenlampe anleuchtet. – Der auf sie fallende oder sie streifende Lichtstrahl stimuliert sie merkwürdigerweise nicht zu einem Fluchtverhalten. – Es gibt in dieser Großherde noch eine Reihe von zahmen weißen Mäusen, die ausschließlich von weißen Mäusen abstammen. Alles in allem kann man sagen, daß die *maximal unaufmerksamen* und phlegmatischlangsamen Tiere in jedem Falle weißfellig sind. Mit andern Worten: Wenn es auch graue »zahme« Mäuse gibt, aber so extrem unbekümmert-phlegmatisch ist keine graue Maus. – Diese Aussage könnte folgendermaßen zu interpretieren sein: Herre (9) weist darauf hin, daß selbst bei einander naheliegenden »Rassenkreisen«, wobei er das südamerikanische Guanako und das Vicugna im Auge hat, das Ausmaß des *Erkundungsbedürfnisses* unterschiedlich ist: Die Guanakos zeigen im Gegensatz zu den Vicugnas »gegenüber ungewohnten Erscheinungen« ein *Erkundungsbedürfnis*, während die Vicugnas »als scheu und furchtsam« zu gelten haben, und zwar generell alle Vicugnas. – Dabei handelt es sich, wohlbemerkt, um Wildtiere.

Ich möchte darlegen, daß es *auch unter den Menschen mancherlei Grade oder Stufen der Zahmheit* gibt, und daß es auch Menschen gibt, die leichter als andere zur »*Verwilderung*« neigen, wenn sie in eine entsprechende »wilde Umwelt« versetzt worden sind. Sogar bei objektiv gleicher nichtfeindgetönter Umwelt können Menschen mit dem *endo-*

genen Verwildungerungs-Trend ein Verwilderungs-Verhalten zeigen, das vom objektiven Beobachter her gesehen als *unangebracht und unangemessen* anmutet. Damit will ich nicht sagen, daß der Mensch nichts als ein Tier sei. Er hat Gewissen und Einsicht und kann nach ethischen Grundsätzen leben, die ihm Regel und Richtschnur sind. Nicht zu den Unterscheidungsmerkmalen hingegen gehört, daß seelische Traumata, die einem Menschen- oder einem Tierkind widerfahren, für das spätere Verhalten determinierend wirken: »Gebranntes Kind scheut das Feuer.« – Ich bezweifle nicht, daß beim Menschen der Erziehung große Bedeutung zuzumessen ist. Alles das trägt zur Ausformung seines Charakters und Verhaltens bei. In den vorliegenden Ausführungen ist lediglich von der *animalischen Basis* die Rede, die sich z. B. darin bekundet, daß es *Vagotoniker* gibt oder daß wir Menschen kennen, die zeitlebens an Schlafstörungen leiden und schon als Kinder im Ferienlager mittags nicht schlafen konnten, während ihre Altersgenossen ohne weiteres schliefen. Um das *Nervensystem* ist es mir zu tun, im besonderen um das Stammhirn und das *Vegetativum*. Die mancherlei *Grade der Zahmheit* hängen eben von unserem Nervensystem, und das heißt auch von *erblichen Faktoren* ab. Ich habe als Nervenarzt schon einmal einen Menschen gesehen, der sich von mir wegen seines *Jähzorns* behandeln lassen wollte. Das besagt keinesweg, daß es sich um einen Kriminellen handelte, im Gegenteil, da er sich im Zorn, wie er sagte, »nicht wiedererkennt«, fürchtete er, einmal so gewalttätig zu werden, daß sich ein Verbrechen ergibt. Hier, bei diesem *Verhalten*, handelt es sich auch um ein *Biologisches Radikal*. Ich habe jahrelang einen Hund gehabt, der zum Jähzorn neigte und mich oder ein Mitglied meiner Familie plötzlich anfiel, wenn er z. B. versehentlich getreten worden war, während sein Nachfolger in derselben Situation einfach losheulte, aber nicht aggressiv wurde. Jähzorn ist beim Menschen eine Form der *Unmittelbarkeit*, die unter den Begriff der »Wildheit« fällt. Selbstverständlich hängt alles das, wie wir die Erscheinungen deklarieren, von unseren *Defi-*

nitionen ab, und um eben das, nämlich die grundlegenden Erörterungen, handelt es sich, wenn wir uns auf der *Bahn der Analogien* resp. Homologien bewegen.

Wenn man ein *Syndrom der Wildheits-Merkmale* aufstellen sollte, die es bei Mensch und Tier gibt, so wäre die *Scheu* zu nennen, außerdem der *Jähzorn*, der eine plötzliche, explosiv anmutende Motorik bekundet, was sich in dem Wörtchen »jäh« bezeugt. Da erscheint das oben erwähnte Moment der hohen, explosiv anmutenden *Anfangsgeschwindigkeit*. Es käme dazu die *Schreckhaftigkeit*, der man schon bei ganz kleinen Kindern ansichtig werden kann, und damit ist wohl immer eine *sensorische Überempfindlichkeit* verbunden. Niedrige Sinnesschwellen haben, das besagt: *auf dem Quivive sein!* Nach meiner Erfahrung gehört auch die *Spottsucht* der Menschen in dieses Syndrom, die beim Tier nicht Spottsucht genannt werden kann, aber – *Anstoßnehmen* (10). Ich habe eben in der Trinker-Monographie zu zeigen versucht, welche Bedeutung dem Anstoßnehmen zukommt, in dem ich ein *Biologisches Radikal*, d. h. eine Erscheinung sehe, die analog, d. h. bei Menschen und bei Tieren beobachtet wird. Zur *Wildheit* gehört die *Intoleranz*, was sich beim Menschen etwa in dem Moment der *Rechthaberei* ausdrückt. Ich habe in der Trinker-Monographie und den darauffolgenden Publikationen geäußert, daß gerade die Trinker mitsamt ihrer Blutsverwandtschaft das Kontingent der »Wilden« stellen, wobei ich ergänzend hinzufügen möchte, daß offenbar auch die Epileptiker in diese Gruppe der hereditär gekennzeichneten Menschen gehören. – Heute würde ich umgekehrt verfahren, d. h. ich würde zunächst menschliches Verhalten schildern, dem der Akzent der Wildheit zukommt, und in diesem Zusammenhang würde ich erklären, daß es in dieser Gruppe auch Individuen gibt, die ihre Umwelt mittels des Alkohols korrigieren. Sie finden mittels der *Intoxikation* gleichsam ein euphorisches Asyl (Schlupfwinkel oder Versteck), woselbst sie – und zwar eben mittels der Euphorie – die andere Umwelt-Optik gewinnen können. Dabei wäre zu bemerken, einmal, daß der

Alkohol infolge seiner Enthemmungswirkung Wildheitsmerkmale erst überhaupt deutlich hervorbringt, etwa die Neigung zu einem *krakeelerischen Anstoßnehmen* oder zum *Spotten,* was zu wüsten Wirtshaus-Szenen führen kann. Zum anderen wäre zu bemerken, daß es auch Trinker gibt, die sich mittels des Alkohols gleichsam verstümmeln, so daß man von einer *alkoholischen Selbstverstümmelung* oder gar einem alkoholischen *Selbstmord-Versuch* sprechen könnte.

Es ist nicht meine Absicht, alle Wildheitsmerkmale systematisch in dem vorliegenden Aufsatz abzuhandeln. Es wäre eine Aufgabe, auch die *Eifersucht,* der man in den Trinker-Familien oft begegnet, als Wildheitszeichen zu analysieren. Es ist nicht die Folge des Potus gegeben, wenn diese Menschen in der ständigen Angst leben, daß sie den »*Ankergrund ihrer Seele*« verloren haben oder verlieren könnten. Es ist das Mißtrauen gegenüber dem Paarungs-Partner, das durch den Zug zur *Intoleranz* gekennzeichnet ist. Auch Trinker-Verwandte, die völlig abstinent leben, können diese Eifersucht zeigen. Ich wollte hier nur einige Analogien aufzeigen, wobei das Moment der *Umwelt-Unmittelbarkeit* in den Blickpunkt gerückt werden sollte. Wichtig ist es mir, auf die mancherlei Intensitätsgrade von Zahmheit und Wildheit hinzuweisen, so daß es nicht schlechthin »die Wilden« gibt. Es muß auch gesagt werden, daß sich in den Familien, die ich im Auge habe, nicht selten kulturell-schöpferische und hochintelligente Persönlichkeiten finden. Auf keinen Fall behaupte ich, daß jeweils *alle* Wildheitssymptome bei jedem Individuum dieser durch einen »Trend zur Wildheit« gekennzeichneten Blutsverwandten gegeben sind.

Ich schließe diese Erörterungen mit dem Hinweis auf eine Analogie ab, die ich bisher nicht erwähnte: Das ist das Moment der *affektiven Induzierbarkeit.* – Innerhalb meiner Sozietät von unterschiedlich wilden und unterschiedlich zahmen weißen Mäusen und Mäuse-Bastarden, die sog. wildes Blut in sich haben, beobachtet man, wie selbst die zahmen sich wild gebärden, wenn die weniger zahmen bzw. wilderen Artgenossen infolge ihrer Schreckhaftigkeit plötzlich die Flucht ergreifen. Alsdann werden die umwelt-uninteressierten phlegmatisch-zahmen Tiere gleichsam mitgerissen. Jetzt entziehen sich selbst diese zahmen Tiere dem *Präsentierteller der Exposition*. Es resultiert eine Uniformität des Verhaltens. Das ist die Panik-Übertragung. Ich führe nicht des näheren aus, wie man auch die Aggression erwecken und verschärfen kann, etwa bei unseren Hunden, was man als »hetzen« oder »anhetzen« bezeichnet. Auch der Mensch ist »verhetzbar«. Es werden dem Subjekt Affekte gleichsam suggeriert, so, wie die moderne Wirtschaft dem Menschen Bedürfnisse suggeriert. Alle diese Biologischen Radikale sollten uns anthropologisch interessant sein, und zwar nicht zuletzt auch im Sinne des »Nosce te ipsum«.

Mögen auch bei uns und unsern Mitbürgern Merkmale der Wildheit und der Verwilderung zu beobachten sein, was in gewissen Familien sogar in auffallendem Maße hervortritt, der Prozeß der Humanisierung des Menschengeschlechtes ist damit letzten Endes nicht in Frage gestellt. Das Moment der Selbsterziehung und Selbstbeherrschung auf dem Wege zu einer *Souveränität* der Vernunft setzt voraus, daß das Subjekt Distanz zu sich selbst erlangt und Maßstäbe anzulegen weiß. Es ist die Laterne des Diogenes, die uns dabei leuchten sollte. Die Möglichkeiten der *atavistischen Erniedrigung* müssen uns eingehend beschäftigen. In diesem Zusammenhang soll nicht verschwiegen werden, daß es auch einige Wildheitszeichen gibt, die für unsere physische Gesundheit unerläßlich sind. Es gibt eine »Hygiene der Wildheit«, die sich in den sportlichen Veranstaltungen kämpferischer Ausprägung zeigt. Man denke in diesem Zusammenhang auch an das Moment der hohen Anfangsgeschwindigkeit und überhaupt an unsere der Entladungen bedürftigen Motorik.

Domestikations-Gehirn und Wachzentrum

»Die Sinne von Haustieren sind im allgemeinen schwächer entwickelt als bei den Stammformen«, schreibt W. Herre (11). Es stehen anatomische Veränderungen im Zusammenhang mit der Entschärfung der Umwelt, und zwar sowohl Veränderungen an den Sinnesorganen wie am Gehirn. In der früher zitierten Schrift von Herre (6) lesen wir, daß im »Bereich der Säugetiere« »nach dem Ausfall von Sinnesorganen Veränderungen am zentralen Nervensystem die Folge sein können. Ähnliches wissen wir vom Menschen«. Herre gibt seinem Erstaunen Ausdruck, daß die Abhängigkeit des Gehirns von den Sinnesorganen so wenig bekannt ist. Noch immer finde man im Schrifttum, daß »eine weitgehende Unabhängigkeit gegenüber Umweltfaktoren« postuliert wird. Man müsse allerdings zugeben, daß unsere Kenntnisse über die *Umweltbeeinflußbarkeit* von Säugetiergehirnen noch ganz außerordentlich gering sind. Die in sich geschlossene Kette, die uns zu interessieren hat, weist die folgenden Glieder auf: Umwelt, die feindgetönt-scharf oder langweilig-lahm ist, d. h. wilde oder zahme Umwelt im Sinne des vorgeschlagenen Sprachgebrauchs ist. In diesem Glied sehe ich die Basis, das punctum fixum. Damit verbunden sind die Sinnesorgane. Das Sensorium des Subjekts ist das andere Glied in der Kette, und zwar dem ersten Glied angepaßt: Wilde Umwelt bringt wildes, d. h. scharfes Sensorium. Hier liegt das *Prinzip der Entsprechung* vor. Das Individuum paßt sich der Umwelt an. – Das dritte Kettenglied ist das Gehirn mit seinem *Wachzentrum*. Ich sehe im Wachzentrum das *Organ der Aufmerksamkeitssteuerung*. Mit ihm hängt der *umweltbezogene Aufmerksamkeitszwang* zusammen. Damit schließt sich das dreigliedrige System zu einem *Kreis*.

Das Experiment der Domestikation versetzt das Subjekt in eine Umwelt, die die grobe Feindtönung vermissen läßt. Wenn wir Hediger (2) folgen, der in der Feindvermeidung das kardinale Prinzip im Rahmen der Subjekt-Umwelt-Relation

sieht, so kann man verstehen, daß in dem eben bezeichneten dreigliedrigen System den feindvollen oder zahmen Umwelten Bedeutung zukommt, d. h. daß es nicht einerlei ist, ob das Tier als Wildform oder »im Hausstand« lebt.
Umwelt-Problemen begegnet man auch in den Halluzinosen. Das ist der Leitsatz, den ich in den Blickpunkt rücke. Mit anderen Worten: Ich beziehe die Subjekt-Umwelt-Konzeption J. von Uexkülls auf die Geisteskranken, wobei ich im besonderen an die Alkoholhalluzinanten denke. In der *Veranstaltung,* die wir »Psychose« nennen, wird eine *zahme Zivilisations-Umwelt* gegen eine feindgetönte Umwelt eingetauscht. Das ist Verwilderung. Denkmöglich wäre es auch, daß die bisherige Alltags-Umwelt einer utopisch-paradiesischen Umwelt zu weichen hätte, was z. B. in der Progressiven Paralyse beobachtet wird. Der Trend in die überoptimale Welt, den wir bei einem Blick auf die Kulturentwicklung der Nationen nicht abzustreiten wagen, mutet wie der Verlauf einer Progressiven Paralyse an: Größenwahn. Soweit ich das Schrifttum überblicke, gibt es eine einzige inhaltlich völlig atypische Alkoholhalluzinose bei Meggendorfer (12): Es handelt sich um einen Oberkellner (!), dessen Halluzinose mit größenwahnsinnigen Details ausgeschmückt ist, alle übrigen Trinker aber erliegen dem Trend nach rückwärts, der in eine feindgetönte, unsichere Umwelt führt. Sie nehmen die qualvolle Stimulation auf sich. Die anachronistisch-atavistisch anmutende Re-Stimulation stellt sich uns als der Sinn des kybernetischen Aktes dar. Da wird ein »verlorener Status quo« wieder herbeigeführt, so wie Haustiere, wenn sie verwildern, einen verlassenen Status quo zurückerlangen. Jetzt werden hohe Anforderungen an das *Wachsein* und die sensorische Zuwendung gestellt, gemäß dem Satz, daß die Umwelt das punctum fixum ist, dem sich das Subjekt anpassen muß.
Es ist nicht zu bezweifeln, daß unsere Vorfahren vor Jahrtausenden in wesentlich feindgetönteren wilden Umwelten zu existieren gezwungen waren. Ich verstehe unter der Selbst-Domestikation des Menschen den eben bezeichneten *Trend in*

die utopisch-überoptimale Umwelt, der sich schon weitgehend verwirklichen konnte. Eben darum, so hieß es oben, müssen bei uns die Männer nicht mehr feindbezogen schlafen. Wie haben sich die Hirne der Haustiere verändert, wenn man sie mit denen der wilden Stammformen vergleicht? Klatt und Herre sowie Herres Arbeitskreis in Kiel fanden, daß das *Domestikations-Gehirn* in seinem Gesamtgewicht hinter dem der Stammform zurückbleibt. Ich zitiere einige Einzelheiten, die ich Herres Publikation (1958) entnehme: »Haustiere haben geringer gefurchte Gehirne als ihre Stammarten, die Furchenminderung ist nicht in allen Bereichen des Gehirns gleichmäßig.« »Man beobachtet eine relativ starke Abnahme der Projektionszentren und relativ wenig Veränderungen der Gebiete der Assoziationszentren.« »Die mit den Augen und Ohren in Verbindung gebrachten Regionen erfahren die stärkste, die olfaktorischen Zentren eine geringe Beeinflussung ihrer Oberflächengröße beim Übergang zum Haustier.« Inzwischen liegen auch cytoarchitektonische Untersuchungen vor, was uns im einzelnen jedoch nicht beschäftigen soll. Herre (1958) sagt, daß sich die Modifizierbarkeit des Gehirns bei den verschiedensten Arten in dem gleichen Sinne erweisen ließ, was auf »*Ordnungsprinzipien*« hindeute, »die auch zur Beurteilung des menschlichen Gehirns beitragen können«. Damit kommen wir zu der Erkenntnis, daß Geisteskrankheiten mit Veränderungen des Gehirns in Verbindung zu bringen sind.

Ich möchte das *Wachzentrum* in den Blickpunkt meiner psychopathologischen Untersuchung stellen. Dem biologischen Urphänomen des *umweltbezogenen Aufmerksamkeits-Zwangs* begegnen wir auch in der *Halluzinose.* Denkmöglich wäre es, daß die Halluzinanten matte Erlebnisse hätten, auch wenn es sich um fürchterliche Zusammenhänge handelt, etwa wie wir im Kino Filme sehen, die inhaltlich zwar aufregend sein können, uns aber doch nicht sonderlich erregen. Dem ist nicht so: es geht in der Halluzinose um Sein oder Nichtsein. In Wahrheit sind Kranke ihrer Umwelt ausgeliefert, ob sie wollen oder nicht. Sie müssen sich mit den Organisationen, die z. B. das Haus in der Art der oberbayerischen Haberer belagern, auseinandersetzen. Der Hauptakzent ihrer Aufmerksamkeit ist nicht nach innen, sondern nach außen, umweltwärts gerichtet. Da herrscht ein tödlicher Ernst, während Humor oder gar eine Blasiertheit nicht beobachtet werden. Daß die Haustierforschung ebenfalls der *Aufmerksamkeits-Zuwendung* eine entscheidende Bedeutung zumißt, zeigt uns die folgende Tatsache: Der Mensch ist, wie Röhrs (zit. nach Herre [6]) darlegt, bei sozial lebenden Pflanzenfressern an Großherden interessiert, und zwar aus wirtschaftlichen Gründen, indem er großflächige Weidegründe anzulegen versteht. Die wilde Stammform der südamerikanischen Lamas oder Alpakas lebte in kleinen Rudeln, was sie befähigte, auch in Landstrichen Nahrung zu finden, wo es weiträumige Weiden nicht gibt. Damit aber, daß es zu den Großherden kam, entwickelten sich neue soziale Gefüge. Im Rahmen dieser Großherden, bei denen der Mensch im Hintergrund steht, erfuhr der umweltbezogene Aufmerksamkeits-Zwang eine erhebliche Intensitäts-Minderung. *Aufmerksamkeit* und *Reaktionsbereitschaft* erfahren damit eine entscheidende Veränderung. — *Motilität* und *Vigilanz,* das lehrten uns die Beobachtungen an den gekreuzten Mäusen, sind miteinander gekoppelt.

Im Hinblick auf die *Verwilderungs-Tendenzen,* von denen oben bereits die Rede war, interessiert uns, was Herre und Röhrs (13) darüber berichten: Die in einer wilden Umwelt lebenden verwilderten Hausesel (Süd-Peru und Provinz Rio Negro, Argentinien) erfuhren im Zusammenhang mit der Reizerhöhung und dem *verschärften umweltbezogenen Aufmerksamkeits-Zwang* im Laufe weniger Generationen eine Veränderung ihres Gehirns. — Umweltbedingt wurden ihrem Zentralnervensystem *Verwandlungs-Impulse* zuteil. Man konnte, als man einige dieser Tiere erlegt hatte, ihre Gehirne zu den Gehirnen der zahmen Artgenossen in Beziehung setzen. Das Ergebnis der Untersuchung war, daß man nun von einer *Rückverwandlung* zu sprechen hatte. – Ich bin versucht, in der erhöhten Reizung des *Wachzentrums,* d. h. mit Herre und Röhrs in der *Intensivierung der Aufmerksamkeits-Zuwendung,* den entscheidenden Anlaß zu sehen. Man muß bedenken, daß der Esel seit Jahrtausenden ein Haustier des Menschen ist. Daß sich das Domestikationsgehirn in der Verwilderung in ein *Wildgehirn* zurückzuverwandeln vermochte, als ob das Wildgehirn 5000 Jahre[2] in der Latenz verharrte, auf die alte acerbierende Umwelt gleichsam erpicht, der es sich wieder angleichen kann, ist in höchstem Maße erstaunlich. – Auch im Verhalten waren diese verwilderten Esel autochthonen Wildeseln, die es in Südamerika nicht gibt und auch niemals gegeben hat, wieder konform. »Naturam expellas furca tamen usque recurret«, an dieses Wort des römischen Dichters Horaz kann man erinnert werden. – Ein Status wollte sich restituieren, der Jahrtausende zurückliegt, und diese Restitution gelang. Herre (6), der zusammen mit Röhrs 1956-1957 in Südamerika auf einer Forschungs-Expedition weilte, schreibt: »Kaum eine andere Jagd war für uns so schwierig wie jene nach diesen in unseren Fällen seit ungefähr 50 Jahren in Freiheit befindlichen verwilderten Hauseseln.« Sie bewegten sich in der freien Wildbahn, wie es wörtlich heißt, »scheu, geschickt, absolut wildtierähnlich«.

Es war oben davon die Rede, daß es bei den domestizierten Kaninchen oder den zahmen weißen Mäusen – ich spreche nicht von den Wildmaus-Weißmaus-Bastarden – einzelne Subjekte gibt, die dadurch auffallen, daß sie eine besondere *Tendenz zur Verwilderung* zeigen. Auch zwei Rabenkrähen (Corvus corone), die ich aufzog, und ebenso einige meiner Dohlen zeigten diese Tendenz. Es ist die Frage, ob man diese Erscheinung so deuten darf, daß man sagt, diese Gehirne bzw. die *Wachzentren der Gehirne* verlangten – möglicherweise im Zusammenspiel mit einem übermächtigen, d. h. »wilden

---

[2] Hausesel wurden in Südost-Ägypten schon 3000 v. Chr. gezüchtet. Wie Herre berichtet, wurden sie in der Negade-I-Kultur nachgewiesen.

Vagus« – nach einer Reizerhöhung. Ganz plump und anthropomorphistisch gesagt: Es gibt Individuen, die *die Langeweile ihrer Umwelt nicht vertragen*. Sie entspricht ihrem Wesen nicht. Ich darf in diesem Zusammenhang auf meine Ausführungen über die »Langeweile« (14) hinweisen, wo die Aussagen Jugendlicher zitiert wurden, denen die Welt zu langweilig ist. Ich wies, und das wäre ein Merkmal der Verwilderung, auf die jugendlichen Wegläufer hin. Sich in die Fremde begeben, das besagt: in das Ungewisse, unter fremde Menschen, wobei im Untergrund die alte paläoanthropologische Gleichung »Fremd = Feind« mitspielen mag.

Ich könnte mir vorstellen, daß bei den südamerikanischen Hauseseln, von denen sich einige »selbständig machen« konnten, dieselben Unterschiede wie bei anderen Haustieren bestanden, d. h. daß es da auch Individuen gibt, die im Hausstande ganz besonders zur Verwilderung neigten. Es könnte bei dem sich in der freien Natur vollziehenden Prozeß der Verwilderung alsdann ein Auslese-Prinzip im Sinne Darwins mitgespielt haben, so daß die anderen, die auch die Freiheit erlangten, umkamen, weil sie die Anpassung an die feindvolle neue Umwelt nicht erreichten. Ihr Untergang könnte darin begründet sein, daß sie umwelt-sensorisch oder hinsichtlich ihrer Motorik versagten. Natürlich wird man dagegen einwenden können, daß eben diese zahmen, d. h. standorttreuen Hausesel, denen das Weglaufen »nicht lag«, nicht wegliefen und damit überhaupt nicht erst in die Verwilderungs-Situation mit ihren Feindtönungen kamen. – Ich darf auf mein Mäuse-Experiment zurückgreifen: Der graue Stammvater meiner Bastarde, der den Namen Theobald trug, litt offensichtlich unter der Enge des Behälters, in dem er später mit der weißen weiblichen Maus »Isolde« zusammenlebte. Bei jeder Gelegenheit sprang er aus dem Terrarium, wenn es abgedeckt war, verschwand aber nicht endgültig, auch wenn er zunächst bis auf weiteres unsichtbar geworden war, sondern hielt sich in dem umgebenden Raum versteckt, z. B. in einem leeren Vogelkäfig. Er kehrte vorübergehend immer wieder zu

Isolde zurück, die ihrerseits nie das Bedürfnis zeigte, der nämlichen Umwelt-Enge zu entgehen, möglicherweise im Zusammenhang damit, daß sie als zahme Maus dieser Hoch- und Weitsprünge nicht fähig war. – Es gibt Individuen, die ein weites Territorium haben müssen, was ich im Verhalten der zahmen Rabenkrähen gleichfalls feststellen konnte. Die Krähe Corva allerdings war trotz ihrer Tendenz zur Weite des Raumes und zur Verwilderung nicht in der Lage, wirklich zu verwildern, was ich bei einer anderen von mir aufgezogenen Rabenkrähe tatsächlich beobachten konnte, und ganz besonders bei Dohlen. K. Lorenz (15) hat auf die Tatsache hingewiesen, daß zahme Dohlen mit wilden Dohlen Verbindungen eingehen können und mit diesen wegziehen, was aber nicht ausschließt, daß die eine oder die andere lange Zeit später wieder zurückkehrt. Die zur Verwilderung neigende Rabenkrähe Corva, die einmal drei Monate abwesend war, hat »den Dreh zur vollen Verwilderung« nie gefunden. Immer wieder erlitt sie im Verlaufe ihres Verwilderungs-Prozesses, wobei sie sich an wilde Rabenkrähen *nicht* anschloß, irgendeine »Panne«, d. h. daß sie einmal halb verhungert von Passanten in einem anderen Stadtteil aufgegriffen wurde oder in gutem Kräftezustand zu überlisten war, als sie durch ein offenes Fenster in eine fremde Wohnung eingestiegen war. Einmal wurde sie von einem Halbwüchsigen mittels eines Luftgewehrs »abgeschossen«, wobei es sich um die Vernachlässigung der Fluchtdistanz gehandelt haben dürfte. Vielleicht wäre der Krähe die Verwilderung gelungen, wenn ihr Freiheitsdrang sie in Gebiete geführt hätte, die weniger dicht besiedelt sind. Darüber kann man ein endgültiges Wort nicht sagen: Es kommt mir bei diesen Ausführungen lediglich auf die Feststellung an, daß es nicht einen *eindeutigen Grad der Zahmheit* gibt, sondern mancherlei Abstufungen bis zur Wildheit hin, und daß es *Tendenzen zur Verwilderung* gibt, wobei es sich beim Menschen etwa im Zusammenhang mit der Intoxikation, die *Äquivalenz-Alternative* manifestieren kann. Das war die Alternative, die zur *Überbedeutsamkeit* der Umwelt führte, wenn ich auf unsere Erörterungen über das Ammenschlaf-Experiment zurückweisen darf.

Es schwebt mir in meiner Darstellung der Alkoholhalluzinosen die folgende *Dreistufigkeit* vor: Trinker, ganz allgemein gesprochen, sind Menschen, die aus Familien stammen, die mit »Wildheits«- und »Verwilderungs-Tendenzen« *belastet* sind, was ebenso von den Epileptikern gelten kann. Eben im Zusammenhang mit dem Potus, d. h. im Zusammenhang mit der Intoxikation, kann es alsdann zu Störungen kommen, die man als die *»Verwilderung im Prädelir«* bezeichnen könnte: Ich denke an die Schreckhaftigkeit der Trinker im Prädelir oder an ihre motorische Rastlosigkeit und die sensorischen Schwellenerniedrigungen und Schlafstörungen sowie ihre Angstzustände. – Die Trinker im Prädelir ermangeln des Schlafes, wobei man freilich bemerken muß, daß eben darum nicht selten schon in den sog. gesunden Tagen Alkohol genommen wird, weil er dem Subjekt »die nötige Bettschwere« gibt. Kraepelin (16) weist in seinen Ausführungen über die dem Delirium tremens vorangehenden Anzeichen u. a. auf die Schreckhaftigkeit und die »sensorielle Erregbarkeit« hin, wobei wir selbstverständlich den Terminus »Verwilderung« nicht erwarten. Wer sich mit Prädelir-Kranken befaßt hat, wird Kraepelins empirische Befunde bestätigen müssen, und darüber hinaus vielleicht sogar Ergänzungen hinzufügen können, daß etwa die Klage über die Geräuschüberempfindlichkeit mit einem Lidflattern und einer Krakeelsucht koinzidieren kann. – Es ist bekannt, daß es mit dieser zweiten Stufe der Verwilderung, dem Prädelir, genauer gesagt: der »Verwilderung im Prädelir«, sein Bewenden haben kann, ohne daß die Psychose folgt. Die Umwelt wird damit, daß ich bei irgendwelchen Geräuschen leicht zusammenschrecke, aufreizender als sie in Wirklichkeit ist. Die *sensorische Überempfindlichkeit* hat in der Verbindung mit einer *Schreckbereitschaft* gleichsam Lupen-Charakter: Wenn ich einen Zwirnsfaden unter ein Vergrößerungsglas lege, so wird er zu einem Seil, aber eben nur im Blickfeld des mit der Optik ausgerüsteten

Subjekts. Die dritte Stufe auf dem *Weg in die Verwilderung* ist in dem Augenblick erreicht, in dem die Psychose akut ausbricht. Jetzt, im Zusammenhang mit Illusionen und Halluzinationen (= Scheinwahrnehmungen, die uns an das Ammenschlaf-Experiment erinnern) stellt das Subjekt in der Alkoholhalluzinose fest, wie das Haus von Feinden umstellt ist, die sich in seiner Biographie erstaunlich gut auskennen und ihm mit dem Abgeholtwerden drohen. Wenn eben im *Status der Wildheit*, wobei ich an die Mäuse-Bastarde erinnern möchte, der *Expositions*-Vermeidung eine grundlegende Bedeutung zukommt, so stellen wir hier ein Kipp-Phänomen fest: *Nicht genug kann dieser Mensch exponiert sein*. Es will mir scheinen, daß dieses »Nicht-Genug« auf das *Wachsein* und damit auf das *Wachzentrum* zu beziehen ist: Es kann nicht hell genug sein, so daß eine »Überhelle«, wenn man so sagen dürfte, erstrebt wird. Das verordnet dem Subjekt die »*Regie der Psychose*«, so daß die Hauswände gleichsam zu Glaswänden werden und die Blicke der feindlichen Mitbürger ihm auf Schritt und Tritt folgen. Man wird an die *Blick-Phänomene* erinnert, auf die J. Zutt (17) und C. Kulenkampff (18) aufmerksam machten.

Bonhoeffer (19) gebührt das Verdienst, neben Wernicke auf die *veränderte Umwelt* in der Trinker-Psychose des Delirium tremens hingewiesen zu haben. »Mit Recht«, so heißt es in seiner Schrift, »wird von Wernicke die totale Verfälschung des Bildes der Außenwelt als die dominierende Erscheinung in dem Symptomen-Komplex des Delirium tremens an die Spitze gestellt. Dementsprechend wird die Untersuchung über das Zustandekommen der Illusionen und Halluzinationen im folgenden einen entsprechend großen Raum einnehmen müssen.« Es heißt dann: »Bei der Abhängigkeit, in der sich die richtige Anschauung der Außenwelt von der Funktionstüchtigkeit der Sinnesorgane befindet, bei der bekannten Neigung zum Illusionieren bei ungenügender Schärfe der Sinneswahrnehmung, wird zunächst eine systematische Untersuchung über die Leistungsfähigkeit der percipierenden Organe erforderlich sein.« Im folgenden befaßt sich Bonhoeffer mit der Sinnestätigkeit dieser Trinker, die im Gegensatz zu den Alkoholhalluzinanten ganz besonders unter faseligen Beziehungsetzungen und schießenden Nebenassoziationen – Ausdruck einer hypnagogen Befindlichkeit – leiden und darum z. B. leicht zum Verhören neigen. Das ist ein unscharfes, hypnagoges Sensorium, während das Subjekt in der Alkoholhalluzinose durch *Hypervigilanz* und *Hypermnesie* ausgezeichnet ist. Da gelingt, was im Delirium tremens nicht erreicht wird. – Mich interessieren die Bonhoefferschen Ausführungen über die *»zentrale Hyperaesthesie«*, worin man die Voraussetzung der Sinnestäuschungen sehen muß, weil genau das in meinem Ammenschlaf-Experiment gezeigt werden sollte: Die Sinnestätigkeit läßt im Vorgang des Einschlafens zu wünschen übrig. Ich hätte »*sensorisch verwildern*« sollen, um dieser Umwelt gerecht zu werden, indem ich wie ein Pygmäe umweltbezogen schlief. Dem *umweltbezogenen Aufmerksamkeits-Zwang* hätte ich zu erliegen, so daß ich dem heimkehrenden Kater die Tür öffnen konnte. Da aber die Sinnestätigkeit versagte, und das besagt, daß mir die sensorische Verwilderung mißlang oder im entscheidenden Augenblick möglicherweise mißlungen wäre, so glich eine *zentrale Instanz* diesen Mangel aus und brachte eine *Kater-Doublette* in meine Umwelt. Wenn die sensorische Verwilderung, und das ist die *Verfeinerung der Wahrnehmungsfähigkeit*, nicht ausreicht, so tritt im Rahmen der *Äquivalenz-Alternative die Scheinwahrnehmung kompensierend* auf den Plan. So also, unter Zuhilfenahme unserer Phantasie, ereignet sich in der Psychose der Prozeß der Verwilderung. Das ist bei uns die Möglichkeit der *Intensivierung der Aufmerksamkeits-Zuwendung*. – Ich bin geneigt, die Stimmen der Belagerer in der Alkoholhalluzinose mit der auf die Glastür bezogenen Scheinwahrnehmung unter dem Gesichtswinkel einer *subjektdienlichen Umwelt-Acerbation* zu sehen. Das war im Experiment die erforderliche Freund-Tönung oder *Schützlings*-Tönung, die mein Wachzentrum stimulierte, während es sich in den Trinker-Psychosen, besonders in der Alkoholhalluzinose, um *Feind*-Tönungen handelt. Beides aber, Feind sowohl wie Schützling, appelliert an das *Wachzentrum* und damit an die *Steuerung der Aufmerksamkeit.*

Die *Rückverwandlung des Gehirns* im Falle der verwilderten südamerikanischen Esel erfolgt nicht von einem Tag zum anderen, sondern vollzieht sich im Verlaufe von Generationen. Für eine Psychosen-Betrachtung scheidet dieses Moment aus. Es wird niemand erwarten, daß nach einer Alkoholhalluzinose Verwilderungs-Befunde bei einer Untersuchung des Gehirns zu erheben sind. Allenfalls könnte man während der Halluzinose funktionelle Veränderungen erwarten, wie sie in einigen Fällen von epileptischer Halluzinose tatsächlich festgestellt werden konnten. Ich kann darüber keine Auskunft geben, ob während der Trinker-Halluzinosen EEG-Ableitungen erfolgt und beschrieben worden sind.

Landolt (20) und Christian (21) berichten, daß sich in den Ausnahmezuständen ihrer epileptischen Kranken das EEG *normalisierte*. Vor und nach der Halluzinose wurde ein pathologisches EEG abgeleitet, aber ausgerechnet jetzt, während die Kranken einer *acerbierten* Umwelt ausgeliefert sind, wird die *normale* Hirnstromkurve beobachtet. In der Krankengeschichte, die uns W. Christian mitteilt, handelt es sich um eine 18jährige Patientin mit einer hereditären Epilepsie. In der Halluzinose traten *Überwachungs-Partner* in Erscheinung, und zwar weibliche Wesen, die das Mädchen mit ihren Blicken verfolgten und gelegentlich tadelten. Die Kranke war ihnen »exponiert«. Es handelte sich um eine qualvolle Exposition. Diese gleichsam bündisch vereinten Mädchen waren recht indiskret, wenn ihre Blicke z. B. der Kranken auf das Klosett folgten und wenn diese lästigen Mädchen Einzelheiten publizierten, die sie dabei beobachten konnten. – Es war in der epileptischen Halluzinose wie in den Trinker-Halluzinosen der Umstand hervorzuheben, daß – um es einmal negativ zu sagen – keineswegs ein Trend in utopisch-paradiesische Umwelt-Befindlichkeiten hervortrat, sondern die Umwelt erwies sich im Zusammenhang mit der Gesellschaft der blicksensorisch-aufdringlichen, nörglerischen Mädchen, die halluziniert wurden, als eine feindgetönte, das Subjekt *aufreizende Umwelt*. Hier tritt eine funktionale *Umwelt-Modifikabilität* des Gehirns in Erscheinung, zumindest, was die im EEG registrierten Hirnströme anbetrifft. Die Zuordnung von Subjekt und Umwelt hatten wir als ein dreigliedriges System aufgefaßt, bei dem Umwelt und Sensorium des Subjekts sowie das Domestikations-Gehirn mit seinem Wachzentrum einander in einem szenischen Kreisgeschehen funktional verbunden sind. Christian bemerkt unter Hinweis auf R. Hess (22), »daß die exzessive Erregung, die durch die Normalisierung des EEG während der Halluzinose gekennzeichnet ist, mit einer *Hyperaktivität des ›Wachzentrums‹* (von mir hervorgehoben), sozusagen mit einer ›Überhelle‹ oder einem ›Überwachsein‹ in Zusammenhang steht, und daß dadurch die Verhinderung epileptischer Anfälle oder ihrer Äquivalente im EEG zustande kommt«.

Zusammenfassung. Die vorliegende Untersuchung geht von zwei überraschenden Tatsachen aus, einmal, daß sich im Verlauf einer epileptischen Halluzinose das EEG normalisieren kann, was man als physiologische *»Rückverwandlung«* von Hirnfunktionen bezeichnen könnte, und zwar im Hinblick auf den Umstand, daß diese Kranken vor und nach dem Ausnahmezustand pathologische Hirnstrombilder aufweisen. Die andere überraschende Tatsache ist in der empirischen Feststellung zu sehen, daß sich im Zusammenhang mit der Verwilderung eines Haustiers im Verlaufe weniger Generationen die anatomisch-morphologische »Rückverwandlung« des Gehirns vollzog. – Es scheint Individuen zu geben, und zwar bei vielen oder sogar allen domestizierten Arten, die die *Domestikations-Langeweile* nicht vertragen, d. h. die Einpassung in den Haustier-Status nicht restlos vollziehen können. So ergibt sich eine *rückläufige Tendenz zur Wildheit* (= Tendenz zur Verwilderung). – Man kann sich vorstellen, daß es auch beim Menschen, und zwar in Analogie zu der »Haustier-Mannigfaltigkeit« der domestizierten Arten, d. h. im Zusammenhang mit der erstaunlichen Streubreite menschlicher Variationen, neurophysiologisch-zerebrale Organisationen gibt, die die gleiche *Dekompensation* erkennen lassen, d. h. die mit dem Kurs der Zivilisation (= Umwelt-Entschärfung) nicht Schritt halten können. Man wird von pathologischen Erscheinungen aus Höflichkeitsgründen nicht sprechen, wenn z. B. im Sport Formen der Motilität kultiviert werden, z. B. der Langstrekkenlauf oder Weit- und Hochsprung oder die ausgesprochen kämpferischen Veranstaltungen im Fechten oder Ringen und Boxen, also Verhaltensweisen, die unser Alltag längst nicht mehr erfordert. Gewisse Sportdisziplinen befassen sich mit der in *Gefahren-Situationen* notwendig werdenden *hochintensiven Aufmerksamkeit in der Verbindung mit einer ungewöhnlichen Reaktionsfähigkeit.* Beim Autofahren z. B. handelt es sich um die vorwiegend sensorische Form der Verwilderung. Man wird, wenn man einer Olympiade beiwohnt, gleichsam in eine paläoanthropologische Welt zurückversetzt, wo von ungewöhnlichen Menschen Leistungen vorgeführt werden, die als längst verjährt anmuten. Was soll das? Der wilde Mausbock Theobald unterschied sich in seinen Hoch- und Weitsprüngen sowie in seinen Kletterleistungen, aber auch in der Plötzlichkeit und Schnelligkeit seines Spurtens, von allen weißen Mäusen. – Über diese *Bedürfnis-Befriedigungen* hinaus gibt es den pathologischen Sonderfall der Halluzinose, der das Subjekt in eine Umwelt stellt, die mit Hilfe von *Scheinwahrnehmungen* und entsprechenden *Bedeutungsverleihungen* verschärft worden ist. Hier bezeugt sich die *Äquivalenz-Alternative.* Ich sehe in den Sinnestäuschungen die ultima ratio. Über den umweltbezogenen Aufmerksamkeits-Zwang wirkt die Verschärfung auf das Subjekt zurück und aktiviert dessen Wachzentrum bzw. Wachsein, als ob es sich um eine ausschließlich biologisch-reale Umwelt handelte. Mit der »Verwilderung« ist bei Mensch und Tier das Moment der *Umwelt-Überbedeutsamkeit* und *Umwelt-Unmittelbarkeit* verknüpft.

Wenn ich das Ammenschlaf-Experiment und die Halluzinose miteinander vergleiche, so ergibt sich die Übereinstimmung, daß es sich in beiden Fällen um eine über Sinnestäuschungen und Bedeutungserlebnisse herbeigeführte *Umwelt-Verschärfung* handelt. Es könnte in beiden Fällen von einer »*Verwilderung*« die Rede sein, die in der empirischen Befassung des Subjekts mit der erregenden Umwelt zu sehen ist. Diese umwelt-empirische Interessiertheit wirkt der *Verlangweiligung unseres Daseins* entgegen, die offenbar von einer Reihe unserer Mitbürger nicht ertragen wird. Zum Schluß soll der wesentliche Unterschied zwischen Ammenschlaf-Experiment und Halluzinose herausgestellt werden: Im Ammenschlaf-Experiment steht das erlebende Ich *jenseits* der Wach-Schlaf-Schranke, im dissoziierten Wachsein dagegen *diesseits* dieser Schranke. Außerdem wäre zu bemerken, daß das dissoziierte Wachsein der Trinker, d. h. das Wachsein, bei dem sich S-Elemente (= Schlaf-Traum-Elemente) als Einsprengsel in der leibhaft-realen Umwelt finden, im Zusammenhang mit einer Intoxikation und einer durch eine Schlaflosigkeit bedingten Übermüdung des Trinkers gesehen werden könnte, während in dem Experiment im Gegenteil eine Tendenz zum Tiefschlaf festgestellt werden mußte, die es über Akte einer Selbstregulation zu verhindern galt. Daß es sich bei allen diesen Vorgängen, die den Charakter von *Veranstaltungen* haben, um *selbsttätige* Regulationen handelt, liegt auf der Hand. – Wenn ich mich damals von meinem Lager erhob, weil ich fest überzeugt war, daß der Kater sich an der Tür gemeldet habe, war diese Überzeugung nichts als ein Wahn. Jetzt stand ich diesseits der Wach-Schlaf-Schranke, genauso wie ein Geisteskranker. Ich war das Opfer einer Selbsttäuschung, die mich auf die Beine gebracht hatte und in der Faszination fixiert hielt. Daß dieses Experiment, bei dem es sich um mein eigenes Wachzentrum handelte, eine Regie zu Manifestationen verführte, wird niemand bestreiten. Der Wahn entsprang einer Stimmung der Sorge und stand im Dienste der Wirklichkeit, ja, er wurde selber zur Wirklichkeit, indem er mich in eine schlafkonträre

Umwelt versetzte. Wahn und Wirklichkeit sind in der Psychose nicht auseinanderzuhalten.

Literatur

1 J. v. Uexküll: Bedeutungslehre, Leipzig 1940
2 H. Hediger: Die Angst des Tieres, Universitas 14 (1959), 929
3 P. Schebesta: Die Bambuti-Pygmäen vom Ituri, Brüssel 1938
4 R. Bilz: Trinker. Eine Untersuchung über das Erleben und Verhalten der Alkoholhalluzinanten, Stuttgart 1959
5 R. Bilz: Pars pro toto, Leipzig 1940
6 W. Herre: Dtsch. med. Wschr. 83 (1958), 1568
7 R. Bilz: Homo 9 (1958), 91
8 O. H. Arnold, St. Hift u. H. Hoff: Wien. Z. Nervenheilk. 18 (1960), 16
9 W. Herre: Zool. Garten, N. F. 19 (1952), 70
10 F. Goethe: Z. Tierpsychol. 3 (1940), 371
11 W. Herre: Domestikation und Stammesgeschichte, in: G. Heberer: Die Evolution der Organismen, 2. Aufl. Stuttgart 1959
12 F. Meggendorfer: Intoxikationspsychosen, in: Handbuch der Geisteskrankheiten, hrsg. v. Oswald Bumke, Bd. VII, spezieller Teil II, Berlin 1928
13 M. Röhrs: Ökologische Beobachtungen an wildlebenden Tylopoden Südamerikas, Verh. Dtsch. Zool. Ges. in Graz 1957, Leipzig 1958
14 R. Bilz: Nervenarzt 31 (1960), 433
15 K. Lorenz: J. Ornithol. 79 (1931), 67 und 83 (1935), 289
16 E. Kraepelin: Psychiatrie. Ein Lehrbuch für Studierende und Ärzte, II. Teil, 6. Aufl. Leipzig 1899
17 J. Zutt: Nervenarzt 24 (1953), 177 und 28 (1957), 350
18 C. Kulenkampff: Nervenarzt 27 (1956), 2
19 K. Bonhoeffer: Der Geisteszustand der Alkoholdeliranten. Klinische Untersuchungen, Breslau 1898
20 H. Landolt: Nervenarzt 24 (1953), 479
21 W. Christian: Dtsch. Zs. Nervenheilk. 176 (1957), 693
22 R. Hess: Schweiz. Arch. Neurol. Psychiat. 76 (1955), 338

19. Die Umweltlehre des Paracelsus

Beitrag zu einer medizinischen Anthropologie
(1944)

Der Mensch ist in unablässigem Werden begriffen. Bau- und Umbaupläne, Gestaltungen und Umgestaltungen, die sich nacheinander programmgemäß vollziehen, liegen seiner Zeitgestalt zugrunde, unter der wir die Summe aller seiner Raumgestalten und seiner Wandlungen verstehen, angefangen von den ersten Gestalten im Mutterleibe. In der Tatsache, daß auch der Mensch einer Entelechie oder Zeitgestalt unterworfen ist, gleicht er den Tieren, die sich ebenfalls ab ovo, von einem Ei aus entwickeln. Schiller sagt: »Von Gestalt zu Gestalt führt ihn die bildende Zeit.« Dieses Gleichnis der »bildenden Zeit« wird uns noch beschäftigen müssen. Ein fester Kern allerdings bleibt ständig bestehen, ein Mittelpunkt, auf den sich alles Erleben bezieht und von dem aus auch unser Handeln und Denken gesteuert wird.

Erleben setzt immer *Leben* voraus, und auch Wahrnehmen ist Erleben. v. Uexküll (16) verdanken wir die Lehre, daß das Tiersubjekt mit seinen Sinnes- und Wirkorganen Mittelpunkt einer Welt ist, die seine und nur seine Umwelt darstellt. Diese ihm zugeordnete Welt ist von planvollen Bezogenheiten zu einer Zahl von Objekten erfüllt. Das *Schema* (Uexküll 1909) ist es, das die Partnerschaft stiftet. Es gibt also nicht nur die eine, nämlich unsere menschliche Welt, sondern mancherlei Umwelt. Was wir selbst unsere oder gar »die« Welt nennen, ist nur eine von vielen, ein Sonderfall: Es ist die uns angemessene, von uns wahrzunehmende menschliche Umwelt, die von der eines Hundes oder eines Schmetterlings toto coelo verschieden ist, wenngleich wir etwa mit der des Hundes, der ein Fleischesser ist und ebenso wie wir von getöteten Tieren lebt, auch einige gemeinsame Nenner haben. Jedes Tier hat sein eigenes Scenarium mit eigenen Schauplätzen und typischen

Rollen, die mit den Gegenrollen seiner spezifischen Partner verzahnt sind. Aber nicht alles, was sich begegnet, steht zueinander in einem vitalen, und das heißt emotionalen, Partnerverhältnis. Obwohl der Hund über ein äußerst feines Geruchsvermögen verfügt, interessieren ihn Rosen nicht, d. h. er reagiert nicht mit einem *Affekt*. Rosen »bedeuten« ihm nichts, weder Nahrung noch sexuelle Erregung, noch irgend etwas. Eben diese Blumen aber sind im Bau und im Funktionalen mit den Bienen auf das engste verzahnt, ausgesprochen besteht hier der Charakter eines biologisch sinnvollen Gefüges. Goethe sagt in seinem Gedicht »Gleich und Gleich«: »Die müssen wohl beide füreinander sein.« Unter Umwelt verstehen wir also eine organismische Ganzheit von vitalen Sinnbezogenheiten, in deren Mittelpunkt jeweils ein handelndes und erlebendes Subjekt steht, das von »Bedeutungsträgern« (18) emotional bewegt wird.

Die biologischen Auffassungen v. Uexkülls werden von denjenigen Forschern nicht anerkannt, die im Tier hauptsächlich einen Reflexmechanismus sehen, um in lediglich kausaler Betrachtung den Bau und das Verhalten des Tieres zu mathematisieren. Man kann selbstverständlich, sagt v. Uexküll (18), auch die Sixtinische Madonna nur unter chemisch-physikalischen Gesichtspunkten betrachten, das ist jedem unbenommen. Dann sieht man eben nicht die *Komposition* und die Physiognomik, sondern unterhält sich über chemische Zusammensetzungen der Farben. Auch das ist interessant, aber man hat das Bild damit nur in einem einzigen Bezug untersucht. Goethe wußte um diese letzten Fragen der Ordnung und sinnvollen Zuordnungen von Subjekt und Objekt. Ihm verdanken wir ein Wort über diese Beziehungen, also das, was wir als vitales Gefüge von Subjekt und Bedeutungsträger bezeichnen. Goethe sagt: »Alles, was im Subjekt ist, ist im Objekt und noch etwas mehr. Alles, was im Objekt ist, ist im Subjekt und noch etwas mehr...«[1]

---

[1] Dieses »Noch-etwas-mehr« auf beiden Seiten, das jenseits der Verzahnung besteht, dieser Rest sozusagen, birgt in sich außer Funktionsbereitschaften

Trendelenburg (15) wies in seiner Ableitung des Wortes »Person« daraufhin, daß im antiken Theater *persona* gleichbedeutend mit Maske war. So könnte man also auch sagen, wenn man nun die mimische Seite der Rolle allein betrachten wollte: Das Subjekt verfügt in der Latenz seines Leibes über eine Reihe von Masken und Rollen, die sich ihm, je nach Partnerschaft, Stichwort und Stimmung ausprägen. Sie liegen in ihm als Bereitschaften vor, und zwar geordnet um das stilgebende und die Handlungen steuernde Zentrum, gleichviel, ob die Interferenz bewußt und willkürlich oder unbewußt und unwillkürlich erfolgt. Es besteht eine Ordnung zur Mitte. Wer das Gleichnis der Schicht gebrauchen wollte, würde zu einer anderen Aussage kommen: Das »Zentrum« ist der inneren Rüstkammer an Rollen übergeordnet. Es liegt in einer höheren Schicht, so daß von einer hierarchischen Ordnung die Rede sein würde. Tatsächlich, wir gehen auf Fragen der Neurostrukturen und der Neurophysiologie nicht ein, bestehen ja in diesem Sinne *hierarchische* Bezogenheiten in der Latenz unseres Leibes. Die urtümlichen affektiven *Rollen*, von denen ich spreche, sind Sache des Urhirns, was sich experimentell erweisen ließ. Man kann es verstehen, weshalb ich das Gleichnis der *Rolle* prägte: Ich konnte so unter einem funktionalen Generalnenner scheinbar heterogenste Elemente vereinigen, also Fragen der Morphologie (Neurostrukturen), der Neurophysiologie (Reflexe, Koordinationen), der Sinnesphysiologie (die v. Weizsäckersche Gestaltkreislehre [20]), der Biologie (Triebe, Instinkte, Partnerschaften), der

gegen andere Partner den »Kern« des Subjekts mit allem, was zu den inneren Determinanten gehört: Beim Menschen handelt es sich bei diesem Zentralen, Kernhaften um Einflüsse des Gewissens, der Einsicht, des Charakters, des Willens usw. Dieses Zentrale gibt den Stil der szenischen Rollen und legt auch Akzente in das Scenarium selbst. Von diesem Zentrum hängt es ab, ob ein Mensch z. B. zu einer kämpferischen Auseinandersetzung bereit ist oder ihr aus dem Wege geht. Diese »Instanzen der Mitte« entscheiden über das Wie der Rollen und bis zu einem gewissen Grade auch über das Was der Szenen. Dieses Zentrale ist weitgehend erblich gegeben. Die Selbstsicherheit z. B., ein Charakter-Radikal, das mit meinem Lebensstil auf das engste zusammenhängt, ist, wie uns Luxenburger (11) berichtet, erblich.

Endokrinologie (Physiologie der Affekte) und schließlich und vor allem eben Tatsachen der *Psychologie* (Affektlehre, Stimmung) und der *Physiognomik*. Der Begriff der Rolle zwingt uns zu ganzheitlichem Denken auch insofern, als wir die Gegenrolle dabei zu erwägen haben. Außerdem setzt er Orte und Zeiten der Handlung voraus, Zeit im Sinne der Dauer, Zeit im Sinne der Erlebniszeit, die rollengebunden und also zukunftsbezogen besteht, und Zeit im Sinne einer Terminlehre genommen, womit wir die Frage eines Repertoires berühren. Hauptsächlich aber drängt sich uns das Gleichnis der Rolle auf, da dieser Begriff *Handeln* bedeutet und Mimik zeigen, also Maske zum Ausdruck bringen und szenisch »verstanden« werden, während er uns zugleich an die unaufgeführten *eigenen* Rollen erinnert, die lediglich im Textbuch verzeichnet stehen. Das Apriorische also, das sich auf Subjekt und szenische Partizipanten bezieht, ist in diesem Gleichnis ebenfalls gegeben. Sicherlich erlernen wir vieles im Leben, Triebe und Instinkte und Affekte aber haben wir; vielleicht kann man auch sagen: sie haben uns a priori. Es ist uns eine innere Welt wohlcharakterisierter Verhaltensweisen, Erlebnis- und Handlungsbereitschaften szenischer Art angeboren gegeben, die über Erfahrung und Übung zu vollen Rollen zu werden vermögen, wobei im besonderen in den menschlichen Rollen zentralen Steuerungen eine Bedeutung zukommt. Da der Mensch auch eine geschichtliche Existenz ist, sind unsere Rollen auch von Traditionen abhängig. Ich erinnere an den Partner- und Funktionswandel menschlicher Rollen, ein Thema, das andernorts (2: S. 109 ff.) ausführlich behandelt wurde.

Heute, wo die Umweltlehre des Paracelsus zur Erörterung steht, kommt es uns hauptsächlich auf die *Zeitgestalt* und auf die *Partnerzuordnung* an, daß also, um das Goethe-Wort zu wiederholen, im Subjekt das Objekt zugleich ist, und nicht nur *ein* Objekt, sondern eine Reihe vitaler Bedeutungsträger, die gleichsam akkreditiert sind bei dieser Macht. Daß es eine Reihe von *personae,* d. i. Aktionsbereitschaften, auf seiten des

Subjekts gibt, ist damit gleichzeitig gemeint. Ich gebe ein Beispiel: Wenn ich beim Lesen eines Briefes in Zorn gerate, also über mein Sensorium Stichworte szenischer Art empfange, so ballt sich mir unwillkürlich die Faut und ich beiße vielleicht, um ein anderes pars pro toto der *Rolle* zu nennen, die Zähne zusammen. Streng genommen liegt hier bereits eine Kampfszene vor, obwohl ich ein antagonistisches Gegenüber gar nicht leibhaftig vor mir habe. Das Stichwort erschallte, und so brach die von einem Zornaffekt getragene Rolle aus der Latenz meines Leibes hervor. Ein primitives, d. h. hemmungsloses Subjekt vorausgesetzt, kann es bei Anwesenheit des leibhaftigen Partners in der gleichen Situation tatsächlich zu Faustschlägen kommen, also zu einem Angriff. Alsdann ist die Physiognomik des Affektes zur vollendeten *Rolle* geworden. Daß im allgemeinen diese Rollen in der Hierarchie der menschlichen Um-Innenwelt nur in Andeutungen, pars pro toto, sich manifestieren, ist typisch menschlich. Den Weisen erkennst du im Zorn, heißt es bei Goethe. – Eine ganz andere Rolle liegt vor, wenn es mich juckt. Unwillkürlich, d. h. rein reflektorisch, vollzieht sich mein Kratzen. Hier ballt sich nicht eine Faust, sondern die mit Nägeln bewehrten Finger gleiten rhythmisch in kurzen Bewegungen unwillkürlich über die Haut hin (Kratzreflex). Im Kalkül dieser Bewegung, wenn man sich so ausdrücken dürfte, liegt ein Partner ganz anderer Art und Größenordnung. Hier auf sprachliche Zusammenhänge einzugehen, was das Wort Kribbeln letzten Endes bedeutet, versage ich mir. Es ist also in meiner Rolle der Gegenspieler implicite gegeben, als ob es sich in meiner Rolle gleichsam um eine Hohlform handle, in die der Partner mit seiner Gegenrolle hineinpaßt. So erklärt sich uns auch im *Funktionalen* das scheinbar absurde Wort, daß im Subjekt das Objekt sei. Selbstverständlich gelten diese Bezogenheiten ebenso, um nicht zu sagen »erst recht«, von den Tiersubjekten und ihren Partnern. Motorisch und auch morphologisch, was vom Funktionalen nicht zu trennen ist, besteht jede Verzahnung. In einem Gleich-und-Gleich von Biene und Blüte stellt die Blumenglocke räumlich das Negativ einer Biene dar, »und noch etwas mehr«, mit Goethe zu reden. Dieses Aufeinanderbezogensein, daß eines in dem andern gleichsam vorweggenommen, als Repräsentanz im Körperbau und auch in der Rolle antezipiert ist, könnte man auch in ein Adjektiv fassen, das »partnerhaft« lauten müßte. »Wäre nicht die Blume bienenhaft, wäre nicht die Biene blumenhaft, der Einklang würde nie gelingen.« Diese Erkenntnis nennt v. Uexküll den »Fundamentalsatz aller Naturtechnik« (18). Wir erkennen in ihm die sinnesphysiologische Weisheit Goethes: »Wär' nicht das Auge sonnenhaft, die Sonne könnt' es nie erblicken.« So durfte v. Uexküll (18: S. 55) sagen: »Soweit die Natur mich in ihre Kompositionen aufgenommen hat, soweit werde ich ihrer teilhaftig sein.« Das ist eine Partizipation, die man als biologisch-fundierte Teilhabe bezeichnen muß. Wir begnügen uns zunächst mit diesen wenigen Bemerkungen über die Um-Innenweltlehre des Menschen, die also eine Lehre der *Entsprechungen* ist und Plan und Ordnung voraussetzt. Faust, der sich dem Erdgeist stellt und sich mit ihm vergleicht, erhält in dieser hybriden Verfassung eine niederschmetternde Antwort: »Du gleichst dem Geist, den du begreifst, nicht mir.« – Das ist in der kürzesten Formel die v. Uexküllsche Umweltlehre, angewandt auf den Menschen.

Paracelsus spricht gleichfalls von einer *Komposition,* in die der Mensch gestellt ist, und sieht sich also in einer planvoll geordneten Welt. Der Mensch ist ihm gleichsam ein »Extrakt« aller Dinge, er hat alle Objekte in sich, zumindest in Repräsentanzen. Wir hören des Paracelsus eigene Worte aus der *»Astronomia magna«* (zit. n. 13: S. 12): »In ihm (im Menschen) sind die Eigenschaften der ganzen Welt geblieben..., also hat Gott sein Wunderwerk noch größer gemacht, und den Menschen in ein Komposito gebracht aller Elementen und Sidera, also daß er der Himmel selbst ist, selbst die Elementen und in der Natur der ganzen Welt in einem kleinen Körper begriffen und verborgen.« So erscheint der Mensch als kleine Eigenwelt, in der die Umwelt ihre Entsprechungen hat, so wie nach

Goethe im Subjekt auch gleichsam die Sonne als eine Repräsentanz ist, eine sensorische Platzhalterin des Lichtes. In dem Gleichnis von den »Extrakten« erkennen wir den Arzt Paracelsus, der Pflanzen extrahiert und die Auszüge, ein *pars pro toto*, als Heilmittel gibt. So als wären sie ihm eingetränkt worden, sind auch die Repräsentanzen aller Kreatur im Menschen als *pars pro toto*, und zwar a priori in ihm, als hätten sie von der Schöpfung an in ihm Fuß gefaßt. »Nun in solcher Gestalt«, sagt Paracelsus, »ist ausgezogen aus allen Kreaturen, allen Elementen, allen Gestirnen im Himmel und auf Erden, von allen Eigenschaften Wesen, Art, Natur, Wandel etc., daß der Mensch die kleine Welt ist, das ist Mikrokosmos: Aus der Ursache, daß er die ganze Welt ist, in dem, daß er ist ein Auszug aus allen Sternen, aus allen Planeten, allen Elementen, aus der Erden und allen Firmamenten.« Dem trug Gott Rechnung, er wollte, daß der Mensch Fleisch und Blut ihrer aller und auch der Sonne Substanz sei, also sonnenhaft, kreaturenhaft usw. Darum schuf er den Menschen nicht einfach durch das billige »Fiat« aus der Prima Materia, aus der die übrige Welt entstand, empfindliche und unempfindliche Wesen, sondern machte dieses Subjekt aus einem ganz anderen Stoff, und das ist der *Limbus,* ein Urstoff, der alle Kreaturen enthält. Wir hören im *Paragranum* (zit. n. 13: S. 10): »Der Mensch ist aus dem Limbus gemacht und der Limbus ist die ganze Welt..., denn das ist der Limbus, in dem alle Geschöpfe verborgen liegen und sind; als in dem Samen da liegt der ganze Mensch, das ist Limbus Parentum.« Und daraus ergibt sich, daß Gott den Menschen, wie es in der »Anderen Erklärung der ganzen Astronomey« heißt (zit. n. 13: S. 10), »in die Natur beschaffen« hat. Andernfalls, so fahren wir fort, wäre er nicht aus dem Limbus geschaffen, so wäre er nicht kreaturenhaltig, »darum so bleibt der Mensch im Limbus«. Hätte er also nicht Blut vom Blut aller in sich, stünde er nur neben ihnen, aber nicht in der Natur, in sie hineingeboren und mit aller Kreatur verwandt und verschwägert. Mit dem Ausdruck »Blut vom Blute aller Kreatur«, den wir soeben prägten, sprechen wir selbstverständlich auch nur ein Gleichnis aus. Wer Metaphern für bare Münze nimmt, muß in einem Strudel der Sinnlosigkeiten geraten, wenn er einem Geiste wie Paracelsus begegnet. »Gleichnisse winken nur«, heißt es bei Nietzsche. So hat Gott nach Paracelsus den Menschen, wie es wörtlich heißt:»In die Natur beschaffen, in der Natur belassen, und ihn der Natur untertänig gemacht, als ein Kind...«[2]

Wir pflichten Viktor v. Weizsäcker (19: S. 29) bei, wenn er Paracelsus als einen der »intuitiven Finder« bezeichnet, in denen die »Naturahnung« selbst am Werke ist. Daß es Paracelsus war, der neben anderen zu dem Bild des mittelalterlichen Doktor Faust Modell stand, ist seit langem bekannt. – Man sagte, Paracelsus sei mit dem Teufel im Bunde gewesen. Im besonderen sind in Tirol noch heute Sagen dieser Art überraschenderweise im Schwange (12). Die Idee einer Identität von Paracelsus und Faust sollte uns längst stärker beeindruckt haben. Diese Gleichung oder Teilgleichung ist gründlich zu bedenken. Faust, den es nach der Goetheschen Darstellung treibt, zu erkennen, »was die Welt im Innersten zusammenhält«, tritt mit Mephisto den Gang zu den Müttern an. Das ist auch wieder ein Gleichnis, »die Mütter«, das nicht für bare Münze zu nehmen ist. Wie existieren sie, diese Mütter, in der Tiefe der Welt? »In Einsamkeit, um sie kein Ort, noch

[2] C. G. Jung (6: S. 117) bemerkt in seinem Paracelsus-Vortrag, den er in Einsiedeln in der Schweiz am Geburtshaus des großen Denkers gehalten hat, daß es Paracelsus nicht vergönnt war, den Menschen außerhalb der Natur zu sehen. Wörtlich: »Dieser Höhepunkt war dem 19. Jahrhundert vorbehalten.« – Wir meinen im 20. Jahrhundert, also heute: Zeitgemäßer als dieses paracelsische Wort vom Menschen in der Natur kann kein anderes sein, denn eben in der Zivilisation mit ihren Tendenzen der Abstraktion verliert der Mensch allzuleicht seine urtümliche Basis, und es ist notwendig, ihm immer wieder zu sagen, wie sehr er Natur ist, und daß er ein »Kind« der Natur ist, ihr »untertänig«. In der Lehre vom *Limbus*, aus dem der Mensch stammt, sehen wir im Gegenteil eine geniale Konzeption. Ist sie nicht letzten Endes, im tiefsten Grunde, identisch mit der Vision Goethes: Wie alles sich zum Ganzen webt, eins in dem anderen (eins »in« dem anderen!) wirkt und lebt! »Eins in dem anderen«: das Objekt im Subjekt und das Subjekt im Objekt; den Trendelenburgschen personae als Hohlformen im Subjekt entsprechen die Personen außen; Rolle und Gegenrolle, eins ist im andern.

weniger eine Zeit«, heißt es bei Goethe, und nun weht uns die Sphäre des Paracelsus erneut an, denn diese Mütter sind trotz aller Einsamkeit »umschwebt« von Bildern aller Kreatur«. Wer würde hier nicht an den Limbus mit seinen Extrakten denken? Aus einer »zeitlosen Präexistenz« (3), »umschwebt von Bildern aller Kreatur«, tritt der Mensch mit seiner Umwelt zugleich, d. h. mit umweltszenischer Bereitschaften und Repräsentanzen, ins Leben ein. Von einer »Umweltkohärenz des Menschen« ist die Rede bei Oswald Kroh (7), einem der anthropologischen Psychologen unserer Zeit. Ist diese Lehre im Ansatz nicht schon bei Paracelsus gegeben? Wer unter Archetypen die Bau- und Leistungspläne im Sinne v. Uexkülls versteht, könnte auch von den Urbildern sprechen, die im »Reich der Mütter« schweben, denn in archetypischer Ordnung stehen wir zur Welt und aller Kreatur, »Welt« immer mit dem heimlichen Bewußtsein der Umwelt genommen, als »unserer« Welt.³

3 Den Ort im Menschen — damit kommen wir auf das Schichtengleichnis zurück —, wo diese Bereitschaften walten, das liegt auf der Hand, könnte man als das »kollektive Unbewußte« (C. G. Jung [6]) bezeichnen, denn es ist uns allen gemeinsam gegeben. Wir sind, mit Paracelsus zu reden, aus dem gleichen Limbus geschaffen und also in die Natur gestellt, ihr »untertänig gemacht als ein Kind«. — Wir müssen in diesem Zusammenhang an ein Luther-Wort denken: Der Christenmensch ist ein dienstbarer Knecht aller Dinge und jedermann untertan, ist aber auch ein freier Herr aller Dinge und niemandem untertan. — So etwa heißt es in seiner Schrift *Von der Freiheit eines Christenmenschen*. Gott hat ihn zugleich zum Herrn bestimmt, in unserer Sprache: Bei aller szenisch-affektiven Bezogenheit zu den Partnern und Dingen im Scenarium unseres Lebens sind wir der Mittelpunkt und also affiziert, dennoch liegen uns Entscheidungen ob, zumindest ist uns eine Kontrolle unserer Rollen möglich, denn wir sind in unsere Um-Innenwelt hierarchisch eingebaut: Ein Befehlszentrum ist im Spiele. So heißt es bei Paracelsus, wenn wir das Zitat über die Stellung des Menschen in der Natur vollenden dürfen: »Er (Gott) hat ihn in die Natur beschaffen, in der Natur belassen und ihn der Natur untertänig gemacht, als ein Kind, und diesem die Natur auch untertänig gemacht, aber als ein Vater.« So wird er bei aller apriorisch-emotionalen Bezogenheit zum Herrn aller Dinge, dem *Entscheidungen* obliegen. Das trennt den Menschen vom Tier, im besonderen von den Tieren, die in ausschließlich instinktiver Umwelt leben, also allenthalben von »Gebrauchsanweisungen« und festgelegten Aktionsbereitschaften gegen ihresgleichen und andere Partner erfüllt sind. In dem Codex affektiver Normen, der dem Menschen eingeboren gegeben ist, finden sich mancherlei Lücken. Mehr und mehr hat es der Mensch im Laufe seiner Kultur-

Sehr interessiert uns die Frage, wie nach Paracelsus der Mensch gezeugt wird und also in seine Umwelt geboren. Ich beziehe mich bei der Darstellung dieses Problems auf Erich Ottos Schrift *Die Gedanken des Paracelsus über Zeugung und Vererbung* (13). Bisher, als wir die Limbuslehre darzustellen versuchten, war von der Menschwerdung im Beginne der Zeit die Rede, als sich, das Goethesche Gleichnis zu wiederholen, im Reiche der Mütter die Einsamkeit löste und Ort und Zeit sich auseinanderzufalten begannen, als das erste »Fiat« der Gottheit erschollen war. Jetzt dagegen meinen wir die Entstehung des Menschen in der Zeugung, die aus einer Liebesbegegnung erfolgt, also die ständige *Erneuerung* des Menschengeschlechts. Wenn wir mit dieser Frage an den Arzt und Denker Paracelsus herantreten, erleben wir eine Überraschung: Ich habe in meiner Publikation über die *Lebensgesetze der Liebe* (3) die absonderlich erscheinende Tatsache zum Ausdruck gebracht, daß es ein Bastianscher »Elementargedanke« (1) ist, wie der Mann im Akt der Zeugung »an Gottes Statt« steht. Ich versage es mir, entsprechende ethnologische und mythologische Zeugnisse zu wiederholen, und erinnere lediglich daran, daß auch unsere Patienten, wie uns unsere tägliche tiefenpsychologische Erfahrung erweist, dieses Elementargedankens noch fähig sind, im besonderen in ihren

entwicklung verstanden, sich affektiv »drauszuhalten« (2: S. 80). So gilt der Satz: Je primitiver, desto affektiver. In der menschlichen Zivilisation begegnen wir einer bemerkenswerten emotionalen Verblassung und zugleich – *Instinktunsicherheit* (3). Was aber beim Menschen an Unsicherheit zustandegekommen ist, gereichte ihm insofern zum Segen, als er jetzt Entscheidungen treffen mußte. Auf diesen wichtigen Gedanken weist K. Lorenz (10) mit Nachdruck hin. Indem der Mensch an emotionaler Bestimmtheit Einbußen erlitt, wurde er das Willenswesen, das da, wo sich Lücken in seinem apriorischen Codex von Bereitschaften zeigen, kraft seiner Einsicht zu entscheiden hat, denn Willen haben heißt, der Entscheidungen fähig sein. Man wird nicht vom »Willen« eines Nachtpfauenauges oder einer Grabwespe sprechen können, da das Leben dieser Tiere ausschließlich oder fast ausschließlich vom Instinkt in Verbindung mit Umweltreizen geleitet ist. Diese Tiere stehen unter Gesetzen, als deren Vehikel oder Werkzeuge sie erscheinen. So gilt für uns der Satz des Paracelsus, und zugleich Martin Luthers, daß wir wohl Kind oder Knecht sind, aber zugleich auch Vater und Herr. In der Sprache unserer anthropologischen Psychologie: Wir wurden Persönlichkeiten.

Träumen, dem ich die Bezeichnung »Amphitryon« gab. Uns allen ist die Kleistsche Darstellung dieser menschlichen Uridee vom Theater her geläufig. (Zugleich erkannten wir in diesem Elementargedanken eine Wurzel des Abstammungswahns gewisser Geisteskranker, was uns hier nicht interessieren soll.) Es ist eine ehrfürchtige menschliche Haltung, die urtümlich hinter dem Elementargedanken »Amphitryon« steht. Eben diesem Geanken aber, daß letzten Endes Gott unsere Kinder zeugt, begegnen wir auch bei Paracelsus: Der Liebende steht an Gottes Statt! Das sagt dieser weltfromme Denker wörtlich. In der Zeugung wiederholt sich dieser ursprüngliche Schöpfungsakt, wobei nach Paracelsus die Frau die Welt ist, in die hinein der Mensch gezeugt wird. Wir lesen im 4. Buch des *Paramirum* (zit. n. 13: S. 17): »Gott hat also die Frau zu einer Welt gemacht, in der der Mensch geboren werden soll, und der Mann ist da an der Statt Gottes.« Dabei muß der Mann, wie es wörtlich heißt, »den Griff auch haben, der nicht anders zu verstehen ist als allein, wie Gott von seinem Reich in die Welt der Himmel und Erden gegriffen hat und den Limbus genommen und den Menschen gemacht hat; also muß der Mann mit der Frau handeln.« So heißt also Nachkommen zeugen, an Gottes Statt und zugleich nach Gottes Art schöpferisch in den Limbus greifen, »den Griff auch haben« wie Gott. – Ist das nicht der Elementargedanke »Amphitryon«, der die funktionale Platzhalterschaft des Mannes ausdrückt? Hören wir Paracelsus selbst des weiteren seine Gedanken vortragen: »Was das sei, das den Menschen fabriziert«[4], heißt es im *Paramirum* (zit. n. 13: S. 32),

---

[4] Es erscheint als bemerkenswert, daß hier bereits der Ausdruck »fabrizieren« erscheint, der allerdings damals noch nicht den wegwerfenden Charakter des Minderen, Massenhaften aufweist wie heute. Es ist merkwürdig, daß die Fabrik, also eines der Hauptkennzeichen unserer Zeit, die nicht die des Paracelsus ist, mit dem Unterton der Verachtung und Geringschätzigkeit genannt wird, wenn dieser Begriff als sprachliches Gleichnis heute erscheint, was ebenso von dem Zeitwort »fabrizieren« gilt. Wie kommt es, daß eben der »homo faber« diese Reaktionen zeigt? Spürt er, wie er mit der »Fabrik« einen Abstieg seiner Leistungen erfuhr?

»das sieht niemand, das ist der Geist des Herrn an dem Ort.« Gott ist es letzten Endes; denn der Mann steht nur äußerlich für den Schöpfer. Jupiter ist es selbst, der dem griechischen Feldherrn Amphitryon den Sohn zeugt. Im letzten und tiefsten bleibt es eben »der Geist des Herrn an dem Ort«. —
Wie sich im einzelnen der Zeugungsakt vollzieht, d. h. was außer dem Mann erforderlich ist zur Entstehung des Kindes, dem Mann, der an Gottes Statt wirkt, und der Frau, die eine Welt darstellt, in die der Mensch gezeugt wird, berichtet im folgenden Paracelsus: Unter dem Einfluß der *Sterne* vollzieht sich die menschliche *Zeitgestalt*. Die Sterne korrespondieren mit seinem *Werden,* so wie auch die Tiere und Pflanzen unter siderischen Einflüssen *wachsen*. In diesem Zusammenhang, auch dieser Gedanke des großen Arztes erscheint uns erstaunlich, ist von »prädestinierten Befehlen« die Rede. Welch ein Gleichnis! Nicht die Metapher des Bauplans oder des Urbilds gebraucht der Dichter, sondern viel dynamischer sieht, um nicht zu sagen hört, er die Vorgänge des Werdens und Wachsens und Reifens geschehen: Unablässig erschallen »Befehle«. Was heute etwa bei Spemann »Organisator« heißt, nennt Paracelsus »Befehl«, und zwar bezeichnet er den apriorischen Charakter und die Planmäßigkeit damit: Prädestinierter Befehl! Unablässig erschallt das »Fiat« des Schöpfers vom Firmament her. Die Sterne leiten das *Werden* der Kreatur.[5]
Vermutlich begegnen wir in diesem Gedanken des Paracelsus, der bekanntlich die im mittelalterlichen Doktrinarismus

---

[5] Wieder begegnen wir einem ähnlichen Gedanken bei Luther, und zwar nicht dem astrologischen Gleichnis, sondern dem Bild des hörbaren Befehls. Luther sagt: »Das Sprechen der Schöpferworte hört nie auf...« Unablässig erschallt in der Natur der Imperativ »Es werde!« Erscheint so verständlich, wie Faust übersetzen konnte: Im Anfang war das Wort? Welch eine Weltfrömmigkeit, den Begriff im Sinne Sprangers (14) genommen, liegt in diesen Metaphern, denn selbstverständlich handelt es sich nur um Gleichnisse hierbei, die wir nicht für bare Münze nehmen. Ob Paracelsus selbst diese seine Aussagen für bare Münze nahm oder sich der Metaphorik bewußt war? Schiller gebraucht das Mittel der Personifizierung, wenn er von der »bildenden Zeit« spricht, die den Menschen »von Gestalt zu Gestalt« führt. Auch wer von »Befehlen« spricht, personifiziert Kräfte der Natur.

erstarrte griechische Medizin nicht ausstehen konnte, dem aristotelischen Thema der Entelechie. Es handelt sich um den Elementargedanken des Reifens, gleichviel, wie wir ihn nennen, *Entelechie* oder *Zeitgestalt* oder *Individuation*. So könnte man die *siderischen Kräfte,* von denen bei Paracelsus die Rede ist, gleichsetzen mit den v. Uexküllschen *Bau- und Leistungsplänen,* worauf eben Erich Otto (13) nachdrücklich hinweist. v. Uexküll selbst (17) betont wieder und wieder den *immateriellen* Charakter dieser Pläne.

Paracelsus denkt in Entsprechungen: Wenn von oben her »prädestinierte Befehle« erschallen, so muß diesem Wirken eine Instanz im Menschen selbst entsprechen. Hierbei bedient sich der Meister einer Personifizierung, sowie selbstverständlich schon eine Personifizierung vorliegt, wenn von »Befehlen« die Rede ist. Wer nimmt im Menschen diese Anweisungen entgegen? Wir wissen heute, daß in der Entwicklung des Kindes und Jugendlichen ein Miteinander, und zwar Füreinander und Gegeneinander, innersekretorischer Wirkstoffe besteht, etwa der Hormone von Thymus, Hypophyse, Nebenniere, Schilddrüse, Tuber cinereum, Zirbel und im besonderen auch der sexuellen Inkrete. Wer schafft im Innern selbst die Ordnung? Propulsive und hemmende Faktoren stehen nebeneinander. Selbstverständlich konnte Paracelsus zu seiner Zeit die Wirkstoffe menschlicher Wandlung noch nicht namentlich kennen, aber er weiß, daß es sich um physiologische Vorgänge in der Latenz unseres Leibes handelt. Paracelsus spricht von dem *Archeus* in uns oder dem *inneren Alchimisten,* der nicht nur die Wandlungen im Laufe der Zeitgestalt bewirkt, und zwar unter siderischem Einfluß, eben den »prädestinierten Befehlen«, sondern auch die Vorgänge der Nahrungsaufnahme und Assimilation unter sich hat. Er entgiftet den Menschen, sondert die Schlacken aus usw. Wir fügen hinzu: Da unsere Affektivität auf das engste mit unserer Physis zusammenhängt, obliegen also auch die affektiv-endokrinen Zusammenhänge unserer Rollen dem inneren Alchimisten. Das ist die physiologische Seite unserer Emotionalität.

Wir sprechen nicht davon, wie der thymische Grund des Menschen, den Begriff im Sinne von Ph. Lersch (9) gebraucht, in der Zeugung bestimmt wird, die »Gustus« in der Sprache des Paracelsus, die uns an die *Elemente* und Temperamente der Griechen erinnern. Gelegentlich hat Paracelsus auch die zwei anderen Determinanten, die außer Vater und Mutter bei der Zeugung im Spiele sind, nämlich den Stoff und die Gestirne, personifiziert und dabei sogar in eins gefaßt. In der Tat gehört ja, wie wir soeben sagten, das Emotionale mit dem Physischen und den Bau- und Leistungsplänen, die, im Gleichnis des Paracelsus, der Himmel oder die Sterne heißen, auf das engste zusammen. Alsdann ist die Rede vom *Hyliaster*, das ist eine griechisch-lateinische Wortkreuzung, die sich von *hyle* (= Stoff) und *astrum* (= Gestirn) herleitet. Das ist des Paracelsus dichterische Freiheit, daß er sich einmal so, ein andermal anders ausdrücken darf, wenn er auch immer das gleiche meint. Im Gebrauch der Personifizierung geht Paracelsus nicht engherzig um, lebt er doch in einer Zeit, wo es ohnehin von Sylphiden, Basilisken, Undinen, Sukkuben und anderen Dämonen aller Art wimmelt, was auch seine eigenen Schriften bezeugen. Da kommt es auf einen Geist mehr oder weniger offensichtlich nicht an. So personifiziert Paracelsus sogar den Limbus gelegentlich, also den Urstoff, aus dem der Mensch gemacht worden ist und aus dem er in jeder Zeugung aufs neue erschaffen wird. Er nennt ihn (zit. nach 6: S. 113) »limbus major, ein spiritualistisch Wesen, ein unsichtbar und unbegreiflich Ding«.

Paracelsus stellt sich vor, daß nur ein halber Same des Menschen sich mit einem halben Samen der Frau verbindet. Tatsächlich, das hat inzwischen die biologische Forschung erwiesen, ist es ja so, daß in der Eireifung das weibliche Ei die Hälfte seiner Chromosomen abstößt und also nur, was die Chromosomenzahl anbelangt, als ein »halbes« Ei vom männlichen Samen erreicht wird, der auch nur, infolge einer eigenen Reifeteilung, ein »halber« Same ist. Beide Hälften vereinigen sich nach Paracelsus zu einem »Centro«, das in der Gebärmutter liegt, die von ihm »Matrix« genannt wird.

Nun erfolgt unter »prädestinierten Befehlen« im Uterus die bereits erwähnte Entwicklung, wobei dieser innere Raum als ein »mundus minor« erscheint. Da haben wir wieder die Umweltlehre, und sogar unsere anthropologische eigene. Es ist tatsächlich so, daß unsere Anthropologie heute von Gestalt zu Gestalt jeweils entsprechende Umwelten kennt. Ich erinnere etwa an die magische Umwelt des Kleinkindalters, auf die Oswald Kroh (7) hinweist. Im Mutterleib handelt es sich demnach um die erste der kindlichen Welten, den *mundus minor in matrice*. So lebt das soeben gezeugte Kind in seiner Welt, seiner spezifischen, für es bestimmten Embryonalwelt. »Also ist es gleich ein Ding, das Leben in matrice und das Leben außerhalb: das Kind in matrice lebt im Firmament Matricis, das außerhalb im äußeren Firmament«, heißt es in Paracelsus' *De caduco Matricis* (zit. n. 13: S. 34). Diese *erste* Umwelt aber ist von der, in die das Kind geboren wird, toto coelo verschieden.

Die Gebärmutter, also ein Teil des weiblichen Organismus, ist eine eigene Welt, und zwar eine Umwelt. Subjekt ist das soeben gezeugte Kind. Andererseits, so heißt es im vierten Buch des *Paramirum* (zit. n. 13: S. 9), ist die Mutter selbst eine Welt, und zwar die Welt, in die der Mann an Gottes Statt zeugt. »Die Mutter ist ein Ding, das nichts anderes ist als eine beschlossene Welt.« Paracelsus bezeichnet die große Welt als eine Kreatur. In unserer Sprache würden wir sagen, daß es sich um eine »organismische Ganzheit« handelt. Wenn aber die Welt eine »Kreatur« ist, dann hat sie auch eine »Physiognomik«. Eben auf diesen Gedanken weist Leibbrand nachdrücklich hin (8). Wir erinnern uns hier, was eingangs über eine Betrachtung der Sixtinischen Madonna bemerkt worden ist. Es ist ein großer Gedanke zu sagen, daß die Welt eine Kreatur oder daß die Welt eine »Komposition« sei! —Wir fahren in der wörtlichen Rede des Paracelsus (viertes Buch *Paramirum*, zit. n. 13: S. 18) fort: »Dann die Welt ist und war

die erste Kreatur, der Mensch war die andere, die Frau war die dritte. Also ist die Welt die größte, der Mannen die nächste, die Frau die hinderste und kleinste.« (Auch das ist ein Elementargedanke im Sinne Bastians [1], daß man die Welt als lebendiges Wesen sieht!)
Wenn nach Paracelsus die Frau die kleinste Kreatur ist und zugleich eine »beschlossene Welt«, dürfen wir sie dann, diese Frage erheben wir jetzt, als die Diminutivwelt bezeichnen? Nietzsche hat in einer psychologischen Analyse der Mildtätigkeit den Gedanken ausgesprochen, daß der Mensch, der mein Herz rührt, von mir verniedlicht, »diminuiert« wird. In meinen Erörterungen über das Küssen bin ich gleichfalls zu dem Thema einer psychologisch faßbaren »Diminutivwelt« gelangt, und zwar der Diminutivwelt der Zärtlichkeit in der Paarung der Partner. In meinem Buch *Lebensgesetze der Liebe* (3) führte ich aus, wie die Möwen vor ihrer Begattung sich nach Kückenart gebärden, als wären sie hungrig, und dieses infantile Verhalten bewegt den Partner, vorwegnehmend in Pflegerollen zu fallen. Das ist eine »Diminutivwelt«. Fürsorglich werden heißt *diminuieren*, und umgekehrt: Wer sich diminuiert, wer über gewisse Infantilismen als »Auslöser« wirkt, erregt Fürsorglichkeit, weckt Rollen der Zärtlichkeit. – Über Infantilismen in Verbindung mit vorzeitig gespielten Elternrollen steigern sich die Tiere zum geschlechtlichen Paarungsakt. Alsdann allerdings, wenn wirkliche Kücken im Nest als biologische »Auslöser« wirken, entsteht die endgültige Diminutivwelt, während es sich in den Balzspielen nur um *Vorwegnahmen* handelt, vorspringende, prolabierende Bewegungen, wie ich mich seinerzeit ausgedrückt habe. An diese Lebensgesetze der Liebe erinnere ich mich heute und rufe in das Gedächtnis zurück, wie auch der liebende Mensch eine Art diminuierender Balz zeigt, wenn er in seiner Verliebtheit den Partner z. B. mit »Baby« anredet und ihn tatsächlich nach Art eines Kückens behandelt oder auch selbst Infantilismen zum Ausdruck bringt, indem er etwa, ein Ausdruck äußerster Zärtlichkeit, in die Kindersprache verfällt, z. B. von sich in

der dritten Person spricht oder phonetisch und grammatisch wie ein Kind lallt, wohlgemerkt, *unwillkürlich* und unbewußt in derart lächerliche Rollen gerät. Die Liebe geleitet ihn in diese Diminutivwelt. Ich führte seinerzeit aus, wie sich Liebende gegenseitig betreuen, als seien sie hilflose Wesen, wie sie sich gegenseitig atzen bei Tisch und auch in anderer Weise einander im urtümlich nutritiven Kuß begegnen, als handle es sich in der Vorwegnahme schon um ein Kleines, das in einer Atmosphäre der Fürsorglichkeit atmet. Die Zärtlichkeit in der menschlichen Paarung erschien uns, um ein Gleichnis mittelalterlicher Literaturformen heranzuziehen, als der »Prolog«: die Betreuung der wirklichen Kinder in der Diminutivwelt der Kinderstube oder, um beim Beispiel der Möwen zu bleiben, in der Diminutivwelt des Nestes, das wäre die »pars executiva«.

Auch in diesem Zusammenhang begegnen wir, ähnlich wie bei dem Elementargedanken »Amphitryon«, dem Begriff der »Platzhalterschaft«. In der diminuierenden Vorwegnahme stehen die Eltern physiognomisch als Platzhalter oder Statthalter für die Ungeborenen oder sogar Noch-Ungezeugten. »Diminutivwelt«, ein Ausdruck, den Nietzsche geprägt hat, wäre also etwa gleichbedeutend mit »Pflegewelt«, und das ist in ausgesprochenem Maße zugleich Mutterwelt, da im besonderen beim Menschen den Müttern in der Hauptsache die Pflege der neugeborenen Kinder obliegt. Indem wir den Ausdruck »Mutterwelt« prägten, fanden wir wieder den Anschluß an die Konzeption des Paracelsus. Von der »beschlossenen Welt« der Mutter gingen wir aus. Diese Welt aber entspricht der des Kindes, ist ihr Gegenstück, denn Mutter und Kind stehen zueinander in der urtümlichen Ordnung eines Gleich-und-Gleich[6].

Es könnte von einem biologischen Urstand oder einer biologischen Partizipation in diesem Falle die Rede sein, einer

---

6 Diesen Gedanken hat unlängst auch A. Peiper ausgesprochen (»Die Umwelt des Säuglings.« Arch. f. d. ges. Psychol. 1942).

emotionalen Teilhaberschaft; denn das Biologische, das Urtümliche, ist das – Emotionale.

Um eine einheitliche Linie in unsere neuzeitlichen psychologischen und die paracelsischen Konzeptionen zu bringen, möchte ich zusammenfassend Folgendes sagen: Die Mutter ist mit ihrem Scenarium nährender und bergend-behütender Zärtlichkeit eine eigene Welt, und zwar eine Kinderwelt.

Auch der Uterus, darin pflichten wir Paracelsus bei, ist schon eine Welt, ein »mundus minor« oder, wenn man so will, eine Diminutivwelt der Liebe. Wenn das Kind in diesen mundus minor gezeugt wird, tritt es zugleich in die Mutterwelt ein. Im Laufe seiner Individuation (= Entelechie = Zeitgestalt) hat es eine Reihe von Gestalten und entsprechenden Umwelten zu absolvieren, was selbstverständlich Metamorphosen voraussetzt.

Die »bildende Zeit«, diese Personifizierung Friedrich Schillers, führt uns von »Gestalt zu Gestalt« mit ihren Umweltkohärenzen. Ist der »mundus minor« der Gebärmutter die erste Umwelt, so ist die des neugeborenen Säuglings die zweite, ein anderer kohärender »mundus«, eine andere Mutterwelt des Kindes oder Diminutivwelt. Der Geburtsvorgang mit den für das Kind einschneidend wichtigen physiologischen Umwandlungen (Atmung, Kreislauf, Ernährung) ist der Wendepunkt zwischen zwei Gestalten und Welten. Hier, in dieser zweiten Umwelt des Kindes, bewährt sich eine bergend-behütende und eine ernährend-betreuende mütterliche Funktion anderer Art, denn auch in utero, also der voraufgehenden Embryonalwelt, handelt es sich um bergend-behütende und nutritive Funktionen von seiten der Mutter, wenn diese auch so erfolgen, daß sie der Mutter selbst nicht bewußt sind und zugleich unwillkürlich verlaufen, ja, die Mutter *atmet* sogar in diesem mundus minor für das Subjekt. Mit der Geburt ändert sich also der Modus der Behütung und der Ernährung, und zugleich erfolgt eine erste Distanzierung des Kindes. – Jetzt könnte man von der Diminutivwelt bewußter Zärtlichkeit sprechen, weil die gegenwärtige menschliche Mutter bewußt zärtlich in dieser zweiten Welt steht[7].

Es ist eine dynamische Welt, in die uns Paracelsus Einblick gewinnen läßt, die aber gleichzeitig, bei aller Betonung des Funktionalen, in einem System von festen Zuordnungen besteht. Die Welt ist eine Komposition, und es ist von einer »Komposition« auch in der Zeugung die Rede, also in dem Zusammenwirken von Vater und Mutter und Hyliaster, oder, wenn man statt der Trinität die Quaternität gebraucht und also den Hyliaster aufspaltet in die Sterne und Elemente, in der Vierheit von Vater, Mutter, Sternen und Elementen. Wörtlich heißt es: »Also muß die Komposition in Ewigkeit gehen aus den vieren und aus Gott, als der, in des Hand alle Dinge stehen« (zit. n. 13: S. 25).

Unter ewigen und zugleich göttlichen Ordnungen erfolgt unsere Zeugung. Wie sagte Goethe? »Unter ewigen ehernen großen Gesetzen müssen wir alle unseres Daseins Kreise vollenden.« Der Mensch wandelt sich von Gestalt zu Gestalt, entsprechend den Bau- und Leistungsplänen, in der Sprache des Paracelsus: den Sternen. Paracelsus geht allerdings, das wollen wir uns nicht verhehlen, in dem Gedanken der Entsprechung oder Korrespondenz, den Ausdruck »correspondentia« gebrauchte er wörtlich, außerordentlich weit, weiter, als wir ihm zu folgen vermögen. Er verkündet, und auch das ist Ausdruck einer *Umweltlehre*, daß für jede Krankheit

---

[7] Die dritte ist die *magische* Umwelt des Kindes. Damit setzt eine weitere Abhebung von der Mutter ein, die der Ichfindung, also gleichfalls der Individuation dient. Diese Metamorphose im Sinne Goethes bedeutet gleichsam eine zweite Geburt, die hinein in die magische Welt der Kinderstube erfolgt, und das ist beileibe noch nicht unsere Welt! So erscheint der Weg des Kindes, dem feste Bau- und Umbaupläne zugrundeliegen, als eine Reihe von Distanzierungen aus der mütterlichen Diminutivwelt. Wir verstehen jetzt den letzten Sinn der folgenden scheinbar so krausen paracelsischen Worte: »Die Mutter ist ein Ding, das nichts anderes ist als eine beschlossene Welt, die sonst nicht Gemeinschaft hat mit den anderen und ist doch dieselbige.« — Daß auf den magischen Himmel mit seinem entsprechenden kohärenten mundus minor dann wieder ein Gestaltswandel folgt, der von Hetzer (5) und Zeller (21) beschrieben wurde, ist uns bekannt. Eine neue Um-Innenwelt bahnt sich an, die des Schulkindalters, und weiter entfernt sich das Kind von der Mutter.

ein Kraut wächst, ein Satz, der bekanntlich bei uns noch heute im Volk lebendig ist. Nach Paracelsus' Meinung ist ein arcanum jedem ens morbi a priori zugesellt. Hier nun geraten wir, wenn wir diesen Teil seiner Umweltlehre kritisch betrachten, in die Gesetzlichkeiten der Assoziationspsychologie. Wir erkennen die psychologischen Gesetze der Ähnlichkeit, was, da die Vorstellungen im gleichen Atem bestehen, zur Annahme einer weitergehenden Entsprechung verführen kann, und ihr erlag Paracelsus in seiner Weltfrömmigkeit: Schöllkraut, das einen gelben Saft hat, hilft gegen Gelbsucht, gegen Stichwunden ist angebracht — das *perforierte* Blatt des Johanniskrautes zu geben; denn Perforiertes paßt zu Gestochenem und Gelbes reimt sich zu Gelbsucht (4), worauf der Medizinhistoriker Paul Diepgen hinweist. Hier hätten wir wohl mit Recht von einer mystischen Teilhaberschaft (participation mystique) zu sprechen, denn hier handelt es sich nicht um vitale Bezogenheiten, also Szenen und Rollen des Lebens, das sei ausdrücklich festgestellt. Paracelsus versuchte auf dem Wege der Assoziationspsychologie, der eigenen Selbsttäuschung nicht bewußt, *vitale* Kontakte zu lehren. Daß wir dem intuitiven Denker hier *nicht* folgen können, liegt auf der Hand.

Aber eben diese Konzeption hat zu einem ungeahnten Erfolg geführt; denn damit wandte sich die Medizin von dem mittelalterlichen Doktrinarismus ab und — *hin zur Natur,* also zur *Empirie.* Wir wissen, daß Paracelsus das geschriebene Wort der Galenisten und Hippokratiker seiner Zeit verabscheute und ihre doktrinären Schriften verbrannte. Er sagt wörtlich: »Denn das will ich bezeugen mit der Natur: der sie durchforschen will, der muß mit den Füßen die Bücher treten. Die Geschrift wird erforscht durch ihre Buchstaben, die Natur aber durch Land zu Land / als oft ein Land ist als oft ein Blatt. Also ist Codex Naturae, also muß man ihre Blätter umkehren« (zit. n. 19: S. 24). So lehrte uns eben Paracelsus, wie v. Weizsäcker sagt, »daß man dort hingehen muß, wo die Dinge sind, daß man die Augen wieder brauchen soll, wie sie im

Kopf sitzen; denn die Wirklichkeit kommt nicht von selbst zu uns, wo wir nicht gehen. Hier ist sie, die Kraft, welche auch das moderne Experiment erzeugt hat, jenes soviel bezeichnendere Charakteristikum dieser Neuwelt.« Auch die Um-Innenwelt des erwachsenen Menschen war nicht von jeher dieselbe. Der Mensch als eine geschichtliche Existenz lebt in entsprechenden historischen Umweltkohärenzen. Auch hier bedingen sich Innen- und Umwelt und – Umwelt und Innenwelt, Subjekt und Objekt, Objekt und Subjekt oder Subjekt und geschichtliches Medium: Eins ist im anderen.

Ich halte es für entscheidend wichtig, daß wir zweierlei »Partizipation« auseinanderhalten: Die über die Assoziationsgesetze erzeugte Similibuslehre und die andere Korrespondenz, nämlich die affektiv-szenische Teilhaberschaft, die zwar Paracelsus nicht im einzelnen ausführt, die aber mit seiner Limbuslehre im Ansatz gegeben erscheint. Wer, wie Paracelsus, in einer Welt der Entsprechungen lebt, steht dem Kausalitätsdenken fern. Auch hier zeigt sich eine überraschende Übereinstimmung mit J. v. Uexküll, dem Begründer unserer Umweltlehre. Von Weizsäcker (19: S. 29) sagt über Paracelsus: »Er kennt ja nicht das Kausalgesetz, er kennt nicht das Verhalten, bei dem ein Atom A das Atom B stößt, er kennt nur das Verhältnis der Sympathie, der Bindung...« v. Uexküll sagt in eigener Sache, daß die »Bedeutung« der Leitstern sei, nach dem sich die Biologie zu richten hat, »und nicht die armselige Kausalitätsregel, die nicht einen Schritt vorwärts oder rückwärts zu sehen vermag, der aber die großen Zusammenhänge gänzlich verborgen bleiben« (18). Die Kausalitätsfeindlichkeit derer, die in Entsprechungen denken, ist verständlich, was uns hier jedoch nicht im einzelnen beschäftigen soll.

Wie sieht Paracelsus, das ist die letzte Frage, die Beziehung des Menschen zu Gott? Die Antwort lautete: So, wie das Firmament und die Erde und alle Kreatur im Menschen vertreten sind, da der Mensch in der Schöpfung der Welt und auch in seiner eigenen Zeugung vom *Limbus* gebildet ist, so ist auch Gott in ihm, in des Menschen eigener Brust. Wir sehen in Gott, sagt Paracelsus, und erkennen uns dabei selbst und »verstehen, daß wir nichts sind, wir seien denn Gott gleich«. Das nennt er »die Anatomey Gottes, daß wir in Gott sehen, und also uns selbst dabei erkennen« (*Liber de Fundamento Scientiarium et Sapientiae,* zit. n. 13: S. 24). So wie der Mensch nicht nur das Kind der Natur ist, »in die Natur beschaffen, in der Natur belassen«, sondern zugleich über der Natur steht, als ihr Vater, obwohl er zugleich von ihr abhängig ist und ihr Kind, so sind auch in unserer Individuation (ich füge hinzu: mit ihren charakteristischen *Szenen,* unter deren Einfluß wir reifen) letzten Endes *Weisheit* und *Wille* entscheidend, denn nur das Vieh lebt ausschließlich unter dem siderischen Einfluß des ihm vorgezeichneten Laufes. Der Mensch ist bei aller Gebundenheit dennoch nicht Knecht einer tierhaften Entwicklung und ist mehr als nur Vehikel waltender Kräfte[8]. Selbst in seiner Zeitgestalt bleibt er, in unserer eigenen Sprache zu reden, *Subjekt!* Paracelsus weiß um die Kräfte, die den Menschen über die Tiere erheben, und nun wird er zum Künder einer *bewußten,* starken *Persönlichkeit,* die kraft ihrer Einsicht und ihres Willens entscheidet. Wir hören ein stolzes Wort des großen Arztes und Denkers, das wir ohne weiteres jetzt verstehen, nachdem uns die Gleichnissprache des Paracelsus geläufig ist: »So groß ist die menschliche Weisheit, daß sie unter ihr hat alle Gestirn, Firmament und den ganzen Himmel: und gleich wie er Macht hat über die Erden, also auch über den Himmel: und wie ihm unterworfen seind Küh und Schaf, also auch Sonn und Mond und alle Sterne. Denn eines jeden Menschen Weisheit regieret den Himmel« (*Drei andere Bücher von der Pestilenz,* zit. n. 13: S. 83). Wir schließen mit Goethe, diesem anderen genialen *Umweltdenker* der deutschen Vergangenheit, indem wir sein Wort vom Subjekt im Objekt und vom Objekt im Subjekt zu Ende zitieren. Es lautet: »Alles, was im Subjekt ist, ist im

---

[8] Hierin bezeugt sich die »Freiheit« des Menschen.

Objekt, und noch etwas mehr. Alles, was im Objekt ist, ist im Subjekt, und noch etwas mehr. Wir sind auf doppelte Weise verloren oder geborgen: Gestehen wir dem Objekt sein Mehr zu, pochen wir auf unser Subjekt.«•

Literatur

1 Adolf Bastian: Zur naturwissenschaftlichen Behandlungsweise der Psychologie durch und für die Völkerkunde, Berlin 1883
2 Rudolf Bilz: Pars pro toto. Ein Beitrag zur Pathologie menschlicher Affekte und Organfunktionen, Leipzig 1940
3 derselbe: Lebensgesetze der Liebe. Eine anthropologische Studie über Gefühlselemente, Bewegungen und Metaphern menschlicher Liebe, Leipzig 1943
4 P. Diepgen: Hippokrates oder Paracelsus? Stuttgart 1937
5 Hildegard Hetzer: Die seelischen Veränderungen des Kindes bei dem ersten Gestaltwandel, Leipzig 1936
6 C. G. Jung: Paracelsus, in: Wirklichkeit der Seele, Zürich 1939
7 Oswald Kroh: Die anthropologische Wendung in der deutschen Jugendpsychologie, Mschr. Kinderheilk. 87 (1940), 205 ff.
8 Werner Leibbrand: Verhältnis zu Paracelsus, Atlantis VIII, 13 : 378 ff.
9 Philipp Lersch: Der Aufbau des Charakters, Leipzig 1938
10 Konrad Lorenz: Psychologie und Stammesgeschichte, in: Die Evolution der Organismen, herausgegeb. von Gerhard Heberer, Jena 1943
11 Hans Luxenburger: Die Indikation zur Psychotherapie der Neurosen vom Standpunkt der Erbbiologie aus gesehen, in: Psychotherapie in der Praxis, 1. Aufl. Düsseldorf 1939
12 Hans Matscher: Tiroler Sagenkranz um Paracelsus. Die Gesundheitsführung, »Ziel und Weg« 1943. 3, 75 ff.
13 Erich Otto: Die Gedanken des Paracelsus über Zeugung und Vererbung, Berlin 1942
14 Eduard Spranger: Weltfrömmigkeit, Leipzig 1941
15 Adolf Trendelenburg: Zur Geschichte des Wortes Person. Nachgelassene Abhandlung, eingeführt von Rudolf Eucken, Kant-Studien 13, Berlin 1908

16 Jakob v. Uexküll: Theoretische Biologie, 2. Aufl. Berlin 1928
17 derselbe: Die Lebenslehre, Potsdam 1930
18 derselbe: Bedeutungslehre, Leipzig 1940
19 Viktor v. Weizsäcker: Bilden und Helfen (Hippokrates und Paracelsus), in: Arzt und Kranker, Leipzig 1941
20 derselbe: Der Gestaltkreis, Leipzig 1940
21 Wilfried Zeller: Der erste Gestaltwandel des Kindes, Leipzig 1936

IV. Schlaf, Müdigkeit und Übermüdung

20. Von der hypnagogen Umwelt
    Betrachtungen zu unserem Einschlaf-Erleben
    (1943)
21. Die vertikale Tendenz im hypnagogen Erleben und das Gleichnis vom Licht des Bewußtseins
    Eine Analyse Bastianscher Elementargedanken
    (1950)
22. Schlaflosigkeit und Traum
    Wach-Schlaf-Zuordnungen des Menschen im Hinblick auf das Wachen und Schlafen der Tiere
    (1959)
23. Die Übermüdungs-Panik
    Eine psychosomatische Erörterung
    über die neurasthenische Leistungsschwäche
    (1964)

Die Aufsätze dieses vierten Kapitels (20-23) sind gleichfalls in einem Zeitraum von einundzwanzig Jahren, und zwar zwischen 1943 und 1964, veröffentlicht worden. Der Schlaf unserer Vorfahren auf der frühesten Stufe war vermutlich umweltbezogen wie der der Afrikaner, die außerhalb der großen Städte in der Einsamkeit der Savanne oder im Urwald wohnen. Auch die freilebenden Tiere schlafen umwelt-, d. h. feindbezogen. Das schlafende Subjekt wird vom Nachtfeind bedroht, der als ein besonders gefährlicher Feind gelten muß, weil er das Subjekt in einer Verfassung der Wehrlosigkeit überrascht. Es ist von einem Nachtfeind-Gewärtigungs-Schema die Rede. Hier tun sich Probleme auf, die uns früher unbekannt waren, bevor wir uns dieses »phylogenetischen Nachschlüssels« bewußt waren. Heute gilt der bleierne Tiefschlaf als der unserer Zivilisation angemessene gesunde Schlaf. Der Aufsatz IV/20 berichtet von einem Menschen, dem sich in der Zeit der nächtlichen Bombenangriffe während des Einschlafens das Gesichtsfeld aufhellte, als ob er dem Schlafzimmerfenster zugekehrt in seinem Bett läge, was sich als eine hartnäckig wiederkehrende Selbsttäuschung erwies. Wir hörten, daß sich der Pavian, dessen Einschlaf-Verhalten im Anfang der sechziger Jahre experimentell untersucht wurde, stets nur so zum Einschlafen in seinen Käfig setzte, daß sein Gesicht dem Fenster zugekehrt war (I/6, S. 50); könnte nicht die hypnagoge Selbsttäuschung des Berliner Einwohners mit diesem Sicherungs-Verhalten in einem Zusammenhang stehen? – In dem Essay IV/22 wird eine neue Traum-Theorie begründet, die auf die Verwandtschaft zwischen Schlaf und Epilepsie hinweist. – Der Aufsatz IV/23 versucht, dem Problem der Vegetativen Dystonie auf die Spur zu kommen.

20. Von der hypnagogen Umwelt

Betrachtungen zu unserem Einschlaf-Erleben
(1943)

Sein Einschlafdenken kann man bis zu einem gewissen Grade unter Aufsicht stellen. Das Wesentliche ist dabei wohl, daß man in den Momenten, in denen man normalerweise endgültig einschlafen würde, sich aus den hypnagogen Prozessen wieder einigermaßen herauszulösen vermag, um sich Rechenschaft über das soeben Erlebte zu geben, also einen kritischen schauenden Abstand zu dem Prozeß zu gewinnen, in den man soeben verstrickt war. Im Einschlafen selbst sind wir in einem Zustande entspannten Hingebens. Der Schlaf überkommt uns als *Objekte* des Einschlafens; wenn jedoch dabei in mir ein Subjekt als Beobachter und wissenschaftlich kritischer Registrator auftritt, so störe ich die Unbefangenheit der hypnagogen Vorgänge bis zu einem gewissen Grade. Häufig genug wird es dabei aber auch vorkommen, daß dieser innere Wächter ebenfalls vom Schlaf überwältigt wird, d. h. gänzlich versagt oder in wesentlichen Momenten des Einschlaferlebens nicht auf der Hut ist, selbst wenn er im letzten Augenblick des endgültigen Einschlafens den Prozeß der völligen Bewußtlosigkeit noch aufhalten kann. Man wird also mit lückenhaften Berichten rechnen müssen, wenn es sich um Darstellungen des hypnagogen Erlebens handelt.

Seit Jahren beschäftigt mich hin und wieder folgendes Einschlaferlebnis: Ich liege in Wahrheit auf der linken Körperseite der Schlafzimmertür zugewandt, wenn ich, wieder einigermaßen heller wach werdend, unter dem Eindruck stehe, daß ich am Fußende des Bettes läge und also dem gegenüberbefindlichen Fenster zugekehrt sei. Gelegentlich auch scheint es, als läge ich nicht am Fußende meines Bettes, sondern als hätte sich das Bett um 180° gedreht, d. h. daß sich da, wo vorher das Fußende stand, jetzt das Kopfende befindet. Unsere Frage lautet: *Wie kommt es, daß ich hypnagog in den Irrtum verfallen konnte, daß ich der Straße zugewendet im Bette liege?* Bei früheren Erlebnissen dieser scheinbaren Lageveränderung habe ich mir gelegentlich folgende Erklärung zu eigen gemacht, die ich allerdings nicht beweisen konnte: Ich war im Einschlafen begriffen, also in einem Zustande geringer Kritikfähigkeit, als ich noch eben *Geräusche* von der Straße her vernahm. Ich glaubte mich früher zu der Deutung berechtigt, daß ich mir hypnagog die laut sprechenden Menschen oder das vorüberfahrende Automobil vorstellte, d. h. also innerlich-visuell meine Front diesen Partnern oder Gegenständen der Außenwelt zuwendete. Als das Ergebnis dieser sensorischen inneren Zuwendung erschien mir der scheinbare Lagewechsel. Freilich, das mußte ich zugeben, war mir das Erlebnis einer visuellen Hinwendung nicht erinnerlich, daran krankte mein Erklärungsversuch. Die Wächterinstanz in mir, die das Einschlaferleben kontrollierte, hätte eben diese entscheidende Zuwendung bezeugen müssen. Das gelang mir seinerzeit nicht. So blieb es bei einer Hypothese. – Was ich allerdings aus diesen Selbstbeobachtungen gewann, war z. B. der Satz: Links bleibt links, d. h. ich lag auch im Zustande der hypnagogen Selbsttäuschung auf der linken Seite. Während aller Selbstversuche, ausnahmslos, lag ich auf der linken Seite. Das *Erlebnis* der Seitenlage dominierte stets. Vertauscht erschienen nur der Fuß- und Kopfteil des Bettes und damit die Tür- und die Fensterwand des Zimmers. Die Drehung um 180° hatte sich also nicht etwa um die Längsachse des erlebenden Subjekts, sondern um eine Achse vollzogen, die quer durch das Becken verlief, also etwa von Oberschenkelgelenk zu Oberschenkelgelenk.

Als feststehend erwies sich auch folgende Beobachtung: Ich verharre in dem Zustand der Selbsttäuschung solange, bis ich das Licht anknipse oder durch Tasten den Spuk verscheuchen kann. *Denken* allein, im besonderen der Protest der Logik, daß ich mich im Bett oder zusammen mit dem Bett gar nicht gedreht haben kann, als ich vielleicht einen Moment eingeschlafen war, fruchtet nichts. Penetrant und unwiderlegbar, wie eine Wahn-Überzeugung, steht das Phänomen vor uns. Mir die wirkliche Lage des Zimmers vorzustellen, gelang mir zwar mehr oder weniger, aber damit war ich nicht aus dem Bann der verkehrten (im wahrsten Sinne des Wortes ver»kehrten«) Konstellation gelöst. Das irrtümliche Bild war nicht durch Vorstellungen, sondern gewöhnlich nur durch *Wahrnehmungen* zu übertrumpfen. Meist reichte es aus, daß ich die Augen öffnete, vorausgesetzt, daß das Zimmer nicht völlig verdunkelt war: Die Evidenz des Anschauens überwog die des Denkens.

Es seien im folgenden die letzten Beobachtungen mitgeteilt, die einen überzeugenderen Einblick gewähren, wie das erlebende Subjekt in den Bann der Täuschung geriet, und zum anderen, wie es sich aus der Konstellation so zu befreien vermochte, daß es beinahe nach Belieben oft zwischen der hypnagogen Scheinwelt und der wirklichen Umwelt gleichsam hin- und herpendeln konnte: Wiederholt war ich früher im Zustande der Umweltverkehrung experimendi causa aus dem Bette gestiegen, d. h. ich hatte mich aus meiner Seitenlage, die oben skizziert wurde, erhoben und war mit geschlossenen Augen zur Türwand gegangen, wobei ich das Evidenzerlebnis hatte, der Fensterwand entgegenzuschreiten. Schon das Betasten des Nachttisches links am Kopfende des Bettes konnte die Scheinumwelt mit einem Schlag zerstören und sofort die wirkliche Umwelt statt der hypnagogen anderen vor meinem inneren Auge auftauchen lassen. In solchen Situationen war es mir dann schlechterdings unverständlich, wie ich Sekunden vorher unter der Macht einer gänzlich anderen Evidenz hatte stehen können. Ich erwachte wie aus einem Traum, der ja bekanntlich auch ein räumliches Scenarium, gewissermaßen eine Außenwelt, und zwar eine innere Außenwelt, darstellt, wenn man so will: eine Scheinwelt, in der ich feste Standpunkte beziehe. (Ich bin nicht etwa allgegenwärtig im Traum, sondern sehe den Menschen wie im wirklichen

Leben der äußeren Umwelt von der linken Seite oder von hinten, gewöhnlich jedenfalls ist es so, daß ich nur *einen* Standpunkt im Traum einnehme!) – Hier allerdings war die Scheinwelt nach außen verlagert, genauer gesagt, sie bildete mit der leibhaft-realen Umwelt ein Ganzes, in das ich eingeordnet war. Die Fensterwand, nordwärts gelegen, ist etwa sechs Schritt von meinem Bett entfernt, die südwärts gelegene Türwand nur drei. Es ist vorgekommen, daß ich mit den Fingerspitzen der tastenden Hand nach drei Schritten die Türwand berührte und sofort der Tatsache inne ward, daß dies die Türwand sei, womit die hypnagoge Scheinwelt schlagartig aufgelöst war. Es kam aber auch vor, daß ich mit geschlossenen Augen die Türwand betastete, ohne daß die andere Umwelt zerrann. Im Gegenteil, das Suchbild, also ein *inneres* Bild des Fensters blieb bestehen, und es wurde mir das absurde Erlebnis zuteil, daß sich mir nach drei Schritten, also halben Wegs etwa, eine Mauer entgegenstellte, hinter der das Fenster liegen müsse. Es resultierte eine Gefühlsmischung von Erstaunen und zugleich Belustigung, denn eben die beobachtende Instanz in mir sagte mir ja von Anbeginn des Experiments, daß ich mich in einem Irrgarten befinde, in Wahrheit liege das Fenster hinter mir und nicht vor mir. Da aber dieser logische Appell die Scheinwelt nicht zerstörte und in diesem Fall nicht einmal das Betasten der Türwand die Kohärenz mit der Schein-Umwelt aufzulösen vermochte, blieb ich gleichsam in einer verzauberten Welt, d. h. im Banne der *hypnagogen* Konstellation. – Die Stimmung des Irrgartens konnte allerdings gelegentlich einmal, wenn ich mich gar nicht mehr zurechtfand und die Scheinwelt allzustark den Charakter einer realen Wirklichkeit erlangte, mit einem emotionalen Schuß der Beunruhigung erlebt werden. (Es gibt eine Angst der Desorientiertheit in der Psychopathologie, und einen Abglanz solcher Gefühle erlebte ich wohl, wenngleich ich mir jederzeit sagen konnte, daß das Einschalten der elektrischen Beleuchtung oder vielleicht sogar, wenn das Zimmer nicht völlig verdunkelt war, das Öffnen der Augen bereits das Ende der unheimlichen Situation schlagartig herbeiführen werde.) Es gab ein »Mutabor« aus dieser hypnagogen Verzauberung, nur ist eben zu bedenken, daß das erlebende Subjekt mehr oder weniger stark selbst noch im Hypnagogen befangen war, d. h. gelegentlich zu vergessen drohte, daß es die Wanderung durch das Schlafzimmer nur experimendi causa begonnen hatte.

In der vergangenen Nacht (25./26. März 1943), als ich gegen 3 Uhr im Einschlafen begriffen war, hatte ich wieder das Erlebnis der Drehung um 180°, anders ausgedrückt: war ich wieder in die Bezogenheit des Fensters geraten, d. h. der Straße scheinbar zugewendet, obwohl ich ihr in Wahrheit den Rücken zukehrte, was ich genau wußte und mir auch immer wieder vorhielt. Ich nahm mir vor, diesmal im nochmaligen Einschlafen besonders wachsam zu sein, und konnte folgende Befunde erheben: Ich schlief ein resp. beinahe ein und stellte dabei fest, daß sich mir hypnagog (ob nur an diesem Abend oder ob auch früher bereits, vermag ich nicht zu sagen) das *Gesichtsfeld aufhellte.* Die Dunkelheit, die wir bei verdunkeltem Zimmer und bei geschlossenen Augen gleichsam innerlich *sehen,* wich helleren Tönen, je näher ich dem kritischen Punkt kam, den man als den Zustand des Schlafens bezeichnet. Bei diesem Hellerwerden meines Gesichtsfeldes hatte ich den Eindruck, als handelte es sich um ein nicht verdunkeltes, wenn auch nächtliches Zimmer, wobei vom Fenster her, einer Lichtquelle außer mir, Licht einfiele. Eine Erinnerung machte sich offenbar geltend, die jedermann geläufig ist, der nachts bei offenem oder nicht verdunkeltem Fenster zu schlafen pflegt: Bei geschlossenen Augen kann man diese Lichtquelle, auch wenn sie nicht sehr hell ist, durch die Lider hindurch verspüren, im besonderen wenn man ihr zugekehrt ist. – Das hypnagoge Hellerwerden meines Gesichtsfeldes führte offenbar zu der Assoziation eines nicht verdunkelten Fensters. Tatsächlich, davon konnte ich mich sofort überzeugen, stellte ich mir hypnagog ein helles Fenster vor, und eben dieses Fenster vor mir war, wie es schien, der Kristallisationspunkt geworden, um den sich während des Einschlafens in einem unbewachten Moment im Nu das Zimmer umorientierte. *Vor mir* mußte die Fensterwand mit dem Fenster liegen, da ja scheinbar von dieser Wand der Lichtschein gekommen war. Plötzlich war ich vor die vollendete Tatsache der Umkonstellation gestellt, so daß ich, wie oben dargestellt, mit dem Kopf am Fußende meines Bettes lag. Wohlgemerkt: Die Welt steht fest und *wir* sind beweglich! Nach diesem Gesetz vollzog sich die Entstehung der hypnagogen Umweltkohärenz. Wir orientieren uns offenbar nach den Dingen, nicht die Dinge nach uns, darum hatte ich wohl die Scheindrehung vollziehen müssen. Ich lag um 180° um eine Querachse meines Körpers gedreht, aber eine Drehung selbst hatte ich nicht mit Bewußtsein erlebt. (Solange die kritische Einschlafwache steht, kann sich vermutlich die Umweltkohärenz des Tages nicht durch eine andere ablösen lassen. Wir tragen jederzeit mittels unserer Sinnesorgane, im besonderen unserer Augen, unseres Lagesinnes und unserer Gleichgewichtsapparaturen, eine Umwelt um uns, die an ein v. Uexküllsches Gleichnis erinnert, das er von den Umwelten der Tiere gebraucht: Es ist, als steckten sie inmitten einer mehr oder weniger großen Seifenblase, die ihre Umwelt bedeutet, ihnen allezeit auf das engste verhaftet. – Diese Blase aber platzte, als das erlebende Subjekt Mensch bewußtlos wurde, d. h. im Einschlafen begriffen war, eine andere Konstellation baute sich blitzschnell auf. Der Wendung zur neuen Ordnung diente in diesem Fall das Auge, das mit dem Schlafzimmerfenster scheinbar korrespondierte.) Ohne Bedeutung bleibt der Einwand: Das Fenster liegt hinter Dir! – Nur so ist es zu erklären, daß ich mich gedreht haben soll, nämlich zu dem *hinter meinem Rücken befindlichen* Fenster hin. Ihm liege ich jetzt scheinbar zugewandt.

Merkwürdig war auch in diesem Fall, daß die neue Umwelt in ihrer Kohärenz verharrte, als ich über das Phänomen der Täuschung nachzudenken begann. Diese bestimmte »innere Außenwelt« prävalierte, obgleich mir mein Denken sagte, daß ich in eine Täuschung verstrickt sein müsse. So stand

Evidenz gegen Evidenz, wobei sich, wie bemerkt, die der Logik als machtlos erwies. Als ich, und das war die andere Überraschung des Experiments, den rechten Arm ausstreckte, also scheinbar fensterwärts streckte, erwies sich die ursprüngliche, d. h. wirkliche Lage im physikalischen Raum (richtiger: das Bewußtsein dieser Zuordnung) als noch oder wieder lebendig. Es gesellte sich nämlich zu der bewußt und willkürlich vorgenommenen Muskelbewegung, die bei geschlossenen Augen und völlig unverändert liegendem Körper vollzogen wurde, unmittelbar die Vorstellung des normalerweise links oben am Bett befindlichen Nachttischchens, und in diesem Augenblick fiel die Scheinwelt in ein Nichts zusammen, d. h. ich wußte plötzlich, daß ich der Türwand zugekehrt in meinem Bette lag, den Kopf am Kopfende des Bettes und die Füße am Fußende, wie ich mich zum Einschlafen in das Bett gelegt hatte. Es war diesmal gar nicht erforderlich gewesen, daß das Nachttischchen betastet wurde, oder daß ich gar aus dem Bett steigen mußte, sondern das Ausstrecken des rechten Armes genügte, mich aus dem Bann der Scheinwelt zu lösen. Das Nachttischchen erwies sich als das punctum fixum der anderen, d. h. wirklichkeitsentsprechenden Umwelt, wohlgemerkt: das nur vorgestellte Tischchen. Entscheidend bedeutsam war wohl in diesem Falle, daß die Vorstellung im Zusammenhang mit einer Armbewegung aufgetaucht war und daß dieses Tischchen wirklich dort stand, was mir aus vielfacher Erfahrung bekannt war. So könnte man sagen, daß das vorgestellte Objekt, auch wenn ich es nicht berühre, in der Verbindung mit dem musculo-motorischen Erlebnis die Umkonstellation bewirkte, während akustische Erlebnisse wirkungslos blieben: Einmal, in einer früheren Nacht, fuhren vor dem Haus mehrere Feuerwehr-Löschautos vorüber; so geräuschvoll sich auch die Fahrt der Wagen vollzog, das Experiment wurde davon nicht beeinflußt, während sich das stumme Nachttischchen als Zentrum der Umkonstellation erwies. Die Bewegung nahm den Gegenstand vorweg, denn meine Erinnerung lehrte mich, daß ich oft bei dieser Bewegung den wirklichen Tisch berührt hatte, um die Tischlampe aus- oder anzuknipsen usw. Die Vorstellung vertrat hier – pars pro toto – im Zusammenhang mit der Motorik den wirklichen Gegenstand, während es in früheren Versuchen z. B. die Tür gewesen war, oder die Türklinke, die an der Türwand getastet und plötzlich richtig gedeutet wurde, oder auch der Lichtschalter neben der Tür.

Jetzt ereignete sich ein merkwürdiges Pendeln zwischen beiden Umwelten: Zog ich den Arm zurück und gab mich wieder dem Einschlaferleben hin, so trat wieder die Aufhellung des Gesichtsfeldes ein, die das helle Fenster in einem unbewachten Moment zum punctum fixum der Scheinumwelt machte, und streckte ich wieder den Arm aus, so zeigte sich wieder die Vorstellung des Nachttischchens als Kristallisationspunkt einer Umwelt. Im Nu war ich wieder um 180° zurückgedreht, ohne daß mir ein Erlebnis der Drehung bewußt wurde, obwohl ich beim Vorstrecken des Armes einigermaßen hellwach war. Ich sage einigermaßen, denn es gibt mancherlei Helligkeitsgrade unseres »Bewußtseins«, ja, sogar des sog. hellen Tagesbewußtseins. – Ich hatte es in dieser Nacht bis zu einem gewissen Grade in der Hand, die eine oder die andere Umweltkohärenz zu erleben. Am frappierendsten erschien mir das Ausstrecken des Armes, das das Nachttischchen gleichsam herbeibeschwor und damit die andere Welt, während das Auftauchen der fensterbedingten Scheinwelt weniger eindrucksvoll verlief, da eben diese Umweltverwandlung und Lageverwandlung des erlebenden Subjekts nur dicht an der Grenze der Bewußtlosigkeit vor sich ging, und das bedeutet – im Zeichen der hypnagogen Apathie. Als ein Spiel mittels der wechselnden Bedeutungsverleihungen (Uexküll) mutete das nächtliche Experiment an, das in jedem Falle die Einschlaf-Stimmung zur Voraussetzung hatte.

Zum Schluß sei bemerkt, daß es sich in beiden Umwelträumen, die jeder um ein bestimmtes punctum fixum zu konstellieren waren, nur um »innere Umwelten« handelte, von denen allerdings die durch das Nachttischchen in der Vorstellung aufzubauende mit der äußeren Umwelt übereinstimmte. Dieses Tischchen stand eben, das war die Wahrheit, wirklich in Reichweite meiner rechten Hand, während das Fenster in Wirklichkeit gar nicht vor mir, sondern hinter mir lag und auch liegen blieb. Darum mußte sich die hypnagoge Umwelt gleichsam eines Fälschertricks bedienen, nämlich der Evidenz, daß sich eine Drehung vollzogen hätte. Unter dem Eindruck des sich erhellenden Gesichtsfeldes tappte das erlebende Subjekt in die Irre, wie ein nächtlicher Wanderer, der in den Bann eines Irrlichtes gerät und danach seine Umwelt umorientiert. Zugleich könnte dieses Erlebnis, daß also das hypnagoge Subjekt über einen visuellen Eindruck in den Bann bestimmter Raumvorstellungen geriet, als ein Beispiel erscheinen, wie der Mensch in einen Wahn verstrickt werden kann, denn diese verkehrte Orientierung im Raum ist sehr wohl einem Wahnerlebnis vergleichbar, mit dem Unterschied allerdings, daß hier das erlebende Subjekt sich durchweg der Tatsache bewußt war, daß es sich im Banne einer verkehrten Orientirung befand, während den Wahnkranken das Bewußtsein der Selbsttäuschung im allgemeinen nicht oder nicht genügend erfüllt. Was zum Zustandekommen des Wahns ebenso wie zum Aufkommen der hypnagogen *Scheinwelt* als Bedingung steht, ist wohl eine erhebliche Dämpfung der inneren Luzidität (= Helligkeit des Bewußtseins), also das Absinken der inneren Kritikfähigkeit, das Janet als *abaissement du niveau mental* bezeichnet hat. Im Hypnagogen, darauf weist neben anderen Psychiatern C. Schneider (1) hin, vermögen wir Anklänge an psychopathologische Zuständlichkeiten zu erleben. Eine andere Umwelt mit ihren Gesetzlichkeiten tut sich uns im Einschlafen auf.

Im Hintergrund aller Umweltlehren, auch der, daß der Mensch im Schlaf in einer anderen Umwelt steht als im Wachen, erhebt sich die Konzeption J. v. Uexkülls (2): Es gibt mancherlei Umwelt mit ihren Bedeutungszeichen.

Literatur

1 Carl Schneider: Die schizophrenen Symptomverbände, Leipzig 1942
2 Jakob v. Uexküll: Theoretische Biologie, 2. Aufl. Berlin 1928

21. Die vertikale Tendenz im hypnagogen Erleben und das Gleichnis vom Licht des Bewußtseins

Eine Analyse Bastianscher Elementargedanken
(1950)

Igor A. Caruso sagt in seiner Veröffentlichung »Über den Symbolismus der hypnagogischen Vorstellungen« (1), daß diese »auf dem Wege der assoziativen Einstellung (symbolischen Verdichtung) von mehr oder minder einfachen psychischen Inhalten aus dem Wachzustand an der Grenze zum Traum« zustandekommen. Wir gehen auf die Untergruppierungen dieses Autors nicht ein, für die er eine Reihe interessanter Beispiele gibt. Nach Herbert Silberer, auf den sich Caruso bezieht, können auch somatische Phänomene in der hypnagogen Verfassung Symbolcharakter erlangen. Unter den Traumtheorien vor Freud fand die des Leibreizes Anerkennung, und Freud selbst bezog die Leibreiz-Metaphern in sein System ein. Man erinnere sich seines Berichtes, wie das Klingeln des Weckers verbildert wird. Uns gilt es, im folgenden Somatisches und Seelisch-Geistiges in einem Griffe zu packen, d. h. Gegensätzliches als koinzidierend zu erkennen.

Nikolaus von Cues hat das Erkenntnis-Prinzip der Gegensatz-Koinzidenz mit einer Brille verglichen, die zugleich konkav und konvex geschliffen ist, so daß sie die Gegensätze vereint, wenn man sich ihrer bedient. Es heißt in seiner Schrift *De Beryllo* (1458), daß damit unserer Sehkraft Dinge auf eine wunderbare Weise erfaßbar werden, die vordem unsichtbar blieben. Nikolaus' Logik will eine Art neue »geistige Optik« sein, wie es in Ernst Hoffmanns Schrift (2) heißt, die uns wesentliche Gedanken des Philosophen zeigt. Es wird uns außer der coincidentia oppositorum von Nikolaus ein zweites Erkenntnis-Prinzip bezeugt, das uns als außerordentlich fruchtbar erscheint, das ist die *Komparation*. Wir erkennen, indem wir vergleichen. So schreit jedes Phänomen förmlich nach Vergleichung, wenn es in den Bereich eines Menschen tritt. Man könnte versucht sein, in diesem Zusammenhang an die Valenzlehre des englischen Biologen E. S. Russell (3) zu denken, der den Gegenständen im Erlebnisbereich der Tiere Valenzen oder Aufforderungscharaktere (K. Lewin) zuerkennt, Appellfunktionen, denen auf seiten des Subjekts Reaktionsbereitschaften spezifischer Art entsprechen. Wir berühren mit dieser Comparanda-Valenz der Dinge das Wesen der »Apperzeption«, von der in den psychologischen Schulen unserer Jugend die Rede war. Omnis res comparanda, daß jedes Ding verglichen werden soll oder muß, dieser Satz könnte als Motto über der vorliegenden Veröffentlichung stehen, die sich mit hypnagogen Leibreiz-Metaphern im Sinne H. Silberers auseinandersetzt. Die alte Apperzeptionstheorie besagte, daß das Fremde, Neue mich anspricht und daß ich für es eine Eskorte bereithalte, die ihm entspricht, es einholt und zu mir bringt, wo es gleichsam einverleibt wird in meinen seelisch-geistigen Besitzstand. So wird jeder Eindruck, den ich empfange, zu einem Positiv, das von Komparativen umgeben ist, ein tertium comparationis vorausgesetzt. Was am tertium uns als das Wesentliche erscheint, nämlich das Emotionale, davon wird später zu handeln sein. Dieses komparierende (= apperzipierende, assoziative) Zweite auf seiten des Subjekts ist dem Sinneseindruck oder der neuen Vorstellung emotional verwandt, sei es, daß eine Ähnlichkeit oder eine eklatante Gegensätzlichkeit des Erlebens das Alte und das Neue verbindet. Caruso hebt hervor, daß in der hypnagogen Verfassung des Menschen allerdings »faselige Beziehungssetzungen von besonderer Flüchtigkeit und partieller Uneindringlichkeit« zustandekommen.

Es gibt außer der komparativen Verbilderung ein hypnagoges Erleben ganz anderer Art, das wir als Antezipation bezeichnen müssen. In meiner Veröffentlichung *Psychogene Angina* (Leipzig 1936) begegnen wir einem Junggesellen, der sich verloben wollte und in dieser inneren Krisis an einer Mandelentzündung erkrankte. An demselben Tag, an dem die ersten somatischen Krankheitszeichen in die Erscheinung traten, hatte er hypnagog, als er sich zu einem Mittagsschlaf hingelegt hatte, die Worte gehört: »... sie hat auch Junge gekriegt.« Wer, welches weibliche Wesen gemeint war, wußte er nicht anzugeben, evident war ihm nur, daß sich das »auch« auf ihn selber bezog. Mit einem Schuß Selbstironie stellte er, wachwerdend, fest, daß da wohl so etwas wie ein »Männerkindbett« vorliegen müsse, wenn er schwanger sein sollte. Er lachte über den Unsinn. Tatsächlich aber kamen dann, in den folgenden Tagen, Couvade-Motive in den Träumen zum Ausdruck, daß er z. B. wie eine Frau gynäkologisch, was im Traum mit laryngologisch durcheinanderging, untersucht werden sollte, und daß ein Termin, anscheinend eine Schwangerschaftsdauer, berechnet wurde.

Hier würde also auf den ersten Blick nicht von Leibreiz-Metaphern die Rede sein können, abgesehen von der laryngologischen Untersuchung allenfalls, denn er »hatte es ja im Halse«. Wir mußten bei dem hypnagogen Erleben vielmehr den Eindruck gewinnen, daß die spätere Traum-Thematik hier in den hypnagogen Bereich prolabierte, wobei zu bemerken wäre, daß bis dahin wohl weder in der Literatur noch sonstwo jemals von einer Couvade-Angina die Rede gewesen war. Dem Patienten, der über ein ethnologisches Wissen vom Hörensagen verfügte, war nur geläufig, daß bei primitiven Stämmen Männer ins Bett gesteckt werden, wenn die Frauen Kinder gebären, so daß der Eindruck entstehen könnte, als hätten nicht nur die Frauen ein Wochenbett einzuhalten. Unbekannt war ihm der Bericht des Keltenforschers Pokorny (4), daß man noch heute auf den britischen Inseln glaube, daß sich die Geburtsschmerzen einer Frau, eine participation mystique, auf den Mann übertragen könnten, der sie geschwängert hat. In Yorkshire geht die Mutter eines Mädchens, das ein uneheliches Kind geboren hat, in der Nachbarschaft herum, den Mann zu suchen, der mit einer Unpäßlichkeit, etwa einer Zahnerkrankung, im Bett liegt. Das ist vermutlich der Vater des neugeborenen Kindes. – Wir sehen inzwischen Tatsachen solcher Art als den Kern des Phänomens an, das in der Völkerkunde als Couvade beschrieben wird. Die hypnagoge Anspielung, die der Patient auf sich bezog und beziehen mußte nach seinem Gefühl, war scheinbar völlig aus heiterem Himmel gekommen, während wir einen ethnischen Elementargedanken im Sinne Bastians (5) in der Bemerkung sehen. In der Sprache C. G. Jungs würde das heißen: Das kollektive Unbewußte dieses Menschen hatte sich im Zusammenhang mit der bevorstehenden Ehe zu Worte gemeldet. Da kann, um auf Caruso zurückzukommen, nicht von assoziativen Entstellungen einfacher psychischer Inhalte, die aus dem Wachzustand stammen, die Rede sein, sondern es springt etwas ganz Neues, und man darf wohl sagen, Unerhörtes, Unerwartetes aus der Latenz vor.

Heute soll uns der Elementargedanke einer Psychoarchitektonik beschäftigen, die Tatsache, daß Seelisch-Geistiges räumlich vorgestellt wird, und zwar in Etagen, gleichviel, ob man dabei an ein Gebäude denkt oder die Analogie geologischer Schichten im Auge hat. Der Gedanke, daß es im Seelischen ein Oben und Unten geben soll, ist wahrhaft absurd. Eben die Ausdehnungslosigkeit – res non extensa – sollte doch nach älteren Autoren das Psychische vom Stofflichen unterscheiden. So absonderlich uns auch immer der Gedanke erscheinen mag, Seelisch-Geistiges sich geschichtet vorzustellen, er findet allenthalben Verbreitung, im besondern bei den Denkern neuerer Zeit. Merkmal der Bastianschen Elementargedanken ist Ubiquität, die nicht auf Migration zurückgehen muß, sondern im Subjektiven verankert ist. Jederzeit an jedem Ort kann die Idee eben darum sich wieder manifestieren. Es scheint uns, daß bisher die Frage noch nicht diskutiert worden ist, wie es kommt, daß wir dazu verführt werden konnten oder auch selbst zu der Evidenz kamen, uns eine vertikal geordnete

Psychotektonik vorzustellen. Wir wollen bei unserer Untersuchung nicht die Feststellung treffen, wer als erster oder wen als ersten die Idee hatte. Um Jedermanns-Erlebnisse handelt es sich, und das wäre zu demonstrieren. Daß die Idee außerdem eine Geschichte hat, und zwar eine Geschichte ihrer Publizistik, steht auf einem andern Blatt und erscheint uns hier als nicht wesentlich. Wir leugnen die Migration und Lehrbarkeit der Idee nicht, hier interessiert uns nur der Boden, auf den die Saat fallen muß, dort Wurzel zu schlagen, vorausgesetzt, daß sie nicht an Ort und Stelle von selbst aufgeht, weil sie »in der Luft liegt«, wie man zu sagen pflegt. Bastian selbst verwies in diesem Zusammenhang auf die griechische Lehre von den *logoi spermatikoi*.

Der Elementargedanke der Couvade wird uns im folgenden nicht mehr interessieren; daß übrigens auch diese ubiquitäre Idee organisch verankert ist, sollte meine Publikation *Psychogene Angina* zeigen. Es sei zunächst angedeutet, auf welchem Wege ich zu der Analyse der Vorstellung eines unbewußten Raumes kam: Ich beschäftigte mich seit einiger Zeit mit dem Einschlaferleben, im besonderen mit dem Tonusverlust, der in dieser leib-seelischen Verfassung bekanntlich erfolgt. Wenn wir müde werden, erlahmen uns unter anderem die Strecker der Beine. Wir zeigen dann Tendenzen, »nach unten« zu gehen, uns hinzulegen, wenn es dazu eine Gelegenheit gibt. Wir sind »hinfällig« in der Schwäche und in der Müdigkeit. Pawlow und seine Schule zeigten vor langem, wie auch dem Hund als eines der ersten Zeichen seiner Einschlafstimmung der Streckertonus der Beine schwindet. Auch die Hals- und die Nackenmuskulatur erschlaffen, was für Mensch und Hund oder auch andere Tiere gilt. Der Kopf »fällt« dem ermüdeten Menschen nach unten. In unseren Untersuchungen über die hypnagoge Leibreiz-Metaphorik, im besonderen über die Verbilderung des Tonusgeschehens, wurden uns Erlebnisse bekannt, daß Menschen in dieser Einschlaf-Verfassung, auch wenn sie liegen, scheinbar sich vertikal nach abwärts bewegen. Der Vollständigkeit halber erwähnen wir, daß es auch den Fall gibt, wie ein Subjekt hypnagog von dem Eindruck erfüllt ist, daß es schwebt oder gar aufwärts gehoben wird, der Schwerkraft entgegen, vielleicht sogar mitsamt dem Bett aufwärts steigend. Wie auch das mit dem Tonuserleben zusammenhängt, lehrt uns die Befassung mit J. H. Schultz' »Autogenem Training«. Da sind, um es kurz zu sagen, inmitten des allgemeinen Tonusschwundes insulär die Muskeln noch von Tonus erfüllt, die beim »Hochgehen«, d. h. Aufstehen, der Schwerkraft entgegenzuwirken hätten. Wieweit bei den Levitationserscheinungen, was ebenso von dem Absinken in die Tiefe gilt, dem Vestibularis eine Bedeutung zukommt, wäre zu untersuchen. Die hypnagoge Verbilderung oder Komparation übertreibt, wenn sie mich scheinbar davonschweben oder vertikal in eine Tiefe absinken oder abstürzen läßt. Das sind die »faseligen Beziehungsetzungen«, von denen Caruso sprach.

Wir rücken zunächst das Gefühlserleben in den Mittelpunkt unserer Analyse. Vieles in der Psychologie mag lediglich Metaphorik sein, bei der wir es gewöhnlich mit dem Gleichnis bewenden lassen, handfest dagegen ist das Emotionale, das *in einem* Leibliches und Seelisches ist. Um Gefühl dem andern verbal mitzuteilen, sind feste Formeln zustande gekommen. Die einfachste oder natürlichste Form einer Bezeugung ohne den Sprachgebrauch ist der Affektausdruck selbst, wie er sich im Verhalten, in der Mimik und Gestik bekundet. Der andere Katalog der emotionalen Befindlichkeiten ist der der Worte, die ein Gefühl oder einen Affekt bezeichnen. Ich sage: Ich habe »Angst«. Was da alles im einzelnen sich vollzieht, wenn einer »in Angst kommt« oder wenn ihm »eine Angst ausbricht«, ist dem Subjekt selbst in keiner Weise bekannt. Da ereignet sich in der Latenz des Leibes ein Akt, der ihm als solcher verborgen bleibt, und kein Mensch, soviel er auch Angst erlebt, vermag im einzelnen die physiologisch-chemischen Vorgänge in den Glykogendepots seiner Leber oder seiner Skelettmuskulatur oder andere Vorgänge in der Latenz wahrzunehmen. Die Summe der Leibesveränderungen in

Repräsentanzen und ein Bedeutungserleben, mit J. v. Uexküll zu reden, eine »Bedeutungsverleihung« und »Bedeutungsverwertung«, koinzidieren. Die »Rückmeldungen« im Sinne Schelers, die das Zentrum eines Erlebens zur Voraussetzung haben, sind sozusagen das Rohmaterial meiner Emotionalität. Bleiben wir bei dem Beispiel der Angst oder Furcht (ich unterscheide nicht zwischen Angst und Furcht, sondern halte mich an die Sprache des Volkes, in der man gleichfalls Angst und Furcht gleichsinnig gebraucht): Wenn ich also sage, ich habe Angst »erlebt«, so weiß der Gesprächspartner einigermaßen, wie mir zumute war, und zwar über eigene Angsterlebnisse. Diese Mittelbarkeit, denn »mittels« seines Leibes erlebte auch er in seiner Vergangenheit Angst, ist die Voraussetzung der Mitteilbarkeit. Das tertium comparationis liegt hier in dem Umstand, daß wir beide über je einen Leib verfügen und daß in der Angst sich bei allen Menschen die nämlichen physiologischen Zustandsänderungen vollziehen.

Komplizierter liegen die Dinge, wenn ich dem andern ein eigenartiges Gefühlsgemisch schildern will, Nuancen etwa und Kontraste im Mischkrug meiner Emotionalität, die kaum zu beschreiben sind. Dann werde ich dem Sprechpartner alle Einzelheiten meiner Situation beschreiben, also alle äußeren Umstände und Partnerschaften mit ihren Spannungsmomenten, und das sind immer Tonuserlebnisse, ihm mitzuteilen versuchen. Über die *Szene* dann, die er sich vorstellen wird, in die er gleichsam gerät, *auch* gerät, wenn auch nur in einer Nachbildung, wird er erraten können, wie mir zumute war. Eigene Erlebnisse werden komparativ, aus dem *Fundus* seiner eigenen Erinnerungen anklingen und über diese Konsonanzen wird ihm Gefühlserleben zuteil. Emotionales ist immer nur gegenwärtig erlebbar, so wie mein Leib als das Mittel den Affekt nachzuerleben nur immer etwas Gegenwärtiges sein kann. Dieser Satz mag als eine Selbstverständlichkeit erscheinen, aber er ist uns als Axiom von fundamentaler Wichtigkeit. In diesem Augenblick also, in dem ich dem anderen mein Erlebnis mitsamt den Kulissen und Partnern der Szene beschrieb, erlebten wir beide annähernd das gleiche, ich als Berichter und er als Hörer, und zwar in Analogien (= Komparationen) und Rekonstruktionen der Ursituation, die meinem Erlebnis zugrunde lag. Auch ich selbst, der Berichter, erlebe in diesem Augenblick die Urszene meiner Angst, über die ich berichte, noch einmal, und zwar im Abklatsch, in einer Wiederholung, wobei wohl auch meine Mimik und meine Gesten, etwa auch das Timbre meiner Stimme auf den Zuhörer Wirkung im Sinne der Einstimmung oder Gleichstimmung (Stimmungs-Übertragung) haben. Unsere Empfänger, wenn man dieses Gleichnis aus der gegenwärtigen Rundfunktechnik gebrauchen wollte, waren auf die nämliche Welle geschaltet, wobei Empfänger gleichbedeutend wäre mit dem, was oben als Erlebniszentrum erschien.

Die Tatsache, daß Emotionales immer nur gegenwärtig erlebt werden kann, und zwar über meinen Leib als das tertium oder das Instrument, erinnert uns an einen Bericht Jonathan Swifts über die philosophische Akademie von Lagado: Die weisen Männer hatten die Begriffe abgeschafft und waren zum Konkretismus zurückgekehrt, und zwar bedienten sie sich hölzerner Modelle der Dinge, die sie in großen Säcken bei sich trugen. Gulliver wohnte einer solchen Unterhaltung, die über die Repräsentanzen erfolgte, interessiert bei und schildert anschaulich, wie die gelehrten Männer mühsam in ihren Säcken wühlten, das jeweils Passende zu finden, wollten sie auf Verständnis hoffen. Ähnlich ergeht es uns, wenn wir Gefühle beschreiben wollen: Aus dem Schnappsack der Erinnerungen ist auszukramen, was da an Komparationen bereitliegt. Bilder werden da demonstriert als Repräsentanzen, als »Auslöser« oder »Bedeutungsträger«, während dabei aus der Latenz meines Leibes – das wäre sozusagen der Sack mit den Figuren – die diesen Objekten entsprechenden ebenso demonstrablen somatischen Repräsentanzen erscheinen, und das alles wird in einem Akte emotional erlebt. Ich betone *erlebt*. Vom Gefühl selbst kann man, wie oben gesagt, nur gegenwärtig erfüllt sein, wenn die und die Bedingungen oder Antezedentien gegeben sind. So veranstalten wir kleine Repetitionen der Wirklichkeit, die ihrerseits auch eine Wirklichkeit sind, indem sie auf das Erlebniszentrum der Subjekte wirken. Wir geben einen verdünnten Aufguß, so wie die Männer bei Jonathan Swift kleine Modelle vorlegten. Selbst wenn es sich nicht um komplizierte Emotionen handelt, wenn ich nur das schlichte Wort Angst gebrauche, ist immer komparativ ein Angsterleben oder sogar mancherlei Angst im Hintergrund, denn sonst könnte das Wort keine Bedeutung haben, wenn nicht auf bereits erlebte Angst und eine Erlebnisbereitschaft für Angst angespielt würde. Immer ist der schwer zu handhabende Sack von Lagado mit seinen Mitteilbarkeiten im Spiele, wollen zwei Menschen emotional konfluieren, d. h. von dem gleichen Gefühl erfüllt sein, vorausgesetzt, daß sie nicht in der nämlichen unwillkürlichen Ursituation sind, daß eben zwei oder zweihundert Menschen gegenwärtig von der gleichen Gefahr real bedroht erscheinen. Das wäre dann eine Urszene selbst, während es sich bei den Mitteilungen gleichsam nur um ein *Spiel* handelt, das Spiel eines Nachvollzuges, dem sich die Gesprächspartner hingeben.

Dieser kurze Abriß einer Gefühlspsychologie, und zwar der Versuch einer Darstellung der Mitteilbarkeit emotionalen Erlebens, sollte uns zeigen, wie kompliziert die sprachlichen Zusammenhänge liegen. Ich kann mein Erleben und Verhalten beschreiben oder die Ausdrucksbewegungen anderer Subjekte schildern oder imitieren. Eben der Deutung wird eine erhebliche Aufgabe zufallen, und schon das Tier deutet fortgesetzt, indem es erlebt. Wir verweisen auf J. v. Uexkülls *Bedeutungslehre* (6). Um bei dem Thema der Metaphorik zu bleiben: Es wird niemand ernstlich behaupten, daß Seelisches, etwa das Emotionale, und Geist durch ein Oben und Unten gekennzeichnet seien. Wenn wir ein Unbewußtes beschreiben, als ob es unter dem Bewußtsein läge, so handelt es sich nicht um eine Beschreibung im Sinne eines Abbildes, daß also eine Realität geschildert würde, so, wie eine Photographie oder eine Zeichnung einen Sachverhalt wiedergibt, sondern um eine Dichtung oder Konfabulation. Lücken in unserem Wissen füllen wir aus. Damit aber sollte man sich nicht zufrieden geben, denn Metaphern für bare Münze nehmen, so zu tun, als ob man mit der Metapher die Sache mehr als nur angedeutet in Händen hielte, wäre naiv. Im Gegenteil, man kann nicht einmal sagen, es liege zwischen unserm Seelenleben und der Idee eines Gebäudes oder eines vertikalen Systems von Schichten ein tertium comparationis vor, denn wenn Seelisches und Geist ohne räumliche Ausdehnung sind, so kann ich sie unmöglich mit Ausgedehntem, das ein Oben und Unten hat, in eine komparative Beziehung setzen. Wie kommt es, daß wir diesem Elementargedanken des Seelengebäudes oder eines Klischees seelisch-geistiger Schichten verfallen konnten? Wie kam es zu diesem absurden Mythologem?

Ich behaupte nicht, daß in jedem Fall die Ideen »aufsteigen« müßten, so wie Herbart es sich vorstellte, bei dem es oberschwellige und unterschwellige Vorstellungen gab. So grob müßte man nicht an eine Kellertreppe erinnert werden. Der unbewußte untere Raum braucht nicht unbedingt als Metapher im Spiele zu sein. Gute Gedanken können auch »über uns kommen«, also von oben her, gleichsam vom Himmel, so wie die Gnade oder eine Erleuchtung »von oben« in uns fallen. Da wird ein exogener Faktor offenbar vorgestellt, der *über* uns waltet, nennen wir ihn Gott oder wie immer dieses »Höhere« vorgestellt werden mag. Beim Aufsteigen der Vorstellungen aus einer Tiefe dagegen handelt es sich um ein endogenes Geschehen. Mit dem Licht, das mir von innen her »aufgeht« oder von außen her »aufgesteckt« wird, was auch andere Menschen bewirken können, die mir »den Star zu stechen« vermögen, sind wir schon bei der zweiten Metapher, die hier zur Diskussion steht und die uns nach der des dunklen Raumes beschäftigen soll. Wissen und Bewußtsein als Lichtphänomene, dieses Thema muß uns verlockend erscheinen. Wieder eine andere Frage ist, ob meine Gedanken überhaupt meines Ursprungs sind. Bei Luther findet sich das Gleichnis, daß selbst schlimme Impulse von oben her kommen können.

Nach Art von Vögeln fliegen die Gedanken über uns hin, was niemand zu verhindern vermag, sträflich sei es allein, daß man es zuläßt, wie diese Vögel Nester in unserem Haupthaar bauen. Da liegt also ein ganz anderes Bild oder Gleichnis vor, wenn man sich Geist oder Geistiges animistisch belebt vorstellt, tier- oder dämonenhaft beflügelt. Daß wir hiermit zu den Wurzeln des Animismus gelangt sind, könnte vermutet werden. Fragen wir bei dieser Metapher nach dem tertium comparationis, so werden wir sagen müssen, daß die freie Beweglichkeit und die Unberechenbarkeit unserer Gedanken und also ihre Autonomie mit dem Gleichnis bezeichnet wird. Dabei nun allerdings entfällt das andere, daß nur das Gute »von oben« kommt, während das Schlimme in der Finsternis und Tiefe beheimatet sei. Unsere Metaphorik erweist sich als inkonsequent. Darin liegt ihr Reichtum zugleich. Von der Fülle der Verbilderungen greifen wir heute nur die des Unbewußtseins-Raumes und die des Bewußtseins-Lichtes heraus: Dichter-Erschleichnisse (Nietzsche).

Einem Anthropomorphismus verfallen, heißt in unserem Falle, unseren Leib und leibliches Geschehen abbilden, ohne davon zu wissen. Wir kramen aus dem Sack von Lagado räumliche Dinge und Relationen komparativ hervor, während Seelisches wahrscheinlich korrekt nur als erlebtes zeitliches Nacheinander darstellbar ist. Erleben hat Zeitgestalt. Wir hoben oben bereits hervor, daß hypnagog im Zusammenhang mit dem Tonusverlust der Strecker eine Tendenz des Absinkens, eine Bewegung von oben nach unten erlebt wird. Die Strecker, auch die der Wirbelsäule, bieten der Schwerkraft nicht mehr Paroli, und so verfallen wir ihr. Lebten wir auf einem anderen Himmelskörper, auf dem die Schwerkraft minimal wirksam ist, gäbe es vermutlich beim Einschlafen das Merkmal des »Einnickens« nicht, wenn das Subjekt sitzend dem Schlaf »verfällt«. Das Tonusproblem würde dortselbst ein anderes sein, was uns im einzelnen nicht beschäftigen soll. Wir erinnern an die Metaphorik unserer Umgangssprache, die diese physiologische Wahrheit widerspiegelt. Wir sagen, wie schon erwähnt, wir »fallen« in Schlaf oder ein Schlaf »befällt« oder »überkommt« uns, d. h. daß er von oben herab kommt, »über uns kommt«. Andere sagen, sie »sinken« in einen Schlummer und wir »gleiten« ins Hypnagoge. In allen diesen Wendungen erkennen wir die *Tendenz von oben nach unten*. Es geht abwärts, und nicht nur der Kopf und der Leib, auch die Oberlider drohen »herabzufallen«, nach unten zu gehen. Zugleich aber, wenn uns die Beine den Dienst versagen, wenn wir von dem Impuls gequält werden, uns niederzulegen, wohlgemerkt »nieder«, schwinden uns seltsamerweise auch die Gedanken. In dieser Verfassung, die als Einschlafstimmung bekannt ist, erlischt zugleich unser Interesse, das wir für unsere Umwelt noch eben hegten. Wie, es »erlischt«? Woher rührt dieses Gleichnis? Welcher Vorgang bildet sich ab, wenn wir vom Erlöschen unserer Aufmerksamkeit sprechen? Woher rührt es, daß unsere Aufmerksamkeit in der Schläfrigkeit »absinkt«? Wir selbst »sinken ab«, und unsere Aufmerksamkeit personifizieren wir, wenn wir auch sie, mit uns zusammen, absinken lassen, als ob auch sie einer Schwerkraft und in einen Schlaf verfiele, aus dem sie alsdann wieder »geweckt« werden kann. Oder werden Interesse und Aufmerksamkeit nicht geweckt oder erweckt? Kann ein Interesse nicht »erwachen«? Das sind ganz grobe Anthropomorphismen und Personifizierungen gleichermaßen, nur sind sie uns so geläufig, daß wir den Stempel der Lächerlichkeit, den sie auf ihrer Stirne tragen, nicht bemerken. Woher aber rührt das Gleichnis, daß sie »erlöschen«? War vorher Licht, wenn jetzt von einem Erlöschen die Rede ist? Ich möchte denken, daß ich mit der Schwere der Augenlider, die mich in der Schläfrigkeit überkommt und durch die ich für einige Zeit vom Licht dieser Welt eliminiert bin, in eine Dunkelheit »falle«. Es erlischt für mich, durch das Zufallen meiner Augendeckel, das Licht des Tages oder das künstliche Licht, vorausgesetzt, daß ich nicht in einer stockdunklen Nacht meine Augen zum Schlafe schließe. Der Mensch ist von Haus aus – ebenso wie der Pavian und die anderen Affen – ein Dämmerungs-Einschläfer, der mit dem Licht des folgenden Morgens wieder erwacht. Es scheint uns, daß wir über das Erlöschen des Umwelt-Lichtes und aller Bilder, die um uns her sind, aller Farben und aller Konturen, zu der absurden Metapher gekommen sind, daß auch unser Interesse »erlischt«. Im Falle der absinkenden Aufmerksamkeit lag, wie erwähnt, eine Personifizierung vor, denn sie sank ab wie wir selbst oder wie unsere Körperpartien Kopf und Augenlid. Interesselosigkeit wäre dann Dunkelheit, Interesse bei wachem Bewußtsein dagegen Helle. Descartes gebrauchte tatsächlich für unseren Begriff Bewußtsein zwei Worte, nämlich *conscientia* und *lumen* (= Licht). Bewußtsein ist innere Helligkeit, die der in der Umwelt anscheinend entspricht, und wir unterscheiden sogar mancherlei Helligkeitsgrade bewußten Erlebens. Abwärts, nach dem Unbewußten hin, wird es dagegen dämmerig dunkel, so daß der Mensch sogar in »Dämmerzuständen«, bei denen er nicht über das helle Bewußtsein verfügt, zu handeln vermag, was für ihn und seine Umwelt gefährlich ist.

Da sind wir also zu einem Stockwerksglauben gekommen: In der oberen Etage brennt Licht, unten dagegen ist's dunkel. Was da als eine räumliche Zuordnung erscheint, ein Übereinander, ist in Wahrheit ein zeitliches Nacheinander, das sich in Gleichnissen aus der Architektur oder aus der geologischen Tektonik niederschlägt, denn es hat das Einschlafen lediglich Zeitgestalt, das Absinken meiner selbst und das Erlöschen des mich umgebenden Lichtes, um nicht volkstümlich zu sagen: meines Augenlichtes, während in der Metapher alsdann das Erste, der Ausgangszustand, als räumliches Oben erscheint und das dunkle Ende als Unten. Genauso, wie in der Physiologie zeitliches Nacheinander – man denke an eine Hebelvorrichtung und eine rotierende berußte Trommel – als räumliches Nacheinander fixiert wird, ist in der hypnagogen Leibreiz-Metaphorik, die das Unbewußte als einen unteren Raum sieht, die Zeitgestalt des Einschlafens oder des Dösens, der Abwendung meiner Aufmerksamkeit von der Welt und von meinen inneren Akten, als ein Oben und Unten verbildert, und nicht nur als ein Oben und Unten, sondern zugleich als Helligkeit und Dunkelheit. So werden wir zu der wahrhaft absurden Idee verführt, uns unsere »Seele« wie ein Haus vorzustellen, ob wir es uns eingestehen oder nicht, ein Haus, das einen stockdunklen Keller hat, in dem sich unheimliche Dinge abspielen und ganze Erlebenskomplexe inkarzeriert sind. Es liegt mir fern, nun überhaupt nicht mehr vom Unbewußten substantivisch zu sprechen, aber auf der Hut sollten wir sein, daß uns nicht unbemerkt die Metapher als eine Realität erscheint, daß wir nicht dem Köhlerglauben verfallen, es gäbe wirklich ein »Unten«. Das Vertikal-System haben wir als eine hypnagoge Leibreiz-Metapher genetisch-dynamisch interpretiert. So könnte man sagen, daß wir ein Absinke-System vor uns entstehen sahen, das dann zur Theorie erstarrte, fraglos eine fruchtbare Theorie, was ich als »Tiefenpsychologe« hervorheben möchte. Dieses System, das uns ein Absinken zeigt und zugleich die Reversion des Aufsteigens kennt, bezogen auf die Ideen oder Bilder als »Inhalte« des Behälters, könnte man einem Krug vergleichen, der dazu diente, aus der leibhaften Wirklichkeit des Lebens und unserer Existenz wichtige Tatbestände zu schöpfen und festzuhalten. Was mir im vorliegenden, wie ich hoffe, zu zeigen gelang, war die Töpferwerkstatt, um bei dem Gleichnis des Kruges als einer Kategorie der Erfassung zu bleiben. Auf das Thema des kollektiven Unbewußten (C. G. Jung) gehe ich nicht ein, nachdem ich andernorts (7) darüber gehandelt habe, im besonderen von der Dynamik der Bastianschen »Elementargedanken«. Das Problem der verdummenden Mythologeme wird uns später noch eingehend zu beschäftigen haben.

Wir sehen heute im Menschen nicht mehr, wie zur Zeit der Aufklärung, das animal rationale, das von seinem vernünftigen Denken geleitet wird oder ausschließlich zu leiten wäre, sondern sind überzeugt, daß die Welt des Lebendigen in uns und um uns emotional geordnet ist, ein Gedanke, dem ich in früheren Veröffentlichungen wiederholt Ausdruck gegeben habe. Mit O. F. Bollnow (8) sehen wir im Emotionalen den

»tragenden Grund«, während man früher die Gefühlsmächte anders eingeschätzt hat. Die Vitalrollen, die uns vorschweben im Scenarium unseres Lebens, sind vom Affekt getragen und werden von der Vernunft gesteuert, wenigstens sollte es so sein. Um bei dem Gleichnis des Welttheaters (Epiktet, Calderon u. a.) zu bleiben, könnte man wohl auch sagen, daß wir *in einem* Akteure sind und zugleich in Zuschauerrollen begriffen, Zuschauer unserer selbst, die auf den Tribünen sitzen. Damit wären wir schon wieder bei einer Stockwerks-Idee angelangt. Es ist eben zu verlockend, sich das Geistige als »Höheres« vorzustellen, verglichen mit dem Emotional-Dramatischen. Freilich ist auch diese Spaltung in zwei Personen ein Gleichnis, denn wir reißen damit auseinander, wir dislozieren und versetzen in verschieden hohe Ebenen, was in Wahrheit eins ist in Immanenz. Die Analogie des Seelentheaters, das dem großen Welttheater entspricht wie der Mikrokosmos dem Makrokosmos – wieder ein Elementargedanke im Sinne der Ethnologen! –, diese Idee hat gegenüber der des Seelengebäudes den Vorzug der Zeitgestalt. Die Szene stellt Lebendiges im zeitlichen Nacheinander dar, und wir können verstehen, daß wir nicht die ersten waren, die dieses Gleichnis schätzten. Wir entnehmen der inhaltsreichen Publikation Rudolf Thieles »Über den Gebrauch von Raumbildern in der Psychologie« (9) den Hinweis, daß David Hume (10) die Seele mit einem »theater« verglich. »Doch habe man keinerlei Vorstellung von der Scene, dem ›place‹, auf dem die ›perceptions‹ erscheinen, oder den ›materials of which it is composed‹.« In der Tat, über die »materials« wissen wir auch heute noch nichts. Nur ihre Abbildnatur, das Artefakt steht fest.

Die *vertikale Tendenz im hypnagogen Erleben* zu zeigen, sollte meine Aufgabe sein, und nicht nur das, sondern ich wollte damit erweisen, wie Metaphern gestiftet werden, richtiger wohl, sich selbst stiften oder prägen, ohne daß es berühmter Dichter bedarf. Die sprachlichen Gleichnisse erscheinen als der Reim auf den von jedermann erlebten psychosomatischen Vers hypnagogen Geschehens. Daß in dem Gleichnis vom hellen Oben und dunklen Unten auch die Tatsache mitgespielt haben mag, daß in unserem Makrokosmos die Lichtspenderin Sonne augenhaft oben am Himmel steht, während die Erde als dunkles Unten erscheint, ist wohl möglich. Der Mikrokosmos und der Makrokosmos entsprechen einander. Das Seinsverständnis, das unseres Leibes und das der uns umgebenden Welt, wird in Gleichnissen eingefangen. *Adaequatio intellectus et rei,* in dieser Entsprechung besteht nach alter Meinung das Wesen der Wahrheit. Unter dem intellectus aber haben wir zugleich die Metaphorik zu verstehen, die einem Lebensvorgang und dem kosmischen Vollzug adäquat erscheint. Der Prozeß fließt, aber das Wort – und die Metapher ist immer in Worte gekleidet, als übergreifendes artefizielles Medium sprachlicher Verständigung, man denke an Lagado und die Modelle – bleibt wie ein Petrefakt, littera manet. Wie eine geprägte Münze erscheint uns die Wort-Metapher, »gängig« und von jedermann gegeben und hingenommen, jederzeit faßbar, während Prozesse an Rhythmen oder Vorprozesse gebunden erscheinen. Metaphern sind handlich, wenn man so will, man kann sie gleichsam in Säcken verwahren, die man mit sich herumschleppt. Daß die Metapher sich ablösen läßt von dem Geschehen, dem sie zugeordnet erscheint, das festzustellen ist wichtig.

Wir wissen, daß der Mensch die Seinszusammenhänge, und das gilt auch für die psychologischen Tatbestände, über die Sprache weitergibt. Der Schöpfgefäße einer überlieferten Metaphorik bedienen wir uns. Das ist die Adaequatio, die wir in unseren Händen zu halten vermeinen, die Wahrheit unserer Sprache. Es war oben von der Töpferwerkstatt des Dichters die Rede, wo die Krüge und Kellen, Kategorien der Erfassung, zustande kommen. Aber auch die Sprache mit ihren Verbilderungen ist dem Flusse anheimgegeben. Wir glauben in der Befassung mit dem hypnagogen Erleben das Gleichnis vom »Seelenhaus« oder »Leib-Seelen-Gebäude« als eine Leibreiz-Metapher im Entstehen gesehen zu haben, ein Haus, das von oben nach unten gebaut worden ist, denn erst war das helle Bewußtsein, dessen Inhalte absanken in die Tiefe. Vielleicht, das geben wir zu bedenken, verbauen wir uns neue Erkenntnisse dadurch, daß wir allzustarr einer überlieferten Metaphorik folgen. Der Bildgehalt unserer Sprache kann eine Gefahr sein. Wäre nicht der Versuch zu wagen, den Wein in neue Schläuche zu füllen? Tatsächlich bestimmt ja das Gefäß, um bei unserem Gleichnis zu bleiben, die Form des Weins, seine Erscheinungsgestalt, die seiner inneren Dynamik nicht gerecht wird.

Es liegt mir fern, an den ausgezeichneten Stockwerk- oder Schichtengleichnissen der Tiefenpsychologen, die sich eben darum so nennen, weil sie die »Tiefen des Unbewußten« erforschen, Kritik zu üben. Wir halten ebenso die Darstellungen der Psychologen E. Rothacker und Ph. Lersch oder des Psychiaters Rudolf Thiele für ausgezeichnet, denn mit diesen Modellen werden ganz ohne Frage »Wahrheiten« erfaßt oder bezeichnet. Das sind Adäquationen im Sinne der oben gebrauchten Definition: Der sprachlichen Formulierung entspricht das Erlebensgeschehen. Freilich wird damit nur faßbar, was in der Erfassungsform der Metapher vorgegeben erscheint. Was außerhalb außerdem fließt, erfaßt man mit diesen Paßformen nicht. So würden wir vorschlagen, denkbar tolerant zu verfahren und diese tektonischen Gleichnisse auf jeden Fall beizubehalten, aber dabei auch nach anderer Metaphorik Ausschau zu halten. Man sollte neuen, originellen Denkern, denen die Metapher vom Haus zu statisch erscheint, die Chance geben, dynamischere Ansätze in das Gespräch zu bringen. Eine Stadt kann man von dem einen oder dem anderen Standpunkt beschreiben, wenn man außerhalb steht. Viele Augenpaare an verschiedenen Plätzen werden mehr sehen als nur die eine Brille, die tagtäglich am nämlichen Standpunkt getragen wird. Keines der möglichen Gleichnisse aber wird die volle Wahrheit erfassen, denn jedes kann nur ein Aspekt sein. So wollen wir die Hypothek, die auf dem Seelenhaus oder dem Bergwerk mit seinen geologischen Schichten liegt, nur auf uns nehmen, wenn uns durch die

Ädifizierung von Leib, Seele und Geist nicht alle weitere Sicht verbaut wird.

Literatur

1 I. A. Caruso: Über den Symbolismus der hypnagogischen Vorstellungen, Schweiz. Z. Psychologie VII (1948), 2
2 E. Hoffmann: Nikolaus von Cues, Heidelberg 1947
3 E. S. Russell: Schweiz. Z. Psychologie III (1944), 3
4 Pokorny: zit. bei W. Philipp: Weibwertung oder Mutterrecht, Königsberg/Berlin 1942
5 A. Bastian: Ethnische Elementargedanken in der Lehre vom Menschen, Berlin 1895
6 J. v. Uexküll: Bedeutungslehre, Leipzig 1940
7 R. Bilz: Von der Teilhabe (Partizipation), Zbl. Psychother. XVI (1944), 1/2
8 O. F. Bollnow: Das Wesen der Stimmungen, Frankfurt 1941
9 R. Thiele: Über den Gebrauch von Raumbildern in der Psychologie, Studium Generale I (1948), 3
10 D. Hume: Treatise of human nature, ed. Green and Grose, Bd. I, 534 ff.

22. Schlaflosigkeit und Traum

Wach-Schlaf-Zuordnungen des Menschen
im Hinblick auf das Wachen und Schlafen der Tiere[1]
(1959)

Daß ein neunzehnjähriger Mensch nachts während des Schlafens einnäßt, uns erklärend, er müsse so »tief« geschlafen haben, daß ihm der Harndrang entgangen sei, ist eine erstaunliche Tatsache. Darf man wirklich annehmen, daß die Enuresis nocturna mit einem abnormen *Tiefschlaf* in Verbindung zu bringen ist? Dem jungen Mann wird im Zustande eines Schlummerns oder gar nur eines schlafnahen Dösens diese Entgleisung nicht zuteil, das ist sicher. Andererseits aber schlafen andere junge Männer vielleicht genauso »tief«, ohne daß ihnen das gleiche Widerfahrnis passiert. Was heißt überhaupt »tief schlafen«? Der Begriff Tiefschlaf besagt, daß das Subjekt nicht ohne weiteres von außen her zu erwecken ist. Vielleicht müßte man ergänzend sagen: von außen her und von innen her. Der gesunde Mensch wird, wenn er im Schlaf eine miktionsbereit-volle Blase hat, von dem Reiz geweckt werden, während der Bettnässer diesen Appell gleichsam überhört. Mit anderen Worten: Wir stellen uns vor, daß bei diesem jungen Mann eine *abnorme Schwellenerhöhung* vorliegt, die sich auf die Blasenreize bezieht, also auf eine Komponente des Leib-Erlebens. *Schwellenerhöhungen* oder *Schwellenerniedrigungen* müssen nicht *generell* in Gleich-

[1] Der Aufsatz wurde Ende der fünfziger Jahre geschrieben, so daß die empirischen Erlebnisse mit dem Pavian noch nicht zur Geltung kommen. Die Übermüdungs-Schlaflosigkeit ist mit der nächtlichen Schlaflosigkeit des Pavians identisch, der aus dem Schlaf aufgeschreckt worden war. Dasselbe gilt von der abendlichen Erregung der Kinder, die die Gleitschiene zum Einschlafen nicht finden: Auch der Pavian zeigte dasselbe Symptom, wenn er am Einschlafen verhindert wurde. Die spätere Nomenklatur ging auf diese empirischen Beobachtungen zurück. Wichtig ist in dem vorliegenden Aufsatz die Bezugnahme auf die Epilepsie.

schaltung erfolgen, sondern können spezifisch, gewissermaßen ausgewählt bestehen. Das Einschlafen eines Menschen kann z. B. durch eine *paradoxe Schwellenerniedrigung* gekennzeichnet sein, die sich auf akustische Reize bezieht. In diesem Augenblick, in dem normalerweise die Sinnesschwellen höher werden, schieben diese einschlafgestörten Menschen gleichsam überempfindliche Hörgeräte in die benachbarten Wohnungen oder gar Häuser vor. Eine Frau hört aus einer Wohnung jenseits der Straße plötzlich die Radio-Musik, während sie in anderen Nächten beim Einschlafen nicht einmal durch das eigene Radio gestört wird, das im Nachbarzimmer spielt. Es ist dabei natürlich auch der Unterschied zwischen »eigen« und »fremd« zu berücksichtigen: Das fremde Gerät verträgt man schlechter. – Zum gesunden Einschlafen gehört die *Schwellenerhöhung*, d. h. daß sich das Subjekt aus seiner Umwelt sensorisch herauslöst. Wir gehen damit unserer Umwelt-Kohärenz verlustig. – Daß der Hypnotiseur auf die hypnagogen Schwellen einzuwirken vermag, zeigt uns ein Bericht, den wir J. H. Schulz (1) verdanken: Es können sich in der Hypnose »erstaunliche Mehrleistungen der Sinnesorgane, z. B. richtiges Lokalisieren einer in 3 m Entfernung auf einen Teppich fallenden Nadel« erzielen lassen. Der Hypnotiseur hat es demnach in der Hand, eine paradoxe Schwellenerniedrigung herbeizuführen. Es sind uns aus der eigenen Sprechstunden-Erfahrung Beispiele geläufig, die uns zeigen, daß in der hypnagogen Verfassung, auch wenn es sich nicht um eine Hypnose handelte, erstaunliche Sinnesleistungen zustande kamen, Leistungen periakustischer oder z. B. olfaktorischer Art, die die Norm der Tagesleistungen erheblich übertrafen. –

Wenn wir unseren Hund einschlafen sehen, so stellen wir fest, daß er *gleitend* einschläft. Das Problem der typischen Schlaf-Haltungen lassen wir unerörtert. Es kann allerdings gelegentlich auch beobachtet werden, daß ein im Einschlafen begriffener Hund plötzlich zusammenschreckt. Wenn wir keine adäquate äußere Ursache finden, so müssen wir annehmen, daß von innen heraus ein Weckreiz erfolgt, vorausgesetzt, daß es sich nicht um Umwelt-Reize handelt, die sich unserer Erfaßbarkeit entziehen. Wir kennen diese Erscheinung vom menschlichen Einschlafen her und sprechen vom Einschlaf-Aufschrecken, das sich beim Menschen in der Regel traumartig illustriert, gewöhnlich so, daß wir ein Absturz-Erlebnis dabei haben. Der absurdeste Bericht, von dem ich Kenntnis erhielt, lautet: Mir träumte flüchtig, ich hätte, so wie in den Anfangsjahren des Ersten Weltkrieges, eine Pickelhaube auf dem Kopf. Es war dunkel, und ich stieß, als ich plötzlich wach wurde, heftig gegen einen Balken über mir. – Wir sehen, es muß nicht in jedem Fall das *Absturz*-Erlebnis erscheinen, immerhin aber würden wir selbst bei dem Schreck-Erlebnis des Veteranen feststellen müssen, daß die sog. vertikale Tendenz im Spiele ist, denn der Mann stieß mit dem Kopf nach oben. Was allerdings ein Hund erlebt, wenn ihm während des Einschlafens ein Zusammenzucken widerfährt, wissen wir nicht, und wir können nicht einmal sagen, ob er überhaupt ein dem Zusammenschrecken entsprechendes binnenseelisches Erlebnis hat. –

Tatsache ist, daß viele Menschen erst einschlafen können, wenn ihnen vorher noch einmal ein sympathicotoner Gegenzug widerfahren ist. Das Einschlaf-Aufschrecken ist der plötzliche Stoß, der sich traumartig verbildert, aber es gibt auch Berichte, die sich auf den sog. hypnagogen Angststoß beziehen. Statt gleitend in den Schlaf zu fallen, der bekanntlich durch die parasympathicotone Vorherrschaft gekennzeichnet ist, muß das Subjekt *Angst* erleben und wieder heller wach werden. Beim Einschlaf-Aufschrecken kam der sympathicotone Gegenstoß zustande, als der Mensch bereits im Wirkbereich der hypnagogen Phantasmen war, die ihm Möglichkeiten der Illustrierung bieten (Absturz in die Tiefe, Pickelhaube), während sich der hypnagoge Angststoß nicht verbildert. Es muß auch gar nicht ein »Stoß« sein, denn es gibt auch eine schwelende Angst in dieser schlafwärts tendierenden Verfassung. (Genauso gibt es eine schwelende Angst, die mit dem morgendlichen Erwachen verbunden ist und noch lange anhalten kann, wenn das erlebende Ich längst über die Schlaf-Wach-Schranke geschritten ist.) — In diesem Zusammenhang muß auf die merkwürdige Tatsache hingewiesen werden, daß Kinder vor dem Schlafengehen nicht selten in einer paradox anmutenden Weise übermütig werden. Sie lachen und gebärden sich, als ob es sich nicht um die bevorstehenden Erbkoordinationen eines Einschlafens handele, zu denen vor allem der *Tonusverlust* gehört. Andere Kinder werden unmittelbar vor dem Schlafengehen ausgesprochen grantig und *reizbar*. Hier wird man an die Reizbarkeit der Frau erinnern dürfen, deren Schwellen sich hypnagog erniedrigen, so daß sie aus einem entfernten Haus Radio-Musik hört, an der sie Anstoß nimmt. Es kann auch die Kuckucksuhr in einer benachbarten Wohnung sein, die einen Menschen, der an der *paradoxen Schwellenerniedrigung* während des Einschlafens leidet, »rasend machen« kann. »Reizbar« nennen wir ein Subjekt, das zu erhöhter Reaktionsbereitschaft motorischer Art neigt, und es ist wohl die Regel, daß dabei eine sensorische Schwellenerniedrigung im Spiele ist. — Wenn wir uns fragten, ob es auch Tiere gibt, die unmittelbar vor dem Schlafen ausgesprochen heftig reagieren, vergleichbar der Heftigkeit unserer müden oder sogar übermüdeten Kinder, so würden wir uns an die Schwarzdrossel (Turdus merula L.) erinnern: Jedermann hat schon gehört, wie in der Abenddämmerung eine Amsel (= Schwarzdrossel) heftig kreischte, so daß man denken könnte, daß ihr ein Schreck-Erlebnis widerfuhr. Wenn man planmäßig der Erscheinung auf den Grund zu gehen versucht, wird man in keinem Fall die Feststellung machen, daß etwa eine Katze oder sonst ein Feind die Erregung und das entsprechende Geschrei provoziert hat. Wir zitieren Oskar und Magdalena Heinroth, die uns in ihrem Werk *Die Vögel Mitteleuropas* (2, Bd. I, S. 39) berichten: »Eigentümlich ist, daß man die bekannten Schrecklaute, das Tixen und Tacken, stets hört, ehe sich die Tiere zur Ruhe begeben. Das erscheint einem recht sinnlos, denn dadurch machen die Vögel geradezu auf ihren Schlafplatz aufmerksam und locken in der Dämmerung umherschleichende Räuber dorthin. Ich glaube bei näherer Beobachtung aber gefunden zu haben, daß die Amsel wohl vor dem Zubettgehen tixt und schirkt, aber nicht gerade an der Stelle, wo sie sich endgültig zur Ruhe setzt.« Heinroth erwägt, ob dieses abendliche Gezeter nicht gar den Sinn haben könnte, »den Feind auf eine falsche Fährte« zu locken, denn nach dem Geschrei fliegt sie »plötzlich leise ab und verschwindet lautlos in dem Busche, der ihr zur Nachtruhe dienen soll«.

Nun wird man freilich nicht sagen können, daß wir der Erscheinung einer paradox anmutenden Erregung unmittelbar vor dem Einschlafen allenthalben in der Tierwelt begegnen. Ich begnüge mich mit der Feststellung, daß es Menschen gibt, denen vor dem Zubettgehen eine *überschießende Gegenregulation* widerfährt. Die Regel ist wohl das sanfte und sogar beseligende Hinabgleiten in den Schlaf, so daß es sich bei der paradoxen Erregung um die Ausnahme handeln dürfte. Bekannt ist die Tatsache, daß es Menschen gibt, die vor dem Einschlafen zu einem Kriminalroman greifen. Hier bekundet sich, wie uns scheint, eine sympathicotone Erlebnisbereitschaft. Mittels literarischer Gegebenheiten, die man als »spannend« bezeichnen muß, stimuliert sich das Subjekt. Wir stehen nicht an, das Einschlaf-Aufschrecken, die hypnagogen Angst-Verfassungen und die Appetenz nach faszinierender literarischer Kost, die dem Einschlafen vorausgeht, mit der Erregung der Kinder vor dem Schlafengehen in einem Atem zu nennen. Wenn man im Schlafen ebenso wie im Wachen und in der abendlichen hypnagogen Befindlichkeit sowie im Aufwachen *Leistungen* sieht, so wird man an das bekannte Gleichnis von den tauziehenden Parteien erinnern dürfen: Im Einschlafen gewinnt die parasympathico-trophotrope Mannschaft zunehmend die Herrschaft, während die obengenannten paradoxen Erscheinungen gleichsam ein Anziehen oder gar Anreißen der sympathicotonen Partei inmitten des Einschlaf-Vorgangs darstellen. Selbstverständlich möchte ich damit nicht sagen, daß es sich in den Vorgängen des Einschlafens und Aufwachens lediglich um den Antagonismus von Vagus (Parasympathicus) und Sympathicus handelt. Daß dabei auch Hirnzentren beteiligt sind, bestreite ich nicht. – Ein Mensch, der ein aufregendes Tagewerk hinter sich hat und nun zum Kriminalroman greift, bekundet damit, daß ihm die neurophysiologische Leistung eines gleitenden Einschlafens versagt ist. Erst nachdem er im Rahmen der literarischen Kunstform noch einmal »gespannt« worden ist, erreicht er das Maß der Flexibilität, das die Voraussetzung zu dem sanft gleitenden »Hinüberduseln« ist.

Ich habe Menschen kennengelernt, die mir sagten, daß sie nach aufregenden Tagen, an denen sie überfordert, d. h. übermüdet wurden, eine Schlaflosigkeit befürchten müssen. Sie stehen dann in der Furcht vor einer *Irreversibilität der Wachleistung*. Das Tauziehen ist gleichsam *erstarrt*. Keine der beiden Parteien kommt von der Stelle, so daß von einer unelastischen Wach-Verfassung die Rede sein könnte. Die sympathicotone Tages-Erregung ist gleichsam eingefroren. Es muß nicht der »Krimi« sein, der ihnen nun die Flexibilität verschaffen soll, sondern auch das Kino oder das Fernsehen kann dazu dienen, und wenn es eine sog. Nachtvorstellung wäre, der die Aufgabe zukommt, das Subjekt zu »ergreifen« und aufzuregen, um am Schluß die »Abregung«, d. h. die »Lösung der Spannung« herbeizuführen, daß für das Subjekt die Lösung zu einer *Erlösung* wird. Das Kunstwerk ist so aufgebaut, daß ihm diese *Katharsis* zukommen kann: Zunächst wird der Mensch erregt, und die Erregung wird zu einem Höhepunkt oder zu Höhepunkten geführt, während nachher eine absteigende Erregungskurve folgt. Der Aufbau dieser *Spiele*, und es sind ganz fraglos *Spiele*, denen das Subjekt beiwohnt, setzt uralte Erfahrungen offenbar voraus. Nicht von ungefähr folgt am Schluß die Lösung, heiße sie »happy end«, »Verhaftung des Kriminellen« oder wie immer. Wir geben unser Nervensystem gleichsam in eine Entstarrungs-Anstalt, wenn wir uns aufregen lassen, um am Schluß eine befriedigende Lösung zu erfahren. Die *Versteifung der Wach-Leistung* wird aufgehoben, so daß nun der Zustand einer *Flexibilität* erreicht wird. Selbstverständlich kann man nicht sagen, daß diese »Nerven-Kur« in jedem Falle zu dem gewünschten Erfolg führen muß. Auch ein Geschlechtsverkehr kann ähnliche Wirkungen einer Spannung und Lösung haben und die Wege zum Einschlafen bahnen. Die Masturbation, darauf wies Freud bereits hin, ist ebenfalls ein Mittel, dem dieser Nutz-Effekt zukommt.

Wir stellen fest: Es muß zunächst noch einmal eine Verlaufsgestalt mit den Merkmalen der Erregung und der lösenden Beruhigung erscheinen, wenn die Starre, d. h. die unelastische Leerlauf-Vigilität, ihr Ende finden soll. Anders gesagt: Die »nichtsnutzige« Wachheits-Verfassung, die gar keine wirkliche Aufgabe mehr hat, sondern nur einfach läuft und das erlebende Ich in ihrem Bann hält, muß wieder zu einer *szenisch fundierten Wachheit* werden. Es ist meine Meinung, daß das Dasein von Tier und Mensch *szenisch geordnet* ist. Ich habe in einer früheren Veröffentlichung (3) diesen Gedanken nachdrücklich vertreten, was zugleich heißt, daß ich mit dem »Scenarium vitale« einen *Katalog der Homologien und Analogien auf*zustellen versuchte. Statt der leeren und starren Wachheit erscheint jetzt die szenisch investierte Vigilanz. Die Schlaflosigkeit ist in einer Wach-Verfassung begründet, die wie ein nutzloses Kapital vor uns liegt, während nun, wenn das Subjekt zum Kriminalroman greift, die Investierung erfolgt. Es wird mit diesem Pfund noch einmal gewuchert, und das ist dem Subjekt zum Heil. Jetzt handelt es sich noch einmal um szenische Verläufe, die ihre *Eigengesetzlichkeit* haben. Dieses Prinzip der Investierung erweist sich nicht nur im Zusammenhang mit der Vigilitäts-Erstarrung (= Schlaflosigkeit) als heilsam, sondern auch in anderen Fällen, bei denen es sich um ein frei flottierendes Symptom handelt, das sozusagen als Leerlauf-Element zu bezeichnen wäre, den Begriff des Leerlaufs im Sinne von K. Lorenz (4) gebraucht. Es muß allerdings bemerkt werden, daß es sich bei der Leerlauf-Vigilität um ein *Residual-Element* zu handeln scheint, während in den Lorenzschen Fällen Stauungen vorliegen, die darauf beruhen, daß sich eine hintangehaltene Handlung inszenieren möchte, nachdem sie lange Zeit nicht zur Auslösung gekommen ist und nun ein hohes Gefälle aufweist. Wörtlich heißt es bei Lorenz: »Wenn eine Instinkthandlung längere Zeit hindurch nicht zur Auslösung gelangt, erniedrigt sich bemerkenswerterweise der Schwellenwert der zu ihrer Auslösung nötigen Reize... Die Schwellenerniedrigung der auslösenden Reize kann insofern einen Grenzwert erreichen, als die lange hintangehaltene Reaktion schließlich ohne nachweisbaren Reiz zum Durchbruch kommt.« Wir möchten als »Leerlauf« auch das Zusammenschrecken des einschlafenden Hundes ansehen, wenngleich es sich dabei nicht um eine »lange hintangehaltene Reaktion« handelt, die nun, wenn man so sagen darf, »endlich losgehen möchte«. Dasselbe gilt selbstverständlich vom menschlichen Einschlaf-Aufschrecken. Wesentlich ist uns, daß überhaupt kein Umwelt-Auslöser im Spiele ist, der die Schreck-Reaktion verursacht. Der *Grenzwert der Schwellenerniedrigung* entscheidet: selbst wenn kein Geräusch im Spiele ist, erfolgt das Zusammenschrecken.

Ich sagte, daß wir das »Prinzip der Investierung« auch aus Berichten kennen, bei denen eine Schlaflosigkeit nicht im Spiele ist: Ein Kranker besuchte unsere Poliklinik, weil er unter tourenweise auftretendem Herzjagen litt. Die Internisten hatten organische Befunde nicht erheben können, so daß man die Erregung als »nervös« ansehen mußte. Dieser Mann sagte mir, daß er einen *Geschlechtsverkehr* arrangiere, wenn die Tachykardie am Abend auftritt, vorausgesetzt, daß seine Ehefrau zu einer geschlechtlichen Begegnung geneigt sei. Alsdann stellte er fest, wie das Herz im Rahmen der Kohabitations-Rolle zu einem synergistisch-angemessenen Rhythmus komme. Die vordem leere Funktion, die nichts als Herzklopfen war, und zwar, wenn wir unsere oben gebrauchte Formulierung wiederholen dürfen, »ein völlig nutzloses Herzklopfen« (= Leerlauf-Herzklopfen), marschierte nun in Reih und

Glied mit anderen Funktionen, etwa einer schnaufenden Atmung, abgesehen von den eigentlich kohabitatorischen Erbkoordinationen motorischer Art, die schließlich die Ejakulation herbeiführen. In der Zeitgestalt (= Eigengesetzlichkeit) dieser urszenischen Rolle gehört der Samenerguß als Höhepunkt der Bewegungsabläufe zu den synergistischen Zuordnungen. Entscheidend bedeutsam war, daß sich die Herztätigkeit in das Funktions-Ensemble einer urszenischen (= homologischen) Rolle einreihen ließ. Im Moment der Ejakulation erreicht, wie oben bemerkt, das synergistische Ensemble seinen Höhepunkt, und an diesem Kulminieren hat auch das Herz teil, ebenso wie an dem raschen Absinken der Erregungs-Zeitgestalt, das zur Auflösung des Ensembles führt, so daß der Status quo ante wieder erreicht wird, und zwar der Status quo des Ruhe-Verhaltens. Die Tachykardie hatte damit ihr Ende gefunden. Mit anderen Worten: die Herzfunktion hatte sich »synergisieren« lassen. Man könnte auch sagen: sie wurde in das szenische Verhalten *investiert*. Vorher flottierte sie frei, ein »nichtsnutziges Symptom«. Wir gebrauchen ein weiteres Gleichnis: Das auf freier Weide in seinem Stallmut herumtollende Pferd hatte sich in ein vielgliedriges Gespann einschirren lassen und war zusammen mit den anderen Pferden im Trab und Galopp gegangen, und am Schluß hatte es sich ausschirren und zusammen mit den anderen in den Stall führen lassen. – Soviel über das »Prinzip der Investierung«, das man auch als das der »Synergisierung« bezeichnen könnte.

Wir kehren zu dem schlaflosen Mann zurück, der zu dem Kriminalroman greifen muß, um schließlich seine Ruhe zu finden, während ein anderer in ein Nachtkino geht oder noch lange Zeit anregende Gespräche führen muß, bis sich bei ihm eine natürliche Ermüdung einstellt. Ich erwähnte auch, daß ein Geschlechtsverkehr oder der Akt einer Masturbation diesen Erfolg zeitigen können, wohlgemerkt »können«, nicht müssen. Wir faßten die erstarrte Vigilität als ein *Leerlauf-Phänomen* auf, und zwar als *Residual-Element*. Im Gleichnis zu sprechen: Das Spiel ist aus. Die Schauspieler sind von der Bühne getreten, aber das Licht läßt sich nicht ausschalten. Jetzt muß als Zugabe noch ein Einakter gespielt werden, damit sich die helle Lampe endlich abschalten läßt. In der physiologischen Ausdrucksweise war von einer erstarrten sympathicotonen Erregung die Rede. Der Residual-Leerlauf der nutzlosen Vigilität ist in einer sympathicotonen Erregung fundiert, die nicht weichen will, obgleich die Voraussetzungen für die Vorherrschaft der parasympathicotonischen Zuordnungen gegeben wären. Wir haben in unserer Publikation *Trinker* (5) einen Katalog der parasympathicotonisch-trophotropen Elemente zu geben versucht, an deren Spitze der Tonusverlust (= Relaxation) marschiert. Ein weiteres echtes Einschlaf-Element wäre die sensorische Schwellen*erhöhung*, die dazu führt, daß das Subjekt, das sich infolge der Tonus-Fadings nicht auf den Beinen halten kann, seiner Umwelt verlustig geht. Die Valenzen der Umwelt, den Begriff im Sinne E. S. Russells (6) gebraucht, sprechen diesen Mann nicht mehr an. Es war in dieser Publikation von den S.-Elementen und S.-Bereichen (S. als Abkürzung für Schlaf resp. sommus) die Rede, aber wir hatten auch festzustellen, daß es innerhalb der S.-Bereiche *konträre Elemente* gibt, die sich sogar unangemessen breit machen und über die parasympathicotonisch-vagotonisch synergistisch verbundenen S.-Elemente dominieren können. Immerhin gehören auch sympathicoton-betonte S.-Elemente normalerweise zum Einschlaf-Vorgang. Sie sind es wohl, die für ein *gleitendes* Einschlafen sorgen, wenn sie nicht hypertrophierend aus der Reihe tanzen. Da es sich um konträre S.-Elemente handelt, bezeichneten wir sie als *KS.-Elemente*. Zu ihnen gehören unsere hypnagogen Erlebnisse, die auf *Sinnestäuschungen* basieren. Wenn nun schon die Umwelt mit ihrem Anreizvermögen (= Valenzen) nicht mehr im Spiele ist, so stellt sich ein Leerlauf ein, ein sensorischer Leerlauf, wenn man so sagen darf, und wir hören plötzlich imaginäre Zurufe oder Gesprächsfetzen. Alle diese S.- und KS.-Elemente stellen ein Funktions-Ensemble dar, bei dem auch unser Geist einbezogen ist, wenn man an das hypnagoge »Abaissement du niveau mental« (Janet) denkt, das sich in einer Abschwächung unserer Kritikfähigkeit bekundet.

Wenn man sich das Schlafen als eine *Leistung* vorstellen darf, bei der nicht nur das parasympathico-trophotrope System engagiert ist, sondern immer zugleich auch – gemäß dem Gleichnis von den tauziehenden Parteien – eine sympathicotone Erregung lebendig bleibt, so kämen wir zu einer *Theorie des Traums*. Ich möchte kurz andeuten: Immer in den Bereichen, die man als wachnahe bezeichnen kann, also unmittelbar nach dem Einschlafen und kurz vor dem Erwachen, liefert eine innere Regie Erlebnisse, die sich auf Vorstellungen (= Partner- oder Gegenstands-Doubletten) beziehen, die aber hinsichtlich des Affektes echte physische Wirkungen zeitigen, also z. B. eine Ejakulation oder einen Angstschrei und den Angstschweiß, je nach der Rolle, die dem erlebenden Ich im Rahmen des *Spiels* zugedacht worden ist. Wir sind geneigt, den abendlichen Kriminalroman oder den nächtlichen Gang in das Kino, der diesseits der Wach-Schlaf-Schranke der Überwindung einer drohenden Wach-Erstarrung, d. h. eines sympathicotonen Einraster-Status dient, mit dem Träumen in einem Atem zu nennen: So wie das von außen her arrangierte Spiel die Verfassung des Subjekts geschmeidig hält, kann es auch Spiele geben, die von einer inneren Regie veranstaltet werden, und zwar mit dem gleichen Nutz-Effekt. Schlafwärts, hin zum traumlosen Tiefschlaf, und vom Tiefschlaf her zur Schlaf-Wach-Schranke hin, bedarf es eines Gleitmittels sympathicotonischer Prägung. Wenn man ein alpinistisches Gleichnis gebrauchen dürfte, so könnte von dem vagotonischen Abgrund und einem vagoton-sympathicotonen Abseilen gesprochen werden. Das ist der Abgrund, in den der Epileptiker abstürzt, wenn die sympathicotonen Haltemannschaften versagen. Wir spielen damit auf die Selbachsche Theorie (7) an. So dienten diese spielerischen, sympathicotonisch fundierten Veranstaltungen, die wir hypnagoge Sinnestäuschungen und Traum nennen, dem sanften Übergang. Entsprechend dürfte im Falle eines sanften Erwachsens vergleichsweise von einem Aufseilen die Rede sein, während das Einschlaf-Aufschrecken ein plötzliches sympathicotonisches Hochreißen ist. Der Traum, gleichviel ob es sich um das schlafwärts oder das wachwärts führende Träumen handelt, fällt unter die KS.-Charaktere und ist, wie oben bemerkt, ein *Spiel*, das das erlebende Ich einbezieht, sei es, daß es dabei in einer Zuschauer-Rolle ist oder als Mitspieler engagiert wird. Aussuchen kann sich das erlebende Ich nicht, ob es nur im Zuschauerraum stimuliert wird oder selbst auftreten muß. Das verhängt eine Regie über es, denn der Traum muß als *Widerfahrnis* bezeichnet werden. Selbstverständlich muß man auch sagen, daß zwischen der Vorführung im Kino, die ein Spiel darstellt, und dem Traum, dem wir gleichfalls Spiel-Charakter zuerkennen, der folgende Unterschied in die Augen springt: Der Spielbesuch im Lichtspielhaus trifft das Subjekt in der Verfassung der Wachheit. Das erlebende Ich ist noch diesseits der Wach-Schlaf-Schranke, während das Ich im Träumen jenseits dieser Schranke das Erlebnis hat. Da die sensorische Herauslösung aus der Umwelt erfolgt ist, wenn das Ich über die Wach-Schlaf-Schranke tritt, so muß eine *innere* Spiel-Regie einspringen, die sympathicotonische Abseil-Funktion zu ermöglichen. Wenn von neurophysiologischen Betriebsunfällen die Rede sein dürfte, so hätten wir den epileptischen Absturz zu nennen, der einem Seilriß vergleichbar wäre, und außerdem gibt es offenbar die Gefahr einer Tiefschlaf-Erstarrung. Nicht nur die Leistung des Wachens, auch die des Schlafens muß elastisch-schwingend verlaufen. Davon waren wir ausgegangen, als wir die Krankengeschichte des neunzehnjährigen Bettnässers mitteilten. Im Falle des starren Tiefschlafs wird das Subjekt in einem Zustand gehalten, der einer tiefen Narkose resp. einer epileptischen Tiefschlaf-Verfassung vergleichbar wäre. So ergibt sich uns, wenn wir die Gefahr des epileptischen »Betriebsunfalls« in den Vordergrund rücken, eine neue Traum-Theorie.

»Homo ludens«, das ist der Titel eines Buches von Johan

Huizinga (8). Es soll unsere Aufgabe sein zu zeigen, daß der Mensch in seinem vitalen Haushalt weit mehr, als es diesem Kulturhistoriker vorschwebt, das *animal ludens* ist. Wir verweisen in diesem Zusammenhang auf F. J. J. Buytendijks Würdigung der Spiel-Charaktere in unserem Dasein. Das Spiel hält uns elastisch, und vor allem: es ist notwendig als ein von Anbeginn subjektdienliches Widerfahrnis. Man wird an das Klavierspiel mit seinen Etüden der Geläufigkeit erinnert, wenn man bedenkt, welchen physiologischen Nutz-Effekt wir den Spielen diesseits und jenseits der Wach-Schlaf-Grenze zuzuerkennen haben. Selbst im Verlauf des epileptischen Anfalls sehen wir noch einen letzten sympathicotonen Versuch, den Absturz spielerisch aufzuhalten: die Aura, die mit dem Erleben von eindrucksvollen Farben oder Tönen oder aufregenden Umwelt-Verfälschungen verbunden ist. Wir finden, daß Aura und Traum einander vergleichbar sind. Da es uns freisteht, alpinistische oder andere Gleichnisse zu gebrauchen, wenn wir die empirischen Phänomene darzustellen versuchen, so könnten wir auch sagen, daß die Aura einem Fallschirm vergleichbar wäre, der sich unmittelbar im Beginn des Absturzens öffnet. Gleichnisse sind bekanntlich zollfrei, wie alles Gedankengut, wesentlich aber müssen uns die empirischen Tatsachen sein, die zur Diskussion stehen. – Wenn wir sagen, daß der Traum unter die Spiele gehört, so meinen wir, mehr als nur ein Gleichnis zu gebrauchen. Es schwebt mir wirklich die Kategorie der Spiele vor, unter denen ich empirisch-reale Tatsachen subjektdienlicher Art verstehe. Das Moment einer subjektdienlichen Selbstregulation möchte ich in den Blickpunkt rücken.

Es gibt mancherlei Traum-Theorie, das brauchen wir nicht hervorzuheben, uns interessiert hier nur die eine Seite des Traums, die man seine neurophysiologische Seite nennen könnte. So wie es im Theater auch eine technische und ökonomische Seite gibt, die durch die Theater-Ingenieure und einen Wirtschafts-Ausschuß wahrgenommen wird, gibt es auch für das Traum-Theater diese Seiten. Selbstverständlich verkennen wir nicht, daß es außerdem die anderen Traum-Probleme nach wie vor gibt, die sich auf die *Dichtung* und die *Dramaturgie*, d. h. das Was und das Wie der Aufführungen beziehen. Bei unserer Erörterung steht nur das »Daß« im Mittelpunkt, d. h. die Tatsache, »daß« es Träume geben muß und wozu sie im Hinblick auf die Leistungen des Einschlafens und Aufwachens dienen. Wichtig sind uns allein die Fragen des gleitenden Schlafens und Wachens. Gleitend und schwingend zu schlafen bedeutet Gesundheit: Wenn ein Hund nachts geweckt wird, so schläft er alsbald wieder ein, gleichviel, ob es Weckreize aus der Umwelt waren oder solche von innen her. Natürlich wird er wach bleiben, wenn er Schmerzen verspürt. Das Schmerz-Erleiden ist eine Notfall-Reaktion im Sinne W. B. Cannons (9) und also mit einer Adrenalin-Ausschüttung verbunden. Der Schmerz ist eine Stimulans. Normalerweise wird der Hund im Laufe einer Nacht hin und wieder einmal wach, um alsbald wieder zu dösen und zu schlafen. Jederzeit wird er rasch erweckbar sein. Ich habe in einem Internat erlebt, wie die Mitschüler einen jungen Mann, der durch seinen Tiefschlaf bekannt war, in der Nacht mitsamt seinem Bett aus dem Schlafraum trugen, ohne daß er es merkte. Ob man sich diesen Schelmenstreich auch einem schlafenden Hund gegenüber leisten könnte? – Man wird sich auch nicht gut vorstellen können, daß ein Mensch seinen Hund zu einem Tierarzt bringt, weil das Tier an einer seit Wochen bestehenden hartnäckigen Schlaflosigkeit leidet, so daß es Abend für Abend seine Tabletten oder eine Injektion haben muß. Das wäre absurd. –

Es gibt sicherlich mancherlei Art von Schlaflosigkeit. Uns interessierte hier lediglich die starre Vigilität, die uns als *Residual-Leerlauf* erschien. Wenn wir die Frage stellen würden, wie es zu dieser Form eines Leerlaufs kommen kann, so würden wir die folgenden Tatsachen herbeiziehen: Ausnahmsweise kann auch einmal ein Hund schlaflos sein, zwar nicht wochen- oder monatelang, aber einmal für einen Abend. Ich berichte die folgende Vorgeschichte: Ich bin mit dem

Hund auf einer Veranstaltung gewesen, die mit einem Feuerwerk ihren Abschluß fand. Das Tier ängstigte sich maßlos und wäre in panikartiger Flucht davongelaufen, hätte ich es nicht an der Leine festgehalten. Nicht jeder Hund reagiert so. Ich habe einen Chow-Chow-Mischling gekannt, der jedesmal, wenn ein Gewitter heraufzog und der erste Donnerschlag erschallte, erregt auf die Straße lief und laut bellte. In den Silvesternächten mußten wir das Tier in der Wohnung zurückhalten, weil dieser Draufgänger die Feuerwerker attakkierte. Der ängstliche Hund, der das Feuerwerk nicht vertrug, sich ihm aber auch nicht entziehen konnte, so fluchtbereit er auch war, fand an diesem Abend den Schlaf nicht. Er war, wenn man sich so naiv ausdrücken dürfte, »überdreht«. Im allgemeinen gilt, daß jede szenische Rolle ihre Verlaufs-Gestalt hat. Wenn dieser Hund, der einem gefährlichen Feind konfrontiert war, davongelaufen wäre, so hätten, mit J. v. Uexküll (10) zu reden, die »Wirkmale« der Flucht die »Merkmale« des Feindes ausgelöscht. Der Hund wäre an den Ort seiner Geborgenheit geflohen, vorausgesetzt, daß ihm der Weg von dem Feuerwerksplatz zu unserem Haus bekannt gewesen wäre. Dort hätte alsdann das Sprichwort Geltung gefunden: Aus den Augen, aus dem Sinn.

Daß das Tier diesem »Feind« ausgesetzt war, ohne die ihm von Natur gegebenen Möglichkeiten der Flucht gebrauchen zu können, müssen wir als eine unbiologische Situation bezeichnen. Durch das Festhalten hatten wir dem Subjekt die Rückkehr in den Status quo ante verdorben. Es handelte sich bei dieser Fixierung um eine hintangehaltene Reaktion, die nun zu der Residual-Vigilität führt. Gewöhnlich findet sich der natürliche Ausgleich, wenn das Tier die ihm widerfahrende Rolle auf eine natürliche Weise zu meistern vermag. Von einem pathologisch nachhaltigen Erlebnis kann keine Rede sein, wenn sich der Hund mit seinesgleichen auf der Straße gerauft hat und in die Wohnung zurückkommt. Er wird alsdann nicht starr-wach sein, sondern sich so verhalten, »als ob nichts gewesen wäre«. Es kann durchaus sein, daß er sich dann hinlegt und schläft oder daß er eine Mahlzeit einnimmt. Von einem Residual-Leerlauf ist jetzt keine Rede. Ähnlich flexibel verhalten sich unsere Kinder. Soeben sah man sie raufen, bald darauf finden wir dieselben Kinder friedlich am Sandkasten sitzen. Es gibt ein Sprichwort, das auf diese geringe Nachhaltigkeit des Affektes bezogen ist: »Pack schlägt sich, Pack verträgt sich.« »Pack?« Ehre »im Leibe haben« bedeutet, auf Satisfaktionen (= Sättigungen des restierenden Ressentiments) erpicht sein. Die Kinder kennen zu ihrem Glück unsere Ehrgebriffe noch nicht, denn uns würde es als würdelos erscheinen, uns mit unseren Feinden alsbald wieder an einen Tisch zu setzen, »als ob nichts geschehen wäre«. Unsere Händel müssen nachträglich mit anderen Mitteln fortgesetzt und ausgetragen werden, gerichtlich oder wie immer. Der Begriff der Ehre setzt den einer Erstarrung voraus.

Das kann schlaflose Nächte kosten. – Hier, so könnte man sagen, liegen unbiologische Situationen vor. Angenommen, zwei Hunde stoßen in einer feindlichen Begegnung so aufeinander, daß die Unterlegenheit des einen offenbar ist, so wird sich dieser in einer Demuthaltung dem mächtigen Partner ergeben und von ihm Pardon erlangen. Damit hat der Affekt sein natürliches Ende gefunden. Andererseits gibt es Hunde, die diesen Akt der Unterwerfung im Umgang miteinander nicht zeigen, sondern immer aufs neue gegeneinander losgehen, so oft sie einander auf der Straße treffen, ohne daß diese Entscheidung fällt. Wir haben in keinem Falle gesehen, daß die offenbleibende Feindschaft zu einer *Vigilitäts-Erstarrung* führt, die darin erkennbar wird, daß die Tiere schlaflos werden. Sie kommen im allgemeinen gleitend »über ihre Erlebnisse hinweg«, auch wenn sich diese wiederholen, was wohl auch damit zusammenhängt, daß sie kein Seelen-Binnenleben mit Affekten und Partner-Vorstellungen (= Doubletten der leibhaft-realen Partner) kennen. In ihrem Scenarium wird der natürliche Status quo ante bei allen affektiven Auseinandersetzungen wieder erreicht, so daß der Bericht von dem Hund, der dem Feuerwerk ausgesetzt war, ohne sich dieser Situation durch die Flucht entziehen zu können, eine Ausnahme von der Regel darstellt. Beim Menschen beobachten wir die starre Vigilität und Hypervigilität nicht selten. Vielleicht darf man sogar sagen, daß das Paradigma des Hundes, der sympathicotonisch »überdreht« wurde, auch bei uns erkennbar wird. Uns hält beispielsweise die Pflicht in Situationen, die uns überfordern. Willenskraft und Lebenskraft sind nicht dasselbe. – Alsdann aber kann, wie oben bemerkt, der zusätzliche »Einakter« das Mittel der Lösung sein und die Entspannung bringen. Die vitale Rolle, auch wenn sie nur in der Spielform das Subjekt ergreift, bringt die aus einer sympathicotonen Überforderung resultierende Vigilitäts-Erstarrung zu einem Ende, d. h. daß im Zusammenhang mit der Autonomie (= Eigengesetzlichkeit) der szenischen Rolle die »Lampe der Wachheit« erlöschen kann.

Wir kennen im Zusammenhang mit unangemessen hohen Belastungen die Vigilitäts-Erstarrung als Residual-Leerlauf, die sich in einer Schlaflosigkeit bekundet, so daß von einer Übermüdungs-Schlaflosigkeit die Rede ist. Daneben gibt es bei Mensch und Tier, d. h. bei gewissen Arten, einen vermutlich pathologischen Kurzschluß-Modus, der dafür sorgt, daß hohe Intensitätsgrade einer Erregung ihr plötzliches Ende finden: Das ist der *Übersprung*. N. Tinbergen berichtet uns in seiner Abhandlung über »Die Übersprungsbewegungen« (11) von den Revierkämpfen der Schneeammer-Männchen. Es kann vorkommen, daß bei diesem feindlichen Einander-Gegenüberstehen plötzlich eins der beiden Tiere den Kopf unter den Flügel steckt und schläft. Die gleiche Ausweich-Reaktion, die man als *Übersprung-Einschlafen* bezeichnet, wird auch von den kämpfenden Säbelschnäblern berichtet. Es gibt eine analoge Erscheinung beim Menschen: Während schwerer Bombenangriffe kam es gelegentlich zu Panikstimmungen in den Luftschutzräumen, so daß die eine oder die andere Mitbürgerin aufstand und sich den »Wirkmalen einer Flucht« ausliefern wollte, hätte die Besonnenheit das Subjekt nicht davor bewahrt, wenn nicht gar der Ordner die Frau zu ihrem Sitzplatz zurückführen mußte. Das »Band der Pflicht« war nicht fest genug, diesen Menschen an seinem Ort zu halten. Eine der Frauen, es war immer dieselbe, verfügte in den Panik-Situationen über einen inneren Notausgang: Sie begann inmitten der erhöhten Spannung plötzlich einzuschlafen. An sich hätte die Erregung die Gehwerkzeuge mobilisieren müssen, das wäre im Sinne Cannons eine adäquate Reaktion gewesen, als dieser *Notfall* gegeben war, aber bei dieser Frau existierte eine geheime innere Tür, die sich ihr zu einer schlafwärts gerichteten Flucht-Reaktion auftat. — In dieser Situation der Ausweglosigkeit kann es zu einem *Tiefschlaf* kommen, aus dem das Subjekt nicht ohne weiteres aufwacht, wenn die Gefahr vorbei ist.

Literatur

1 J. H. Schultz: Hypnose-Technik, 4. Aufl. Stuttgart 1959
2 O. u. M. Heinroth: Die Vögel Mitteleuropas, Berlin-Lichterfelde 1926
3 R. Bilz: Pars pro toto, Leipzig 1940
4 K. Lorenz: Über die Bildung des Instinktbegriffs, Naturwissensch. 15 (1937), 19, 20, 21
5 R. Bilz: Trinker, Stuttgart 1959
6 E. S. Russell: Valenz und Aufmerksamkeit im tierischen Verhalten, Schweiz. Z. Psychologie III (1944)
7 H. Selbach: Das Kippschwingungsprinzip in der Analyse der Selbststeuerung, Fortschr. Neur. u. Psychiatr. XVII (1949)
8 J. Huizinga: Homo ludens. Versuch einer Bestimmung des Spielelementes der Kultur, Amsterdam 1939
9 W. B. Cannon: Bodily changes in pain, hunger, fear and rage, New York 1929
10 J. v. Uexküll: Die Lebenslehre, Potsdam 1930
11 N. Tinbergen: Zschr. Tierpsychologie IV (1940)

23. Die Übermüdungs-Panik

Eine psychosomatische Erörterung
über die neurasthenische Leistungsschwäche[1]
(1964)

Vorbemerkung

Neuere Forschungen haben erwiesen, daß der Schlaf an eine endogene Periodik gebunden ist, die man als ein *stammesgeschichtliches Erbe* auffassen muß. Es ist anzunehmen, daß sich die Organismen, und zwar Pflanzen und Tiere, im Verlaufe ihrer Evolution an die sich ständig wiederholende Achsenumdrehung der Erde, d. h. an die Tag-Nacht-Rhythmik, angepaßt haben. Das Ergebnis der Anpassung ist darin zu sehen, daß wir sowohl eine endogene als auch eine exogene Rhythmik vorfinden. Wenn man Fachausdrücke der Technik gebrauchen darf, so muß man mit J. Aschoff (1) die biologische Bedeutung der Sonnenaufgänge darin sehen, daß eine endogene »Schwingung« mittels des Lichts in die richtige, d. h. entsprechende »Phasenlage« gebracht wird. Der am Morgen erwachende Vogel, um es konkret zu sagen, wird durch das Licht nicht in dem Sinne »geweckt«, daß seine Schlaf-Funktion plötzlich in Wach-Funktionen umschlagen, so daß von einer plötzlichen inneren *Kehrtwendung* die Rede sein müßte, sondern es bleibt der Verlaufs-Zusammenhang gewahrt: Mit Hilfe der dem Subjekt innewohnenden Periodik der Organfunktionen wird schon während des Schlafens, gegen den Morgen hin, in allen Organsystemen ein Zustand erreicht, der in den der Aufwach-Aktivität übergeht. Es erfolgt mittels des Erwachens die »*Synchronisation*«. Dem »Sich-Drehen« des Planeten sind die inneren Kreisprozesse des Subjekts zugeordnet.

[1] Zum Gedenken an den hundertsten Geburtstag des Biologen Jakob von Uexküll, geb. am 8. Sept. 1864.

Es wird sich im Verlaufe unserer Untersuchungen herausstellen, daß *Wecken und Wecken nicht dasselbe* ist. Wenn man das dem Lichte zugeordnete Wecken resp. Aufwachen des Subjekts mit einem Namen belegen wollte, so könnte man es als das phasengerechte Wecken bezeichnen, daneben aber gibt es das Wecken und Aufwachen, das man im Gegensatz dazu als *»Aufwachen zur Unzeit«*, d. h. als unvorbereitetes, *katastrophales Aufwachen* zu benennen hätte. Wenn das Subjekt im Einschlafen begriffen ist und plötzlich geweckt wird, und dasselbe gilt von dem Wecken und Aufwachen mitten in der Nacht, so ist die Zeit *»nicht erfüllt«*. Es gibt im Verlauf der Kontinuitätszusammenhänge erfüllte und nichterfüllte Zeit. Mit anderen Worten: Das morgendliche sanfte Aufwachen lag im Programm. Die endogene Schwingung wurde in die richtige Phasenlage gebracht, während das unzeitgemäße Wecken mitten in der Nacht letzten Endes auf einen *Notfall* im Sinne W. B. Cannons (2) hinweist. Es ist damit ein Ausnahmezustand gegeben, der mittels eines im Subjekt liegenden *Mechanismus* herbeigeführt wird. Es ist mit dem Schreck-Erwachen ein Vigilitäts-Einraster-Status verbunden. Das morgendliche Erwachen kann man nicht als »Katastrophe« bezeichnen, während man das Nicht-Einschlafen-Können oder das von innen her nicht vorbereitete Aufwachen des Tieres mitten in der Nacht mit *katastrophalen Umwelt-Gegebenheiten* in einen Zusammenhang bringen muß.

Zeit, so könnte man sagen, und zwar zeitlich-programmatischer Verlauf, *ist Ordnung.* Die Aktivität, die im Zusammenhang mit dem morgendlichen Erwachen aus dem Subjekt hervorbricht, wurde im Verlaufe der langen Ruhephase vorbereitet, während die Notfall-Aktivität nicht in diesem Sinne als Programmpunkt zeitlicher Kontinuitäts-Ordnung aufgefaßt werden kann. Dieser Aktivität kommt das Moment der *Überraschung* und des *Erschreckens* zu. Die Katastrophe ist die Ausnahme. So stehen sich programmatisch-vorgesehene und Überraschungs-Aktivität gegenüber, die an einen inneren Reaktions-Mechanismus gebunden ist. Diese Feststellung wird sich für unseren Begriff der *Übermüdungs-Panik* respektive *Übermüdungs-Verstimmung* als bedeutungsvoll erweisen.

Der Mensch gehört zu den »*lichtaktiven Lebewesen*«. Diese Feststellung besagt, daß die Nacht die ihm zugeordnete Zeit des erholsamen Schlafens ist. Man hat eine größere Anzahl von Funktionen untersucht, und zwar bezogen auf die *Tag-Nacht-Rhythmik*. Es lassen sich in dem Zeitverlauf der Funktionen Maxima und Minima feststellen, so daß man sagen kann, daß insofern ein Kreis, d. h. eine in sich geschlossene Verlaufsgestalt vorliegt, als die Funktion immer wieder zu dem festliegenden Maximum oder Minimum zurückkehrt. Das gilt von der Eosinophilie des Blutes wie von den Mitosen der Haut. Es wird Urin produziert oder es werden im Zusammenhang mit den Mitosen neue Zellen fertiggestellt, aber es handelt sich nicht um gleichförmige Leistungen. Uns interessiert die Tatsache, daß die Produktionen durch Höhepunkte und Engpässe programmatisch determiniert sind, die im Verlaufe der Hell- und Dunkelzeiten festliegen. Wenn man alle diese Funktionen zu einer *Phasenkarte* (3) zusammenfaßt, so ergibt sich, daß einige der Funktionen miteinander in einem unmittelbaren Kausalzusammenhang stehen, während andere im Rahmen dieser programmatischen Kontinuität der Kreisprozesse in keiner zwingenden oder einer nur weniger zwingenden Zuordnung zueinander stehen. In diesem Falle wird man lediglich von einem *zeitlichen Nebeneinander der Verlaufs-Gestalten* sprechen. Die 24-Stunden-Rhythmik des Wachseins und Schlafens ist nicht, wie man früher gemeint hat, die Ursache der übrigen tagesrhythmischen Erscheinungen. Das Schlafen ist diesen inneren Uhrwerk-Vorgängen nicht super-, sondern koordiniert. Allenfalls kann man sagen, daß der Schlaf die auch ohne ihn verlaufende *Periodik* in ihrer Ausprägung *intensivieren* kann.

W. Menzel bringt in seinem Buch über die *menschliche »Tag-Nacht-Rhythmik«* (3) einen umfangreichen Katalog der Kreisprozesse, von denen einiges hier angedeutet werden soll:

Die schon erwähnte Eosinophilie, deren Maximum in die Mitternacht fällt, steht mit der nächtlich eingeschränkten Tätigkeit der Nebennierenrinde im Zusammenhang. Morgens, vor dem Aufstehen des Menschen, erfolgt ein steiler Absturz, der bezeichnenderweise beim Vorliegen einer Schwäche der Nebennieren ausbleibt. Außerdem vermißt man bei den Blinden diesen jähen Absturz. Bekannt ist die 24-Stunden-Rhythmik der Nierentätigkeit. Das Maximum der Harnmenge wie auch der ausgeschiedenen anorganischen und organischen Substanzen fällt im großen und ganzen in die Hellzeit, während das Minimum in der Zeit nach Mitternacht liegt. Um auf eine Einzelheit einzugehen, sei bemerkt, daß die Harnsäureausscheidung nachts ihr Minimum hat, während das Maximum in die Tagesstunden fällt, umgekehrt ist es bei der *Kaliumausscheidung*. Daß es Maxima und Minima der menschlichen Temperatur im Verlaufe des Tages gibt, ist jedermann geläufig. Es ist kein Zufall, daß überall in der Welt an den Krankenbetten die Temperatur zu den festliegenden Ortszeiten gemessen wird. Die Atmungsfrequenz sinkt auch beim Nichtschlafenden nachts ab. Diese Tatsache wurde schon gegen Ende des vorigen Jahrhunderts entdeckt. Wir wissen seit langem, daß auch der Kreislauf in die 24-Stunden-Rhythmik einbezogen ist. Bemerkenswert ist die Tatsache, daß die im Laufe des Tages gebildeten Erythrozyten größer sind als die in der Nacht zustandegekommenen. Das Blut erweist sich während der Nacht als wasserreicher. Die Pupillen zeigen ihre maximale Weite morgens 8 Uhr, während das Minimum 5 Uhr morgens festgestellt werden konnte. Zwischen diesen beiden Zeitpunkten liegt die bedeutungsvolle Umschaltung des morgendlichen Erwachens. Mit dem Aufwachen wandelt sich ganz allgemein die reflektorische Erregbarkeit. Der Muskelinnendruck hat sein Maximum mittags, sein Minimum nachts. Nach Lehmann und Michaelis (1942) zeigt der Adrenalingehalt des Blutes zwei Gipfel, von denen der erste in den Vormittag, der zweite in den Nachmittag fällt. So erklären sich die Mittagsflauten. Auch die Gorillas pflegen, was genauso von meinen Saat- und Rabenkrähen gilt, in den Mittagsstunden zu schlafen.

Es interessieren uns im Zusammenhang mit den Wach-Schlaf-*Regulationen* außerdem die *räumlichen Zuordnungen:* Das lichtaktive Subjekt schläft nicht irgendwo ein, wo es gerade steht oder geht, sondern »zieht sich zum Schlafen zurück«. Nachts, um es konkret zu sagen, sind die Marktplätze leer. Auch das dunkelaktive Lebewesen, z. B. die Fledermaus, sucht am Ende ihrer Aktivitäts-Periode den Ort einer relativen Sicherheit auf. Das Einschlafen ist nicht nur an *zeitliche Kreis-Programme,* sondern auch an *Orte typischer Ausprägung* gebunden. Das Merkmal, das wir dabei im Auge haben, ist das der Geborgenheit. Einschlafen und Schlafen des lichtaktiven Subjekts sind mit einem *Risiko* verknüpft, nämlich dem Risiko im Hinblick auf die dunkelaktiven Feinde. So darf von charakteristischen Schlafplätzen die Rede sein.

Ich habe einen Bekannten, dessen Haus in einem parkartigen Garten steht. Er hält eine Anzahl von Pfauen, die nachts auf einem bestimmten Baum sitzen und schlafen. Das ist ihr Schlaf-Baum. Wenn die Amsel (Turda merula) in der Abenddämmerung in Schlaf-Stimmung ist, pflegt sie laut zu »tixen«. Heinroth (4) nahm an, daß diese Aktivität dazu beiträgt, die dunkelaktiven Feinde zu provozieren. Da nämlich, wo diese Lautgebungen erfolgen, läßt sich der Vogel gewöhnlich nicht zur Nachtruhe nieder. Die Amsel vermittelt, um einen Terminus aus der Sprache Jakob von Uexkülls (5) zu gebrauchen, diesem Ort »Beutetönung« und entfernt sich alsdann, um sich zur Nachtruhe zu begeben. – Das Wildkaninchen zieht sich, wenn es in *Schlaf-Stimmung* ist, in seinen unterirdischen Bau zurück. Wenn das Frettchen in den Ort dieser relativen Geborgenheit geschickt wird, so bekundet sich diese *»Heimsuchung«* als eine Katastrophe ohnegleichen: Hediger (6) berichtet, daß der Pathologe W. Eickhoff in der Veröffentlichung *Schilddrüse und Basedow* (Stuttgart 1949) darauf hingewiesen hat, daß Wildkaninchen im Falle des sog. Frettierens an einem *Schreck-Basedow* zugrunde gehen. Im

Laboratorium war es niemals gelungen, diesen pathologischen Effekt herbeizuführen, dazu mußte die natürliche Umwelt mit ihren besonderen Merkmalen dienen. Es ist offenbar nicht dasselbe, ob das Subjekt außerhalb seines Schlaf-Ortes einem Feind begegnet, dem es sich evtl. durch ein Sich-Ducken oder durch die Flucht entziehen kann, oder ob die Notfall-Reaktion im Ruhe-Verhalten am Ort der Geborgenheit, d. h. in der Verbindung mit einer Überraschung und einem Erschrecken am Schlafplatz, erfolgt. Die *Notfall-Aktivität*, so hieß es oben, die im Rahmen der »Phasenkarte« *zur Unzeit* erfolgt, stellt eine besonders gefährliche Situation, d. h. eine Katastrophe, dar. Eickhoff berichtet, daß die Schilddrüse des vom Frettchen in seinem Bau überraschten Kaninchens ihr gesamtes Kolloid ausschüttet. Es scheint, daß allein die Notfall-Aktivität, die mit dem Moment der *Überraschung am Schlafplatz*, d. h. am *Ort der Geborgenheit* hervorbricht, diesen pathologischen Effekt zeitigen konnte.

I. Der identische Panik-Mechanismus bei am Einschlafen verhinderten oder aus dem Schlaf geweckten lichtaktiven Tieren

Man könnte, so hieß es oben, die in sich geschlossenen endogenen Funktionsverläufe mit dem Räderwerk von Uhren vergleichen, die den Zeitraum von 24 Stunden benötigen, um den nächsten Umlauf vollziehen zu können. Wesentlich ist dabei die Feststellung, daß es sich um eine *Kontinuität* handelt, die *gleitend* erfolgt. Um es negativ zu sagen: Es handelt sich nicht um plötzliche Sprünge. Angenommen, es gäbe in der Umwelt des Subjekts, sei es die des Menschen oder anderer lichtaktiver Lebewesen, nur Feinde, die gleichfalls am Abend, und zwar zum gleichen Zeitpunkt, ihrer lokomotorischen Aktivität verlustig gehen, so brauchte von dem gewissen *Einschlaf- und Schlaf-Risiko* keine Rede zu sein. Wenn Freund und Feind gleichzeitig ausgeschaltet sind, kann dem Subjekt während der Nacht nichts Schlimmes widerfahren. In Wahrheit gibt es dunkelaktive Feinde. Für ihr Erscheinen liegt der uns interessierende katastrophenbezogene *Reaktions-Mechanismus* bereit. Den Leoparden z. B. wird man als nächtlichen Feind der *Paviane* bezeichnen. Es war davon die Rede, daß man zwei Arten des Aufwachens unterscheiden müsse, nämlich das sanfte Aufwachen am Morgen, das der *Synchronisation* dient, und das *Panik-Erwachen*, das man als *feindbezogen* bezeichnen muß. Hier handelt es sich, wie schon bemerkt, um eine Notfall-Reaktion, die inmitten der programmatisch verlaufenden Kreisprozesse die friedliche Ordnung explosionsartig sprengt. Wenn sich im Einschlafen oder während der Nacht, um bei unserem Gleichnis zu bleiben, das Räderwerk schlafwärts und damit morgenwärts dreht, und zwar gleichmäßig ruhig, so zertrümmert das Katastrophen-Erwachen plötzlich die Kontinuität der einander zugeordneten Kreisprozesse: Alarm! Feind!

Ich habe einen *Pavian* gehalten, der in meinem Arbeitszimmer in einem Käfig saß. In der Abenddämmerung pflegte er einzuschlafen. Meine Anwesenheit hinderte ihn nicht daran. Wir kannten einander tagsüber gut. Wenn ich, während er schlief, bei gedämpftem Licht an meinem Schreibtisch saß, so konnte es vorkommen, daß der Affe den Kopf hob, wenn ich etwa eine Buchseite umblätterte. Das Rascheln führte diese Bewegung herbei. Sofort aber verlor das Subjekt den Tonus wieder: Der Kopf, der auf die Brust des in Hockstellung schlafenden Tieres herabhing, nahm diese Position sofort wieder ein. Von einer Panik oder Katastrophe konnte in diesem Fall keine Rede sein. Der Status quo ante wurde unmittelbar wieder erreicht, während es zu einem katastrophalen *Einraster-Status* kam, wenn z. B. ein Buch vom Schreibtisch herabfiel. Jetzt erfolgte eine *panisch-paranoisch anmutende Reaktion:* Der Pavian, ein halbwüchsiges weibliches Tier, schrie laut und kletterte an der Käfigwand hoch. Man stand unter dem Eindruck, daß das Subjekt fliehen wollte, und zwar nach oben. Wenn ich an den Käfig herantrat, um das Tier zu beruhigen, indem ich ihm z. B. eine Banane anbot, gebärdete sich der Pavian, als ob ich ihn bedrohe und nahm mir gegenüber eine aggressive Haltung ein, obgleich wir sonst, tagsüber, bestens befreundet waren. Groteskes Mißverständnis! In der Ausdrucksweise der Juristen dürfte in diesem Falle von einem *Akt der Putativ-Notwehr* die Rede sein. Als Psychiater würde man von einer Wahnstimmung und einem paranoischen Verhalten sprechen, verbunden mit einer Partner-Verkennung. Das Subjekt war mit dem Erschrecken, als das Buch auf den Fußboden fiel, in einen *Ausnahmezustand* geraten. Wir vermuten in dem panischen Fight-Flight-Verhalten einen feindbezogenen Reaktions-Mechanismus, der dem Subjekt innewohnt: Ein paläoanthropologisches Erbe.

Man wird aufgrund dieses Experiments sagen dürfen, daß es drei Arten des Aufwachens auseinanderzuhalten gilt: Das synchronisierende morgendliche Erwachen, das reversible Erwachen bei leisen Geräuschen, das wir als das vergewissernde Aufwachen bezeichnen, und das panisch-paranoische Erwachen, bei dem eine *panische Erregung* aufkommt, als ob es sich um Sein oder Nichtsein handelte. Das morgendliche Aufwachen, das von innen her vorbereitet wird, nämlich mittels der endogenen Kreisprozesse, hat mit Feindbezügen keinerlei Zusammenhang. Die anderen beiden Arten des Aufwachens könnten dunkelaktive Feinde im Spiele haben. Diese beiden Aufwach-Formen wollen wir mit den Buchstaben *a* und *b* bezeichnen. Wir heben diese Tatsachen hervor, weil sie auch für den Menschen von Bedeutung sind, und zwar in *pathologischer Verwechslung:* Es kann ein Mensch in der Morgendämmerung wegen eines harmlosen Geräusches aufwachen, etwa wegen eines Hahnenschreies. Das ist das Aufwachen *a*, ganz ohne Zweifel, denn dem Subjekt droht keine Gefahr, aber es kann geschehen, daß diese harmlose Situation als gefährlich-erregend erlebt wird. Als ob es sich bei diesem belanglosen Vogelschrei um das panische Aufwachen *b* handelte. Davon wird später ausführlich die Rese sein. Wie kommt es, so wird unsere Frage lauten, daß der *zivilisierte*

Mensch das reversible Aufwachen *a* und das *irreversible* Aufwachen *b*, das zu dem *Einraster-Status* einer *zornig-gereizten Schlaflosigkeit* führen kann, verwechselt? Meinem Pavian ist es nie unterlaufen, daß er *a* und *b* nicht auseinanderhielt und etwa beim Umblättern einer Buchseite den Ausdruck der panisch anmutenden Putativ-Notwehr zeigte. Dieser Mangel an Differenzierung scheint allein dem zivilisierten Menschen vorbehalten zu sein.

Die Tatsache ist bemerkenswert, daß der Pavian, wenn etwa am hellen Vormittag das Buch auf den Boden fiel, keineswegs in einen Panik-Status geriet, der nun längere Zeit nicht mehr weichen wollte. Das Aufwachen aus dem Nachtschlaf war die Voraussetzung für dieses panisch-katastrophale Verhalten. Es liegt auf der Hand, daß wir dabei an das sog. Frettieren der Kaninchen erinnert werden. Ich darf bemerken, daß auch *grelles Licht* zu dieser *turbulenten Aufwach-Erregung* führte. Wenn ich beim Betreten des Zimmers versehentlich die helle Deckenbeleuchtung einschaltete, so trat derselbe panische Einraster-Status in Erscheinung.

»Bärbel«, das war der Name des halbwüchsigen Babuin-Pavians (Papiocynocephalus), bot außerdem eine Eigentümlichkeit dar, die wir ähnlich auch von unseren Kindern kennen: Wenn sie abends den *Anschluß an das Einschlafen verpaßt* hatte, zeigte sie ein aufgeregtes Verhalten, das mit dem panischen Einraster-Status bei nächtlichem Erschrecken *identisch* war. Der *nachtfeindbezogene Reaktions-Mechanismus*, mit anderen Worten, springt nicht nur während des Schlafens, sondern bereits in die *Einschlaf-Stimmung* an. Der Pavian hatte den Übergang zum Einschlafen nicht gefunden, weil es z. B. im Nachbarraum geräuschvoll zugegangen war, was ihm am hellen Tag nichts ausmachte, sei es, daß laute Radiomusik erschallte oder daß der Hund bellte. Für diesen Studierstuben-Pavian gilt dasselbe wie für die wilden Paviane in der Savanne: In der Vorbereitung für das Zubett-Gehen und für die Einschlaf-Phase hat absoluter Frieden (Gefahrlosigkeit) zu herrschen. Der Übergang vom Wachsein zum Einschlafen, und zwar *der verhinderte Übergang in das Schlaf-Verhalten*, scheint auch beim Menschen, im besonderen für unsere Kinder, entscheidend bedeutungsvoll zu sein. Es kommt der Verdacht auf, daß es sich um stammesgeschichtlich verankerte *»identische Exekutive«* (7) handelt.

Wenn in der afrikanischen Heimat des Pavians nachts die Blätter rascheln, so nimmt das Tier das Geräusch ebenso wie in dem Käfig in meinem Arbeitszimmer ohne Panik-Verhalten zur Kenntnis. Der *Schlaf-Aufwach-Wiedereinschlaf-Mechanismus a* funktioniert so gleitend reibungslos wie in der Gefangenschaft. Der Kopf hebt sich vermutlich und fällt atonisch zurück auf die Brust. Wenn jedoch der Leopard, der dunkelaktive Feind, oder auch ein Mensch, und sei es völlig unbeabsichtigt, im Spiel ist, so klinkt sich ein *Flucht-Verteidigungs-Status* ein: Fight or Flight. Alsdann handelt es sich um die Emergency-Reaction im Sinne W. B. Cannons, und zwar die Form, die wir mit dem Begriff des *Frettierens* verbinden. Der Feind erscheint am Ort der Geborgenheit. Das ist, das Wort in seinem Ursinn genommen, die »nächtliche Heimsuchung«. Notfall-Reaktion und Notfall-Reaktion, das wurde im Zusammenhang mit dem Hediger-Eickhoff-Bericht zum Ausdruck gebracht, ist nicht dasselbe. Der nachtfeindbezogene *Reaktions-Mechanismus* kann sich in einem Exzitations-Verhalten bezeugen. Die gleichen Panik-Erscheinungen lassen sich auch bei anderen Tieren, nicht nur beim Pavian, beobachten.

Die erhöhte Reaktions- und Erlebnisbereitschaft, hinter der man eine erhöhte, auf einen nächtlichen »Pauschalfeind« bezogene *Illusionsbereitschaft* vermuten könnte, ist mit dem Begriff der *Stimmung* zu kennzeichnen. Wir verstehen unter »Stimmung« Erlebnis- und Reaktionsbereitschaft. Mit anderen Worten: Wenn das Subjekt in *Schlafstimmung* ist, gesellt sich dieser Stimmung eine *Feind-Erlebnisbereitschaft* resp. Feind-Überempfindlichkeit zu, so daß sich zwei Stimmungen zu »einem« Erleben vereinen. Müde sein und *nicht einschlafen können, d. h. am Einschlafen verhindert werden*, oder aus dem Schlaf geweckt werden und in eine panisch anmutende Erregung geraten. Dieses Verhalten, bei dem das Subjekt *müde und gleichzeitig gespannt ist*, wäre gleichbedeutend mit »*vom dunkelaktiven Feind bedroht sein*«.

II. *Der identische Panik-Mechanismus bei am Einschlafen verhinderten oder aus dem Schlaf geweckten Menschen*

Wenn die Phantasie der Leute, die die Witzblätter der Jahrhundertwende belieferten, nicht so armselig gewesen wäre, so hätten sich seinerzeit die Menschen über die Möglichkeit amüsieren können, daß in einem Dorf oder in einer kleinen Stadt ein Bauer vor Gericht steht, der dazu verurteilt wird, seinen Hahn abzuschaffen, weil dieser am Morgen kräht. In meiner Kindheit durften die Hähne den Tag ankünden, soviel sie wollten, ohne daß jemand daraufhin zur Polizei lief. Unsere Mitbürger, das kann man wohl ganz allgemein sagen, sind im Verlauf des zurückliegenden halben Jahrhunderts »*nervöser*« geworden. Was damals, vor 60 Jahren, ein utopischer Witz gewesen wäre, wurde inzwischen Wirklichkeit. Es gibt allerdings auch heute noch Menschen, die morgens, wenn sie einen Hahnen- oder einen Rabenschrei hören, das Aufwachen a zeigen, d. h. den Ruf zur Kenntnis nehmen um sofort weiterzuschlafen, vorausgesetzt, daß sie ihn überhaupt hören. Die anderen dagegen, die das *panische Aufwach-Verhalten* b an den Tag legen, warten nun gewissermaßen auf den folgenden Hahnenschrei und zeigen ein zornig-erregtes Verhalten. Das allermindeste ist, daß sie sich »ärgern«. Es resultiert der *Einraster-Status einer Schlaflosigkeit,* die mit Erscheinungen einer *motorischen Unrast* verbunden sein kann. Man wird nicht behaupten, daß Hähne oder Krähen gefährliche Tiere seien, trotzdem kommt es zu der Notfall-Reaktion, als ob Gefahr im Verzuge wäre. Das gleitende Wiedereinschlaf-Aufwachen a ist diesen Zeitgenossen abhanden gekommen. Sie sind auf die Panik umgedrillt worden, die mit dem Wach-Einraster-Status verbunden ist.

Man wird nicht annehmen, daß dem Menschen insofern eine Sonderstellung in der Natur zukommt, als ihm das Aufwachen, das mit dem sofortigen Wiedereinschlafen verbunden sein könnte, mißlingt. Im Gegenteil, vielen von uns ist dieses Verhalten *a* noch geläufig. Ich glaube das *mißlingende Wiedereinschlafen* damit begründen zu dürfen, daß der *Schlaf-Aufwach-Wiedereinschlaf-Mechanismus a* bei einer Reihe unserer Mitbürger, wenn man so sagen darf, »ramponiert« ist. Mit anderen Worten: Es gibt Menschen, und zwar im besonderen Stadtbewohner, bei denen statt des Aufwach-Verhaltens *a* ohne weiteres die panisch-exzitative Notfall-Reaktion *b* einrastet, was man als eine groteske, um nicht zu sagen kindische Übertreibung bezeichnen muß. Wo bleibt dabei unsere hochgerühmte Kritikfähigkeit? Dieses Fehlverhalten scheint Ausdruck eines Zivilisations-Schadens zu sein: Ausdruck einer *chronischen Übermüdung*. Das *Wachbleiben-Müssen* ist identisch mit dem *Notfall-Verhalten,* das der Pavian bekundete, wenn er in der Nacht durch ein lautes Geräusch erschreckt worden war, nur eben mit dem Unterschied, daß man bei dem lauten Geräusch, das den Affen in den *Frettier-Einraster-Status* versetzte, von einer einigermaßen adäquaten Ursache sprechen könnte, was man von dem Hahnenschrei oder dem Schnarchen des im Nachbarbett liegenden Ehemannes nicht behaupten kann[2]. Das getrennte Schlafzimmer der modernen Eheleute hat u. a. in der *Auf-*

---

[2] Wir entnehmen der Presse, daß gegenwärtig in einer westdeutschen Großstadt ein Prozeß läuft, der sich gegen einen am Stadtrand in einem Einzelhaus wohnenden Taubenzüchter richtet. Die Nachbarn fühlen sich durch den üblen Geruch beeinträchtigt, den diese Vögel verbreiten, im besonderen aber nehmen sie Anstoß an dem klatschenden Flügelschlag der Tauben. Selbst wenn man nicht behaupten kann, daß es sich bei den Klägern um das panische Aufwachen *b* handelt, das in den Morgenstunden erfolgt, so wird man zum mindesten von einer ungewöhnlichen Geräuschüberempfindlichkeit oder Hyperosmie sprechen dürfen. – Eine andere Pressenotiz besagt: Im britischen Oberhaus wandte sich Lord Willis gegen die neuerdings sich ausbreitende Unsitte, Hunden durch einen chirurgischen Eingriff die Stimmbänder zu nehmen.

wach-Panik des einen oder des anderen Ehepartner seinen Grund. Die Monotonie des Schnarchens, so könnte man denken, wirkt eher einschläfernd, d. h. eher ansteckend als erregend, so, wie das Gähnen ansteckt; im Gegenteil: jetzt ist trotz der schlafmachenden Monotonie die Notfall-Reaktion eingeklinkt, als ob eine auf das Frettchen bezogene *nächtliche Heimsuchungs-Panik* gerechtfertigt wäre. Wenn man dieses Verhalten als »neurotisch« bezeichnen wollte – und dem steht nichts im Wege –, so wird man den orthodoxen Fachmann fragen dürfen, ob er noch immer der Meinung ist, daß hierbei die Libido sexualis entscheidend im Spiele ist.

Wir hörten, daß der halbwüchsige Pavian, wenn er abends die Gleitschiene verpaßt hatte, die zum Einschlafen führt, dasselbe panische Verhalten zeigte, das er zum Ausdruck brachte, wenn er nachts erschreckt aus dem Schlaf auffuhr. Der Terminus »*identische Exekutive*« erscheint mir als angebracht. Bei uns, den Menschen, zeigen, wie bemerkt, die *Kinder* dieses absonderliche Verhalten, wenn sie *übermüdet* sind, d. h. abends den Anschluß an die Einschlaf-Vorgänge verpaßt haben. Im Hinblick auf die Paviane könnte man sagen: Weil diesen Kindern am Abend der Einschlaf-Frieden gefehlt hat, gerieten sie in die panische Ausnahme-Verfassung. Es bezeugte sich ein paläoanthropologisches Erbe. Die *zornige Putativ-Notwehr* kann sich darin bezeugen, daß das Subjekt reizbar-erregt wird. Es kann auch sein, daß die Kinder weinerlich-empfindlich sind, während manche durch ein albernes hypermotorisches, d. h. hanswurstartiges Verhalten auffallen, das allerdings bald darauf in ein Weinen umschlagen kann. Der halbwüchsige Pavian »Bärbel«[3] war in seinem Übermüdungs-Verhalten hauptsächlich weinerlich-klagsam, während er die Putativ-Notwehr zeigte, wenn man zu ihm herantrat, wobei er, ebenso wie unsere Kinder, *Liebe nicht von Feindschaft zu unterscheiden* vermochte.

[3] Es entzieht sich meiner Kenntnis, ob auch die erwachsenen Babuin-Paviane das panisch-paranoische Verhalten *b* zeigen, wenn ihnen das abendliche Einschlafen mißraten ist.

Gemeinsam ist den am Einschlafen verhinderten Kindern, ob sie weinerlich-depressiv oder zornig-gereizt oder heiteralbern sind, die *Erregung*, während man doch erwarten sollte, daß ihre *Übermüdung*, d. h. ihr nicht zustandegekommenes Einschlafen, mit *Zeichen der Müdigkeit*, also z. B. einen *Desinteressement* oder einer *Initiativlosigkeit* mit Atonie und Apathie verbunden wäre. Wenn man versuchen wollte, sich in die *Stammesgeschichte* zurückzuversetzen, so müßte unsere Aussage lauten: Der fließende Übergang vom Wachsein zum Einschlafen ist der Ausdruck der friedlichen Ordnung. Wem jedoch dieser gleitende Übergang mißrät, wer schlaflos bleiben muß, ist dem Feind ausgeliefert. Das Nichteinschlafen-Können ist *ein Zeichen, daß Gefahr besteht*. Atonie und Apathie wären jetzt unangebracht, im Gegenteil, man muß *einer Katastrophe gewärtig* sein. Es liegt demnach eine *biologische Not und Notwendigkeit* vor, wenn diese Kinder im Zusammenhang mit dem *nachtfeindbezogenen Reaktions-Mechanismus* wach bleiben und unwillkürlich ein aufgeregtes Verhalten zeigen.

Die Tatsache ist interessant, daß der *Übermüdungs-Status* des *erwachsenen* Menschen *panischen Charakters* sein kann, d. h. daß sich der stammesgeschichtlich bedeutsame nachtfeindbezogene Reaktions-Mechanismus psychosomatisch manifestiert, während andererseits statt der Hyperkinese, z. B. statt der restless legs, die auf ein Fight-Flight-Verhalten hinweisen, auch die *Verstimmung*, d. h. eine »*Erlebnisbereitschaft*«, das Subjekt beherrschen kann, sei es eine mehr zornig-aggressive oder eine mehr weinerlich-mutlose Verstimmung. Die dritte Variante des uns von dem Pavian-Experiment her bekannten *Erregungs-Status b* ist darin zu sehen, daß das feindbezogene Verhalten in einer auf die aktuelle *Umwelt* gerichteten *Erwartung* zum Ausdruck kommt: Erwachsene Menschen, wie es scheint, besonders Frauen, zeigen im Zustande der *Übermüdungs-Schlafsperre* dieses *Erwartungs-Verhalten*. Anstatt der rastlosen Beine (restless legs), die es im Zustande der Übermüdung gibt, treten, wenn man so sagen darf, in diesem

Falle die *rastlosen Sinnesorgane* in Erscheinung. Als Nervenarzt kann man von einer neurasthenischen, an *Übermüdungs-Schlaflosigkeit* leidenden Patientin z. B. die folgende Aussage hören: »Den ganzen Tag bin ich müde. Mühsam schleppe ich mich dahin, wenn ich mich aber nachts ins Bett gelegt habe, werde ich hellwach.« Es ist nicht schwer, die paradox anmutende unzeitgemäße Vigilität und *Hypervigilanz* zu interpretieren, die in dem Augenblick hervorbricht, wo man das Gegenteil, nämlich das *Desinteressement* und die Erhöhung der sensorischen Schwellen erwarten sollte: Diese Frau schlägt sich im Zusammenhang mit ihrem *Einschlaf-Risiko* nicht hyperkinetisch mit dem Nachtfeind herum, sei es, daß sie flieht oder in Putativ-Notwehr aggressiv wird, sondern liegt – des Frettchens gewärtig – auf dem *Quivive*. Die *Hypervigilanz* sperrt den Weg, der zum Einschlafen führt: Nun hört das Subjekt Radio-Musik aus den offenen Fenstern eines weit entfernten Hauses oder vernimmt die Flugzeug-Geräusche, die von einem vor der Stadt gelegenen Flugplatz herüberschallen. Diese einschlafgesperrte Frau wird von allen Seiten her gestört, und zwar sensorisch gestört, so daß in ihrem Falle von dem Wildheits-Merkmal einer *omnisektoriell gerichteten Aufmerksamkeit* (8) die Rede sein muß.

Es kann sein, daß die hypervigilante Frau, wenn sie jetzt kein Schlafmittel nimmt, bis zum nächsten Morgen umweltverbunden-wach in ihrem Bett liegt, wachsamer als der wachsamste Wachtposten, der aus militärischen Gründen auf dem Quivive sein muß. Es ist die Frage, ob sich einem Soldaten, der auf Posten steht, die sensorischen Schwellen senken, so daß ein Zustand der Hypervigilanz resultiert. Wenn mich meine Erinnerungen nicht täuschen, waren wir als Soldaten froh, wenn wir – auf Posten stehend – dem Einschlafen Einhalt gebieten konnten. Die schlaflose Frau, die, wenn sie sich ins Bett gelegt hat, nun erst überhaupt hellwach wird, dürfte trotzdem in einer hypnagogen Verfassung sein. Dafür spricht die bekannte Tatsache, daß es die *paradoxe Schwellensenkung* auch in der *Hypnose* gibt. J. H. Schultz (9) berichtet von »erstaunlichen

Mehrleistungen der Sinnesorgane« in der Hypnose. Eine in 3 m Entfernung auf einen Teppich fallende Nadel wurde von einer seiner Versuchspersonen richtig lokalisiert. Es liegt nahe, in diesen ungewöhnlichen Leistungen die identische Exekutive der Hypervigilanz zu erblicken, die mit dem *nachtfeindbezogenen Reaktions-Mechanismus* in Verbindung zu bringen ist.

III. Die interkurrente Arbeitspause und das Paradigma der Übermüdung

Als Alexander der Große vor Diogenes stand, lag dieser in einer Tonne und genoß die Sonnenbestrahlung. Das *Protokoll*, das das Verhalten der Könige steuert, galt für den Philosophen nicht. Daß der Welteroberer dem Mann in der Tonne *nicht* imponierte, und daß ihm die Entspannung so sehr am Herzen lag, daß er den König bat, ihm aus der Sonne zu gehen, verrät einen Lebensstil, der nicht der unsere ist. Diogenes verhielt sich »protokollwidrig«, darüber kann kein Zweifel bestehen. In unserer Zeit wären, wenn Alexander der Große erschiene, die Presse, der Rundfunk und das Fernsehen auf den Beinen, worin man Huldigungen sehen muß, die der *Macht* entgegengebracht werden. Auch die überzeugtesten Republikaner hätten sich den Genuß dieses Schauspiels nicht entgehen lassen. Wir gebärden uns, als ob wir »emanzipiert« wären, während wir jeden *Macht-Rummel* bereitwillig mitmachen und stolz darauf sind, bei Macht-Demonstrationen dieser Art dabei gewesen zu sein.

Wir sind immer ein wenig echauffiert, worum es auch gehen mag. Man erwartet von uns hochwertige Leistungen, die wir für die Erhaltung unseres utopischen Zivilisations-Status benötigen. Wenn wir das schlichte Dasein des Philosophen führten, brauchten wir uns längst nicht so anzustrengen. Auch dem Urchristentum kam diese gewisse Nonchalance zu: »Sehet die Lilien auf dem Felde...« (Matth. 6). Dabei muß festgestellt werden, daß viele Menschen die Arbeit nur als ein notwendiges Übel ansehen. Unsere Vorfahren, die als Jäger und Sammler »ihr Brot verdienten«, hatten uns gegenüber das eine voraus, daß ihnen ihr Nahrungserwerb Freude machte, abgesehen davon, daß sie von ihrem Hunger dazu getrieben wurden. Für das Jagen und für das Sammeln hat die Natur *Lustprämien* ausgesetzt. So gibt es noch heute Jäger, letzte Überbleibsel einer längst außer Kurs gekommenen Zeit, die bereit sind, große Summen dafür zu zahlen, daß sie jagen »dürfen«. Hier bezeugt sich eine *paläoanthropologische Leidenschaft*. Wie hoch das urtümliche Sammeln – und darüber hinaus jedes Sammeln, auch das Briefmarken-Sammeln – emotional honoriert wird, zeigt uns der folgende Bericht: Ich habe einen Bekannten, der in der Zeit, in der es Pilze in unseren Wäldern gibt, eben die Wälder auf seinen Wochenend-Fahrten vermeidet. Seine Frau ist, sobald sie den Wald betreten hat, so vom Pilzsuchen fasziniert, daß er Mühe hat, sie in das Auto zurückzubringen. Jagen und Sammeln können zu atavistisch anmutenden Leidenschaften werden, was man von unseren beruflichen Leistungen im allgemeinen nicht behaupten kann.

Vielleicht hängt die Tatsache, daß vielen von uns bei ihrer Arbeit das *Durchsteh-Vermögen* fehlt, eben damit zusammen, daß wir nicht mit ganzer innerer Anteilnahme dabei sind. Aber selbst dann, wenn wir uns mit einer interessanten Arbeit befassen, spüren wir, und zwar der eine früher, das andere später, daß wir *erlahmen*. Jetzt müßten wir uns, wie *Diogenes*, vorerst einmal in die Tonne legen, aber im Protokoll unserer disziplinierten Zivilisation ist das nicht vorgesehen. Allenfalls können wir uns eine sog. larvierte Pause gestatten, indem wir z. B., wenn wir in einem Amt tätig sind, Akten wegtragen, mit einem guten Freund ein Telephongespräch führen oder eine Zigarette rauchen. Es gilt, das Pensum innerhalb einiger Stunden abzuleisten, um dann eine möglichst lange Freizeit zu haben. Natürlicher wäre es, wie uns scheint, daß zwischendurch kleine Pausen eingeschoben würden, je nach *Notwen-*

digkeit. Die Tonne des Diogenes, wenn ich so sagen darf, sollte uns vor der *Übermüdung* bewahren. Das innere Verlangen nach der interkurrenten Arbeitspause ist bei vielen Menschen vorhanden.

Unter einem *Neurastheniker* verstehen wir einen Menschen, dessen Durchsteh-Vermögen mehr als das seiner Mitarbeiter begrenzt ist. Man kann nicht selten die Aussage hören, daß wir alle mehr oder weniger »neurasthenisch« sind. Es gibt allerdings auch Menschen, die ein erstaunliches Durchsteh-Vermögen an den Tag legen. Man bezeichnet sie nicht zu Unrecht als »Arbeitspferde«. Den schweren Neurastheniker erkennt man z. B. daran, daß er, wenn er einen Brief schreibt, schon sehr bald in seiner Schrift das Nachlassen der Disziplin zum Ausdruck bringt. W. von Baeyer (10) ist im Verlaufe der zurückliegenden Jahrzehnte zu der Erkenntnis gekommen, daß das Krankheitsbild der *Neurasthenie* zunehmend in den Vordergrund rückt, während früher die Hysterie dominierte. Es wird ihm darin kein Nervenarzt widersprechen. Freud hatte uns gelehrt, daß die hysterischen Störungen mit dem unbefriedigten Geschlechtsleben in Verbindung zu bringen sind; da nun inzwischen diesem Bedürfnis mehr und mehr Genugtuung zuteil geworden ist, kann man es verstehen, daß die Hysterie mit ihren Anfällen und anderen Störungen unsichtbar wurde. Woher aber rührt es, daß die neurasthenischen Zustandsbilder in den Vordergrund rücken konnten? Hier dürfte die Überforderung und Übermüdung entscheidend bedeutsam sein. Man kann die Zuordnungen auf die folgende Formel bringen: Man arbeitet in einem neuen Stil, so daß in einer verkürzten Arbeitszeit eine möglichst hohe Leistung erbracht wird, wobei man sich überfordert, was auch mit den neuen Techniken in Zusammenhang zu bringen ist. Das Ziel ist, in gedrängter Zeit intensiv engagiert sein, um alsdann eine lange Pause zu haben, dazu Urlaub. Wenn dagegen die Primaten ihrem Nahrungs-Erwerb nachgehen, so hasten sie nicht, im Gegenteil, sie legen Pausen noch und noch ein. Unsere Arbeits-Disziplin würde diesen ganz anderen, den urtümlichen Stil, verbieten.

Wenn man sich mit dem Problem der Neurasthenie beschäftigt, das zu den *Zivilisations-Problemen* gehört, so wird man an die Tatsache erinnert, daß es unter den Equiden nur die Pferde und Esel waren, die man einspannen und als Reittiere gebrauchen konnte. Die Zebras haben sich dafür nicht geeignet. Das war der Grund, weshalb sie der *Domestikation* entgingen. Unter den Menschen gibt es einerseits die ausgeprägten »Ackergäule«, die in geduldiger, stetiger Leistung Furche um Furche ziehen, während andere Mitbürger, wenn dieser Vergleich erlaubt ist, eher an die Zebras erinnern. Die Zebras können so wenig etwas dafür, daß sie Zebras sind, wie die Pferde oder die Esel für ihre Abstammung verantwortlich zu machen sind. Mit anderen Worten: Das Durchsteh-Vermögen ist an die *Konstitution* gebunden, während wir so tun, als ob es allein vom *Willen* abhängig wäre. Wir sind einander nicht doublettenhaft gleich. Mit anderen Worten: Das eine Subjekt erträgt eine Belastung, die dem andern als Stress-Belastung erscheint.

Ich habe einen Studienrat gekannt, einen ausgesprochenen Leistungs-Neurastheniker, der den Vormittag kaum durchhalten konnte, so daß bis zur großen Pause seine Reserven erschöpft waren. Als wir – er war wegen seines neurasthenischen Zustandsbildes und seiner damit im Zusammenhang stehenden Krakeelsucht in meiner Behandlung – nach der *Tonne des Diogenes* Ausschau hielten, kam er auf die Idee, daß im Kartenzimmer des Gymnasiums ein Sofa stand, auf das er sich vielleicht in der großen Pause für eine kurze Zeit hinlegen könnte. Ich wandte mich an den Rektor der Schule und erreichte, daß dem neurasthenischen Mann dieses Privileg zuerkannt wurde. Es stellte sich jedoch bald schon heraus, daß diese *Protokollwidrigkeit* Ärgernis erregte. Schließlich riet man dem Mitte der fünfziger Jahre stehenden Lehrer, sich vorzeitig pensionieren zu lassen. Ich war nicht der Meinung, daß das vorzeitige Ausscheiden aus dem Schuldienst die richtige Lösung sei, denn dieser begabte Mann hätte sehr wohl zunächst noch Unterricht erteilen können, hätte man ihm nur eine Möglichkeit gegeben, seinen *interkurrenten Leistungsflauten* auf eine geeignete Weise zu begegnen.

Ich bin mit einem praktischen Arzt befreundet, der, wenn während der anstrengenden Sprechstunden die Reserven erschöpft sind, mitten im stärksten »Betrieb« seinen Patienten erklärt, daß er jetzt wegen eines dringenden Ferngesprächs eine Pause einlegen müsse. Das kommt nicht jeden Tag vor, jedoch hin und wieder. Er hängt dann das Telefon aus, um auch von dieser Seite her gegen jede Störung gefeit zu sein, und legt sich etwa 5 bis 10 Minuten auf das Sofa. Es ist sogar vorgekommen, daß er innerhalb dieser kurzen Zeit für einige Minuten einschlief. Die kurze Pause stellt seine volle Leistungsfähigkeit wieder her. Es muß bemerkt werden, daß es sich um einen Nichtraucher handelt, der auch Kaffee und Tee vermeidet. Sein Verhalten ist ohne Frage »protokollwidrig«, so, wie die interkurrente Ruhepause des Studienrats die Kollegen und Schüler zum Anstoßnehmen verführte, aber es ist die Frage, ob ein Weckmittel nicht das ärgere Übel gewesen wäre.

Es liegt auf der Hand, daß uns im Zusammenhang mit dem Problem der *Zivilisations-Neurasthenie* auch die Frage der sog. *Genußmittel* interessiert, einschließlich der ausgesprochenen Weck- und Schlafmittel. Daß bei *zunehmender Zivilisation*, d. h. im Zusammenhang mit unseren Arbeitsmethoden die *Übermüdungs-Verstimmung* und im Zusammenhang damit der *Alkoholmißbrauch* zunimmt, ist vermutlich kein Zufall: Die Leute trinken, weil Alkohol zu den *Stimmungs-Stabilisatoren* gehört, ja, die Stimmung im Sinne der Euphorie verbessert, außerdem wirkt er, was im besonderen vom Bier gilt, bei vielen Menschen einschlaf-begünstigend.

Es wurde der Eindruck erweckt, als ob es innerhalb der 24-Stunden-Rhythmik, abgesehen von dem *vergewissernden Wiedereinschlaf-Aufwachen a*, nur ein einziges friedliches Aufwachen gäbe, nämlich das morgendliche Erwachen. Die empirische Beobachtung lehrte uns, daß der Babuin-Pavian, ebenso aber der Beo sowie andere lichtaktive Vögel nicht nur in der Nacht, sondern auch tagsüber vorübergehend kurze Zeit schlafen. Die Mittagszeit im besonderen darf als Schlafzeit gelten, was bekanntlich auch für den Menschen zutrifft. Wir hörten, als von der sog. Phasenkarte die Rede war, daß der Adrenalingehalt des Blutes, um dieses Beispiel herauszugreifen, zwei Gipfel aufweist, und zwar einen, der in den Vormittag fällt, während der andere in den Nachmittagsstunden festgestellt werden kann. Die Mittagsflaute scheint für eine Reihe von lichtaktiven Lebewesen, wenn man so sagen darf, »obligatorisch« zu sein.

Wie Menschenaffen, und zwar Gorillas, in ihrem Nahrungserwerb immer wieder Ruhepausen einlegen, berichtet uns W. Baumgärtel (11): Diese Affen, die bekanntlich Vegetarier sind, weiden nie eine Stelle systematisch ab, sondern ziehen von Ort zu Ort, zwischendurch immer wieder rastend.[4]

So kann man also, wie es scheint, nicht sagen, daß es *»unnatürlich«* ist, wenn ein Mensch mittags oder sogar zwischendurch, wenn es sich ermöglichen läßt, eine Ruhepause einlegt. Daß dabei der *Ruhelage* eine Bedeutung zukommt, nehmen wir an. Man ist viel ausgeruhter, das lehrt die Erfahrung, wenn man sich ein paar Minuten »lang hingelegt« hat. Es scheint, daß es darauf ankommt, daß der Streckertonus ausgeschaltet wird. Hier liegt die Bedeutung der *Entspannungsübungen,* die von den Nervenärzten und Psychotherapeuten angewandt werden und die jedem Arzt als Heilmittel geläufig sein sollten.

Beim Pferd, das bekanntlich auch zu den lichtaktiven Lebewesen gehört, liegen über das Wach-Schlaf-Verhalten genauere Beobachtungen vor: Menzel (3, S. 41) berichtet, daß die Schlaf-Wach-Periodik bei den einzelnen Tierarten unterschiedlich ist, aber auch bei ein und demselben Tier. Das dürfte im besonderen von den domestizierten Tieren gelten,

---

[4] George B. Schallers Gorilla-Monographie (12) heranzuziehen, um ausführlicher über die Schlaf- und Ruhe-Gewohnheiten der Gorillas zu berichten, war insofern unmöglich, als der vorliegende Aufsatz im Jahre 1964, die Schallersche Monographie dagegen 1965 erschien.

die Arbeitsleistungen zu vollbringen haben. Nach Steinhart (13) hatten unter 600 Pferden einige nur 3, andere 16 Schlafperioden, die nicht gleichmäßig verteilt waren. Die längste Schlafperiode lag bei den Pferden zwischen 1 Uhr nachts und 5 Uhr morgens, die längste Wachperiode zwischen 15 und 20 Uhr im Stall. Beim Menschen entwickelt sich, wenn wir Menzel folgen dürfen, die *Schlaf-Wach-Periodik* erst im Laufe des Lebens. Andererseits verlangt mit zunehmendem Alter der Schlaf auch tagsüber gebieterischer als in den sog. besten Mannesjahren sein Recht, und zwar mehr und mehr bei zunehmendem Fortschreiten in das Senium (14). Der Studienrat stand, wie bemerkt, in der Mitte der fünfziger Jahre, und dasselbe galt von dem Arzt, der sich gelegentlich mitten im »Betrieb« für einige Minuten zurückziehen mußte.

Es interessiert uns zu hören, welche Konsequenzen es hat, wenn ein Mann, wie z. B. dieser Arzt oder Studienrat, sich mit eisernem *Willen* zwingen, ihrem Ruhebedürfnis *nicht* stattzugeben: Man kann als Nervenarzt in der Sprechstunde nicht selten die Aussage hören, daß in diesem Folgezustand alsdann, den wir den Zustand der *Übermüdung* nennen, eine zornige Gereiztheit über das Subjekt kommt, die mit Elementen der Müdigkeit und Schwäche kombiniert ist. *Gespanntheit und Schwäche koinzidieren,* so widerspruchsvoll diese Aussage anmuten mag. In dieser Verfassung besteht die Gefahr zorniggereizter Auseinandersetzungen mit Vorgesetzten oder Arbeitskameraden. Es kann auch sein, daß anstatt der zornigen eine weinerliche Gereiztheit erlebt wird. »Ich könnte losheulen wie ein Kind«, Aussagen dieser Art kann man nicht selten hören. Das ist der sog. *neurasthenische Katzenjammer,* der in der *Stimmungs-Verquickung* begründet ist, die wir oben erwähnten: Einschlaf-Stimmung und Feind-Erlebnisbereitschaft werden zu *einem* Erleben, wenn das Subjekt am Einschlafen verhindert wird. *Das »Protokoll« verbietet ihm in dieser schlafnahen Verfassung, die auf ein Einschlafen oder zum mindesten auf eine hypnagoge Ruhe-Entspannung hindrängt, das Einschlafen.* Die innere Weichenstellung jedoch, die einen uns stammesgeschichtlich vererbten *Flucht-Aggressions-Mechanismus* herbeiführt, läßt sich mit Hilfe des Willens nicht verhindern. Hier obwaltet eine Automatik. Es bieten sich uns zwei *Paradigmate* an, die wir zur Erklärung heranziehen können, um die *biologische Wurzel* und *biologische Notwendigkeit* zu erfassen: Einmal werden wir an den Pavian denken, der, wenn er am Einschlafen verhindert wurde, ein klagsames oder zornig-gereiztes Zustandsbild darbot. Außerdem dürfen wir an unsere Kinder erinnern, die, wenn sie abends die Gleitschiene zum Einschlafen verpaßt haben, durch weinerliches oder grantig-gereiztes oder auch neckisch-übermütiges Verhalten auffallen, so daß uns auch in diesem Falle der Begriff der *Putativ-Notwehr* angebracht erscheint, um das Verhalten zu charakterisieren. Daß es sich dabei, ob wir das Beispiel des Pavians zur Erklärung heranziehen oder das des Kindes, um ein *identisches, paläoanthropologisch-fundiertes,* d. h. *homologes Verhalten* handelt, liegt auf der Hand.

Der enorme und sich ständig steigernde Verbrauch von Kaffee, Nikotin und Alkohol spricht dafür, daß, ganz allgemein gesagt, unser emotionaler, und das besagt: unser neuro-vegetativer Haushalt nicht mehr in Ordnung ist. Einerseits müssen wir stimuliert, andererseits unablässig beruhigt werden, so daß viele Menschen, wenn man sie fragt, weshalb sie hier und jetzt eine Zigarette rauchen, einer klaren Antwort nicht fähig sind. Man muß alle diese Mittel, zu denen auch die ausgesprochenen Weck- und Schlafmittel gehören, zu den *Prothesen* rechnen, deren sich der moderne Mensch bedient: Automobil, Flugzeug, Telefon usw. Die Feststellung, daß der Mensch *nicht »das Maß aller Dinge«* ist, was man früher einmal gemeint hat, ist uns interessant: Subjekt und Umwelt passen nicht mehr zusammen, während z. B. die Eidechsen heute wie vor tausend Jahren in einer auf sie zugeschnittenen Umwelt leben. Die Dinge, deren Maß wir sein sollten, sind uns längst über den Kopf gewachsen, so daß wir z. B. was die *Arbeitsleistungen* anbetrifft, von unseren Einrichtungen überfordert werden. Wir haben die Wahl, uns oder unsere Umwelten zu ändern. Es ist bereits erörtert worden, ob man nicht neue Menschen »manipulieren« sollte, sei es mittels Veränderungen in der genetischen Struktur, sei es durch Auswahl-Züchtung. Da viele unserer Mitbürger in dieser utopisch bewegten Welt am Ende ihrer Kompensationsbreite sind, so müssen die Genuß- und Schlaf- sowie Stimulationsmittel einspringen. Wir leben auf Kosten unserer Gesundheit. Die *Prokrustes-Situation* unserer Zeit ist darin zu sehen, daß wir einem Weltentwurf verfallen sind, der einem überdimensionalen Bett gleicht, so daß der eine oder der andere unserer Freunde ein wenig überdehnt werden muß, wenn er hineinpassen soll. Die Zeichen der *Übermüdungs-Verstimmung* oder gar der *Übermüdungs-»Panik«*, die sich in psychosomatischen Krankheitsbildern ausprägen kann, im besonderen aber in der sog. Vegetativen Dystonie, sind nicht von ungefähr in die Welt gekommen.

Werner Fischel (15, S. 87) berichtet, daß Eidechsen, die man nach einer vor ihnen aufgehängten Beute springen läßt, diese durchweg sicher erlangen. Fehlsprünge kommen bei ihnen so gut wie nicht vor. Sie *respektieren*, wenn man diese vermenschlichende Aussage gebrauchen dürfte, ihre *Leistungsbegrenzung*. Wenn sie springen, haben sie die Garantie, daß ihr Sprung von Erfolg ist. Hängt die Beute zu hoch, setzen sie gar nicht erst zum Sprung an. Das ist sozusagen ihr gesunder »Spießbürger-Standpunkt«. Der Mensch dagegen, das »faustische« Lebewesen, springt , ebenso wie die Schimpansen, nach hochhängenden Zielen, die außerhalb seiner natürlichen Reichweite auf ihn einwirken.

IV. Einzelheiten aus Neurastheniker-Krankengeschichten

Während es zu den typischen Zuordnungen des normalen Einschlafens gehört, daß im Zusammenhang mit dem zunehmenden Umwelt-Desinteressement des Subjekts die sensorischen Schwellen höher und höher werden, senken sich im Falle der *b-Hypervigilanz* die Schwellen. Die neurasthenische Frau, von der oben die Rede war, hört nun Radio-Musik aus dem offenstehenden Fenster eines weit entfernten Hauses, während kein anderer Mensch von dieser Störung Notiz zu nehmen vermag, weil das mit dem normalen oder im Einschlafen sogar sich ständig erhöhenden sensorischen Schwellenstand unmöglich ist. Als ein Schulbeispiel für die *paradoxe Schwellenerniedrigung* im Zustande der Übermüdung könnte man den Erlebnisbericht einer mir bekannten Rechtsanwältin hinstellen: Sie hatte die Nachricht erhalten, daß ihre Mutter plötzlich erkrankt sei, hatte alles stehen und liegen gelassen und war mit ihrem Wagen, den sie selbst steuerte, einige hundert Kilometer in großer Erregung zu der kranken Frau gefahren, hatte dort die ganze Nacht am Krankenbett gewacht, um dann am Nachmittag, 24 Stunden später, mit ihrem Wagen nach Hause zurückzukehren. Als sie sich, »völlig überdreht«, am Abend in ihr Bett gelegt hatte, stellte sie im Einschlafen fest, daß ein äußerst übler Geruch, um nicht zu sagen »Gestank« von draußen her durch das offenstehende Fenster in ihr Zimmer eindrang. Sie erhob sich zornig, ging an das Fenster, um es zu schließen, stellte dabei jedoch, »hellwach geworden«, fest, daß jetzt weder in ihrem Zimmer noch draußen, vom Garten her, ein übler Geruch zu bemerken war. Sie wollte ihren Nachbarn den Gestank ankreiden.

In dem Buch *Psychotische Umwelt* (16), in dem ich die Krankengeschichte der Rechtsanwältin J. Kö. veröffentlichte, sprach ich vom Cannonschen *Notfall-Einraster-Status*, der dieser Frau widerfuhr. Dasselbe hypnagoge Widerfahrnis einer *Hyperosmie* wird ihr unmittelbar nach dem ersten Hellwach-Werden zum zweiten Mal zuteil. Wieder erhebt sie sich und tritt ans Fenster, das sie jetzt schließt. Sie isoliert sich damit von ihrer Nachbarschaft, der sie, wie bemerkt, diesen Gestank zutraut, obgleich sie dafür keinerlei Beweise hat. Hier, so scheint es, bekundet sich eine gewisse *paranoische Tendenz*.

Auch die Frauen, die nachts in der Verfassung der *hypnagogen Hyperakusis* von fern her Radio-Musik feststellen müssen, leiden nicht selten unter dem Eindruck, daß das eine Schikane sei, die extra auf sie gemünzt ist. Beim dritten Erlebnis der olfaktorischen Penetranz schlug die Anwältin Alarm, und zwar in einer kritischen Weise: Es wurde mit Hilfe der Hausangestellten das ganze Zimmer durchsucht, und es fand sich unter dem Bett in der allerhintersten Ecke ein Häufchen vertrockneten Katzenkots, der, soweit es die beiden Frauen jetzt beurteilen konnten, völlig geruchlos war. Wir nehmen an, daß sich in der hypnagogen Befindlichkeit dieser übermüdeten Frau die olfaktorischen Schwellen so enorm senkten, daß die vertrockneten Fäzes als ein enormer »Gestank« erlebt wurden. Als die Reinigung des Fußbodens erfolgt war, schlief die Frau ein, ohne, wie es in der Publikation *Psychotische Umwelt* heißt, »nochmals eine interkurrente ›hypnagoge Verwilderung‹ in der Verbindung mit einer Umwelt-Überbedeutsamkeit zu erfahren«.

Da es mir darum zu tun ist, nicht die Störungen, sondern den Menschen – Jakob von Uexküll würde sagen: *Das Subjekt* – in den Mittelpunkt der Betrachtung und Berichterstattung zu rücken, möchte ich weitere *Wach-Schlaf-Störungen* dieser neurasthenischen Frau mitteilen, die sich in ihren Leistungen seit Jahren überfordert: Sie gehört zu den Zeitgenossen, die man nachts nicht aus dem Schlaf aufwecken darf. Wenn es sich nicht vermeiden läßt, weil z. B. die ganze Familie verreisen will, so schrickt das Subjekt, auch wenn das Wecken ganz sanft erfolgt, zusammen und ist sofort in eine *aggressive Putativ-Notwehr* verstrickt, die sich auf die bezieht, die vor ihr stehen. Der Angriff kann brachial erfolgen, zum mindesten aber wird es sich um zornige Worte handeln, d. h. um Beschimpfungen. Hinterher wird sich noch, wenn auch nur in Andeutungen, der *Aufwach-Einraster-Status b* insofern nachweisen lassen, als eine ärgerliche *Verstimmung* besteht. Ich kenne aus meiner nervenärztlichen Praxis eine Reihe von Menschen, die diesen *Schreck-Aufwachmodus b* zeigen, wenn sie geweckt werden. Die Gleichung lautet: Geweckt = gefährdet. Wir stehen unter dem Eindruck, daß diese Menschen im Schlaf ständig des dunkelaktiven Heimsuchungs-Feindes gewärtig sind. Das elegante *Wiedereinschlaf-Aufwachen a* ist diesen Menschen abhanden gekommen, stattdessen wird sofort »Großalarm« gegeben.

Wenn ich vorwissenschaftliche Ausdrucksweisen gebrauchen, d. h. mich der Personifizierung bedienen dürfte, so könnte ich sagen: Die Natur weiß, daß der Schlaf-Wach-Apparat dieser Frau »ramponiert«, nämlich durch die Übermüdung in seiner Schwingungsfähigkeit beschränkt ist, so muß sie bei diesen Menschen den Sofort-Alarm zur ständigen Einrichtung machen. Das andere Mittel der Natur, die übermüdeten Menschen vor dem Frettchen (Leoparden) zu schützen, ist die *Schlaflosigkeit in der Verbindung mit den rastlosen Sinnesorganen,* d. h. mit *paradoxen Schwellenerniedrigungen.* »Safety first«, das ist das Prinzip der Natur.

Die *Übermüdung* gehört an sich nicht zu den Befindlichkeiten, die uns auf Schritt und Tritt begleiten sollten. Leider ist es so, unser Zivilisations-Getriebe bringt es mit sich, daß die Menschen dem Moloch unseres und ihres Wohlstands resp. ihrer Geltung gleichsam geopfert werden. Ich beschäftigte eine Hausangestellte, die ungemein tierliebend war und mit meinen Katzen auf Du und Du stand. Sie hatte ihren Wiedereinschlaf-Aufwach-Mechanismus *a* noch nicht, wie so viele andere Menschen, verloren und konnte darum, auch mitten in der Nacht, jederzeit sagen, welcher Kater im Hause und welcher außer Haus war. Dieses Mädchen hatte einen »ganz leichten Schlaf«. Wenn sie aus irgendwelchen Gründen in der Nacht geweckt werden mußte, schlug sie die Augen auf, aber sie wurde nicht brachial-aggressiv und gebrauchte nicht grobe Worte. Wer, so könnte man sagen, so umweltverbunden schläft, ist auf diese Weise in einem Gefühl der Sicherheit und hat es nicht nötig, den, der sie weckt, für das Frettchen zu halten. Sie bewahrt zwischen sich und dem seit Urzeiten gefürchteten dunkelaktiven Feind *Distanz*, indem sie umweltverbunden schläft. Die Übermüdungs-Tiefschläfer dagegen, die gewöhnlich Schlafmittel oder auch Schlafmittel in der Verbindung mit Alkohol genommen haben, ermangeln dieser Distanz. Der Pygmäen-Forscher Schebesta (17) berichtet, daß die Bambuti-Pygmäen im Ituri-Urwald (Kongo) feindbezogen-wachsam schlafen. Ihr Nachtfeind ist der *Leopard*. Was wir in den zivilisierten Ländern unter dem Begriffe des Ammenschlafs verstehen, d. h. diese Art des umweltzugewandten Schlafens, ist bei ihnen Nacht für Nacht die Norm. Zwei Ausnahmen allerdings gibt es von dieser Regel: Schebesta schreibt, daß sie im Falle der *Übermüdung*[5] unaufmerksam schlafen, und zum andern, *wenn sie Alkohol genossen haben*.

Typisch für das Schlafverhalten der Neurastheniker ist auch das folgende Symptom: Die Anwältin, die die *Hyperosmie* zeigte, als sie nach der Übermüdung »des Frettchens gewärtig« in ihrem Bett lag, kann es sich nicht leisten, mittags zu schlafen. Das ist, wenn man urszenisch denkt, für sie ein Risiko ohnegleichen. Die Folge wäre der Zustand, den wir mit den Buchstaben ppES (panisch-paranoischer Einraster-Status) bezeichnen. So dringend sie es gebrauchen könnte, nach dem qualvollen Vormittag eine halbe Stunde zu schlafen, sie kann allenfalls 10 Minuten ruhen. Wenn sie innerhalb der kurzen Zeit einschläft und dann sofort wieder erwacht, hat sie keinen Schaden davon, im Gegenteil: sie erwacht innerlich ausgeglichen und fühlt sich erholt. Sollte es jedoch vorkommen, daß

---

[5] Es muß in diesem Zusammenhange darauf hingewiesen werden, daß man zweierlei Verfassungen der Übermüdung auseinanderzuhalten hat: Die Übermüdung eines Soldaten, der auf einer kurzen Rast während des Gepäckmarschs am Wegrand sitzend sofort tief einschläft und aus dem Tiefschlaf geweckt werden muß, wenn sich die Truppe wieder in Marsch setzt, hat nichts mit der uns interessierenden Übermüdungs-Panik, d. h. mit dem schlaffeindbezogenen Reaktions-Mechanismus zu tun. Wenn Schebesta berichtet, daß seine Pygmäen, wenn sie übermüdet sind, nicht mehr umweltbezogen schlafen, so dürfte es sich um die Tiefschlaf-Übermüdung handeln, die aus schwerer physischer Erschöpfung resultiert. So unterscheiden wir zwischen der Tiefschlaf-Übermüdung und der Übermüdungs-Panik, die zur »nervösen« Schlaflosigkeit führt. In beiden Fällen, wenn wir das normale Schlaf-Verhalten der Pygmäen als Maßstab einer archaisch-urtümlichen Gesundheit setzen, ergeben sich Schlafstörungen.

sie einschläft und erst nach einer Stunde wieder wach wird, so ist diese Frau »für den ganzen Nachmittag und Abend nicht mehr zu gebrauchen«. Ich kenne aus meiner Sprechstunde eine Reihe von Neurasthenikern, die alsdann, wenn sie ihr *Mittagsschlaf-Optimum* verpaßt haben, den Einraster-Status zorniger oder weinerlicher Verstimmung bis auf weiteres nicht mehr loswerden.

Auf diejenigen unserer Mitbürger dagegen, die gut und gern eine halbe oder auch eine ganze Stunde schlafen können, wirkt das Licht des Tages wieder im Sinne der Synchronisation. Sie verhalten sich alsdann friedlich und ausgeruht wie am Morgen.

Es versteht sich, daß die neurasthenische Anwältin, die wir in den Mittelpunkt dieser Betrachtung stellten, im Laufe der Zeit eine gewisse *Routine* entwickelte, die ihr dazu diente, ihrer neurasthenischen Hinfälligkeit und der Gefahr der Übermüdung zu begegnen. Es kam vor, daß sie am Morgen unausgeschlafen erwachte. Die volkstümliche Redensart, daß jemand »mit dem verkehrten Bein aus dem Bett gestiegen« ist, traf alsdann für sie zu. Wie bekannt diese Erscheinungen im allgemeinen Bewußtsein des Volkes sind, zeigt die Tatsache, daß wir noch eine zweite Redensart als gängige Münze kennen, die auf die gleiche Tatsache anspielt: Mit dieser Frau war dann »gleich früh nichts los«. Eine dritte sprachliche Wendung, die auf Norddeutschland beschränkt ist, bezeichnet die Menschen, die morgens nach dem Erwachen ungnädig-verstimmt in Erscheinung treten, als »morgensauer«.

Als erstes, gleichviel, ob sie sich schon am Morgen elend oder ob sie sich wohl fühlte, nimmt die Anwältin eine Tasse Bohnenkaffee, unmittelbar hinterher oder sogar während des Kaffeetrinkens raucht sie eine Zigarette. Damit hat es zunächst sein Bewenden. Eine Nahrung im eigentlichen Sinne des Wortes nimmt sie im allgemeinen am Morgen nicht zu sich. Nach 1 bis 2 Stunden ihrer beruflichen Tätigkeit, gleichviel, ob sie am Morgen etwas gegessen hat oder nicht, verspürt sie, daß ihr Durchstehvermögen erlahmt. Sie läßt es nun nicht auf die

Übermüdungs-Verstimmung ankommen, d. h. daß sie sich *nicht* mit aller Willenskraft zwingt, in ihrer Leistung durchzuhalten. Jetzt folgt die zweite Tasse Bohnenkaffee, und zwar, wenn sich dies ermöglichen läßt, in der Verbindung mit einer sog. larvierten Pause. Im Verlaufe des Vormittags werden mehrere Zigaretten geraucht. Es hat sich herausgestellt, daß es ratsam ist, sehr bald schon etwas gegen die drohende Übermüdung zu tun. Wenn die neurasthenische Frau mit dem Kaffee 2 bis 3 Stunden wartete, ließ sich der Zustand des Katzenjammers nicht aufhalten. Alsdann hat sich die Weiche gestellt, die den gewissen Angriffs-Mechanismus herbeiführt: Ein Aggressions-Status rastet ein. Es war für den inneren Haushalt dieser Frau seit jeher von großer Bedeutung, daß sie den Kaffee rechtzeitig nahm, damit der Mischzustand zwischen Erschöpfung und Spannung sich gar nicht etablieren konnte. Ich wiederhole: Erschöpfung in der Verbindung mit einer unerträglichen Spannung! Das ist Konflikt-Vermeidung.

Ich darf bemerken, daß ich diese Frau seit einigen Jahren kenne. Außer der Schlaflosigkeit, die mit Hilfe von Entspannungsübungen, gelegentlich auch mit Schlaftabletten behandelt wurde, lag eine hartnäckige Migräne vor, bei der interessanterweise, wie man es bei diesem Krankheitsbild häufig sieht, eine *Licht-* und *Geräusch-Überempfindlichkeit* erheblichen Intensitätsgrades bestand. Wir werden an den Pavian »Bärbel« und an den licht- und lärmempfindlichen Beo erinnert, wenn wir zum Ausdruck bringen, daß J. Kö. während ihrer Migränezustände in einem abgedunkelten, möglichst geräuschfreien Zimmer bleiben mußte. In den Tagen der Migräne war die Schlaflosigkeit ganz besonders hartnäckig.

Abschließend teile ich den Bericht eines Neurasthenikers mit, des Volksschullehrers E. M., bei dem der Zustand ppES ungewöhnliche Konsequenzen hatte. Zunächst sei bemerkt, daß auch E. M. zu den Menschen gehörte, die man nachts nicht aus dem Schlaf wecken darf. Als er gelegentlich im Schlaf stöhnte, was auf schlimme Träume schließen ließ, wollte ihn seine Frau wecken. Sie schüttelte ihn am Arm, woraufhin er sie erheblich schlug. Dieser Mann war gegen Ende des Krieges in einer waldreichen Gegend von seiner im Rückmarsch begriffenen Formation abgekommen. Er war Unteroffizier, hatte einige weitere Soldaten aufgesammelt, die dasselbe Schicksal erlitten hatten, und war am Abend mit dieser Gruppe in ein Waldstück gekommen, wo alle, bis auf ihn, in einen tiefen Schlaf fielen. Es war ihm rätselhaft, daß die Kameraden so unbekümmert einzuschlafen vermochten. Er selbst konnte, so schwer auch die hinter ihm liegenden Strapazen waren, in dieser Nacht kein Auge zutun. Vielleicht habe er zwischendurch einmal einige Minuten geschlafen, aber er wisse nichts davon. Ausgerechnet dieser neurasthenische Mann wachte für sie alle: Er mußte »des Frettchens gewärtig« sein, wenn wir bei dem Vergleich bleiben wollen. Die vorrückenden feindlichen Truppen waren vermutlich in der Dämmerung ganz dicht an das Waldstück herangerückt, wofür es gewisse Anzeichen gab, und nun konnte es sein, daß er mit seinen Leuten im Schlaf »frettiert« wurde.

Gegen Morgen, noch vor Tagesgrauen, steigerte sich die Unruhe, die ihn wachhielt, so in das Maßlose, daß er der Faszination erlag: Er machte sich, seine Maschinenpistole schußbereit im Arm haltend, auf, um nachzusehen, wie weit der Feind aufgerückt sei. Tatsächlich lagen die Gegner dicht vor dem Waldstück, und zwar schlafend. Auch die Wachposten schliefen offenbar. Er wurde nicht bemerkt. Als er sich vorsichtig zurückziehen wollte, um seine Kameraden zu wecken, damit sie sich jetzt möglichst geräuschlos absetzen könnten, kam eine panische Erregung über ihn, so daß er, obgleich er schon ein klares Ziel nicht mehr ausmachen konnte, der Putativ-Notwehr erlag und zu schießen begann. Gerade das hatte er vermeiden wollen. Jetzt hatte er die Gegner geweckt, die nun, ebenfalls in die Dunkelheit hineinschießend, ein wildes Feuer eröffneten. Auf ihrer Seite – die gegnerischen Soldaten waren aus dem Schlaf geweckt worden – war jetzt der Schlaf-Heimsuch-Feind, das Frettchen am Werke. Sie waren entsprechend erregt, was sich an ihrem hohen Munitionsverbrauch ablesen ließ.

V. Pars pro toto

Aschoff (18) berichtet, wie sich *Dissoziationen* ergeben können. Organfunktionen, die im Rahmen der Phasenkarte in Schritt und Tritt marschieren, kommen, wenn man so sagen darf, aus dem Takt. Eine *Dissoziation* liegt vor, wenn Schichtarbeiter stundenlang wach sind, anstatt zu schlafen. Es ist keineswegs selbstverständlich, daß wir inmitten der Nacht das Wachsein durchzuhalten vermögen. Menzel (3, S. 147 ff) weist in seiner auf die Schichtarbeit bezogenen Monographie darauf hin, daß längst nicht jeder Mensch dafür geeignet ist, nächtliche Arbeit zu verrichten. Epileptiker z. B. oder Menschen, die an einer *Schilddrüsen-Überfunktion* leiden, sollen dafür nicht ausgewählt werden. Angenommen, es gäbe einen barbarischen Staat, der Kinder zu nächtlicher Arbeit heranziehen wollte, so würde dieses Unterfangen mißlingen, weil Kinder »einfach nicht wachzuhalten sind«, wie Rutenfranz (zit. n. Menzel) bemerkt. Ich halte in meiner biologischen Station zwei dunkelaktive Tiere, deren Verhalten zu einem Vergleich herausfordert, nämlich einen *Waldkauz* (Strix aluco) und einen *Wickelbären* (Potos flavus): Den Waldkauz kann man dazu bewegen, während des Tages Nahrung aufzunehmen, so daß man vergessen könnte, daß er zu den Nachttieren gehört. Er fliegt in einem leicht abgedunkelten Raum auch tagsüber umher und zeigt ein spielerisches Verhalten, fast so ausgeprägt wie in der Nacht. Der Wickelbär dagegen fällt immer wieder sofort in den Schlaf, wenn er tagsüber geweckt wird[6]. Ihm ergeht es wie unseren Kindern, die »ein-

---

[6] Ein dunkelaktives Lebewesen, das sich noch weit ausgeprägter als der Waldkauz von seiner Phasengebundenheit ablösen ließ, ist das Stachelschwein (Hystrix cristata). In den Zoologischen Gärten mutet es als ein Tagtier an, während es von Haus aus in der Dunkelphase aktiv ist. Es wäre interessant zu beobachten, wie die jungen Stachelschweine reagieren, bevor sie sich zu Tagtieren umwandeln.

fach nicht wachzuhalten« sind. Man stelle sich vor, der Mensch gehörte zu den Lebewesen, für die das Kinderverhalten lebenslang generell zutrifft. Daß wir dieser *Dissoziation* fähig sind, muß als erstaunlich anmuten. Wohlgemerkt, das ist nicht der *Einraster-Status b*, sondern ein Wachsein, das sich aus dem Rahmen der *Phasenkarte* heraushebt, ohne daß der Cannon-Status gegeben ist, d. h. ohne daß sich die Weiche automatisch auf den nachtbezogenen *Reaktions-Mechanismus* dreht.

Da uns das Problem der Dissoziationen interessiert, befassen wir uns mit einem Bericht, der auf eine Versuchsreihe von Lewis und Lobban (19) zurückgeht: Die Teilnehmer der von diesen Autoren untersuchten Spitzbergen-Expedition, die 42 Tage lang während des arktischen Sommers in einsamen Hütten lebten, hatten ihren Tageslauf nach Uhren einzurichten, die eigens für sie hergestellt worden waren. Die Zeiger dieser Uhren benötigten für zwei volle Umläufe statt 24 Stunden nur 21 Stunden oder (bei einer zweiten Versuchsgruppe) 27 Stunden. Die Versuchspersonen lebten, ohne es zu wissen, in einem um drei Stunden verkürzten resp. verlängerten Tag. Es war interessant festzustellen, daß sich bei einigen von ihnen die Körpertemperatur und die Nierenfunktionen in kurzer Zeit auf die 21- bzw. 27-Stunden-Periodik umstellten, während andere Funktionen mehr oder weniger konstant 24stündig verliefen. Schließlich gab es Fälle – auf sie kommt es in der vorliegenden Betrachtung an –, in denen sich die Wasserausscheidung der Nieren dem listig erschlichenen Kunsttag anpaßte, während die *Kalium-Ausscheidung die 24-Stunden-Periodik unverändert beibehielt*.

Aschoff bemerkt in seinem Bericht, daß diese Ergebnisse gegen eine im Menschen liegende *einheitliche* »Zentraluhr« sprechen. Man muß annehmen, daß im Subjekt mancherlei Uhrwerke ticken. Die Phasenkarte kann verformt werden, ohne daß es ersichtlich wird, wie es kommt, daß z. B. die Kalium-Ausscheidung tabellentreu, d. h. konstant in ihrem 24-Stunden-Rhythmus verharrt. Wenn wir diese Erscheinungen, nämlich die *Tabellentreue,* in der Verbindung mit den Abweichungen von der bisher bestehenden Periodik unter dem *pathogenetischen Gesichtspunkt* sehen, so sind, wie es scheint, grundsätzlich zwei Möglichkeiten der aus dem Leim gehenden Ordnung gegeben: Einmal kann es sein, daß eine der Uhren, die im Dasein des Kindes am Werke waren, persistiert, so daß man von dem *Infantilismus einer Funktion* sprechen muß. Die kindliche Funktionsuhr tickt neben den Uhren, die schon mehr oder weniger als Erwachsenen-Uhren anzusehen sind[7].

Es wurde gesagt, daß man sich zwei Möglichkeiten vorstellen kann, wie es zu einem *Nicht-Zusammenpassen der Funktionen* kommt. Der Begriff der *Dissoziation* setzt voraus, daß vorher ein soziierter, d. h. ein geschlossener Verband von Funktionen vorlag. Im Falle der *Funktions-Infantilismen*, die zu einer Leistungsschwäche führen, erfolgte die Dissoziation, als die übrigen Funktionen reiften, während die, die man als »infantil« zu bezeichnen hat, nicht mehr im Gleichschritt mitmarschierten. Die zweite Möglichkeit einer Dissoziation ist darin zu sehen, daß im Zusammenhang mit Umwelt-Konstellationen Funktionen eine *Anpassung* zeigen, während andere im Sinne eines früher bestehenden, jetzt überholten Zusammenspiels persistieren. Auch hier handelt es sich um *Wandlung* auf der einen und *Persistenz* auf der anderen Seite.

---

7 Man kann sich vorstellen, daß gewisse Formen der Enuresis nocturna – keinesfalls alle – darauf zurückzuführen sind, daß die Nieren in ihrer nächtlichen Wasserausscheidung den infantilen Modus beibehalten, und zwar in der Verbindung mit dem *Tiefschlaf des Kleinkindes.* Man wird annehmen dürfen, daß selbst bei den Bambuti-Pygmäen die Kinder nachts tief und fest schlafen. Sie leben im Schutze ihrer Eltern, denen es zukommt, umweltbezogen über sie zu wachen. Diese *Leistungsschwäche* unserer Kinder, die man gleichfalls als »neurasthenisch« bezeichnen könnte, wird sich ausgleichen, wenn die entsprechende Reifung der Funktionen erfolgt. Das schließt nicht aus, daß man diese Kinder psychotherapeutisch betreut, und zwar darum, daß sie im Zusammenhang mit ihrer Leistungsschwäche ihr Selbstwert-Gefühl nicht verlieren. – Wir wissen, daß es außerdem einen Harndrang und ein Bettnässen gibt, dem *Symbolbedeutung* zukommt. Hier steht der Harnzwang stellvertretend für den Geschlechtsakt. (Eingehende Darstellung und Literatur bei Hans Christoffel: *Trieb und Kultur* [20].)

Damit wären wir zu dem Begriff des *Zivilisations-* resp. *Domestikations-Schadens* gekommen. Mit anderen Worten: Die persistierenden Funktionen bringen einen *Wildheits-Status* zum Ausdruck. Es könnte, wenn man sich, um der sprachlichen Verständigung willen, zu einer Personifizierung entschließen könnte, von der »Unbelehrbarkeit dieser Organe resp. Organfunktionen« gesprochen werden. Der Begriff der Tabellentreue, den wir im Hinblick auf die Kalium-Ausscheidung der Nieren gebrauchten, könnte als *Paradigma* dienen. Ich möchte sagen, daß die *Domestizierung* der Tiere, d. h. ihre *Zähmung*, auch ein *Vorgang der Reifung* ist, während das Wild-Bleiben, und zwar das Wild-Bleiben von Funktionen, als mangelnde Reifung (Persistenz des früheren Verhaltens) anmutet. Wir gestatten uns die Metapher »*Unbelehrbarkeit*«, wissend, daß sie streng genommen nicht zulässig ist. Damit wäre die *starre Wildheit* bezeichnet, d. h. daß Funktionen urszenisch-uranfänglich, und das bedeutet »*tabellentreu*«, persistieren.

Ich habe mehr als 12 Jahre lang zwei Rabenkrähen (Corvus corone) gehalten, die sich tagsüber in einem Flugkäfig befanden, der an mein Haus angebaut war. Die Vögel konnten, wenn ich das Fenster öffnete, in ein für sie bestimmtes Zimmer fliegen. Da es nicht ratsam ist, diese Tagkünder morgens schreien zu lassen[8], holte ich abends oder nachts die Vögel in mein Haus: Ich stellte mich auf die Fensterbank und fuhr in der Dunkelheit mit der Hand die Stange entlang, auf der die beiden Krähen zu schlafen pflegten. Während dieser Suche nach ihren Füßen nannte ich leise die Namen der Krähen, um mich ihnen erkennen zu geben. (Ganz verkehrt wäre es gewesen, bei dem nächtlichen Hereinholen der Vögel eine Taschenlampe zu gebrauchen. Das helle Licht wirkt auf die Rabenkrähen ebenso erschreckend wie auf den Pavian). Wenn

---

[8] Man darf überzeugt sein, daß die frühesten Tagkünder unserer Vorfahren die Krähen waren. Als dann der Hahn eingeführt wurde, nämlich aus römischen Herrschaftsbereichen, nannte man seine morgendlichen Lautgebungen im Hinblick auf diese Vorgänger »krähen«. Der Hahn »kräht«. Die Verbalform ›krähen‹ dürfte auf das Substantivum »Krähe« hinweisen.

ich mit der Hand an eines der Fußpaare stieß, erfolgte von seiten des Vogels, den ich berührte, nicht selten ein Schnabelhieb, der meine Hand traf. Trotzdem stieg der Vogel, der im Verlaufe seines Lebens, und zwar tagsüber, hunderte Male auf meine Hand gestiegen war, auch jetzt, bei diesem Akt eines »Frettierens«, auf meine Hand. Hier bereits erkennen wir die *Dissoziation*, und zwar eine Dissoziation, die sich nicht wie die von Lewis (19) und Lobban beschriebene auf die Tag-Nacht-Kreisfunktionen bezog, sondern auf das Fight-Flight-Phänomen, d. h. auf das Verhalten bei der nächtlichen *Heimsuchung*. Man könnte diese *Urszene* im Verhalten der lichtaktiven, in der Nacht schlafenden Tiere als »die« interkurrente Störung während des Schlafens bezeichnen, für die das in den sympathicotonen Einraster-Status übergehende *Aufwachen b* charakteristisch ist.

Die Krähe wurde, wenn sie auf meine Hand gestiegen war, durch die Luft gehoben und im mäßig hell beleuchteten Zimmer auf ihren Schlafplatz gesetzt. Diese »Umpflanzung«, die Nacht für Nacht erfolgte, ging nicht in jedem Falle mit dem Schnabelhieb einher, der, nebenbei bemerkt, mehr symbolisch als wirklich aggressiv erfolgte. Eine Funktion aus dem Fight-Flight-Ensemble jedoch trat durchweg in Erscheinung: Beide Vögel ließen, wenn meine Hand sie durch die Luft hob, ihren Kot auf die Erde fallen. Es war einleitend von einem Pfauen-Schlafbaum die Rede: Wenn man nachts durch den Park ging, war es empfehlenswert, diesen Baum zu vermeiden: Es tropfte von seinen Ästen der Kot. So bezeugte sich auch bei diesen Vögeln das *nachtfeind-bezogene Reaktions-Klischee*.

Die Pfauen sowohl als auch meine beiden Rabenkrähen wurden nachts aus dem Schlaf gestört. Der Tatbestand des *Frettierens* ist gegeben. Man kann im Falle dieser zahmen Vögel die Kotentleerung als *Rest-Funktion* aus dem urszenischen Verhalten interpretieren, wozu bei den Krähen der gelegentlich erfolgende Schnabelhieb kam. Während unsere Mitbürger nach dem Akte der Putativ-Notwehr gewöhnlich eine Zeitlang ärgerlich-depressiv verstimmt sind, war bei den Krähen von einem *Einraster-Status* nichts zu bemerken. Daß die Vögel ausnahmslos auf die Hand stiegen, von der man sagen kann, daß es die sie aus dem Schlaf aufstörende, sozusagen frettierende Hand war, muß als Ausdruck ihrer Zahmheit (= Domestikation) bezeichnet werden. Von hier aus eröffnen sich uns weite Perspektiven: Wäre es nicht der Diskussion wert, das Einnässen und Einkoten des Subjekts im epileptischen Anfall, und zwar in der Verbindung mit der außerordentlich heftigen, wenn auch ungezielten, motorischen Entladung, in den Kreis dieser Betrachtung zu ziehen? Auch die *Licht-Erlebnisse,* die sich in der Aura epileptica nicht selten finden, könnten uns interessieren.

Die Flügel der Krähen bewegten sich bei diesen nächtlichen Störungen nie in einer sichtbaren Weise. Zum mindesten kann man sagen, daß es nie zu Fluchtversuchen kam, es sei denn, daß man sich bei dem nächtlichen Hereinholen der Vögel einer Taschenlampe bediente. Darüber, ob sich etwa die Atemfrequenz erhöhte oder das Herz schneller zu schlagen begann, wenn ich die Krähenfüße berührte, kann ich nichts sagen. Denkbar wäre es, daß die Herzfrequenz – pars pro toto – auf die Urszene der nächtlichen Heimsuchung hinwies.

Nachdem wir uns die Metapher von der »*Unbelehrbarkeit eines Organs*« oder einer *Organfunktion* gestatten, trotz der Bedenken, die sich gegen die Personifizierung richten, könnte man sagen, daß der Darm ein ausgesprochen »dummes Organ« ist. Er hätte wissen müssen, daß ich Nacht für Nacht die Vögel »frettierte«, daß das aber nicht eigentlich »feindlich« genannt werden konnte. Im Gegenteil, die Krähen sprangen, wenn meine Hand sie in das Zimmer gehoben hatte, nicht selten auf meine Schulter und knabberten zärtlich an meinem Ohrläppchen. Das Koten ist ein Ausdruck der Flucht-Angst, was ebenso von dem nächtlichen Koten der zahmen Pfauen gilt. Das Subjekt repräsentiert mittels dieser Funktion die *archaisch-urszenische Ordnung,* die man als vor-domestikatorisch bezeichnen darf, und dasselbe gilt von den

Schnabelhiebe, auch wenn sie noch so »sanft-symbolisch« anmuteten.

Das Funktions-Ensemble, das sich im urtümlichen, d. h. vordomestikatorischen *Panik-Verhalten* bekunden würde, wenn ein nächtlicher Räuber das Subjekt am Ort seiner Schlaf-Geborgenheit heimsuchte, ist »in die Brüche gegangen«. Die urszenische Rolle hat sich *dissoziieren*, um nicht zu sagen *zähmen* lassen. So könnte von der *archaischen Affekt-Persistenz des Darms die* Rede sein.[9]

In der Publikation *Pars pro toto* (7) habe ich versucht, einen *Katalog der Urszenen* aufzustellen und damit eine *Paläoanthropologie* zu begründen. Mit anderen Worten: So wie die Kalium-Ausscheidung bei einigen der Versuchspersonen unverändert tabellentreu verlief, obgleich sich inzwischen die Gewohnheiten dieser Menschen gewandelt hatten, so kann in dem panischen Groß-Alarm, in den der aus dem Nachtschlaf geweckte Mensch gerät, die eine oder die andere der urtümlich einander zugeordneten Funktionen isoliert in Erscheinung treten: pars pro toto. Diese Tatsache gilt sowohl für das nächtliche Wecken als auch für die Übermüdungs-Panik. Die *Dissoziations-Möglichkeiten*, d. h. das, was sich bei dem einen oder dem anderen Subjekt manifestiert, im besonderen, welche Funktionen im Falle einer archaischen Affekt-Persistenz einrasten, sollten uns nachdrücklich beschäftigen. Wir werden darauf zurückkommen müssen, wenn wir auf den vagen Begriff der *Vegetativen Dystonie* eingehen.

---

[9] Worthermeneutisch interessant ist die Tatsache, daß in einer Reihe von Eingeborenensprachen der Aggressions-Affekt in den Bauch lokalisiert ist. Wir sind darüber nicht erstaunt, denn wir kennen in unserer eigenen Sprache die Redewendung von der »Laus, die über die Leber kriecht«, und sprechen von der »Wut im Bauch« oder von der »Genugtuung« (= Satisfaction) bei den mit der Waffe ausgetragenen Ehrenhändeln, was mit dem »Sattmachen« (satis facere) in Verbindung zu bringen ist.

VI. Der psychosomatische Aspekt der Übermüdungs-Panik

Thure von Uexküll befaßt sich in seiner Veröffentlichung *Grundfragen der psychosomatischen Medizin* (21) mit F. Alexanders Lehre vom »Spezifischen Konflikt«. Als er Alexander (22; 23) in Chikago besuchte, wurde ihm und Alexander die Lebensgeschichte eines zwanzigjährigen Mädchens mitgeteilt, während man ihnen die Diagnose zunächst verschwieg: Die Patientin hatte im Alter von 4 Jahren beide Eltern verloren. Mit 6 Jahren hatte sie angefangen, auf der Straße Schnürsenkel und Zeitungen zu verkaufen, um sich und die jüngeren Geschwister ernähren zu helfen. In der Schulzeit dann hatte das Mädchen mit Waschen und Aushelfen Geld verdient und oft bis in die Nacht hinein gearbeitet, um die Kleider der Geschwister in Ordnung zu halten. »Es war die Geschichte einer schweren Jugend, deren oft extreme ökonomische Belastung mit sehr viel Mut, Selbstverleugnung und frühgereiftem Verantwortungsgefühl ertragen und gemeistert worden war. Eine traurige und rührende Geschichte.« Alexander, der, wie bemerkt, die Patientin selbst noch nicht kannte, sagte, es müsse sich bei diesem Mädchen um einen Morbus Basedow handeln. Der Internist, der die Lebensgeschichte des Mädchens vorgetragen hatte, stellte dieses nun vor: Die hervorquellenden Augen, die vergrößerte Schilddrüse und die nervöse Fahrigkeit der Kranken bestätigten prima vista die Diagnose, die außerdem durch die klinische Diagnostik untermauert war.

Wir wählten diese Krankengeschichte aus, weil wir *typische Zuordnungen* darin hervortreten sehen, und zwar die Zuordnungen, die im Blickpunkt unserer Abhandlung stehen: Wir erinnern an den Bericht von Hediger (6), der sich auf das frettierte Kaninchen bezieht. Wenn auch Franz Alexander und Th. von Uexküll die Termini *»Übermüdung«* im Zusammenhang mit *permanenter »Überforderung«*, woraus sich die Tatsache der *Übermüdungs-Panik* ergibt, nicht gebrauchen, die pathogenetischen *Voraussetzungen* sind dieselben, gleichviel, welcher Fachausdrücke man sich bedient. Die Panik führte bei dem Kaninchen sowohl als auch bei dem Mädchen zum Krankheitsbild eines Morbus Basedow. Diese Analogie konnte uns nicht entgehen. Übermüdet sein bedeutet, trotz der Müdigkeit den Übergang zum Einschlafen nicht finden, und da erscheint, um bei unserem Gleichnis zu bleiben, der potentielle Leopard, resp. das Frettchen, der *Heimsuchungs-Feind*. So kamen wir von der chronischen Überforderung zu dem Cannonschen Notfall-Einraster-Status, bei dem die Schilddrüse wesentlich beteiligt ist. Der *Panik-Status b* dominiert und persistiert.

Es wurde in den vorliegenden Ausführungen sowohl der Begriff *Übermüdungs-Verstimmung* als auch der der *Übermüdungs-Panik* gebraucht. Diese beiden *Befindlichkeiten des Subjekts* resultieren aus der nämlichen *Urszene*. Der Unterschied, den man herausheben kann, ist der der Intensität. Man kann im allgemeinen nicht behaupten, daß die Psychopathologie der Psychiater und die Charakterkunde der Psychologen mit der Psychosomatik der Internisten mühelos-selbstverständlich unter denselben Generalnenner zu bringen sind: Hier dagegen ist es Wirklichkeit geworden, und zwar insofern, als die *Übermüdungs-Verstimmung,* die paranoische Züge aufweisen kann, und die *Übermüdungs-Panik* im letzten Grunde *identische Phänomene* sind, die lediglich *graduell* voneinander abweichen[10]. Es handelt sich um Variationen über das Thema des angeborenen nacht- resp. schlaffeindbezogenen *Reaktions-Mechanismus*.

Aus dem *Dissoziations-Verhalten* der beiden Rabenkrähen, die nachts am Ort ihrer Geborgenheit, d. h. auf ihrem Schlafplatz »frettiert« wurden, ergab sich, daß die *Zahmheit des Subjekts* einen Schutzwall gegen die Intensität (= Tabellentreue) der Reaktionen darstellt, so daß mitigierte Ausdrucks-

---

[10] Ich wählte als Überschrift dieses Aufsatzes den Titel »Übermüdungs-Panik«, weil es meine Absicht war, die mehr handfesten, im Organischen, zum mindesten aber im Vegetativen sich manifestierenden Symptome des Übermüdungs-Einraster-Status in den Griff zu bekommen.

formen resultieren können. Wir kennen neben den handfesten, massiven Beweisen die *formes frustes*, wenn ich diesen Terminus des französischen Neurologen Charcot gebrauchen darf. Mit anderen Worten: Es regiert das *Parsprototo-Prinzip*, das den Teil, und zwar dieses oder jenes Äquivalent, für das Ganze erscheinen läßt.

Der Weg, den wir in dieser Abhandlung gehen, ist nicht der zur Psychopathologie oder zur Charakterkunde, so gangbar er auch anmuten mag, sondern der Weg in die *psychosomatische Medizin:* Dem Problem der formes frustes begegnen wir auf allen Wegen. *Es kann aus der persistierenden Übermüdungs-Panik auch ein Einraster-Status resultieren, bei dem der Grundumsatz nicht erhöht ist:* Ich behandelte eine Frau, die einen *Exophthalmus* zeigte, ohne daß sie in den Krankenblättern als *Basedow* registriert werden konnte. Man hätte ohne weiteres beim Anblick ihres Gesichtes die Anhiebs-Diagnose »Basedow« stellen können, auch ihre Unruhe und ihre Magerkeit hätten dazu gut gepaßt, trotzdem war der Grundumsatz nicht erhöht.

Bevor ich die Lebensgeschichte dieser Frau mitteile, soll über ihre Beschwerden einiges gesagt werden: Psychisch fällt sie durch eine übertrieben anmutende Lebhaftigkeit auf, und zwar in Verbindung mit zornigem Reagieren. Wer ihr erstmals begegnet, kann unter dem Eindruck stehen, daß sie »verheult« aussieht, was mit der Protrusio bulbi und den etwas verschwollenen Lidern zusammenhängt. Psychiatrisch bemerkenswert ist die Tatsache, daß sich in der *Ausweglosigkeit* während der schlaflosen Nächte nicht selten *Suizid-Ideen* einstellen[11]. Einmal äußerte diese Frau, daß sie unter dem Eindruck stehe, verfolgt zu werden, und zwar von ihrem Tod, der sie einmal ereilen wird. Sie stellt sich vor, daß er unablässig hinter ihr her ist. Zu den Symptomen, die mehr in den Bereich der Psychosomatik fallen, gehören der Fingertre-

---

[11] Anmerkung beim Abdruck dieses Aufsatzes im Jahre 1970: Tatsächlich beging sie später Selbstmord, und zwar einige Zeit nach dem krankheitsbedingten Tod ihres Ehemannes.

mor und die Neigung zu Herzklopfen, das sich auch bei geringfügigen Anlässen einstellt. Lästig sind die Schweißausbrüche. Die Patientin klagt, daß die Zimmer überhitzt seien, auch wenn davon objektiv keine Rede sein kann. Eines der wesentlichsten Symptome ist die Schlaflosigkeit: Morgens fühlt sie sich todmüde: Sie nimmt abends Schlafmittel, dazu einen halben Liter Wein; trotzdem kann es vorkommen, daß sie plötzlich, vielleicht schon eine halbe Stunde nach dem Einschlafen, wieder hellwach ist. Dem Alkohol abends und den Zigaretten im Verlaufe des Tages kommt eine erhebliche Bedeutung zu.

Aus der Lebensgeschichte dieser Frau ist bemerkenswert, daß ihre Großeltern väterlicherseits wohlhabendes, sehr erfolgreiche Bürger waren, während ihr Vater als Schwächling galt. Als er nach dem Tod des Großvaters die Firma übernahm, ruinierte er sie infolge seiner Unfähigkeit binnen kurzem. Es ist nicht ausgeschlossen, daß auch er zu den Neurasthenikern gehörte, aber wir wissen darüber nichts. Als er Konkurs machte, war die Patientin etwa ein Jahr alt. Die Mutter wandte sich ab von dem Mann und heiratete etwa 6 Jahre später zum zweiten Male. Mit diesem ihrem Stiefvater hatte die Mutter vorher schon jahrelang enge freundschaftliche Verbindungen unterhalten. Die Ehescheidung wurde erst sehr spät ausgesprochen. Die Patientin soll in ihrem phänotypischen In-Erscheinung-Stehen sehr in die Familie des Vaters geschlagen sein, so daß sie darum allein schon der Mutter zuwider war. Außerdem war sie dem Stiefvater im Wege. In der zweiten Ehe wurde ein Kind geboren, auch ein Mädchen, dem die ganze Liebe seines Vaters und seiner Mutter zuteil ward. Die Patientin erklärte, daß sie von frühester Kindheit an, solange sie denken kann, unter dem Eindruck stand, daß sie besser nicht auf der Welt wäre. Die Lieblosigkeit war ihr Lebenselement. Sie war eine gute Schülerin, wurde aber mit der Obersekundareife von der Schule genommen, damit sie sich einem kaufmännischen Beruf zuwenden könnte. Später, nachdem sie das Abiturienten-Examen nachträglich doch noch abgelegt hatte, versuchte sie, die Universität zu besuchen, obgleich sie ständig unter neurasthenischen Beschwerden zu leiden hatte. Sie lernte einen um 25 Jahre älteren Mann kennen, der verwitwet war und der sie von der Stelle weg heiratete, als sie sich gerade immatrikuliert hatte. Dieser Mann, von dem man wohl sagen kann, daß er für sie eine Vaterfigur war, gab ihr alle Liebe. Er stand mit beiden Füßen im Leben. Seine berufliche Unermüdlichkeit war bewundernswert, während sich die junge Frau ihrer neurasthenischen Leistungsschwäche schämte, die sie mit Hilfe des Willens zu überwinden bestrebt war. Sie versuchte, so gut es ging, ihm, der im öffentlichen Leben stand, eine gute Ehefrau zu sein. Die Ehe blieb kinderlos. Aus ihrem Munde stammte der Vergleich, daß ihr Mann einem Kessel zu vergleichen sei, der mit Dampf gefüllt ist, und zwar einer unerschöpflichen Menge, während sie immer wieder spürte, wie ihr an seiner Seite die Kräfte versagten. Um ihn nicht zu enttäuschen oder zu blamieren, blieb ihr nichts anderes übrig, als sich zusammenzureißen und über ihren Kräfte-Etat zu leben. Darin, so scheint es, ist sie dem amerikanischen Mädchen vergleichbar. Mit eisernem Willen überwand sie ihre Flauten, so daß sie schließlich aus dem Zustand der Übermüdung nicht mehr herauskam. Das Frettchen, um bei unserem Gleichnis zu bleiben, war ihr ständiger Weggenosse. Bewundernswert war nicht nur das erstaunliche berufliche Durchsteh-Vermögen des Mannes, sondern auch seine Liebe und Toleranz ihr gegenüber. In ihrer Übermüdungs-Befindlichkeit versuchte sie gelegentlich, ohne es zu beabsichtigen, ihm diffamierende Gesinnungen zu unterstellen, die ihn kränken mußten, so daß sie wiederholt auf dem Wege war, ihm zu einer zänkischen Ehefrau zu werden. Doch fing sie sich immer wieder und verlor nie den Glauben an seine Liebe.

Ich war von der *Leoparden-Panik der Paviane* ausgegangen, die das in Gefangenschaft lebende Tier nachts zeigte, wenn es durch intensive akustische Reize oder durch grelles Licht aus dem Schlaf geweckt wurde. Daß die *identische Exekutive*,

d. h. dasselbe panisch-paranoisch anmutende Verhalten, auch erfolgte, wenn das Subjekt *am Einschlafen verhindert* wurde, mußten wir als eine erstaunliche Tatsache bezeichnen. Die zornige Gereiztheit der Kinder, oder auch eine weinerliche Verstimmung, die sie zeigen, wenn sie den Übergang zum abendlichen Einschlafen verpaßt haben, und die heftigen Reaktionen einer Reihe unserer erwachsenen Mitbürger, die heftig zusammenschrecken und sogar zur Gewalttätigkeit neigen, wenn sie aus dem Schlaf geweckt werden, muten als angeborene *homologe Reaktionsbereitschaften* an. Es kann sich, wenn wir die *konkrete Urszene* ins Auge fassen, um ein Flucht-Verhalten oder einen wütenden Gegenangriff handeln. Bei dem Pavian wurden auch Mischformen von Flucht- und Abwehr-Verhalten beobachtet. Noch komplizierter werden die Tatsachen, wenn man bedenkt, daß sich auch *Schlaf-Elemente* dabei manifestieren können, denn *auf der Basis des Schlafens oder Einschlafens ereignet sich die motorische und zugleich emotionale Turbulenz*. Das thyreotoxische resp. hyperthyreotische Erscheinungsbild erscheint uns als ein besonders klares, scharfumrissenes Zustandsbild, das ein Erschrecken oder Entsetzen zum Ausdruck zu bringen scheint. Der *Ausdruck des Basedow-Kranken* ist schon früher, als von einer Psychosomatischen Medizin noch keine Rede war, gelegentlich »gedeutet« worden, als ob dieser Mensch im Erleben einer entsetzlichen Situation erstarrt sei, während wir nun, und zwar im Hinblick auf den Begriff des *Frettierens*, einen Einblick in das *Zustandekommen des Entsetzens* gewinnen. Es gibt aber auch unkonturierte, *verwaschene vegetative Zustandsbilder*, die aus der *ständigen Übermüdungs-Panik* resultieren können. Für sie hält man vage Begriffe bereit, wie z. B. den der *Vegetativen Dystonie*. Selbst in diesen Fällen, so scheint es, steht das *Paradigma der Thyreotoxikose* resp. der *Hyperthyreose* im Hintergrund. Aufgefasert, dissoziiert, manifestiert es sich jetzt, wenn Erscheinungen einer Gespanntheit hervortreten.

Dissoziation, so hieß es oben, kommt so zustande, daß bei der

Anpassung an die neuen Lebensformen *archaische Funktionen persistieren*. So gibt es mancherlei *Grade der Zahmheit*. Es wäre ein Irrtum zu meinen, daß der Mensch das völlig gezähmte Wesen ist. Schon die *Neurasthenie* als solche dürfte auf mangelnde Anpassung hinweisen. Der Mensch, den man als »Arbeitspferd« bezeichnet, mutet als ausgesprochen »angepaßt« an. Das Durchsteh-Vermögen kann bei dem einen Menschen mehr als bei dem anderen begrenzt sein, und das bedeutet, daß der eine mehr als der andere *pausenbedürftig* ist, was außerdem, wie wir hörten, von seinem Lebensalter abhängen kann. Selbst dann aber, wenn sich auf dem Boden einer neurasthenischen Leistungsschwäche Erscheinungen einer Übermüdung einstellen, kann sich das Funktionsbild der Putativ-Notwehr oder der panischen Flucht *mehr oder weniger* ausdrücken, etwa in einer Tachykardie, was uns an die Patientin erinnert, die uns durch ihren Exophthalmus auffiel. Auch eine *enorme Schreckhaftigkeit* kann das Subjekt beunruhigen. Einer der Übermüdungs-Neurastheniker erklärte, daß er bei dem Zusammenschrecken unter der Haut Empfindungen verspüre, als ob er von tausend Nadeln gestochen würde. Mit der Schreckhaftigkeit kann eine *Geräusch-Überempfindlichkeit* verbunden sein. Jetzt verstehen wir, wie es zusammenhängt, daß es Menschen gibt, die sich durch klatschenden Flügelschlag der Brieftauben belästigt fühlen. Die *Übermüdungs-Panik* kann sich auch in einer *Hyperventilation* bezeugen, als ob das Subjekt gehetzt würde. Das alles darf unter dem vagen Begriff der »*Vegetativen Dystonie*« verstanden werden. Dieser Begriff mußte *notwendig so vage* sein, weil er alle möglichen Erscheinungen umfassen soll. Atem- und Herzbeschleunigung können im Rahmen einer Vegetativen Dystonie auch in Kombination beobachtet werden. Mit der Hyperventilation kann der Roemheldsche Symptomenkomplex verbunden sein. Das ist das *Trümmerfeld* der in den Rahmen der urszenisch-archaischen Affekt-Persistenz fallenden *Fight-Flight-Rollen*, die in diesen *stümmelhaften Organfunktionen* zum Ausdruck kommen. Entscheidend

bedeutsam ist die *neurophysiologische Weichenstellung*, die sich auf den Feind bezieht, den man als den *imaginären Übermüdungs-Feind* (Schlaffeind) zu bezeichnen hätte.
Neurastheniker, die überfordert worden sind oder sich selbst überfordert haben, etwa im Zusammenhang mit einem übertriebenen Geltungsstreben, vielleicht auch – wir denken an die Frau mit dem Exophthalmus – um ihrer Geborgenheit nicht verlustig zu gehen, können auch unter einer *Aerophagie* leiden. Auch Erscheinungen von seiten des Magen-Darm-Traktes können zu den »*unbelehrbaren Funktionen*« gehören. Ich kenne eine Reihe von Beamten – merkwürdigerweise scheint es bei ihnen besonders häufig vorzukommen – die unter einem *Meteorismus mit häufigen Luftaufstoßen* zu leiden haben. Auch die Anwältin, die durch ihre hypnagoge Übermüdungs-Hyperosmie in unserer Erinnerung ist, litt unter einem Meteorismus[12]. Sie hatte es außerdem gelegentlich mit einem *Schlaf-Residuum* zu tun: Wenn sie morgens erwachte, fühlte sie sich müde und abgeschlagen, wobei ihre Gliedmaßen, im besonderen ihre Beine, »zentnerschwer« waren. Sie schleppte sich dann mühsam dahin, bis sich im Verlaufe des Vormittags die *Gliederschwere*, die man auch als »*Bettschwere*« bezeichnen könnte, verlor. Dieselbe Erscheinung konnte festgestellt werden, wenn diese Frau mittags zu lange geschlafen hatte. Wieder andere Übermüdungs-Neurastheniker klagen über eine *Initiativ-Schwäche* und ein *Desinteressement*, d. h. über Erscheinungen, die gleichfalls aus dem Schlaf-Verhalten in das Wachsein verschleppt worden sind, so daß auch in diesem Falle von einer Dissoziation die Rede sein muß. Auch *Störungen der Merkfähigkeit*, wie sie uns aus dem hypnagogen Erleben bekannt sind, können sich im Felde der Vigilität einstellen. So finden sich in diesem Syndrom, das sich als das *Syndrom der konträren Symptome* bezeichnen ließe, die restless legs sowohl als auch die

---

[12] Es wird darauf verzichtet, dieses interessante Phänomen im einzelnen darzustellen und aufzuzeigen, inwiefern die Aerophagie mit der Aggressivität in einem Zusammenhang steht.

»schweren Beine«, ebenso wie die Hypervigilanz bei dem einen Subjekt und die Apathie und die Merkfähigkeitsstörung beim andern.

Alles in allem kann man sagen, daß sich *hyperthyreotisch* anmutende Zeichen auf dem Boden der ihre Grenzbezirke überschreitenden Ermüdung aufzeigen lassen, und zwar mehr oder weniger ausgeprägt. Nicht jedermann muß in der Übermüdungs-Panik einen erhöhten Blutdruck haben, obgleich man sagen kann, daß dieses Symptom zum Fight-Flight-Verhalten paßt, und nicht jedermann zeigt die Tachykardie. Darin eben liegt das Wesen der *Dissoziation,* und das will besagen, der *mannigfachen Stufen der Aufsplitterung* resp. Auffaserung. Therapeutisch empfiehlt es sich, *Entspannungsübungen* vorzunehmen. Es gibt Menschen, die in ihrer Einraster-Starre nicht mehr zu gähnen vermögen, darum pflege ich bei diesen Übungen eine Statue aufzustellen, die einen gähnenden Mann zeigt. Auf die »ansteckende Wirkung« kommt es mir an. Ausgehend von der Überlegung, daß man den *Wiedereinschlaf-Aufwach-Mechanismus a* üben könne, pflege ich Hypnosen vorzunehmen. Es kommt mir dabei auf das *sanfte Wachwerden* und *Wiedereinschlafen* an, und das in wiederholtem Wechsel. Das »eingerostete Scharnier«, so könnte man sagen, wird dadurch mobilisiert. Freilich kann man dabei nicht selten erleben, daß die Hypnose überhaupt nicht zustande kommt: Wer des Frettchens gewärtig ist, kann es sich nicht leisten, einfach die Augen zu schließen. Nicht selten zwingt ein Lidflattern das Subjekt, den Lidschluß aufzugeben. Wenn die Hypnose insofern »gelingt«, als das Subjekt die Augen geschlossen zu halten vermag, so ereignet sich das Vikariat der Sinne, indem sich die *Hyperakusis* einstellt, oder auch – wir erinnern uns des Einschlafens der übermüdeten Anwältin – die *Hyperosmie.* Da der Mensch zu den lichtaktiven Lebewesen gehört, sind nachts ohnehin diejenigen Sinnesorgane, die *lichtunabhängig* zu wirken vermögen, zu besonderer Wachsamkeit aufgerufen.

Es sollte meine Aufgabe sein, mit Hilfe des Begriffs der

»Übermüdungs-Panik« einen Schlüssel zu gewinnen, der uns einen Zugang zu dem krausen Durcheinander der disparaten Symptome verschafft, das als Vegetative Dystonie bezeichnet wird. Die Erscheinungen der *Erschöpfung,* die mit Zeichen der Spannung kombiniert sind, gewinnen jetzt einen *biologischen Sinn:* Das ist der *Ausnahmezustand,* von dem in unseren einleitenden Ausführungen die Rede war. Man könnte sagen, daß es kein Ruhmesblatt für den Menschen ist, dem Pavian-Verhalten anheimzufallen, das wir darin sahen, daß »Bärbel« aufschrie aus dem Schlaf und Flucht-Tendenzen zeigte, wenn ein Buch vom Tisch fiel und daß es nach der Art menschlicher Kinder grantig-bösartig wurde, wenn es abends die Gleitschiene zum Einschlafen verpaßt hatte. Wir sind nicht Herren in unserem Haus, sondern werden noch immer von den stammesgeschichtlich alten, homologen Mechanismen regiert.

Ich möchte beim Anblick dieses anarchisch anmutenden Symptomenwirrwarrs lediglich von der konstitutionell-neurasthenisch bedingten vegetativ-dystonischen Krise des Subjekts sprechen. Die Krise ist wie ein Sieb, das wir mit unseren psychosomatischen Voraussetzungen, unserer Stress-Belastungsfähigkeit beispielsweise, passieren müssen. Wenn ich auf die Episode zwischen Diogenes und Alexander anspielen darf, so könnte ich sagen, daß jeder Arbeitsplatz sozusagen sein Protokoll aufweist. Vor Jahrhunderten, als unsere Vorfahren noch leibeigene Bauern waren, bezogen sie hin und wieder, wenn sie ihre Leistungen nicht schafften, eine Tracht Prügel, während es sich bei der Einhaltung des Protokolls heute um einen Ehrenkodex gewissermaßen handelt. Die Krise, mit anderen Worten, in der viele unserer Mitbürger stehen, ist eine Anpassungskrise. Man wird in diesem Zusammenhang zugeben müssen, daß es in unserer Leistungs-Gesellschaft auch Menschen gibt, für die man weder einen ihnen gemäßen (= angemessenen) Modus am Arbeitsplatz noch eine Berufsausübung überhaupt ausfindig machen kann. Man hat zwei Arten mißlingender Anpassung zu unterscheiden: Die einen gleichen den Zebras, die sich generell nicht einschirren lassen, während die anderen – und um sie handelt es sich hier – in ihrer neurasthenischen Verfassung dem Stress nicht gewachsen sind. Beide Gruppen repräsentieren, wenn man ihr Versagen ins Licht der Paläoanthropologie stellt, vorgeschichtlich-archaische Wildheits-Verfassungen.

Es ist bemerkenswert, daß es in dieser Anpassungs-Krise des Subjekts einen überraschend vielgestaltigen Symptomenverband geben kann, der bei dem einen Subjekt diese, bei dem anderen eine andere Zusammensetzung und Zuspitzung aufweist. Wesentlich ist mir, daß wir nicht von einer Krankheit, sondern von einer Krise sprechen. Es wurde bereits bemerkt, daß sich scheinbar inkommensurable, widersprüchliche Erscheinungen nebeneinander, resp. ineinander verflochten aufzeigen lassen, wie z. B. die völlige Ermattung (Erschöpfung) neben der Spannung, während man doch denken sollte, daß der völlig erschöpfte Mensch desinteressiert, d. h. entspannt ist. Die empirisch gefundene Formel, die von der »Vigilität zur Unzeit« spricht, klärt uns über diese absurd anmutende Zuordnung auf. Wieder bei einem anderen Subjekt – ich denke an das amerikanische Negermädchen oder die Frau des Industriellen – manifestieren sich Zeichen der Hyperthyreose, was uns zugleich an das vom Frettchen heimgesuchte Kaninchen erinnert, das in der Situation einer Ausweglosigkeit umkam. Es ist zuzugeben, daß wir uns mit diesen Erörterungen auf den Spuren des zynischen Philosophen Diogenes bewegen: Wir orientieren uns am Verhalten des Tieres.

Die Vegetative Dystonie ist keine Krankheit, wie bemerkt, sondern lediglich eine Anpassungs-Krise des Subjekts. Aber selbst die Krankheiten, die uns als Krankheiten sui generis anmuten, eine Lungenentzündung z. B., besteht nicht völlig für sich, d. h. daß dabei immer auch ein Subjekt mit seiner Konstitution und seinen mehr oder weniger gelingenden Zivilisations-Anpassungen im Spiele ist.

Schölmerich (24) unterscheidet mit Delius (25) zwischen einer gespannten Erschöpfung und einer spannungslosen Ermattung. Wörtlich heißt es in seiner auf »Müdigkeit und Schlafstörungen« bezogenen Schrift, in der er das Ineinander-Verwobensein von Spannung und Erschöpfung kennzeichnet: »Charakteristisch für diesen Typus ist das gleichzeitige Auftreten von Erregbarkeit und Erschöpfung. Nichteinschlafenkönnen, frühes Aufwachen, unruhiger Schlaf, Herzsensationen, Tätigkeitsdrang, oft mit Attributen der Depression und des verzweifelten Sichanstemmens sind typisch.« Es interessiert uns, daß Schölmerich ebenso den hyperthyreotischen Zug im Rahmen dieses Syndroms hervorhebt. »Objektiv findet man neben Neigung zu Hypertonus, Tachykardie, Pulsus celer, stärkere Schweißsekretionen, insgesamt eher hyperthyreotische Züge, psychomotorische Unruhe, restless legs, Affektlabilität, Konzentrationsschwäche, Vergeßlichkeit.« Diese Zusammenfassung kann gleichzeitig als Zusammenfassung unserer Ausführungen über das vegetativ-dystone *Syndrom der Übermüdungs-Panik* dienen. Was uns am stärksten fasziniert in der Befassung mit diesem Krankheitsbild, ist die Tatsache, daß es sich keineswegs um *biologische Rhythmen*, wohl aber um paläoanthropologisch bedeutsame *biologische Notwendigkeiten* handelt. Eine Sinngebung des anscheinend Chaotisch-Sinnlosen sollte die Aufgabe dieser Untersuchung sein. Wie ein Schlüssel, der geheimnisvolle Türen zu öffnen bestimmt ist, bot sich uns der Begriff des *angeborenen, schlaffeindbezogenen Reaktions-Mechanismus* an.

Literatur

1 J. Aschoff: Zeitliche Ordnung des Lebendigen, Naturw. Rundschau 17 (1964), 43
2 W. B. Cannon: The Wisdom of the Body, New York 1932
3 W. Menzel: Tag-Nacht-Rhythmik und Schichtarbeit. Die spontane Tagesrhythmik der Körperfunktionen in ihrer Bedeutung für die Nacht- und Schichtarbeit, Basel/Stuttgart 1962

4 O. u. M. Heinroth: Die Vögel Mitteleuropas, Bd. I, Berlin 1926
5 J. v. Uexküll: Bedeutungslehre, Leipzig 1940
6 H. Hediger: Die Angst des Tieres, in: Angst. Studien aus dem C. G. Jung-Institut in Zürich, Zürich/Stuttgart 1959
7 R. Bilz: Pars pro toto. Ein Beitrag zur Pathologie menschlicher Affekte und Organfunktionen, Leipzig 1940
8 R. Bilz: Omnisektorielle Aufmerksamkeit. Empirische Tierpark-Beobachtungen und ihre Bedeutung für die Psychopathologie, Nervenarzt 33 (1962), 299-305
9 J. H. Schultz: Hypnose-Technik, 4. Aufl. Stuttgart 1959
10 W. von Baeyer: Erschöpfung und Erschöpftsein, Nervenarzt 32 (1961), 193-99
11 W. Baumgärtel: König in Gorillaland, Stuttgart 1960
12 G. B. Schaller: Unsere nächsten Verwandten, Bern/München/Wien 1965
13 P. Steinhart: Der Schlaf des Pferdes. Seine Dauer, Tiefe, Bedingungen, Z. Vet. 49 (1937), 145 u. 193
14 W. Schulte: Altersmüdigkeit – Wesen und Möglichkeit der Behandlung, Monatskurse f. ärztl. Fortbildung 14 (1964), 256
15 W. Fischel: Leben und Erlebnis bei Tieren und Menschen, München 1949
16 R. Bilz: Psychotische Umwelt. Versuch einer biologisch orientierten Psychopathologie, Stuttgart 1962
17 P. Schebesta: Die Bambuti-Pygmäen vom Ituri, 3 Bde., Brüssel 1938
18 J. Aschoff: Gesetzmäßigkeiten der biologischen Tagesperiodik, Dtsch. Med. Wschr. 88 (1963), 1930
19 P. R. Lewis u. Mary C. Lobban: The effects of prolonged periods of life and abnormal time routines upon excretory Rhythmus in human subjects, Quart. J. exp. Physiol. 42 (1957), 356 (zit. n. [3] u. [18])
20 H. Christoffel: Trieb und Kultur. Zur Sozialpsychologie und Psychohygiene der Harntriebhaftigkeit mit besonderer Berücksichtigung der Enuresis, Basel 1944
21 Th. v. Uexküll: Grundfragen der psychosomatischen Medizin, Hamburg 1963
22 F. Alexander: Psychosomatic Medicine, its Principles and Applications, New York 1950
23 F. Alexander u. T. M. French: Studies in Psychosomatic Medicine,

New York 1948
24 P. Schölmerich: Müdigkeit und Schlafstörungen als diagnostisch-therapeutisches Leitsymptom bei Herz-Kreislauf-Krankheiten, Monatskurse für ärztl. Fortbildung 14 (1964), 241
25 L. Delius: Die vegetativen Herz- und Kreislaufstörungen, in: Praxis der Herz- und Kreislauferkrankungen, hrsg. v. P. Uhlenbruck, München 1963

Drucknachweise

II/9 Zur Grundlegung einer Paläopsychologie. Eine Studie über archaische Funktionsbereitschaften und Phänomene der Bahnung: Schweiz. Zschr. Psychol. III, 3/4, 1944, 202-212 u. 272-280

II/10 Über allgemeine biologische Ordnungsgesichtspunkte und ihre Bedeutung für das Verstehen menschlichen Verhaltens: Zbl. ges. Neurol. u. Psychiatrie, 123, 4/5, 185-186

II/11 Biologische Radikale. Eine Untersuchung über analogisch-emotional begründete Erlebens- und Verhaltensweisen des Menschen: Die Heilkunst. Zschr. f. prakt. Medizin und die Synthese aller Heilverfahren, 1961, 5, 1-6

II/12 Mensch und Tier. Biologische Radikale in unserem Dasein: Enth. in Die Kunst zu Hause zu sein. Piper Verlag, München 1965

II/13 Rolle und Szene im menschlichen Dasein: Psychol. Rundschau, III/4, 1952, 281-290

II/14 Zur Biologie und Psychologie der Mutterrolle: Zbl. Psychother., XIV/5, 277-298

III/15 Langeweile. Versuch einer systematischen Darstellung: Der Nervenarzt, XXXI/10, 1960, 433-443

III/16 Der Umweltbezug der Darmfunktion. Homologes Defäkations-Verhalten bei Spitzhörnchen (Tupaia spec.) und Mensch: selecta, 1965, 898-903

III/17 Omnisektorielle Aufmerksamkeit. Empirische Tierpark-Beobachtungen und ihre Bedeutung für die Psychopathologie: Der Nervenarzt, XXXIII/7, 1962, 299-305

III/18 Ammenschlaf-Experiment und Halluzinose. Beitrag zu einer biologisch orientierten Psychopathologie: Der Nervenarzt XXXIII/2, 1962, 49-60

III/19 Die Umweltlehre des Paracelsus. Beitrag zu einer Medizinischen Anthropologie: Hippokrates, 1944, 7/8, 87-92

IV/20 Von der hypnagogen Umwelt. Betrachtungen zu unserem Einschlaf-Erleben: Zschr. Psychol. 155, 1943, 259-264

IV/21 Die vertikale Tendenz im hypnagogen Erleben und das Gleichnis vom Licht des Bewußtseins. Eine Analyse Bastian'scher Elementargedanken: Schweiz. Archiv Neurol. u. Psychiatrie, LXVI, 1950, 23-39

IV/22 Schlaflosigkeit und Traum. Wach-Schlaf-Zuordnungen des Menschen im Hinblick auf das Wachen und Schlafen der Tiere: Die Medizinische Welt, 1959, 45, 2141-2147

IV/23 Die Übermüdungs-Panik. Eine Psychosomatische Erörterung über die neurasthenische Leistungsschwäche: Die Medizinische Welt, 1964, 38/39/41, 2027-2055, 2099-2102, 2211-2218

Literatur der Psychoanalyse

Herausgegeben von Alexander Mitscherlich

Hermann Argelander
Der Flieger
Eine charakteranalytische Fallstudie
116 Seiten
Argelanders Studie bietet die seltene Gelegenheit, unmittelbar Einblick zu nehmen in die Praxis eines Analytikers. Selten, weil es nicht oft vorkommt, daß ein Analysant der Veröffentlichung eines Berichts seiner therapeutischen Behandlung zustimmt.

Michael Balint
Fokaltherapie
Ein Beispiel angewandter Psychoanalyse
Aus dem Englischen von Käte Hügel
ca. 200 Seiten
Fokaltherapie ist eine ganz bestimmte Technik der Kurztherapie, für die die Wahl eines »Fokus« durch den Therapeuten entscheidend ist. Für diese Fokaltherapie wurde von Michael Balint und seinem Mitarbeiterteam eine Technik entwickelt die in dieser Arbeit in allen Einzelheiten demonstriert wird.

Leopold Bellak, Leonard Small
Kurzpsychotherapie und Notfallpsychotherapie
Aus dem Englischen von Hermann Schultz
496 Seiten
Der interessierte Leser findet hier eine hervorragend klare, knappe, stets praxisorientierte und souveräne Darstellung aller wesentlichen Aspekte der Kurzpsychotherapie, die vor allem den Problemen des praktizierenden Psychotherapeuten und Psychiaters Rechnung trägt — eine Pionierarbeit auf einem Gebiet, das in den kommenden Jahren wachsende Bedeutung erlangen dürfte.

Helmut Dahmer
Libido und Gesellschaft
Studien über Freud und die Freudsche Linke
ca. 350 Seiten
Der Psychoanalyse die Augen zu öffnen für die eigene soziale Bedingtheit und Funktion, sie der Kritik der politischen Ökonomie als deren Komplement zur Seite zu stellen, ist das Interesse der »Freudschen Linken«, deren Arbeiten hier kritisch diskutiert und fortgeführt werden.

Ernest Jones
Zur Psychoanalyse der christlichen Religion
Mit einem Nachwort von Helmut Dahmer
158 Seiten
Jones entwickelt keine allgemeine, kritische Theorie der Religion, sondern versucht, einzelne religiöse und quasireligiöse Phänomene mit Hilfe der psychoanalytischen Theorie der psychosexuellen Entwicklung zu deuten.

Heinz Kohut
Narzißmus
Eine Theorie der psychoanalytischen Behandlung narzißtischer Persönlichkeitsstörungen
Aus dem Englischen von Lutz Rosenkötter
388 Seiten
Mit seiner Theorie widerlegt Kohut die Ansicht, daß Patienten, die unter solchen Störungen leiden, der psychoanalytischen Behandlungstechnik schwer zugänglich seien. Damit gelingt es ihm zugleich, in das oft noch sehr spekulative Konzept des Narzißmus größere begriffliche Klarheit zu bringen.

Alfred Lorenzer
Sprachzerstörung und Rekonstruktion
Vorarbeiten zu einer Metatheorie der Psychoanalyse
216 Seiten
Lorenzers Versuch einer wissenschaftstheoretischen Bestimmung der psychoanalytischen Operation — also dessen, was in der Analyse geschieht — nimmt seinen Ausgang von dem alten Gegensatz von »Erklärung« und »Verstehen«. Die Auffassung der Psychoanalyse als einer Sozialwissenschaft rückt die Untersuchung in den Zusammenhang des gegenwärtig aktuellen Positivismusstreites.

Gérard Mendel
Die Generationenkrise
Eine soziopsychoanalytische Studie
Aus dem Französischen von Eva Moldenhauer
272 Seiten
Der französische Psychoanalytiker Gérard Mendel versucht eine soziopsychoanalytische Deutung des Konfliktes zwischen den Heranwachsenden und Jugendlichen einerseits, ihren Eltern und deren Gesellschaft andererseits, der sich heute in den verschiedensten soziokulturellen und ideologischen Milieus abspielt.

Paul Parin, Fritz Morgenthaler, Goldy Parin-Matthèy
Fürchte deinen Nächsten wie dich selbst
Psychoanalyse und Gesellschaft am Modell der Agni in Westafrika
582 Seiten
Die Autoren, drei ethnologisch und soziologisch interessierte Psychoanalytiker aus Zürich, die 1963 eine Untersuchung über ein anderes westafrikanisches Volk, die Dogon, veröffentlicht haben, besuchten 1966 die Agni. Das vorliegende Buch ist der literarische Niederschlag ihrer Erfahrungen und Studien. In ihm wird gezeigt, wie man mit dem Mittel der Psychoanalyse den Menschen in seinen bewußten und unbewußten Motiven als gesellschaftliches Wesen erfassen kann, wie die Gesellschaft als Produkt materieller Gegebenheiten und als Gegenstand der geschichtlichen Entwicklung auf ihre Träger zurückwirkt und selbst von ihnen geformt wird.

Psycho-Pathographien I. Schriftsteller und Psychoanalyse
Herausgegeben und eingeleitet von Alexander Mitscherlich
290 Seiten
Daß sich gerade die Psychoanalyse immer wieder schöpferischen Prozessen zuwendet, ist kein Zufall. Freud hat den Weg gebahnt, zum Beispiel mit seiner Arbeit über den Moses des Michelangelo. Aus der großen Zahl psychoanalytischer Interpretationen von literarischen Werken und sog. kreativen Persönlichkeiten, die seitdem entstanden sind, wird hier eine Auswahl neuerer Arbeiten vorgelegt.

Fredrick C. Redlich/Daniel X. Freedman
Theorie und Praxis der Psychiatrie
Aus dem Amerikanischen von
Hermann Schultz und Hilde Weller
1202 Seiten
In diesem Buch wird Psychiatrie als angewandte Humanwissenschaft verstanden, die sich mit Erforschung, Diagnose, Vorbeugung und Behandlung gestörten oder von der Norm abweichenden Verhaltens befaßt. Um eine rationale Durchdringung ihres Forschungsbereiches zu ermöglichen, operieren die Verfasser mit dem beschreibenden Begriff der Verhaltensstörungen, der zur wissenschaftlichen Datenerhebung und zur Ausbildung kontrollierbarer Hypothesen tauglich ist. Hiermit leistet dieses Lehrbuch einen bedeutenden Beitrag zur Verbesserung des Verständnisses seelischer Leidenszustände.

Theodor Reik
Der eigene und der fremde Gott
Zur Psychoanalyse der religiösen Entwicklung. Mit einem Vorwort zur Neuausgabe von Alexander Mitscherlich
264 Seiten
Dieses Buch beruht auf Vorträgen, die Theodor Reik 1920 und 1921 gehalten hat. In ihm wird versucht, von analytischen Gesichtspunkten aus die Erscheinungen der religiösen Feindseligkeit und Intoleranz psychologisch zu erklären.

Paul Roazen
Politik und Gesellschaft bei Sigmund Freud
Aus dem Englischen von Hildegard Weller
341 Seiten
Roazen analysiert das politische und gesellschaftliche Denken von Sigmund Freud im Zusammenhang mit seinen psychologischen Entdeckungen und Theorien. Er zeigt, daß das Studium von Freuds sozialem Denken uns helfen kann, seine Psychologie besser zu verstehen und damit auch ihre Grenzen zu erkennen.

Paul Schilder
Entwurf zu einer Psychiatrie auf psychologischer Grundlage
Vorwort von Helm Stierlin
200 Seiten
In diesem 1925 erstmals erschienenen Buch versuchte Paul Schilder als einer der ersten Neurologen die Fragen zu beantworten: Was leistet die psychoanalytische Theorie von Sigmund Freud für die Erklärung von organischen Störungen und Psychosen?

Helm Stierlin
Das Tun des Einen ist das Tun des Andern
Versuch einer Dynamik menschlicher Beziehungen
150 Seiten
Helm Stierlin, der durch seine Schizophreniestudien bekannt geworden ist, sieht die menschlichen Beziehungen als Ausdruck einer komplexen Abgrenzungs- und Versöhnungsarbeit, die in allen mehr als flüchtigen zwischenmenschlichen Situationen von den betreffenden Partnern zu leisten ist. Besonders deutlich wird diese Arbeit dort, wo sie gescheitert ist und erst wieder neu strukturiert werden muß: in der psychotherapeutischen Beziehung zum seelisch gestörten Menschen.

suhrkamp taschenbücher wissenschaft

stw 1 Jürgen Habermas
Erkenntnis und Interesse
Mit einem neuen Nachwort
420 Seiten
Einzig als Gesellschaftstheorie ist radikale Erkenntniskritik möglich, heißt die Grundthese von Habermas. Damit greift er nicht nur in die an Methodenfragen orientierte Positivismus-Diskussion ein, sondern auch in die auf Praxis gerichtete politische Diskussion.

stw 2 Theodor W. Adorno
Ästhetische Theorie
Mit einem Begriffsregister
Herausgegeben von Gretel Adorno und Rolf Tiedemann
568 Seiten
Die Ästhetische Theorie ist die letzte große Arbeit Adornos, die bei seinem Tode kurz vor ihrer Vollendung stand. Sie sollte neben der Negativen Dialektik und einem geplanten moralphilosophischen Werk das darstellen, was Adorno »in die Waagschale zu werfen« hatte.

stw 3 Ernst Bloch
Das Prinzip Hoffnung
3 Bände. 1655 Seiten
»Die Utopie, das philosophisch bisher noch nicht zureichend bedachte Zukünftige, ohne das es kein Gegenwärtiges geben kann, steht im Zentrum des riesigen Buches ... Wie verwandelt sich Träumen in Begehren, Begehren in Wünschen? Wie gelangt das Streben nach Glück, ohne dessen messianischen Vorschein kein Jammertag ertragbar wäre, zu der Entschlossenheit, eine gewaltige Veränderung zu wagen?«
Walter Jens in »Die Zeit«

stw 4 Walter Benjamin
Der Begriff der Kunstkritik in der deutschen Romantik
Herausgegeben von Hermann Schweppenhäuser
120 Seiten
Man muß den Begriff der Kunstkritik zusammen sehen mit Lukács' *Theorie des Romans* oder den kunstphilosophischen Teilen von Blochs *Geist der Utopie*: schon in dieser frühen

Arbeit Benjamins scheint die neue Ästhetik auf, das Bemühen, Ästhetik und Geschichtsphilosophie zu verknüpfen, wie er selber es dann in inzwischen geradezu klassisch gewordener Weise im *Ursprung des deutschen Trauerspiels* verwirklichte.

stw 5 Ludwig Wittgenstein
Philosophische Grammatik
Herausgegeben von Rush Rhees
491 Seiten
Die *Philosophische Grammatik* gibt Auskunft über Wittgensteins Weg von der Konzeption einer Idealsprache zur Theorie der Sprachspiele und zur mathematischen Grundlagenforschung der Spätzeit.

stw 6 Jean Piaget
Einführung in die genetische Erkenntnistheorie
Vier Vorlesungen
Aus dem Amerikanischen von Friedhelm Herborth
104 Seiten
»Die Forschungen über genetische Erkenntnistheorie versuchen, die Mechanismen zu analysieren, nach denen Erkenntnis – sofern sie zu wissenschaftlichem Denken gehört – sich entwickelt...« Bärbel Inhelder

stw 7 J. Laplanche – J.-B. Pontalis
Das Vokabular der Psychoanalyse
Aus dem Französischen von Emma Moersch
2 Bände. 652 Seiten
Dieses Vokabular ist nicht nur ein Wörterbuch. Hier wird eine Theorie, die unser aller Denken verändert hat, von ihrer Sprache her erforscht. Damit ist dem Fachmann wie dem Laien ein Arbeitsinstrument zur Verfügung gestellt, das bisher fehlte.

stw 8 G.W.F. Hegel
Phänomenologie des Geistes
622 Seiten
Die Phänomenologie ist »ein Werk, das im philosophischen Schrifttum nicht seinesgleichen hat, vielsträhnig und zentral, dithyrambisch und streng geordnet zugleich. Nirgends kann genauer gesehen werden, was großer Gedanke im Aufgang ist, und nirgends ist sein Lauf bereits vollständiger«.

Ernst Bloch

stw 9 *Materialien zu Hegels ›Phänomenologie des Geistes‹*
Herausgegeben von Hans Friedrich Fulda
und Dieter Henrich
445 Seiten
Die hier zusammengestellten Aufsätze zu Hegels Phänomenologie wollen dem Leser die Irrwege, Umwege und Holzwege ersparen, auf die andere in ihrem Bemühen, sich dieses »dunkelste und tiefsinnigste« Werk Hegels (Ernst Bloch) zugänglich zu machen, geraten sind.

stw 10 *Einführung in den Strukturalismus*
Mit Beiträgen von Ducrot, Todorov, Sperber,
Safouan und Wahl
Aus dem Französischen von Eva Moldenhauer
480 Seiten
Die Essays zum Strukturalismus gehen nicht von einer Apriori-Definition einer so zu nennenden strukturalen Methode aus, was nach Ansicht der Autoren nicht möglich ist. Vielmehr überprüfen die Verfasser – alle Strukturalisten der zweiten Generation – an ihrem jeweiligen Forschungsgebiet, was ihr Strukturalismus überhaupt sei.

stw 11 Siegfried Kracauer
Geschichte – Vor den letzten Dingen
Aus dem Englischen von Karsten Witte
309 Seiten
»Kracauer prüft mit skeptischem Blick geschichtsphilosophische Mythen und historiographische Methoden in der Absicht, das Interesse der Menschen an der Geschichte zu erhellen. Die Schlußfolgerungen: Geschichte tritt als eine Folge irreduzibler, einmaliger Wesenheiten in Erscheinung, die der Historiker letztlich als ›stories‹, also in ihrer ›epischen Qualität‹ zu begreifen hat.« Viktor Žmegač

stw 12 Niklas Luhmann
Zweckbegriff und Systemrationalität
Über die Funktion von Zwecken in sozialen Systemen
390 Seiten
Mit seinem Entwurf einer Systemtheorie erneuert Luhmann den von der gegenwärtigen Soziologie vernachlässigten Versuch, Gesellschaft im ganzen zu begreifen. Er untersucht die Funktion der Zweckorientierung in sozialen Systemen und bestimmt sie als Reduktion von Komplexität, als Vereinfachung, die das System handlungsfähig macht.

stw 13 Gershom Scholem
Zur Kabbala und ihrer Symbolik
303 Seiten
Scholems Studien zur Kabbala, der jüdischen Mystik des Mittelalters, deren esoterische Lehren in verschiedenen Schulen verbreitet wurden, erläutern die wiederkehrenden Bilder und Symbole im kabbalistischen Judentum aus einem lebendigen Zusammenhang der mystischen Tradition. Sie sind ein faszinierender Beitrag zum Verständnis der Geschichte und Psychologie des jüdischen Volkes.

stw 14 Claude Lévi-Strauss
Das wilde Denken
334 Seiten
Aus dem Französischen von Hans Neumann
Thema dieses inzwischen berühmt gewordenen Werkes ist das Denken in seinem »wilden Zustand«, das in jedem Menschen, ob zeitgenössisch oder vorgeschichtlich, wirksam ist als ein Element der nichtkultivierten und nicht domestizierten Geistestätigkeit.

stw 15 Peter Szondi
Zur Theorie des bürgerlichen Trauerspiels im 18. Jahrhundert
Der Kaufmann, der Hausvater, der Hofmeister
Herausgegeben von Gerd Mattenklott
Mit einem Anhang von Wolfgang Fietkau
Etwa 240 Seiten
Der gemeinsame Gegenstand der literaturwissenschaftlichen Arbeiten Peter Szondis war die Geschichte des bürgerlichen Subjekts in der Moderne, insofern als sie in Literatur und Literaturtheorie wesentlichen Ausdruck fand. Sein Interesse in den letzten Jahren galt den frühen Formen bürgerlichen Bewußtseins, die sich in der Dramatik und ihrer Theorie des 18. Jahrhunderts präsentierte.

stw 16 Erik H. Erikson
Identität und Lebenszyklus
Drei Aufsätze. Aus dem Amerikanischen von Käte Hügel
224 Seiten
»Erikson verfügt über die Fähigkeit, Tatsachen verschiedener Fachgebiete sowohl isoliert aufzuzeigen als auch zu seiner Idee von der Identitätssuche des Menschen, der biologischen, kulturellen und psychodynamischen Lebenszyklen unterworfen ist,

zu synthetisieren. Die Arbeiten sind ein Stimulans für jeden, dessen Denken . . . bereit ist, den Umweltraum wie den Inweltraum des Menschen gemäß der Anforderung eines präsumptiv ›Humanen‹ zu verändern.«

Helmut Junker, Das Argument

stw 18 Viktor von Weizsäcker
Der Gestaltkreis
Mit einem Vorwort von Rolf Denker
Etwa 300 Seiten
Von Weizsäcker fordert eine ganzheitlich anthropologisch fundierte Medizin und wurde damit zum Mitbegründer der Psychosomatik. Sein Werk hat über die Medizin hinaus Anthropologie, Sozialwissenschaften und speziellere Handlungstheorien entscheidend beeinflußt.

stw 19 Noam Chomsky
Sprache und Geist
Aus dem Amerikanischen von Siegfried Kanngießer,
Gerd Lingrün, Ulrike Schwartz und Anna Kamp
Etwa 200 Seiten
»Die Theorien Noam Chomskys haben in der Linguistik während der letzten Jahre zu einem ›Paradigmenwechsel‹ (Th. Kuhn) geführt. Forschungsstrategisch sinnvolle Fragestellungen, die Bewertung neuer Methoden und Standards und die Einschätzung linguistisch relevanter Problemlösungen folgen dem theoretischen Rahmen, den Chomsky der Linguistik gegeben hat.«   *Anton Leist, Das Argument*

In Vorbereitung

August 73

stw 19 Noam Chomsky
Sprache und Geist

stw 20 Jakob von Uexküll
Theoretische Biologie

stw 21 Victor Erlich
Russischer Formalismus

stw 22 Seminar: Politische Ökonomie
Zur Kritik der herrschenden Nationalökonomie
Herausgegeben von Winfried Vogt

September 73

stw 23 Theodor W. Adorno
Philosophische Terminologie Band 1

stw 24 Hans Blumenberg
Der Prozeß der theoretischen Neugierde
Erweiterte Ausgabe des 3. Teils der »Legitimität der Neuzeit«

stw 25 Thomas S. Kuhn
Die Struktur wissenschaftlicher Revolutionen

stw 26 Heinrich Zimmer
Religion und Philosophie Indiens

Oktober 73

stw 27 Jean Piaget
Das moralische Urteil beim Kinde

stw 28 George H. Mead
Geist, Identität und Gesellschaft

stw 29 Eike von Savigny
Philosophie der normalen Sprache

stw 30 Seminar: Die Entstehung von Klassengesellschaften
Herausgegeben von Klaus Eder